Mario Frank
Walter Ulbricht

Mario Frank

Walter Ulbricht

Eine
deutsche Biografie

Siedler

Inhalt

»Der Spitzbart muss weg!«: Juni 1953   9

Kindheit und Jugend: 1893–1918   35
Ein Arbeiterkind   37
Turnverein und Tischlerlehre   42
Wanderschaft   46
Sozialistischer Jungfunktionär   50
Infanterist im Ersten Weltkrieg   52

Der Funktionär: 1918–1933   55
Der Revolutionär   57
Der gescheiterte Umsturz   66
Im Dienst der Komintern   69
Der Abgeordnete   75
Bei der Komintern   79
KPD-Chef von Berlin   83
Das Ende der KPD   93
Kampf um die Parteiführung   96

Im Exil: 1933–1938   101
Paris   103
Neue Führungskämpfe   106
Prag   112
Die neue Kominternstrategie   114
Ein Streit mit Todesfolgen   117
Wieder in Prag   121
Die Volksfront   124

Im Bann Stalins: 1938–1945   135
Parteiverfahren gegen Ulbricht   137
Wieder im Dienst der Komintern   144

Der Hitler-Stalin-Pakt	150
Leben im »Lux«	154
Angriff auf die Sowjetunion	156
Kritik an der KPD-Führung	163
Stalingrad	165
Die Auflösung der Komintern	169
Das Nationalkomitee Freies Deutschland	170
Rückkehrvorbereitungen	174
Stalin bremst	177

Sowjetischer Statthalter: 1945–1953 — 181

Rückkehr nach Deutschland	183
Hilfsorgan der sowjetischen Besatzungsmacht	185
Das »Regime der Stellvertreter«	188
Die Moskau-Emigranten setzen sich durch	191
Die Machtergreifung der KPD	198
Aus KPD und SPD wird SED	202
Lebensziel Sozialismus	206
Der Generalsekretär	215
Gründe für den Aufstieg	218
Säuberung der SED	229
Stalins neue Deutschlandstrategie	233
Baumeister des Sozialismus	237

Krisenjahre: 1953–1958 — 241

Diktatur	243
Stalin und sein deutscher Vasall	244
Der 17. Juni und der »Neue Kurs«	248
Der 20. Parteitag der KPdSU	250
Aufstand gegen Ulbricht	254
Ein Schlag ins Genick der Intellektuellen	260

Der Privatmann — 273

Die Familie	275
Die Freunde	282
Leidenschaft Sport	287
Leben im »Getto«	290
Der Kunstliebhaber	295

Der Diktator: 1958–1965   297

Alleinherrschaft   299
Vorsitzender des Nationalen Verteidigungsrates   317
Vorsitzender des Staatsrates   319
Personenkult und Hass   322
Die Bundesrepublik einholen und überholen   334
Ulbricht, Chruschtschow und Deutschland   340
Der Bau der Mauer   346
Das Rote Wirtschaftswunder   351
Neue Kader braucht das Land   355
Angriff auf Honecker   357
Der Apparat schlägt zurück   361
Das »Kahlschlag«-Plenum   368

Zwischen Breschnew und Honecker: 1965–1971   373

Ulbricht am Nil   375
Deutschlandpolitik   378
»Der Alte taugt nichts mehr«   385
Der Prager Frühling   393
Die Wirtschaftskrise   397
»Man muß Brandt helfen«   401
Der Kronprinz   410
Die Absetzung Honeckers scheitert   415
Der Sturz   420

Auf dem Abstellgleis: 1971–1973   429

Nachwort   449

Anhang   451

Anmerkungen   453

Bibliografie   517

Abkürzungsverzeichnis   529

Register   531

Abbildungsnachweis   539

»Der Spitzbart muss weg!«:
Juni 1953

»Bald gab es Brot
und Butter und Schuhe,
die Republik gedieh,
als der Feind
– es war ein 17. Juni –
Lüge und Dummheit
in verworr'ne Hirne spie.
Das Hakenkreuz
es grinste frech
im Knopfloch der Putschisten.
›Stürzt
die Arbeiter – die Bauernmacht‹
So grölten die Faschisten. –
Du standest fest
– Genosse Ulbricht –
Mit Stalingrader Mut.
Wir waren stärker
und zertraten
die ›weißgardistische‹ Brut. –«

Aus dem Gedicht von Horst Salomon
»Genosse Walter Ulbricht«

Moskau, Ost-Berlin, April/Mai 1953
Die neue sowjetische Führung – Stalin war im März gestorben –
ist tief besorgt über die Entwicklung in der DDR. Es steht schlecht
um den SED-Staat. Im Kreml fürchtet man, dass die Lage im sozialistischen Deutschland außer Kontrolle geraten könnte. Der
harte, kompromisslose Sozialismuskurs des Statthalters in Ost-Berlin, Walter Ulbricht, hat zu spürbarer Unruhe unter der DDR-Bevölkerung geführt. Der Enteignungsdruck auf Bauern und
Selbstständige ist ins Unerträgliche gestiegen. Die Tätigkeit der
Kirchen ist noch einmal eingeschränkt worden, sie dürfen seit dem
1. Januar in Schulgebäuden keinen Religionsunterricht mehr erteilen. Tausenden von Gewerbetreibenden wird in der ersten Jahreshälfte die Gewerbegenehmigung entzogen. Die Grenze zur Bundesrepublik ist im letzten Jahr geschlossen worden und der
deutsch-deutsche Besucherverkehr durch ein strenges Grenzregime faktisch zum Erliegen gekommen. Trotz der extremen Belastungen, die der Generalsekretär des Zentralkomitees der SED
(ZK) – so lautet Ulbrichts offizieller Titel – der Bevölkerung zumutet, bleibt die DDR-Wirtschaft zunehmend hinter der Entwicklung in der Bundesrepublik und hinter den eigenen Ansprüchen
zurück. Die Preise für wichtige Grundnahrungsmittel müssen erhöht und soziale Vergünstigungen zurückgenommen werden. Anfang April werden allen DDR-Bürgern, die in West-Berlin arbeiten, sowie allen Selbstständigen die Lebensmittelkarten entzogen,
die zum Bezug subventionierter Grundnahrungsmittel berechtigen.
Die Versorgungslage und die Stimmung in der Bevölkerung werden immer schlechter.
Hoffnungslosigkeit und offener Unmut machen sich breit. Der
Flüchtlingsstrom in den Westen schwillt von 182 000 Menschen im
Vorjahr auf 311 000 im Jahr 1953 an. Im März erreicht er mit 58 605
registrierten Flüchtlingen seinen Höhepunkt. Besonders schmerzlich für die Machthaber in Ost-Berlin ist, dass in den ersten vier
Monaten des Jahres 1953 auch rund 8 000 Mann der kasernierten
Volkspolizei sowie über 5 000 SED- und FDJ-Mitglieder dem Arbeiter- und Bauernparadies für immer den Rücken kehren.[1] Nie

zuvor und nie mehr danach, bis zum Revolutionsjahr 1989, flüchten so viele Menschen aus der DDR.
Die Folge ist eine tief greifende Verstimmung zwischen der Sowjetführung und ihrem Statthalter in Ost-Berlin. Monatelang wird Ulbricht in der sowjetischen Presse nicht mehr erwähnt. Ein »Merkblatt« der Sowjetischen Kontrollkommission[2] stoppt das Inkrafttreten eines neuen Strafgesetzbuches in der DDR, welches vom SED-Politbüro am 14. April verabschiedet worden ist. Die sowjetischen Kontrolleure beanstanden die Härte der Strafbestimmungen und die Unbestimmtheit der Tatbestandsmerkmale – also die Definition dessen, was strafbar ist. Die Kritik der Besatzungsbehörde gipfelt in der Aussage, dass bestimmte Strafnormen »eine Atmosphäre der Angst und Unsicherheit« erzeugen könnten.[3]
Moskaus Ständiger Vertreter in Ost-Berlin, Wladimir Semjonow[4], wird am 20. April zur Berichterstattung nach Moskau gerufen. Die sowjetische Führung beschließt aufgrund der Unruhe unter den DDR-Bürgern mit sofortiger Wirkung ein wirtschaftliches Hilfsprogramm für die DDR. Die Reparationsverpflichtungen der DDR an die UdSSR werden um einige hundert Millionen Mark reduziert. Zudem soll die DDR-Wirtschaft durch die Lieferung von Rohstoffen unterstützt werden.[5]

Ost-Berlin, 8. Mai 1953
Wilhelm Pieck[6], Otto Grotewohl[7] und Walter Ulbricht verleihen sich gegenseitig den Karl-Marx-Orden. Diese höchste Auszeichnung der DDR ist zum 135. Geburtstag von Karl Marx neu gestiftet worden und wird an diesem Tag zum ersten Mal verliehen.

Ost-Berlin, Mai/Juni 1953
Ulbricht plant trotz der angespannten Lage, seinen 60. Geburtstag am 30. Juni bombastisch zu feiern. Dazu hat das von ihm geleitete Sekretariat des Zentralkomitees der SED schon Mitte 1952 beschlossen, eine »Kommission zur Vorbereitung des 60. Geburtstages des Genossen Ulbricht« einzusetzen. Sie soll den Geburtstag des Generalsekretärs der SED zu einem großartigen Schauspiel, zu einem Volksfest ausgestalten. Die Kommission, in der Ehefrau Lotte Ulbricht maßgeblich mitwirkt, leistet gute Arbeit. Johannes R. Becher[8] verfasst eine »offizielle« Biografie über den Staatsmann Ulbricht. Das Gemälde »Walter Ulbricht im EKO-Stahlwerk« wird geschaffen, ebenso eine Ulbricht-Büste. Je eine Straße in Berlin und Leipzig soll nach dem SED-Chef benannt werden. Im Friedrichstadtpalast in Ost-Berlin wird ein Staatsakt geplant, in dessen Rahmen Ulbricht der Titel »Held der Arbeit« verliehen werden soll. Bücher und Festschriften werden geplant: »Walter Ulbricht –

Kämpfer gegen Krieg und Faschismus«, »Walter Ulbricht – Kämpfer für die Deutsche Einheit«. Erich Honecker lässt ein in rotes Kunstleder gebundenes Buch mit eingeprägtem Ulbricht-Kopf über den Generalsekretär und die Jugend herausgeben. Auflage: eine Million. Bei der Ausarbeitung des Konzepts für die Geburtstagsfeier kann die Kommission auf Bewährtes zurückgreifen: Im Dezember 1949 wurde mit ähnlichem Aufwand Stalins 70. Geburtstag gefeiert.[9] Man hofft auf viele schöne »individuelle« Geschenke aus allen Teilen der DDR und vor allem auch aus der Bundesrepublik, um nach dem Geburtstag eine Geschenkausstellung aufbauen zu können. Auch ein Film über den SED-Chef wird gedreht. Der Drehbuchautor des Streifens mit dem Titel »Baumeister des Sozialismus« ist prominent; er heißt Stephan Hermlin und ist Nationalpreisträger der DDR. Gleich zu Beginn des Films verkündet der Jubilar, dass ab sofort der Sozialismus in der DDR planmäßig aufgebaut werden soll. Tosender, nicht enden wollender Beifall brandet auf. Ulbricht ist unentwegt fröhlich, gut gelaunt, leutselig, anständig, ein »Arbeiter neuen Typus«, geliebt von der Jugend in einem aufbrechenden Land. Er weiß alles, kann alles, dankt den Bäuerinnen in der LPG »Ernst Thälmann« mit aufmunternden Worten und weist den Traktorfahrern den richtigen Weg. Ulbricht ist Nachfahre des Revolutionärs Thomas Müntzer, Schüler Liebknechts und Stalins, Kampfgenosse Thälmanns. Dabei bleibt er immer Mensch: »Er spielt gern Tennis – es kann aber auch Tischtennis sein«, teilt der Sprecher mit, während Walter und Lotte krampfhaft versuchen, den Ball zu treffen; meistens schlägt Ulbricht hilflos ins Leere. Die DDR, das Werk des »Baumeisters«, ist eine schöne neue Welt, die er aus den Trümmern des Krieges aufgebaut hat. So schön wie in Ost-Berlin haben die deutschen Werktätigen noch nie gewohnt. In Westdeutschland herrscht dagegen das Elend. In der Kruppstraße entsteigen im Schatten verrußter Hochöfen hohlwangige Menschen mit schwarz umrandeten Augen ihren Wellblechhütten. »Wann werden sie sich erheben?«, fragt der Sprecher.
Das Volk soll seinem Führer seine Sympathie und Zuneigung aktiv unter Beweis stellen. Jeder Werktätige und jeder Funktionär ist angehalten, zu Ehren des 60. Geburtstags von Ulbricht Selbstverpflichtungen einzugehen, sprich, besondere Arbeitsleistungen bis zum 30. Juni zu erbringen. Diese Kampagne zu Ehren Ulbrichts wirkt angesichts der schlechten Versorgungslage wie Hohn. Der Hass gegen den Generalsekretär nimmt in der Bevölkerung spürbar zu. Es kommt zu Protestaktionen und Arbeitsniederlegungen.

Moskau, 27. Mai 1953
Die Sowjetführung ist nicht länger bereit, diese Politik ihres Statthalters in Ost-Berlin hinzunehmen. Die Vorbereitungen zu Ulbrichts Geburtstag lösen im ZK der KPdSU Bestürzung aus.[10] Wjatscheslaw Molotow[11], Außenminister der UdSSR, wird sich später erinnern, dass Ulbricht damals einen allzu starren Kurs verfolgt habe und nicht flexibel genug gewesen sei. Zudem habe er mit lauter Stimme über den »Sozialismus in der DDR« geredet, ohne auf diesen vorbereitet gewesen zu sein.[12] Das Präsidium des Ministerrates der UdSSR diskutiert die Ursachen, die zur Massenflucht aus der DDR nach Westdeutschland geführt haben und beschließt Maßnahmen zur Korrektur der Entwicklung in der DDR.

Ost-Berlin, 28. Mai 1953
In Form einer Regierungsverordnung, die sofort in Kraft tritt, werden auf Ulbrichts Initiative hin die Arbeitsnormen der DDR-Arbeiter bis zum 30. Juni, Ulbrichts Geburtstag, um mindestens zehn Prozent erhöht.[13]

Moskau, 2. bis 4. Juni 1953
Ulbricht, Ministerpräsident Otto Grotewohl und Politbüromitglied Fred Oelßner[14], der als Dolmetscher fungiert, werden in die sowjetische Hauptstadt zitiert. Parteiführer Wilhelm Pieck ist schwer erkrankt und hält sich seit Mitte Februar in der Nähe von Moskau in einem Sanatorium auf. In zwei Sitzungen mit Vertretern der sowjetischen Führung werden die deutschen Genossen erbittert kritisiert und attackiert. Malenkow schockiert die deutschen Genossen mit dem Satz: »Wenn wir jetzt nicht korrigieren, kommt eine Katastrophe.«[15] Vor allem Lawrenti Pawlowitsch Berija, der mächtige Innenminister und Chef der Organe der Staatssicherheit, erweist sich als entschiedener Gegner Ulbrichts: »Das ist ein Mann, der nichts versteht, der sein Volk nicht liebt.«[16] Das unter Berijas entscheidendem Einfluss entstandene Papier »Über die Maßnahmen zur Gesundung der politischen Lage in der Deutschen Demokratischen Republik«[17] ist in seiner außergewöhnlichen Offenheit und Schärfe eine Ohrfeige für Ulbricht; mehr noch, ein Dokument seines Versagens als Partei- und Staatsführer. Es beginnt mit den Worten: »Infolge der Durchführung einer fehlerhaften politischen Linie ist in der Deutschen Demokratischen Republik eine äußerst unbefriedigende politische und wirtschaftliche Lage entstanden.« Den DDR-Führern wird vorgeworfen, dass sie seit 1952 »fälschlicherweise« mit dem beschleunigten Aufbau des Kommunismus in der DDR begonnen haben »ohne das Vorhandensein der dafür notwendigen realen sowohl innen- als auch außenpolitischen

Voraussetzungen«. Kritisiert wird vor allem, dass die Bauern überstürzt in Landwirtschaftliche Produktionsgenossenschaften gedrängt sowie mittlere und kleinere Betriebe enteignet worden sind. In Form eines Diktats verlangen die Sowjetführer Konsequenzen aus dieser verfehlten Politik. Eine weitgehende Auflösung der LPGs in der DDR gehört ebenso zu ihren Forderungen wie die Aufhebung aller »Maßnahmen, die die unmittelbaren Interessen der Kirche und der Geistlichkeit einengen«. Recht und Gesetz sollen gestärkt und Bürgerrechte in der DDR künftig sichergestellt werden. Unmittelbar gegen Ulbricht richtet sich der Vorwurf, dass die Arbeit im Politbüro der SED lange nicht funktioniert habe, weil Beschlüsse ohne ausreichende Vorbereitung und Diskussion gefasst worden seien. Am Ende der ersten Sitzung werden Ulbricht und Grotewohl ultimativ aufgefordert, einen tief greifenden Kurswechsel in der DDR vorzubereiten und eine schriftliche Stellungnahme zum sowjetischen Dokument abzugeben.

Ulbricht und Grotewohl reagieren sofort auf die Kritik, indem sie von Moskau aus das SED-Politbüro anweisen, den Druck und die Herausgabe aller Broschüren und Bücher einzustellen, die sich auf den »Aufbau des Sozialismus« in der DDR beziehen. Das Papier jedoch, das Ulbricht und Grotewohl in der Nacht ausarbeiten, entspricht in keiner Weise den sowjetischen Vorstellungen. Berija ist darüber so erbost, dass er es Ulbricht über den Tisch weg mit dem Kommentar zuwirft: »Das ist ein schlechter Aufguss unseres Dokuments.«[18] Nikita Chruschtschow, Mitglied des Politbüros der KPdSU, wird sich später erinnern, dass Berija Ulbricht und die anderen deutschen Genossen in diesem Moment derart angeschrien habe, dass es ihm peinlich gewesen sei.[19] Die Deutschen werden dazu verdonnert, ihr Papier noch einmal selbstkritisch zu überarbeiten.

Ost-Berlin, 5. Juni 1953
Die SED-Führer treffen zusammen mit Wladimir Semjonow – der aufgewertet wurde durch den neuen Titel »Hoher Kommissar« – wieder in Ost-Berlin ein. Semjonows Auftrag lautet, den »Neuen Kurs« in der DDR durchzusetzen. Die sowjetischen Führer haben ihn ausdrücklich angewiesen, »aktiv an den Sitzungen des Politbüros der SED teilzunehmen«.[20] Zu den ersten Maßnahmen, die Semjonow durchsetzt, gehört die Einstellung der Geburtstagsvorbereitungen Ulbrichts: »Wir möchten dem Genossen Ulbricht raten, seinen 60. Geburtstag so zu feiern wie der Genosse Lenin seinen 50. ... Genosse Lenin lud zum Abend ein paar Gäste«, lässt er den SED-Chef süffisant wissen. Die SED bläst sofort alle Vor-

bereitungen zum geplanten Jubeltag ab. Bereits erstellte Bücher und Festschriften müssen wieder eingestampft werden.[21] Der Film kommt als »dokumentarisches Material« ins Archiv; erst Jahrzehnte später, 1989, erblickt er das Licht der jetzt gewandelten Welt. Die Selbstverpflichtungskampagnen werden eingestellt. Das Neue Deutschland erwähnt den Generalsekretär vom 7. bis zum 17. Juni nicht mehr. In der SED kursiert das Gerücht, Ulbricht sei faktisch schon abgesetzt und Rudolf Herrnstadt[22], der Chefredakteur des Neuen Deutschland, habe den Auftrag, ein neues Politbüro zu bilden.[23]

Ost-Berlin, 6. Juni 1953
Das SED-Politbüro tritt in Anwesenheit Semjonows zu einer Sondersitzung zusammen. Alle Mitglieder und Kandidaten des Politbüros haben eine Abschrift des Dokuments des ZK der KPdSU in den Händen und sind aufgefordert worden, sich verbindlich zu äußern, ob sie dem »Neuen Kurs« zustimmen. Allein schon die Möglichkeit einer Vorbereitung ist ganz außergewöhnlich. Wie nicht anders zu erwarten, erklären alle Anwesenden – einschließlich Ulbricht – am Ende der Sitzung ihre Zustimmung zum »Neuen Kurs«, wie er von der sowjetischen Führung festgelegt worden ist.[24]

Die Sitzung selbst nimmt einen sensationellen Verlauf. Ulbricht zeigt sich zu Beginn ungewöhnlich selbstkritisch: »Ich habe Verantwortung zu tragen und werde meine Arbeit ändern.«[25] Doch zur großen Überraschung Semjonows und Ulbrichts beginnt danach eine von allen Politbüromitgliedern getragene Anklage gegen den mächtigsten Mann in ihren Reihen. Fred Oelßner beginnt mit Vorwürfen gegen die Arbeitsweise und den politischen Stil des Sekretariats des Politbüros, wobei sich alle Anwesenden darüber im Klaren sind, dass damit der Führungsstil Ulbrichts gemeint ist. Oelßners Kritik gipfelt in dem Satz, eine »Lockerung der Diktatur ist nötig«.[26] Leidenschaftlich werden im Laufe der Sitzung die Diktatur Ulbrichts, seine Methoden zur Erzeugung von Druck und Furcht, die Erziehung zu Unterwürfigkeit und Opportunismus angeprangert. Elli Schmidt, die Vorsitzende des Frauenbundes, kritisiert das Sekretariat des ZK der SED als »überheblich« und bekennt: »Ich bin noch nie so einsam gewesen wie jetzt im Politbüro.«[27] Unisono schlagen alle Politbüromitglieder in dieselbe Kerbe, auch solche, die in der Vergangenheit stets zu Ulbricht gestanden haben. Fred Oelßner und Rudolf Herrnstadt monieren mit Blick auf Lotte Ulbricht, dass Frauen von verantwortlichen Genossen nicht im Apparat des Mannes beschäftigt werden sollten. Friedrich Ebert prangert an: »Außer dem Genossen Walter Ulbricht existiert für Presse und Rundfunk kein anderes Mitglied des Politbüros.«[28] Alles bricht jetzt auf, was sich in den letzten Jahren unter der Oberfläche an Aggression und Ablehnung gegenüber dem SED-Chef angestaut hat. An diesem Tag wird ausgesprochen, wozu bislang keiner den Mut hatte. Ulbrichts selbstherrlicher Stil, der zu Bürokratisierung und Versteinerung der Partei geführt hat, die Einschüchterung seiner Mitarbeiter, die keinen Mut mehr zur Offenheit haben, werden ihm ebenso vorgeworfen wie die Entfremdung der SED von der Bevölkerung und die fehlende innerparteiliche Auseinandersetzung über ideologische Fragen. Selbst Erich Honecker – Ulbrichts politischer Zögling – bekennt: »Einverstanden. Uns ist der Mut genommen, offen zu sprechen.«[29] Rudolf Herrnstadt wird damit beauftragt, ein kurzes Kommuniqué für das Politbüro zu verfassen, in dem die wichtigsten Maßnahmen des »Neuen Kurses« bekannt gegeben werden. Baldmöglichst soll das Zentralkomitee der SED tagen, um den »Neuen Kurs« zu diskutieren und zu begründen. Der vorbereitenden Kommission für diese Tagung gehört neben Herrnstadt auch Ulbricht an.[30] Am Ende der Sitzung wendet sich Semjonow an Ulbricht: »Ja, Genosse Ulbricht, meiner Meinung nach ist es jetzt an Ihnen, aus dieser sehr fundierten Kritik des Politbüros ernste Folgen zu ziehen.«[31]

Es scheint, als seien Ulbrichts Tage als SED-Chef gezählt. Doch Rudolf Herrnstadt, der Hauptkritiker Ulbrichts im Politbüro, verfügt nicht über das Machtbewusstsein, um sich gegen den seit Jahrzehnten in Machtkämpfen gestählten Generalsekretär durchsetzen zu können. Herrnstadt ist nicht aus demselben Holz geschnitzt wie der Generalsekretär, ihm unterlaufen in dieser Situation naive und unverzeihliche Fehler. So zum Beispiel, als sich Lotte Ulbricht wenige Tage nach dem Generalangriff auf ihren Mann zu Herrnstadt an den Tisch setzt. Statt am Sturz des SED-Chefs zu arbeiten, gibt Herrnstadt Lotte Ulbricht Ratschläge, wie ihr Mann seine kritische Lage verbessern könnte. Er empfiehlt, Ulbricht solle freiwillig in einer der nächsten Sitzungen Selbstkritik üben, aus der sich eindeutig erkennen lasse, dass er bereit sei, sein diktatorisches Verhalten zu ändern. Lotte Ulbricht pflichtet ihm bei und verspricht: »Du wirst sehen, er wird eine solche Erklärung abgeben. Ich werde alles tun. Du kannst dich auf mich verlassen.«[32] Tatsächlich gibt Ulbricht in der nächsten Politbürositzung unaufgefordert eine selbstkritische Erklärung ab. Das veranlasst Herrnstadt – neben anderen Politbüromitgliedern –, Ulbricht zu danken. In seinen Erinnerungen schreibt er: »Wir alle wussten, dass ihm die Abgabe einer solchen Erklärung nicht leicht gefallen war; umso mehr fühlten wir uns ihm verbunden..., wenn Genosse Ulbricht dem Kollektiv entgegen-

17

kam, entdeckten wir unsere alte Liebe für ihn, stellten fest, dass wir in Wahrheit seine politisch sichersten Stützen seien... und sahen ein herrliches Arbeiten im Politbüro voraus.«[33]

Ost-Berlin, 12. Juni 1953
Der »Neue Kurs« wird kommentarlos als »Kommuniqué des Politbüros« in den DDR-Medien veröffentlicht. In der Bevölkerung wirkt das wie eine Bombe. Das Politbüro gesteht öffentlich ein, »dass seitens der SED und der Regierung der DDR in der Vergangenheit eine Reihe von Fehlern begangen wurde«.[34] Doch jetzt soll alles anders werden. Fast alle Maßnahmen, die seit dem Sommer 1952 durchgepeitscht worden sind, um die Wirtschaft anzukurbeln, sollen nun wieder rückgängig gemacht werden. Förderung der Handwerker und Kleinunternehmer statt Enteignung und Zwangskollektivierung, heißt das neue Programm. Zusammenarbeit mit der Intelligenz anstelle ihrer Unterdrückung wird mit dem »Neuen Kurs« angekündigt. Die Enteignungen in der Landwirtschaft sollen gestoppt und bereits kollektivierte Bauernhöfe an ihre alten Eigentümer zurückgegeben werden. Willkürurteile sollen aufgehoben und unrechtmäßig Inhaftierte auf freien Fuß gesetzt werden. In aller Stille werden Parolen, die den Aufbau des Sozialismus propagieren, von Häuser- und Plakatwänden entfernt. Tausende von Fahnen und Bannern müssen heimlich eingemottet werden.

Es ist eine Wende um 180 Grad, die die Funktionäre der mittleren und unteren Ebene völlig unvorbereitet trifft. Der kommentarlose Kurswechsel stürzt viele in Orientierungslosigkeit, und die unteren Kader fühlen sich von ihrer Führung allein gelassen. Herrnstadt und Ulbricht haben diese Probleme vorausgesehen, doch Semjonow hat ultimativ auf einer sofortigen Veröffentlichung bestanden, die keine Zeit lässt, den Parteimitgliedern den »Neuen Kurs« zu erläutern. Die vorgetragenen Bedenken Herrnstadts wischt Semjonow mit der Bemerkung vom Tisch: »In 14 Tagen werden Sie vielleicht schon keinen Staat mehr haben.« Als Herrnstadt später Ulbricht über das Gespräch berichtet, bemerkt der SED-Chef trocken: »Er soll keine Panik machen.«

Die lautstärkste Forderung der Arbeiter allerdings wird nicht erfüllt, die Normerhöhungen, die besonders unbeliebt sind, werden im Zuge des »Neuen Kurses« nicht zurückgenommen, sondern propagandistisch zusätzlich forciert. Wie sich bald herausstellen wird, ist das der schwerste Fehler Ulbrichts in diesen Tagen. Er bringt damit endgültig die empörten Arbeiter gegen sich und seine Politik auf. Während den anderen gesellschaftlichen Gruppen im

»Neuen Kurs« Zugeständnisse gemacht und Erleichterungen versprochen werden, gehen die Arbeiter, die vor allem die Last der überzogenen Pläne zu tragen haben, leer aus. Dementsprechend fällt ihre Antwort aus: »Den Kapitalisten macht ihr Geschenke, uns beutet ihr aus« und »Die SED ist pleite!«.[35] Der Protest der Arbeiter manifestiert sich in ersten Arbeitsniederlegungen.

Ost-Berlin, 15. Juni 1953
Das Sekretariat des ZK der SED tagt. Ein Genosse von der Baustelle »Krankenhaus Friedrichshain« berichtet über die Empörung der Arbeiter wegen der Normerhöhungen und kündigt Streiks an. Ulbricht bleibt stur und unbelehrbar. Er schlägt mit der Faust auf den Tisch: »Die Normen werden nicht zurückgenommen, es bleibt bei zehn Prozent!«[36]

Ost-Berlin 16. Juni 1953
Die Tribüne, das Organ des FDGB, veröffentlicht einen Artikel, der ausdrücklich darauf hinweist, dass die Normerhöhungen auch beim »Neuen Kurs« Gültigkeit behalten. Empörte Bauarbeiter marschieren daraufhin von der Stalinallee zum Haus der Ministerien im Zentrum Ost-Berlins. Industrieminister Fritz Selbmann, der sich zufällig dort aufhält, versucht vergeblich, die Demonstranten zu beruhigen. Verzweifelt fordert er am Telefon Ulbrichts Erscheinen, da nur so die Demonstration zu einem Ende gebracht werden könne. Ulbricht lehnt einen Auftritt vor den Streikenden mit dem Hinweis ab, dass die Sitzung des Politbüros Vorrang habe. Als Selbmann den Generalsekretär zum Kommen drängt, antwortet dieser: »Es regnet ja, die gehen jetzt doch auseinander...«[37] Doch die Hoffnung, dass die Demonstranten sich verlaufen werden, wenn sie niemand zur Kenntnis nimmt, erfüllt sich nicht. Zunehmend schließen sich weitere Ost-Berliner den empörten Arbeitern an. Schließlich wächst die Menschenmenge vor dem Haus der Ministerien auf 10 000 an, die lautstark fordern: »Nieder mit den Normen!«, »Wir wollen Ulbricht sehen!« und »Spitzbart, Bauch und Brille sind nicht des Volkes Wille!«.[38] Die Stimmung heizt sich weiter auf. Aus wirtschaftlichen Forderungen werden politische: »Wir fordern freie Wahlen!«, und schließlich skandiert die Menge: »Der Spitzbart muss weg!«[39]

Als die Sitzung des Politbüros gegen Mittag unterbrochen wird, ist die Mehrheit seiner Mitglieder nicht mehr bereit, Ulbrichts Politik mitzutragen. Der Minister für Staatssicherheit Wilhelm Zaisser[40], Rudolf Herrnstadt, Hans Jendretzky, der Berliner SED-Chef, Elli Schmidt, die Vorsitzende des Frauenbundes, und der stellvertretende Ministerpräsident Heinrich Rau treten offen gegen Ulbricht auf und geben ihm die Schuld an der Situation. Einzig Erich Honecker und Hermann Matern[41] stehen in Nibelungentreue zum angegriffenen Generalsekretär, auch wenn Honecker von erheblichen Zweifeln geplagt wird: »Alle fallen über Walter her. Er wird wohl unterliegen. Aber das Schlimmste ist, ich weiß nicht, wie ich mich verhalten soll.«[42]

Unter dem Druck der Straße entschließt sich das Politbüro endlich doch noch zur Rücknahme der Normerhöhungen und verkündet diesen Beschluss im Radio der DDR. Doch die Maßnahme kommt zu spät. Der damalige SED-Bezirkssekretär in Berlin, Heinz Brandt, schildert die Stimmung: »Die Rufe richteten sich gegen die Normenschinderei, gegen Partei und Regierung, vor allem aber gegen Walter Ulbricht... Meine Mitteilung, dass die Normerhöhung inzwischen vom Politbüro der SED zurückgenommen worden sei, übt keinerlei Wirkung aus: ›Das wollen wir von der Regierung, das wollen wir von Walter Ulbricht selber hören‹, lautet die Antwort. Die Demonstranten ziehen bis vor das Regierungsgebäude und fordern Ulbricht und Grotewohl auf, zu erscheinen und Rede und Antwort zu stehen.«

Der Generalsekretär macht an diesem Abend einen weiteren schweren Fehler. Er lädt die wichtigsten Berliner SED-Funktionäre zu einer Abendveranstaltung in den Friedrichstadtpalast ein. Anstatt auf die Ereignisse des Tages einzugehen und Gegenmaßnahmen zu diskutieren, ignoriert er die Brisanz der Situation und die Demonstrationen und gibt allgemeine Erläuterungen zum »Neuen Kurs« ab. Das ist seine typische Verhaltensweise, wenn er persönlich kritisiert wird und unter Druck gerät. Unfähig, sich spontan auf die Realität einzustellen, versucht er, das Problem aus der Welt zu schaffen, indem er es verdrängt und so tut, als sei es nicht existent. In der Vergangenheit hat er mit dieser Vogel-Strauß-Politik immer wieder Erfolg gehabt. Aber diesmal kommt die Kritik nicht nur aus den eigenen Reihen, sondern auch von außen. Durch die Konferenz im Friedrichstadtpalast werden die SED-Funktionäre aus den Betrieben und vom Geschehen abgezogen. Sie verlieren so die Möglichkeit, mäßigenden Einfluss auszuüben. Die Arbeiter bleiben sich selbst überlassen. Die Stimmung kühlt sich auch über Nacht nicht ab. Das Politbüro diskutiert bis zum Morgengrauen über das weitere Vorgehen. Dabei wird mit sowjetischen Vertretern auch diskutiert, ob die Familienangehörigen der SED-Führer evakuiert werden sollen.[43]

DDR, 17. Juni 1953
Das Neue Deutschland druckt eine Erklärung des Politbüros ab, mit der das Problem der Normerhöhungen entschärft werden soll. Zwar betont die SED-Führungsriege noch einmal, dass die »Erhöhung der Arbeitsproduktivität« der einzig richtige Weg sei, um zu einer Verbesserung der Lebensbedingungen der DDR-Bevölkerung zu kommen. Doch dann folgt der Rückzug der verhassten Maßnahme: »Das Politbüro hält es zugleich für völlig falsch, die Erhöhung der Arbeitsnormen ... um 10 Prozent auf administrativem Weg durchzuführen.« Die Erhöhung der Normen könne einzig und allein auf freiwilliger Basis erfolgen, heißt es in der Erklärung weiter, und darum solle die »obligatorische Erhöhung der Arbeitsnormen als unrichtig« aufgehoben werden.[44] Doch das Einlenken der SED-Führung erfolgt zu spät. Der Streik greift auf die übrigen Teile der DDR über. Aus der auf Berlin begrenzten Demonstration des Vortages entwickelt sich der Volksaufstand des 17. Juni. Um 10.00 Uhr ist erneut eine Sitzung des Politbüros anberaumt. Als die Mitglieder im ZK ankommen, wird ihnen die Nachricht übermittelt, dass Semjonow das Politbüro telefonisch aufgefordert hat, sich sofort in Karlshorst[45] einzufinden. In geschlossener Kolonne und sehr schnell fahren die SED-Führer durch die aufgebrachte Menge. Überall treffen sie auf wütende, erregte Menschen, von denen manche mit erhobenen Fäusten auf die Wagen zugehen. Ulbricht sitzt zusammen mit Herrnstadt in einem Auto – beide sprechen während der Fahrt kein Wort. In Karlshorst wird deutlich, dass es in diesem Moment eine eigenständige Staatsmacht der DDR nicht mehr gibt. Überflüssig und hilflos sitzen die SED-Führer im Zimmer des Hohen Kommissars herum, während die Sowjets die Lage sondieren und Anweisungen aus Moskau einholen. Schließlich wird in einer gemeinsamen Sitzung, an der Semjonow und sein Stellvertreter Pawel Judin[46] teilnehmen, die weitere Marschrichtung beschlossen. Die anwesenden Politbüromitglieder sollen sofort zu den Zentren der Unruhen fahren, um dort die »politische Leitung« zu übernehmen. Ulbricht, Grotewohl, Zaisser und Herrnstadt bleiben als Einzige in Karlshorst. Als durch den RIAS[47] verbreitet wird, dass es in der DDR keine Regierung mehr gebe, kommentiert Semjonow diese Nachricht gegenüber den vier deutschen Genossen spöttisch: »Na, fast stimmt es doch.« Als Karl Schirdewan[48], der im Gebäude des ZK in Berlin geblieben ist, telefonisch über die aktuelle Lage berichtet, quittiert Ulbricht die Nachricht spontan mit einem »Aus«.[49]

Gegen Mittag erreicht der Aufstand seinen Höhepunkt. »Weg mit Ulbricht!«, fordert die Menge, und Tausende singen die dritte Strophe des Deutschlandliedes: »Einigkeit und Recht und Freiheit für das deutsche Vaterland«. Zur gleichen Zeit sind die Anweisungen aus Moskau da. Semjonow informiert die SED-Führer: »Moskau hat die Verhängung des Ausnahmezustandes angeordnet. Jetzt ist der Spuk sehr schnell vorbei. Ein paar Minuten nach 1.00 Uhr ist die ganze Sache erledigt.« In der Tat hat die DDR-Führung mit Hilfe der Sowjets die Initiative in Berlin wieder zurückgewonnen. Ulbricht, Zaisser, Herrnstadt und Semjonow besprechen zusammen die Linie des Leitartikels des Neuen Deutschland für den nächsten Tag, der unter dem Titel »Was ist in Berlin geschehen« erscheinen wird.[50] Die Nacht verbringt der SED-Chef auf Anordnung des Hohen Kommissars in einer leer stehenden Villa in Karlshorst. Ulbricht wollte eigentlich sofort nach Berlin-Mitte zurückkehren. Doch Semjonow hat diesen Wunsch zurückgewiesen: »Und wenn Ihnen in Ihren Wohnungen etwas passiert? Sie haben es dann leicht, aber was meine Vorgesetzten mit mir machen, daran denken Sie nicht.« Am nächsten Morgen ist der Generalsekretär jedoch nicht mehr zu halten. Beim Frühstück verkündet er: »Jetzt fahre ich in die Stadt, ins ZK – auch wenn sie mich halten wollen. Unser Platz ist dort. Es war wahrscheinlich überhaupt falsch, dass wir hier geblieben sind.«[51]

Bertolt Brecht schreibt Ulbricht an diesem Tag: »Es ist mir ein Bedürfnis, Ihnen in diesem Augenblick meine Verbundenheit mit der Sozialistischen Einheitspartei Deutschlands auszudrücken.«[52] Ein Ulbricht weniger ergebener DDR-Bürger schmiert an eine Klo-Tür in der Warnow-Werft in Rostock den Spruch: »Wilhelm zur Erholung ging, wohl an das Schwarze Meer, weil Walterchen alleine war, nahm er das Schießgewehr.«[53]

Ost-Berlin, 20. Juni 1953
Semjonow, der in den letzten Tagen faktisch die Führung von Staat und Partei in Händen gehabt hat, fragt die deutschen Genossen provokant, ob sie nicht meinten, dass ihr Platz jetzt in den Betrieben sei.[54] Ulbricht reagiert empört und barsch: »Sie haben uns ja selber verboten, in die Betriebe zu gehen.« Als die SED-Führer nach Hause fahren, ist Ulbricht außer sich: »Jetzt sollen sie mir noch einmal kommen mit Vorschriften über mein Verhalten! Jetzt mache ich das, was ich für richtig halte.«[55] In den kommenden Tagen tritt Ulbricht wie andere SED-Spitzenfunktionäre in Betriebsversammlungen von Großbetrieben auf, um verlorenes Terrain in Diskussionen mit der Belegschaft wieder zurückzuerobern. Bei seinem Auftritt in den nach ihm benannten Leuna-Werken erscheinen von 28 000 Arbeitern nur 1300 zur Diskussion, nicht

einmal die Hälfte der SED-Mitglieder des Großbetriebes.[56] Das Ministerium für Staatssicherheit, wie immer dabei, hält fest: »Im Vordergrund [standen] die Forderung nach Redefreiheit, die sie schriftlich bescheinigt haben wollten, Entlassung der politischen Häftlinge, Trennung der Gewerkschaft von der Partei usw.«[57] Im Ost-Berliner VEB Großdrehmaschinen »7. Oktober« wird Ulbricht sogar ausgebuht und ausgepfiffen. Die Arbeiter geben sich nicht mit seiner standardisierten Beschwichtigungsrede zufrieden, sondern verlangen offene und selbstkritische Worte. Ulbricht gibt sich kleinlaut: »Ich bin ein Arbeitersohn, dem die kapitalistische Gesellschaft nur vier Jahre Schule erlaubt hat«, erklärt er entschuldigend, »und ihr müsst es mir nicht übel nehmen, wenn ich auch heute manchmal fehlerhafte Sätze spreche. Aber darauf kommt es gar nicht an, weil ihr nicht verstehen wollt, was ich euch zu sagen habe.« Dass Ulbricht sich von acht Polizisten mit Motorrädern eskortieren lässt, erzürnt die Arbeiter besonders: »Ich muss schon sagen, Genosse Ulbricht, schwer machst du es uns«, ruft ihm ein aufgebrachter Genosse deswegen aus der Menge zu, »wir stehen hier als einfache Genossen zwischen den Kollegen und sollen ihnen Rede und Antwort stehen, dass du hier mit Polizei herkommst.«[58] In dieser Versammlung wird Ulbricht nichts geschenkt. Am Schluss lässt er über eine vorbereitete Resolution abstimmen. Jetzt erreicht die Erregung der Versammelten ihren Höhepunkt. »Aha!«, tönt es aus dem Saal. »Ein Hurra für die SED!« – »Es lebe der Führer!« – »Ohne uns!«, schallt es durcheinander. Ulbricht lässt sich nicht beeindrucken und bringt seine Resolution vor, indem er das Protestgejohle überschreit. Die Zählung ergibt 188 Zustimmungen und 500 Ablehnungen. Trotzdem hinterlässt die Versammlung bei Ulbricht einen sehr positiven Eindruck. Im Anschluss daran erzählt er Herrnstadt am Telefon ganz erfüllt von seinem Auftritt und meint, es gebe gar keinen Zweifel, dass die Partei sich durchsetzen könne und werde.[59]

Ost-Berlin, 24. Juni 1953
Marschall Sokolowski[60], Generalstabschef der Sowjetischen Armee, der Hohe Kommissar der UdSSR in Deutschland, Semjonow, und dessen Stellvertreter Pawel Judin, die das militärische und politische Krisenmanagement während des Aufstandes und danach geleitet haben, legen ihren Abschlussbericht über das Desaster in Ost-Berlin für die Sowjetführung vor. Sie fordern darin zum einen wirtschaftliche Entlastungen für die DDR-Wirtschaft, damit das Lebensniveau der DDR-Bevölkerung spürbar erhöht werden kann. Daneben üben sie harsche Kritik an der Politik des ZK der SED, das »in der letzten Zeit eine falsche Methode bei der

Führung des Staates und der Volkswirtschaft angewendet« hat. Dass Ulbricht, der Generalsekretär des ZK der SED, Konsequenzen zu ziehen hat, steht für die sowjetischen Emissäre außer Frage. Eine ihrer zentralen Forderungen lautet, »Genossen Ulbricht von der Funktion des Stellvertretenden Ministerpräsidenten der DDR zu entbinden, damit er seine Aufmerksamkeit auf die Arbeit des ZK der SED konzentriert«. Und weiter: »Der derzeit existierende Posten des Generalsekretärs des ZK der SED ist zu liquidieren, Posten ›Sekretäre des ZK‹ sind einzuführen.«[61]

Ost-Berlin, 26. Juni 1953
In dieselbe Kerbe schlägt Rudolf Herrnstadt anlässlich der ersten Sitzung der Kommission des Politbüros, die Vorschläge zur Organisationsveränderung in der Führungsspitze der SED machen soll. Es besteht Einigkeit in der Runde, der auch Ulbricht angehört, dass das Politbüro des ZK der SED umbenannt werden soll in »Präsidium des Zentralkomitees«.[62] Der Vorschlag folgt wieder einmal dem Vorbild der Sowjetunion, wo seit Herbst 1952 genau diese Organisationsveränderung gilt. Die weiteren Beschlüsse der Kommission sind sensationell: Das von Ulbricht geleitete Sekretariat des ZK der SED soll in seiner bisherigen Form aufgelöst werden und die Funktion des Generalsekretärs künftig entfallen. Stattdessen soll ein Sekretariat geschaffen werden, das nur aus Angehörigen des Politbüros besteht, um den Dualismus zwischen Politbüro und Sekretariat zu beseitigen. Auch Ulbricht stimmt dem Vorschlag zu: »Ist keine Frage... Aber eine Stelle ist trotzdem notwendig, die für die Durchführung der Beschlüsse sorgt.«[63] In der Diskussion lässt sich Herrnstadt zu der Äußerung hinreißen: »Walter, dich muss man bändigen, sonst gibt es ein Unglück.«[64] Und dann setzt Ulbrichts Hauptwidersacher zum Dolchstoß an: »Ich habe noch einen weiter gehenden Vorschlag; wäre es nicht besser, wenn du die unmittelbare Anleitung der Parteiorganisation abgibst?« Ulbricht, vor Wut und Erregung knallrot im Gesicht, entgegnet zur Überraschung aller: »Ich hätte diesen Vorschlag selbst gemacht.«[65] Die Entscheidung über personelle Konsequenzen dieses Beschlusses wird auf die nächste Sitzung vertagt.[66] Nie war die Entmachtung des Generalsekretärs als Primus inter Pares und seine Einreihung ins Glied der anderen SED-Führer greifbarer und akuter als an diesem 26. Juni 1953.

Ost-Berlin, 30. Juni 1953
Walter Ulbricht wird sechzig Jahre alt. Im Glückwunschtelegramm des sowjetischen Zentralkomitees fehlt der übliche Hinweis auf die verschiedenen Funktionen des Generalsekretärs. Immerhin enthält

es einen »brüderlichen Gruß«, und Ulbricht wird als einer der »hervorragendsten Organisatoren und Führer« der SED bezeichnet.[67]

Moskau, Anfang Juli 1953
Berija wird von Chruschtschow, Molotow und Malenkow gestürzt und verhaftet. Sein Versuch, das von ihm geführte Innenministerium und damit auch den sowjetischen Geheimdienst der Kontrolle der Partei zu entziehen und sich zum Nachfolger Stalins und Alleinherrscher in der UdSSR aufzuschwingen, scheitert am Widerstand seiner Rivalen. Die restlichen Sowjetführer hegen nicht zu Unrecht die Befürchtung, dass die von Berija angestrebte Alleinherrschaft sie nicht nur ihre Stellung, sondern auch das Leben kosten könnte, und handeln. Berija wird als »Feind der Partei und des Sowjetvolkes« aller Ämter enthoben und aus der Partei ausgestoßen. Die weiteren Vorwürfe seiner Gegner lauten, dass er im Interesse ausländischen Kapitals den Sowjetstaat habe »unterwühlen« wollen. Er habe den niederträchtigen Versuch unternommen, das von ihm geleitete Innenministerium über die Regierung der Sowjetunion zu stellen. »Verbrecherischer Abenteurer« wird er in der Sowjetpresse bald genannt werden, und »ruchlose Machenschaften« werden dem Mann vorgeworfen, der der größte Gegner Ulbrichts in den vergangenen Wochen gewesen ist. Auch gegen den Aufbau des Sozialismus in Deutschland sei er gewesen, und er habe sich gegen die Landwirtschaftlichen Produktionsgenossenschaften ausgesprochen, heißt es jetzt. Seine Kompromissbereitschaft in der Deutschlandpolitik gegenüber dem Westen hätte gar zum Verlust der DDR führen können.[68]

Ost-Berlin, 3. bis 7. Juli 1953
Ulbricht erhält – vor den anderen Mitgliedern des Politbüros der SED – Kenntnis vom Sturz Berijas und gelangt zur Gewissheit, dass die sowjetische Führung ihn in dieser Situation nicht opfern wird. Der von Berija initiierte »Neue Kurs« wird in Moskau als Fehler eingestuft. Dass er sich hauptsächlich gegen den Generalsekretär der SED richtete, ist jetzt ein Argument für Ulbricht. Hinzu kommt, dass der SED-Chef – nachdem sowjetische Panzer der DDR-Führung die Macht erhalten haben – nicht geopfert werden kann, ohne dass dies als Zeichen der Schwäche der DDR-Führung ausgelegt werden könnte. Notgedrungen entscheiden die Sowjetführer, an ihrem Statthalter in der DDR festzuhalten, dessen politisches Schicksal noch wenige Tage zuvor besiegelt schien.

Infolge dieser dramatischen Änderung der Lage in Moskau zeigt der Generalsekretär des ZK der SED plötzlich keinerlei selbstkritische Ansätze mehr. Während die Mehrheit im Politbüro tief schockiert über den Aufstand und seine Ursachen grübelt, tut der SED-Chef so, als sei die Niederschlagung des Aufstandes ein Erfolg, und sträubt sich auf einmal gegen jede kritische Diskussion. Herrnstadt fällt das veränderte Verhalten Ulbrichts sofort auf: »Die Atmosphäre in dieser Sitzung war von Anfang an gespannt, die Haltung des Genossen Ulbricht brüsk, abwartend und auf Angriffe eingestellt. Ich hatte den Eindruck, dass zwischen der 1. und 2. Kommissionssitzung irgendwelche, mir nicht bekannten Dinge vor sich gegangen waren, auf Grund derer Ulbricht sein Verhalten... bereute und für überflüssig hielt.«[69] Die zweite Sitzung nimmt einen völlig anderen Verlauf, als es nach den Beschlüssen beim ersten Treffen zu erwarten war. Der sowjetische Vertreter Semjonows, Miroschnitschenko, ergreift die Partei Ulbrichts, ohne dabei dessen Namen zu nennen. Er macht deutlich, dass er von der Idee eines großen Sekretariats nicht viel hält. Ein Sekretariat zur Kontrolle der Durchführung der Beschlüsse des Politbüros sei in jedem Fall notwendig. Dabei genüge es, wenn nur ein Mitglied dieses Sekretariats Mitglied des Politbüros sei, um die Verbindung zu gewährleisten. Obwohl das überhaupt nicht den Intentionen der Ulbricht-Gegner entspricht, stimmen sie notgedrungen den Ausführungen von Miroschnitschenko zu. Wilhelm Zaisser versucht zu retten, was noch zu retten ist, und schlägt vor, die entscheidende Position desjenigen Politbüromitglieds, das auch dem Sekretariat angehören soll, mit Rudolf Herrnstadt zu besetzen. Auf Fragen von Grotewohl, ob Herrnstadt zur Annahme dieses Amtes bereit sei, erklärt dieser, dass er jede Arbeit, die die Partei ihm übertrage, übernehme. Ulbricht kommentiert das erregt mit dem Zuruf: »Dieser Vorschlag ist ganz logisch! Für mich ist er der Punkt auf dem i.«[70] Die Entscheidung wird auf die nächste Sitzung vertagt, damit Semjonow teilnehmen kann.

Eine dritte Sitzung der Kommission findet nicht mehr statt. Ulbrichts Gegner verspielen ihre Chance, den angeschlagenen Generalsekretär endgültig zu Fall zu bringen. Herrnstadt und Zaisser führen ihre Angriffe nicht entschlossen genug, ihnen fehlt der politische Killerinstinkt. Anstatt auf die Absetzung Ulbrichts zu drängen, diskutieren sie nächtelang, wie Ulbricht im Kollektiv zur Räson gebracht werden kann. Herrnstadt findet selbst auf dem Höhepunkt des Machtkampfes noch Gutes an Ulbricht: »Ich war – wie oft – wieder von ihm begeistert, von seiner Elastizität, der Schnelligkeit seines Denkens und vor allem davon, dass er letzten Endes, wie mir schien, guten Willens war.«[71] Ulbricht nutzt die mangelnde Entschlossenheit seiner Gegner, um jetzt zum Gegenangriff auf seine Kritiker im Politbüro überzugehen. Das fehlende taktische Geschick seiner Gegner, denen es nicht gelungen ist, ihn im Politbüro zu isolieren, erlaubt ihm, seine Verbündeten wieder hinter sich zu bringen. Hermann Matern, Fred Oelßner und Erich Honecker sind in der jüngsten Vergangenheit ebenfalls schwer kritisiert worden und fürchten, mit in den Abgrund gerissen zu werden, wenn der Generalsekretär stürzt. Vor diesem Hintergrund fällt die Entscheidung leicht, sich auf die Seite Ulbrichts zu schlagen. Der in der letzten Politbürositzung heftig gescholtene Fred Oelßner übernimmt es, die Gegenoffensive einzuleiten. In der nächsten Politbürositzung bezichtigt er Herrnstadt und Zaisser, eine Spaltung der Partei anzustreben. Das ist der schlimmste Vorwurf, den man einem Parteimitglied nach kommunistischer Ideologie machen kann. Oelßner agitiert, Zaisser und Herrnstadt hätten die durch den 17. Juni entstandene Lage ausnutzen wollen. Zaisser habe Herrnstadt als neuen Ersten Sekretär des Zentralkomitees vorgeschlagen, und Herrnstadt habe dies mit dem größenwahnsinnigen Satz »Der Parteiapparat steht gegen mich, aber die Massen stehen hinter mir!«[72] angenommen. Nach diesen Vorwürfen kommt es zu tumultartigen Auseinandersetzungen im Politbüro.

In den nächsten Tagen arbeitet Herrnstadt schriftlich eine nie da gewesene, schonungslose Abrechnung mit der Politik der vergangenen Jahre aus. Seine Kritik an der von Ulbricht initiierten Wirtschaftspolitik der Vergangenheit gleicht einem Offenbarungseid: »Insbesondere hat sich die Forcierung des Ausbaus der Schwerindustrie, der Drosselung der Konsumgüterindustrie und die schroffe Einschränkung der Privatinitiative als irrig erwiesen.«[73] Noch härter geht er mit dem inneren Zustand der SED ins Gericht: »Der Verlust der Verbindung mit großen Teilen der Werktätigen, der Verlust des Vertrauens eines beträchtlichen Teils der Arbeiterklasse gehört zum Schwersten, was einer marxistisch-leninistischen Partei widerfahren kann.«[74] Ohne Ulbrichts Namen zu nennen, verdammt er dessen Führungsstil: »Es verführt zum Persönlichkeitskult, der das Niveau der Parteiarbeit senkt und die jeweilige ›Persönlichkeit‹ in ihrer Entwicklung zurückwirft und verkrüppelt.«[75] Herrnstadts Papier gipfelt in den Forderungen »Erneuerung der Partei«, »Erneuerung der Parteispitze«, »Erneuerung des zentralen Parteiapparates«.[76] Als Herrnstadt diese Thesen im Politbüro präsentiert, kommt es erneut zu schweren Auseinandersetzungen. Ulbricht und seine Gefolgsleute verstärken ihren Gegenangriff, indem sie Herrnstadt und Zaisser eine »spalterische Tätigkeit« vorwerfen. Diese seien nicht überzeugt von der Richtigkeit des »Neuen Kurses« und würden daher nicht mehr die Linie der Partei vertreten.[77]

Ulbricht kann in dieser Sitzung punkten, denn der von Herrnstadt vorgelegte Entwurf wird als unbrauchbar zurückgewiesen.[78] Statt seiner wird Anton Ackermann[79] beauftragt, die Beschlüsse zum »Neuen Kurs« vorzubereiten, die anlässlich der nächsten Sitzung des Zentralkomitees verabschiedet werden sollen.

Ost-Berlin, 7. Juli 1953
Doch damit ist Ulbricht noch nicht aus dem Schneider. Das Politbüro diskutiert in einer Nachtsitzung erneut die Frage der Macht. Am nächsten Morgen sollen Grotewohl und Ulbricht auf Wunsch der sowjetischen Führung erneut nach Moskau fliegen. Die Diskussion dauert vier oder fünf Stunden. Von 13 anwesenden Politbüromitgliedern sprechen sich nur zwei eindeutig für das Verbleiben von Walter Ulbricht als Generalsekretär aus, Hermann Matern und Erich Honecker. Erich Mückenberger und Fred Oelßner legen sich nicht fest. Die Übrigen sprechen sich klar und vehement dafür aus, dass Ulbricht die Funktion des Generalsekretärs aufgeben soll. Friedrich Ebert kann seine Kritik nur unter Tränen vortragen. Elli Schmidt spricht mit größter Leidenschaft. »Der ganze Geist, der in unserer Partei eingerissen ist, das Schnellfertige, das Unehrliche, das Wegspringen über die Menschen und ihre Sorgen, das Drohen und Prahlen – das erst hat uns so weit gebracht, und daran, lieber Walter, hast du die meiste Schuld, und das willst du nicht eingestehen, dass es ohne alledem keinen 17. Juni gegeben hätte... Es geht nicht gerecht zu, Walter. Wer dir zum Munde redet und immer hübsch artig ist, der kann sich viel erlauben. Honecker, zum Beispiel, das liebe Kind. Aber wer dir nicht zum Munde redet, der bekommt keine Hilfe und kann sich totarbeiten, und es wird nicht anerkannt.« Am schärfsten ist der Angriff von Anton Ackermann. »Viele Jahre habe ich dich unterstützt, Walter. Trotz allem, was ich sah. Lange Zeit habe ich geschwiegen, aus Disziplin, aus Hoffnung, aus Angst. Heute liegt das alles hinter mir. Die Partei steht höher, und ich werde die Wahrheit sagen und nur die Wahrheit... Es gibt in diesem Politbüro nur zwei Sorten von Genossen: solche, die es wagen, den Mund aufzumachen, und solche, die den Mund halten und dasselbe denken... Ich bin bereit, vor den Parteitag zu treten, vor dreitausend gewählte Funktionäre mit nur einem Dokument in der Hand, ... über die Ehrungen zu deinem 60. Geburtstag. Ich brauche dieses Dokument nur zu verlesen, nichts weiter – an der Reaktion des Parteitages würde kein Zweifel sein.«[80] Trotz dieser harten Angriffe notiert sich Grotewohl am Ende der Sitzung: »Ich kann in Moskau keine abschließende Äußerung abgeben.«[81]

Ost-Berlin, 9. Juli 1953
Nach ihrer Rückkehr aus Moskau berichten Ulbricht und Grotewohl dem Politbüro über den Grund der Reise. Die sowjetischen Genossen haben die Führer aller Bruderparteien eingeladen, um ihnen die Angelegenheit Berija offiziell zu erläutern. Dabei wird mündlich Kritik an der Herrschaft Stalins in den letzten Jahren geübt. Unter seiner Führung hätten nicht immer normale Verhältnisse geherrscht, und die Prinzipien der innerparteilichen Demokratie seien verletzt worden. Das habe den Nährboden für das Hochwachsen einer solchen Figur wie Berija gegeben. Grotewohl verliest in einer Nachtsitzung ein Dokument des Präsidiums des ZK der KPdSU. Es ist ein selbstkritisches Statement über den schlechten inneren Zustand der KPdSU. Herrnstadt und Zaisser fühlen sich bestätigt. Genau das, was sie an Ulbricht kritisiert haben, wird auch in der sowjetischen Bruderpartei kritisiert. Herrnstadt erinnert sich später: »Je weiter er las, desto glücklicher wurde ich. Ebenso Zaisser, Ackermann und viele andere.«[82]

Ost-Berlin, 14. Juli 1953
Das Politbüro tagt erneut. Diese Sitzung bringt die Wende im Machtkampf um den Generalsekretär der SED. Ulbricht dreht den Spieß um und greift erneut mit grimmiger Entschlossenheit seine beiden Hauptkritiker an. Seine Dramaturgie sieht vor, dass zu Beginn der Sitzung der »Fall Fechner« behandelt wird. Zwar ist der Justizminister der DDR an dem parteiinternen Machtkampf nicht direkt beteiligt gewesen. Doch Max Fechner hat anlässlich des 17. Juni einen schweren Fehler gemacht. In einem Interview mit dem Neuen Deutschland hat er sich mit dem Satz »Das Streikrecht ist verfassungsmäßig garantiert« hinter die Streikenden gestellt. Die Interpretation der Ereignisse als Streik wird ihm zum Verhängnis. Die Machthaber in Moskau und Ost-Berlin haben den Aufstand zur »faschistischen Provokation« erklärt, von einem Streik kann ihrer Meinung nach keine Rede sein. Ulbricht nutzt das, um Fechner politisch zu entmachten und darüber hinaus sogar ins Gefängnis werfen zu lassen. Das Ganze ist eine unübersehbare Machtdemonstration und Warnung Ulbrichts an seine Gegner. Schockartig wird ihnen eingebläut, wohin ein Angriff auf den Generalsekretär führen kann. Fechner wird an diesem Tag vor das Politbüro geladen, um sich für seine Aussage im Neuen Deutschland zu rechtfertigen. Der in der Sitzung anwesende Vertreter der SKK, Judin, ist über Fechners Aussage so erbost, dass er dem Justizminister »zitternd vor Erregung« droht: »Bei uns in der Sowjetunion gibt man für solche Sachen zwölf Jahre Zuchthaus.« Noch am selben Tag wird Fechner verhaftet und am 26. Juli als »Feind der Partei

und des Staates ... aus dem ZK der SED und den Reihen der SED«
ausgeschlossen. Bis 1955 wird er ohne Anklage in Untersuchungshaft sitzen, um dann in einem Geheimprozess zu einer Freiheitsstrafe von acht Jahren verurteilt zu werden. Zu seinem Glück wird er davon allerdings nur einen Bruchteil absitzen müssen.[83]

Nach diesem Auftakt der Sitzung wendet sich Ulbricht seinen beiden Hauptgegnern zu und erklärt, dass er das Verhalten der Genossen Zaisser und Herrnstadt vor dem Zentralkomitee zur Anklage bringen wird. Alle Anwesenden spüren, Ulbricht will seine eigene Haut retten, indem er seine Gegner eliminiert. In derselben Sitzung wird auch der Entwurf von Anton Ackermann für die nächste Sitzung des Zentralkomitees von Ulbricht, Matern und Oelßner entrüstet zurückgewiesen. Nunmehr nehmen Ulbricht, Grotewohl und Oelßner die Ausarbeitung in die Hand.[84]

Ost-Berlin, um den 18. Juli 1953
Wenige Tage später wird der von Oelßner ausgearbeitete Entwurf in Anwesenheit von Semjonow und Judin im Politbüro zur Diskussion gestellt. Die beiden entscheidenden Passagen lauten: »Im Politbüro des ZK machte sich bei einigen Genossen ein Zurückweichen vor der feindlichen Propaganda bemerkbar, die das Hauptfeuer gegen den Kern der Parteiführung richtete. Diese Genossen vertraten eine defätistische, gegen die Einheit der Parteiführung gerichtete Linie ... Das Zentralkomitee verurteilt besonders die unrichtige, kapitulantenhafte Linie, die in einer Reihe Aufsätze des Organs des ZK, Neues Deutschland, vertreten wurde, dessen Chefredakteur, Genosse Herrnstadt, eine kapitulantenhafte, im Wesen sozialdemokratische Auffassung zum Ausdruck brachte.«[85]
Als Grotewohl danach erklärt, die Vorwürfe gegen Herrnstadt und Zaisser seien »in der politischen Grundsätzlichkeit« richtig, sind die Würfel gefallen. Wenn das Zentralkomitee diesen Beschluss verabschiedet, sind Zaisser und Herrnstadt politisch erledigt.

Ost-Berlin, um den 20. Juli 1953
Herrnstadt spürt, dass er die Schlacht verlieren wird, und verzweifelt: »Ich konnte oder wollte nicht glauben, dass sie meine politische Vernichtung vollziehen würden.«[86] Fast weinerlich sucht er ausgerechnet bei Ulbricht Hilfe und bittet darum, dass die Beschuldigungen gegen ihn aus dem Entwurf für das nächste Plenum des Zentralkomitees gestrichen werden. Ulbricht ist dieser hilflose Akt der Unterwerfung offensichtlich peinlich, und er schiebt die gegen Herrnstadt und Zaisser inszenierte Kampagne auf sowjetische Stellen. Nur zu willig nimmt der geschlagene Herrnstadt ihm diese Ver-

sion ab. Zum Abschied gibt sich Herrnstadt noch einmal heroisch: »Wenn wir uns jetzt trennen sollten, bitte ich dich und die Partei zu wissen, dass ich ohne Groll scheide und dass sich die Partei auch weiterhin auf mich verlassen kann.« Ulbricht erwidert kühl: »Ich nehme diese Erklärung zur Kenntnis.«[87]

Ost-Berlin, 23. Juli 1953
Auf der letzten Politbürositzung vor der entscheidenden Tagung des Zentralkomitees der SED legt Ulbricht in Anwesenheit von Semjonow und Judin seinen Rechenschaftsbericht vor, den er am morgigen Tag vor dem Zentralkomitee verlesen will. Ausdrücklich wird diesmal erklärt, dass nur die ordentlichen Mitglieder des Politbüros stimmberechtigt sind. Regelmäßig haben sonst zuvor auch die Kandidaten des Politbüros – zu denen Herrnstadt gehört – mitgestimmt. Der Rechenschaftsbericht sieht weitere Verschärfungen der Beschuldigungen gegen Zaisser und Herrnstadt vor. Nach erregter Diskussion stimmt Zaisser – der einzige Beschuldigte, der stimmberechtigt ist – wie alle anderen für den Beschluss, der ihn selber als Vertreter des Sozialdemokratismus und Kapitalismus brandmarkt. Danach bricht er in Tränen aus und verlässt den Raum.[88] Auch in dieser Situation beugt er sich dem Willen der Partei und ihrem ehernen Gesetz, wonach die Einheit der Partei über alles geht und unantastbar ist.

Ost-Berlin, 24./25. Juli 1953
Am nächsten Tag beginnt die entscheidende ZK-Sitzung. Zur Bestürzung von Zaisser und Herrnstadt verliest Walter Ulbricht neue Vorwürfe gegen sie, die nicht dem Text entsprechen, den er am Vortag im Politbüro hat absegnen lassen. Jetzt verleumdet er seine beiden Gegner sogar als Kapitulanten, die nach dem faschistischen Putschversuch vom 17. Juni versucht hätten, Hand in Hand mit den Verschwörern die Situation auszunutzen. Oelßner gießt anschließend Öl ins Feuer, als er erklärt, dass der von Herrnstadt ausgearbeitete Entschließungsentwurf für das 15. Plenum eine »ideologische Plattform« darstelle und Herrnstadt und Zaisser eine »getarnte fraktionelle Gruppe« gebildet hätten. Ulbricht heizt die Stimmung durch perfide Zwischenrufe weiter auf: »Er hat ja nicht nur mich stürzen wollen; er wollte auch den Bundesvorstand des FDGB abberufen!« Oder: »Er hat ja auch Matern stürzen wollen!«[89] Je länger das Plenum und die Sitzung andauern, desto schlimmer werden die Vorwürfe. Ulbricht spinnt einen Faden zwischen der »parteifeindlichen Fraktion« und dem Verräter Berija. Damit geraten Herrnstadt und Zaisser auch noch in den Verdacht, imperialistische Agenten zu sein, die die Absicht hatten, den Ka-

pitalismus in der DDR zu restaurieren und die proletarische Kampfpartei zu liquidieren. Staat und Partei, suggeriert Ulbricht, hätten sich in einer tödlichen Gefahr befunden, weil eine »parteifeindliche Fraktion« einen »innerparteilichen Putsch« unternommen habe. Nur durch das sofortige Dazwischengehen einiger in Klassenkämpfen erprobter Genossen sei der Anschlag der Putschisten im Keim erstickt und die Partei und die DDR gerettet worden.

Das Ergebnis dieser perfiden Unterstellungen ist, dass Ulbricht sich auf der ganzen Linie durchsetzt. Das Zentralkomitee ist erschüttert über den vermeintlichen Putschversuch und beschließt, die beiden »Fraktionisten« aus seinen Reihen auszuschließen. Herrnstadt erinnerte sich: »Ich sehe noch die Gesichter der Genossen des ZK vor mir, wie sie auf mich und Genossen Zaisser blickten, als Genosse Ulbricht den Verdacht aussprach, dass wir zur Bande Berijas gehören. Jeder dachte: also solche Verbrecher sind das...«[90] Erneut wird deutlich, warum Herrnstadt und Zaisser letztlich keine Gegner für Ulbricht sind und darum in dem Machtkampf keine Chance haben. Sie bringen es – selbst angesichts der augenscheinlich drohenden eigenen Niederlage – nicht über sich, in der für ihr Schicksal entscheidenden ZK-Sitzung offen gegen Ulbricht vorzugehen. »Wirst du sagen, was wirklich war?«, fragte Herrnstadt Zaisser vor seinem Auftritt vor dem Zentralkomitee. »Das kann man nicht machen, das könnte der Sowjetunion schaden«, ist die Antwort des Staatssicherheitsministers.[91] Schließlich stimmt Herrnstadt für seinen eigenen Ausschluss aus dem Zentralkomitee, denn der Gedanke, gegen das Plenum zu stimmen, ist für ihn nicht vorstellbar.[92]

Ost-Berlin, August/September 1953
Ulbricht begnügt sich nicht damit, den Machtkampf zu gewinnen. In den nächsten Monaten stellt er sicher, dass seine unterlegenen Gegner nie wieder eine wesentliche politische Rolle spielen und sich vor allem nie wieder gegen ihn erheben werden. Keiner seiner Kritiker im jüngsten Machtkampf bleibt von Ulbrichts Rache verschont. Zunächst zwingt der SED-Chef seine unterlegenen Gegner, demütigende schriftliche Selbstkritiken abzugeben. Herrnstadts diesbezügliche Erklärung vom 31. August 1953 ist ein Akt der totalen Selbstaufgabe und Unterwerfung: »Ich gebe mir heute Rechenschaft davon, dass diese schweren Vorwürfe berechtigt sind.[93] ...ich bin nicht nur an die Frage des Neuen Kurses von Anfang an falsch herangegangen, ich muss außerdem nach dem 17. Juni unter der Einwirkung der gegnerischen Propaganda ge-

standen haben, die den Eindruck hervorrufen wollte, als hätten sehr große Massen demonstriert.[94] ... Wenn ich alle meine Fehler zusammennehme, komme ich zu dem Schluss, dass es sich um ein System von Fehlern handelt, dessen Ursache in kleinbürgerlichen Resten liegt. Sie zeigten sich ... in persönlichen Eigenschaften wie Selbstherrlichkeit, Besserwisserei, Anmaßung... Wenn ich heute die Zusammenhänge überblicke, so empfinde ich Scham über mein Verhalten.«[95] Diese Selbstunterwerfung nützt Herrnstadt nichts. Zusammen mit Wilhelm Zaisser wird er Anfang 1954 wegen »parteifeindlicher fraktioneller Tätigkeit, die die Einheit und Reinheit der Partei bedrohte, aus der Partei ausgeschlossen«.[96] Ulbricht begeht darüber hinaus die Gemeinheit, Herrnstadt eine Arbeit als Angestellter des Deutschen Zentralarchivs in der Zweigstelle Merseburg zuweisen zu lassen. Ulbricht weiß, dass Herrnstadt in den Nachkriegsjahren eine schwere Tuberkulose nur knapp überlebt hat. Nach mehreren Operationen ist die Funktionsfähigkeit von Herrnstadts Lungen um 50 Prozent reduziert. Der neue Wohnort im Zentrum der hoch belasteten Emissionen der beiden größten Chemiebetriebe des Landes, Leuna und Buna, ist mit Bedacht gewählt. Auch wenn diese Tyrannisierung seines unterlegenen Gegners nicht zu vergleichen ist mit dem Schicksal Berijas – der am 23. Dezember 1953 in der Sowjetunion zum Tode verurteilt und am selben Tag hingerichtet wird –, so zeigte sich Ulbricht in seiner Rache doch von seiner dunkelsten Seite. Herrnstadt wird zehn Jahre später im Alter von dreiundsechzig Jahren in Merseburg sterben.

Wilhelm Zaisser wird von Ulbricht eine Arbeit im Dietz Verlag sowie am Institut für Marxismus-Leninismus beim ZK der SED zugewiesen, wo er bis zu seinem Tod als Übersetzer aus dem Russischen tätig sein wird. Er wird nur vierundsechzig Jahre alt werden. Natürlich wird auch Zaissers Ehefrau Else für das Verhalten ihres Mannes bestraft und im Oktober 1953 als Volksbildungsministerin abgesetzt. Anton Ackermann erhält am 23. Januar 1954 eine Rüge »wegen zeitweiliger Beteiligung an der Fraktionstätigkeit von Herrnstadt-Zaisser«[97]. Wie Herrnstadt unterwirft auch er sich im September 1953 mit einer schriftlichen Selbstkritik dem siegreichen Ulbricht. Er bezeichnet es darin als »schwersten meiner Fehler..., dass ich [mich] in dieser äußerst ernsten Situation überhaupt auf die Fragestellung der so genannten ›falschen Arbeitsmethode‹ des Genossen Ulbricht einließ und mich selbst teilweise auf dieses verderbliche Geleise begab«.[98] »Der Vorwurf, den mir die Genossen Ulbricht und Oelßner auf dem 15. Plenum des ZK machten, ist infolgedessen vollauf berechtigt. Ich kam zu diesem falschen und schädlichen Verhalten, weil ich zeitweilig selbst auf der Position einer übertriebenen und unzulässigen Kritik an der Partei und einer persönlichen Kritik an dem Genossen Ulbricht stand.«[99] Auch ihn verschont seine Selbstkritik nicht vor der Rache Ulbrichts. Auf dem vierten Parteitag der SED im April 1954 wird er nicht mehr ins ZK gewählt und gelangt trotz seiner politischen Rehabilitierung im Juli 1956 nicht mehr zu politischem Einfluss. Am 4. Mai 1973 wird er sich das Leben nehmen. Elli Schmidt schließlich wird im Juli 1953 als Vorsitzende des Deutschen Frauenbundes abgesetzt. Im Januar 1954 mit einer Rüge bedacht, wird auch sie anlässlich des vierten Parteitages der SED nicht mehr in das ZK gewählt.[100] Auch ihr hilft ihre demütigende Selbstkritik, die sie am 11. August 1953 abgibt, nichts: »... da ich ... gleichzeitig höchst unqualifiziert und grob gegen den Genossen Walter Ulbricht aufgetreten bin, habe ich keineswegs der Einheit der Parteiführung gedient.«[101] Immerhin darf Elli Schmidt bis zu ihrer Pensionierung ihren Lebensunterhalt als Direktorin des Deutschen Modeinstituts in Berlin verdienen.

»Vorwärts mit Genossen Ulbricht, der uns Freund und Vorbild ist«, singen zur selben Zeit die Jungen Pioniere der DDR. So lautet der Refrain des Liedes der Pionierorganisation »Ernst Thälmann«. Sie verstehen noch nicht, was sie da singen.

Kindheit und Jugend: 1893–1918

»Zwei Klassen, eine ihrem Ende entgegengehende Kapitalistenklasse und eine vor Jugendkraft strotzende, das Proletariat, stehen sich schroff gegenüber.«

Walter Ulbricht, 1913

Ein Arbeiterkind

»Es war eine weltoffene, internationale Atmosphäre, in welcher Walter Ulbricht aufwuchs.« Dieser Satz Johannes R. Bechers, Kulturminister der DDR und Verfasser des Textes der Nationalhymne der DDR »Auferstanden aus Ruinen«, hat mit der Realität nichts zu tun. Becher schrieb ihn 1958, anlässlich des 65. Geburtstages des Staats- und Parteichefs der DDR, als der Personenkult um Ulbricht seinem Höhepunkt entgegenstrebte. Es war Ulbricht nicht an der Wiege gesungen worden, einst die Geschichte Deutschlands entscheidend mitzuprägen, als er am 30. Juni 1893 um 11.30 Uhr in der engen, kleinen, lichtarmen Dachwohnung seiner Eltern in Leipzig zur Welt kam. Das Elternhaus Ulbrichts lag in einem Hinterhaus im »Nauendörfchen«, einem Handwerker- und Arbeiterviertel von zweifelhaftem bis schlechtem Ruf. Die Großeltern waren wie die Eltern Ulbrichts Arbeiter und Handwerker. Der Großvater väterlicherseits hatte als Bergarbeiter gearbeitet.[1] Der Großvater mütterlicherseits hatte den Beruf eines Kammmachers ausgeübt. Die Eltern Ernst August und Pauline Ida Ulbricht arbeiteten beide in ihrem erlernten Beruf als Schneider. Während die Mutter überwiegend zu Hause tätig war, hatte der Vater zeitweilig eine Anstellung bei der Leipziger Firma Glubka & Sohn. Ulbrichts Schwester Hilde berichtete über die Arbeit ihres Vaters: »Er hat immer nur die besseren Sachen machen müssen bei der Firma Glubka & Sohn. Die schwarzen Röcke anspruchsvoller Kunden hat er gemacht. Einmal den Rock eines Dirigenten, was besonders schwierig ist, weil der Ärmelausschnitt weiter sein muss.«[2] Dass die Arbeit von Ulbrichts Vater geschätzt wurde, belegen auch andere Zeitzeugen: »Herr Schneider Ulbricht war ein guter Schneider, denn mein Mann, der Rauchwarenhändler Martin Marcus und seine Söhne sowie andere verwöhnte Herren ließen bei ihm arbeiten.«[3]

1892 hatten Ernst August und Pauline Ida geheiratet. Das Hochzeitsfoto zeigt ein ansehnliches, gepflegtes junges Paar. Er im An-

Die Eltern, Ernst August und Pauline Ida Ulbricht, an ihrem Hochzeitstag 1892

zug, das Hemd mit Stehkragen und Krawatte, sie im festlichen Kleid. Im Jahr nach der Hochzeit kam Walter als erstes ihrer drei Kinder zur Welt.[4] Dem Erstgeborenen folgten mit deutlichem Abstand die Geschwister Erich (geb. 1900) und Hildegard (geb. 1901).[5] Die Familie war arm wie alle Arbeiterfamilien damals, gehungert wurde jedoch nicht. Das Einkommen der Eltern reichte gerade, um eine fünfköpfige Familie zu ernähren. Alkohol und Zigaretten waren verpönt bei Ulbrichts, nur zu Weihnachten kam eine Flasche Apfelwein auf den Tisch, zu Silvester gab es ein Glas Punsch.[6] Insgesamt waren die Lebensumstände der Familie Ulbricht eher kleinbürgerlich als proletarisch. Tochter Hilde beschrieb ihren Vater als naturliebenden Menschen, der alle Bäume und Vögel kannte und jeden Sonntag mit seiner Familie ins Grüne zog. Bei diesen Wan-

Walter Ulbricht als Sechsjähriger mit seiner Schwester Hilde

derungen kehrte die Familie dann und wann auch in ein Wirtshaus ein, die Eltern tranken Kaffee, die Kinder Limonade. Die Mutter, die an Gicht litt und darum oft bettlägerig war, starb am 2. Juli 1926. Sie wurde nur achtundfünfzig Jahre alt. Der Vater wurde am Morgen des 4. Dezember 1943 bei einem Luftangriff auf Leipzig schwer verletzt und starb 17 Tage später in einem Leipziger Krankenhaus.

Im Wohnzimmer der Ulbrichts hing kein röhrender Hirsch an der Wand, sondern ein Druck, der den Arbeiterführer August Bebel zeigte. Der Vater sympathisierte mit den Sozialisten und gehörte dem Vorstand der Schneidergewerkschaft von Leipzig an. Während der Geltung von Bismarcks Sozialistengesetz, durch das die Sozialdemokratische Partei verboten wurde, gehörte er in Leipzig als »Vertrauensmann« zur Untergrundorganisation der Sozialisten, die an die Stelle der bisherigen Organisationsform trat. Nach 1917 wurde er Mitglied der USPD und nach 1919 der KPD. Eine

Der Arbeiterturner 1908 im Leipziger Arbeiterturnverein »Eiche« (x)

nennenswerte Rolle in der Parteigeschichte hat er nicht gespielt. Aber er nahm seinen Sohn Walter zu Wahlveranstaltungen mit. Anfang 1907 etwa besuchten der Vater und sein 13-jähriger Erstgeborener eine politische Veranstaltung in der Leipziger Alberthalle, auf der August Bebel sprach. Dann und wann verteilten Walter und seine Geschwister politische Flugblätter für den Vater. Angeblich blieb Ulbricht ein Streik von 8000 Webern in Crimmitschau in den Jahren 1903/04 im Gedächtnis, bei dem es um Lohnerhöhungen und die Einführung des Zehn-Stunden-Tages ging: »Ich kann mich noch sehr gut an die Gespräche anlässlich des großen Crimmitschauer Weberstreiks entsinnen. Mein Vater nahm damals jede Woche an den Sammlungen teil, die zur Unterstützung der Crimmitschauer Weber veranstaltet wurden. Die Mitteilungen über den Kampf wurden täglich verfolgt, und die solidarische Verbundenheit mit den Crimmitschauer Webern war eine sehr starke, so dass die Notwendigkeit der Solidarität für immer in meinem Gedächt-

Schon im Mittelpunkt – der 15-Jährige im Arbeiterjugend-Bildungsverein Alt-Leipzig 1908 (x)

nis haften blieb.«[7] Ob die Politik für den damals erst Zehnjährigen wirklich schon eine nennenswerte Rolle spielte, darf bezweifelt werden.

Ab 1899, wie üblich also ab dem sechsten Lebensjahr, besuchte Ulbricht die achtklassige Volksschule in Leipzig. Seine Lieblingsfächer waren Erdkunde, Geschichte und die Naturwissenschaften.[8] Als Schüler hatte er in verschiedener Hinsicht aufgrund seines Elternhauses eine Außenseiterrolle. Beide Eltern, ursprünglich evangelischer Konfession, waren um 1897 aus der Kirche ausgetreten.[9] Walter nahm darum nicht am Religionsunterricht teil, sondern besuchte stattdessen einen Ersatzunterricht. Anstelle von Religion wurden dort in populärwissenschaftlicher Form Kenntnisse über Astronomie, Archäologie, naturwissenschaftliche Entdeckungen und technische Erfindungen vermittelt. In seiner Klasse gab es nur vier Kinder, deren Väter der Sozialdemokratie angehörten. Diese galten als »Rote«, was kein Ausdruck der Achtung war. Hinzu kam, dass Ulbricht aus dem berüchtigten Stadtteil Nauendörfchen stammte. Das gab immer wieder Anlass für Hänseleien bis hin zu handfesten Auseinandersetzungen mit den Mitschülern.[10] Ein Banknachbar, der mit ihm zusammen den freireligiösen Unterricht besuchte, erinnerte sich: »Ulbricht fiel mir überhaupt nicht auf. Da er nur sehr wenig sagte, meinten wir, er sei dumm. Außerdem hatten wir keinen Kontakt zu ihm, weil er ... aus einer Gegend stammte, mit deren Bewohnern man von Haus aus nichts zu tun haben mochte. Eine Zeit lang saß Ulbricht direkt neben mir, aber ich habe ihn bald wieder vergessen.«[11] Ulbricht selbst betonte im Rückblick auf seine Schulzeit die Hilfe, die er durch seine Eltern in diesem Bereich erhalten hatte: »Obwohl nicht nur mein Vater, sondern auch meine Mutter arbeitete, fanden sie doch Zeit, sich darum zu kümmern, wie wir lernten. Vater oder Mutter sahen ständig die Schulhefte durch. Bevor nicht die Schularbeit gemacht war, durfte ich nicht zum Fußballspiel gehen. Mein Vater suchte oft auch den Lehrer auf und erkundigte sich nach meinem Verhalten in der Schule.«[12] Im selben Sinne äußerte Ulbrichts Schwester Hilde Jahre später: »Wir waren alle sehr strebsam. Wir haben als Kinder enorm gearbeitet für die Schule. Bei uns zu Hause wurde nie Schund gelesen, niemals. Nur die Werke unserer Klassiker, nur das wahrhaft Edle und Gute haben wir gelesen ... Ja, auch Walter, soweit ich mich erinnere.«[13] Natürlich spielte der kleine Walter, wie die anderen Kinder auch, die damals üblichen Kinderspiele »Räuber und Gendarm« und »Trapper und Indianer«. Am Leipziger »Tauchscher«, dem traditionellen Kostümfest für Kinder, nahm er in der Regel als Indianer verkleidet teil.[14]

Turnverein und Tischlerlehre

1907, zu Ostern, hatte Ulbricht seine Schulzeit beendet. Wie es sich für einen »Roten« gehörte, wurde er nicht konfirmiert, wie die meisten seiner Schulkameraden. Stattdessen nahm er an der Jugendweihe teil. Standesgemäß entschied er sich danach, wie schon die Eltern und Großeltern, Handwerker zu werden, und begann eine Lehre als Möbeltischler. Die Lehrzeit betrug damals vier Jahre, bei einer täglichen Arbeitszeit von zehn Stunden. Und das von Montag bis Samstag, nur der Sonntag war frei und auch nur dann, wenn an diesem Tag kein Berufsschulunterricht stattfand. Wie alle Lehrlinge damals war auch Ulbricht der »väterlichen Zucht« des Lehrherrn unterworfen und ihm zu Folgsamkeit und Treue, zu Fleiß und anständigem Betragen verpflichtet. Der Wochenlohn betrug im ersten Jahr zwei Mark pro Monat und stieg jedes Jahr um eine Mark an, betrug also im vierten Lehrjahr, wo der Lehrling schon vollwertige Gesellenarbeit leistete, fünf Mark. Im zweiten Lehrjahr, 1908, soll Ulbricht erstmals selbst politisch aktiv geworden sein. Während eines Streiks der Leipziger Tischler in diesem Jahr hatte angeblich ein »Streikbrecher« die Arbeit in der Tischlerwerkstatt, in der Ulbricht seine Lehre absolvierte, aufgenommen. »Mit Tischlerleim jagten wir ihn auf Initiative Walter Ulbrichts jedoch bald in die Flucht«, berichtete ein Mitlehrling Ulbrichts über dieses Ereignis.[15] Sicher ist, dass Ulbricht zwei Jahre später, am 14. September 1910, in den Deutschen Holzarbeiterverband eintrat, den Gewerkschafts-Dachverband für alle holzverarbeitenden Berufe.

Parallel zur Lehre besuchte Ulbricht von 1907 bis 1910 die Berufsschule, jeweils mittwochs von 7.00 Uhr bis 12.00 Uhr und jeden zweiten Sonntag von 8.00 Uhr bis 12.00 Uhr. Als Abschlussarbeit fertigte er Ostern 1910 zusammen mit seinem Banknachbarn eine Haustür.[16] Nach den üblichen vier Jahren Lehrzeit schloss Ulbricht – noch nicht ganz 18-jährig – am 21. April 1911 seine Ausbildung mit der Note »gut« ab.

Kurz nach Beginn seiner Lehre im Sommer 1907 wurde Ulbricht Mitglied im Arbeiterturnverein »Eiche«. Jeden zweiten Sonntag von 8.00 Uhr bis 10.00 Uhr – an den anderen Sonntagen war Berufsschule – übte Ulbricht in den Räumen des Leipziger Volkshauses dort unter Anleitung des 21-jährigen »Vorturner-Aspiranten« Oskar Zimmermann. Dieser erinnerte sich 60 Jahre später: »Walter war einer derjenigen, die die meiste Energie aufbrachten, wenn es am Bock oder seinem Lieblingsgerät, dem Barren, schwierig wurde.«[17] »Im Kürturnen, mit dem jede Turnstunde begann, konnte es nicht hoch genug hergehen. Besonders, wenn es von der Trampoline über den Bock zu springen galt. Höher und höher musste es gehen, und beim Spiel am Ende der Turnstunde bewies er immer wieder, wie man dem Gegner ein Schnippchen schlagen kann.«[18] Der Turnverein »Eiche« beteiligte sich oft mit Vorführungen an Gewerkschaftsveranstaltungen und -festen, beispielsweise des Holzarbeiterverbandes und des Verbandes der Buchdrucker. Fußballspielen, turnen, der junge Ulbricht war in sportlicher Hinsicht vielfältig aktiv. Im Sommer badete er mit Begeisterung zusammen mit den anderen Lehrlingen seiner Tischlerwerkstatt in der Elster. Im Winter wurde auf der Elster Schlittschuh gelaufen, oder Ulbricht tummelte sich mit seinen Freunden im Hallenbad im Nauendörfchen.[19]

1908 trat der 15-Jährige dem Arbeiterjugend-Bildungsverein Alt-Leipzig bei. Das war eine 1906 gegründete Jugendorganisation der Sozialisten, die ebenfalls im Volkshaus, in den so genannten Kolonnaden, tagte. Nach dem 1908 in Kraft getretenen Reichsvereinsgesetz war es Personen unter 18 Jahren verboten, Mitglied von politischen Vereinen zu sein und an Versammlungen solcher Vereine teilzunehmen. Im Arbeiterjugend-Bildungsverein wurde – unter Umgehung dieses Verbotes – versucht, die jugendlichen Arbeiter dennoch im Sinne der Arbeiterbewegung und des politischen Programms der SPD zu schulen und zu beeinflussen. Die Vorträge und Vortragsreihen, Lese- und Diskussionszirkel befassten sich vornehmlich mit klassischer Literatur und Musik. Die politisch Interessierten, unter ihnen Ulbricht, lasen auch gemeinsam Schriften von Karl Marx, Friedrich Engels und August Bebel. In den Literaturstunden wurden klassische Dramen wie »Faust«, »Kabale und Liebe« und »Nathan der Weise« mit verteilten Rollen gemeinsam gelesen. Jugendgefährten bezeugen, dass Ulbricht bei einer derartigen Gelegenheit mit Ergriffenheit Gedichte Goethes vortrug.[20] Museums- und Theaterbesuche ergänzten diese Privatschule, die den Arbeiterkindern wenigstens ein Mindestmaß des damaligen bürgerlichen Bildungsstandes sichern sollte. Nach Aussage eines Jugendfreundes soll Ulbricht keinen der Vortragsabende versäumt haben.[21] Der damalige Leiter des Jugendbildungsvereins Alt-Leipzig urteilte über seinen Schüler: »Bald zählte Walter zu den Jugendlichen, die am Vereinsleben sowie an der sozialistischen Jugendarbeit aktiv teilnahmen und unter den Jugendgenossen hervorragten. Er war ein lerneifriger, nach Wissen verlangender und auf den Grund der Dinge gehender junger Mensch. Im Jugendbildungsverein fand er, was ihn bewegte und was er suchte.«[22]

Natürlich diskutierten Ulbricht und seine jugendlichen Gesinnungsgenossen bei Gelegenheit auch politische Tagesereignisse, eher aber waren sie auf der Suche nach dem »Guten, Wahren und Schönen«. Alkohol und Nikotin waren ebenso wie »Schundliteratur« und »Schmöker« verpönt. Ab und zu wurden Bücher, die unter diese Gattung fielen, sogar eingesammelt und verbrannt. An freien Sonntagen unternahm Ulbricht mit Mitlehrlingen und Mitgliedern der Arbeiterjugend gemeinsame Wanderungen in die Umgebung und sang mit ihnen im Chor Volks- und Wanderlieder. Sein damaliges Lieblingslied war: »Dem Morgenrot entgegen«, das von der Arbeiterjugend meistgesungene Lied in den Jahren vor dem Ersten Weltkrieg. Genauso gern wie an den Schulungsabenden nahm Ulbricht an den Jugendabenden seiner Clique teil. Da tanzte man im Winter Volkstänze und feierte im Sommer gemeinsam die Sonnenwende. So auch noch 1914, als Ulbricht 21 Jahre alt und bereits ein sozialistischer Jungfunktionär war. Diese Sonnenwendfeiern hatten »damals einen etwas mystischen Charakter«, beschrieb ein Teilnehmer das Ereignis und Ulbrichts diesbezüglichen ideologischen Beitrag: »Er erläuterte uns, wie wir diese Feiern als Materialisten feiern und gestalten wollen.«[23] Höhepunkte in kultureller Hinsicht waren gemeinsame Besuche von Proben des Gewandhausorchesters und des Konzerts am Silvesterabend in der Leipzi-

Der Tischler 1911 auf Wanderschaft

ger Alberthalle, wo an diesem Tag regelmäßig die Neunte Symphonie von Beethoven aufgeführt wurde.

Die Erfahrungen, die Ulbricht in diesen Jahren im Arbeiterturnverein und im Arbeiterjugend-Bildungsverein machte, sollten seine Persönlichkeit nachhaltig und maßgeblich prägen. Die Liebe zum Sport erhielt sich bis ins hohe Alter. Mehr noch, der Sport war und blieb die einzige Leidenschaft seines Lebens. Er nutzte später jede freie Minute, um Sport zu treiben oder an Sportveranstaltungen teilzunehmen. Er blieb sein Leben lang ein militanter Nichtraucher – Rauchen war in seinem Umfeld verboten – und trank nur selten Alkohol. Ähnlich prägten die Silvesterkonzerte, die er als Jugendlicher in Leipzig hörte, sein Musikverständnis und seine Musikvorliebe bis an sein Lebensende. Wann immer Ulbricht später die Wahl haben sollte, dann gehörte zur Silvesterfeier ein Konzert mit Beethovens Neunter Symphonie. Ebenso wurde in diesen Jahren sein literarisches Weltbild dauerhaft geprägt: Goethe und Schiller waren und blieben für ihn die Höhepunkte deutscher Literatur. Und schließlich legte sich Ulbricht in dieser Phase politisch auf den Sozialismus fest. Eine Wahl, die unabänderlich, kompromisslos und lebenslang seinen politischen Weg bestimmen sollte.

Wanderschaft

Nach Abschluss seiner Lehrzeit ging Ulbricht im Frühling 1911, wie damals üblich, »auf die Walze«. Eineinhalb Jahre sollte die Reise dauern und Ulbricht durch Österreich, Italien, die Schweiz, Holland und Belgien sowie weite, ihm bislang unbekannte Teile Deutschlands führen. Zweifellos war das eine prägende Erfahrung und wertvolle Horizonterweiterung für den jungen Tischler, der bis dahin noch nicht über die Grenzen Sachsens hinausgekommen war. Am 5. Mai 1911 machte sich Ulbricht zusammen mit zwei weiteren Handwerksgesellen, die gerade ihre Lehrzeit abgeschlossen hatten, nach altem Brauch und alter Sitte auf die Wanderschaft. Bemerkenswert: Wo immer er auf seiner Reise hinkam, sammelte Ulbricht akribisch eine Gesteinsprobe ein und versah seine Sammlung mit einem handschriftlichen Verzeichnis.[24] Zunächst ging die Reise nach Dresden, ins »Elbflorenz«, bis zu ihrer nahezu völligen Zerstörung im Zweiten Weltkrieg eine der schönsten Städte Deutschlands. Hier beeindruckte Ulbricht insbesondere die Hygieneausstellung. Der dort zu besichtigende »Gläserne Mensch« war eine nationale Attraktion. Einer seiner beiden Mitwanderer hat sich später an den Reiseverlauf erinnert: »Wenn ich recht orientiert bin, sind wir am 5. Mai 1911 losgezogen, über Riesa mit der Bahn nach Dresden ... Ausgiebig, nach festem Plan wurde das Elbsandsteingebirge durchwandert und von Herrnskretschen mit dem Schiff die Grenze nach Österreich ›überfahren‹. Dann ging es am Südrand des Erzgebirges entlang über Teplitz, Dux, Brüx nach Karlsbad ... Über Eger ins Fichtelgebirge. Dann herunter nach Marktredwitz, Nürnberg. Von unserem Leiter im Jugendbildungsverein Leipzig war uns eingeschärft worden, auf jeden Fall das Germanische Museum zu besuchen... Dann über Ingolstadt nach München... Die nächste Station war Starnberg... Diese Zeit war schön. Jeden Sonn- und Feiertag auf die Berge!«[25]

Aufgrund ihrer Mitgliedschaft in der Gewerkschaft erhielten die drei Wanderer auf ihrer Reise materielle Unterstützung in verschiedener Hinsicht. Der Holzarbeiterverband unterstützte Ulbricht für jeden gewanderten Kilometer mit zwei Pfennig, maximal allerdings einer Mark pro Tag. So konnte er unterwegs seine Reisekasse immer wieder auffüllen. In ähnlicher Weise wurde Ulbrichts Mitwanderer, der Metallarbeiter war, unterstützt. Besonders wichtig für die drei Wandersburschen war, dass sie in gewerkschaftlichen Herbergen kostenlos übernachten konnten. Um die Qualität preiswerter Quartiere war es nicht überall zum Besten bestellt. So blieb Ulbricht »die Wanzenballade im Gewerkschaftshaus« in Dresden ebenso unvergesslich wie später die schmutzigen Betttücher einer Unterkunft in Antwerpen. Weitere Hilfestellungen durch die Gewerkschaften waren die Vermittlung von Arbeitsstellen unterwegs und unentgeltlicher Rechtsschutz bei potenziellen Arbeitsstreitigkeiten mit dem jeweiligen Unternehmer. Seine erste Arbeit während seiner Wanderschaft fand Ulbricht in Oberbayern. Zunächst war er zwölf Tage als Bautischler in Peißenberg beschäftigt, danach nahm er Arbeit in Garmisch-Partenkirchen an. Hier traf er wieder mit seinen Mitwanderern zusammen, von denen er sich wegen der Arbeitsmöglichkeit in Peißenberg kurzfristig getrennt hatte. Nicht nur die Gewerkschaften hatten damals ein Herz für wandernde Handwerksgesellen. Der Direktor des Germanischen Museums in Nürnberg schenkte dem Trio die zwei Mark Eintritt, die zu viel für ihre Reisekasse gewesen wären. In Oberbayern bezahlte ein älterer Herr dem Trio die Zeche, die es in einem Wirtshaus gemacht hatte.

Nach dem Aufenthalt in Oberbayern ging die Reise weiter nach Österreich. Am 16. Juli zogen die drei Wandersburschen über Mittenwald nach Innsbruck. An der Grenze von Deutschland zu Österreich wurden Ulbricht und seine Mitwanderer besonders ausgiebig überprüft. Doch die Papiere waren in Ordnung und der vorschriftsmäßige Reisegroschen vorhanden. In Innsbruck trennte sich Ulbricht von einem seiner Freunde und setzte die weitere Reise zum Brenner und von dort zum Jaufenpass mit einem Mitwanderer fort. Wie viele andere vor und nach ihm war Ulbricht überwältigt vom Wechsel des Klimas und der Vegetation, nachdem die Alpen überquert waren. Die nächsten Stationen waren Meran und Bozen in Südtirol. Ab und zu schrieb Ulbricht einen Brief an die Eltern und berichtete über die »herrlichen Kunstwerke«, die er auf seiner Reise besichtigen konnte. Ulbrichts Begleiter über die nächsten Stationen der Reise: »An der italienischen Grenze werden wir herzhaft gefilzt und mit einem Fußtritt ins Heilige Römische Reich eingelassen. Dann Bassano und hinein in die Poebene per Eisenbahn. Der weite, unbegrenzte Blick über diesen gesegneten Landstrich tut ordentlich wohl nach dem ewig begrenzten Sehen in den Bergen. Bis Mestre war uns, als ob wir durch einen wohlbestellten Garten fahren würden. Vor uns, jenseits der Lagunenbrücke, liegt Venedig. Ein Traum erfüllt sich ... wir suchen mit Hilfe der Polizisten unter Gebrauch lebhaftester Gebärdensprache das Asyl für unbemittelte Reisende. Dort angekommen, wirft man uns kurzerhand (hoppla, hoppla!) hinaus, mit dem Bescheid, am Abend zurückzukommen. Zwei Tage Venedig ... Nach einem fröhlichen Nachmittag im Volksbad auf dem Lido geht die Reise weiter nach Padua. Dann per pedes apostolorum nach Vicenza, Verona. Die schreckliche Hitze macht uns mürbe, und statt nach Mailand und Turin marschieren wir ins Etschtal, nach Torbole und Riva. Der Gardasee mit seinen zwischen den Uferfelsen zerspritzenden Wellen zaubert die schönsten Farbenspiele. In Riva sollen wir, wie in fast allen besuchten Orten des größeren Reiseverkehrs, ein ziemlich teures Nachtquartier beziehen. Nach mancherlei vergeblichem Suchen lassen wir uns auf dem Bürgermeisteramt in Schutzhaft nehmen. Doch wie elend wird uns, als man von außen die Zelle verriegelt und wir uns im Dustern auf der Holzpritsche, nur mit Hemd, Hose und Strümpfen bekleidet, zur Ruhe legen ... Es dauert lange genug, ehe geöffnet wird. Mit dem Segen, uns auf keinen Fall noch einmal sehen zu lassen, dürfen wir uns trollen ... Nun geht's über das Adamellobergmassiv in Richtung Edolo. Bei Bauern und Sennen gut und schlecht gelebt, wie es eben kommt. Dann nach Tirano und hinauf auf den Berninapass ... Das Engadin ist Handwerksburschen feindlich, und wir trachten, auf dem schnellsten Wege über den Albulapass ins Tal des Oberrheins zu kommen. Dann wieder auf den Gotthard hinauf nach Andermatt und über die viel genannte Sankt-Gotthard-Straße mit der Teufelsbrücke hinunter zum Tell-Denkmal in Altdorf. An und auf dem Vierwaldstättersee erleben wir recht lebendig die Geschichte Tells, die Tellskapelle, den Schillerstein und den Rütli. Über Stans nach Luzern. Hier wird fleißig Arbeit gesucht, jedoch nur Walter bekommt Beschäftigung in Sempach bei Luzern. Metallarbeiter sind reichlich vorhanden, und somit bin ich überflüssig. Wir trennen uns am 16. August 1911.«[26]

*Der sozialistische Jungfunktionär im Alter
von ca. 20 Jahren*

Hier in der Zentralschweiz, am Vierwaldstättersee, legte Ulbricht eine längere Pause auf seiner Reise ein. Ein halbes Jahr überwinterte er in der Schweiz und besuchte in dieser Zeit die Städte Interlaken, Genf und Zürich. Erst im Frühjahr 1912 setzte er seine Wanderung fort. Rheinabwärts ging es dann über Basel wieder nach Deutschland zurück. Im Sommer hielt er sich eine Weile in Neckargemünd auf. Darüber berichtete ein Zeitzeuge: »In Neckargemünd fand er, wie das Melderegister des Einwohnermeldeamtes mitteilt, am 30. Juni 1912 eine vorübergehende Arbeit in der damals verhältnismäßig großen ›Möbelfabrik Neckargemünd‹ in der Mühlgasse, wo etwa 150 Schreiner tätig waren. Der junge Sozialist wohnte im Hause Hauptstraße 41 in einer Dachkammer bei der Witwe Kohl. Für seine Unterkunft bezahlte er wöchentlich drei Mark. Die Arbeit wurde im Akkord verrichtet ... Walter Ulbricht verkehrte in der Wirtschaft ›Zum Pflug‹ und im ›Ochsen‹, der Stammkneipe der Schreiner. Dort kam es gelegentlich zu politischen Debatten, in deren Verlauf der spätere Kommunistenführer durch seine radikalen Ansichten auffiel.«[27] Die weiteren Stationen von Ulbrichts Weg quer durch Europa waren: Brüssel, Antwerpen, Amsterdam, Bremen, Hamburg und Hannover. Im Spätherbst 1912 kehrte er schließlich nach eineinhalbjähriger Abwesenheit in seine Heimatstadt Leipzig zurück.

Sozialistischer Jungfunktionär

Nach seiner Rückkehr nach Leipzig zog Ulbricht wieder zu seinen Eltern, die nach wie vor im Nauendörfchen wohnten, jetzt in der Alexanderstraße 5. Seinen Lebensunterhalt verdiente er sich zunächst in seinem erlernten Beruf als Tischler. Da er jetzt 18 Jahre alt war, konnte Ulbricht der SPD beitreten, was er kurz nach seiner Rückkehr im Herbst 1912 auch tat. Für einen jungen Arbeiter war es keine heroische Entscheidung. Die SPD war bei den letzten Reichstagswahlen am 12. Januar 1912 mit 110 Mandaten als stärkste Fraktion in den Reichstag eingezogen. Gleichzeitig übernahm Ulbricht ehrenamtliche Tätigkeiten beim Arbeiterbildungsinstitut und in der Arbeiterjugendbewegung in Leipzig. Der 19-jährige Jungfunktionär hielt Vorträge vor Jugendgruppen der SPD, wobei er meist in sportlicher Aufmachung und in kurzer Hose erschien. Über seinen Auftritt in Grimma bei Leipzig am 22. April 1913 notierte der Schriftführer: »Am heutigen Abend fand ein Vortrag statt. Redner war Genosse Ulbricht aus Leipzig. Er schilderte die proletarische und bürgerliche Jugendbewegung. Der Vortrag hat allen sehr gut gefallen. Eingefunden hatten sich 13 Jugendfreunde und 5 Jugendfreundinnen.«[28] Ulbrichts politisches Engagement wurde in der Partei positiv vermerkt. 1913 wurde er erstmals zur »Korpora« zugelassen, dem engsten Funktionärskreis der SPD.

Von Oktober 1913 bis März 1914 besuchte er neben seiner Arbeit, abends und am Sonntag, einen Kurs der sozialdemokratischen Bezirksparteischule in Leipzig. Zusätzlich belegte er Kurse des Leipziger Arbeiterbildungsinstituts. Schließlich war er in dieser Zeit ein eifriger Benutzer der Städtischen Bücherhallen zu Leipzig und der Zentralbibliothek des Leipziger Arbeiterbildungsinstituts. Sein Interesse war dabei breit gestreut. Er lieh sich Bücher über so unterschiedliche Themen wie Luftschifffahrt, über Flugzeugkonstruktionen und über niederländische Malerei aus. Lausbubengeschichten interessierten ihn ebenso wie eine Wirtschaftsgeschichte der Antike. Er beschäftigte sich mit Minneliedern, las unterschiedliche Reisebeschreibungen und nahm sogar eine Einführung in die Pädagogik in die Hand. In seinen Notizbüchern aus dieser Zeit hielt er in Stenografie Regeln zur praktischen Buchführung, Gedichte von Goethe und seine Gedanken dazu fest. Auch Mitschriften von Lektionen im Arbeiterbildungsverein und seine Kommentare dazu finden sich hier. Er beschäftigte sich mit der »politischen Ökonomie«, der Geschichte der Neuzeit, schrieb Aufsätze über die Reformation und den Bauernkrieg in Deutschland. Im Januar 1914 verfasste Ulbricht – im Rahmen seiner Kurse am Arbeiterbildungsinstitut – einen zwanzigseitigen Aufsatz zum Thema »Die Triebkräfte der deutschen Reformation«. Der Erstkorrektor beurteilte die Arbeit mit »vollkommen gut«. Der Zweitkorrektor vermerkte: »Die Arbeit ist nach Form und Inhalt so vollendet, dass ich stark bezweifeln muss, ob sie der Verfasser ohne irgendwelche Hilfsmittel angefertigt hat, d. h. selbstständig.« Daraufhin vermerkte der Erstkorrektor erneut: »Vollkommen gut.«[29] Diese Mischung aus intuitiv ausgewählter Literatur, die Ulbricht in seiner knappen Freizeit verschlang, und den wenigen Stunden, in denen er im Arbeiterbildungsverein Kurse besuchte, konnte natürlich kein Ersatz sein für eine klassische akademische Bildung.

Nach Ausbruch des Ersten Weltkrieges im August 1914 tendierte Ulbricht politisch zum linken Flügel der SPD, der unter der Führung von Karl Liebknecht und Rosa Luxemburg stand. Die »Liebknecht-Gruppe« in Leipzig gab ab September 1914 eigene Flugblätter heraus, die – wenn möglich – auf dem Vervielfältigungsapparat des Leipziger Arbeiterbildungsinstituts abgezogen wurden. Ulbricht schrieb fast jede Woche Manuskripte. Die Schwierigkeit lag darin, sie zu veröffentlichen. Manchmal musste Ulbricht sein Manuskript unverrichteter Dinge wieder mit nach Haus nehmen, weil keine Vervielfältigungsmöglichkeit bestand. An anderen Tagen kam nur eine ganz kleine Auflage zu Stande, dadurch, dass »Jugendfreundinnen« die Flugblätter mehrfach abtippten. Dann und wann gelang es, irgendwo einen Abziehapparat zu nutzen, was Auflagen von 200 bis 300 Exemplaren ermöglichte. In Ausnahmefällen konnte mit Hilfe befreundeter Setzer und Drucker ein Flugblatt wirklich gedruckt und in einer Auflage von mehreren hundert Exemplaren verteilt werden. Inhaltlich ging es fast ausnahmslos um Aufrufe zur Beendigung des Krieges.[30]

Auftrieb erhielten die Leipziger Anhänger von Liebknecht und Luxemburg, als Karl Liebknecht am 2. Dezember 1914 als Einziger im Plenum des Reichstages gegen die Bewilligung weiterer Kriegskredite stimmte. Ulbricht und seine Gesinnungsgenossen setzten alles daran, die Erklärung, die Liebknecht bei der Abstimmung zu Protokoll gegeben hatte, in größeren Auflagen als Flugblatt zu veröffentlichen. Mit Hilfe eines Buchdruckers gelang dies diesmal in einer Auflage von mehreren Tausend. Bei der nächsten Funktionärsversammlung der SPD »Groß-Leipzig«, die im Dezember 1914 stattfand, trat Ulbricht erstmals in die Parteiöffentlichkeit. Stimuliert durch das Abstimmungsverhalten Liebknechts im Reichstag, forderte er zusammen mit einem jungen Gesinnungsgenossen einen Beschluss der SPD-Leipzig, dass Reichstagsabgeordnete der SPD künftig gegen Kriegskredite stimmen sollten. Zudem sollten die sozialdemokratischen Abgeordneten im Reichstag dazu verpflichtet werden, künftig zum Kampf gegen Krieg und Imperialismus aufzurufen und die »wahren Interessen der Arbeiterklasse zu vertreten«. Die beiden Junggenossen rannten damit keine offenen Türen ein. Ulbricht und sein Mitstreiter mussten sich gar fragen lassen, »warum die beiden noch nicht zum Militärdienst eingezogen seien«,[31] und der Antrag wurde abgelehnt.

Weitere Flugblätter, an denen Ulbricht mitwirkte, folgten anlässlich des Beginns des U-Boot-Krieges im Februar 1915, der Verteuerung von Butter, Eiern, Kartoffeln, der Einschränkung der Bierproduktion sowie der Einführung des Strohmehls und des Walfleisches als Nahrungsmittel. Die letzten Flugblätter, an denen Ulbricht beteiligt war, stammen aus dem Frühjahr 1915. Sie waren überschrieben mit: »Die Welt speit Blut«, »Der Hauptfeind steht im eigenen Lande« und »Wohin geht die Reise?«.[32]

Infanterist im Ersten Weltkrieg

Am 23. Mai 1915 erreichte Ulbricht sein Einberufungsbefehl als Infanterist in der Armee des Deutschen Reiches. Eingesetzt wurde er ausbildungsgerecht in der Stellmacherei seines Truppenteils. Einsatzort war die Balkanfront in Mazedonien und Serbien. Eine Karte, die Ulbricht damals nach Hause schrieb, ist erhalten geblieben: »Der Geist des preußischen Militarismus verdirbt systematisch den Charakter. Unter diesem System in seiner extremsten Form hause ich jetzt. Was hier an Menschenschinderei geleistet wird, ist unglaublich. Habe jetzt zu Homers Werken Zuflucht genommen – und die Brust voll Hoffnung auf bessere Zeiten.«[33] Zu politischen Aktivitäten Ulbrichts an der Front kam es nicht. Später bilanzierte er, dass die damalige Stimmung in der deutschen Truppe kein geeigneter Boden für einen linken Agitator gewesen sei: »Wegen der anfänglichen Erfolge der deutschen Truppen schien es zeitweilig beinahe unmöglich, mit den Kameraden ein auch nur einigermaßen vernünftiges Wort zu sprechen.«[34] Während eines

Urlaubs, den er zu Hause bei den Eltern in Leipzig verbrachte, hielt er weiter Vorträge vor Jugendlichen aus der Arbeiterschaft. Im August 1917 wurde auf Weisung der Militärbehörden über die Familie Ulbricht (genannt wurden Erich, Walter und Hilde) eine Postkontrolle verfügt, weil sie im Verdacht stand, an der Verteilung von Flugblättern, die gegen den Krieg gerichtet waren, beteiligt zu sein. In den Flugblättern würden die Soldaten »zum Sturz des Berliner Zaren nach Petersburger Beispiel aufgefordert«, hieß es zur Begründung in einem Schreiben einer Armeestelle an den Polizeipräsidenten von Berlin am 8. August 1917.[35]

Im Oktober 1917 erkrankte Ulbricht – inzwischen wieder an die Front zurückgekehrt – in Mazedonien an Malaria. Er wurde daraufhin in ein Frontlazarett eingeliefert und dort bis zu seiner Genesung Mitte Januar 1918 behandelt. Kurz nach seiner Entlassung aus dem Lazarett entfiel am 3. März 1918 der östliche Kriegsschauplatz aufgrund des Friedens von Brest-Litowsk zwischen den Mittelmächten und Sowjetrussland, wie es sich damals nannte. Ulbricht wurde daraufhin mit seinem Truppenteil von der Balkan- an die Westfront verlegt. Der anfänglichen Kriegsbegeisterung in Deutschland war mittlerweile eine tief greifende Ernüchterung gefolgt. In fast allen Truppenteilen sehnte man ein Ende des Krieges herbei, und auch in Ulbrichts Einheit war die Kampfmoral auf den Nullpunkt gefallen. Als der Transport nach fünftägiger Fahrt in Köln einfuhr, hatten sich zwei Drittel der Soldaten seiner Einheit aus dem Staub gemacht. Auch Ulbricht desertierte unterwegs. Als der Zug in der Nähe von Leipzig vorbeikam, sprang er aus seinem fahrenden Waggon und setzte sich in seine Geburtsstadt ab. Die Freiheit währte nur kurz. Schnell wurde der gesuchte Deserteur aufgegriffen und vom Leipziger Militärgericht wegen seiner Desertion zu zwei Monaten Gefängnis verurteilt. Nach Verbüßung seiner Strafe wurde er unter Aufsicht nach Brüssel gebracht, wo er in einem Ersatztruppenteil weiterhin Dienst leisten musste. Hier fiel er erneut auf. Bei einer Durchsuchung seines Gepäcks fanden sich gegen den Krieg gerichtete Flugblätter. Er wurde zum zweiten Mal verhaftet und für vier Wochen in ein provisorisches Gefängnis bei Charleroi gesperrt. Zu einem zweiten Militärgerichtsverfahren gegen ihn kam es nicht mehr. Anfang November 1918, als die Kunde vom Matrosenaufstand in Kiel durchsickerte, konnte er mit Hilfe des Wachhabenden aus seiner Zelle entkommen und ein zweites Mal desertieren.[36] Mitte November 1918 traf er mit einem Transportzug wieder in Leipzig ein.

Der Funktionär:
1918–1933

»Ein gütiges Schicksal bewahre die KPD davor, dass dieser Mann mal an die Oberfläche gespült wird. Der Mann gefällt mir nicht. Sehen Sie in seine Augen, und Sie werden erkennen, wie verschlagen und unaufrichtig er ist.«

Clara Zetkin

»Nieder mit dieser Regierung des Trustkapitals, nieder mit dieser Regierung, deren Minister nichts anderes sind als Knechte des deutschen Finanzkapitals.«

Walter Ulbricht 1928 im Reichstag

»Er geht doch an alle Sachen wie ein Husar. Er ist immer in der Attacke, und das kann in einer kritischen Situation mal zu großem Schaden führen.«

Ernst Thälmann

Der Revolutionär

In Leipzig brodelte es Ende 1918 wie in vielen anderen deutschen Großstädten. »Rote Matrosen« – seit dem 7. November in Leipzig – zogen unter roten Fahnen durch die alte Messestadt und forderten die Bildung von Arbeiter- und Soldatenräten. »Alle Macht den Räten!« war die Losung dieser Tage. In den Kasernen bildeten sich Soldatenräte, die Offiziere wurden entwaffnet und ihre Schulterstücke abgerissen. Ein Generalstreik lähmte das öffentliche Leben. Für ein paar Tage waren Arbeiter und Soldaten die Herren der Stadt. In den Gemeinden um Leipzig wurden Bürgermeister und Ortsvorsteher »mit dem Recht der Revolution« abgesetzt, und an ihre Stelle traten ebenfalls Arbeiter- und Soldatenräte.[1] Das war die Situation, als Ulbricht in seine Heimatstadt zurückkehrte. Als Mitglied des Soldatenrates des 19. Armeekorps fügte er sich nahtlos in diese politische Atmosphäre ein. In Uniform besuchte er - Lazarette und trat in Versammlungen auf, um für das Bündnis mit Sowjetrussland und für die proletarische Revolution zu werben. Die Bestrebungen der sozialdemokratischen Regierung in Berlin, die die politische und gesellschaftliche Neuordnung Deutschlands in die Hände einer gewählten Nationalversammlung legen wollte, lehnte er ab. In Versammlungen sprach er sich mehrfach gegen die sofortige Wahl einer Nationalversammlung aus. Vielmehr forderte er, dass bis zur Vergesellschaftung der Produktionsmittel »alle Gewalt in den Händen der Arbeiter- und Soldatenräte gelassen wird«.[2] Seine Redekünste wurden dabei von seinen eigenen Genossen als »zu wenig attraktiv« und »trocken und hölzern« beurteilt, weshalb sie ihn auch als »Holzkopf« oder »Holzhacker« bezeichneten.[3] Nach wie vor war Ulbricht – trotz seiner revolutionären Reden – eine unauffällige, eher introvertierte Persönlichkeit und kein Mann, der in der Parteihierarchie auf sich aufmerksam machte oder im Gedächtnis haften blieb. Zeitzeugen schilderten den damaligen Ulbricht als unscheinbar und ohne Bedeutung: »Wir haben uns ja damals überhaupt nicht für den Kerl interessiert. Der spielte sogar keine Rolle. Man hat sich nie vorstellen können, dass mal was Größeres aus dem wird.«[4]

In dieser revolutionären Nachkriegs-Atmosphäre wurde zum Jahreswechsel 1918/19 die Kommunistische Partei Deutschlands (KPD) geboren. Vom 30. Dezember 1918 bis zum 1. Januar 1919 fand in Berlin der Gründungsparteitag der KPD statt. Die Teilnehmer am Gründungsparteitag bekannten sich zur Diktatur des Proletariats nach sowjetrussischem Vorbild und waren entschlossen, die am 9. November 1918 begonnene Revolution im Deutschen Reich fortzusetzen, mit dem Ziel, ein sozialistisches Deutschland zu errichten. Vorangegangen war der Parteigründung ein fundamentaler Streit in der deutschen Sozialdemokratie. Die linke Minderheit der Sozialdemokraten warf ihrer Führung vor, den Ausbruch des Ersten Weltkrieges 1914 nicht durch eine gemeinsame Politik aller Arbeiterbewegungen in den kriegführenden Ländern verhindert zu haben, obwohl sich die sozialdemokratischen Parteien in der im Krieg zerfallenen Zweiten Internationale unter einem länderübergreifenden Dachverband zusammengeschlossen hatten. 1917 hatten sich aufgrund dieser innerparteilichen Auseinandersetzungen der Spartakusbund, unter ihren Wortführern Rosa Luxemburg und Karl Liebkneckt, und die Unabhängige Sozialdemokratische Partei Deutschlands (USPD) von der Sozialdemokratie abgespalten. Ebenso wie der bolschewistische Flügel der russischen Sozialdemokratie, unter Führung von Lenin, forderte der Spartakusbund eine neue, zentralistische Internationale. Diese sollte frei sein von den »verräterischen Kriegssozialisten«, so Lenins Forderung in den »Aprilthesen« von 1917.[5]

Es ist eine Legende, dass Ulbricht von Beginn an zur Gruppe der Spartakisten in Leipzig gehört habe und im Dezember 1918 an der Gründungsversammlung der Ortsgruppe Leipzig des Spartakusbundes teilgenommen haben soll.[6] Ebenso ist es eine Legende, dass Ulbricht bereits am 4. Januar 1919 KPD-Mitglied wurde, als die kleine Gruppe der Spartakisten in Leipzig sich in eine KPD-Ortsgruppe umwandelte. Wie seine KPD-Parteibücher belegen, wurde er erst knapp zwei Jahre nach Gründung der KPD, am 4. Dezember 1920, Mitglied der Kommunistischen Partei Deutschlands.[7] Zu diesem Zeitpunkt vereinigten sich die Mehrheit der Mitglieder von USPD und die KPD zur Vereinigten Kommunistischen Partei Deutschlands (VKPD). Ab 1917 war Ulbricht zunächst Mitglied der USPD und wurde erst 1920, durch die Vereinigung des linken Flügels der USPD mit der KPD, Mitglied der VKPD. Richtig ist allerdings, dass Ulbricht sich ab Anfang 1919 im Umfeld der KPD bewegte, für sie arbeitete und auch auf einer Wahlliste der KPD für das Leipziger Stadtparlament kandidierte. Allerdings rangierte er nur auf Platz zwölf der Liste und hatte damit keine Chance, gewählt zu werden.[8]

Der Revolutionär ca. 1920

Die nachrevolutionäre Phase in Sachsen endete nach der Ermordung des sächsischen Ministers Neuering im Mai. Über ganz Sachsen wurde der Ausnahmezustand verhängt, und am 12. Mai 1919 marschierten auf Anweisung des sozialdemokratischen Reichswehrministers Noske Truppen der Reichswehr in Leipzig ein. Das Gebäude des Arbeiter- und Soldatenrates wurde besetzt, die Räte wurden aufgelöst und die betreffenden Personen entwaffnet. Die Leipziger Volkszeitung, das Organ der USPD, wurde ebenso verboten wie die in Halle erscheinende KPD-Zeitung Der Klassenkampf und das Zentralorgan der KPD, die Rote Fahne. Versammlungen wurden für unzulässig erklärt und zahlreiche Linke verhaftet. Auch Ulbricht stand als Mitglied der USPD schon seit einer Weile unter Beobachtung der Militärbehörden. In einer geheimen Mitteilung des Freiwilligen Landesjägerkorps Leipzig vom 27. Mai 1919 an verschiedene militärische und politische Dienststellen hieß es: »Der Kommunist Walter Ulbricht, Stötteritzer Straße 4 (Bez. Ost), Mitarbeiter der ›Roten Fahne‹, verkehrt in letzter Zeit auffallend viel mit der Telefonistin Käte Reif im Café Astoria ... Höchstwahrscheinlich, weil er von dieser abgehörte Militärgespräche erfährt. Ulbricht geht jetzt stets in Zivil, während er vor dem Einrücken der Regierungstruppen nur Uniform trug. Bewachen der genannten Personen, auch durch Kriminalbeamte, ist erforderlich. Bei besonderen Feststellungen sofort Meldung an Jägerstab.«[9]

Ulbrichts damalige politische Aktivitäten weisen ihn als den klassischen Parteisoldaten aus. Er schrieb Artikel für die seit Mai verbotenen KPD-Organe Der Klassenkampf und Rote Fahne. Wie schon vor dem Krieg verfasste er Flugblätter, sorgte für deren Druck und Vertrieb und agierte als Distributor für kommunistische Schriften und Propagandamaterialien. Als Treffpunkt stand den Leipziger Kommunisten neben ihrem offiziellen Parteilokal ein ehemaliger Pferdestall in einem Hinterhof am Johannisplatz zur Verfügung. Der mit den Kommunisten sympathisierende Inhaber des im Vorderhaus gelegenen Sattlerei- und Ledergeschäfts erlaubte Ulbricht und seinen Freunden den Durchgang durch seinen Laden. Um auf diese Weise zu ihrem Treffpunkt zu gelangen, mussten diese allerdings noch über einen Bretterzaun klettern.[10] Dieser konspirative Treffpunkt diente in erster Linie als Lager- und Distributionsraum für kommunistisches Propagandamaterial. Ulbricht musste aufgrund des Ausnahmezustandes in Sachsen jederzeit damit rechnen, verhaftet und zu einer Freiheitsstrafe verurteilt zu werden. Bei einer der Versandaktionen im »Pferdestall« entdeckte Ulbricht plötzlich einen ihm bekannten Leipziger Kriminalbeamten im Hof. Während Ulbricht und zwei seiner Genossen rechtzeitig die Flucht gelang, schaffte es der Vierte im Bunde, Kurt Grünthaler, nicht schnell genug, über den Bretterzaun zu klettern. Er wurde verhaftet und anschließend zu einer mehrmonatigen Gefängnisstrafe verurteilt.[11] Die anspruchsvollste Aufgabe, die Ulbricht in diesem Jahr für die KPD übernahm, war die Leitung eines Schulungslehrgangs der jungen Partei. Jeweils 15 bis 20 Teilnehmer versammelten sich zu diesem Zweck in einem Gasthaus in Leipzig-Schkeuditz.[12] Insbesondere die Schriften Lenins »Staat und Revolution« sowie »Die proletarische Revolution und der Renegat Kautsky« standen auf Ulbrichts »Lehrplan«. Der Unterricht fand abends und an den freien Sonntagen statt, was keine unerhebliche Belastung für Ulbricht darstellte, der sich tagsüber seinen Lebensunterhalt verdienen musste.

Finanziell war es eine schwierige Zeit für ihn. Für seine politische Tätigkeit durfte er allenfalls dann und wann ein Zubrot erwarten. Mit den verschiedensten Gelegenheitsarbeiten versuchte er, sich über Wasser zu halten. Für kurze Zeit arbeitete er wieder in seinem erlernten Beruf als Schreiner in einer Tischlerwerkstatt in der Dresdner Straße. Bald wurde er jedoch wieder entlassen und machte die bittere Erfahrung, arbeitslos zu sein. Als es ihm besonders schlecht ging, verkaufte er als fliegender Händler – mit einer blauen Schürze gewandet und einen Tafelwagen hinter sich herziehend – Gemüse in der Leipziger Straße. Wortkarg und verdrossen, wie er auftrat, konnte er keine guten Geschäfte machen. Ein »Bitte sehr« oder »Danke schön« kam nur selten über seine Lippen. Sein Gemüsehändlerdasein blieb nur eine Episode, ein Verkäufer war er nicht.[13]

Am 13. Juni 1919 erließ das »Standgericht I« in Leipzig, ein Militärgericht, eine Art Haftbefehl gegen Ulbricht. Die Polizei wurde darin ermächtigt, »eingehendste Erörterungen darüber anzustellen, ob und welche kommunistisch-spartakistischen Flugblätter Walter Ulbricht in letzter Zeit verbreitet hat, nach Walter Ulbricht zu fahnden, ihn festzunehmen und dem Standgericht I vorzuführen«.[14] Doch Ulbricht war bereits untergetaucht. Monatelang lebte er nach Erlass des Haftbefehls – natürlich unangemeldet – in einer Parterrewohnung in Leipzig-Reudnitz. Um nicht unnötig aufzufallen, trug er jetzt bürgerliche Kleidung, die er und seine Weggefährten als »Kostümierung braver Sonntagsbürger« empfanden: »Walter Ulbricht hatte sich einen kolossalen Stehkragen umgelegt, wie ihn damals die ›besseren‹ Angestellten trugen. Behagt hat ihm das Marterinstrument bestimmt nicht. Wir amüsierten uns sehr über diese Verkleidungen...«[15] Am 15. November 1919 gelang es der Leipziger Polizei jedoch, Ulbricht trotz seiner Vorsichtsmaßnahmen in seinem Versteck zu verhaften. Die Untersuchung der Polizei erstreckte sich zu Ulbrichts Glück ausschließlich auf die Frage, ob er staatsfeindliche Flugblätter verfasst hatte, wie es der »Haftbefehl« des Standgerichts vom Juni vorsah. Da im Hinblick auf diesen Vorwurf keine Beweise vorlagen, wurde Ulbricht nach einigen Tagen Untersuchungshaft wieder freigelassen.

Am 7. Februar 1920 heiratete der 27-jährige Ulbricht seine langjährige Freundin, die Maschinennäherin Martha Schmellinsky. 1915 hatte er ihr das Büchlein »Lebensfreude, Sprüche und Gedichte« bekannter deutscher Autoren geschenkt mit der Widmung: »Vorwärts sehen, vorwärts streben, keinen Raum der Schwäche geben, Schönem und Edlem allzeit hold! Wahlspruch – Meiner Freundin – Frühjahr 1915 – Walter«.[16] Die Ehe mit der am 12. Januar 1892 geborenen Tochter eines Klavierbauers war standesgemäß. Noch 1920 kam Tochter Dorle zur Welt.[17] Die Eheleute hatten keine Chance, sich aneinander zu gewöhnen. Am 28. Februar, drei Wochen nach der Trauung, erging erneut ein Haftbefehl gegen Ulbricht, diesmal erlassen durch das zuständige Landgericht Leipzig. Dieser Haftbefehl, der bis zur Einstellung des Verfahrens am 2. Oktober 1921 in Kraft bleiben sollte, zwang Ulbricht erneut, in den Untergrund zu gehen.[18] Von nun an führte er das Leben eines Berufsrevolutionärs – verfolgt und rastlos. Das Ehepaar sah sich nur Tage oder Stunden und lebte sich bald auseinander. Manchmal schrieb Ulbricht einen Brief, regelmäßig schickte er seiner Frau etwas Geld. Doch es war nicht genug, als dass Mutter und Tochter davon hätten leben können, und so musste Martha Ulbricht ihren Lebensunterhalt im Wesentlichen allein als Näherin verdienen.[19] Nach der Machtergreifung Hitlers, kurz vor dem Reichstagsbrand, kam Ulbricht ein letztes Mal in die ehemals gemeinsame Wohnung in der Geißlerstraße 2 in Leipzig und holte ein paar Sachen ab. Kurz darauf machte die Gestapo eine Hausdurchsuchung. Martha Ulbricht vermietete in der Folge eines der zweieinhalb Zimmer ihrer bescheidenen Wohnung an eine junge Jüdin, die später auswanderte.[20]

Seine berufliche Bestimmung fand Walter Ulbricht, nachdem er durch die Vereinigung des linken Flügels der USPD mit der KPD im Dezember 1920 Mitglied der Vereinigten Kommunistischen Partei Deutschlands geworden war. Ulbricht wurde in die »Bezirksleitung Westsachsen« der VKPD gewählt und erhielt damit seinen ersten Funktionärsposten bei den deutschen Kommunisten.[21] Das war der Beginn seiner Karriere als Funktionär. Sie sollte über fünfzig Jahre dauern und ihn auf Höhen und in Tiefen führen, von denen er zu diesem Zeitpunkt nicht zu träumen vermocht hätte. Schon kurz darauf wurde Ulbricht befördert und erhielt seine erste bezahlte Stelle in der Partei. Der jetzt 27 Jahre alte Jungkommunist wurde kommissarischer Landessekretär des KPD-Bezirks »Großthüringen«, zunächst mit Sitz in Erfurt und ab November in Jena. Aufgrund vorangegangener innerparteilicher Fraktionskämpfe lag die politische Arbeit in diesem Bezirk mit 30 000 KPD-Mitgliedern praktisch brach. Das bot Ulbricht die Chance, sich innerparteilich zu profilieren. Erstmals konnte er in dieser Funktion zeigen, wo seine Fähigkeiten und Stärken lagen: in seinem ungeheuren Fleiß, seinem Organisationstalent und seiner Leidenschaft für Verwaltung. Es schien, als sei er wie geboren für die Führung eines Verwaltungsapparates. Unter seiner Führung wurden jetzt in seinem Bezirk Sitzungen der KPD erstmals gezielt vorbereitet, Tagesordnungen erstellt, Beschlüsse formal richtig gefasst und andere Organisationsprinzipien eingeführt, die für eine effiziente Arbeit von Organisationen unerlässlich sind. Ulbricht war immer verbissen im Einsatz für die Partei. Er leistete die Kärrnerarbeit an der Basis, für die sich andere zu schade waren. Versammlungen abhalten und leiten, Flugblätter schreiben und in Umlauf bringen, Artikel für die Parteizeitungen Das Rote Echo und Neue Zeitung verfassen, das konnte er, und das machte ihm Spaß. Der weitere Erfolg ließ nicht lange auf sich warten. Im Juni 1921 wurde Ulbricht zum politischen Sekretär der Bezirksleitung »Großthüringen« gewählt und auf den beiden nachfolgenden Bezirksparteitagen in dieser Funktion bestätigt.

Sein Fleiß und sein Organisationstalent fielen allen auf. Ernst Wollweber, damals Politischer Leiter des Nachbarbezirks, urteilte später: »Er galt als unerhört fleißig, initiativ, ausgesprochen solide: er hatte keine Laster und keine erkennbaren äußerlichen Schwächen. Er rauchte nicht, er trank nicht und hatte keinen persönlichen Umgang. Niemand in der Partei war mit ihm befreundet.«[22] Ähnlich fiel das Urteil anderer Zeitgenossen aus. Gelobt wurden immer Ulbrichts Fleiß und seine organisatorischen Fähigkeiten, gleichzeitig galt er als kalt und abweisend und war wenig beliebt. Negativ vermerkt wurde auch, dass sich Ulbricht auch in der Freizeit nicht entspannen konnte und ständig nur über politische Fragen redete. Höheren Funktionären begegnete er unsicher und unterwürfig. Ein Zeitzeuge über die Heimfahrt mit Ulbricht in einem offenen Zugabteil von einer Konferenz in Gera: »Nur einer in der ganzen Gruppe konnte nicht aufhören, von der Politik zu reden: das war Walter Ulbricht, der uns mit den politischen Fragen langweilte, die wir auf der Konferenz schon bis zum Überdruss besprochen hatten. Ulbricht sah nichts von der Landschaft und hatte keinen Anteil an unserer Lebensfreude. ›Das ist aber ein Knochen!‹, höre ich noch heute meinen Nebenmann sagen.«[23]

Im August 1921 nahm Ulbricht als Delegierter seines Bezirks zum ersten Mal an einem Parteitag der KPD teil, und im November 1922 durfte er als Delegierter der KPD zum vierten Weltkongress der Kommunistischen Internationale (Komintern) erstmals nach Moskau reisen.[24] Die Dritte Kommunistische Internationale war nach der bolschewistischen Machtergreifung in der Oktoberrevolution von 1917 im März 1919 von Lenin im Moskauer Kreml gegründet worden. Die Komintern, die sich als »Weltpartei des Proletariats« verstand, vereinigte zeitweise bis zu 70 kommunistische Parteien und darüber hinaus eine Vielzahl von Massenorganisationen, die für einzelne Ziele der Komintern instrumentalisiert wurden. Die KPD war Gründungsmitglied und damit eine der Sektionen der Komintern, die sich auch als »Generalstab der Weltrevolution« verstand. Das Statut der Komintern von 1920 schrieb die Hegemonie der Kommunistischen Partei Russlands KPR(B) fest und räumte dem Exekutivkomitee der Komintern (EKKI) das Recht ein, sich in die inneren Angelegenheiten ihrer nationalen Sektionen einzumischen und den Ausschluss von Mitgliedern zu verlangen. Das Statut verpflichtete die Kommunisten in aller Welt, neben der legalen Organisation illegale Strukturen aufzubauen, wie sie für die Vorbereitung von Aufständen und zur systematischen Auspähung von politischen Feinden gebraucht wurden.[25]

Für die damals nicht unbeschwerliche Reise erhielt Ulbricht aus der Parteikasse 8 000 Reichsmark und 18 Dollar. Die deutsche Delegation wertete den Kongress täglich in Arbeitsgruppen aus. Ulbricht wurde den Arbeitsgruppen »Programmfragen«, »Gewerkschaftsfragen«, »Genossenschaften« und »Jugendfragen« zugeteilt. In letzterer war er für die Probleme der Arbeiterbewegung in der Tschechoslowakei zuständig.[26] Der junge Kommunist hatte auf dem Kongress die Gelegenheit, eine Ansprache Lenins mitzuerleben; noch fünfzig Jahre später berichtete er stolz über diese Begegnung. Nach der Rückkehr in seinen Thüringer Bezirk machte Ulbricht dadurch auf sich aufmerksam, dass er sich für die Gründung von »Betriebszellen« als kleinste organisatorische Einheit der KPD stark machte. Der revolutionäre Kampf gegen die bürgerliche Gesellschaft sollte nach Auffassung Lenins aus diesen kommunistischen Zellen, die in allen Industriebetrieben gegründet werden sollten, gestartet werden, weil nach seinem Verständnis die Industriearbeiter die Avantgarde der Arbeiterklasse waren. Demgegenüber war das traditionelle Organisationsprinzip der Linken in Deutschland die Gliederung nach Wohngebieten. Daran wollten die meisten deutschen KP-Mitglieder festhalten. Ulbricht vertrat in dieser Frage demgegenüber derart kompromisslos und militant die Kominternstrategie, dass er sich in der KPD alsbald den zweifelhaften Ruf »Genosse Zelle« erwarb.

Es schien, als sei der weitere Aufstieg des noch keine dreißig Jahre alten Jungfunktionärs unaufhaltsam. Gut drei Jahre, nachdem er »zwangsweise« KPD-Mitglied geworden war, erklomm Ulbricht im Januar 1923 auf dem achten Parteitag der KPD in Leipzig die nächste Stufe auf der Karriereleiter. In Leipzig rang die KPD erbittert um die richtige Strategie auf dem Weg zur politischen Macht in Deutschland. Der innerparteiliche Streit drehte sich um die Stichworte »Einheitsfront« und »Arbeiterregierung«. Sollte die KPD auf ihrem Weg zur Machtübernahme mit den Sozialdemokraten kooperieren? Durfte sie in Landesregierungen zusammen mit anderen linken Parteien in der Regierung mitarbeiten? Oder war die Revolution, der Umsturz nach sowjetischem Vorbild, der richtige Weg? So sah es der linke Parteiflügel unter Führung von Ruth Fischer[27], dem damals auch der spätere Parteiführer Ernst Thälmann[28] angehörte.

Ulbricht gehörte in dem Flügelkampf zum Lager des »rechten« Parteiführers Heinrich Brandler[29] und griff auf dem Parteitag die Führerin des »linken« Flügels Ruth Fischer an: »Die Genossin Fischer hat versucht, die Autorität des Genossen Sinowjew für sich mit in die Waagschale zu werfen und zu diesem Zweck seine Ausführungen gefälscht.«[30] Am Ende des Parteitages lag Ulbricht damit goldrichtig, und ihm gelang – gefördert durch den Parteivorsitzenden Brandler – erstmals der Sprung in das zweitwichtigste Führungsgremium der KPD, die Zentrale (später Zentralkomitee). Zwar wurde er nur mit sehr knapper Mehrheit, mit den wenigsten Stimmen aller Mitglieder, gewählt.[31] Genau 112 von 203 abgegebenen gültigen Stimmen erhielt er, was im Vergleich zu prominenten Parteimitgliedern wie Clara Zetkin[32] und Heinrich Brandler, die über 160 Stimmen auf sich vereinigten, ein bescheidenes Ergebnis war. Andererseits war Ulbricht innerhalb der Partei noch wenig bekannt, und unter dem Strich blieb es ein steiler Aufstieg. Vier Jahre nach Gründung der KPD gehörte Walter Ulbricht ihrer zweiten Führungsebene an. Im Sommer wurde der junge Hoffnungsträger des Parteivorsitzenden Brandler nach Berlin in das Organisationsbüro der KPD berufen. Dieses wurde von Wilhelm Pieck geleitet und hatte mit Franz Dahlem[33] und Wilhelm Florin[34] zwei weitere prominente Mitarbeiter.[35] Ulbrichts neue Aufgabe in der Reichshauptstadt: die Durchsetzung der leninistischen Organisationsprinzipien in der KPD. Mit Vehemenz kämpfte »Genosse Zelle« jetzt reichsweit für die Einführung von Betriebszellen als grundlegendes Organisationsprinzip der KPD. Die Aufsätze Ulbrichts aus diesem Jahr sagten schon im Titel, worum es ging: »Verwurzelt die Partei in den Betrieben« und »Jede Fabrik soll unsere Burg sein«.[36] Auf sein Betreiben verlegte die KPD-Führung, nach sowjetischem Vorbild, die Zeitschrift Der Parteiarbeiter, die dem Zweck diente, die Organisationsprinzipien Lenins zu propagieren.[37] Franz Dahlem, langjähriger innerparteilicher Konkurrent Ulbrichts, würdigte diese Leistung: »Diese Reorganisation der Partei auf der Grundlage der Betriebe ist unlöslich mit seinem Namen verbunden; jedes Dokument der Parteileitung, in dem zu dieser Zeit zur Organisierung der Kämpfe der Arbeitermassen Stellung genommen wurde, trägt den Stempel dieser seiner Argumentation. Walter Ulbricht war in der ganzen Partei der bekannte und anerkannte Vorkämpfer für die Betriebszellen.«[38] Doch die Organisation der KPD nach Betriebszellen war in der KPD keineswegs unumstritten. Viele Kommunisten waren arbeitslos. Was sollte ihnen eine Betriebszelle nützen? Die großen Fabriken waren weitgehend von Kommunisten gesäubert worden, und die übrig gebliebenen liefen Gefahr, durch die Betriebszellenarbeit als Kommunisten enttarnt und entlassen zu werden. Schließlich bestand die Befürchtung, dass die Auflösung der bisherigen Organisationsform nach Wohngebieten zu einer Zersplitterung der Organisation führen könnte. Während die Wohnbezirke hundert und mehr Mitglieder hatten, waren es in den Betrieben Mini-Einheiten von oft nur zehn Personen.

Der gescheiterte Umsturz

1923 war das schwerste Krisenjahr der Weimarer Republik. Die Wirtschaft lag am Boden, und Franzosen und Belgier besetzten das Rheinland, weil die Reichsregierung mit Reparationsleistungen in Verzug war. Eine Hyperinflation hatte die Währung wertlos gemacht, das KPD-Zentralorgan Rote Fahne kostete 100 000 Reichsmark. Mehr als sechs Millionen Menschen waren arbeitslos, nie zuvor und nie mehr danach waren es mehr in Deutschland. Kein Wunder, dass Streiks an der Tagesordnung waren. Am 12. August stürzte über eine dieser Protestaktionen die Reichsregierung. Neuer Reichskanzler wurde der Nationalliberale Gustav Stresemann.

Es schien, als gäbe es keine Hoffnung mehr für Deutschland. Da entschied die sowjetrussische Führung, dass jetzt der richtige Zeitpunkt für die Revolution in Deutschland gekommen sei. Im August 1923 befand sie, »das deutsche Proletariat steht unmittelbar vor den entscheidenden Kämpfen für die Machtergreifung«, und beschloss, »die gesamte Komintern muss den Deutschen helfen«.[39] Die Aufstandsvorbereitungen in Deutschland sollten finanziell und durch die Entsendung von Beratern unterstützt werden. Wjatscheslaw Molotow, im Sowjetrussland für das Militär zuständig, schickte an alle russischen KP-Büros einen Mobilmachungsbefehl. Jeder für den Einsatz in Deutschland geeignete deutschsprachige Genosse sollte erfasst werden. 2,3 Millionen Rotarmisten hatten Gewehr bei Fuß zu stehen, befahl Molotow weiter. Das Handelsministerium stellte an der Westgrenze der Sowjetunion eine Million Tonnen Getreide für das künftige Sowjetdeutschland bereit. Stalin meinte es bitter ernst. Es ging nicht nur um die proletarische Revolution in Deutschland, für ihn stand die Weltrevolution bevor. Und er wusste, dass eine sowjetische Intervention in Deutschland erneuten Krieg in Europa bedeuten würde: »Revolution in Deutschland und unsere Hilfe mit Lebensmitteln, Kriegsmaterial, Menschen bedeutet Krieg.«[40]

Auch die KPD-Führung sah offensichtlich die Zeit für einen Umsturz und die Errichtung einer Arbeiter- und Bauernregierung für gekommen. Im Juli 1923 wurde Ulbricht Mitglied des Militärrates der KPD, den die Parteiführung auf Anregung Moskaus und mit Hilfe sowjetischer Militärberater installiert hatte. Am 28. August setzte das Politbüro der KPD zusätzlich einen zentralen Ausschuss, das Revolutionskomitee, ein, um den Aufstand vorzubereiten. Ulbricht war als Mitglied dieses Ausschusses für die organisatorischen Vorbereitungen des geplanten Umsturzes zuständig.⁴¹ Unter den Decknamen »Werner« und »Paul« agierend, organisierte er Waffen und andere Ausrüstungsgegenstände und sorgte für ihre Verteilung an bayerische und sächsische »Proletarische Hundertschaften«. Im September reiste er als Mitglied der von Parteiführer Brandler geleiteten deutschen Delegation zu einer Sonderkonferenz der Komintern nach Moskau. Dort unterstützte er Brandler, der der Kominternführung vorgaukelte, dass die Arbeiter in Deutschland für den Aufstand vorbereitet seien: »Jeder Thüringer Arbeiter... habe sein Gewehr hinterm Küchenherd versteckt.«⁴² Jedoch stellte sich heraus, dass die KPD-Führung, gedrängt durch die Komintern, abenteuerlich falsche Vorstellungen über die Stimmung in der deutschen Arbeiterschaft hatte. Am 9. November, dem fünften Jahrestag des Ausrufs der Republik durch Karl Liebknecht, sollten »die Massen« in Deutschland sich erheben. »Die Massen« in Sachsen und Thüringen waren jedoch nicht einmal zu einem Generalstreik, geschweige denn zu einem bewaffneten Aufstand bereit. Daraufhin war KPD-Führer Brandler gezwungen, den geplanten Umsturz abzublasen. Nur in Hamburg, wo die Genossen nicht rechtzeitig informiert worden waren, kam es zu begrenzten heftigen Kampfhandlungen, die 40 Tote forderten, aber schnell niedergeschlagen wurden. Am 9. November griff stattdessen Adolf Hitler mit seinem Marsch zur Feldherrnhalle nach der Macht in Deutschland – und scheiterte (diesmal) ebenfalls.

Erstmals zeigte sich, wie verhängnisvoll die Unterordnung der KPD unter die Komintern und damit die KPR(B) war. Der weltrevolutionäre Ansatz in Moskau wurde zur Katastrophe für ihre deutsche Sektion. Als Folge des gescheiterten Umsturzes wurde die KPD, ebenso wie die NSDAP, vom 23. November 1923 bis zum 1. März 1924 verboten. Das war das Ende der revolutionären Nachkriegsphase der KPD und ein tiefer Einschnitt in ihrer Geschichte. Eine Reihe ihrer Funktionäre wurde verhaftet, und die Zahl der Mitglieder der KPD sank von 267 000 im September 1923 auf 121 394 im April 1924. Auch gegen Walter Ulbricht erging am Tage des Parteiverbots, wie gegen andere Mitglieder der Zentrale der KPD, ein Schutzhaftbefehl, nachdem bereits am 3. November 1923 vor dem Staatsgerichtshof in Leipzig ein Verfahren wegen Hochverrats gegen ihn eingeleitet worden war. Und Hochverrat war es ja wohl gewesen, was er für die KPD geplant und vorbereitet hatte. Zusätzlich erging am 16. Januar 1924 auch noch ein Steckbrief des Oberreichsanwalts gegen Ulbricht. Trotz dieser intensiven Fahndung konnte er sich seiner Verhaftung entziehen. Zusammen mit seinen Kollegen aus der Organisationsabteilung des ZK, Franz Dahlem und Wilhelm Florin, verkroch er sich im Büro eines der KPD nahe stehenden Architekten in Berlin. Obwohl der militärische Ausnahmezustand im Deutschen Reich und das Verbot der KPD am 1. März 1924 anlässlich der Reichstagswahl aufgehoben wurden, blieb der Haftbefehl gegen Ulbricht weiter in Kraft. Er wurde erst nach einem vom Reichstag beschlossenen Amnestiegesetz[43] am 13. Oktober 1928 aufgehoben.

Im Januar 1924 mussten Heinrich Brandler und seine Anhänger als Sündenböcke für den gescheiterten Aufstand herhalten. Die KPD-Führung wurde nach Moskau zu einer Konferenz eingeladen. Unter dem Druck der Kominternführung wurde dort die Absetzung von Brandler und seiner Anhänger beschlossen. Die Führung der KPD wurde der so genannten »Mittelgruppe« übertragen,[44] die sich Ende 1923 gebildet hatte und vornehmlich aus ehemaligen »Rechten« bestand, die den kommenden Sturz von Brandler vorausgesehen hatten. Dieser neuen Gruppierung trat auch Ulbricht bei und setzte sich damit von seinem bisherigen Förderer Brandler ab, dessen »sehr eifriger Mitarbeiter und Verehrer«[45] er nach Aussage eines Zeitzeugen bislang gewesen war. Als die führenden KPD-Funktionäre nach dem missglückten Umsturz mit großer Mehrheit das taktische Verhalten der Parteiführung in der jüngsten Vergangenheit missbilligten, stimmte auch Ulbricht – der ja maßgeblich an der Organisation der Umsturzvorbereitungen mitgewirkt hatte – in diese Kritik mit ein.[46]

Doch noch konnte die Komintern in der KPD nicht schalten und walten, wie sie es wollte. Josef Stalin war nach dem Tod Lenins Generalsekretär der KPR(B) geworden, hatte aber noch nicht die unbestrittene Herrschaft in der eigenen Partei angetreten. Zusammen mit Grigori Sinowjew, dem Vorsitzenden des Exekutivkomitees der Komintern, kämpfte er zu dieser Zeit mit Leo Trotzki um die Parteiführung.

Auf dem illegal in Frankfurt tagenden neunten Parteitag der KPD, im April 1924, wurde gegen den Einspruch des Kominternvertreters Manuilski eine Parteiführung gewählt, in der die Parteilinke die Mehrheit hatte. Ihr gehörte neben Ruth Fischer, die anstelle Brandlers zur KPD-Vorsitzenden gewählt wurde, auch Ernst Thälmann an. Dieser Machtwechsel an der KPD-Spitze besiegelte auch das weitere politische Schicksal Ulbrichts. Seine vorangegangene Distanzierung von Brandler und seine Hinwendung zur Mittelgruppe halfen ihm nicht, obwohl seine Gesinnungsgenossen sich auf dem Parteitag für ihn stark machten: »Mit der Aufstellung der

Reichsliste kann sich die Minderheit nicht einverstanden erklären... Wir verlangen, dass auf die Reichsliste der Genosse Ulbricht kommt.«[47] Doch die linke Mehrheit lehnte diese Forderung ab. Ulbricht wurde nicht wieder in das Zentralkomitee gewählt und auch nicht auf die Reichsliste gesetzt. Ein letztes Mal machte sich »Genosse Zelle« in einer zehnminütigen Rede auf dem Parteitag für die von der Komintern geforderten Betriebszellen stark. Doch die Kominternpolitik fand diesmal keine Mehrheit bei den deutschen Kommunisten. Nach dem Parteitag löste die neue Führung die »Abteilung Zelle« im Organisationsbüro der KPD auf, so dass Ulbricht obendrein noch arbeitslos wurde.

Die Niederlage für den 30-jährigen Ulbricht war total. Seine Partei, die für ihn die Welt bedeutete, war verboten worden und hatte außerdem keine Verwendung mehr für ihn. Er selbst wurde des Hochverrats beschuldigt und von der Polizei gesucht. Doch sein Sturz ins Nichts der Geschichte wurde verhindert. »Genosse Zelle« hatte sich bereits als gehorsamer Kominternsoldat erwiesen, und das wurde ihm jetzt gedankt. Seine Verbannung aus der neuen KPD-Zentrale – die Moskau kritisch gegenüberstand – war für die Komintern geradezu eine Empfehlung. Solche Männer brauchte das Hauptquartier der Weltrevolution in Moskau. Kominternsekretär Manuilski[48], der bereits seit Februar mit einem größeren Stab in Berlin weilte, um vor dem anstehenden Parteitag Einfluss auf die KPD im Sinne Moskaus zu nehmen, griff Ulbricht unter die Arme. So wurde aus seiner bisher bittersten politischen Niederlage fast ein Sieg. Ulbricht wurde Mitarbeiter der Kommunistischen Internationale[49] und erhielt im September 1924 eine bezahlte Anstellung in der Organisationsabteilung der Komintern in Moskau.[50] Damit waren sein politisches Überleben wie seine materielle Existenz gesichert.

Im Dienst der Komintern

Ausgestattet mit falschen Papieren, traf Ulbricht Ende April 1924 in Moskau ein. In den nächsten vier Monaten musste er wie alle künftigen Mitarbeiter des Exekutivkomitees der KI noch einmal die Schulbank drücken. Der Unterricht drehte sich um Themen wie Ideologie, aktuelle politische Fragen, Konspiration, illegale Arbeit und so weiter.[51] Natürlich wurden im Rahmen dieser Kominternschulung auch russische Sprachkenntnisse vermittelt, ohne die eine Zusammenarbeit im von Russen dominierten Kominternapparat schwierig war. Zu besonderen Russischkenntnissen gelangte

Ulbricht jedoch nicht – trotz mehrjähriger Aufenthalte in der Sowjetunion –, und er bediente sich später regelmäßig eines Dolmetschers, wenn er mit sowjetischen Funktionären kommunizieren musste. In einem Fragebogen, den er Ende der zwanziger Jahre in Moskau ausfüllte, gab er an, außer Deutsch keine weitere Sprache zu beherrschen.[52]

Nach Absolvierung seines Lehrgangs wurde Ulbricht im Sekretariat des Organisationssekretärs der Komintern, Pjatnitzki, »sotrudnik kominterna«, Mitarbeiter der Komintern. Dort wurde er – wie hätte es anders sein können – dem Ressort »Zellenwesen« zugeteilt. Die erste Aufgabe seines neuen Arbeitgebers führte Ulbricht als Instrukteur der Komintern nach Wien.[53] Die Instrukteure hatten die Aufgabe, die jeweilige Landespartei im Sinne der Kominternlinie auf bestimmten Gebieten anzuleiten. Sie lebten im jeweiligen Land mit falschen Pässen, unter einem Decknamen und in geheimen Quartieren. In der KP Österreichs fanden zu diesem Zeitpunkt heftige Auseinandersetzungen über das Für und Wider eines bewaffneten Aufstandes sowie über die Einführung der leninistischen Organisationsprinzipien in der Partei statt. Für beide Themen war der Organisationsspezialist Ulbricht der richtige Mann, um Beiträge im Sinne der Komintern zu leisten. Unter dem Namen Stefan Subkowiak, Zeichner aus Potsdam, reiste er mit gefälschtem Pass als politischer Flüchtling nach Österreich ein und mietete sich in Wien in der Kirchengasse 38 im 7. Stock ein Zimmer, das ihm gleichzeitig als Unterkunft und konspirativer Treffpunkt diente. Neben Ulbricht waren weitere kommunistische Funktionäre nach Wien angereist, unter ihnen der damals noch unbekannte Georgi Dimitroff[54], zu dieser Zeit wie Ulbricht Mitglied der Organisationsabteilung der Komintern und dort als Referent für die Balkanländer zuständig.[55] Im Ergebnis war Ulbricht bei seinem ersten Auslandseinsatz für die Komintern wenig erfolgreich. Der am 11. September 1924 in Österreich ausgebrochene Metallarbeiterstreik wurde trotz des Versuchs der Kommunisten, diesen für die eigenen Zwecke und Zielsetzungen auszunutzen, nach einer Woche wieder beendet. Kurz darauf, am 24. September, wurde Ulbricht zusammen mit anderen ausländischen Kommunisten von der Wiener Fremdenpolizei verhaftet. Es war aufgefallen, dass er mit gefälschten Papieren eingereist war. Die österreichische Justiz verurteilte ihn deswegen am 18. Oktober zu sechs Wochen Arrest wegen Betrugs. Ulbricht stellte sich vor Gericht als völlig harmloser politischer Flüchtling dar, der in Österreich Asyl gesucht hatte und sich »hier in keiner Weise politisch betätigte«.[56] Da sowohl er als auch der Staatsanwalt gegen das Urteil Berufung einlegten, kam es am 4. November zu einer neuen Verhandlung. Diesmal wurde Ulbricht zu zwei Monaten Kerker, ebenfalls wegen Betrugs, verurteilt. Am 8. Dezember 1924 wurde er aus der Haft entlassen und sofort in die Tschechoslowakei abgeschoben. Zu seinem Glück wurde er nicht an die deutsche Polizei überstellt, was sicherlich aufgrund des laufenden Strafverfahrens wegen Hochverrats in Deutschland zu seiner erneuten Verhaftung und einer längeren Freiheitsstrafe geführt hätte.

Anfang 1925 war Ulbricht wieder in Moskau. Unterkunft fand er im Zimmer Nr. 27 des berühmten Hotels »Lux«, das alle wichtigen ausländischen Kommunisten beherbergte, die sich in Moskau aufhielten. Ab dem 26. Februar nahm Ulbricht seine Arbeit in der Organisationsabteilung der Komintern auf. Sein Name erscheint in den Moskauer Akten erstmals am 24. März 1925 anlässlich einer Besprechung zwischen Mitarbeitern der Organisationsabteilung und Vertretern der österreichischen KP.[57] Die Organisationsabteilung tagte regelmäßig einmal die Woche, jeweils dienstags, und zog bei Bedarf auch Vertreter anderer Kominternabteilungen zu ihren Beratungen hinzu. Die wichtigsten Themen wurden vor ihrer Behandlung im »Kollegium«[58] der Organisationsabteilung vorbesprochen. Diesem Organ gehörten 1925 als ständige Mitglieder der Leiter der Abteilung, Komintersekretär Pjatnitzki, und Ulbricht an, während die übrigen Mitglieder im Laufe des Jahres wechselten. Wie immer, wenn sich Ulbricht mit organisatorischen oder bürokratischen Fragen auseinandersetzte, war er erfolgreich. Schon am 20. Mai 1925 konnte er ein erstes Erfolgserlebnis feiern. Das »engere Kollegium der Org.Abteilung« beschloss: »Genosse Ulbricht wird bis zur Rückkehr des Gen. Wompe Stellvertreter des Leiters der Org.Abteilung sein.«[59] Obwohl das nur eine interimistische Führungsaufgabe war, so war sie doch von einiger Bedeutung. Zum einen handelte es sich bei der Organisationsabteilung der Komintern um ein sehr wichtiges und einflussreiches Organ der Komintern. Sie war das Bindeglied zwischen der Komintern und den kommunistischen Parteien in aller Welt. Hier wurden die Strategien für die einzelnen Staaten entworfen und beschlossen. Und die Mitglieder der Organisationsabteilung hielten den Kontakt zu den Landesleitungen in aller Welt. Zum anderen hatte Ulbricht in dieser Funktion die Gelegenheit, eng mit Komintersekretär Pjatnitzki zusammenzuarbeiten, zu dieser Zeit eines der führenden Komintermitglieder.

Auch in Moskau zeigte sich Ulbrichts Stärke, die Fähigkeit, sich wochenlang penibel mit organisatorischen Details zu beschäftigen.

Er erarbeitete Anweisungen für die Gründung von Betriebszeitungen, schrieb über die kommunistische Agitation in Wohnhäusern, am Arbeitsplatz sowie beim Einkaufen und dozierte über die Verteilung illegaler kommunistischer Druckerzeugnisse. Nach dem Arbeitsplan seiner Abteilung war er regional für die »Bearbeitung des Materials von Skandinavien, Österreich, Holland und der Schweiz« zuständig. Inhaltlich hatte er quasi die Aufgabe eines Pressesprechers, wenn im Protokoll festgehalten war: »Gen. Ulbricht: Alle Verlagsangelegenheiten, Informierung der Presse, Artikel usw.«[60] Dementsprechend redigierte er Artikel, entwarf Informationsbriefe an die verschiedenen KP-Führungen und sorgte für deren Versand, sobald seine Entwürfe im Kollegium inhaltlich abgesegnet worden waren.[61] Er beschäftigte sich mit der »Gewerkschaftsarbeit in Österreich«, nahm Stellung zum »Stand der Organisationsarbeit der KP Frankreichs« und arbeitete zusammen mit dem Genossen Wompe den Arbeitsplan der Organisationsabteilung für den Sommer aus.[62]

Ulbrichts wichtigstes Thema waren auch in Moskau die Betriebszellen, sein Steckenpferd und Spezialgebiet seit 1921. Dass er sich schon frühzeitig zu diesem Organisationsprinzip Lenins bekannt hatte, wurde ihm auch deshalb besonders hoch angerechnet, weil in der Kominternführung die Meinung vorherrschte, dass die Beibehaltung der traditionellen Organisationsform nach Wohngebieten mit ein Grund für das Scheitern der proletarischen Revolution in Deutschland gewesen sei. Erneut stürzte sich Ulbricht so verbissen auf die Frage der Betriebszellen, dass dieses auch in Moskau schnell zu »seinem« Thema wurde. »Genosse Zelle« machte seinem Spitznamen erneut alle Ehre. Am 24. März 1925 diskutierte die Organisationsabteilung mit Vertretern der Österreichischen KP über »Die Umorganisation der Partei auf der Grundlage der Betriebszellen«.[63] Am 28. März waren die schweizerischen Genossen an der Reihe, das Thema lautete diesmal: »Richtlinien über die Betriebszellen«.[64] Anfang April wurden die englische KP instruiert, am 10. April die tschechischen Genossen und am 15. April die »Vertreter der holländischen Minderheit«. Ulbricht nahm an allen Sitzungen teil und war Wortführer der Komintern, teilweise eröffnete er die Sitzungen. Als er am 2. Juni 1925 auftragsgemäß den Arbeitsplan der Organisationsabteilung für die Monate Juni/Juli vorstellte, legte er auch hier das Schwergewicht der Arbeit »auf die Aktivierung der Zellen ... und die Beschäftigung der Betriebszellen mit allen Zweigen der Parteiarbeit«.[65] Am 22. August machte er der Organisationsabteilung konkrete Vorschläge über »Die Arbeit und Organisation der Betriebszellen«.[66] In einer ganzen Reihe von Artikeln, die er 1925 vornehmlich in den Zeitschriften »Rote Hilfe«, »Internationale Presse-Korrespondenz« und »Die Internationale« veröffentlichte, beschäftigte er sich ebenfalls hauptsächlich mit diesem Thema.

In einer Sitzung am 19. November 1925 wurden Ulbrichts Zellenaktivitäten seinen Mitstreitern in der Organisationsabteilung offensichtlich nicht geheuer, und leise Kritik klang gegenüber seinem diesbezüglichen Tatendrang an: »Genosse Ulbricht beschäftigt sich speziell mit Zellenfragen. Das soll nicht bedeuten, dass nur der Genosse Ulbricht sich mit dieser Frage beschäftigt und dass Genosse Ulbricht die ganze Arbeit über die Zellen in seinen Händen hat; ... Verschiedene Genossen, die mit einzelnen Ländern beschäftigt sind, sollen sich ebenso mit den Zellen wie auch mit den Fraktionen beschäftigen. Gen. Ulbricht summiert nur diese Arbeit, was Betriebs- und Straßenzellen betrifft.«[67]

Das war seine Welt, und Ulbricht blühte in seinem neuen Umfeld offensichtlich auf. Sei es aus eigenem Antrieb, sei es auf Anraten seiner Vorgesetzten in der Komintern, er entschied sich im Frühjahr 1925, Mitglied der Russischen Kommunistischen Partei zu werden. Am 23. Mai 1925 gab er seinen diesbezüglichen Aufnahmeantrag ab. In diesem Zusammenhang füllte er auch ein »Formular zwecks Besorgung des Parteiausweises von der Zentrale für den Eintritt in die RKP«[68] aus. Auf die Frage »Welche körperlichen Schwächen haben Sie?«, schrieb Ulbricht: »Kehlkopfleiden«.

Auch beruflich ging es weiter voran. Am 13. November 1925 wurde Ulbricht zum Sekretär der Organisationsabteilung bestellt.[69] Im Rahmen einer Bestandsaufnahme der Arbeit seiner Abteilung am 19. November wurde deutlich, wie unentbehrlich sich der Sachse mittlerweile gemacht hatte: »Er hat allgemeine Aufgaben in Bezug auf die Zellenfrage, literarische Arbeit der Abteilung..., also Informationsbriefe, Spezialnummern der Inprekorr[70] usw. erledigt. Gen. Ulbricht soll auch zusammen mit dem Genossen Unger Deutschland bearbeiten. Er soll auch den Genossen Herzog in Bezug auf Österreich, die Schweiz und Holland unterstützen. Dann hat er die Verbindung mit der Genossenschaftssektion aufrechtzuerhalten.«[71]

Ulbrichts Aufenthalt in Moskau bedeutete für ihn persönlich und für seine weitere politische Karriere sehr viel mehr als nur eine materielle Absicherung – wenn auch allein dieser Punkt für ihn außerordentlich wichtig war, nachdem er in Deutschland jedes Einkommen verloren hatte. In diesen Monaten fand die entscheidende

Prägung Ulbrichts durch die Komintern, die von ihr verfolgten politischen Ziele und ihre Methoden statt. Der unbekannte und unbedeutende junge deutsche Exilant lernte aus nächster Nähe die Macht der Komintern und ihre mächtigen Führer kennen. Mit Pjatnitzki und Kuusinen[72] saß er anlässlich von Sitzungen der Organisationsabteilung der Komintern in einer gemeinsamen Runde. Mit Bucharin[73] und Sinowjew[74] hatte Ulbricht im Rahmen seiner offiziellen Tätigkeit mindestens informell zu tun.

Und er konnte an der Quelle miterleben, wie der linke Parteiflügel der KPD, seit April 1924 an der Macht, sich aus Kominternsicht zunehmend unbeliebt machte. Obwohl der fünfte Weltkongress der Komintern im Juli 1924 die »Bolschewisierung« seiner Mitgliedsparteien beschlossen hatte, widersetzte sich die deutsche Sektion wiederholt Vorgaben aus Moskau und Anweisungen von Kominternberatern. Die KPD-Führung schreckte auch nicht davor zurück, Kominternmitarbeiter aus dem Apparat der KPD zu entfernen. Überhaupt fand die »Bolschewisierung« der KPD nicht in dem Umfang statt, wie Moskau sich das wünschte. Das Fass lief über, als auf dem zehnten Parteitag der KPD, im Juli 1925, Ruth Fischer – entgegen dem erklärten Willen der Komintern – als Parteivorsitzende bestätigt wurde und damit die politische Linie des linken Flügels der KPD. Daraufhin ließ die Kominternführung ihre Muskeln spielen. Vom 12. bis 14. August 1925 wurde die KPD-Spitze nach Moskau zitiert, um sich vor einer Kommission der Komintern für ihre »linke« Politik zu verantworten. Die Veranstaltung wurde zum Debakel für die amtierende Parteiführung. Die Vorsitzende Ruth Fischer und ihr Lebensgefährte Arkadi Maslow[75] wurden gestürzt und aus der KPD ausgeschlossen.

Neuer Vorsitzender der KPD wurde mit Wirkung vom 1. September 1925 Ernst Thälmann, der Wunschkandidat Moskaus, unter dessen Führung die KPD endlich vorbehaltlos auf Kominternkurs getrimmt werden konnte. Jetzt wurden die Vorgaben der Komintern auch in ihrer deutschen Sektion durchgesetzt und die »Bolschewisierung« der KPD vollzogen. Ein Baustein dazu war die Ausübung von persönlichem Druck auf KPD-Mitglieder, die sich in der Sowjetunion aufhielten. Heinrich Brandler und Clara Zetkin zum Beispiel wurde über Monate hinweg der Pass entzogen, um sie an einer Rückreise nach Deutschland zu hindern. Ein anderes Mittel, um die KPD gefügig zu machen, war die Drohung mit dem Entzug von Zahlungen aus Moskau. Ein wesentliches Element für die Bolschewisierung der KPD war schließlich eine gezielte Kaderpolitik, die durch intensive Schulung der Parteimitglieder den gehorsamen Parteiarbeiter, den »Apparatschik«, förderte. Der Aufbau eines ständig expandierenden Berichts- und Statistikwesens war die Voraussetzung für eine immer stärker werdende Kontrolle und Überwachung der Mitglieder. Ein ums andere Mal wurden die deutschen Kommunisten auf ihre Linientreue im Sinne der Kominternpolitik überprüft. Schließlich erklärte Stalin 1927 die Pflicht zur Verteidigung der Sowjetunion zu einer individuellen Verhaltensnorm für jeden Kommunisten. Die KPD-Führung und der Parteiapparat gerieten mit der Zeit »in eine immer stärkere, nicht zuletzt auch materiell bedingte Abhängigkeit von der Moskauer Zentrale. Da unter den Sektionen der Komintern die russische alle Übrigen überragte – sowohl an politischer Erfahrung und geistiger Potenz... als auch an handfester Macht und materiellen Hilfsquellen –, erwuchs aus der Abhängigkeit der KPD von der Komintern die Unterordnung unter die KPdSU.«[76]

Der Abgeordnete

Am 7. Dezember 1925 findet sich Ulbrichts Name letztmals in einem Protokoll des »kleinen Kollegiums« der Organisationsabteilung. Ulbricht erhielt in der Sitzung noch den Auftrag, eine Sondernummer der »Internationalen Pressekorrespondenz« über Gewerkschaftsfragen zu redigieren und zusammen mit zwei anderen Mitarbeitern der Abteilung den Jahresbericht über die Arbeit der Organisationsabteilung vorzubereiten.[77] Diese Aufgaben konnte er den Quellen zufolge jedoch nicht mehr erledigen; sein Name taucht in den Protokollen der Organisationsabteilung der Komintern schlagartig nicht mehr auf. Laut Heinz Voßke, Ulbrichts DDR-Biografen, hielt sich Ulbricht noch bis Mitte März in Moskau auf, um danach »im Zentralkomitee der KPD eine neue verantwortliche Arbeit zu übernehmen«.[78] In Ulbrichts Parteibuch findet sich ein Hinweis auf eine »Anmeldung« – gemeint ist offenbar seine Rückkehr nach Deutschland – mit dem Datum April 1926, bestätigt durch den Stempel »KPD-Fraktion«.[79]

Sicher ist, dass Ulbricht am 31. Oktober 1926 – fast elf Monate nach seiner letzten Erwähnung in einem Protokoll der Komintern – als Abgeordneter in den Sächsischen Landtag gewählt wurde. Sein Landtagsmandat sicherte ihm Immunität vor strafrechtlicher Verfolgung zu und ermöglichte es ihm, in Deutschland wieder öffentlich aufzutreten; noch immer war der Haftbefehl, der 1923 gegen ihn erlassen worden war, in Kraft. Seine Jungfernrede im sächsischen Parlament hielt er am 16. Dezember 1926 zu einer Anfrage über Maßnahmen der sächsischen Regierung zum Abbau von Überstunden. Ihre Radikalität machte deutlich, dass hier einer sprach, der nicht den Ausgleich suchte, sondern dessen Ziel ein anderes politisches System war: »Die kapitalistische Regierung will durch Herauspressung der größten Leistung aus einer verminderten Arbeiterzahl die Profite der deutschen Bourgeoisie erhöhen... Die Steigerung der Ausbeutung geht so weit, dass man dem Arbeiter nicht einmal mehr die Möglichkeit lässt, seine Notdurft zu verrichten.« In den etwas mehr als einhalb Jahren seiner Zugehörigkeit zum Sächsischen Landtag, während der über 80 Sitzungen stattfanden, trat Ulbricht sechs Mal vor das Plenum, um eine Ansprache zu halten. Seine Reden wiesen ihn als kommunistischen Revolutionär aus, wobei sein Redestil gelegentlich etwas stereotyp war. Zu seinen Standardausdrücken, die in keiner Rede fehlten, gehörten der »deutsche Großagrarier«, die »kapitalistische Rationalisierung«, der »Schnapsjunker« und die »Bürgerblockregierung« des Reiches. Seine liebsten Redewendungen waren: »Ich erinnere daran«, »Ich erinnere nur daran« und »Ich erinnere weiter daran«. Er forderte den außerparlamentarischen Kampf der Arbeiterklasse, um die Politik der Bürgerblockregierungen im Reich und in Sachsen zu »liquidieren«, die er als Regierungen »des Krieges und des Hungers« bezeichnete.[80] Das politische System der Weimarer Republik diskreditierte er als »eine Demokratie, die angewendet wird in Deutschland als Mittel zur Unterdrückung, zur Beherrschung der Arbeiterklasse, die... angewendet wird als Terrormaßnahme gegen wichtige Massenorganisationen der Arbeiterklasse«.[81] Wenn er schließlich forderte, »dass der Kampf der Arbeiter um Verbesserungen ihrer Lebensbedingungen in Verbindung mit dem politischen Kampf um den Sturz des Bürgertums und des Trustkapitals geführt werden« müsse, und wenn er dazu aufrief, »die gegenwärtige Bürgerblockregierung im Reiche und in Sachsen mit den Mitteln revolutionärer Gewalt zu stürzen«, dann waren dies strafrechtlich relevante Aufrufe zum Hochverrat.[82]

Abgesehen davon war er stets gut vorbereitet, argumentierte aus einer fundierten Sachkenntnis heraus und zitierte viel aus Artikeln und Reden seiner politischen Gegner. Dabei ließ er keine Gelegenheit aus, entsprechend der Kominternlinie die Sozialdemokraten zu attackieren und sie in eine Reihe zu stellen mit den nach seiner Auffassung *per se* arbeiterfeindlichen bürgerlichen Parteien. Dass die Komintern und er vor fünf Jahren die »Einheitsfront« mit der SPD propagiert hatten, war vergessen. So endete am 26. April 1928 Ulbrichts letzte Rede im Sächsischen Landtag mit den Worten: »Die überbreiten Massen der Arbeiter werden am 20. Mai [dem

Tag der nächsten Reichstagswahl, M. F.] rufen: Nieder mit der Sozialdemokratie, mit den Vertretern der Bourgeoisie in den Reihen der Arbeiterklasse! Sie werden demonstrieren für die Arbeiter- und Bauernregierung in Deutschland, für die Diktatur des Proletariats.«[83] Sozialdemokratische Veröffentlichungen und Reden vermochte er aus dem Stegreif zu zitieren und zum Nachteil der SPD in seine Argumentation einzuflechten. Bisweilen griff er auch recht gekonnt zu den Mitteln der Demagogie. Schließlich verstand er es geschickt, Zitate von Sozialdemokraten aus dem Zusammenhang zu reißen und verfälscht in die gerade anstehende Debatte einfließen zu lassen.

Seine längste Rede im Parlament hielt er im Sommer 1927, als er Stellung nahm zu geplanten Zollerhöhungen für Lebensmittel. Dabei redete er sich so in Rage, dass er nach zwei Ermahnungen, dass seine Redezeit in fünf Minuten zu Ende sei bzw. dass er nun zum Schluss kommen müsse, nur durch Hammerschlagen des Stellvertretenden Landtagspräsidenten Hickmann dazu gebracht werden konnte, seine Rede zu beenden. Zwei Mal wurde Ulbricht wegen seiner aggressiven Ausdrucksweise durch den Landtagspräsidenten zur Ordnung gerufen. Die Bemerkung, »die sächsische Regierung und der Vertreter der sächsischen Regierung haben gezeigt, dass sie absolut der Hausknecht des Verbandes der sächsischen Industriellen sind«[84], überschritt die Toleranzschwelle ebenso wie Ulbrichts Vortrag: »Es ist bezeichnend, dass ... die Sozialdemokratie ... nicht daran gedacht hat, dass es einmal einen solchen Trottel von einem Ministerpräsidenten gibt.«[85]

Auf dem elften Parteitag der KPD in Essen vom 2. bis 7. März 1927 wurde Ernst Thälmann als Parteiführer bestätigt. Nach knapp dreijähriger Abwesenheit von der Macht kehrte Ulbricht jetzt wieder in die KPD-Führung zurück. Er wurde Mitglied des Sekretariats des Zentralkomitees (ZK) und Kandidat des Politischen Büros des ZK der KPD. Damit rangierte er – wie schon bei seiner ersten Wahl ins Machtzentrum 1923 – wieder in der zweiten Führungsebene der KPD. Sechsundvierzig Jahre lang, bis zu seinem Tod, sollte er von nun an ununterbrochen Spitzenämter in der KPD/SED bekleiden.

Bei den Reichstagswahlen am 20. Mai 1928 erreichte die KPD 10,6 Prozent der Stimmen und 54 Sitze im Reichstag, was einen leichten Zugewinn gegenüber der letzten Reichstagswahl vom 4. März 1924 bedeutete. Ulbricht – erst fünfunddreißig Jahre alt – erklomm bei diesen Wahlen die nächste Stufe seiner politischen Karriereleiter. Als Abgeordneter für den Wahlkreis Nr. 17, Westfalen-Süd, wurde er erstmals in den Reichstag gewählt. Die KPD erzielte in diesem Wahlkreis 11,9 Prozent der Stimmen, was leicht besser war als der Durchschnitt im Reich, aber auch leicht schlechter als das Ergebnis bei den letzten Wahlen, als Ulbricht noch nicht Wahlkandidat der KPD war. Bis zur nationalsozialistischen Machtergreifung sollte Ulbricht ununterbrochen der obersten deutschen Volksvertretung angehören. Das bedeutete für ihn weiterhin Schutz vor strafrechtlicher Verfolgung aufgrund seiner Immunität als Abgeordneter und vor allem ein regelmäßiges Einkommen von 600 Reichsmark pro Monat.

Der Mann mit dem Sitzplatz Nr. 150 gehörte eher zu den Hinterbänklern als zu den prägenden Figuren seiner Partei im Reichstag. Im ersten Monat seines Abgeordnetendaseins trat er lediglich als Mitunterzeichner einer Reihe von Anträgen der KPD in Erscheinung. Die Kommunisten brachten damals eine Vielzahl eigener Gesetzes- und Verordnungsentwürfe in den Reichstag ein. In den meisten Fällen ging es dabei um den Versuch, finanzielle Entlastungen für die sozial schwächeren Schichten zu erreichen. Ansonsten fiel Ulbricht in dieser Wahlperiode, die bis September 1930 dauerte, mehr durch Ordnungsrufe (drei) denn durch Reden (zwei) auf. So bedachte er am 10. Juli 1928 Reichsinnenminister Severing mit dem Zuruf »notorischer Arbeitermörder« und wurde daraufhin vom Präsidenten des Reichstages Paul Löbe zur Ordnung gerufen.[86] Schon ab Mitte Juli nahm Ulbricht sein Reichstagsmandat nur noch sporadisch wahr. Zunächst hielt er sich bis Ende September in Moskau auf, wo er am sechsten Weltkongress der Komintern[87] teilnahm. Im Oktober und November war er noch einmal kurz in Deutschland und nahm zuletzt am 20. November 1928 an einer Abstimmung im Reichstag teil. Ab Anfang Dezember siedelte er erneut für ein Jahr nach Moskau über, um die Vertretung der KPD beim Exekutivkomitee der Kommunistischen Internationale (EKKI) zu übernehmen.

Eindruck hinterließ allerdings die einzige Rede, die er in diesem Jahr im Reichstag hielt. Ulbricht wurde von seinen Genossen auserkoren, am 14. November 1928 einen Misstrauensantrag der KPD gegen die Reichsregierung zu begründen. Anlass war eine im Reichstag angesetzte Debatte zu Arbeitskämpfen im Ruhrgebiet. Während sonst vornehmlich Walter Stoecker[88], der Vorsitzende der KPD-Reichstagsfraktion, für seine Partei sprach, war in diesem Fall ein Mann fürs Grobe gefragt, und dabei fiel die Wahl auf Ulbricht. Wie früher schon im Sächsischen Landtag nutzte er die Gelegenheit des öffentlichen Auftritts zu einer radikalen Abrechnung mit der Regierungspolitik der Sozialdemokraten unter Reichskanzler Hermann Müller. Diesmal warf Ulbricht der SPD vor, eine »einheitliche Front« mit dem »Trustkapital« zu bilden und jedes Interesse der Arbeiter der Erhaltung der eigenen Ministerposten unterzuordnen. Ulbricht enttäuschte seine Genossen rhetorisch nicht, wenn er die »mörderische Ausbeutung« der Arbeiter beklagte, ihre »Hungerlöhne« und in dem Streik der Arbeiter im Ruhrgebiet »die Einleitung einer neuen, höheren Phase des Klassenkampfes in Deutschland« ortete. Höhepunkt seiner Attacken auf die sozialdemokratische Regierung war der Satz: »Diese Regierung hat ... bewiesen, dass sie ein treuer Knecht des Trustkapitals und des Internationalen Finanzkapitals ist.« Das Protokoll verzeichnete mehrfach »Lachen bei den Sozialdemokraten«. Erneut fing sich Ulbricht einen Ordnungsruf ein, als er Reichskanzler Hermann Müller als »Panzerkreuzerminister« titulierte und den Reichswehrminister Wilhelm Groener als »der bekannte Hundsfott-Groener«. Das Protokoll vermeldete dazu: »Lebhaftes Bravo und Händeklatschen bei den Kommunisten«.[89]

Wenige Monate zuvor, am 11. Juni 1928, war Ulbricht aus dem Deutschen Holzarbeiterverband ausgeschlossen worden. Dessen Vorsitzender, Fritz Tarnow, begründete diesen Schritt mit der »oppositionellen Haltung« Ulbrichts. Der Ausschluss aus dem Verband, dem er seit seiner Lehrzeit angehört hatte, schmerzte Ulbricht offensichtlich, denn er protestierte dagegen mit einem Brief an den Hauptvorstand des Holzarbeiterverbandes. Sein Protest blieb vergeblich.

Bei der Komintern

Der sechste Weltkongress der Komintern im Sommer 1928 brachte noch einmal einen Stalinisierungsschub für ihre nationalen Sektionen. Nach der Ausschaltung seines Widersachers Leo Trotzki Ende 1927 war Stalin in der UdSSR zur dominierenden Figur geworden. Zwischen dem sechsten und siebten Weltkongress 1935 machte der Sowjetführer aus der Komintern endgültig ein Instrument seiner Macht- und Außenpolitik. Die einzelnen kommunistischen Parteien degenerierten zu abhängigen Kaderparteien ohne jede innerparteiliche Demokratie, die sich widerspruchslos an der Politik der KPdSU auszurichten hatten. Schließlich war die Komintern vollständig mit dem Machtapparat der Sowjetunion verwoben. Komintern, KPdSU und sowjetische Geheimdienste bildeten ein für das einfache Parteimitglied undurchschaubares Herrschaftslabyrinth.

Das Exekutivkomitee der Komintern wurde praktisch in den Machtapparat der Sowjetunion eingegliedert. Die Mitgliedsparteien der Komintern wurden darauf eingeschworen, mit »eiserner Disziplin« die Sowjetunion als Zentrum der Weltrevolution zu verteidigen. Vor allem sollte noch stärker gegen die Sozialdemokratie vorgegangen werden, besonders gegen deren linken Flügel, weil der mit seinen »pseudorevolutionären Phrasen« angeblich das Abwandern der Arbeiter von der SPD zur KPD verhindere. Gegner dieses Konfrontationskurses zur SPD wurden als »rechte Abweichler« diskreditiert und sollten aus allen Mitgliedsparteien ausgeschlossen werden. Diese Politik, die die KPD-Führung übernahm, sollte das Verhältnis zwischen den beiden Arbeiterparteien endgültig zerrütten und im Ergebnis mit dazu beitragen, dass sie später gegenüber den Nationalsozialisten unterlagen.

Es war vermutlich ein großer Tag für Ulbricht, als während des Kongresses seinem Antrag auf Aufnahme in die Kommunistische Partei entsprochen wurde, den er bereits anlässlich seines ersten längeren Moskauaufenthalts 1925 gestellt hatte. Im August 1928 war es endlich so weit. Walter Ulbricht wurde Mitglied der KPdSU und erhielt das Parteibuch Nr. 788624.[90] In einem Fragebogen zur Zählung der Mitglieder der Russischen Kommunistischen Partei gab er später auf die Frage »Wenn Sie ungläubig sind, von welchem Alter an?« die Antwort: » vier Jahre«. Sein letztes Monatseinkommen bezifferte er auf 160 Rubel. Seine Lektüre seien die Arbeiterzeitung und die Rote Front. Krönender Abschluss dieses Moskauaufenthaltes waren für ihn die abschließenden Wahlen für die Organe des EKKI. Ulbricht wurde zum Kandidaten des EKKI gewählt, eine Funktion, die er bis zur Auflösung der Komintern im Juni 1943 ausüben sollte. Das war eine bedeutende Funktion im internationalen kommunistischen Machtgefüge, die die Stellung Ulbrichts in der Hierarchie der KPD übertraf.

Nach Beendigung des Kongresses blieb Ulbricht zusammen mit seinem deutschen Genossen Fritz Heckert[91] noch in Moskau. Währenddessen kam es in Deutschland zu einem Aufstand der KPD-Führung gegen ihren Parteivorsitzenden Ernst Thälmann. Anlass war die »Betrugsaffäre Wasserkante«. Der KPD-Chef im »Bezirk Wasserkante«, Wittorf, der Schwager des ebenfalls aus diesem Bezirk stammenden Ernst Thälmann, hatte Parteigelder unterschlagen. Es tauchten Vorwürfe auf, auch Thälmann sei in die Affäre verstrickt, was jedoch nie bewiesen wurde. Der KPD-Vorsitzende versuchte jedenfalls, die Angelegenheit zu vertuschen. Der von Kassenprüfern aufgedeckte Vorgang wurde auf einer ZK-Sitzung im Herbst 1928 vom rechten Flügel der KPD aufgegriffen. Einstimmig fasste das Zentralkomitee der KPD daraufhin den Beschluss: »Das ZK missbilligt auf das schärfste die Geheimhaltung der Hamburger Vorgänge gegenüber den leitenden Instanzen der Partei durch den Genossen Thälmann als einen die Partei schwer schädigenden politischen Fehler. Auf seinen eigenen Antrag wird diese Angelegenheit der Exekutive überwiesen; bis zu ihrer Erledigung ruhen die Funktionen des Genossen Thälmann.«[92]

Auch Ulbricht gehörte zu den 17 ZK-Mitgliedern, die für die Abwahl Thälmanns stimmten. In dieser Situation ergriff die Komintern die Partei Thälmanns. Sie bezeichnete den Beschluss des ZK schlicht »als einen Verstoß gegen die Linie der Komintern, die auf dem sechsten Weltkongress ausgearbeitet worden war«[93], und setzte den KPD-Führer am 6. Oktober wieder als KPD-Vorsitzenden ein. Daraufhin fiel das Zentralkomitee der KPD um und widerrief seinen gerade gefassten Beschluss als »Fehler«. Noch am selben Tag verkündete es öffentlich, bei der Entscheidung, Thälmann abzusetzen, durch »Rechte« und »Versöhnler« getäuscht worden zu sein. Auch Ulbricht machte eine seiner Kehrtwendungen um 180 Grad. Er hatte nach seiner Zustimmung zur Absetzung Thälmanns in Moskau bald erfahren, dass die Komintern dem Beschluss ihrer deutschen Sektion nicht stattgeben würde, und vollzog den Kurswechsel als Erster seiner Genossen. Zusammen mit Fritz Heckert sandte er aus Moskau ein Telegramm nach Berlin, in dem sich die beiden von der Absetzung Thälmanns distanzierten. Einen entsprechenden Brief sandten Ulbricht und Heckert sicherheitshalber sofort hinterher.

In einer Sitzung des Zentralkomitees der KPD am 19. und 20. Oktober 1928 wurde Bilanz aus diesen Vorgängen gezogen. »Rechte« und »Versöhnler« waren nach dem Kominternkongress und den Vorgängen um Thälmann in der KPD nicht mehr gelitten. Walter Ulbricht, obwohl auch ein ehemaliger »Versöhnler«, ging aus der Affäre ohne Beschädigung hervor. Und doch hatte er einen Fehler gemacht, der einen dauerhaften Makel in seiner Personalakte hinterlassen sollte. Als viele Jahre später, 1946, die Abteilung Außenpolitik des ZK der KPdSU eine Einschätzung über Ulbricht abgeben sollte, merkte sie kritisch an: »Machte in der Vergangenheit eine Reihe von politischen Fehlern. Gehörte 1927/28 zur Versöhnlergruppe, trat 1930 in sektiererischem Sinne zur Gewerkschaftsfrage auf, ließ später bei der Auswahl und dem Einsatz von Kadern Fehler zu, die an Vernachlässigung der politischen Wachsamkeit grenzen. Die Führung der KPD und der Komintern kritisierten ihn für seine administrativ-bürokratischen Leitungsmethoden und für die Äußerung von Elementen der Ehrsucht und der Dickköpfigkeit.«[94]

Doch zunächst setzte sich Ulbrichts Aufstieg in der KPD und in der Komintern fort. Seine Partei übertrug ihm die Aufgabe, die Vertretung der KPD beim Exekutivkomitee der Komintern zu übernehmen. Anfang Dezember 1928 trat Ulbricht sein neues Amt in Moskau an, »wo er nun schon ein bekannter Genosse war«.[95] Zwei Wochen nach seiner erneuten Übersiedlung in die Sowjetunion, am 19. Dezember 1928, wurde er Mitglied des politischen Sekretariats des EKKI, einer der zentralen Organe der Komintern. Und ein halbes Jahr später, auf dem nächsten Parteitag der KPD im Juni 1929,[96] konnte er seinen nächsten Triumph feiern. Zwar beschränkte sich sein Auftritt auf dem Parteitag auf eine fünfminütige Rede, in der er wie andere Redner auch auf den 1. Mai 1929 verwies, der als »Blutmai« in die Geschichte der KPD einging.[97] Doch wurde Ulbricht in das oberste Führungsgremium seiner Partei gewählt, das Politische Büro der KPD. Damit gehörte der 35-Jährige erstmals der ersten Führungsebene der deutschen Kommunisten an. Er konnte zufrieden sein mit seiner persönlichen Karriere. Und er konnte zugleich stolz auf die äußeren Erfolge seiner Partei blicken. Als sich die Kommunisten am 6. Juni 1920 erstmals an den Wahlen zum Reichstag beteiligt hatten, war es ihnen gelungen, 2,1 Prozent der Wählerstimmen auf sich zu vereinigen. Das hatte ihnen vier Mandate in der obersten deutschen Volksvertretung eingebracht. Bis zum 6. November 1932, der letzten freien Wahl zum Reichstag, konnten sie ihren Stimmenanteil kontinuierlich, mit nur einem Rückschlag 1924, auf 16,9 Prozent ausbauen. Mit 100 Abgeordneten stellte die KPD damit nach NSDAP und SPD die drittstärkste Fraktion im Reichstag.[98]

Das war jedoch nur die eine Seite der Medaille. »Im Innern« war die KPD »ein Gefüge von Apparaten, eine Maschinerie, die wohl tauglich zur Durchführung von Beschlüssen, aber unfähig zur schöpferischen Meinungsbildung und Austragung von Auffassungsunterschieden war«[99], urteilte Herbert Wehner, damals Sekretär des Zentralkomitees der KPD. Im Wesentlichen spielte sich die Parteipolitik im Politbüro ab, das die Linie und die Aufgaben vorgab. Die gewählten Organe, wie das Zentralkomitee und die Bezirksleitungen, degenerierten zu Befehlsempfängern, die Beschlüsse entgegennahmen und sie operativ umzusetzen hatten. Zeitungen und Zeitschriften wurden in Berlin zentralisiert, mit der Folge, dass ihre Auflagen nicht einmal die Zahl der Parteimitglieder erreichten. Parteiversammlungen nahmen mehr und mehr den Charakter von Kundgebungen an, bei denen nicht diskutiert, sondern durch die Zentrale angewiesen wurde. Abweichende Meinungen wurden argwöhnisch beäugt. Eine umfassende Überwachung jedes einzelnen Genossen durch den geheimen Nachrichtendienst der Partei erstickte nach und nach jede Individualität und Kreativität. Das dabei gesammelte Material floss einerseits in das Archiv des Nachrichtendienstes der Partei und diente andererseits der Führungsriege als Grundlage ihrer Personalpolitik. »Ein Kampf aller gegen alle und von Cliquen gegen andere Cliquen« war die Folge.[100]

KPD-Chef von Berlin

Ende 1929 kehrte Ulbricht nach seinem zweiten längeren Moskauaufenthalt nach Deutschland zurück. Am 24. November übernahm er auf Wunsch der KPD-Führung die Leitung des KP-Bezirks Berlin-Brandenburg-Lausitz-Grenzmark und zog darum wieder nach Berlin um.[101] Der Bezirk war bisher von Wilhelm Pieck geleitet worden, der jetzt, nach einem großartigen Wahlerfolg der KPD bei den Wahlen zur Berliner Stadtverordnetenversammlung, die Leitung der kommunalpolitischen Abteilung des ZK der KPD übernahm. Bei diesen Wahlen war die KPD mit 24,6 Prozent Stimmenanteil nach der SPD zweitstärkste Fraktion geworden. In ihren stärksten Bezirken, in Wedding, Treptow, Friedrichshain und Neukölln, kamen die Kommunisten auf bis zu 47 Prozent der Stimmen.[102] Zwischen 1929 und 1933 galt Berlin von daher vielen als die »rote Hauptstadt«.

Ulbricht wurde mit dieser kommunistischen Bastion eine wichtige Schlüsselstellung anvertraut. Er führte die Aufgabe aus mit den Mitteln, die ihm zur Verfügung standen: immer geradeaus mit dem Kopf durch die Wand, ohne taktische Rücksichtnahme. Er organisierte Streiks, kommunistische Aufmärsche und Demonstrationen, lieferte sich Straßenschlachten mit den Nationalsozialisten und trat bei verschiedenen Veranstaltungen als Redner seiner Partei auf. Seine öffentlichen Auftritte waren dabei von persönlichem Mut gekennzeichnet. Seine Ziele verfolgte er mit der ihm eigenen grimmigen Entschlossenheit und Sturheit, die die Bereitschaft zum Einsatz von Gewalt mit einschlossen. In dieser Phase – sieben Jahre nach ihrem ersten gescheiterten Versuch, in Deutschland mit Gewalt an die Macht zu kommen – glaubten Komintern und KPD erneut, dass der Zeitpunkt gekommen sei, das politische System der Weimarer Republik durch ein sozialistisches nach sowjetischem Vorbild ersetzen zu können. Die KPD bereitete sich darauf vor, in einem erneuten Anlauf einen revolutionären Sieg in Deutschland davontragen zu können. Dabei wurden die deutschen Kommunisten von der Sowjetunion durch finanzielle Zuwendungen, militärische Ausbildung von KPD-Revolutionären und die Entsendung von Kominternberatern nach Deutschland unterstützt. Werkstätten zur Fälschung von Pässen und anderen Dokumenten wurden eingerichtet, Sprengstoff- und Waffenlager angelegt. Blutige Gewalttaten und Auseinandersetzungen mit den nicht minder radikalen Nationalsozialisten führten in Berlin 1931 zu einem »begrenzten Bürgerkrieg«.[103] Ulbricht marschierte auf diesem Weg als Chef der Berliner Parteiorganisation vorneweg: »Wir werden der Arbeiterschaft sagen: es gibt für sie nur einen Ausweg, die Bewaffnung der Arbeiter..., nur im Kampf um ein Sowjetdeutschland wird die deutsche Arbeiterklasse ihre deutschen und internationalen Sklavenhalter zum Teufel jagen«, erklärte er am 5. Februar 1931 im Reichstag. Und an anderer Stelle forderte er: »... im Kriegsfalle, die Herbeiführung der Niederlage der eigenen Regierung, den Übergang imperialistischer Truppenteile auf die Seite der Roten Armee, die Verteidigung der Sowjetunion durch Unterstützung der Kriegsführung der Roten Armee mit allen zweckmäßigen Mitteln... und die Errichtung der Sowjetmacht zu propagieren.«[104]

Bei solchen Auftritten konnte es nicht ausbleiben, dass die Justizorgane der Weimarer Republik erneut begannen, gegen den Berliner KPD-Chef zu ermitteln. Ende November 1929 leitete der Oberreichsanwalt beim Reichsgericht in Leipzig ein Strafverfahren wegen Hochverrats gegen Ulbricht ein. Mit den Stimmen der Sozialdemokraten wurde am 10. März 1930 im Reichstag die Immunität von Ulbricht aufgehoben, so dass vor dem 4. Strafsenat des Reichsgerichts Anklage wegen Vorbereitung zum Hochverrat und wegen Zugehörigkeit zu einer staatsfeindlichen Verbindung gegen ihn erhoben werden konnte. Vergeblich protestierte Ulbricht am 30. Juni vor dem zuständigen Ausschuss des Reichstages gegen eine ihm zugestellte Ladung des Oberreichsanwalts zur Vernehmung. Der Ausschuss wies seine Beschwerde zurück. Der Prozess stieß auf große Resonanz in der Öffentlichkeit. Hunderte von Interessenten, die keinen Einlass fanden, harrten vor dem Reichsgericht in Leipzig aus. Ulbricht zeigte während der Verhandlung, die im selben Saal stattfand, in dem später der Reichstagsbrandprozess stattfinden sollte, Format. Er verweigerte eine Aussage zu seinen politischen Funktionen in der KPD und verteidigte sich in der Verhandlung am 25./26. September 1931 mit einer politischen

Rede, in der er in einem Rundumschlag den Staat, seine politische Führung, die SPD und die Praxis der Notverordnungen nach Artikel 48 der Weimarer Reichsverfassung attackierte: »Nach dieser Anklage gibt es nahezu nichts mehr, was nicht als Hochverrat angesehen werden könnte. Was ist eigentlich kein Hochverrat, wenn schon die Aufforderung zum politischen Massenkampf für Lohn und Brot darunter fallen soll? ... Die Aufhebung unserer Immunität, die am stärksten von den Sozialdemokraten befürwortet wurde, bedeutet den Versuch, uns jede Tätigkeit als Arbeitervertreter im Reichstag unmöglich zu machen.«

(Vorsitzender: »Sagen Sie das im Reichstag!«)

»Das Entscheidende ist ja gerade, dass wir durch die Aufhebung der Verfassung im Reichstag nicht mehr reden können. Die Mehrheit dieses Reichstages hat mit Hilfe der SPD beschlossen, dass die KPD-Abgeordneten künftig nur noch vor dem Reichsgericht die Interessen der Werktätigen vertreten dürfen. Man wirft uns vor, dass wir uns dem bestehenden Staat, seiner Verfassung entgegenstellen. Wer hat denn die Verfassung außer Kraft gesetzt? War es nicht Brüning, der alle Grundrechte des Volkes aufhob und von der ganzen Verfassung nur noch den Artikel 48 übrig ließ? ... Die Pressefreiheit, die Versammlungsfreiheit, die Meinungsfreiheit sind aufgehoben ...«[105]

(Beifallsäußerungen bei den Zuhörern. Der Vorsitzende schickt einen Schupo in den Zuhörerraum.)

»Sie wollen mich dafür verurteilen, dass ich die Gewinnung der Mehrheit der Arbeiterklasse als die zentrale Aufgabe unserer Partei bezeichnet habe. Jawohl, der Kampf um Lohn und Brot ist unsere zentrale Aufgabe ...«[106]

Eine Verurteilung konnte Ulbricht mit diesem Plädoyer nicht verhindern. Vergeblich versuchte die Verteidigung, den Vorsitzenden des Senats und einen Beisitzer wegen Befangenheit abzulehnen. Ebenso scheiterte sie mit dem Versuch, eine Aussetzung des Verfahrens zu erreichen, mit der Argumentation, die Aufhebung der Immunität Ulbrichts sei verfassungswidrig. Ulbricht wurde zu zwei Jahren Festungshaft verurteilt. Obwohl das Gericht Ulbricht bei der Strafzumessung mildernde Umstände versagte, weil er in der Hauptverhandlung erklärt hatte, dass er auch nach der Verurteilung im bisherigen Sinne weiterwirken wolle, blieb es doch unter dem von der Staatsanwaltschaft geforderten Strafmaß von zwei Jahren und neun Monaten Festungshaft.[107]

Zu seinem Glück war Ulbricht am 14. September 1930 erneut in den Reichstag gewählt worden, so dass seine Immunität wieder auflebte und die Vollstreckung des Urteils für die Dauer der Wahlperiode ausgesetzt werden musste.[108] Reichsgericht und Oberreichsanwalt hatten sich wiederholt – letztlich aber erfolglos – schriftlich an den Präsidenten des Reichstages gewandt, mit der Zielsetzung, die erneute Immunität Ulbrichts durch den Reichstag aufheben zu lassen. Am 20. September 1932 wurde das Urteil im Zuge einer allgemeinen Amnestie aufgehoben.[109]

Im Kampf um die politische Herrschaft in der »roten Hauptstadt« lieferte sich Ulbricht unerbittliche Duelle mit dem Führer der Nationalsozialisten in Berlin, Joseph Goebbels. Ulbricht am 5. Februar 1931 im Reichstag: »Wenn es in diesem Hause nicht zulässig ist, eine Person wie den Herrn Goebbels so zu charakterisieren, wie es sich gehört, werden wir das woanders tun, und nicht nur mit Worten, sondern ... dass [den Nationalsozialisten] hören und sehen vergeht.« Den 22. Januar 1931 erklärten die Kommunisten in Berlin unter Ulbrichts Führung zum Großkampftag im Wettstreit mit der NSDAP um die Arbeitermassen. Auf sechs verschiedenen Veranstaltungen sollten sich an diesem Tag Redner von NSDAP und KPD zum Thema: »Sowjetdeutschland oder Drittes Reich« messen.[110] Höhepunkt der rhetorischen Duelle sollte eine Veranstaltung im Saalbau Friedrichshain werden, wo die beiden lokalen Parteichefs, Walter Ulbricht und Joseph Goebbels, Gauleiter der NSDAP für Berlin, aufeinander trafen. 4000 Menschen nahmen an der Abendveranstaltung teil. Gegen 22.00 Uhr betrat Goebbels in Begleitung von SS-Männern als Erster das Podium. Seine Anhänger empfingen ihn mit »Heil«-Rufen, während die Kommunisten ihm bemerkenswerterweise »Judas raus« zuschrien. Im jetzt beginnenden Tumult – die KPD-Fraktion intonierte lautstark die Internationale, die NSDAP-Anhänger hielten mit »Heil«-Rufen dagegen – vermochte sich Goebbels stimmlich nicht durchzusetzen. Als Ulbricht als nächster Redner die Bühne betrat, begannen die Nationalsozialisten ein wütendes Pfeifkonzert. Noch während er sprach, begannen kleinere Schlägereien. Als er die Bühne verlassen wollte, versuchten SA-Leute vergeblich, ihn festzuhalten. Auch die Kommunisten hatten sich abgesichert, und der Saal war voll mit Mitgliedern des »Proletarischen Selbstschutzes«.[111] Als Goebbels noch einmal ans Rednerpult treten wollte, begann eine Saalschlacht, bei der SA-Leute und »Proletarischer Selbstschutz« mit Tisch- und Stuhlbeinen aufeinander droschen. Über 100 Menschen wurden verletzt, zwölf blieben blutüberströmt am Boden liegen. Am nächsten Tag feierten beide Seiten das Ergebnis der Schlacht als ihren Sieg. »Genosse Ulbricht schlägt sie zusammen – Goebbels türmt unter Polizeischutz«, hieß es in der kommunistischen Roten Fahne. Im nationalsozialistischen Angriff war dagegen von einer »vernichtenden Schlappe der roten Parolendiebe und Schwindler« die Rede. Goebbels hielt den Abend in seinem Tagebuch fest: »23. Januar 1931, Friedrichshain: Ich werde um 10 h von Jubel und Pfiffen empfangen. Mindestens 1000 Kommunisten sind da. Ulbricht redet zur Diskussion und verzapft einen gräulichen Mist. Ich soll am Ende nicht reden. Die K.P.D. antwortet mit Krach. Und wird dann blutig herausgeschlagen... 24. Januar 1931, Die Presse ist voll von der Sensation unserer Saalschlacht. Über 100 Verletzte. Dabei zwölf schwer. Aber die Roten haben das Feld geräumt.«[112]

Wenige Tage später kreuzten Ulbricht und Goebbels erneut die Klingen. Anlässlich der Beratung des Reichshaushaltsgesetzes für 1931 sprach zuerst der klein gewachsene Sachse mit der Fistelstimme, danach sein ebenso kleiner Widersacher mit dem Klumpfuß. Auch dieses Duell verbuchte Goebbels für sich als Sieg: »Der Kanzler spricht. Sehr mäßig. Das Haus ist bis unters Dach besetzt. Kleines Intermezzo mit dem K.P.-Disten Ulbricht, der nur gegen mich wettert – vor leerem Hause –, und dann kommt meine Stunde. Ich bin fabelhaft in Form. Rede eine ganze Stunde vor überfülltem Hause... Es ist ein Bombenerfolg und wurde vom ganzen Hause so gewertet. Alles ist begeistert.«[113]

Trotz des Erstarkens der Nationalsozialisten blieben die Sozialdemokraten der politische Hauptfeind der KPD. Sie galten Stalin weiterhin als wichtigster Konkurrent um die Arbeiterstimmen in Deutschland und mussten darum besonders bekämpft werden. Dementsprechend ließ Ulbricht keine Gelegenheit aus, um die Sozialdemokraten zu attackieren: »Gemäßigter Flügel des Faschismus«, »sozialfaschistische Agenten des Unternehmertums«, »Wegbereiter des Faschismus«, »Kollegen der Nationalsozialisten« und »Todfeinde der Arbeiterklasse« waren die Vokabeln, mit denen er die Sozialdemokraten in der Regel belegte.[114] Noch im Dezember 1932 gab die von Ulbricht geführte Berliner Bezirksleitung der KPD die Losung aus: »Mit Volldampf gegen den Sozialfaschismus«. Und in einem Referat vor Mitarbeitern der Berliner Bezirksleitung der KPD erläuterte er, dass die wichtigste Aufgabe der Kommunisten nach wie vor darin bestehe, den »Sozialfaschismus« in den Reihen der Arbeiter zu liquidieren – wenn nötig, auch mit Hilfe und Unterstützung der Faschisten. Erst danach werde die KPD in der Lage sein, den siegreichen Endkampf gegen die Nazis zu führen.[115] Ein Jahrzehnt zuvor hatte er noch die gegenteilige Meinung vertreten und die »Einheitsfrontpolitik« vertreten, also die Zusammenarbeit mit den Sozialdemokraten im Kampf gegen das

Bürgertum und die herrschenden Klassen. Nach 1933 schwenkte er wieder zur »Einheitsfrontpolitik« zurück, als sich ein entsprechender Strategiewechsel bei der Komintern abzeichnete. Das hinderte ihn nicht daran, sich nach Abschluss des Hitler-Stalin-Paktes 1939 noch einmal um 180 Grad zu wenden und jetzt wieder die These zu vertreten, daß die SPD »Verräter der deutschen Arbeiterklasse und des deutschen Volkes« sei, mit der es keine Gemeinschaft geben könne.[116] Viele Jahre später gab Ulbricht immerhin zu, dass die Politik der KPD während der Weimarer Republik »ein Fehler war, der es der Partei sehr erschwert hat, die Arbeitermassen, vor allem die sozialdemokratischen Arbeiter, für den entschiedenen Kampf zur Verhinderung der faschistischen Diktatur zu gewinnen.«[117]

Trotz der hasserfüllten Machtkämpfe zwischen KPD und NSDAP, die Anfang der dreißiger Jahre in bürgerkriegsähnlichen Zuständen eskalierten, kam es immer wieder zu überraschenden Bündnissen zwischen den beiden verfeindeten Parteien, die gegen die SPD gerichtet waren. Bei 241 namentlichen Abstimmungen im Reichstag und im Preußischen Landtag zwischen 1929 und 1932 stimmten KPD und NSDAP in 140 Fällen gleich.[118] Das lag keineswegs nur daran, dass die beiden extremistischen Parteien sich lediglich in ihrer Ablehnung der Reichsregierung einig gewesen wären. Ihre politischen Ziele deckten sich häufig. Beide setzten auf ihrem Weg zur Machtergreifung auf die Arbeiter. Und beide waren sich einig in ihrem Ziel, Staat und Gesellschaft radikal zu verändern.

Im Sommer 1931 schloss sich die KPD einer Initiative der NSDAP, der Deutschnationalen Volkspartei und des Stahlhelms an, per Volksentscheid den Preußischen Landtag aufzulösen. Damit sollte die sozialdemokratische Regierung in Preußen, die Hauptstütze der bürgerlichen Reichsregierung unter Reichskanzler Brüning, gestürzt werden. Der Entscheidung, ob die KPD in dieser Frage mit der NSDAP zusammenarbeiten sollte oder nicht, waren wochenlange Auseinandersetzungen in der KPD-Führung zwischen einer Gruppe um Heinz Neumann[119] auf der einen Seite und Ernst Thälmann, unterstützt von Walter Ulbricht, auf der anderen Seite vorausgegangen.

Schließlich verlangte das Exekutivkomitee der Komintern die Teilnahme der KPD.[120] Die Kluft zwischen Sozialdemokraten und Kommunisten steigerte sich im Verlauf des Abstimmungskampfes teilweise zum Hass und vergiftete ihr Verhältnis endgültig.

Ein anderes Beispiel für ein solches Zweckbündnis war der

Streik der Belegschaft der Berliner Verkehrsgesellschaft im November 1932. Die NSDAP hatte hier starke Betriebszellen und setzte den Streik gegen den Willen und die Stimmen des Betriebsrates und der freien Gewerkschaften durch. Die KPD bildete mit den Nazis eine gemeinsame Streikleitung, Ulbricht und Goebbels zeichneten gemeinsam verantwortlich für den Streik. Weil die Gewerkschaften keine finanzielle Unterstützung an die Streikenden zahlten, sammelten Kommunisten und Nationalsozialisten gemeinsam für die Streikkasse. In einigen Stadtteilen bot sich das groteske Schauspiel, dass Kommunisten und Nationalsozialisten Arm in Arm standen und mit ihren Sammelbüchsen klapperten. »Der Anblick dieser perversen Einheitsfront war für die meisten Gewerkschafter, Sozialisten und sogar für viele Kommunisten so abstoßend, dass sich die ursprüngliche Sympathie für den Streik und die Streikenden in Abscheu und Feindseligkeit verwandelte. Nach fünf Tagen wurde der Streik abgeblasen.«[121] Herbert Wehner kommentierte den Streik: »Die Partei [die KPD, M. F.] kam bei diesem Streik nicht nur in gefährliche Nachbarschaft mit den skrupellosen Demagogen der NSDAP, sondern bewies auch noch einmal, dass sie im Allgemeinen nicht verstand, was die Stunde geschlagen hatte, nämlich dass das Schicksal der Arbeiterbewegung davon abhing, ob es gelingen würde, eine Verständigung mit den Sozialdemokraten zum Kampf um die Verteidigung der Demokratie zu erzielen.«[122]

Die radikalste Aktion, an der Ulbricht im Sommer 1931 beteiligt war, war die Ermordung der beiden Polizeihauptmänner Paul Anlauf und Franz Lenck am 9. August 1931 auf dem Berliner Bülow Platz, wo sich auch die Parteizentrale der KPD, das Karl-Liebknecht-Haus, befand. Als Täter ermittelte die Staatsanwaltschaft die jungen Kommunisten Erich Mielke, Erich Ziemer und Michael Klause. Mielke und Ziemer flohen nach der Tat in die Sowjetunion, Klause wurde gefasst, wegen gemeinschaftlichen Mordes zum Tode verurteilt, später aber begnadigt. 1993 – 62 Jahre nach der Tat – wurde Erich Mielke wegen dieses Doppelmordes vom Landgericht Berlin zu einer Freiheitsstrafe von sechs Jahren verurteilt. Auch wenn es über den genauen Ablauf dieser Mordaktion unterschiedliche Berichte gibt, steht fest, dass Ulbricht die geplante Aktion vorher kannte und dass er sie billigend in Kauf nahm. Aus dem Revolutionär wurde ein Mittäter an einem Doppelmord. Initiator des Verbrechens war er aber höchstwahrscheinlich nicht, obwohl Margarete Buber-Neumann[123], die Frau von Heinz Neumann, und einer der Täter Ulbricht bezichtigten, der Impuls zu den Morden sei von ihm ausgegangen.[124]

Am Tag bevor die Schüsse fielen, hatte im Karl-Liebknecht-Haus das Politbüro der KPD getagt. An der Sitzung nahmen unter anderen Walter Ulbricht, Heinz Neumann und Hans Kippenberger, der Chef des geheimen militärischen Apparates der KPD, teil. Dabei wurde einstimmig der Beschluss gefasst, den Reviervorsteher der in unmittelbarer Nachbarschaft gelegenen Polizeiwache, Paul Anlauf, zu beseitigen.[125] Das Schwurgericht I des Landgerichts Berlin kam im Juli 1934 zu der Erkenntnis, dass der Mordplan unter anderen Walter Ulbricht und Heinz Neumann bekannt gewesen sei. Die Weisung zum Verbrechen sei jedoch von Hans Kippenberger ausgegangen. Demgegenüber erinnerten sich Herbert Wehner[126] und Ernst Wollweber, dass die Initiative zur Tat von Heinz Neumann ausgegangen sei. Ernst Wollweber zur Beteiligung Ulbrichts an dem Verbrechen: »Ich sagte zu Thälmann: ›Aber damit hat er doch nichts zu tun.‹ Denn ich wusste ja, dass Heinz Neumann nicht unbeteiligt war. ›Ja‹, antwortete Ernst Thälmann, ›aber er hat es nicht verhindert. Wenn ich da gewesen wäre, wäre es nicht passiert.‹«[127]

Sicher ist in diesem Zusammenhang auch, dass Ulbricht Mielke seit einigen Jahren persönlich kannte und dass ihm bekannt war, dass die beiden Haupttäter Mielke und Ziemer, die die Schüsse abgegeben hatten, sich nach der Tat in die Sowjetunion abgesetzt hatten. 1929 war Ulbricht berichtet worden, wie tapfer der Arbeiterturner Mielke sich in einer Straßenschlacht mit einem Polizisten geschlagen hatte. Das Ergebnis war, dass der Beamte mit dem Gesicht hart auf dem Asphalt aufschlug, während Mielke sich mit einem Sprung über die Brüstung eines U-Bahn-Eingangs in Sicherheit brachte. Das entlockte Ulbricht damals die anerkennenden Worte: »Doll!« und »Doller Hecht!«, und er bat darum, dass sich Mielke am nächsten Tag in der Bezirksleitung sehen lassen solle.[128] Am 19. Februar 1933 erreichte Ulbricht aus Moskau die Notiz: »Die Dir bekannten Arbeiter Mielke und Ziemer bitten, dass ihnen ein Kleider- und Wäschepaket von ihren Angehörigen übermittelt wird. Sie sind jetzt über ein Jahr hier, und mit ihrer Kleidung ist es ganz schlecht bestellt. Der Vater von 2., Karl Ziemer, ... ist ein Kleinbürger, wird aber die Sachen für den Sohn geben. Der Vater von M., Emil Mielke, ... ist ein Genosse und hat 1 $^{1}/_{2}$ Jahre Gefängnis gehabt.«[129]

1932 wurde ein seit mehreren Jahren schwelender Machtkampf um die KPD-Führung entschieden. Heinz Neumann, der seit 1929 zusammen mit Hermann Remmele und Ernst Thälmann die engere KPD-Führung gebildet hatte, versuchte seit einiger Zeit, Thälmann als KPD-Vorsitzenden abzulösen. Der beklagte sich im März 1932 bei EKKI-Sekretär Pjatnitzki: »Die Lage in der Führung hat sich ungemein verschärft. Das letzte ZK[130] hat neue Wunden aufgerissen und vielen demonstrativ gezeigt, was bis jetzt noch den ZK-Mitgliedern verborgen blieb. Remmele und Neumann versuchen mit allen Methoden, mich zu diskreditieren, indem sie den Kampf insbesondere gegen meine Mitarbeiter verstärken ... und dadurch den offenen Kampf gegen mich eröffnen.«[131] Im August 1932 berichtete die Kominternführung an Molotow über die deutsche Delegation für das siebte Plenum des EKKI[132]: »Das ist schon nicht mehr eine Delegation, sondern es sind, kann man mutig sagen, zwei einander verfeindete Delegationen. Auf der einen Seite: Thälmann, Pieck und Florin, auf der anderen: Remmele[133], Neumann und Leo Flieg[134]. Diese Aufspaltung und Feindseligkeit macht es ihnen nicht mehr möglich, auf dem Plenum eine solche Rolle zu spielen, wie sie sie noch auf dem sechsten Plenum spielten und die sie angesichts der gewaltigen Wichtigkeit der deutschen Frage spielen müssten.«[135]

Ulbricht stand in dieser Auseinandersetzung auf der Seite des umstrittenen und zu diesem Zeitpunkt in der KPD weitgehend isolierten Parteichefs Thälmann. Er hatte seinen »Fehler« von 1928 nicht vergessen, als er zu denen gehört hatte, die Thälmann abgesetzt hatten und danach einen Rückzieher machen mussten, weil die Komintern nicht bereit war, Thälmann fallen zu lassen. Solange er aus Moskau keine Signale empfing, dass Thälmann in Ungnade gefallen war, hütete er sich davor, sich noch einmal gegen seinen Parteichef zu stellen. Schon auf dem siebten Plenum des EKKI im Sommer 1931 hatte Ulbricht die Gegner Thälmanns attackiert und sich damit eindeutig positioniert. Dort war er als erster Redner der KPD aufgetreten und hatte in einem vierstündigen Referat heftige Attacken »gegen den Verband der Komsomoljugend« geritten, der Heinz Neumann unterstand, und Konsequenzen gefordert, was dessen Führung anbelangte.[136] Thälmann, der sich in Moskau immer wieder bitter darüber beschwerte, dass die anderen Sekretariatsmitglieder ihn in seiner Arbeit nicht ausreichend unterstützten, ja dass er nicht einmal ausreichend mit ihnen kommunizieren könne, nannte Ulbricht denn auch als löbliche Ausnahme. Der habe zwar als Leiter der Berliner Parteiorganisation genug zu tun, sei aber »sonst sehr gut eingestellt«.[137] Verschiedene schriftliche Erklärungen Ulbrichts aus dem Frühjahr 1932 belegen, dass er Thälmann unbeeindruckt die Stange hielt, trotz der massiven Angriffe gegen den Parteichef. Am 22. März 1932 zum Beispiel verhinderte Ulbricht, dass Heinz Neumann am Sekretariat vorbei einen Aufruf der KPD veröffentlichte, in dem zwar mitgeteilt wurde, dass die KPD am zweiten Wahlgang zur Wahl des Reichspräsidenten teilnehmen werde, in dem aber der Kandidat – Ernst Thälmann – nicht erwähnt wurde. Obwohl das Manuskript des Artikels sich bereits in der Setzerei befand, gelang es Ulbricht, in einer kurzfristig anberaumten Besprechung einige inhaltliche Änderungen durchzusetzen und vor allem den Namen von Ernst Thälmann in den Text einzufügen. Drei Tage später empörte sich Ulbricht in einem Brief an Thälmann: »Dass man den Namen des Vorsitzenden der Partei nicht mehr ausspricht, das ist schon allerhand.«[138] Beide Fraktionen besaßen Verbündete in Moskau. Neumann und Remmele beriefen sich während der Auseinandersetzungen ständig auf ihre »russischen Freunde«. Neumann, der seit 1922 eine direkte Verbindung zu Stalin gehabt hatte, setzte natürlich vor allem auf die vermeintliche Unterstützung Stalins. Doch der sowjetische Diktator ließ Neumann 1932 zu Gunsten seines deutschen Favoriten, Ernst Thälmann, fallen. Das entschied den Machtkampf. Im April 1932 wurden Heinz Neumann und einige seiner Anhänger, unter ihnen Leo Flieg, aus der KPD-Führung entfernt.[139] Hermann Remmele, zu seinem 50. Geburtstag vom ZK der KPD als einer der »eisernen bolschewistischen Garde« geehrt und 1924 für einige Monate Parteivorsitzender der KPD, konnte sich zunächst noch für einige Monate in der KPD-Führung behaupten.

Ulbrichts Loyalität gegenüber Thälmann sollte sich auszahlen. Nach der Entfernung Neumanns aus der Parteiführung im Mai wurde er zunächst Kandidat des Sekretariats des Zentralkomitees und im November des Jahres, nach dem Ausscheiden des zweiten Hauptgegners von Thälmann, Remmele, Vollmitglied des Sekretariats. Doch das konnte ihn nicht darüber hinwegtrösten, dass die KPD ihm im Dezember 1932 die Führung des wichtigsten KPD-Bezirks, Berlin, wegnahm und Wilhelm Florin übertrug. Ulbricht war der KPD-Führung sichtlich zu aggressiv in seinem Vorgehen und wurde deshalb in Berlin abgelöst. Ernst Wollweber wunderte sich damals darüber: »Ich fragte Ernst Thälmann: ›Warum habt ihr ihn eigentlich abgelöst? Unter seiner Führung hat doch die Berliner Parteiorganisation, die größte und wichtigste, die wir haben, ganz gute Fortschritte erzielt. Wir sind in Berlin die stärkste Partei.‹ Und Ernst Thälmann antwortete: ›Gerade deshalb. Wir sind in Berlin die stärkste Partei, und in diesem Zentrum können bei der sich zuspitzenden Situation sehr schnell auch unüberlegte und falsche Entscheidungen getroffen werden. Er hat seine Aufgabe in Berlin erfüllt ... Ich habe nicht umsonst den Artikel gegen den individuellen Terror veröffentlicht. Solche Dinge wie damals auf dem

Bülow Platz dürfen sich nicht wiederholen... [Der oben geschilderte Doppelmord an den beiden Polizeihauptmännern, M.F.] Jetzt brauchen wir in Berlin einen Pol. Leiter, der nicht immer in der Attacke ist.‹«[140]

Doch Ulbricht ließ sich durch diese Niederlage nicht aus der Fassung bringen. Verbissen, wie er nun einmal war, machte er aus der neuen Situation das Beste und kämpfte nahtlos weiter; für die KPD und für seine eigene Karriere. Hinter Parteichef Ernst Thälmann und dessen drei Stellvertretern, John Schehr[141], Wilhelm Pieck und Wilhelm Florin, gehörte Ulbricht weiter zu den wichtigsten Funktionären der KPD. Nach dem Zeugnis Herbert Wehners machte sich Ulbricht jetzt daran, nach Thälmann die Nummer zwei in der Partei zu werden. »Ulbricht versuchte, alle Verbindungen und laufenden Angelegenheiten in seine Hände zu bekommen, um der nach Thälmann nächste Mann zu werden, der alles zentralisierte... Ulbrichts Nachfolger als Sekretär für Berlin und Brandenburg, Wilhelm Florin,... machte dank Ulbrichts Geschäftigkeit und seiner großen Unbeholfenheit... zunächst eine unglückliche Figur.«[142]

Das Ende der KPD

Am Tag der Machtergreifung Hitlers, am 30. Januar 1933, machte die KPD-Führung noch einen letzten verzweifelten Versuch, die sich abzeichnende Diktatur der Nationalsozialisten abzuwenden. Im Beschlussprotokoll der ZK-Sitzung hieß es: »Nächste politische Maßnahmen: Aufruf zum Generalstreik und Massendemonstrationen verstärkt durchführen.«[143] Ulbricht wurde am gleichen Tag beauftragt, die SPD zu überzeugen, gemeinsam zum Generalstreik gegen die neue Regierung unter Hitler aufzurufen.[144] Doch es war zu spät. Sofort nach seiner Ernennung zum Reichskanzler begann Hitler damit, die KPD als politische Kraft zu eliminieren. Am 1. Februar erließ Reichspräsident Hindenburg eine Verfügung, die den Reichstag auflöste und Neuwahlen für den 5. März 1933 festlegte. Am 2. Februar wurde die Parteizentrale der KPD, das Karl-Liebknecht-Haus, besetzt und durchsucht. Am 3. Februar erläuterte Hitler vor den Befehlshabern des Heeres und der Marine seine künftige Innenpolitik. Dazu zählte auch die »Ausrottung des Marxismus mit Stumpf und Stiel«.[145] Wiederum einen Tag später erließ Reichspräsident Hindenburg die »Verordnung des Reichspräsidenten zum Schutze des deutschen Volkes«, die das Versammlungsrecht und das Recht der Pressefreiheit stark einschränkte. Wenige Tage später waren bereits 16 KPD-Zeitungen verboten.

Der Weg der KPD in die Illegalität zeichnete sich ab, worauf sie sich schon seit dem Sommer 1932 vorbereitet hatte. Am 6. Juni dieses Jahres war eine Kommission unter Leitung von Franz Dahlem, John Schehr und Walter Ulbricht gebildet worden, die die Partei auf die Zeit der Illegalität vorbereiten sollte. Zu diesem Zweck waren seither geheime Quartiere für die leitenden Funktionäre und Anlaufstellen für Kuriere eingerichtet worden. Darüber hinaus hatte die Kommission Regeln für die »Konspiration« und »Spitzelabwehr« erarbeitet.[146] Diese vorausschauenden Vorsichtsmaßnahmen sollten sich jetzt als überlebenswichtig für viele KPD-Funktionäre erweisen.

Schon ab Anfang Februar fanden Sitzungen des Politbüros und seines Sekretariats aus Sicherheitsgründen nicht mehr im Karl-Liebknecht-Haus, sondern in Privatwohnungen statt. Am 7. Februar wurde im Sporthaus Ziegenhals bei Niederlehme, südöstlich von Berlin, die letzte Sitzung des Zentralkomitees der KPD unter Führung von Ernst Thälmann durchgeführt. Etwa vierzig Spitzenfunktionäre nahmen daran teil. Was ihr Parteiführer ihnen zu sagen hatte, ließ die Mienen der anwesenden Genossen noch ernster werden. »Der Kampf, der vor uns liegt«, meinte Thälmann, »ist der schwerste, den die Partei zu bestehen hat. Er kann nicht verglichen werden mit den Jahren seit 1923.«[147] Thälmann kam nicht dazu, seine Rede zu Ende zu führen. Ulbricht, der die Sitzung leitete, musste sie mit den Worten: »Genossen, die Sicherung unserer Tagung ist nicht mehr gewährleistet«, abbrechen.[148]

In den Wochen nach der nationalsozialistischen Machtergreifung arbeitete Ulbricht intensiv daran, die Partei auf eine Arbeit im Untergrund vorzubereiten. Dafür war es höchste Zeit. Am 23. Februar 1933 wurde das Karl-Liebknecht-Haus durch die Berliner Polizei und die SA endgültig geschlossen. Im Anschluss an eine Tagung von Sekretariat und Politbüro am 27. Februar in einem Lokal in der Gudrunstraße unter Teilnahme Ulbrichts ging der Reichstag in Flammen auf, und Reichspräsident Hindenburg unterzeichnete die berüchtigte »Reichstagsbrandverordnung«[149], die die Diktatur Hitlers endgültig besiegelte. Schon in der Nacht vom 27. zum 28. Februar ordnete Göring die Verhaftung der Abgeordneten und führenden Funktionäre der KPD, die Schließung aller kommunistischen Parteibüros und Versammlungslokale sowie das Verbot der gesamten KPD-Presse an. Auch gegen Ulbricht erging über den polizeilichen Funkdienst in dieser Nacht ein »Festnahmeersuchen«. Ulbricht hatte sich am Vorabend auf dem Heimweg mit Franz Dahlem für den nächsten Morgen in einem Restaurant am

Hackeschen Markt verabredet. Da beide noch nie zuvor dort gewesen waren, konnten sie davon ausgehen, dass keine Gefahr bestand, dass sie jemand erkennen könnte. Als sie das Lokal am nächsten Morgen betraten, entstand jedoch eine lebensgefährliche Situation für sie. Franz Dahlem erinnerte sich: »Dieses Restaurant war über Nacht in ein SA-Lokal verwandelt worden, von dem aus laufend Verhaftungskommandos entsandt wurden. Auf den zusammengerückten Tischen lagen Mappen mit den Namen registrierter Kommunisten und anderer Antifaschisten, und mit lauter Stimme wurden Namen und Anschriften der zu Verhaftenden vorgelesen und von den Kommandoführern notiert. Da wir fast gleichzeitig das Lokal betreten hatten und die für uns gefährliche Situation erkannt hatten, tranken wir an der Theke scheinbar in aller Ruhe ein Glas Bier und verschwanden.«[150]

Künftig hielt sich Ulbricht wohlweislich streng an die Regeln konspirativer Arbeit, die die KPD ausgearbeitet hatte. Schon während der Weimarer Republik mehrfach polizeilich gesucht, hatte er Erfahrungen damit, im Untergrund zu leben. Seine Wohnung in der Goltzstraße betrat er nicht mehr und schlief fortan in einem der vorbereiteten geheimen Quartiere.[151] Treffen mit anderen Funktionären fanden unter abenteuerlichen Umständen statt, etwa im fahrenden Taxi, das einem Kommunisten gehörte, oder in einem Café am Kurfürstendamm, nachdem ein strenges Zeremoniell eingehalten worden war. Wer sich mit Walter Ulbricht hier treffen wollte, konnte das grundsätzlich nur an Tagen mit einem geraden Datum tun. Er musste sich an einem 2., 4. und so weiter in das Café setzen, eine Weile in der Berliner Rundfunkzeitung blättern, dann das Lokal wieder verlassen. Ein Stückchen weiter wurde er dann von einem weiteren Genossen mit einem bestimmten Kennwort angeredet. Ab Anfang September hieß das: »Wie kommt man zur Potsdamer Brücke?« Erst dann wurde der Betreffende zu Ulbricht geführt.[152] Seine persönliche Lage spitzte sich am 1. März 1933 zu, als er mit Bild im Deutschen Kriminalpolizeiblatt zur Verhaftung ausgeschrieben wurde.[153] Erneut lautete der strafrechtliche Vorwurf auf Hochverrat.

Als am 3. März 1933 Parteiführer Ernst Thälmann und weitere hochrangige KPD-Mitglieder der Gestapo in die Hände fielen, versetzte das der gebeutelten Partei den letzten Schlag. Tausende von KPD-Funktionären wurden in den nächsten Tagen verhaftet. Was von der Organisation der KPD im Reich blieb, waren führungslose, machtlose Idealisten, die sich unter Lebensgefahr im Geheimen weiter für die KPD einsetzten. Sie trafen sich konspirativ in

Schuppen mit abgedunkelten Fenstern und auf staubigen Dachböden. Mutige Einzelgänger riskierten ihr Leben, indem sie Flugblätter verteilten und Parolen auf Häuserwände malten. Ihr mutiger Einsatz änderte nichts daran, dass der KPD – der vor kurzem noch zweitgrößten kommunistischen Partei der Welt – politisch das Rückgrat gebrochen worden war. Zu Tausenden wanderten KPD-Mitglieder jedes Jahr in Gefängnisse und Konzentrationslager. 1936 wurden 11 000 und 1937 8 000 Personen wegen illegaler kommunistischer Betätigung verhaftet.[154]

Bei den – nicht mehr freien – Reichstagswahlen am 5. März 1933 erzielte die KPD immerhin noch 12,3 Prozent der Wählerstimmen, und Ulbricht gehörte zu den 81 Mitgliedern der KPD, die formalrechtlich als Abgeordnete in den Reichstag einzogen. In seinem Wahlkreis Potsdam II erzielte die KPD mit 20,6 Prozent der Wählerstimmen ein Ergebnis, das deutlich unter den durchschnittlichen Verlusten der KPD gegenüber den letzten Reichstagswahlen blieb. Es war eine Posse der deutschen Bürokratie, dass der Kreiswahlleiter des Wahlkreises 3, Potsdam II, für den Ulbricht kandidiert hatte, mit Datum vom 10. März 1933 »An Herrn Walter Ulbricht, Holzarbeiter, Leipzig – Sellerhausen, Geißelerstraße 2 I« ein Schreiben schickte, in dem er ihm mitteilte, dass er bei der Reichstagswahl am 5. März 1933 zum Abgeordneten des Deutschen Reichstages gewählt worden sei, und ihn gleichzeitig aufforderte, die Annahme oder Ablehnung seiner Wahl binnen drei Tagen beim Reichswahlleiter zu erklären[155] – sieben Tage nach der Verhaftung von Ernst Thälmann und nachdem Hitler am Vortag die 81 Abgeordnetenmandate der KPD einfach annulliert hatte. Trotz der großen persönlichen Gefahr blieb Walter Ulbricht zunächst in Berlin. Er ging in den Untergrund und verbarg sich in Hermsdorf mehrere Monate lang in der Garage der hilfsbereiten sozialdemokratischen Familie Steiner.[156]

Kampf um die Parteiführung

Nach der Verhaftung Thälmanns setzte in der zerschlagenen und verfolgten Rumpfpartei ein Kampf um die Nachfolge des Parteiführers ein. Hauptkonkurrenten um die Position des Parteivorsitzenden waren Ulbricht[157], der ja schon vor der Verhaftung Thälmanns um die Position als Nummer zwei in der KPD gekämpft hatte, der Hamburger Bezirkssekretär der KPD Hermann Schubert[158], ebenfalls Politbüromitglied, und John Schehr, engster Vertrauter Thälmanns und dessen Stellvertreter im Politbüro.[159]

Herbert Wehner, der ebenso wie Ulbricht noch in Berlin blieb – und in dieser Zeit fast täglich mit ihm zusammentraf –, urteilte rückblickend über Ulbrichts Verhalten in diesen Tagen: »Er war... ein Mann – ich habe das in der ersten Zeit der unmittelbaren illegalen Tätigkeit, als es um die Köpfe ging, 1933 und danach, erlebt –, der keine Angst hatte – auch persönlich –, der nicht nur andere in gefährliche Situationen schickte, sondern selbst auch gefährliche übernahm.«[160] Ulbricht machte vielmehr trotz der persönlichen Gefahr, von den Nationalsozialisten eingekerkert zu werden, »den Eindruck außerordentlicher Frische«. Als Schehr kurz nach der Verhaftung Thälmanns nach Moskau reiste, um sich mit der Kominternführung über das weitere Vorgehen abzustimmen, versuchte Ulbricht, in seiner Abwesenheit die Macht an sich zu ziehen. »Es erwies sich binnen kurzem, dass er versuchte, die Fäden in seiner Hand zu zentralisieren«, berichtete Wehner. Und weiter: »Pieck hielt sich seit Thälmanns Verhaftung im Hintergrund... Ulbrichts Stärke bestand in einer unermüdlichen Geschäftigkeit, die ich an ihm immer und in allen Lagen habe feststellen können... Er war ein – nehmen Sie das Wort so, wie ich es sage – unheimlicher Arbeitstyp, der selbst nichts anderes zu kennen schien, als andere dafür zu engagieren und auch, wo es seiner Meinung nach richtig war, anzutreiben, die Arbeiten, über die er disponierte und die er verlangte, auch möglichst auszuführen... Er hielt seine Mitarbeiter und Untergebenen (er brauchte Untergebene) fortgesetzt in Bewegung und kontrollierte unnachsichtig deren Arbeit. Seine Überlegenheit über andere bestand nicht in tieferer Einsicht oder größerer Reife, sondern in seiner Fähigkeit, stets besser informiert zu sein als andere und viel hartnäckiger der Durchführung von Einzelheiten nachzugehen.«[161]

Sowohl Ulbricht wie Schubert versuchten, Führungspositionen im Apparat mit eigenen Anhängern zu ersetzen, und forderten Herbert Wehner auf, »die Leute aus dem zentralen Apparat zu entfernen, die mit Teddy [Thälmann, M. F.] herumgesoffen« hätten. Ulbricht bemühte sich darüber hinaus, das Erscheinen der Roten Fahne und eines zentralen Pressedienstes zu sichern und Anweisungen an die Bezirksleitungen herauszubringen.[162] Auf seine Initiative wurde im Spätsommer 1933 die Losung »Rettet die Gewerkschaften!« herausgegeben, ein Programm, das geeignet gewesen wäre, Kommunisten und Sozialdemokraten in dieser Frage unter einen Hut zu bringen. Ulbricht wollte »Unabhängige Klassengewerkschaften« schaffen, in denen die Arbeiter gegen die Nazis kämpfen sollten, unabhängig von den Arbeiterparteien und ihren Streitigkeiten. Die verbliebenen KPD-Führer zerschlissen sich dabei allerdings in völlig unfruchtbaren ideologischen Streitigkeiten und kleinlichen Definitionsfragen. So vertrat Schehr vehement die Auffassung, die Losung müsse heißen: Schaffung »Freier Sozialistischer Gewerkschaften«, während Ulbricht auf »Unabhängige Klassengewerkschaften« bestand. Das war nur ein Beispiel für weitere heftige Auseinandersetzungen über Formulierungsfragen, die angesichts der dramatischen Situation schlicht lächerlich waren.[163] Wieder einmal zeigte sich: Ulbricht handelte, während seine Genossen in der Führungsriege Diskussionen führten. Er gab – während die anderen noch um Formulierungen rangen – eine konkrete Anweisung an die Bezirksleitungen der KPD heraus, »Unabhängige Klassengewerkschaften« zu gründen. Diese Anweisung wurde später parteiintern heftig kritisiert, und Ulbricht sah sich gezwungen, ein Rechtfertigungsschreiben an die Kominternführung zu schicken.[164] Im Ergebnis blieb Ulbrichts Vorstoß allerdings nicht mehr als eine Parole; die verfolgte Partei hatte keine Kraft mehr, sie in die Praxis umzusetzen.

Noch vor der Rückkehr Schehrs aus Moskau überbrachte ein tschechischer Funktionär Anweisungen der Komintern zur neuen Führung der KPD, die Schehr als neuen Führer der KPD bestätigten. Doch auch danach ging der Kampf der drei Wettbewerber um die Führung weiter. Zwar erkannte Ulbricht jetzt – nach der Bestätigung durch die Komintern – den Führungsanspruch Schehrs offiziell an, doch hinderte ihn das nicht, Schehrs Arbeitsstil massiv zu kritisieren. So warf er ihm vor, wochenlang Dokumente zurückzuhalten und wichtige Vorgänge nicht zu bearbeiten. In Auseinandersetzungen reagiere Schehr überzogen scharf. Der schlimmste Vorwurf Ulbrichts war, dass Schehr die internen Probleme in der Führung nach außen trage.[165] Leichter wurde es für Schehr auch nicht dadurch, dass er die offizielle Kominternpolitik nach Deutschland zu übermitteln hatte. Sie war an Absurdität kaum zu überbieten. Die Niederlage der KPD wurde einfach nicht zur Kenntnis genommen. Stattdessen wurde die Situation so interpretiert, als spiele sich in Deutschland ein gewaltiger, noch nicht entschiedener Kampf zwischen Nationalsozialisten und der Arbeiterklasse unter Führung der KPD ab. Nach wie vor galten die Sozialdemokraten als Feind, vor allem die »linken« Sozialdemokraten, jetzt mit der Begründung, sie seien besonders gefährlich, weil auch sie von den Nationalsozialisten verfolgt wurden.

Ulbricht und Schubert versuchten, John Schehr, wo immer sie konnten, zu isolieren und ihre eigene Position zu verstärken. Jeder der drei versammelte Teile des Apparates und der Mitarbeiter um sich. Schehr hatte in erster Linie Hans Kippenberger, den Leiter des geheimen Militärapparates der KPD, und Fritz Schulte, den Leiter der RGO, auf seiner Seite. Ulbricht hielt vor allem die Fäden der täglichen Arbeit in seinen Händen, insbesondere die Verbindungen zu den Parteibezirken. Die Differenzen der drei Wettbewerber eskalierten im Verlaufe des Sommers 1933 immer mehr und wurden immer offener ausgetragen: Ulbricht höhnte über Schehrs Langsamkeit, Schubert schimpfte in Gossentönen, und Schehr selbst verhehlte nicht, dass er die Verhältnisse als auf lange Sicht unhaltbar ansehe.[166]

Aufgrund der zunehmenden Gefährdung durch die Gestapo emigrierte zunächst Hermann Schubert im Sommer 1933 nach Prag. Auch für Ulbricht wurde die Situation Anfang August unhaltbar. Zunächst wurde das Büro, in dem er und Schubert ihre Besprechungen mit Mitgliedern der Bezirksleitungen abgehalten hatten, von der Gestapo »hochgenommen«. Am 5. August verlängerte das Amtsgericht Berlin den Haftbefehl vom Februar gegen ihn[167]: »Der ehemalige Reichstagsabgeordnete Tischler Walter Ulbricht, geb. am 30. Juni 1893 in Leipzig, zuletzt in Berlin wohnhaft gewesen, z. Zt. unbekannten Aufenthalts, ist zur Untersuchungshaft zu bringen. Er wird beschuldigt, im Dezember 1932 als Referent des Zentralkomitees der KPD auf dem 21. Bezirksparteitag Halle, Merseburg durch hochverräterische Ausführungen es unternommen zu haben, die Verfassung des Deutschen Reiches gewaltsam zu ändern, insbesondere durch die Aufforderung zum Generalstreik.« Gleichzeitig erging erneut ein Steckbrief gegen Ulbricht, sein Bild wurde in allen Zeitungen veröffentlicht und die Bevölkerung aufgerufen, gegen Belohnung an seiner Festnahme mitzuwirken.[168] Ulbricht wohnte zu diesem Zeitpunkt unter falschem Namen in einem Zimmer in einem Berliner Vorort, das bis zu seiner Emigration im Sommer Wilhelm Pieck als geheime Unterkunft gedient hatte. Der Hauseigentümer berichtete später über seinen damaligen Untermieter: »Ulbricht war zu jener Zeit ein äußerst verschlossener Mensch, der meist zurückgezogen in seinem Zimmer lebte und dessen abweisende Miene jeden Versuch ausschloss, sich mit ihm zu unterhalten. Das galt auch für die wenigen Male, da er sich an Sonntagen jenes Sommers 1933 an den Ballspielen beteiligte, die meine Frau in unserem großen, von der Einsicht von außen her gut geschützten Garten für unsere Kinder und unsere Besucher aus der Stadt veranstaltete. Auch da blieb Ulbricht wortkarg und ließ sich mit den Mitspielern in keine Gespräche ein... Wir wussten freilich nicht, dass dieser Mann der Reichstagsabgeordnete Walter Ulbricht war, der unter einem anderen Namen bei uns lebte und von meiner Frau verpflegt wurde, bis eines Tages ... sämtliche Berliner Zeitungen die Fotos mehrerer Personen mit der Aufforderung an die Bevölkerung veröffentlichten, ein Auge auf diese Personen zu haben und sie gegebenenfalls der Polizei zu übergeben. Darunter befand sich auch Herr Ulbricht, dessen richtigen Namen wir erst auf diese Weise erfuhren. Ich brachte ihm einige dieser Zeitungen auf sein Zimmer und sprach die Erwartung aus, dass es nun ja wohl die höchste Zeit sei, sein nunmehr besonders gefährlich gewordenes Versteck zu verlassen. Das gab er auch ohne weiteres zu, aber es dauerte immerhin noch einige Tage, bis er mit den Vorbereitungen ... fertig war. Er gab auch jetzt seine Gewohnheit nicht auf, in der Dämmerung das Haus zu verlassen und seinen Geschäften nachzugehen.«[169]

Erst nach einem Beschluss des Politbüros, dass nun alle Politbüromitglieder mit Ausnahme John Schehrs Deutschland verlassen sollten, und einem Brief Schehrs, der ihm deutlich machte, dass seine Lage als bekanntester KPD-Funktionär in Berlin unhaltbar geworden war, verließ Ulbricht Deutschland Anfang Oktober 1933. Sein Weg führte ihn zunächst nach Moskau.[170] Mehrfach hatte sich Schehr in der Vergangenheit bei der Komintern über Ulbricht beschwert.[171] Im Oktober fing sich Ulbricht deswegen von der Komintern einen Rüffel wegen seiner »Intrigen« gegen Schehr ein.[172] Im Anschluss reiste Ulbricht, ausgestattet mit gefälschten Papieren, nach Paris, wo die geflüchteten KPD-Führer um Wilhelm Pieck seit Mai eine Emigrationsführung der KPD gebildet hatten. John Schehr, der als einziges namhaftes Mitglied der Führung der KPD allein in Deutschland blieb, fiel am 13. November 1933 der Gestapo in die Hände und wurde am 1. Februar 1934 zusammen mit drei anderen kommunistischen Funktionären »auf der Flucht erschossen«, sprich, ohne Gerichtsverfahren hingerichtet.[173]

Im Exil:
1933–1938

»Die Entwicklung hat die Richtigkeit der Strategie und Taktik der KPD bestätigt.«

Walter Ulbricht, Ende 1933

»Florin zu Ulbricht: Du lügst immer.
Ulbricht: Was stellst Du Dir vor?
Wer bist Du denn?
Pieck: Du hast kein Recht, hier andere als Lügner zu bezeichnen. Wenn solche Methoden eingeführt werden, werde ich an die Komintern appellieren.
Florin: Du hast hier solche Methoden eingeführt.
Pieck: Mit Dir werden wir an einem anderen Ort reden über Deine Giftereien gegen mich.
...
Schulte: Wenn jemand gelogen hat, dann hat er gelogen.
Ulbricht: Dir sollte man die Möglichkeit geben, Deinen Geisteszustand zu untersuchen.«

Aus dem Protokoll der Politbürositzung der KPD vom 19. Oktober 1934

Paris

Die Zeit des Dritten Reiches verbrachte Ulbricht in der Emigration. Seine wichtigsten Stationen zwischen 1933 und 1945 waren Paris, Prag und Moskau. Vom Ausland aus versuchte die KPD-Führung, den zerschlagenen Rest der KPD-Organisation im Reich zusammenzuhalten und zu führen. Der Kampf gegen Hitler hielt die KPD-Führung zusammen, historisch und praktisch blieb er ohne Bedeutung. Die KPD-Führer während des Nationalsozialismus, das waren machtlose, gehetzte und heimatlose Funktionäre, die sich der Illusion hingaben, Hitler mit Hilfe von Flugblättern und Aufrufen von Komitees stürzen zu können. Von Göring per Verkündung im Reichsanzeiger ausgebürgert, hatten sie keine Staatsangehörigkeit mehr und damit keine gültigen Papiere. Ende 1935 waren Wilhelm Pieck zufolge nur noch 13 von ehemals 422 leitenden KPD-Funktionären im Widerstand eingesetzt. 24 von ihnen waren ermordet worden, 219 waren zu diesem Zeitpunkt inhaftiert, 125 befanden sich im Exil und 41 hatten die Partei verlassen.[1] Auch Ulbricht wurde am 14. April 1937 durch Veröffentlichung im Reichsanzeiger ausgebürgert. Als sein deutscher Pass abgelaufen war, erhielt er in Moskau ein Ausweisdokument mit der Bezeichnung »Wid na shitelstwo« [Aufenthaltsgenehmigung] ausgestellt.[2] Ohne eigenes Einkommen waren die in der Emigration lebenden Funktionäre jetzt auch materiell völlig von der Komintern abhängig. Wie die anderen emigrierten Politbüromitglieder erhielt Ulbricht in Paris monatlich 400 bis 450 Reichsmark aus Moskau. Wenn es bislang noch ansatzweise eigenständiges Denken in der KPD-Spitze gegeben haben sollte, dann war es jetzt damit vorbei. Jede Kritik, jede Diskussion wurde mit Drohungen wie »Befehl aus Moskau!«, »Anweisung der Komintern«, »Persönlicher Rat von Stalin« im Keim erstickt. Die Exilanten blickten immer erst gespannt nach Moskau, um die dortige Lage zu eruieren, bevor sie es wagten, sich zu einem politischen Thema zu äußern.

In Paris stieß Ulbricht Ende 1933 wieder zu den anderen Spitzenfunktionären der KPD, Franz Dahlem, Wilhelm Florin und Wilhelm Pieck, die schon vor ihm nach Frankreich emigriert waren und hier ab Mitte Mai eine Exilführung der KPD, die Auslandsleitung, gebildet hatten. Von hier aus versuchte die Parteiführung, die Führung ihrer verfolgten und versprengten Truppen im Reich sicherzustellen. Über so genannte »Grenzstellen«[3], das waren Kontaktpersonen entlang der Grenze zum Deutschen Reich, und von dort über ein geheimes Kuriersystem, hielt die Auslandsleitung mehr schlecht als recht Kontakt zu den noch vorhandenen KPD-Organisationen im Reich. Wie die anderen Mitglieder der Exilführung lebte auch Ulbricht in Paris aus Sicherheitsgründen im Untergrund; seine Wohnungsanschrift war nur einem kleinen Kreis bekannt.[4] Diese Vorsichtsmaßnahmen waren durchaus erforderlich. Während der gesamten Dauer des Dritten Reiches versuchte die Gestapo, die emigrierten KPD-Führer im Auge zu behalten. Jede Unvorsichtigkeit beim Kontakt mit den Kurieren ins Reich konnte der Gestapo Hinweise liefern, mit denen die Restorganisationen der KPD im Reich weiter geschwächt bzw. dezimiert werden konnten. Ein Schreiben der Geheimen Staatspolizei an das Reichsgericht vom Februar 1934 belegt, dass es Ulbricht gelungen war, sich mit seiner Übersiedlung nach Paris der Überwachung durch die Gestapo zunächst zu entziehen: »Seit Anfang November 1933 ist die Anwesenheit des Ulbricht in Berlin nicht mehr festgestellt worden. Z. Zt. fehlt jeglicher Anhalt, der zur Ergreifung des U. führen könnte.«[5] 1939 war Ulbricht jedoch wieder im Visier seiner deutschen Fahnder. In einer Übersicht der Geheimen Staatspolizei aus dem Juni 1939 war vermerkt: »Emigrant... Nach 1933 hielt er sich in der CSR vorübergehend auf, lebt jetzt in Paris. Trat vor der Organisation ›Freundeskreise der Deutschen Volksfront‹ als Redner auf.« Anfang 1941 wurde Ulbricht in einer »Sonderfahndungsliste UdSSR« des Reichssicherheitshauptamtes aufgelistet.[6]

Ulbricht war in Paris unter anderem für die genannten »Grenzstellen« und ihren Ausbau in allen Nachbarländern des Deutschen Reiches zuständig. Über das Kuriersystem schleuste er zum Beispiel Propagandamaterial nach Deutschland.[7] Weiter schrieb er eine Reihe von Artikeln und Aufsätzen in den Medien, die der KPD hierfür offen standen, wie zum Beispiel der vom EKKI in Basel herausgegebenen Rundschau[8]. Erwähnenswert ist ein Artikel Ulbrichts, der nach der Röhm-Affäre am 12. Juli 1934 in der Saarbrücker Arbeiter-Zeitung erschien. Darin rief er die »Kameraden« in den braunen Verbänden auf, zusammen mit den Kommunisten für einen Umsturz in Deutschland zu kämpfen: »Kameraden in der

SA! Viele eurer Kameraden wurden erschossen, andere schmachten in Konzentrationslagern... Euch hat man in Urlaub geschickt und will euch die Waffen wegnehmen... SA-Kameraden! Zeigt, dass ihr wahre Revolutionäre seid! Lasst euch nicht entwaffnen!... Kameraden in der Hitler-Jugend! Lasst euch nicht aus den Betrieben werfen!... SA-Kameraden in den Betrieben und in der Arbeitsfront! Kämpft mit den Kommunisten und den unabhängigen Klassengewerkschaften... Kämpft mit uns nach dem Vorbild unseres großen Helden, Dimitroff, für den Sturz der kapitalistischen Barbarei in Deutschland, für die Herrschaft des arbeitenden Volkes, für die Sowjetmacht, die den Sozialismus verwirklicht! Rüstet zu Streikkämpfen für die Durchsetzung unserer Arbeiterforderungen! Rüstet zum Generalstreik, gegen faschistische Volksplünderung und Blutterror! Es lebe die Volksrevolution gegen Hitler-Diktatur und faschistische Reaktion! Alles für die Sowjetmacht!«[9] Mit diesem Aufruf, Hitler zu stürzen, bewegte sich Ulbricht exakt auf Kominternkurs. Stalin und das EKKI waren vom Sieg Hitlers in Deutschland vollkommen überrascht worden. Im November 1932 hatte Stalin gegen KPD-Führer Ernst Thälmann erklärt, es sei völlig undenkbar, dass die Nationalsozialisten die Macht erobern könnten. Unter dem Schock der Niederlage in Deutschland verabschiedete das EKKI-Präsidium am 1. April 1933 eine realitätsfremde und illusorische Losung, wonach die deutsche Arbeiterbewegung gar keine Niederlage erlitten habe. Die KPD befände sich vielmehr in einer kurzen Phase des taktischen Rückzugs nach Hitlers Machtantritt, was zu einer Beschleunigung des Untergangs der Hitlerdiktatur führen werde. Diese Resolution verabschiedete die Komintern zu einem Zeitpunkt, als es für KPD-Mitglieder in Deutschland nur noch die Handlungsoption gab, die nackte Haut zu retten. Noch im Dezember 1933 verkündete die Komintern, dass in Westeuropa, insbesondere in Deutschland, die Revolution vor der Tür stehe. Ein Fehlurteil, wie es krasser nicht ausfallen konnte. Entsprechend der Kominternlinie, die die totale politische Niederlage der KPD in Deutschland einfach nicht zur Kenntnis nahm, interpretierte auch Ulbricht die Lage in Deutschland nach der Machtergreifung der Nationalsozialisten als einen »neuen revolutionären Aufschwung«.[10]

Dass Ulbricht seinen Realitätssinn nicht verloren hatte, bewies er zur selben Zeit beim Sammeln von Informationen über die Lage der KPD im Reich. Die Kuriere aus Deutschland, die in Paris eintrafen, lieferten regelmäßig geschönte Berichte ab, in denen Erfolge im Kampf gegen den Nationalsozialismus suggeriert wurden. Ulbricht gab sich damit nicht zufrieden, sondern bemühte sich, außerhalb der offiziellen Informationsrunden die wirkliche Lage zu eruieren. Herbert Wehner, der im April 1934 von Berlin nach Paris gereist war, um der Auslandsleitung Bericht über die illegale Arbeit im Reich zu erstatten, räumte ein, dass sich außer Ulbricht keines der anderen Politbüromitglieder für die Probleme der KPD im Reich interessierte. Ein anderer Augenzeuge jener Tage berichtete über ein Treffen Ulbrichts mit Kurieren aus Deutschland: »Ulbricht notierte alles, was sie sagten: von den Streiks gegen die Hitlersche Arbeitsfront, von Sabotage, von den geheimen Verbänden und der zunehmenden Unzufriedenheit aller Arbeiter. Später nahm Ulbricht die Burschen unter irgendeinem freundlichen Vorwand mit sich. Er ging ins nächstliegende Café, wo er die ganze Vernehmung mit ihnen durchging und sie nach kurzer Bedrohung so weit brachte, dass sie ihm nun den wirklichen, korrekten Bericht über die Lage gaben. Sie gestanden, dass Hitlers Arbeitsfront fest stehe wie ein Fels, dass Gewerkschaftsgrüppchen sinnlose kleine Aktionen versuchten, dass man die Unzufriedenen keineswegs sofort verhafte, sondern sie zu überreden wisse... Ulbricht notierte wiederum alles, dann belobte er den Boten. Er sprach davon, dass ein echter Bolschewik immer der Wahrheit die Ehre geben müsse.«[11] Ähnlich beurteilte Heinz Hoffmann, später Verteidigungsminister der DDR, eine Begegnung mit Ulbricht in Saarbrücken Ende August 1934: »Mir fiel auf, dass er die politische Situation wesentlich kritischer und nüchterner beurteilte, als das Hermann Schubert in seinem Referat getan hatte. Walter Ulbricht betonte mehrmals, wir müssten uns vor allem von jeglichen Illusionen freimachen und zu der Wahrheit durchringen, dass die deutsche Arbeiterklasse nicht lediglich einen Rückzug angetreten, sondern eine schwere Niederlage erlitten habe.«[12]

Neue Führungskämpfe

Nach der Ermordung von John Schehr ging der Kampf um die Parteiführung weiter. In einer Politbürositzung im April 1934 in Paris versuchte Hermann Schubert, die Macht an sich zu reißen, indem er vorschlug, ein unter seiner Leitung stehendes Organisationsbüro der KPD zu schaffen, dem alle wesentlichen Führungsaufgaben obliegen sollten. Unterstützt wurde er bei seinem Vorstoß von Fritz Schulte und Wilhelm Florin. Gleichzeitig versuchte Schubert, Ulbricht – der ja schon in Berlin sein Hauptkonkurrent um die Parteiführung gewesen war – auszuschalten, indem er ihm jede Verantwortung abnehmen wollte. Doch Ulbricht wusste sich zu wehren. Unterstützt durch Wilhelm Pieck, konnte er den Vorstoß Schuberts parieren. Nach der Erinnerung Herbert Wehners ging es bei dem Fraktionsstreit weniger um politische Meinungsverschiedenheiten als vielmehr um Spekulationen darüber, wer auf dem anstehenden siebten Weltkongress der Komintern neu in die Führung gelangen werde. »Pieck und Ulbricht meinten, Dimitroff werde zur zentralen Person werden. Die anderen waren der Auffassung, Dimitroff werde nur vorübergehend, wegen seiner Popularität, die er durch sein Auftreten im Reichstagsbrandprozess gewonnen hatte, propagandistisch ausgenützt werden. Sie betrachteten ihn als Exponenten der ›Versöhnler‹ und hielten es für klug, ihm gegenüber einen gewissen Abstand zu wahren.«[13] Wieder einmal ging es also darum, die Kominternpolitik im Voraus zu erahnen und sich auf die richtige Seite zu schlagen.

Am 8. Juli kam es auf Anregung der Komintern im Rahmen einer Sitzung des EKKI in Moskau zu einem Einigungsversuch der beiden Fraktionen. Schubert und Pieck unterzeichneten eine Vereinbarung, in der sie sich für die Zukunft zu einer freundschaftlichen Zusammenarbeit verpflichteten. Doch kaum waren sie nach Paris zurückgekehrt, brachen die Auseinandersetzungen wieder auf. Das ging so weit – wie die Kominternführung später feststellte –, dass es »fast keine seriöse politische oder organisatorische Frage gibt, zu der es nicht grundsätzliche Differenzen gibt oder [solche] konstruiert werden«.[14] Im August und September 1934 hielten sich Ulbricht und Pieck erneut in Moskau auf und erzielten dadurch einen entscheidenden Wettbewerbsvorteil gegenüber ihren Politbürokollegen. Sie erfuhren frühzeitig, dass sich ein radikaler Wechsel der Strategie Stalins – und damit der Komintern – für Deutschland anbahnte. Unter dem Eindruck der totalen Niederlage der Kommunisten in Deutschland und Italien – Ende 1933 arbeiteten von 72 kommunistischen Parteien nur noch 16 legal oder halblegal – begann bei der Komintern ein Umdenken, was ihren Konfrontationskurs mit den Sozialdemokraten betraf. Georgi Dimitroff – nach seinem Freispruch im Leipziger Reichstagsbrandprozess im Februar 1934 nach Moskau ausgereist und von Stalin am 23. April 1934 zum Mitglied des Politischen Sekretariats des EKKI ernannt – hatte eine selbstkritische Analyse der Deutschlandpolitik des EKKI erstellt, die seiner Ansicht nach zur fatalen Niederlage in Deutschland geführt hatte. Er war zu der Erkenntnis gekommen, dass die Spaltung der Arbeiterbewegung ein Hauptgrund dafür gewesen war, dass Hitler die Macht hatte an sich reißen können. Am 1. Juli 1934 schrieb Dimitroff einen Brief an das Politbüro der KPdSU, in dem er die bisherige Strategie der Komintern für nicht mehr zeitgemäß erklärte. Es sei notwendig, aus der Machtergreifung Hitlers Konsequenzen zu ziehen und die Losung vom Sozialfaschismus zu überdenken.[15]

Unmittelbar nach seiner Rückkehr aus Moskau ging Ulbricht darum sofort in die Offensive und veröffentlichte einen Artikel unter dem Titel »Für die Aktionseinheit gegen den Hitlerfaschismus«.[16] Ohne dies zuvor mit seinen Politbürokollegen abgestimmt zu haben, trat er darin für eine Zusammenarbeit mit der SPD im Kampf gegen die Nationalsozialisten ein. Zugleich schlug er eine Neuordnung der Beziehungen zur SPD, insbesondere zu ihrem linken Flügel, vor. Für die übrigen KPD-Führer war diese Publikation ihres Politbürokollegen formal und inhaltlich ein Skandal. Artikel mit solcher Tragweite mussten vor ihrer Veröffentlichung grundsätzlich im Politbüro abgestimmt werden. Inhaltlich konnten Ulbrichts Gegner den Artikel nur als Versuch werten, in einer elementaren Frage eigenmächtig die Parteilinie ändern zu wollen. In einer Politbürositzung am 19. Oktober wurde Ulbricht deshalb wegen seiner »Treibereien« zur Rede gestellt. Dahlem klagte, »dass sich um Pieck und Ulbricht scheinbar alle Versöhnler und Sektierer sammeln, die mit der Linie des Politbüros nicht einverstanden sind«. Schubert lästerte, dass in Abwesenheit von Pieck und Ulbricht die Sitzungen des Politbüros auf bedeutend höherem Niveau verlaufen würden, als das zuvor unter Leitung Piecks der Fall gewesen sei. Schubert attackierte vor allem Ulbricht und schob ihm die Verantwortung für die internen Streitigkeiten zu. Ulbricht habe in Moskau bewusst auf die Vergrößerung der Meinungsverschiedenheiten hingearbeitet. Drohend schloss er: »Ich bin auch der Meinung, dass wir auf der nächsten Sitzung, wenn wir die Arbeit verteilen, dies hinreichend in Betracht ziehen werden.«[17] Die Isolierung Piecks ging so weit, dass die Mehrheitsgruppe beschloss, Pieck müsse von seinem Posten entfernt werden. Das Ergebnis der Sitzung war, dass alle Politbüromitglieder, mit Ausnahme von Ulbricht, den Alleingang Ulbrichts verurteilten und per Beschluss festhielten, in dem Artikel Ulbrichts seien »einige Formulierungen enthalten, mit denen das Politbüro nicht einverstanden ist«.[18] Auch Pieck distanzierte sich diesbezüglich von Ulbricht: »Es gibt keine Verschwörung von mir und Ulbricht, von der Dahlem spricht... Ich habe keinerlei besondere gemeinsame Interessen mit Ulbricht und werde alle solche Tendenzen von Seiten Ulbrichts entschieden zurückweisen, wenn es sie geben sollte.«[19]

Herbert Wehner erinnerte sich an die damalige Situation in Paris: »Ulbricht, der es immer verstanden hatte, eher und besser als die anderen informiert zu sein, hatte sich im Herbst in Moskau umgehört und mit einem Artikel in der Neuen Weltbühne[20]... für eine weitgehende Einheitsfrontpolitik mit den Sozialdemokraten plädiert.«[21] Damit löste Ulbricht hektische Reaktionen und heftige Diskussionen in seiner Partei aus, die zum Ausgangspunkt neuer, mit äußerster Erbitterung ausgetragener Fraktionskämpfe in der KPD-Führung wurden. Mit seiner Initiative stürzte Ulbricht die anderen Politbüromitglieder – mit Ausnahme von Pieck – in heillose Verwirrung und drängte sie in die Defensive. Es blieb ihnen daher nichts anderes übrig, als zu versuchen, den Nachweis zu erbringen, dass sie und die KPD schon immer versucht hätten, Einheitsfrontpolitik zu betreiben, dies aber am »besonders reaktionären Charakter der deutschen Sozialdemokratie« gescheitert sei. Herbert Wehner weiter: »Ulbrichts Artikel wurde zum Ausgangspunkt einer fieberhaften Tätigkeit aller Politbüromitglieder; jeder sammelte Material und Zeugen, die für die Richtigkeit der einen oder anderen Politik ins Feld geführt werden konnten. Alle waren für die Einheitsfront, waren es stets gewesen; jeder legte die Einheitsfront anders aus.«[22]

Der Streit eskalierte schließlich derart, dass die Politbüromehrheit versuchte, Ulbricht und Pieck zu isolieren und von der gemeinsamen Arbeit auszuschließen. Bei allen Abstimmungen setzten sich Schubert, Schulte, Dahlem und Florin über das Votum Ulbrichts und Piecks hinweg. Beschlüsse, die das Politbüro in der Vergangenheit zur Volksfront- und Gewerkschaftspolitik gefasst hatte, wurden wieder gekippt. Der Streit wurde sogar in die KPD-Organisation im Reich hineingetragen. Ulbricht forderte den Chef der Berliner Landesleitung, Otto Wahls, auf, den anderen Landesleitungen mitzuteilen, »dass die Mehrheit des Politbüros sich in ihrer politischen Linie im Widerspruch mit der Linie der Komintern befindet und deshalb die LL [Landesleitung, M. F.] im Weiteren nicht die Beschlüsse des Politbüros, sondern die Weisungen des EKKI befolgen soll«.[23] Die konsternierte Politbüromehrheit ließ ihrerseits die anderen Landesleitungen Resolutionen gegen Ulbricht beschließen. Pieck kritisierte dieses Vorgehen später: »Das alles ist der Versuch, mit allen nur denkbaren Mitteln Ulbricht in den Gegensatz zur Partei zu stellen. Das zeigt mit voller Klarheit, dass die LL in ihrer Mehrheit, wie auch die Mehrheit des Politbüros, eine solche Position in der Frage der Einheitsfront eingenommen hat, die völlig den vor der Partei stehenden Aufgaben widerspricht und sich auch im Widerspruch mit der Linie der Komintern befindet.«[24]

Schließlich wandte sich Pieck am 16. Oktober 1934 in einem ausführlichen Schreiben unmittelbar an Stalin und bat ihn, persönlich in den Streit der KPD-Führung einzugreifen: »In dieser Situation ist innerhalb unseres Politbüros ein Kampf um die Führung entbrannt, der bereits zur Sprengung des Kollektivs geführt hat. Von vier Genossen: Schubert, Dahlem, Florin und Schulte wird gegenüber mir und Ulbricht der Anspruch erhoben, dass sie [die] berufenen Vertreter der ›Thälmann-Politik‹ sind. Die Genossen halten unter sich Sondersitzungen ab, um ihre Stellungnahme für die Sitzungen des Politbüros festzulegen, so dass die Beratungen im Politbüro nur noch formalen Wert haben.« Das Schreiben zeigte schnelle Wirkung. Ende Oktober wurden Ulbricht und Pieck erneut nach Moskau beordert, um sich mit der Kominternführung, namentlich Georgi Dimitroff und Dmitri Manuilski, zu beraten. Am 27. Oktober 1934 konnten Pieck und Ulbricht ihre Stellung gegenüber der Mehrheit in der KPD-Spitze deutlich verbessern. Die Kominternführung stellte sich hinter die beiden und verurteilte die Mehrheit der Pariser KPD-Führer als »sektiererisch«.[25] Damit war der Streit allerdings noch nicht beendet, so dass sich die Komintern gezwungen sah, ein Machtwort zu sprechen. Ende Dezember wurde nunmehr das gesamte Politbüro nach Moskau beordert, um zusammen mit dem politischen Sekretariat des EKKI wieder zu einer einheitlichen politischen Linie zu kommen.[26]

Vom 3. bis 10. Januar 1935 tagten die deutschen Spitzenfunktionäre zusammen mit der Politkommission des EKKI. Unisono kritisierten die teilnehmenden Kominternfunktionäre das »Vierer-Abkommen« und fanden dafür deutliche Worte. Der Streit mache einen sehr peinlichen Eindruck, hielten sie den Deutschen vor. Die Angriffe auf Ulbricht wegen seines Volksfrontartikels seien lediglich ein Nebenkriegsschauplatz.[27] Den Gegnern Ulbrichts und Piecks wurde die Verantwortung für die »sektiererischen« Fehler und für die »sektiererischen« Abweichungen im Politbüro zugewiesen. Sie hätten »die neuen Momente in der Situation und die neuen Momente in der Taktik nicht begriffen« und nicht den Wunsch gehabt, »diese Taktik und die Direktiven der Komintern konsequent durchzuführen«.[28] Am schwersten wog der Vorwurf gegenüber der Mehrheitsgruppe, eine »fraktionelle Form« darzustellen, was in der kommunistischen Ideologie eine Todsünde darstellte. Damit richtete sich zwar die Kritik der Kominternführung in erster Linie gegen die Mehrheitsgruppe, doch auch Ulbricht kam nicht ungeschoren davon und musste sich wegen seines Alleingangs eine ernste Rüge gefallen lassen: »Wir alle, glaube ich, waren auch empört darüber, dass Gen. Ulbricht … auf dem Wege des Gruppenkampfes einen Weg betreten hat, der in einer bolschewistischen Partei unzulässig ist.«[29] Nur Wilhelm Pieck stellte sich hinter Ulbricht: »Bei allen politischen Abstimmungen wurde gegen uns [Ulbricht und Pieck, M. F.] entschieden ... Wir haben keine Kollektivität in der Führung. Fast jeder arbeitet auf eigene Faust. Man hat Ulbricht vorgeworfen, dass er seinen Augustartikel ohne Kenntnis des PB gemacht hat. Das ist schon Regel geworden, dass jeder Artikel schreibt, die nicht dem PB vorgelegt werden.«[30] In einem internen Arbeitspapier zur künftigen Neubesetzung der KPD-Führung hatte er zur selben Zeit festgehalten: »Ausscheiden aus dem Politbüro würden: Schubert und Schulte. Beide Genossen stehen gegenüber Dahlem und Ulbricht in einem so persönlich gehässigen Verhältnis, dass eine erträgliche Zusammenarbeit völlig ausgeschlossen ist.«[31]

Einige Tage später, am 16. Januar, entschied die Komintern, den Sitz des Politbüros der KPD von Paris nach Moskau zu verlegen. Wilhelm Pieck, Wilhelm Florin, Fritz Heckert, Hermann Schubert und Fritz Schulte sollten künftig in unmittelbarer Anbindung an die Komintern die Geschicke der KPD lenken. Man kann auch sagen, die Streithähne wurden dazu vergattert, in Moskau zu bleiben, und durften nicht nach Paris zurückkehren. Drei Tage später fiel nach schweren Auseinandersetzungen zwischen den Fraktionen, die knapp an körperlichen Tätlichkeiten vorbeigingen, auch eine Vorentscheidung im innerparteilichen Machtkampf. Die Parteiführung verabschiedete eine Resolution, die festlegte, dass alles zu unternehmen sei, um mit allen sozialdemokratischen Gruppen und Organisationen die Einheitsfront herzustellen. Die Gegner von Ulbricht und Pieck wurden als »sektiererisch« verurteilt und ihr künftiger politischer Einfluss damit entscheidend geschwächt.[32]

Walter Ulbricht wurde demgegenüber beauftragt, seinen Wohnsitz nach Prag zu verlegen und dort mit einem seiner bisherigen Gegner, Franz Dahlem, zusammenzuarbeiten. Von der tschechischen Hauptstadt aus sollten die beiden in Zukunft die Arbeit der KPD im Reich organisieren und leiten, also die eigentliche operative Arbeit leisten. Hauptaufgabe der »Operativen Leitung« war die politische und organisatorische Führung der Parteiorganisationen der KPD in Deutschland.[33] Das ließ sich in einem Nachbarland des Deutschen Reiches eher bewerkstelligen als von der weit entfernten Sowjetunion aus. Da sich in Prag auch die Exilführung der SPD angesiedelt hatte, bot sich die tschechische Hauptstadt als Sitz der »Operativen Leitung« der KPD geradezu an.

Prag

Am 3. Februar 1934 reiste Ulbricht zusammen mit Franz Dahlem zunächst in die Schweiz und dann weiter nach Frankreich, um die dort lebenden KPD-Emigranten über die jüngsten Beschlüsse, die in Moskau gefasst worden waren, und über die neue Volksfrontpolitik zu informieren. Kontakt zur Moskauer Zentrale hielten die beiden in dieser Zeit über Kuriere. Hans Kippenberger und Lotte Kühn, Ulbrichts neue Lebensgefährtin, überbrachten im Frühjahr 1935 Briefe von Ulbricht nach Moskau zur KPD-Zentrale. Im Anschluss an seine Informationstour durch Westeuropa begab sich Ulbricht auftragsgemäß nach Prag, wo er sich in den folgenden Monaten überwiegend aufhielt. Zwischenzeitlich unternahm er Reisen nach Paris, Zürich, Amsterdam und Saarbrücken, wo sich »Abschnittsleitungen« der KPD befanden, denen wiederum bestimmte »Grenzstellen« zugeordnet waren.[34] In der Tschechoslowakei baute er neue »Grenzstellen« entlang der tschechischen Grenze zum Reich auf und versuchte, den Informationsfluss zwischen der KPD-Führung in Paris und den illegalen Parteiorganisationen sowie den Transport von Propagandamaterial ins Reich zu verbessern. In diesem Zusammenhang entstand ein im Kleinformat gedrucktes Buch mit dem Tarnnamen »Geographisch-Statistisches-Handbüchlein 1935. Dr. Alois Fischer«, das Ulbricht zusammen mit Franz Dahlem verfasst hatte. Dahinter verbarg sich – unter dem beziehungsreichen Namen »Unser Kampf« – eine Sammlung von 200 Beispielen erfolgreicher Propagandamaßnahmen der KPD in nationalsozialistischen Organisationen wie der Deutschen Arbeitsfront, dem Luftschutz und in Sportvereinigungen.[35] Ein Brief Ulbrichts an Dimitroff vom 7. März 1935 belegt, dass Ulbricht die Lage im Reich durchaus realistisch einschätzte: »Bei den vielen Besprechungen, die wir durchführten, hat sich gezeigt, dass die Disziplin innerhalb der Organisation sowohl politisch wie in Bezug auf die Konspiration stark gelockert ist. In letzter Zeit ist verhältnismäßig viel im Lande aufgeflogen.«[36] Erneut suchte Ulbricht Kontakt zum sozialdemokratischen Exilvorstand in Prag und führte Gespräche mit Johannes R. Becher und Egon Erwin Kisch[37], ohne dass es dabei zu konkreten Ergebnissen kam. Im Politbüro in Moskau wurde daher diskutiert, ob man nicht einen der Gegner Ulbrichts, Fritz Schulte, zur Unterstützung der »Operativen Leitung« nach Prag schicken sollte. Ulbrichts Verbündeter in Moskau, Wilhelm Pieck, sprach sich gegenüber Dimitroff gegen eine solche Entsendung Schultes aus, »weil ich ... die Gefahr sehe, dass dadurch das gute Einvernehmen, das sich in der Arbeit zwischen Dahlem und Ulbricht herausgestellt hat, gestört werden kann. Schulte tritt gerade am gehässigsten gegen Ulbricht auf, und es besteht für mich kein Zweifel, dass er versuchen wird, Dahlem gegen Ulbricht zu beeinflussen. Es ist in letzter Zeit immer deutlicher hervorgetreten, wie sehr Schubert und Schulte darüber unzufrieden sind, dass Dahlem und Ulbricht so gut zusammenarbeiten.«[38] So blieb Ulbricht die direkte Konfrontation mit Schulte in Prag erspart. In Moskau gärte der Führungsstreit in der KPD-Spitze zwischenzeitlich weiter. Noch am 1. Juni 1935 beklagte sich Wilhelm Pieck in einer Notiz an Dimitroff: »Auch die persönlichen Rivalitäten im Politbüro, die geradezu zu einer Zersetzung im Politbüro geführt haben, sind noch nicht völlig behoben. Sowohl von Mitgliedern des Politbüros als auch von einigen ihrer Mitarbeiter wird versucht, diese Tätigkeit fortzusetzen.«[39] Ulbricht beschwerte sich im Frühjahr 1935 mehrfach in Moskau über die nach seiner Meinung unzureichende Zusammenarbeit zwischen dem Politbüro und der »Operativen Leitung« in Prag. Benötigte finanzielle Mittel kämen nicht an, es fehle der Kontakt zum Politbüro, politische Direktiven blieben aus, Antworten auf Schreiben gebe es nicht. Eine von ihm und Dahlem beantragte Sitzung des Politbüros, die in ihrer Anwesenheit stattfinden sollte, wurde in Moskau zwar beschlossen, kam aber nicht zustande, weil der Informationsfluss zwischen Politbüro und seiner »Operativen Leitung« nicht funktionierte. Ulbricht vermutete nach einiger Zeit, dass er und Dahlem »ausgeschaltet« werden sollten und dass es kein Zufall sei, dass ihm von Moskau aus keine Hilfe geleistet werde. Den Grund dafür sah er darin, dass sich die Zustände im Politbüro seit der Tagung im Januar nicht geändert hätten.[40] In der Tat versuchten die Volksfrontgegner im Politbüro, Ulbrichts und Dahlems Arbeit zu konterkarieren, indem sie die These in die Welt setzten, dass »die Einheitsfront von oben überschätzt würde«. Damit wurde die im Januar beschlossene Linie in Frage gestellt. Möglich wurde dieses Abweichen offenbar dadurch, dass Mitglieder des Mitteleuropäischen Sekretariats der Komintern diesen Kurs unterstützten.[41] Ende Mai 1935 platzte Ulbricht der Kragen, und er beschwerte sich in einem Schreiben, das er zusammen mit Franz Dahlem verfasste, bei seinen Politbürokollegen und der Kominternführung: »Wir halten es für richtiger, statt Schreibverbote zu erlassen, uns politisch zu informieren und zu so wichtigen PB-Sitzungen, wie sie stattgefunden haben, hinzuzuziehen, statt uns drei Monate ohne politische Informationen allein arbeiten zu lassen. Wir haben uns die Kollektivität der Arbeit des PB anders vorgestellt ... Wir halten es für einen unhaltbaren Zustand, Beschlüsse von weit tragender Bedeutung zu fassen, ohne die Genossen hinzuzuziehen, die die operative Leitung in der Hand haben. Mit Händedruck W-F.«[42]

Das Politbüro sah sich daraufhin gezwungen, der Kominternführung umständlich und gewunden zu erläutern, wie es zu dieser erneuten Missstimmung in der KPD-Führung gekommen war.[43] Im Kern mussten die Genossen in Moskau zugeben, dass Ulbrichts Kritik berechtigt war: »Es ist allerdings der Mangel wiederholt in Erscheinung getreten, dass die von uns angewiesenen Mittel nicht immer rechtzeitig an Ort und Stelle ausgezahlt wurden. Das trifft besonders auf Paris zu, wo ziemlich große Schwierigkeiten dadurch entstanden.« Auch was Ulbrichts Vorwurf des »Schreibverbots« betraf – zu Grunde lag ein Beschluss des Politbüros, wonach Artikel von einzelnen Mitgliedern vor ihrer Veröffentlichung vom Gremium abzusegnen waren –, musste die KPD-Spitze bekennen: »Es ist von uns leider der Fehler gemacht worden, dass wir ... den beiden Genossen diesen Beschluss nicht im Wortlaut übermittelten.«[44] Ganz offen analysierte Wilhelm Pieck in »Notizen zur Lage der KPD« für Dimitroff die bestehenden Probleme. Nüchtern stellte er fest, »dass die Arbeit des PB in Moskau unter sehr großen Mängeln leidet«. Das Politbüro sei zu weit von den KPD-Organisationen im Reich entfernt, um sich ein zutreffendes Bild von der wirklichen Lage verschaffen und um schnell genug auf politische Ereignisse reagieren zu können. Um Ulbricht und Dahlem die geforderten politischen Direktiven geben zu können, müsse man zunächst deren Berichte über die Lage im Reich erhalten und auswerten, bevor man eine Stellungnahme abgeben könne. »Direktiven des P.B. an die Genossen Dahlem und Ulbricht für das Land brauchen viel zu lange Zeit zur Übermittlung, um noch als unmittelbare Beeinflussung der Arbeit der Partei im Lande zu gelten.«[45]

Die neue Kominternstrategie

Um den 10. Juli 1935 reiste Ulbricht zusammen mit Franz Dahlem wieder einmal nach Moskau. Der siebte Weltkongress der Komintern stand bevor und musste die endgültige Entscheidung über die Volksfrontpolitik und die Machtverhältnisse an der KPD-Spitze bringen. Wilhelm Pieck und Wilhelm Florin leiteten die deutsche Delegation. Dass Wilhelm Pieck den Kongress eröffnete, zeigt den Stellenwert, den die KPD immer noch in der internationalen kommunistischen Bewegung hatte. Ulbricht, der auf dem Kongress unter seinem Vornamen Walter auftrat, tauchte in der Liste der KPD-Delegierten an siebenter Stelle »mit Stimmberechtigung« auf und bekam auf dem Kongress die Mandatsnummer 238. In einem vierseitigen »Fragebogen für die Delegierten des VII. Weltkongresses« gab er an, 1911 in die SPD eingetreten zu sein, was nicht stimmte.

Zu diesem Zeitpunkt befand er sich noch auf Wanderschaft und wurde erst ein Jahr später SPD-Mitglied. Vermutlich wollte er mit dieser Vorverlegung seines SPD-Beitritts seinen »sozialistischen« Lebenslauf aufpolieren, nach der Devise, je früher der Parteieintritt, desto lupenreiner der sozialistische Funktionär.

Einmal, während der Diskussion im Anschluss an das Hauptreferat von Georgi Dimitroff am 7. August 1937, ergriff auch Ulbricht das Wort.[46] Natürlich unterstützte er Dimitroffs Forderung nach der Einheit der Arbeiterklasse im Kampf gegen den Faschismus und berichtete über die diesbezüglichen Anstrengungen der KPD. Dann rechnete er mit den Gegnern der Volksfrontpolitik in der KPD ab und brandmarkte ihren »sektiererischen« Einfluss. Allerdings stellte Ulbricht in seiner Rede auch unverblümt klar, dass die »Errichtung der Sowjetmacht« nach wie vor Zielsetzung der KPD-Politik sei und dass die Volksfront lediglich bessere Bedingungen zur Erreichung dieses Ziels schaffen solle.[47] Seine Rede »Der Weg zum Sturz des Hitlerfaschismus« wurde nach dem Kongress in einer 27-seitigen Broschüre mit dem Tarnumschlag: Oscar Wilde: Der ideale Gatte, veröffentlicht.

Der Kongress[48] wurde zum tiefen Einschnitt in der Geschichte der Komintern und ging als ihre »Wiedergeburt« in die Geschichte ein. Georgi Dimitroff wurde das neue Amt des Generalsekretärs des Exekutivkomitees übertragen. Stalin wurde neben anderen Spitzenfunktionären der KPdSU Mitglied des Präsidiums und des Exekutivkomitees der Komintern. Wie es sich schon seit längerem abgezeichnet hatte, beschlossen die 513 Delegierten, die 65 kommunistischen Parteien und Massenorganisationen vertraten, die Herstellung eines neuen Verhältnisses zur Sozialdemokratie auf allen Ebenen. Der politische Kampf sollte in einer »Volksfront gegen den Faschismus« gemeinsam mit der SPD geführt werden. Dieser Sinneswandel im Verhältnis zu den Sozialdemokraten wurde auf dem Kongress begeistert aufgenommen. Große Aufbruchstimmung machte sich breit, Freude, ja Enthusiasmus wurde bei den Teilnehmern spürbar. Während des Kongresses tagte die deutsche Delegation regelmäßig unter sich. In über 20 Sitzungen stimmte sie ihre Vorgehensweise auf dem Kongress minutiös ab. Am 16. April legte die KPD-Führung fest, wen sie aus ihren Reihen zur Wahl in die Kominternorgane vorschlagen wollte. Ulbricht nahm auf der Kandidatenliste Rang fünf ein, nach dem inhaftierten Thälmann, Pieck, Florin und Heckert. Während die vier vor ihm rangierenden Kandidaten einstimmig nominiert wurden (nur Florin erhielt eine Gegenstimme), wurden bei Ulbricht vier Enthaltungen gezählt.⁴⁹ Bei den den Kongress abschließenden Wahlen zu den entscheidenden Gremien der Komintern wurden – entsprechend dem Platz auf der deutschen Liste – Wilhelm Florin, Fritz Heckert, Wilhelm Pieck und Ernst Thälmann als Mitglieder in das EKKI gewählt. Für Ulbricht reichte es ebenso wie für Franz Dahlem nur zur Wahl zum Kandidaten des EKKI. Das war sicher eine Enttäuschung für ihn, hatte er diese Funktion doch schon seit 1928 inne. Dass der in Deutschland inhaftierte Thälmann aus Solidarität gewählt wurde, konnte Ulbricht verschmerzen. Unbefriedigend für ihn war dagegen, dass ihm mit Wilhelm Florin, seit 1931 Mitglied des EKKI, einer seiner bisherigen Gegner vorgezogen wurde. Die erneute Wahl Florins in das EKKI löste bei den deutschen Delegierten denn auch Verwunderung aus, hatte er doch nach Herbert Wehners Worten »als Sammelpunkt und Inspirationsquelle für alle gewirkt, die an der ›alten‹ Politik festzuhalten suchten; in der Auseinandersetzung innerhalb der Delegation hatte er in allen wesentlichen Fragen Schubert und Schulte gestützt«.⁵⁰ Dass Ulbricht, der ja zusammen mit Pieck als Erster die Zeichen der Zeit erkannt und von Anfang an auf die Volksfrontpolitik gesetzt hatte, dafür nicht belohnt wurde, lag auch daran, dass man ihm seine Alleingänge und sein unkollegiales Verhalten in Paris übel nahm.

Sechs Wochen nach dem Kominternkongress fand vom 3. bis 15. Oktober 1935 in Kunzewo, einem Vorort von Moskau, wo sich das Datschenareal für die KPdSU- und Kominternfunktionäre befand, die so genannte »Brüsseler Konferenz« der KPD statt.⁵¹ Die deutsche Sektion der Komintern übernahm die auf dem siebenten Weltkongress beschlossene Volksfrontstrategie, hielt zugleich aber auch an ihrem Ziel der Errichtung einer deutschen Sowjetrepublik fest. Als Folge der neu beschlossenen Kominternpolitik und der damit verbundenen Entscheidung des innerparteilichen Machtkampfes wurden hier die Machtverhältnisse an der KPD-Spitze neu bestimmt. Walter Ulbricht fungierte während der Konferenz als Vorsitzender der Kommission für Gewerkschaftsfragen und hielt das Referat »Über den Kampf um den Wiederaufbau der freien Gewerkschaften und die Arbeit in der Arbeitsfront«. Entsprechend der neuen Linie plädierte er dafür, diese Ziele durch gemeinsame Anstrengungen und unter Einbeziehung ehemaliger kommunistischer, sozialdemokratischer und christlicher Gewerkschaftsführer zu erreichen. Seine Rede wurde anschließend unter dem Tarnnamen »Rechenkunststücke und mathematische Scherze« als Broschüre veröffentlicht.⁵²

Die Konferenz, die wegen ihrer Bedeutung auch als 13. Parteitag der KPD in die Parteigeschichte der deutschen Kommunisten einging, endete mit dem totalen Triumph von Ulbricht und Pieck. Dabei ist zu relativieren, dass an diesem Ereignis gerade mal 38 Delegierte teilnahmen, die ein nunmehr 18-köpfiges ZK wählten. Wilhelm Pieck wurde für die Zeit der Gefangenschaft Ernst Thälmanns zum neuen Parteiführer bestimmt. Ulbricht erhielt wiederum Sitz und Stimme im Politbüro und im Zentralkomitee.[53] Zugleich sollte er, zusammen mit Franz Dahlem, die »Operative Leitung« der Partei in Prag wahrnehmen.

Ein Streit mit Todesfolgen

Der Sieger Ulbricht zeigte keinen Großmut gegenüber seinen unterlegenen politischen Gegnern. Vielmehr kam damals die dunkelste Seite seines Charakters zum Vorschein, seine Rachsucht. Es genügte ihm nicht, dass Schulte und Schubert aus der Parteiführung verdrängt wurden, Ulbricht forderte zusätzlich, dass die Verlierer ihrer Ämter zu entheben seien und ein Parteiverfahren gegen sie einzuleiten sei. Das Ergebnis war, dass Schulte und Schubert als »Fraktionisten« gebrandmarkt, aus der Parteiführung entfernt und von der deutschen Parteiarbeit ausgeschlossen wurden. Die KPD setzte sich bei dieser Entscheidung über den erklärten Willen eines Teils der Kominternführung hinweg. Einige untergeordnete Kominternfunktionäre, die an der KPD-Konferenz teilnahmen, versuchten, über Wilhelm Florin auf die personelle Neubesetzung des Politbüros Einfluss zu nehmen. Herbert Wehner schrieb dazu: »Durch Pieck ließen schließlich Ercoli [Palmiro Togliatti] und Manuilski unmittelbar vor der Wahl erklären, dass sie es – im Interesse der Wahrung der Kontinuität der Politik der Partei und als Ausdruck der Verbundenheit der jungen Kader mit den traditionsreichen alten – für zweckmäßig und richtig hielten, Schubert und Schulte wieder ins Zentralkomitee zu wählen.«[54] Dieses Ansinnen wurde jedoch nach einer scharfen Absage Wehners als erstem Redner von den deutschen Delegierten zurückgewiesen.[55] Dasselbe galt für den Versuch, den 1932 aus der KPD-Führung entfernten Heinz Neumann wieder hoffähig zu machen. Die Niederlage gegen Ulbricht und Pieck endete letztlich sowohl für Fritz Schulte als auch für Hermann Schubert tödlich – ohne daß die Sieger der Auseinandersetzung das so beabsichtigt gehabt hätten. Schubert und Schulte fielen nach ihrer Entmachtung den stalinistischen Säuberungen in der Sowjetunion zum Opfer. Hermann Schubert wurde 1937 verhaftet, am 22. März 1938 zum Tode verurteilt und erschossen. Fritz Schulte arbeitete nach seiner Entmachtung zunächst in einem Moskauer Betrieb, bevor er im Februar 1938 ebenfalls verhaftet wurde. Am 7. April 1941 verurteilte ihn ein Sondergericht des NKWD zu acht Jahren Lagerhaft. 1943 starb er im Gulag.

Auch die ehemaligen Gegner Thälmanns und Ulbrichts, die 1932 aus der KPD-Führung entfernt worden waren, kamen während der stalinistischen Säuberungen um. Heinz Neumann, der im April 1932 den Machtkampf gegen Ernst Thälmann verloren hatte und daraufhin aus der KPD-Führung ausgeschlossen worden war, hielt sich seit 1935 in der Sowjetunion auf. Am 27./28. April 1937 wurde er zusammen mit seiner Frau Margarete Buber-Neumann verhaftet. In NKWD-Haft verfasste er mehrere »Geständnisse« und belastete dabei »die konterrevolutionäre bucharinistisch-trotzkistische Organisation Pieck-Ulbricht«. Das rettete ihn nicht. Am 26. November 1937 wurde er zum Tode verurteilt und erschossen. Seine Frau wurde zu fünf Jahren Zwangsarbeit verurteilt und in ein sibirisches Arbeitslager in Karaganda verbracht. Nach dem Hitler-Stalin-Pakt wurde sie an die Gestapo ausgeliefert und war bis April 1945 im KZ Ravensbrück interniert.

Zusammen mit dem Ehepaar Neumann wurde die Familie Remmele verhaftet. Hermann Remmele war nach dem verlorenen Machtkampf gegen Ernst Thälmann, den er zusammen mit Heinz Neumann geführt hatte, im Oktober 1932 aus der KPD-Führung entfernt worden. Auch er emigrierte daraufhin mit seiner Familie in die Sowjetunion, und auch er büßte das mit dem Leben. Er soll 1939 umgekommen sein, wobei ungeklärt ist, ob er erschossen wurde oder in einer Irrenanstalt starb. Seine Frau Anna saß nach der Verhaftung ihres Mannes zwei Jahre im Gefängnis, ohne verhört zu werden. Danach wurde sie nach Sibirien deportiert und verhungerte dort. Ihr Sohn Helmut Remmele wurde am 21. Januar 1938 zum Tode verurteilt und erschossen. In diesem Zusammenhang ist schließlich Leo Flieg zu nennen, 1922 bis 1932 Sekretär des Politbüros der KPD, der als Anhänger Heinz Neumanns im April 1932 ebenfalls aus der KPD-Führung verdrängt worden war. Er hielt sich seit 1937 in der Sowjetunion auf, wo er 1939 unter dem Vorwurf, einer »rechtstrotzkistischen Spionageorganisation« anzugehören, verhaftet und erschossen wurde.

Und es gab noch einen deutschen Verlierer der »Brüsseler Konferenz«. Auch dieser war ein Ulbricht-Gegner gewesen, und auch für ihn sollte die Auseinandersetzung mit seinem sächsischen Genossen schließlich tödlich enden. Hans Kippenberger[56], der Leiter des geheimen militärischen Apparates der KPD, der in erster Linie die Aufgabe hatte, die Partei vor inneren und äußeren »Feinden« zu schützen, hatte in dem zurückliegenden Führungsstreit aus seiner Antipathie gegen Ulbricht keinen Hehl gemacht und auf der Seite seiner Gegner gestanden. Die beiden kannten sich schon aus der Anfangszeit der KPD. Beide waren 1919 Mitglied der USPD geworden und Ende 1920 im Rahmen der Vereinigung von USPD und KPD zur VKPD Kommunisten geworden.

Kippenberger hatte sich frühzeitig auf eine militärische Laufbahn konzentriert. 1923 Teilnehmer am Hamburger Aufstand der KPD, erhielt er 1924 in Moskau eine militärische Ausbildung. Später wurde er Chef des KPD-Nachrichtendienstes.

Kippenberger sah frühzeitig voraus, dass sich Ulbricht in dem Machtkampf wohl als der »starke Mann« durchsetzen werde. Wiederholt drückte er gegenüber seinen Mitarbeitern sein Unbehagen und seine Verbitterung angesichts des sich abzeichnenden Machtwechsels in der KPD-Führung aus.[57] Ulbricht reagierte auf den unbequemen Kritiker, indem er ab 1935 ständig Attacken gegen Kippenberger und seine Mitarbeiter ritt. Anfang 1935 beantragte er eine »Untersuchung« der militärischen Organisation der KPD und ließ von da an keine Gelegenheit verstreichen, um auf Unzulänglichkeiten im Militärapparat hinzuweisen. Seine Vorwürfe steigerten sich dabei im Laufe der Zeit. Sprach Ulbricht zunächst von »völligem Versagen« und »noch größerem Versagen« Kippenbergers, wurde daraus später die Anklage, dass Kippenberger eine »fraktionelle Tätigkeit« ausübe, ein Kapitalverbrechen in der Werteordnung des Kommunismus. Schließlich forderte er die Ablösung Kippenbergers, der »zu viel ausgefressen« habe und offensichtlich den Kampf in der KPD-Führung mit den Mitteln seines Apparates weiterführen wolle.[58] Aufgrund von Ulbrichts ständigen Angriffen – die Pieck in vollem Umfang unterstützte – setzte das Politbüro am 12. Februar 1935 eine Kommission zur Untersuchung der Beschwerden gegen Kippenberger ein. Trotzdem machte zunächst Kippenberger Punkte, als das Politbüro am 25. April beschloss, dass ihr »Militärchef« wie Ulbricht seinen Sitz in Prag nehmen sollte. Ulbrichts Forderung, ihm Kippenberger zu unterstellen, wurde nicht nachgegeben, im Gegenteil wurden Kippenberger Befugnisse im Personalbereich zugestanden, die in die bisherigen Kompetenzen Ulbrichts und Dahlems eingriffen. Ulbrichts Verbündeter in Moskau, Wilhelm Pieck, konnte gerade noch verhindern, dass Kippenberger zusammen mit dem Leiter der Parteiorganisation im Reich, Otto Wahls, als gleichberechtigte Mitglieder der »Operativen Leitung« nach Prag entsandt wurden.[59] Mit der

Niederlage von Schulte und Schubert entschied sich auch das politische Schicksal Kippenbergers; er wurde nicht mehr in das neue ZK der KPD gewählt.

Auch im Fall Kippenberger gaben sich Ulbricht und Pieck nicht damit zufrieden, ihren Gegner politisch besiegt zu haben. Wie bei Schulte und Schubert drangen sie darauf, Kippenberger aus allen Parteifunktionen zu entfernen und ihn damit völlig kaltzustellen. Ulbricht und Pieck verschärften nach der »Brüsseler Konferenz« ihre Angriffe noch einmal und behaupteten jetzt, Kippenbergers Apparat sei von gegnerischen Agenten durchsetzt. Kippenbergers Mitarbeiter wurden daraufhin von ihren Funktionen entbunden und der bisherige Abwehrapparat der KPD bis Ende des Jahres aufgelöst. Ulbricht teilte Herbert Wehner damals mit, er sei vom Kominternsekretär Michail Abranowitsch Trillisser, von 1921 bis 1929 Leiter des Auslandsnachrichtendienstes der Tscheka, beauftragt worden, dafür zu sorgen, dass keiner der ehemaligen Mitarbeiter Kippenbergers ohne Genehmigung des EKKI für eine andere Parteiaufgabe verwendet werde.[60] So wurde von den Siegern des Machtkampfes in der KPD sichergestellt, dass auch die Mitarbeiter Kippenbergers für sie in Zukunft keine Gefahr mehr darstellen konnten. Kippenberger selbst arbeitete nach seiner Entmachtung als Industriearbeiter in einem Moskauer Betrieb. Im November 1936 wurde er zusammen mit einigen seiner ehemaligen Mitarbeiter vom NKWD verhaftet und am 3. Oktober 1937 wegen »Spionage« und »Vorbereitung von Terroranschlägen« vom Militärkollegium des Obersten Gerichts der UdSSR zum Tode verurteilt und am selben Tag hingerichtet. Auch seine Frau Thea wurde 1938 verhaftet und kam vermutlich 1939 in einem sowjetischen Lager ums Leben. Die beiden ebenfalls nach Sibirien deportierten Töchter Margot und Thea kehrten 1958 beziehungsweise 1959 nach Ost-Berlin zurück, nachdem ihre Eltern im Mai 1957 in der Sowjetunion offiziell rehabilitiert worden waren.

Anstelle des bisherigen Kippenberger-Apparates trat ein neuer Abwehrapparat, der den Schutz der Partei, insbesondere vor Spitzeln, sicherstellen sollte. Mit seinem Aufbau und seiner Leitung wurde Hermann Nuding[61] beauftragt, ein ehemaliger Mitarbeiter Ulbrichts, der zusammen mit seinem ehemaligen Chef und Franz Dahlem Mitglied der »Operativen Leitung« in Prag wurde. Der neue Apparat leistete zunächst gute Arbeit. Es gelang ihm die Enttarnung einiger Spitzel in der KPD, und Nuding gewann an Ansehen. Offensichtlich konnte sich Ulbricht schwer damit abfinden, dass ihm sein ehemaliger Untergebener jetzt kollegial zur Seite gestellt worden war und dass er auch noch Erfolg hatte. Schon im Frühjahr 1936 kam es zu Reibereien zwischen Ulbricht und Nuding. Erneut begann Ulbricht, gegen den Abwehrapparat der KPD und ihren Leiter zu intrigieren, so wie er es ein Jahr zuvor erfolgreich bei Kippenberger gemacht hatte. Ulbricht ging es damals darum, in der KPD ein Kontrollsystem zu installieren, das nicht vorrangig gegen äußere »Feinde« gerichtet war, sondern die eigenen Mitglieder überprüfen und überwachen sollte. Diese Vorstellungen trafen auf volle Zustimmung der zuständigen Organe der Komintern. Bereits am 15. März fasste das Politbüro der KPD auf Initiative Ulbrichts Beschlüsse, die das Ende der kurzen Lebenszeit des »Nuding-Apparates« einleiteten: »In der Aussprache über den Bericht von Walter [Ulbricht, M. F] ... herrscht Übereinstimmung, dass der Abwehrapparat liquidiert und die politische Leitung für die Durchführung der Aufgaben verantwortlich gemacht werden sollen ... Es soll eine gründliche Überprüfung der Kader vorgenommen werden.«[62] Dass es noch knapp zwei Jahre dauern sollte, bis der »Nuding-Apparat« aufgelöst wurde, lag mit daran, dass Ulbricht inzwischen in neue Machtkämpfe verwickelt war. Im Februar 1938 war es aber so weit, und auch der neue Abwehrapparat der KPD wurde aufgelöst. Hermann Nuding wurde dafür bestraft, dass er sich Ulbricht nicht untergeordnet hatte. Am 4. März schrieb Ulbricht an Pieck: »Hermann Nuding wurde zur Kur geschickt, wird aber nach Heilung nicht mehr in den Parteiapparat zurückkehren wegen Differenzen.«[63] Im selben Jahr wurde Nuding aus dem ZK der KPD entfernt und auf unbedeutende Parteiposten in Westeuropa abgeschoben.

Wieder in Prag

Ende Oktober 1935 reiste Ulbricht per Bahn wieder von Moskau nach Prag, um seine Tätigkeit als Mitglied der »Operativen Leitung« fortzusetzen. Zusammen mit seiner Lebensgefährtin Lotte Kühn bezog er dort eine Einzimmerwohnung. Wie immer lebte er im Untergrund. Obwohl er und seine Genossen sich außerhalb des unmittelbaren Einflussbereichs der Gestapo befanden, war es ihnen nicht möglich, frei und offen zu agieren. Die Gestapo hatte auch in Prag eine Reihe von Agenten im Einsatz, die nur darauf warteten, eine Verbindung zwischen den Exilfunktionären der beiden deutschen Arbeiterparteien zu deren illegalen Organisationen im Reich aufspüren zu können. So traf man sich untereinander oder mit Kurieren von und nach Deutschland konspirativ in Cafés, in Wohnungen, die von der tschechischen KP zur Verfügung gestellt wurden, oder im Schwimmbad. Flugblätter, Zeitungen und Propagandaschriften wurden verfasst und illegal nach Deutschland geschleust. Zuvor mussten für derartige Vorhaben das Papier beschafft und Druckereien organisiert werden, die bereit waren, Propagandamaterial für die KPD zu drucken. Die tschechischen Kommunisten waren dabei behilflich. Treffen zwischen den KPD-Führern und ihren tschechischen Freunden fanden allerdings niemals in den Parteigebäuden der Tschechen statt, da die Partei zwar im eigenen Land erlaubt war, aber unter ständiger Beobachtung der Polizei stand.

Die wichtigste Aufgabe, die Dahlem und Ulbricht jetzt in Prag erledigen sollten, war die Aufnahme von Gesprächen mit dem Emigrationsvorstand der SPD. Der Kominternvorsitzende, Georgi Dimitroff persönlich, hatte den beiden KPD-Vertretern einen Brief des ZK der KPD in die Hand gedrückt, welcher ein Angebot an die SPD enthielt, im Kampf gegen Hitler künftig gemeinsam zu marschieren. Ulbricht und Dahlem übergaben diesen Brief am 10. November 1935 an die Emigrationsführung der SPD in Prag. Zwar kam es im Anschluss daran[64] zu Gesprächen von Ulbricht und Dahlem mit den SPD-Vorstandsmitgliedern Hans Vogel und Friedrich Stampfer[65], doch wurde diese Initiative der deutschen Kommunisten ein Schlag ins Wasser. Die beiden KPD-Vertreter fingen sich von den SPD-Führern eine Abfuhr ein. Zu tief saß nach wie vor das Misstrauen bei den Sozialdemokraten gegenüber den Kommunisten. Besonders Ulbricht ließen sie spüren, dass die KPD noch nicht den Beweis erbracht habe, dass es ihr mit Einheitsfront und Demokratie wirklich ernst sei.[66] In der Tat hatte Ulbricht noch wenige Monate zuvor in seiner Rede auf dem Weltkongress der Komintern das Zusammengehen von Sozialdemokraten und Kommunisten lediglich als Strategie für eine Übergangszeit erklärt, in der die Kommunisten allein noch zu schwach seien, um die Macht an sich reißen zu können. Ziel für die Kommunisten bleibe aber weiterhin die »proletarische Diktatur« und »Sowjetdeutschland«. Ulbricht reagierte unwirsch auf die Zurückweisung. In einem Artikel in der Kommunistischen Internationale Anfang 1936 kritisierte er die »brutale Ablehnung des Einheitsfrontangebotes«, die nur möglich gewesen sei, weil von »unten« noch nicht genügend Druck auf die SPD-Führung ausgeübt worden sei. Zugleich düpierte er die Sozialdemokraten mit der Beschuldigung, sie trüge »durch ihre Politik der Klassenzusammenarbeit die historische Verantwortung für den Sieg des Faschismus«.[67] Wie schon in der Vergangenheit erwies sich, dass Ulbrichts diplomatische Fähigkeiten sehr begrenzt waren. Zwischentöne kannte er nicht, seine Waffe war nicht das feine Florett, sondern der schwere Säbel. Herbert Wehner erinnerte sich, dass es damals wegen des unsensiblen Umgangs von Ulbricht mit der SPD-Spitze zu einer ersten Auseinandersetzung zwischen Ulbricht und ihm gekommen sei. Ulbrichts aggressive Reaktion auf die ablehnende Haltung der SPD-Führung habe nicht dem Geist der »Brüsseler Konferenz« entsprochen. Darüber hinaus ärgerte sich Wehner darüber, dass er von den Verhandlungen mit der SPD-Spitze erst aus Pressemitteilungen erfuhr.

Nach den Erinnerungen von Herbert Wehner dirigierte Ulbricht die operative Arbeit in Prag bald ziemlich unumschränkt. Zwischen Weihnachten und Neujahr 1935/36 organisierte Ulbricht – wie schon ein Jahr zuvor – in tschechischen Grenzorten zu Bayern Schulungen für deutsche Emigranten, die über die »Grenzstellen« die Verbindung zur KPD im Reich sicherstellen sollten. Parallel dazu fanden in einsam gelegenen, tief eingeschneiten Hütten im Erzgebirge Treffen zwischen der »Operativen Leitung« und führenden Funktionären der KPD im Reich statt. Um die Hütten zu erreichen, musste man ein gewisses Maß an Sportlichkeit mit sich bringen und Ski fahren können. Anton Ackermann bekam dafür von Ulbricht persönlich Unterricht. Auch Ulbrichts Lebensgefährtin Lotte trainierte nach Aussage der damaligen Leiterin der Berliner Parteiorganisation, Elli Schmidt, »tüchtig, denn der Weg zu den Bauden erforderte eine anstrengende Skifahrt«.[68] In Gruppen von zehn bis 15 Mann wurden die Genossen geschult, mit Propagandamaterial in Form von Tarnbroschüren ausgestattet und in den Kampf der KPD nach Deutschland zurückgeschickt.

Ansonsten verfasste Ulbricht auch in Prag eine ganze Reihe von Artikeln, die in den verschiedenen kommunistischen Publikationen veröffentlicht wurden. So in der Roten Fahne, der Baseler Rundschau, Die Kommunistische Internationale und Die Internationale, in der Zeitung Das freie Deutschland, in der theoretischen Zeitschrift der KPdSU Bolschewik, der Zeitschrift der tschechischen KP Der Funke und in der in Prag erscheinenden Die neue Weltbühne.[69] Erneut wurden einige seiner Reden und Artikel auch in Form von Tarnschriften produziert und nach Deutschland geschleust. Sie kursierten unter skurrilen Namen wie »Der ideale Gatte – die Entstehungsgeschichte eines bekannten Films«, »Das Bridgebuch«, »Die deutschen Segelschiffe«, »Deutsche Scholle« und »Das Majorat«.[70]

123

Die Volksfront

In Paris war zur selben Zeit ein anderer deutscher Kommunist auf dem Weg zur Schaffung einer deutschen Volksfront wesentlich erfolgreicher als Walter Ulbricht in Prag. Ab dem Sommer 1935 versuchte die Komintern in Paris eine deutsche Volksfront zu organisieren. Wohl auf Initiative von Wilhelm Pieck gründete sich der »Vorläufige Ausschuss zur Bildung einer deutschen Volksfront«. Parallel dazu leitete Willi Münzenberg, der Leiter des Propagandabüros der Komintern für Westeuropa, ebenfalls eine Initiative zur Gründung einer deutschen Volksfront ein. Am 26. September 1935 fand in Paris auf Einladung von Münzenberg die erste von drei »Lutetia-Konferenzen« statt, benannt nach dem Tagungsort, dem Hotel Lutetia. Beide Initiativen wurden Anfang 1936 zusammengeführt. Am 2. Februar 1936 versammelten sich in der französischen Hauptstadt rund 100 deutsche Exilanten im Hotel Lutetia[71], darunter 20 Kommunisten, 27 Sozialdemokraten, drei Vertreter der Sozialistischen Arbeiterpartei Deutschlands und 37 Vertreter bürgerlicher Parteien. Die ersten Ergebnisse dieser Zusammenkunft waren hoffnungsvoll. Die Versammlung einigte sich auf die Annahme eines Manifestes, das zur internationalen Hilfe für die Opfer des Faschismus aufrief, und gründete eine Arbeitsgruppe, die eine politische Plattform zur Sammlung aller oppositionellen Kräfte gegen Hitler ausarbeiten sollte. Namhafte Exilanten fanden hier im »Ausschuss zur Vorbereitung einer deutschen Volksfront« zusammen. Sozialdemokraten wie Rudolf Breitscheid[72] und Max Braun, der als Vorsitzender des Ausschusses fungierte, Schriftsteller wie Lion Feuchtwanger, Johannes R. Becher, Arnold Zweig und Egon Erwin Kisch. Kein Geringerer als Heinrich Mann amtierte als Präsident.

Treibende Kraft dieser Bewegung war Willi Münzenberg[73], der von 1919 bis 1921 Vorsitzender der Kommunistischen Jugendinternationale und ab 1922 Generalsekretär der »Internationalen Arbeiterhilfe« gewesen war. In den zwanziger Jahren baute er den »Münzenberg-Konzern« auf, einen wirtschaftlich erfolgreichen und bedeutsamen Firmenverbund aus Verlagen, Zeitungen und Filmgesellschaften, mit dem Ziel, diese Kommunikationsmöglichkeiten für die kommunistische Propaganda einzusetzen. Von 1924 bis 1933 vertrat er die KPD als Abgeordneter im Reichstag und war ab 1927 Mitglied des ZK der KPD. Aufgrund seiner wirtschaftlichen Tätigkeiten und internationalen Arbeit für die Komintern ging sein Einfluss aber weit über seine formale Stellung in der KPD hinaus. Wie Ulbricht war er 1933 nach Paris emigriert.

Seine Volksfrontinitiative erhielt weiteren Aufschwung, als bei den Parlamentswahlen in Spanien am 16. Februar 1936 die Volksfront der vereinigten Linksparteien siegte und in Frankreich im April und Mai 1936 das dortige Volksfrontbündnis die KP Frankreichs zur stärksten politischen Kraft im Land werden ließ. Frankreich galt von da an als das Hauptkampffeld der Komintern in Westeuropa.[74] Das erfolgreiche Wirken Münzenbergs in Paris war für Ulbricht Grund, seinen nächsten Machtkampf vom Zaun zu brechen. Dabei spielte sicher die Tatsache eine Rolle, dass Ulbricht und Münzenberg schon seit längerem verfeindet waren. Anlässlich des siebten Weltkongresses der Komintern 1935 hatten die beiden im Hotel »Lux« eine Aussprache über ihr getrübtes Verhältnis geführt. Wie sich aus einem späteren Brief Münzenbergs ergibt, warf dieser Ulbricht dabei vor, »dass Deine Art der Politik, besonders Dein Fehler, Dich mehr von persönlichen als von sachlichen Motiven leiten zu lassen, eine Gefahr für unsere Partei sei, eine Meinung, die, wie ich weiß, Führer der KI teilen. Dieser Fehler tritt besonders krass in meinem Fall in Erscheinung... Ich glaube, dass Du von einer geradezu besessenen Voreingenommenheit mir gegenüber bist, die durch nichts, aber auch nichts behoben werden kann. Das geht so weit, dass, wenn wir miteinander sprechen, Du einfach nicht hörst, was ich sage. Du willst nicht hören, was ich meine, sondern was Du hören möchtest.«[75] Bereits damals drehten sich die Auseinandersetzungen der beiden hauptsächlich um die »richtige Volksfrontpolitik«. Münzenberg erinnerte Ulbricht in seinem Brief: »Ich habe hingewiesen auf Deine falsche Stellungnahme in der Frage der Schaffung der deutschen Einheits- und Volksfront im Sommer 1935, die zum Glück von unseren Freunden korrigiert wurde.« Münzenberg genoss zu diesem Zeitpunkt in der Tat das volle Vertrauen der Kominternführung, wie sich auch aus den Erinnerungen Herbert Wehners über die Wahl des ZK der KPD auf der »Brüsseler Konferenz« im Sommer 1935 ergibt: »Die Wahl Münzenbergs war durch Pieck seitens des EKKI gewünscht worden, um Münzenberg, der internationale Aufträge ausführte, mit der deutschen Partei verbunden zu halten und ihm eine gewisse Autorität zu verleihen.«[76]

Bereits nach der Veröffentlichung der ersten Absichtserklärungen der Pariser Initiative intervenierten Ulbricht und Dahlem von Prag aus dagegen, weil Münzenberg die »Direktiven des Politbüros über die Taktik gegenüber der SPD und den Beratungen des Lutetia-Kreises nicht durchgeführt« habe.[77] Gegenseitige Vorwürfe über das weitere Vorgehen in Paris kennzeichneten den künftigen Umgang der beiden Kontrahenten. Münzenberg warf Ulbricht »falsche

Direktiven«, »falsche Einschätzungen« und »große Fehler« vor. Ulbricht unterstellte Münzenberg, dass er gegen ihn intrigiere und die maßgeblichen nichtkommunistischen Volksfrontmitglieder gegen ihn aufhetze. Die beiden Männer waren sowohl von ihrer Persönlichkeit als auch von den Zielen her, die sie verfolgten, so unterschiedlich, dass ihr Streit vorprogrammiert war. Münzenberg – dem genialen Propagandisten – schwebte ein Kreis namhafter Persönlichkeiten vor, der in Aufrufen, mit Reden und Aktionen international das nationalsozialistische System anprangern und diskreditieren sollte. Dabei war ihm klar, dass er dieses Ziel nur erreichen konnte, wenn die Volksfront auf einer breiten politischen Basis stand und sich nicht speziellen Parteiinteressen zu unterwerfen hatte. Solches Denken war ein Gräuel für den Apparatschik Ulbricht, dem es zur zweiten Haut geworden war, ausschließlich die Kominternpolitik zu vertreten und ihr sein eigenes Denken unterzuordnen. Folglich durfte der Lutetia-Kreis für ihn nicht unabhängig operieren, sondern musste in irgendeiner Form von der KPD oder der Komintern dominiert werden. Er wollte »sichtbare Ergebnisse« in Form einer Organisation, die sich für die Zwecke der Komintern einsetzen ließ. So erhoffte er sich beispielsweise, die Initiative könne den Prager Parteivorstand der SPD dazu bewegen, sich doch noch zu einem Abkommen mit der KPD bereit zu finden.[78]

Der Streit zwischen Ulbricht und Münzenberg führte dazu, dass das EKKI Münzenberg, Dahlem und Ulbricht im März 1936 nach Moskau einbestellte. Die Gespräche endeten mit einem Vertrauensvotum für Ulbricht. Das EKKI stellte eindeutig klar, dass der Führungsanspruch und die Richtlinienkompetenz hinsichtlich des Lutetia-Kreises bei der »Operativen Leitung« in Prag lagen und nicht bei Münzenberg.[79] Münzenberg erhielt durch das Politbüro der KPD eine »Rüge«, und alle Mitarbeiter der ihm unterstehenden Verlage und Organisationen wurden in der Folgezeit einer Überprüfung unterzogen.[80] In einer ausführlichen Resolution des EKKI-Sekretariats wurden die Spielregeln für die künftige Arbeit in Paris in Form einer Richtlinie festgelegt. Die KPD-Vertreter im Volksfrontausschuss, Münzenberg und Dahlem, wurden abgelöst und durch Ulbricht und Paul Merker ersetzt. Trotzdem spielte Münzenberg aufgrund seiner Verbindungen und des Vertrauensvorschusses, den er in Paris besaß, auch in der Zukunft eine tragende Rolle im Volksfrontausschuss.

Die Volksfront war der KPD-Führung so wichtig, dass Ende Mai 1936 der KPD-Vorsitzende Wilhelm Pieck für mehrere Wochen nach Paris reiste, um persönlich nach dem Rechten zu sehen.

Ein Ergebnis von Piecks Intervention war eine neue Arbeitsverteilung in der »Operativen Leitung«.[81] Ulbricht, der nach eigener Einschätzung bis dahin »eine etwas größere Verantwortung hatte« als seine Kollegen Dahlem und Merker, schien seinen Moskauer Vorgesetzten wieder einmal zu forsch und aggressiv. Im Rahmen der Neuorganisation wurde er zum Sekretär der »Operativen Leitung« bestimmt und ihm die Leitung der Agitations- und Propagandakommission übertragen. Schließlich zeichnete er für die Jugendarbeit verantwortlich. Zugleich wurde aber klargestellt, dass er nur ein gleichberechtigtes Führungsmitglied der »Operativen Leitung« sei. Franz Dahlem sollte demgegenüber die Kader- und Organisationskommission leiten und war zusammen mit Merker für die Gewerkschaftsarbeit zuständig.[82] Die Reorganisation der Verantwortlichkeiten richtete sich klar gegen die bisherige Dominanz Ulbrichts, dem das natürlich nicht behagte. Ein halbes Jahr später monierte er in einem Brief an Pieck: »Faktisch wurde eine Arbeitsmethode in der Führung eingeführt, die mehr einer parlamentarischen Demokratie gleicht, so dass sogar Fragen der Schreibmaschine oder der Zeitverteilung von Stenotypistinnen besprochen werden müssen.«[83] Im Zusammenhang mit dieser Reorganisation wurde auch der Sitz der »Operativen Leitung« von Prag nach Paris verlegt. Dort spielte jetzt die Musik im Hinblick auf die Volksfront. In den letzten Septembertagen des Jahres 1936 siedelten Ulbricht und seine Lebensgefährtin erneut nach Paris über, wo Lotte für die beiden eine kleine Wohnung in einem Arbeiterviertel anmietete.

Die Bemühungen der KPD-Vertreter um die Bildung einer Volksfront in Paris erlitten durch den ersten Moskauer Schauprozess[84] im August 1936 und den danach vollstreckten Todesurteilen einen schweren Dämpfer. Ulbricht und Dahlem wurden durch Pieck sofort in einer Reihe von Briefen und Telegrammen über die Verhaftungen und Parteiausschlüsse von KPD-Mitgliedern im Zusammenhang mit dem Prozess unterrichtet. Die KPD-Führung in Moskau beeilte sich, um noch im August 1936, nach dem ersten Schauprozess, eine Resolution zu verabschieden, in der sie den konstruierten »Mordanschlag gegen den besten Schüler Lenins, gegen den genialen und heiß geliebten Führer des Sowjetvolkes und der Werktätigen aller Länder, Genossen Stalin« verdammte und »auf schonungslose Ausrottung des menschlichen Abschaums der trotzkistisch-sinowjewistischen Mörderbande« drängte. Besonders unangenehm für die KPD-Führung war, dass sich unter den Hauptangeklagten dieses Prozesses mit Fritz David auch der engste Mitarbeiter von Wilhelm Pieck befand. Das zwang das ZK, Selbstkritik zu üben und zuzugestehen, dass »infolge unserer absolut ungenügenden Wachsamkeit« einige der im Prozess entlarvten »Mordbanditen« sich in die KPD hatten einschleichen und die Partei über ihre konterrevolutionären Tätigkeiten täuschen können. Dazu gehörte auch der Parteitheoretiker Fritz David, der »abgefeimte trotzkistische Schurke«.[85] Ulbricht billigte die Schauprozesse später mehrfach in Aufsätzen: »Der Prozess lehrt alle anständigen Menschen: Man kann nicht den Faschismus besiegen ohne Zertrümmerung des Trotzkismus...[86] Es ist notwendig, dass jeder Antifaschist, jeder fortschrittlich denkende Mensch Lehren aus den abscheulichen Verbrechen der trotzkistischen Spione... zieht. Diese faschistischen Agenten müssen mit Schimpf und Schande restlos aus den Reihen der Arbeiterbewegung verjagt werden.«[87]

Um Schadensbegrenzung zu betreiben, schickten EKKI und KPD-Führung den deutschen Kaderreferenten des EKKI, Albert Müller, nach Paris, der alle dort lebenden Emigranten überprüfen sollte. Seine Instruktion lautete: »Die operative Leitung soll dafür Sorge tragen, dass in allen Emigrationsgebieten eine Kommission aus absolut zuverlässigen Genossen eingesetzt wird, die die Aufgabe hat, jeden einzelnen Emigranten in Bezug auf seine Vergangenheit und sein Verhalten in der Emigration zu überprüfen. Es sind alle Genossen aus der Partei auszuschließen, deren Vergangenheit nicht absolut klar ist und deren Verhalten in der Emigration verdächtig ist.«[88] Auch Ulbricht selbst und seine Lebensgefährtin wurden daraufhin ab September 1936 wegen Ulbrichts »Verbindungen« durch die Kaderabteilung der Komintern überprüft.

Ein weiterer Rückschlag für den »Lutetia-Kreis« war der Putsch General Francos im Juli 1936 gegen die spanische demokratische Regierung, der das Ende der dortigen Volksfront einleitete. In seiner Funktion als Sekretär der »Operativen Leitung« entsandte Ulbricht eine Reihe von KPD-Funktionären nach Spanien, die politisch und militärisch die bedrängte Volksfrontbewegung unterstützen sollten. Ulbricht reiste in der zweiten Dezemberhälfte 1936 selbst nach Spanien, um sich über die konkrete Lage zu informieren. Dabei hielt er auch eine Rundfunkansprache über den Sender Barcelona. Ende Dezember kehrte er nach einem Abstecher über Madrid wieder nach Paris zurück.[89]

Die Zwistigkeiten um die Volksfront in Paris gingen zwischenzeitlich weiter. Ulbricht geriet erneut mit Herbert Wehner aneinander wegen eines nicht abgestimmten Aufrufes der »Operativen Leitung«, der den Nürnberger Parteitag der NSDAP betraf. Auch die KPD-Führer in Moskau, Wilhelm Pieck und Wilhelm Florin, waren über diesen Alleingang Ulbrichts erzürnt.[90] Pieck kritisierte in einem elf Punkte umfassenden Brief die Politik der Auslandsleitung massiv. Ulbricht reagierte in einem Antwortbrief vom 16. November 1936 selbstbewusst-offensiv: »Ich bin bereit, die volle Verantwortung zu übernehmen.«[91] Im Folgenden gab er sich konziliant, indem er zu verstehen gab, dass »trotz eures Donnerwetters die Verständigung über die Frage verhältnismäßig einfach sein wird... Ich bin der Meinung, dass wir trotz unserer verbesserten Propaganda seit einem halben Jahr kaum vorwärts gekommen sind. War es nicht unser alter Fehler, dass unsere Partei immer stark war in der Propaganda des strategischen Ziels, in der Propaganda von Programmen und Plattformen, aber schwach war, die Massen in Bewegung zu bringen?« Noch immer glaubte Ulbricht daran, »Millionenmassen« mobilisieren zu können. Ein Massenaufstand in Deutschland sollte das Hitlerregime stürzen. Im Vergleich zu dieser Zielsetzung erschienen die internen Diskussionen über Aufrufe und Appelle der Volksfront natürlich ziemlich mager und wenig effizient. Eine Kopie seines Briefes schickte er direkt an Dimitroff mit der Bemerkung: »Hoffentlich findet die Aussprache zu Hause bald statt, damit eine solche Klärung der Fragen erfolgt und wir endlich über den toten Punkt hinwegkommen.«[92]

Ab Oktober 1936 fühlte sich die Kominternführung vor diesem Hintergrund erneut bemüßigt, in die Arbeit der Auslandsleitung der KPD einzugreifen. Zunächst wurde Willi Münzenberg erneut nach Moskau gerufen, wo er sich der Internationalen Kontrollkommission der Komintern stellen musste. Dmitri Manuilski, der zweite Mann der Komintern, bot Münzenberg dabei an, künftig in Moskau tätig zu werden und dort die Leitung der Abteilung Agitation und Propaganda des EKKI zu übernehmen. Doch Münzenberg schlug dieses Angebot aus und reiste nach Paris zurück. Unter seiner Führung erreichte die deutsche Volksfrontbewegung Ende 1936 ihren Höhepunkt. Am 21. Dezember 1936 kam es zum ersten gemeinsamen Aufruf des »Ausschusses zur Bildung einer deutschen Volksfront«: »An das deutsche Volk! Bildet die deutsche Volksfront! Für Frieden, Freiheit und Brot!«[93] Anfang 1937 wurden die Mitglieder der Auslandsleitung der KPD nach Moskau bestellt, um sich für ihr Verhalten zu rechtfertigen. Im Ergebnis setzte sich Ulbricht wieder einmal gegenüber seinen Widersachern durch. Herbert Wehner wurde am Ende der Beratungen mitgeteilt, dass er von seiner Aufgabe in Paris entbunden sei und ab sofort in Moskau bleiben müsse, da ein Untersuchungsverfahren gegen ihn eingeleitet worden sei. Gleichzeitig erfuhr Wehner auch, dass als Ergebnis der Gespräche das Politbüro der KPD aufgelöst worden und er dementsprechend nicht mehr Kandidat dieses Gremiums sei.[94] Anstelle des Politbüros, das die KPD-Führung durch Beschluss vom 28. Februar 1937 »im Einvernehmen mit dem Sekretariat des EKKI« auflöste, trat ein »Sekretariat des ZK der KPD« mit Sitz in Paris. Ulbricht wurde zu seinem Leiter bestimmt. Damit stand der jetzt 43-jährige Ulbricht erstmals ganz an der Spitze der KPD, eingerahmt nur noch von den EKKI-Sekretären Wilhelm Pieck, zugleich Vorsitzender der KPD, und Wilhelm Florin.[95] Es war ein Triumph für den streitbaren Ulbricht, der sich bislang in allen Auseinandersetzungen um die Volksfront in Paris letztlich durchgesetzt hatte und jetzt auch Willi Münzenberg als KPD-Vertreter im Volksfrontausschuss ersetzte. Doch wie sich bald zeigen sollte, währte dieser Triumph nicht lange.

So erfolgreich sich Ulbricht innerparteilich durchgesetzt hatte, nach außen scheiterte er mit seinem Versuch, die Pariser Volksfront zu einem Instrument der Komintern- und KPD-Politik umzufunktionieren.

Ulbricht richtete Münzenberg nach seiner Rückkehr aus Moskau – am 23. März 1937 war er dort abgereist – im Auftrag der Kominternführung aus, »er möchte jetzt nach dort kommen«, um, wie schon im Herbst des vergangenen Jahres besprochen, künftig »bei den Freunden drüben«, also bei der Komintern, zu arbeiten. Das wollte Münzenberg jedoch auf keinen Fall, wusste er doch, wie leicht man in jenen Tagen in Moskau in die Mühlen der stalinistischen Säuberungen geraten konnte. So versuchte Münzenberg, seiner Abberufung aus Paris zu entgehen, indem er sich zum »Führer der deutschen Volksfront« stilisierte und mit allen Mitteln den Eindruck zu erwecken versuchte, dass er in Paris unentbehrlich sei. Geschickt platzierte er sich dabei als Vermittler zwischen Volksfront und KPD. Ulbricht beklagte sich denn auch, »dass die Sozialdemokraten sich bemühen, zwischen Willi und der Partei zu differenzieren«.[96] Umgekehrt versuchte Ulbricht alles, um die Abberufung Münzenbergs nach Moskau zu forcieren und sich so seines Gegners endlich zu entledigen. In einem Brief an die Kominternführung schwärzte er Münzenberg an und teilte subtil mit: »Wir sind der Meinung, dass bei Willi schon ein Stadium erreicht ist, wo er die persönlichen Interessen über die Interessen der Partei stellt. Wir sind dafür, dass alles getan wird, ihn, der der Partei wertvolle Dienste leisten kann, für die Parteiarbeit zu erhalten. Das erfordert, dass er eine Zeit bei Euch zu einer solchen Arbeit veranlasst wird, dass sein Denken und sein Gefühl wieder parteimäßig werden.«[97] Nach Aussage von Münzenberg hasste Ulbricht ihn geradezu und soll Dritten gegenüber geäußert haben, dass er, Münzenberg, ein »Schädling« sei, den man nach Moskau schicken werde, »damit er erledigt wird«.[98]

Doch diese Intrigen halfen Ulbricht im Verhältnis zu den anderen Parteien und Gruppierungen in der Volksfront nicht. Hier setzte sich der geschmeidigere Münzenberg auf ganzer Linie durch, und es gelang ihm, Ulbricht zum Buhmann zu stempeln und politisch zu isolieren. Rudolf Breitscheid äußerte verärgert, dass die KPD gar keine Partei sei, sondern ein Orden, der der Diktatur Stalins unterliege. Der ehemalige Zentrumspolitiker Spieker warf der KPD vor, dass sie die Hegemonie und Diktatur des Proletariats als Ziel nicht aufgegeben habe.[99] In der einschlägigen Presse wie auch im persönlichen Umgang mit Pariser Emigranten schlug Ulbricht der Wind ins Gesicht. Zwar versuchte er, den Vorsitzenden der Volksfront Heinrich Mann gegen Münzenberg einzunehmen, indem er ihm vorschlug, ein »engeres Büro« des Volksfrontausschusses zu schaffen, dem Münzenberg »infolge einer längeren Abwesenheit von Paris« nicht angehören sollte. Doch Heinrich Mann stellte sich hinter Münzenberg. Am 2. Juni 1937 schrieb er einen Brief an Dimitroff und setzte sich entschieden für das Verbleiben von Münzenberg in Paris ein. Münzenberg sei der aktivste Mann der Volksfront. »Ohne ihn kann ich sie mir nicht vorstellen ... Ihn brauchen wir ganz besonders. Er hält die verschiedenen Richtungen zusammen, ohne ihn könnten sie auseinander fallen. Vor allem hat er überall ein Vertrauen erworben wie vielleicht keiner von uns, ein unschätzbares Vertrauen.«[100] Heinrich Mann bat Dimitroff eindringlich, »dass die Gegenwart und Mitarbeit Willis uns erhalten bleibt«. Eine Abschrift des Briefes übermittelte Heinrich Mann an Münzenberg mit der Bemerkung: »Unser Freund Walter teilte mir mit, dass Sie für längere Zeit eine andere Arbeit übernehmen würden. Meine Meinung ist, dass unser Ausschuss zur Bildung der deutschen Volksfront durch Ihre Entfernung einen unerträglichen Verlust erleiden würde.«[101]

Die Isolierung Ulbrichts und der KPD in der Volksfront ging so weit, dass deren maßgebliche Repräsentanten ernsthaft darüber nachdachten, die KPD-Vertreter aus ihrem Kreis auszuschließen. In einer Sitzung des Volksfrontausschusses am 30. Juni 1937 hielt Rudolf Breitscheid geradezu eine Anklagerede gegen die Kommunisten. Am Ende der Sitzung wurde Ulbricht angekündigt, dass die Volksfront eine Zusammenfassung aller antihitlerischen Kräfte – unter Ausschluss der KPD – plane.[102] In einer Sitzung am 28. September wurde den KPD-Vertretern vorgeworfen, sie hätten im Arbeitsausschuss gefasste Beschlüsse nicht eingehalten und diese sabotiert. Heinrich Mann beklagte sich über die »mangelhafte Vertrauens- und Solidaritätsbasis«, die »durch verschiedene illoyale Handlungen der kommunistischen Vertreter entstanden« sei. Ulbricht und seine kommunistischen Mitstreiter wurden aufgefordert, ihre illoyale Haltung aufzugeben und die frühere »Vertrauens- und Kameradschaftsbasis« wiederherzustellen.[103]

Ulbricht reagierte auf diese für ihn höchst unbefriedigende Situation mit der Gegenstrategie, eine »Konkurrenz-Volksfront« aufzubauen. Zu diesem Zweck bediente er sich kommunistischer bzw. der Kominternpolitik nahe stehender Exilanten, die als »Freundeskreise der Volksfront« organisiert wurden. Diese entfalteten von Ulbricht gesteuerte Aktivitäten, die seinen politischen Intentionen entsprachen, ohne Rücksicht auf die Aktivitäten der »offiziellen« Volksfront. Mit dieser Taktik versuchte er, die Volksfront indirekt auf den Kurs zu zwingen, der ihm vorschwebte. Naturgemäß wurden die Aktivitäten der »Freundeskreise« zur Kernfrage der Auseinandersetzungen zwischen den Volksfrontvertretern und Ulbricht bzw. Merker. Willi Münzenberg zeigte sich entsetzt über dieses Vorgehen: »Die volle Verantwortung für die politisch geradezu wahnsinnige Taktik, in den so genannten Freundeskreisen ... eine parallele und Konkurrenz-Volksfront gegen das Heinrich-Mann-Komitee zu schaffen, trifft einzig und allein Walter Ulbricht.«[104]

Auch Wilhelm Pieck in Moskau zeigte sich immer besorgter. Warnend wandte er sich an Dimitroff: »Wir sprachen schon einmal über die Notwendigkeit der Verstärkung der Arbeit des Sekretariats der KPD. Es gibt einige Anzeichen dafür, dass wir recht bald eingreifen müssen, wenn sich nicht sehr nachteilige Folgen für unsere Arbeit ergeben sollen. Es ist ... ganz unmöglich, dass alles von Walter allein gemacht wird, zumal er mit großen Schwierigkeiten zu rechnen hat.«[105] Am 4. Oktober 1937 schlug Pieck in einem Brief an Dimitroff noch einmal Alarm. Rosa Michel[106], eine frühere Lebensgefährtin Ulbrichts, hatte Pieck gebeten, möglichst schnell nach Paris zu kommen, da die Lage im Pariser Volksfrontausschuss sehr ernst sei. »Die Sozialdemokraten erklären, dass sie im Volksfrontausschuss nur weiter mitarbeiten werden, wenn Münzenberg dort eine leitende Stellung behält. Demgegenüber haben sie wiederholt zum Ausdruck gebracht, dass sie die Entfernung von Walter und Merker aus dem Ausschuss wollen ... Die Lage im Volksfrontausschuss ist deshalb so bedenklich, weil unter diesen Auseinandersetzungen auch Heinrich Mann anfängt zu schwanken.«[107]

Ulbricht reagierte wie immer, wenn er unter Druck geriet – mit Angriff. Am 8. Oktober 1937 schrieben er und Merker an die Mitglieder der Volksfront, dass die KPD sich von Münzenberg distanziere. Zudem verlangte Ulbricht, dass Münzenberg in Anwesenheit Piecks vor das Pariser Sekretariat geladen werde. Dort solle er sein Vorgehen verantworten und seine überparteilichen Funktionen niederlegen. Sollte er sich weigern, müsse er aus der Partei ausgeschlossen werden.[108] Damit geriet der Streit zur offenen Feldschlacht zwischen Ulbricht und Münzenberg. Am 29. Oktober antwortete Münzenberg auf die Attacke mit einem flammenden Anklagebrief gegen Ulbricht an die Kominternführung: »Ich habe seit der Rückkehr Walters Alarm geschlagen, ich bin nicht müde geworden, vor der von ihm betriebenen Politik zu warnen, die eine Abkehr von den Beschlüssen der Brüsseler Konferenz und des siebten Weltkongresses bedeuten, die uns – was ich im April voraussagte – zu einem Zerreißen der ersten Volksfrontansätze führen musste, zu einer neuen, noch vollkommeneren Isolierung als 1931 oder 1932, zu einem Abbruch aller Brücken zu Verbündeten und Bundesgenossen... Ich habe immer und immer wieder um Euer Interesse, Eure Aufmerksamkeit, Hilfe und Unterstützung in diesem Kampf gegen die schädliche und verderbliche Walter-Politik gebeten... Ich habe Euch darauf aufmerksam gemacht, dass Walter darin Spezialist ist, es jahrelang mit Bela Kun[109] in der Komintern und der KPD so getrieben hat... Walter hat, was ich Euch ebenfalls bereits früher schrieb, seit seiner Rückkehr als Stoßaktion und zentrale Aufgabe der nur von ihm geleiteten Partei nur eines gesehen: Münzenberg muss als erledigter Mann, muss als ein Mann, der politisch und organisatorisch nur Pleiten hinterlässt, Paris verlassen... Ich habe Walter, als er diese nichtswürdige Kampagne begann, erklärt, dass ich mich dagegen mit Klauen und Zähnen wehren und nicht dulden würde, dass man so Parteigeschichte und Parteileben fälscht.«[110] Drei Tage später, am 2. November, weitete Münzenberg seine Anklage aus und beantragte, gegen Ulbricht ein Parteiverfahren durchzuführen. Wohlweislich stellte er diesen Antrag beim Sekretariat der Komintern und nicht bei einem Organ der KPD. Dem Sekretariat des ZK der KPD teilte er lediglich mit Schreiben vom 1. November mit: »Nachdem Walter in einem Brief vom 26. Oktober... mich volksfrontfeindlicher Vergehen bezichtigt – und, wie Ihr wisst, zu Unrecht und mit unwahren Angaben –, habe ich heute bei dem Sekretariat der KI ein Parteiverfahren gegen den Genossen Walter Ulbricht beantragt.«[111] 14 Tage später begründete er diesen Antrag in einem mehrseitigen Brief, den er direkt an Dimitroff adressierte und der mit aggressiven Vorwürfen gegen Ulbricht gespickt war.[112] Der ideologisch gefährlichste Vorwurf Münzenbergs war der des »Trotzkismus«. Ein faktischer Kampf gegen den »Trotzkismus« sei von Ulbricht nie geführt worden, vielmehr würde der »Trotzkismus« durch Ulbricht in Wahrheit unterstützt, »indem man alle und alles, von den Linkssozialisten bis zum Prager Parteivorstand, bis zu den bürgerlichen Kreisen, als Trotzkisten bezeichnet, und es so den wirklichen Trotzkisten ermöglicht, leichter zu operieren«.[113] Einige Zeit später wandte sich Münzenberg, anlässlich des fünften Jahrestages des Freispruchs Dimitroffs durch das Reichsgericht in Leipzig, noch einmal mit einem Telegramm an den Kominternvorsitzenden und beklagte sich bitter über die Machenschaften Ulbrichts in Paris, um ihn, Münzenberg, zu diskreditieren. Er habe bisher geschwiegen und sich auf vertrauliche Beschwerden an die Komintern beschränkt. Wenn jetzt Ulbricht aber dazu übergehe, Berichte zu fabrizieren und Dokumente zu fälschen und das in der Öffentlichkeit, werde er sich mit aller Kraft gegen solche »Nazimethoden« zur Wehr setzen.[114]

Damit war das Ende der »Deutschen Volksfront« eingeleitet, des einzigen nennenswerten Ansatzes, eine Art »Deutsche Emigrationsregierung« gegen das Hitlerregime aufzubauen. Sie scheiterte ganz wesentlich an der inflexiblen, stalinistischen Haltung Ulbrichts und seiner Unfähigkeit, in anderen Kategorien zu denken als den Vorgaben der Komintern. Ein Brief Heinrich Manns an Max Braun vom 25. Oktober 1937 belegt, dass Idee und Bewegung der Volksfront in Paris am Ende waren: »Ihre Mitteilungen vom 23. Oktober zeigen nur, dass Ulbricht tatsächlich eine eigene Volksfront, die ihm unterstehen soll, ins Werk setzen möchte. So ungern ich Mitglieder der deutschen Opposition als Gegner ansehe, einige unter ihnen wollen es offenbar nicht anders. Ich bin daher gegen eine Zusammenberufung des Gesamtausschusses, solange U. als Hauptvertreter oder auch nur als ein Vertreter seiner Partei dort erscheinen darf.«[115] Am 13. November schrieben die nichtkommunistischen Ausschussmitglieder einen letzten Brief an die KPD-Führung in Moskau. Ulbricht und Merker wurden darin Lügen und Verdrehungen vorgeworfen. Man hielt den beiden KPD-Vertretern vor, dass sie seit Sommer 1937 versucht hätten, »eine Volksfront zu schaffen, die allein von der kommunistischen Partei geführt und dirigiert wird«.[116] Den KPD-Vertretern im Volksfrontausschuss wurde die Zusammenarbeit aufgekündigt. Ulbricht wurde daraufhin zwar nach Moskau abberufen, doch für die Volksfrontbewegung war es zu spät. Obwohl Franz Dahlem als Nachfolger Ulbrichts 1938 versuchte, den Volksfrontausschuss wiederzubeleben, schlief die Bewegung ein.

Im Bann Stalins: 1938–1945

»Wer gegen die Freundschaft des deutschen und des Sowjetvolkes intrigiert, ist ein Feind des deutschen Volkes und wird als Helfershelfer des englischen Imperialismus gebrandmarkt.«
Walter Ulbricht nach Abschluss des Hitler-Stalin-Paktes am 9. Februar 1940

»Das sind Gerüchte, die mit provokatorischen Absichten verbreitet werden. Es wird keinen Krieg geben.«
Walter Ulbricht, sechs Tage vor Hitlers Angriff auf die Sowjetunion

»Wir sprechen zu deutschen Soldaten der 371. Division. Bei der ersten Ansprache werden wir mit zehn schweren Minen begrüßt.«
Walter Ulbricht über seine Propagandatätigkeit an der Stalingradfront am 18. Dezember 1942

Parteiverfahren gegen Ulbricht

Die Komintern folgte dem Antrag Münzenbergs und leitete aufgrund der schwerwiegenden Vorwürfe ihres Pariser Propagandachefs sowie anderer Mitglieder der Volksfrontbewegung in Paris ein Parteiverfahren gegen Ulbricht ein. Das war eine schwere Ohrfeige für Ulbrichts Volksfrontpolitik seit 1935. Am schlimmsten für ihn war, dass er für die Dauer des Verfahrens nach Moskau beordert wurde. Ulbricht ahnte sicherlich nicht, dass daraus ein Aufenthalt in der Sowjetunion für sieben Jahre werden sollte. Was er aber genau wusste, war, dass er sich nunmehr auf schwankenden Boden begab. Die Einleitung eines Parteiverfahrens war für das betroffene Parteimitglied eine ernsthafte Bedrohung. Mehr noch, es konnte lebensgefährlich sein, wenn am Ende eine Verurteilung als »Abweichler«, »Trotzkist« oder »Versöhnler« stand. Ulbricht wusste um die Schicksale anderer ehemaliger KPD-Größen wie Heinz Neumann, Hermann Schubert, Fritz Schulte, Hans Kippenberger, Hermann Remmele und Leo Flieg, die in der Sowjetunion in die Mühlen der stalinistischen Verfolgungen geraten waren. Jeder dieser KPD-Führer war in der Vergangenheit in eine innerparteiliche Auseinandersetzung verwickelt gewesen und dabei unterlegen. Und in jedem dieser Machtkämpfe hatte Ulbricht auf der Seite der Sieger gestanden. Er bewies also größten Mut und Vertrauen in sein Schicksal, dass er dem Ruf der Komintern nach Moskau folgte.

Als er zusammen mit Franz Dahlem Ende Januar 1938 in Moskau eintraf, befürchtete er, dass der Grund für seine Einbestellung zum Exekutivkomitee der Komintern sei, dass man ihn aus der Parteiführung entfernen wolle.[1] Die Kominternführung nahm die Affäre und den Streit um die Volksfront zum Anlass, das gesamte Zentralkomitee der KPD, mit Ausnahme von Pieck und Florin, einer Überprüfung zu unterziehen. Dazu ließ sich Kominternchef Dimitroff vom Leiter der Kaderabteilung der Komintern persönliche Dossiers zusammenstellen. Über Ulbricht vermeldete die Kaderabteilung nichts Belastendes. Aber auch gegen Lotte Kühn, Ulbrichts Lebensgefährtin, wurde zu diesem Zeitpunkt eine Untersuchung eingeleitet. Die Beurteilung in ihrer Personalakte war bedrohlich: »Die jetzige Frau von Gen. Ulbricht, Lotte Kühn, ist eine undurchsichtige Persönlichkeit, ihr ehemaliger Mann, Wendt, wurde vom NKWD verhaftet. Eigenen Angaben zufolge stand sie bis unmittelbar vor seiner Verhaftung im Briefwechsel mit ihm.«[2]

Das Verfahren gegen ihn und die Affäre Münzenberg beherrschte zunächst seinen Alltag. Am Tag nach seiner Ankunft besprach er sich mit Pieck und Dahlem. Am 3. Februar musste er Kominternsekretär Manuilski berichten, am 6. Februar fand in der Angelegenheit eine Aussprache beim Kominternvorsitzenden Dimitroff statt, an der Manuilski, Pieck, Dahlem und Ulbricht teilnahmen.[3] Dabei wurde beschlossen, dass Dahlem und Ulbricht den Fall Münzenberg aus Sicht der KPD-Führung schriftlich beurteilen und niederlegen sollten. Dies geschah im Laufe der nächsten sechs Wochen in enger Abstimmung mit Dimitroff. Noch im Januar übersandte Wilhelm Pieck Dimitroff eine Denkschrift »Zum Fall Münzenberg«. Aufschlussreich ist sein Begleitbrief dazu, der so abgefasst war, als sei die Verurteilung Münzenbergs durch das EKKI nur noch eine Formsache. Tatsächlich hatte Stalin schon drei Monate zuvor sein Urteil über Münzenberg gefällt. Am 11. November 1937 hatte er Dimitroff mitgeteilt: »Münzenberg ist ein Trotzkist. Wenn er herkommt, werden wir ihn sofort verhaften. – Geben Sie sich Mühe, ihn hierher zu locken.«[4]

Im Februar fordert Ulbricht bei Dimitroff die Briefe und Dokumente an, die Münzenberg zur Untermauerung seiner Anklage gegen Ulbricht an das EKKI und Stalin geschickt hatte.[5] Nachdem dieses Material ausgewertet worden war, sandte Pieck am 22. März 1938 den mit Dahlem, Florin und Ulbricht abgestimmten vertraulichen Entwurf »Zum Fall Münzenberg« an Dimitroff.[6] Der schwerste Vorwurf in dem Papier war die Unterstellung, Münzenberg habe den Volksfrontausschuss sprengen wollen, um seine – von der KPD abweichende – Linie weiterverfolgen zu können. Außerdem habe er alles getan, um Walter Ulbricht als Person in den Pariser Emigrantenkreisen zu desavouieren. Zeitgleich mit der Versendung dieses Papiers stellte die KPD-Führung bei der Internationalen Kontrollkommission der KI den Antrag, Willi Münzenberg aus dem ZK der KPD auszuschließen und aller Funktionen zu entheben. Der von allen maßgeblichen KPD-Führern unterzeichnete Antrag wurde mit Münzenbergs »Intrigen« begründet und »seinem Doppelspiel in Volksfront und Partei«.[7] Zu diesem Zeitpunkt hatte Münzenberg bereits mit dem Stalinismus gebrochen und sich brieflich und in einem Aufsatz öffentlich gegen die

KPD, KPdSU und Komintern gewandt. Einen Tag später tagte das EKKI-Sekretariat. Ulbricht und Dahlem trugen die Angelegenheit Münzenberg vor. Die Kominternführung kam dem Antrag allerdings nicht nach, sondern beschloss, in dem Fall eine Kommission einzusetzen, die Einzelheiten untersuchen sollte.[8] Im Mai 1938, über vier Monate nach seiner Übersiedlung nach Moskau, gab Ulbricht sein Amt als Leiter des Sekretariats in Paris an Franz Dahlem ab. Im selben Monat wurde er nach dem Anschluss Österreichs an das Deutsche Reich Mitglied einer Deutschen Kommission beim EKKI. Dass er trotz des laufenden Verfahrens im Juni 1938 zum Vertreter der KPD bei der Komintern bestellt wurde – ein Posten, den er bereits zehn Jahre zuvor innegehabt hatte –, bedeutete ihm, dass es ganz so schlimm um ihn nicht stehen konnte, und musste ihm Sicherheit geben. Am 26. Dezember 1938 schließlich wurde Ulbricht Mitglied einer Kommission des EKKI, die sich mit den Ereignissen in der Tschechoslowakei und mit der dortigen KP befassen sollte. Hier arbeitete er mit den beiden Kominternführern Dimitroff und Manuilski zusammen.

1938 waren die Säuberungen Stalins noch in vollem Gange. Der Diktator hatte in der Sowjetunion ein Schreckens- und Terrorregime errichtet, dem nach und nach die gesamte Führungselite der alten KPdSU zum Opfer fiel.[9] Von den elf Mitgliedern des Politbüros zu Lebzeiten Lenins war Ende 1938 einzig und allein noch Stalin am Leben.[10] In unzähligen Prozessen gegen lokale Parteiführer und einfache Funktionäre wurde die Partei in verheerender Form dezimiert. Auch in der Armee wütete die Säuberung. Wahrscheinlich 40 000 Offiziere fielen ihr zum Opfer, darunter 13 von 15 Armeekommandeuren. 1938 nahmen Terror und Gewalt unvorstellbare Maße an. Jeder – auch in höchsten Staats- und Parteiämtern – musste jederzeit fürchten, abgeholt und liquidiert zu werden. Es war nicht die Unterdrückung einer Opposition, es war nicht ein Gegenschlag gegen eine Verschwörung, es war die systematische und willkürliche Vernichtung des größten Teils der Parteiführung und einer Vielzahl von Parteimitgliedern. In gleicher Weise wütete Stalins Terror in der Komintern. Quasi die gesamte Spitze der polnischen Kommunisten wurde ermordet. Die KP Jugoslawiens hatte 800 Tote zu beklagen, darunter vier ehemalige Generalsekretäre.[11]

Unter den Deutschen wütete das NKWD besonders stark.[12] Das nahm solche Ausmaße an, dass unter den Emigranten in Moskau der Spruch die Runde machte: »Was die Gestapo von der KPD übrig gelassen hat, das hat das NKWD aufgelesen.« Neun deutsche

Kommunisten, die in den Jahren 1932 oder 1933 Mitglieder oder Kandidaten des Politbüros der KPD gewesen waren, befanden sich zwischen 1936 und 1938 im sowjetischen Exil. Fünf von ihnen wurden von Stalin ermordet, zwei starben unabhängig von Stalins Terror.[13] Nur zwei überlebten ihren Aufenthalt in der Sowjetunion: Walter Ulbricht und Wilhelm Pieck. In einem Bericht des ZK der KPD vom 29. April 1938 wurde die Dimension des Terrors gegen deutsche Kommunisten detailliert beschrieben. Danach waren Ende März über 70 Prozent der Mitglieder der KPD verhaftet. Im Laufe des März wurden sämtliche Deutsche – insgesamt über 100 –, die im Politemigrantenheim in Moskau gelebt hatten, verhaftet. Die Gruppe der deutschen Parteigenossen in Leningrad wurde von 103 Anfang 1937 auf zwölf Anfang 1938 dezimiert. Angst und Entsetzen unter den deutschen Emigranten waren nahezu unbeschreiblich. In dem Bericht des ZK heißt es: »Einige Frauen, deren Männer verhaftet sind, u. a. die Frau von Prof. Felix Halle, haben am 11. Oktober 1937 und die Frau Gertrud Mühlenbert... Anfang März 1938 Selbstmord verübt. Ein Teil der Frauen und Kinder der Verhafteten sind buchstäblich am Verhungern.« Verzweiflungsszenen der Frauen von Verhafteten – sei es, dass sie sich im Gebäude der deutschen Vertretung des EKKI aus dem Fenster stürzen wollten, sei es, dass sie drohten, sich und ihre Kinder unter die Straßenbahn zu werfen – waren an der Tagesordnung.[14]

Das Überlebensrezept hieß totale Unterwerfung unter Stalin. Die KPD installierte zu diesem Zweck 1938 eine »Selbstreinigungskommission«, intern »Kleine Kommission« genannt, der Walter Ulbricht, Herbert Wehner und Philipp Dengel[15] angehörten. Wann immer ein KPD-Mitglied in irgendeiner Form in der Sowjetunion in Misskredit geriet – dazu genügte es, dass gegen den Lebenspartner ein Verfahren lief –, entschied diese Kommission darüber, ob ein Verbleiben als Mitglied in der KPD noch opportun war oder aber ob der Betreffende ausgeschlossen werden musste. Denn die Partei hatte wachsam zu sein gegenüber dem Auftauchen »parteifeindlicher Elemente«. Um sich selber zu schützen, mussten die KPD-Vertreter auf größtmöglichen Abstand zu Genossen achten, die in das Räderwerk der stalinistischen Verfolgungen geraten waren. Es reichte, früher Kontakt zu einem Verhafteten gehabt zu haben, um selber in Verdacht zu geraten.

Neben Parteiausschlüssen und anderen Parteistrafen, wie dem Ruhen der Mitgliedschaft, wurde in der Kommission umgekehrt auch über die Wiederaufnahme in die Partei entschieden, wenn das Verfahren gegen den Betreffenden niedergeschlagen oder zu seinen

Gunsten entschieden worden war. Neben seiner Arbeit in der »Kleinen Kommission« nahm Ulbricht gelegentlich an Verhandlungen der Internationalen Kontrollkommission der Komintern teil, die von Wilhelm Florin geleitet wurde. Voruntersuchungen dieses Gremiums wurden teilweise an die »Kleine Kommission« delegiert. In den Verhandlungen kam es mehrfach zu Tragödien, wenn einfache Parteimitglieder, die zu keiner Zeit irgendwelchen politischen Einfluss gehabt hatten, aus irgendeinem Grund ins Visier des NKWD gerieten. »So wurden Menschen zermalmt und vernichtet«, schrieb Herbert Wehner, selbst Mitglied der Kommission, später.[16] Nach seiner Aussage soll sich Ulbricht in einigen Fällen bei den sowjetischen Organen für deutsche Kommunisten, die in Ungnade gefallen waren, eingesetzt haben. Dabei war ihm jedoch kein Erfolg beschieden. So gelang es Ulbricht im Fall der ehemaligen sächsischen Landtagsabgeordneten Martha Kühne nicht einmal, ihr eine einfache Arbeit zu verschaffen, nachdem diese nach der Verhaftung ihres Mannes Arbeitsplatz und Wohnung verloren hatte. So musste sie notgedrungen nach Deutschland zurückkehren.[17] Wie sich aus den Protokollen der Kommission ergibt, waren Ulbricht, Wehner und Dengel außerordentlich vorsichtig, was ihre Stellungnahmen betraf, und scheuten jedes Risiko, mit den sowjetischen Organen in Konflikt zu geraten. Insbesondere was Ulbricht betraf, gegen den selbst ein Verfahren der Komintern lief, hätte es schon eines Helden bedurft, um sich für die Opfer der Verfolgungen zu engagieren.

Eine beispielhafte Tragödie jener Tage in Moskau ist der Fall von Maria Osten, der Lebensgefährtin des sowjetischen Schriftstellers Michail Kolzow. Nachdem dieser wegen seiner Verbindungen in und nach Westeuropa in Ungnade gefallen war, wurde Maria Osten in zwei Sitzungen der Selbstreinigungskommission der KPD überprüft. In beiden Sitzungen kam man zu keinem endgültigen Urteil. Eine Stellungnahme sei erst möglich, wenn ihr Verhältnis zu Kolzow und ihre Tätigkeit in Spanien und Paris »von anderen Organen« geprüft worden sei. Vorgeworfen wurde Maria Osten allerdings, dass sie nicht an der Parteiarbeit teilgenommen habe und nichts tue, um sich mit der Politik und der Theorie des Marxismus-Leninismus vertraut zu machen. Daraufhin besuchte Maria Osten in der ersten Hälfte des Jahres 1941 die Abendschule der Internationalen Roten Hilfe in Moskau. Ihr Dozent hieß Walter Ulbricht, der an diesem Institut sein »Seminar Ulbricht I« hielt, an dem übrigens auch seine Lebensgefährtin Lotte teilnahm.[18] Doch die ideologische Schulung durch Ulbricht half Maria Osten nicht.

Nach der Hinrichtung ihres Lebensgefährten Kolzow im Juni

1941 wurde auch sie verhaftet und am 8. August 1942 wegen vermeintlicher Spionage erschossen.

Ein falscher Satz an der falschen Stelle genügte in diesen Tagen, um vom NKWD verhaftet und liquidiert zu werden. So war Ulbricht auch sehr zurückhaltend, als der deutsche Exilant Franz Huber Anfang 1939 in einem Verzweiflungsakt einen Brief an Stalin, Molotow, Berija, Wyschinski, Dimitroff, Manuilski und Pieck schickte und darin die schreckliche Lage deutscher Emigranten in der Sowjetunion schilderte. Immerhin rang sich Ulbricht in diesem Fall – der ohnehin schon der Kominternführung zur Kenntnis gelangt war – zu einer vorsichtigen Unterstützung des Anliegens von Huber durch, indem er gegenüber Dimitroff schriftlich erklärte: »In diesem Brief sind von Seite 8 bis 13 einige Fälle von Verhaftungen durch die Organe des NKWD aufgeführt, die nachgeprüft werden sollten. Da der gleiche Brief an den Genossen Berija geschickt wurde, halten wir es für zweckmäßig, dass die auf Seite 8 aufgeführten Fälle in die russische Sprache übersetzt und dem Genossen Berija zur Nachprüfung übermittelt werden.«[19] Darüber hinaus war Ulbricht der Auffassung, dass den deutschen Emigranten am besten gedient sei, wenn sie sich möglichst in das politische und gesellschaftliche Leben in der Sowjetunion integrierten. Sie sollten möglichst Russisch lernen und versuchen, Kandidaten der KP der Sowjetunion zu werden.

Im Zusammenhang mit seiner eigenen prekären Lage und den damaligen lebensgefährlichen Umständen in der Sowjetunion sollte ein Brief Ulbrichts an Dimitroff und Berija vom 28. Februar 1941 interpretiert werden. In dem Schreiben ging es um die Tatsache, dass eine Reihe von deutschen Emigranten – vor allem Frauen von Verhafteten – nach Deutschland zurückgekehrt war oder zurückkehren wollte. Ulbricht unterstellte, dass dahinter »deutsche Agenten« stünden, »die versuchen, die deutschen Emigranten zur Rückkehr nach Deutschland zu veranlassen«. Diese »Feinde der Sowjetunion« würden unter geeigneten Emigranten für eine Rückkehr nach Deutschland werben und gegebenenfalls auch organisieren. Als Beispiel für eine derartige »Abwerbung« nannte er die schon erwähnte ehemalige sächsische Landtagsabgeordnete Martha Kühne, die am 17. Oktober 1940 nach Deutschland zurückgekehrt war. Dabei wusste er ganz genau, dass die Frau aus reiner Not nach Deutschland zurückgekehrt war, da sie – trotz seiner persönlichen Bemühungen – in der Sowjetunion keine Arbeit gefunden hatte. Im Folgenden denunzierte Ulbricht verschiedene Personen als Agenten. Dazu zählte eine gewisse Frau Baumert, die antisowjetische Propaganda betreibe. Zu diesem Urteil gelangte Ulbricht allein aufgrund der Tatsache, dass die Frau geäußert hatte, dass bestimmten tschechischen Emigranten im Nachhinein ihre Einreise in die UdSSR Leid tue, weil es ihnen noch niemals so schlecht gegangen sei wie jetzt.[20]

Weiter schwärzte Ulbricht eine gewisse Käthe Raab, eine Tschechin, deren deutscher Ehemann 1931 gestorben war, als Agentin an. Die Tatsache, dass die Frau von der Deutschen Botschaft in Moskau Geld und Pakete für verhaftete Deutsche, die sich in Lagern befanden, erhielt und weiterleitete, ließ Ulbricht zur Einschätzung gelangen: »Offensichtlich wird die Agitation zur Rückkehr von Agenten zum Zwecke der antisowjetischen Propaganda in Deutschland betrieben, um mit dem Fakt der Rückkehr als solcher zu demonstrieren, dass die ehemaligen Kommunisten es vorziehen, aus der UdSSR nach Deutschland zurückzukehren. Gleichzeitig wollen sie erreichen, dass die Frauen der Verhafteten, die nach Deutschland zurückkommen, alle möglichen schrecklichen Geschichten über die Sowjetunion hinsichtlich der Lage der Eingesperrten erzählen.«[21] Ulbricht wusste nur zu genau, welch schreiendes Unrecht den Frauen und Kindern von Verhafteten in der Sowjetunion geschah. Im ersten Entwurf seines Schreibens ließ er denn auch vorsichtig anklingen, dass die zuständige Behörde, die über die finanziellen Beihilfen für bedürftige Emigranten entschied, doch noch ernsthafter die persönliche und finanzielle Situation der Antragsteller prüfen möge. »Unter den Frauen und Kindern der Verhafteten gibt es Frauen, die trotz der schwierigen Lage sich als gute Kommunisten erwiesen haben und Mitglieder der KPD sind. Wir denken, dass man mit solchen Frauen und Kindern wie mit Emigranten umgehen muss und nicht so, wie das jetzt gemacht wird – sie deshalb abweisen, weil sie früher mit Verhafteten verheiratet waren oder einige Zeit mit ihnen Kontakt hatten.« Ulbricht fand nicht den Mut, diese Erkenntnis gegenüber Dimitroff und Berija zu offenbaren. Er strich diese Passage im Manuskript.[22] Im Ergebnis war die KPD mit ihrer Unterwerfungsstrategie erfolgreich. Jedenfalls dann, wenn man die Rettung der Führungsmannschaft als Ziel dieser Strategie begreift. Von den seit 1935 amtierenden 18 Mitgliedern des Zentralkomitees der KPD wurde nur eines, Leo Flieg, verhaftet und erschossen.

Am 16. Februar 1939, über ein Jahr nachdem Ulbricht nach Moskau beordert worden war, fand die entscheidende Sitzung der Internationalen Kontrollkommission im Fall Münzenberg statt. Dass Ulbricht den einleitenden Bericht selbst erstatten durfte, deutete an, wie die Angelegenheit ausgehen würde. Am Schluss der Sitzungen, nach verschiedenen Plädoyers, bei denen sich insbesondere Herbert Wehner mit der Verdammung Münzenbergs hervortat,[23] war das Ende der Parteikarriere von Willi Münzenberg besiegelt. Die Internationale Kontrollkommission machte sich jedoch nicht die Hände schmutzig, sondern überließ den formellen Ausschluss Münzenbergs aus der KPD ihrer deutschen Sektion. Am 10. März 1939 beschloss das ZK der KPD, wie nicht anders zu erwarten, »Münzenberg wegen prinzipienlosen und doppelzünglerischen Verhaltens... fortgesetzter Intrigen, Verbindung mit Trotzkisten und anderen Feinden der Arbeiterbewegung... aus den Reihen der Kommunistischen Partei Deutschlands auszustoßen«.[24] Ulbricht konnte aufatmen. Die Verurteilung Münzenbergs war zugleich eine Vorentscheidung im gegen ihn laufenden Parteiverfahren. Am 14. Mai wurde zunächst das Verfahren gegen seine Lebensgefährtin Lotte Kühn behandelt. Ihr wurde zum einen zur Last gelegt, dass sie bis 1927 Kontakte zum »rechten« Parteiflügel der KPD unter Führung von Brandler, Thalheimer und Radek gehabt hatte. Besonders empört war die untersuchende Kommission darüber, dass Letzterer während dieser Treffen »antisowjetische Witze« erzählt hatte. Darüber hinaus waren ihre beiden ersten Lebensgefährten, Otto Schultchen und Erich Wendt, Opfer des Stalinschen Terrors geworden und damit nach Lesart der Komintern als »antisowjetische Elemente« einzustufen.[25] Trotz dieser »Vergehen«, die in anderen Fällen zur Verhaftung des Betreffenden geführt hatten, erhielt Lotte Kühn nur eine einfache Parteirüge. Das war ein weiteres Indiz dafür, dass das Verfahren gegen Ulbricht für ihn positiv ausgehen sollte. Doch Sicherheit gab es in diesen Jahren in der Sowjetunion für nichts und niemand. Im Frühjahr 1939 drohte Ulbricht Gefahr durch das NKDW. Am 13. April 1939 notierte Dimitroff in seinem Tagebuch: »– Ulbricht – aus dem NKWD kam angeblich die Weisung, über ihn zu informieren (also ein ›fragwürdiges‹ Element).« Negative Folgen hatte diese »angebliche Weisung« des NKWD für Ulbricht nicht.[26] Das Verfahren vor der Internationalen Kontrollkommission der Komintern endete am 5. Juli 1939 mit einem Freispruch.[27]

Wieder im Dienst der Komintern

Die Mitglieder der KPD-Führung hielten in Moskau regelmäßig Sitzungen ab, so als wäre die KPD noch eine richtige Partei mit Mitgliedern, Wählern und politischer Macht. Im Sommer 1939 zum Beispiel trafen sich Ulbricht, Wilhelm Florin und Herbert

Wehner am 8., 20., 26., 29. Juni. Die erörterten Themen machen klar, wie bedeutungslos die Arbeit der KPD-Führung geworden war. Man besprach einen Brief Wilhelm Piecks über verschiedene politische Fehler in der Presse und beschloss, erst Stellung zu dem Brief zu nehmen, wenn der Parteichef aus Paris zurückgekehrt war.[28] Mal wurde einem Artikel Ulbrichts, der zur Veröffentlichung in einer Zeitschrift bestimmt war, »mit einigen Ergänzungen zugestimmt«, ein anderes Mal »ohne Ergänzungen«. An einem Tag referierte Ulbricht »über die Propagandaaufgaben der KPD im Zusammenhang mit dem Erscheinen der Geschichte der KPdSU (B)«, worauf die Runde beschloss, »einen ausführlichen Brief über die Umstellung der Propagandaarbeit an das Sekretariat des ZK zu schreiben und vorzuschlagen, einen Brief an alle Parteifunktionäre im Lande zu senden«.[29] Anderntags erhielt Ulbricht den Auftrag, zusammen mit Herbert Wehner dem Sekretariat des ZK einen ausführlichen Brief über die »Fragen des Kampfes gegen den deutschen Imperialismus, unsere Stellung zur nationalen Frage und der Einheitsfronttaktik« zu schreiben.[30] Darüber hinaus hielt Ulbricht politische Seminare für andere deutsche Genossen ab.[31]

Auch in seinen Moskauer Jahren war Ulbricht dafür zuständig, die Verbindung zwischen der KPD-Führung und dem inhaftierten Ernst Thälmann sicherzustellen.[32] Anfang Februar 1939 berichtete Ulbricht an Dimitroff über die Lage Thälmanns und erstellte dazu Auszüge aus drei Briefen des ehemaligen KPD-Chefs an die Moskauer Parteiführung. Ulbrichts Resümee: »Die Briefe zeigen trotz seiner mehrjährigen Isolierung eine im Wesentlichen richtige Einschätzung der Änderung der Lage.«[33] In diesem Jahr plante die Komintern eine breit angelegte internationale Kampagne mit dem Ziel, die Entlassung Thälmanns aus dem Konzentrationslager zu erreichen. Ulbricht sammelte zu diesem Zweck Material über Thälmann, das in Form einer Diashow verarbeitet werden sollte. Die Qualität der produzierten Dias erwies sich bei ihrer Sichtung aber als so schlecht, dass Ulbricht sie an den Direktor der Moskauer Fabrik »Diafilm« zurückschicken musste, »weil das vorliegende Material derart viele Fehler enthält, dass es überarbeitet werden muss«.[34] Als Ulbricht 1942 einen Artikel über Thälmann veröffentlichen wollte, sicherte er sich zuvor inhaltlich bei Dimitroff ab: »Ich bitte Sie um Ihre Meinung, ob in dem Artikel nicht etwa Stellen sind, die Teddy jetzt schaden könnten.«[35] Letzte traurige Pflicht Ulbrichts im Rahmen dieser Aufgabe war das Verfassen eines Gedenkartikels, als Thälmann nach fast zwölfjähriger Haft am 18. August 1944 im Konzentrationslager Buchenwald ermordet wurde. Der Artikel erschien am 17. September 1944 in der Prawda und war von allen wichtigen KPD-Emigranten in der Sowjetunion unterzeichnet.

Ulbrichts Beschäftigung und Arbeit als Vertreter der deutschen Sektion bei der Komintern war vielseitiger und hatte konkrete Bezüge zur Realität. Zwar musste er sich auch hier mit reichlich banalen Dingen befassen, wie einem Artikel in der Zeitschrift der deutsch-englischen Wirtschaftskammer. Jedoch, was immer an Beschwerden, Nöten und Bitten deutscher Emigranten bei der Kominternführung vorzutragen war, landete auf seinem Tisch. Umgekehrt war er in dieser Funktion wichtigster Ansprechpartner für Beschwerden, Anfragen und Anordnungen der Kominternführung gegenüber der KPD und ihren Mitgliedern. Ulbricht leitete Probleme der deutschen Politemigranten an Dimitroff weiter und kümmerte sich um Geldüberweisungen an die in Frankreich inhaftierten deutschen Kommunisten. Offensichtlich unangenehm war ihm, dass Hermann Duncker, einer der Gründer der KPD, der sich in Paris aufhielt, die KPD-Führung mit Anfragen zum Schicksal seines 1938 in Moskau verhafteten Sohnes bombardierte. Nachdem er zunächst versucht hatte, diese Anfragen ins Leere laufen zu lassen, wandte er sich schließlich hilflos an Dimitroff: »Die Angelegenheit des Sohnes von Duncker wurde auf Veranlassung seiner Frau – die einen Antrag auf Wiederaufnahme des Verfahrens beim Obersten Militärgericht stellte – nachgeprüft und die Freilassung abgelehnt, weil er wegen Spionage zu zehn Jahren verurteilt ist. Wir können das nicht nach Paris mitteilen.«[36]

Die Berichterstattung an Kominternchef Dimitroff, sei es auf Anfrage der Komintern, sei es aus eigenem Antrieb, war einer der Schwerpunkte von Ulbrichts Tätigkeit in den Jahren des Exils in der Sowjetunion. In diesem Zusammenhang gab Ulbricht gegenüber der Komintern eine Reihe von Beurteilungen über Dritte ab. So über Thomas Mann: »... hat sich offen für die finnischen Weißgardisten und für den Sieg Englands und Frankreichs erklärt«[37], und über Anton Ackermann, Kandidat des Politbüros der KPD, urteilte er: »Er hat großes theoretisches Wissen, doch zeigt er mitunter ein abstraktes Vorgehen.«[38] Ulbrichts Urteile über andere waren keineswegs immer negativ, immer jedoch klar und eindeutig. Er mogelte sich nicht mit weichen Formulierungen darum herum, Stellung zu beziehen. Ende Juli 1938 übersandte er Dimitroff eine Erzählung mit dem Titel »Flüchtlinge« der Schriftstellerin Berta Lask, die diese zur Veröffentlichung an die Zeitschrift Internationale Literatur geschickt hatte. Ulbrichts Urteil fiel hier vernichtend aus: »Die Frau lebt in Sewastopol mit ihrem Mann, der Professor an einem Institut ist. Zwei Söhne sind verhaftet. Näheres ist uns darüber nicht bekannt. Offensichtlich hat die Erzählung den Zweck, unter Anwendung der Taktik des Trojanischen Pferdes gegen die SU, die trotzkistischen Verleumdungen zu unterstützen.«[39] Demgegenüber äußerte er sich zu einem anderen der vielen namenlos gebliebenen deutschen Emigranten: »Ich kenne den Gen. Joseff Gutsche als einen politisch zuverlässigen Part. Arbeiter. Gegen seine sehr verantwortliche Arbeit im militärischen Bereich hat es seitens der Partei niemals Beanstandungen gegeben.«[40] Robert Dahlem, der Sohn seines Politbürokollegen Franz Dahlem, fand wiederum keine Gnade vor seinen Augen. Ulbricht urteilte im August 1942: »Soweit ich Robert Dahlem kennen lernen konnte, war er in seiner Entwicklung zurückgeblieben. Das Lernen in der Schule, vor allem in der 9. und 10. Klasse, fiel ihm schwer, er wollte schon am Ende der 9. Klasse die Schule verlassen und Flieger werden. Die Genossin Steffi, die für die Betreuung von Robert Dahlem verantwortlich war, hat sich oft beklagt, dass er ein verzogenes Muttersöhnchen sei und es ihm schwer falle, mit ihrem Sohn und auch mit anderen Jugendlichen kameradschaftlich zu verkehren.«[41] Unter dem Strich war es nicht einfach, von Ulbricht ein gutes Zeugnis ausgestellt zu bekommen. Ein gewisser Genosse Steiner, der sich »Verstöße gegen die Konspiration« hatte zu Schulden kommen lassen, »indem er während der Spezialausbildung versuchte, andere Genossen über ihren Einsatz und die näheren Bedingungen ihres Einsatzes auszufragen«[42], wurde von ihm ebenso verurteilt wie der Genosse Franz Daniel, der in einem Arbeitsbataillon »Verlierer-Gespräche geführt und das hitlerische Deutschland gelobt hatte«.[43]

Zugleich finden sich in den Akten der Komintern eine Reihe von Fällen, in denen Ulbricht sich für hilfsbedürftige deutsche Genossen einsetzte. So bat er Dimitroff Anfang 1940 um die Beschaffung von Wohnungen und Arbeit für sechs deutsche Spanienkämpfer, die im Spanischen Bürgerkrieg zu Invaliden geworden waren.[44] Im April 1940 schrieb er an den Leiter der Kaderabteilung der Komintern, Guljajew: »In letzter Zeit wurden mehrere Mitglieder der KP Deutschlands von den Organen des NKWD aus der Haft entlassen, weil die Verfahren gegen sie eingestellt wurden. Diese Genossen sind in ihrer Mehrheit in einer schwierigen Lage, da ihnen während der Inhaftierung die Kleidung abhanden gekommen ist; oft vergeht auch eine lange Zeit, bis sie ihre alte Wohnung zurückbekommen. Ein Teil von ihnen ist krank. Die IRH [Internationale Rote Hilfe, M. F.] behandelt diese Fragen nach alter bürokratischer Manier. Einigen verweigert sie von vornherein jegliche Unterstützung, von anderen verlangt sie, dass sich die Führung der KPD beim EKKI vorher bei ihr für diese Mitglieder einsetzt. Ich bin der Meinung, dass die von den Organen des NKWD freigelassenen Genossen ausreichend überprüft sind. Wozu also dieser Schriftkram? Wenn es in der IRH so kurzsichtige Mitarbeiter gibt, die nicht begreifen, dass auch jene Funktionäre der KPD, die hier zeitweise eingesperrt waren, künftig als Parteiarbeiter im Land eingesetzt werden, so zeugt das von der Notwendigkeit, die politische Erziehung der IRH-Kader zu verstärken ... so ein schematischer Umgang mit den Kadern, wie er jetzt gehandhabt wird, ist schädlich. Trotz aller Beschwerden hat sich in dieser Hinsicht wenig geändert.«[45] Anfang 1941 engagierte sich Ulbricht für einen Genossen Scherber-Schwenk, der nach fast dreijähriger Haft nach Einstellung seines Verfahrens freigelassen worden war. Ulbricht beantragte bei Dimitroff, »dem Genossen die üblichen zwei Monatsgehälter auszuzahlen, die alle bekommen, die wegen Einstellung des Verfahrens aus der Haft entlassen wurden ... dem Genossen eine Pudjowka[46] zum Sanatoriumsaufenthalt zur Verfügung zu stellen« und »zu bestimmen, welche Arbeit er in Zukunft machen soll«.[47] Im März 1943 schließlich kümmerte sich der Vertreter der KPD beim EKKI um die Unterbringung und Versorgung einer Reihe alter, nicht mehr arbeitsfähiger Mitglieder der KPD. »Es müsste versucht werden, ein Invalidenheim ausfindig zu machen, wo deutsche Genossen untergebracht werden könnten«, schrieb er an Dimitroff. »Wir bitten Sie, zu veranlassen, dass die notwendigen Schritte unternommen werden. Anliegend eine Liste solcher Genossen, die in einem Invalidenheim untergebracht werden müssten.«[48]

Mehrfach berichtete Ulbricht an Dimitroff, dass die Ausreise von Funktionären nach Deutschland immer wieder auf neue Schwierigkeiten stoße und so mancher Ansatz der KPD für die Arbeit im Reich infolge von Reiseproblemen stecken geblieben sei.[49] Geradezu skurril liest sich in diesem Zusammenhang seine Kritik hinsichtlich der materiellen Ausstattung von Deutschen, die ins Reich gesandt wurden: »Der größte Teil der von der Leninschule kommenden Genossen ist illegal, ohne jedes Papier ins Land geschickt worden. Im Lande mussten diese Genossen während der ganzen Zeit ihrer Tätigkeit ebenfalls ohne Papiere arbeiten. Nur wenigen gelang es, einwandfreie Papiere selbst zu besorgen. Nicht anders steht es mit der Ausstattung der Genossen (Kleidung), besonders der Leninschüler. Zwei Beispiele dazu: Einem Genossen ... ist ein Maßanzug genäht worden. Drei Mal musste derselbe geändert werden. Auf der Fahrt ins Land platzte dem Genossen die Hose vom

Schritt fast bis an die Kniegelenke auf. In einem anderen Fall ist einer Genossin ein Mantel nach Maß gearbeitet worden. Auch dieser wurde drei Mal geändert. Zwei Tage vor der Abfahrt erhält die Genossin den Mantel. Von einer bis zur anderen Schulter ist eine 5 cm dicke Wulst. Der Genossin musste im letzten Moment ein neuer Mantel für 450 Rubel gekauft werden. Das sind nur zwei der krassesten Beispiele.«[50]

Was seine eigene Person und Arbeit betraf, setzte sich Ulbricht durchaus zur Wehr, wenn er glaubte, sich das erlauben zu dürfen. So beschwerte er sich im April 1942 bei Dimitroff darüber, dass eine von ihm im Rundfunk gehaltene Rede, die für Hörer in Deutschland bestimmt war, Streichungen durch den zuständigen sowjetischen Redakteur erfahren hatte. Es könne nicht angehen, dass ein Genosse bestimme, was ihm gefalle, meinte Ulbricht und verlangte, dass der Betreffende durch die sowjetischen Organe zur Verantwortung gezogen werde.[51] Überhaupt waren Reibereien und Kompetenzgerangel mit sowjetischen und Kominternbehörden an der Tagesordnung und zwangen Ulbricht verschiedentlich zur Intervention bei Dimitroff. Im April 1941 versuchte Ulbricht, den Genossen Edwin Hörnle für die Arbeit in der KPD loszueisen: »Ich muss nochmals auf die Frage der teilweisen Freistellung des Genossen Hörnle zurückkommen. Nach unserer Meinung kann Genosse Hörnle nur dann in zwei Monaten gründliche Vorlesungen über deutsche Geschichte halten, wenn er teilweise von der Arbeit für den Genossen Varga freigestellt wird.«[52] Ähnlich verhielt es sich bei KPD-Mitglied Hans Mahle, der beim Rundfunksender »Inoradio«[53] arbeitete und dort für Arbeiten bei der KPD nicht freigestellt wurde. Ulbricht beschwerte sich darum bei Dimitroff im März 1941: »Bis heute nimmt der Gen. Mahle, der im Inoradio arbeitet, an der Parteischule nicht teil. Es war nicht einmal möglich, ihn zur Besprechung während der Arbeitszeit zur Propagandaabteilung des EKKI zu bekommen. Ich selbst habe mit ihm gesprochen. Er erklärte mir, dass ihm der Kaderleiter gesagt hat, er könne nur zu einer Besprechung kommen, wenn vorher von der Kaderabteilung der Komintern an die Kaderabteilung des Betriebs Mitteilung erfolgt sei.«

Aus diesen Vorgängen lässt sich der Schluss ziehen, dass Ulbrichts Macht und Einfluss innerhalb des Kominternapparates enge Grenzen gezogen waren. Ulbricht verhielt sich gegenüber dem Kominternvorsitzenden Dimitroff außerordentlich vorsichtig, teilweise unterwürfig. Selbst bei der Planung von KPD-Versammlungen holte sich Ulbricht zunächst Dimitroffs Zustimmung ein und fragte an, ob die vorgeschlagene Tagesordnung genehm sei.[54] Personelle Vorschläge der KPD für die Teilnahme von KPD-Mitgliedern an Schulungen und Kursen ließ sich Ulbricht ebenfalls von Dimitroff absegnen. Exemplarisch für das Verhältnis der beiden ist die schriftliche Bitte Ulbrichts, KPD-Genossen die »faschistische Provinzpresse« zugänglich zu machen. Barsch vermerkte Dimitroff handschriftlich auf der Ulbricht-Eingabe: »Die faschistischen Zeitungen darf man nicht aus unserem Hause wegschleppen. Über die notwendigsten Sachen aus dieser Presse sollen Sie selbst oder durch einen Vertrauensmann die Genossen informieren.«[55]

Besonders schwierig gestaltete sich für Ulbricht die Betreuung von KPD-Mitgliedern, die sich außerhalb von Moskau aufhielten. Reisen in die Provinz waren genehmigungspflichtig und Geld kaum vorhanden. Im Juli 1940 wandte sich Ulbricht an Dimitroff mit der Bitte, eine Kommission der Komintern in die verschiedenen Gebiete der Sowjetunion zu schicken, in denen Emigranten lebten, um sich vor Ort ein Bild über deren Probleme machen zu können. Sein Vorstoß war erfolgreich. Ulbricht selbst wurde Mitglied der betreffenden Delegation, die vom 15. bis 25. August 1940 unterwegs war. Dabei machte sie auch in der Wolgarepublik Halt, um sich um die spezifische Situation der dort ansässigen deutschen Kommunisten zu kümmern.[56] Die Wolgadeutschen sollten Ulbricht 1942 in besonderem Maße beschäftigen, als eine Vielzahl von ihnen aus der Wolgarepublik vertrieben und umgesiedelt bzw. in Arbeitslagern interniert wurden. Mit ihnen zusammen wurde auch eine Reihe deutscher Exilkommunisten verhaftet oder deportiert. Im Mai 1942 setzte sich Ulbricht erstmals für die Freilassung sechs solcher namentlich benannter deutscher Exilanten ein.[57] Im August desselben Jahres appellierte Ulbricht erneut an Dimitroff, sich bei den Sowjetorganen dafür einzusetzen, »dass die deutschen Politemigranten, die zusammen mit den Wolgadeutschen verhaftet worden waren und jetzt in den Norden deportiert werden sollten, nicht weggeschickt werden«.[58]

Der Hitler-Stalin-Pakt

Nach dem Abschluss des Hitler-Stalin-Pakts in der Nacht vom 23. zum 24. August 1939 erfolgte eine erneute politische Kehrtwende der Komintern. Dieses Datum stellte damit zugleich eine weitere wichtige Zäsur in der Geschichte der KPD dar. Die 1934 von der Komintern eingeleitete und 1935 auf der »Brüsseler Konferenz« offiziell verabschiedete Politik der proletarischen Einheits- bzw.

Volksfront wurde revidiert. Ab sofort galten die Sozialdemokraten wieder als Gegner. Der Krieg Hitlers wurde von Stalin als »Kampf zwischen den imperialistischen Mächten« deklariert. Deutschland galt nunmehr als »friedliebende Macht«, England und Frankreich wurde die Rolle der »Kriegsprovokateure« zugewiesen. Von einer Stunde zur anderen richtete Dimitroff die Komintern in einer abstrusen Rechtfertigungsideologie auf Stalins neuen Kurs aus. Der Gebrauch der Begriffe »Nationalsozialismus«, »Hitlertum« und »Faschismus« wurde untersagt. Der Antifaschismus als zentrales Anliegen der Komintern wurde zu Grabe getragen. Diesen erneuten radikalen Strategiewechsel konnten viele KPD-Mitglieder nicht mehr mittragen. Verwirrung und Ablehnung des neuen Kurses in den Reihen der KPD waren an allen Stellen spürbar. Kurt Hager, damals Emigrant in England, berichtete über die Wirkung dieser Kehrtwende unter den nach England geflüchteten Kommunisten: »Der... angeblich von Walter Ulbricht in einer in Schweden erscheinenden Zeitschrift vertretene Standpunkt, jetzt müsse alles auf den Kampf gegen den englischen und französischen Imperialismus konzentriert werden, erschien uns höchst unwahrscheinlich und fand keine Billigung. Für uns deutsche Antifaschisten würde es unter keinen Umständen eine Preisgabe des Kampfes gegen das Naziregime geben.«[59] Die Reaktion des Pariser Sekretariats der KPD unter Führung von Franz Dahlem auf das Abkommen war besonders brisant. Als am 3. September 1939 Frankreich Deutschland den Krieg erklärt hatte, folgten die Mitglieder der KPD-Auslandsleitung einem Aufruf der französischen Regierung, sich als Emigranten registrieren zu lassen, und wurden daraufhin interniert. Dabei verstießen die deutschen Genossen gegen eine ausdrückliche Anweisung der Kominternführung, Frankreich möglichst schnell zu verlassen, um die drohende Internierung zu vermeiden.[60] Aus dem Internierungslager richtete Franz Dahlem mehrere Loyalitätsschreiben an den französischen Ministerpräsidenten Daladier, in denen er sich für den Eintritt der KPD-Emigranten in die französische Armee sowie für eine enge Zusammenarbeit im Kampf gegen Hitler aussprach.[61]

Auch die KPD-Spitze in Moskau tat sich mit dem neuen Richtungswechsel nicht leicht. In einer ganzen Serie von Sitzungen, an denen auch österreichische KP-Vertreter und EKKI-Sekretär Klement Gottwald[62] teilnahmen, wurde nach einem Weg gesucht, wie man der konsternierten Parteibasis die erneute Wende begreiflich machen könnte.[63] Nach außen hin gab sich die KPD-Führung um Pieck, Florin und Ulbricht keine Blöße und schwenkte sofort auf den neuen Kurs ein, indem sie das Bündnis als »konsequente Fortsetzung der Friedenspolitik der Sowjetmacht und eine gewaltige Waffe im Kampf des deutschen Volkes gegen den Krieg, für die Erhaltung des Friedens, für den Sturz des Hitlerregimes und für die Schaffung eines neuen freien Deutschlands«[64] interpretierte. Wie von Dimitroff vorgegeben, wurde der von Hitler begonnene Krieg als »rein imperialistische Auseinandersetzung« bezeichnet, bei der die westlichen Demokratien nicht zu schonen, sondern zu bekämpfen seien. Intern aber herrschte auf der Führungsetage der deutschen Kommunisten Konfusion. Zunächst wurden Ulbricht und Wehner damit beauftragt, sich Gedanken darüber zu machen, wie der Richtungswechsel propagandistisch verkauft werden könnte. In einer Politbürositzung am 9. Oktober 1939 präsentierten die beiden ihre Vorstellungen. Welche intellektuellen Verrenkungen angestellt wurden, um den Hitler-Stalin-Pakt als konform mit der langfristigen Parteistrategie darzustellen, zeigt eine Formulierung aus dem Papier Ulbrichts für diese Sitzung: »Demgegenüber bedeutet der Pakt der Sowjetunion mit Deutschland eine Stärkung der internationalen Arbeiterklasse, denn er zwang den deutschen Faschismus, sich so der Macht der Sowjetunion zu beugen und damit seine eigenen Lügen gegen die Sowjetunion zu widerlegen.«[65]

Ulbricht schlug in der Sitzung mehrere Themen vor, zu denen das Politbüro in einem Memorandum Stellung nehmen sollte. Wehner meinte dagegen, dass zu bestimmten Themenkreisen erst einmal »Rohmaterial für die Diskussion« zusammengestellt werden sollte. Dieser unverbindliche Vorschlag Wehners, bei dem das Politbüro sich noch nicht auf bestimmte Aussagen festlegen musste, fand die Zustimmung der Mehrheit. So wurde rund sechs Wochen nach dem Pakt erst einmal beschlossen, Material für eine Stellungnahme zu sammeln. Wehner wurde beauftragt, Fakten zu den Themen »Nationalsozialismus, Sozialdemokratie und Soldatenfragen« zusammenzustellen, Ulbricht sollte zu den Stichworten »Arbeiterfragen und Sowjetunion« sammeln.[66] So, wie das Thema angefasst wurde, endete es auch. Die offizielle Stellungnahme der KPD-Führung zum Hitler-Stalin-Pakt wurde nach mehrmonatiger Vorbereitung durch Ulbricht und Wehner in Form eines Briefes an die Leitungen und Funktionäre der KPD in Deutschland abgearbeitet. Die Weiterführung der Taktik der Einheits- und Volksfront sei unmöglich, hieß es da. Die SPD galt jetzt wieder als »Verräter der deutschen Arbeiterklasse und des deutschen Volkes«, mit der es keine Gemeinschaft geben könne. Es gelte vielmehr, »die reaktionären ... Kräfte der SPD und der früheren bürgerlichen Parteien ... zu isolieren, sie als Verräter zu bekämpfen«.[67]

Noch eine andere wichtige Entscheidung fiel in der Politbürositzung am 9. Oktober 1939. Die KPD-Führer beschlossen, das Sekretariat der KPD in Paris aufzulösen und die Führung der Partei wieder ausschließlich in Moskau anzusiedeln. Nachdem eine Reihe wichtiger Mitglieder der Auslandsleitung in Frankreich interniert worden war, existierte dieses Organ faktisch nicht mehr. Die »Liquidierung der Auslandsleitung durch die Genossen D., M. und B.« [Dahlem, Merker und Bertz, M. F.] wurde durch die Moskauer Führung aufs Schärfste verurteilt. »Dieser politische Fehler ist Ausdruck einer falschen politischen Orientierung«, monierte sie. Parteiführer Wilhelm Pieck sprach in einem Bericht an das EKKI-Sekretariat von einem »sehr ernsten Versagen« des Sekretariats. Ulbricht, der offensichtlich seine Ablösung als Leiter des Sekretariats Anfang 1938 noch nicht verwunden hatte, gehörte in Moskau zu jenen Führungsmitgliedern, die am heftigsten Kritik an der Arbeit der Pariser Genossen übten. Das Verhältnis zwischen Dahlem und ihm – die beiden hatten seit 1923 immer wieder mehr oder weniger eng zusammengearbeitet – war nie das beste gewesen. Schon vor der besagten Entscheidung des Pariser Sekretariats hatte Ulbricht dessen Arbeit mehrfach kritisiert und Dahlem mit der Feststellung attackiert, »dass praktisch in jenem ›Dreier-Sekretariat‹ nur einer über die Politik bestimmt hätte«.[68] Das war derselbe Vorwurf, der ihm im Sommer 1936 als Mitglied der »Operativen Leitung« in Paris gemacht worden war.

Ausgerechnet Ulbricht erhielt den Auftrag, zusammen mit Herbert Wehner ein Memorandum zur Politik des Pariser Sekretariats zu verfassen und die dabei gemachten Fehler herauszuarbeiten.[69] Trotz der Vorverurteilungen legten Ulbricht und Wehner ihre Ausarbeitung erst ein Jahr später, am 12. August 1940, vor.[70] Wie vorauszusehen, wurden die letzte Pariser Auslandsleitung und ihre Mitglieder in Grund und Boden verdammt. Dem Auslandssekretariat, namentlich Franz Dahlem, Paul Merker[71], Paul Bertz[72], Gerhart Eisler[73] und Lex Ende[74], wurden »ernste politische Fehler«, »tiefe theoretische und politische Verworrenheit«, »prinzipienloses Verhalten«, »schwere Unterlassungsfehler« und »Abweichungen« von der politischen Linie vorgeworfen. Herbert Wehner verstieg sich zum Urteil, dass es sich bei der Arbeit des Pariser Sekretariats um »Schädlingsarbeit von Lumpen« handle.[75] Diese Vorwürfe sollten den Genannten 1950 in der DDR bei einer Säuberung der SED durch die Parteiführung erneut zum Verhängnis werden. Festzuhalten ist allerdings auch, dass sich Ulbricht trotz dieser politischen Verdammung im April 1941 bei Dimitroff dafür einsetzte, die ehemaligen Mitglieder der Auslandsleitung, die in Frankreich und

in der Schweiz inhaftiert waren, freizubekommen. Er plädierte für
den Einsatz von Bestechungsgeldern, um die Flucht von Franz
Dahlem, dem ehemaligen Leiter des Pariser Sekretariats, zu er-
möglichen. Bezüglich Paul Merker forderte Ulbricht eine Anweisung an den Sowjetkonsul in Frankreich. Dieser solle eine Schiffs-
passage in die USA buchen und bezahlen, weil Merker die Zusage
des amerikanischen Konsuls für ein Transitvisum habe, falls er einen reservierten Schiffsplatz nachweisen könne.[76]

Leben im »Lux«

Wie alle prominenten ausländischen Kommunisten wohnte auch
Ulbricht mit seiner Lebensgefährtin Lotte in Moskau im Hotel
»Lux«. Das Lux in der Maxim-Gorki-Straße 10, im Zentrum Moskaus, war nicht eigentlich ein Hotel; um es betreten zu können, benötigte man einen Passierschein. Es war vielmehr die Herberge der
internationalen kommunistischen Bewegung, das »Absteigequar-
tier... der Weltrevolution«[77], wie es eine langjährige Bewohnerin
beschrieb. Seine Gästeliste las sich wie das Who's who des Weltkommunismus. Manche wohnten nur ein paar Wochen hier, andere viele Jahre, so zum Beispiel Wilhelm Pieck, Georgi Dimitroff,
Ho Chi Minh[78], Mátyás Rákosi[79], Josip Broz Tito[80], Tschou En-
Lai[81], Klement Gottwald, Boleslaw Bierut[82], Herbert Wehner, Egon
Erwin Kisch und Richard Sorge, der berühmteste Spion des Zweiten Weltkrieges. »Hier gingen sie ein und aus, die künftigen Staatsmänner der Volksdemokratien, die führenden Parteifunktionäre,
die Emissäre und Agenten der kommunistischen Weltbewegung.«[83]
Ein Vierteljahrhundert lang beherbergte das Lux den »Generalstab
der Weltrevolution«. Ulbricht wohnte mit seiner Lebensgefährtin
während seiner verschiedenen Moskauaufenthalte in unterschiedlichen Räumen dieser außergewöhnlichen Herberge. 1940 lebte er
im Zimmer Nr. 57, später im Erdgeschoss des sechsstöckigen, großen und stattlichen Gebäudes, das heute den Namen Zentral trägt,
im Zimmer Nr. 96. Sein damaliger Nachbar im Zimmer Nr. 97 war
Wilhelm Zaisser[84], ab 1950 erster Minister für Staatssicherheit der
DDR. Nach sechs Jahren Hotelleben bezogen Ulbricht und seine
Lebensgefährtin ab Januar 1944 eine private Wohnung in Moskau
mit eigenem Telefonanschluss[85] – ein bemerkenswerter Luxus und
ein großes Privileg für die damalige Zeit.

Im Erdgeschoss des Lux befanden sich die »Bonzenapartments«,
die anders als die Zimmer in den oberen Stockwerken über eine
eigene Kochnische und separate Toilette und Dusche verfügten.[86]

Obwohl in einem der guten Apartments untergebracht, war das Leben im Lux auch für die Ulbrichts kein Luxus. Unzählige Rattengenerationen bevölkerten das Haus und überlebten eine Vielzahl der Bewohner. In der Gemeinschaftsküche auf jedem Stockwerk waren die Küchenschaben allgegenwärtig. Die Rattenplage ging so weit, dass einige Bewohner nachts gebissen wurden.[87] Bis zu 600 Personen wohnten in Spitzenzeiten im Lux; fast autark gegenüber der Umwelt, denn das Hotel verfügte über eine eigene Poliklinik, Gemeinschaftsküchen, einen eigenen Friseur und Bäcker sowie einen Kindergarten. Im hauseigenen Restaurant, in dem die ständigen Bewohner mittels Essensmarke speisen konnten, spielte Abend für Abend eine Zigeunerkapelle auf, und »füllige Sängerinnen« zeigten »Busen und sinnliches Temperament«.[88] Weniger sinnlich waren die Sanitäranlagen in den oberen Stockwerken. Die Dusch- und Baderäume hatten jeweils sechs Wannen, die Duschen funktionierten schlecht. Da es keinen Trockenraum gab, spannten sich Trockenleinen quer über die Flure, und Windel- und Desinfektionsgerüche lagen in der Luft. Das alles war auszuhalten. Unerträglich dagegen war Stalins Terror, der natürlich auch vor den Türen des Lux nicht Halt machte. Nacht für Nacht holten die Schergen der Geheimpolizei einige Bewohner der Ausländerkolonie ab, um sie in die Folterkeller der Lubjanka[89] zu werfen.

Nichtsdestotrotz wurde im Lux auch gefeiert. So fand zur Jahreswende 1944/45 in der »Tedesceria«[90], der vornehmlich von Deutschen bewohnten Etage des Hotels, eine Silvesterparty statt. Unter den Gästen waren unter anderen Wilhelm Pieck, sein Sohn Arthur, Johannes R. Becher und Erich Mielke. Man tanzte zu englischen Foxtrottplatten, die auf Lotte Ulbrichts schnarrendem kleinem Koffergrammophon liefen. Spitze Zungen behaupteten, dass der misstrauische Ulbricht befürchtete, sie könnten ideologisch nicht in Ordnung sein, da er jedoch kein Englisch beherrschte, ließ er die Sache auf sich bewenden. Er tanzte sogar einmal mit Hildegard Plevier, der Frau des Schriftstellers Theodor Plevier; sie mit wehender silbergrauer Seidenstola, die sie aus besseren Berliner Tagen in das sowjetische Exil gerettet hatte, er im schwarzen Anzug, das Kreuz steif durchgedrückt zur vollen Größe seiner 166 Zentimeter.

In den heißen Sommermonaten zogen Ulbricht und seine Frau mit den anderen Bewohnern aufs Land nach Kunzewo, zwölf Kilometer westlich von Moskau. Hier lag eine Datschenkolonie, in der die Kominternprominenz den Sommer verbrachte. Das Tag und Nacht bewachte Territorium hatte einen Durchmesser von zwei bis drei

Kilometern und war von einer hohen Mauer beziehungsweise einem unübersteigbaren Drahtzaun umgeben.[91] Im Inneren befand sich ein von Birken dominierter Mischwald. Für die Sekretäre des EKKI waren hier bunte Einzeldatschen in Holzbauweise reserviert, die sich in lockerer Bebauung über das Gelände verteilten. Sie wurden nach ihren Bewohnern als »Pieck-Datsche« oder »Florin-Datsche« und so weiter bezeichnet. Ulbricht, nur Kandidat des EKKI, musste sich mit einem Einzelzimmer im Haupthaus, einem blau verputzten Ziegelbau, der die niederen Chargen des EKKI beherbergte, begnügen. Nach Kriegsausbruch wurden in Kunzewo im Sommer Kartoffeln angebaut. Ulbricht, in Shorts und Hosenträgern, gehörte zu den eifrigsten Landwirten und spornte die anderen unermüdlich zur Arbeit an. Ebenso energisch zeigten sich Ulbricht und seine Frau im Lux, wo nach Beginn des Krieges ein Bereitschaftsdienst der Bewohner eingerichtet wurde. Sobald die Sirenen aufgrund Fliegeralarms zu heulen begannen, rannte jeder zum Bereitschaftsdienst eingeteilte Genosse an die ihm zugewiesene neuralgische Stelle, sei es der Hydrantenanschluss oder der Eingang zum Treppenhaus.[92]

Angriff auf die Sowjetunion

Die Nachricht vom Angriff Deutschlands auf die Sowjetunion am 22. Juni 1941 erreichte Ulbricht in Kunzewo, wo er sich zusammen mit Wilhelm Pieck aufhielt. Schon seit Monaten kursierten in der deutschen Emigrantenszene Gerüchte über einen bevorstehenden Krieg. Als Reaktion darauf hatte die KPD-Führung am 30. April 1941 den Beschluss gefasst: »Auf die Flüsterpropaganda nationalsozialistischer Funktionäre über einen künftigen Krieg gegen die Sowjetunion sollen wir nicht mit Geschrei über die Gefahr des Krieges gegen die Sowjetunion antworten, sondern immer wieder darlegen, dass nur die Freundschaft des deutschen Volkes mit dem Sowjetvolke für beide Völker von Nutzen ist. Die Zersetzungserscheinungen in Teilen der Emigration zeigen, dass es notwendig ist, Säuberungsmaßnahmen durchzuführen.«[93] Umso schockierter waren die KPD-Führer, als sich die Gerüchte dann doch als wahr herausstellten. Ulbricht notierte deprimiert in sein Tagebuch: »Die deutsche Arbeiterklasse war nicht imstande, die Kriegsvorbereitungen des Hitlerfaschismus zu durchkreuzen und den Überfall auf das Land des Sozialismus zu verhindern. Das war das Furchtbarste.«[94] Und auch noch einige Wochen später, nach einem Vortrag an der sowjetischen Militärakademie, fühlte sich Ulbricht persönlich für den Angriff Hitlers auf die Sowjetunion verantwortlich:

»Ich muss sagen, dass mir noch kein Vortrag so schwer gefallen ist wie dieser, ... ich fand keine überzeugenden Argumente, um den Sowjetoffizieren zu erklären, warum die Arbeiterklasse im Land von Engels und Marx, an deren Spitze die Partei Thälmanns stand, nicht imstande gewesen war, die Aktionseinheit der Arbeiterklasse herzustellen und die Widerstandsbewegung in Deutschland so zu entfalten, dass Hitler den Überfall auf die Sowjetunion nicht hätte wagen können.«[95]

Noch am Tag des Kriegsbeginns wurden Pieck und Ulbricht nach Moskau gerufen, um mit der Kominternführung die nächsten Schritte zu beraten. Als erste Maßnahme sollten die deutsche Bevölkerung und die deutschen Soldaten über die Kriegsverbrechen Hitlers aufgeklärt und zu diesem Zweck die Politische Verwaltung der Roten Armee mit Informationen über den Zustand der deutschen Truppen versorgt werden. Außerdem wurde beschlossen, Propagandaflugblätter für die politische Arbeit an der Front zu erstellen. Ulbricht erhielt die Aufgabe, sich vor diesem Hintergrund um die deutschsprachigen Programme des Moskauer Rundfunks zu kümmern.[96] Schon am nächsten Tag war seine Mannschaft, die er für diese Aufgabe ausgesucht hatte, komplett, und er hielt mit ihr die erste Sitzung ab. Pieck und Ulbricht wiesen die ausgesuchten Mitarbeiter in ihre Aufgaben ein. Es wurden Arbeitsgruppen zu einzelnen Themen bestimmt und konkrete Aufträge an die Anwesenden verteilt. Ulbrichts Lebensgefährtin Lotte gehörte zum Frauenteam, welches für Frauensendungen zuständig war.[97] Der Sender gelangte zu einer beachtlichen Themenbreite. Religiöse Feierstunden wurden ebenso übertragen wie Grüße und Adressen deutscher Kriegsgefangener. Deutsche Dichter und andere historische deutsche Persönlichkeiten wurden vorgestellt, wie Heinrich Heine, Ulrich von Hutten, Martin Luther oder Freiherr vom Stein. Schließlich wurden auch sowjetische Dichtungen vorgestellt. Die Deutschen waren bei dieser Rundfunktätigkeit keineswegs frei. Selbst Details mussten mit der Kominternführung abgestimmt werden. Immer wieder erteilte Dimitroff auch konkrete Anweisungen, wie die KPD-Führer zu verfahren hatten. Der Kominternchef hielt in seinen Tagebüchern fest: [13. Mai 1942] »Habe Pieck Weisungen zu seiner Rundfunkansprache erteilt.« [18. Mai 1942] »Beratung über die Arbeit des deutschen Senders (Inoradio). Teilgenommen haben: ... Gen. Pieck, Ulbricht, Ackermann, Florin ... – Haben eine Reihe von Maßnahmen zur Verstärkung der Redaktion und zur Verbesserung der Arbeit beschlossen.« [19. Mai 1942] »Mit Manuilski und Ulbricht den Inhalt der Reden für die bevorstehende Kundgebung der deutschen Kriegsgefangenen im

Radio durchgesehen.« [5. Juni 1942] »Haben die Haltung der KP Deutschlands im Zusammenhang mit dem englischen Bombenangriff auf Deutschland ... erörtert.« [Pieck, Ackermann, Ulbricht, Florin...[98]] Am 26. Juni strahlte der Moskauer Sender die erste Rede Ulbrichts an die deutsche Bevölkerung und an die deutschen Soldaten aus: »Das arbeitende Volk Deutschlands und das Sowjetvolk müssen durch den gemeinsamen Kampf zum Sturz der faschistischen Brandstifter die Voraussetzungen für einen dauernden Frieden und für eine echte Freundschaft zwischen den beiden Völkern schaffen.« Ulbrichts Rundfunkaktivitäten wurden von der Gestapo sehr genau registriert und beurteilt. Das Reichssicherheitshauptamt, Amt IV, meldete am 3. Dezember 1941: »Der russische Sender, der auf 10040 kHz arbeitet, brachte am 24. November 1941 in deutscher Sprache einen ›Aufruf einer Gruppe deutscher Kriegsgefangener an das deutsche Volk‹, in dem die Uferlosigkeit eines Krieges gegen Russland und die Unbesiegbarkeit der SU herausgestellt wurde. Der Aufruf endete mit folgenden Worten: ›Arbeiter, schaffendes deutsches Volk! Ihr selbst müsst den Krieg beenden. Vereinigt Eure Kräfte zum gemeinsamen Kampf gegen Hitler. Tut alles, um die Weiterführung des Krieges zu erschweren und zu verhindern. Protestiert gegen den Hitlerkrieg. Soldaten, Kameraden! Weigert Euch, gegen die Arbeiter und Bauern Sowjetrusslands zu kämpfen. Macht Schluss mit Hitler.‹ Außerdem verbreitete der gleiche Sender einen angeblich von drei ehemaligen Reichstagsabgeordneten verfassten Aufruf ›An das deutsche Volk‹ ... Der Aufruf ist angeblich mit ›Walter Ulbricht, ehemaliger Reichstagsabgeordneter, Berlin‹ unterzeichnet. Weiter war in den hetzerischen Ausführungen auch die Drohung enthalten, dass sich das deutsche Volk nur durch den Sturz Hitlers von der Verantwortung für die Naziverbrechen der Hitlerbanditen frei machen könne.«[99] Weitere Aufrufe des deutschsprachigen Moskauer Senders unter Beteiligung Ulbrichts registrierte die Gestapo unter dem 12. und 14. Juni sowie am 6. Oktober 1942.

Alle Aufrufe, die über den Moskauer Sender nach Deutschland getragen wurden, hatten gemein, dass sie zum Sturz Hitlers aufriefen. Psychologisch geschickt verknüpften Ulbricht und seine Genossen emotional wirkende Ereignisse in Deutschland mit ihren Propagandaaktionen. So waren zum Beispiel die schweren Luftangriffe auf deutsche Städte ein geeigneter Anlass, um ihren Landsleuten die Sinnlosigkeit einer Weiterführung des Krieges vor Augen zu führen: »Deutsche Männer und Frauen! Jetzt seht ihr selbst, in welche Katastrophe Hitler Deutschland gebracht hat! Sein Krieg ist aussichtslos ... Nur um sein verfaultes Regime zu retten, will er den Krieg führen bis zum letzten deutschen Soldaten.«[100] Andere derartige Anknüpfungspunkte waren Entlassungen in zerstörten deutschen Betrieben, Versorgungsmängel, Verdienstausfälle und Ähnliches. Die Gestapo hielt über Ulbricht fest: »Ulbricht stellte in seinen Ausführungen die Behauptung auf, dass der deutsche Arbeiter heute weniger für sein Geld kaufen könne als der Erwerbslose im Krisenjahre 1932.«[101] So geschickt diese Rundfunkansprachen auch verfasst sein mochten, ihre Wirkung tendierte gegen null. Die technische Reichweite des Moskauer Senders im Deutschen Reich war beschränkt, und das Hören ausländischer Sender stand unter Strafe. Wer dieses Programm dennoch empfing, hörte die unangenehme, sächselnde Fistelstimme des unbekannten ehemaligen KPD-Reichstagsabgeordneten Ulbricht, der Deutschland vor bald einem Jahrzehnt verlassen hatte und offensichtlich zum Hauptfeind Deutschlands, der Sowjetunion, übergelaufen war. Das waren keine günstigen Voraussetzungen, um die Deutschen davon zu überzeugen, Widerstand gegen Hitler und sein Regime zu leisten.

Parallel zu seinen Rundfunkaktivitäten arbeitete Ulbricht in dieser Zeit für sowjetische Armeestellen an der deutschen Front. Komintern- und KPD-Führung hatten sich das Ziel gesetzt, deutsche Kriegsgefangene, die unter dem Einfluss der nationalsozialistischen Ideologie standen, durch »Aufklärungs- und Erziehungsarbeit« zu Antifaschisten umzuerziehen. Die KPD-Führung sah in den gefangenen Soldaten sogar ein Potenzial, aus dem neue Kader für die künftige revolutionäre Auseinandersetzung in Deutschland gewonnen werden sollten. Auch Ulbrichts Tätigkeit in Kriegsgefangenenlagern erfolgte in engster Abstimmung mit Georgi Dimitroff, was dessen Tagebucheinträge belegen: [30. September 1941] »Beratung mit der neuen Delegation, die in das Kriegsgefangenenlager geschickt wird... Haben die Aufgaben der Delegation skizziert. Dauer des Aufenthalts – zehn Tage, Besuch des Lagers in Temnikow...« [28. Oktober 1941] »Die von Ulbricht erhaltenen Materialien über die Kriegsgefangenen durchgesehen.« [8. November 1941] »Die Flugblätter für die deutsche Armee diskutiert (mit Manuilski, Ulbricht, Ackermann).« [9. November 1941] »Habe mit Ulbricht, Ackermann, Manuilski die weitere Arbeit unter den deutschen Kriegsgefangenen diskutiert. [19. Januar 1942] »Bericht von Ulbricht... über die im Kriegsgefangenenlager Karaganda geleistete Arbeit.«[102] Im August und Oktober 1941 besuchte Ulbricht zwei Mal das Kriegsgefangenenlager Temnikow im Zentrum der Sowjetunion. Es handelte sich dabei um ein relativ kleines Durchgangslager mit rund 1500 Insassen. Begleitet wurde er bei diesen

Reisen unter anderen von seiner Lebensgefährtin Lotte, dem deutschen Kaderreferenten bei der Komintern, Paul Försterling, und zwei sowjetischen Stabsoffizieren.[103] Ulbricht trat im Lager als Mitglied der Politischen Verwaltung der Roten Armee auf. Die Ergebnisse seiner Gespräche in Temnikow – angeblich führte die KPD-Delegation mit allen 1500 Gefangenen Gespräche – fasste Ulbricht in einem Bericht zusammen. Darin brachte er sein Erstaunen über die Distanz, die zwischen den deutschen Landsern und den Moskauer KPD-Emigranten bestand, zum Ausdruck. Vor allem, dass seine Landsleute voll hinter dem Nationalsozialismus standen und unbeeindruckt von ihrer Gefangennahme an den Endsieg Deutschlands glaubten, war nicht in Einklang mit seinem Weltbild zu bringen. Zehn Jahre Leben und Denken in unterschiedlichen Systemen hatte jegliche Gemeinsamkeit zwischen den Menschen, die sich hier begegneten, beseitigt. Auf der einen Seite die Kommunisten, die schon in der Weimarer Republik für viele Deutsche Vaterlandsverräter gewesen waren und die jetzt mit dem Feind paktierten. Auf der anderen Seite die mit Ruhm bedeckten Soldaten der Wehrmacht, die die Fahne Deutschlands nach Skandinavien, Polen und Westeuropa getragen hatten und nun kurz vor Moskau standen. Wie sollten diese Gruppierungen sich verstehen können? Es war nicht verwunderlich, dass Ulbricht und seine Kameraden bei ihren ersten Versuchen, Kontakte zu gefangenen Deutschen zu knüpfen, keinen oder nur sehr geringen Erfolg hatten. Vor diesem Hintergrund wertete Ulbricht es als einen großen Schritt nach vorn, als nach seinem zweiten Aufenthalt in Temnikow 158 der insgesamt rund 1500 Lagerinsassen einen »Appell an das deutsche Volk« unterzeichneten. Darin wurde zur Beendigung des Krieges, zum Sturz Hitlers und zur Schaffung eines freien unabhängigen Deutschland aufgerufen. Das sollte der größte propagandistische Erfolg gegenüber den Kriegsgefangenen für die nächsten zwei Jahre bleiben. Obwohl das objektiv ein erbärmliches Ergebnis der Propagandaaktivitäten der KPD war, bauschte Ulbricht das Ergebnis auf, als hätte er die ganze deutsche Armee hinter sich gebracht: »Man konnte sehen, wie die Menschen erwachten, wie die Barbaren zu Menschen wurden.«[104]

Am 16. Oktober 1941 herrschte Aufregung unter den deutschen Emigranten in Moskau. Die Truppen der Wehrmacht waren unmittelbar an die Stadtgrenze vorgerückt und drohten, durch die sowjetischen Verteidigungslinien zu brechen. Daraufhin wurde beschlossen, die Kominternführung und ihre Stäbe von Moskau in das 500 Kilometer östlich gelegene Ufa zu verlegen. Gleichzeitig wurde das Lux evakuiert und seine Bewohner auf verschiedene

Städte verteilt. Ulbricht und seine Gefährtin kamen am 23. Oktober in Ufa an. Untergebracht wurden sie wie andere Kominternführer im Hotel »Baschkirija«, dem größten und modernsten Haus der Stadt. Neben Ulbricht waren Wilhelm Pieck, Wilhelm Florin, Paul Wandel, Anton Ackermann und Elli Schmidt die prominentesten deutschen Emigranten in Ufa. Auch von Ufa aus kümmerte sich Ulbricht um die Gestaltung der Radioprogramme des Moskauer Rundfunks, die sich an deutsche Zielgruppen richteten, und besuchte Kriegsgefangenenlager. Im März 1942, als die größte Bedrohung Moskaus durch die deutschen Truppen vorüber war, kehrten die ersten Exilanten in die sowjetische Hauptstadt zurück. Gleichzeitig zog auch eine Reihe ehemaliger Bewohner des Lux wieder in ihre alte Behausung ein.

Im Dezember 1941 besuchte Ulbricht ein weiteres, diesmal größeres Kriegsgefangenenlager in der Nähe von Karaganda. Die hier Inhaftierten wurden als Zwangsarbeiter zur Kohleförderung eingesetzt. Unter den Mitgliedern der von Ulbricht geleiteten Delegation war diesmal der Schriftsteller Erich Weinert, der über die beiden sowjetischen Aufpasser Ulbrichts festhielt: »Wir sind in Begleitung von zwei Stabsoffizieren aus der Politischen Hauptverwaltung der Roten Armee. Unsere Zusammenarbeit mit ihnen seit Kriegsbeginn hat uns zu guten Freunden gemacht. Oberst B., ein kleiner Tatare mit störrischem schwarzem Haar, ist ein heiterer und freundlicher Kamerad; Oberstleutnant S., in der moldauischen Republik beheimatet, hat ein gutes – fast sanftes Gesicht.«[105] Die Reise in das fast 3 400 Kilometer von Moskau entfernte Lager war ein Abenteuer für sich. Der erwähnte Oberstleutnant S. hat sich daran erinnert: »Frühmorgens flogen wir mit dem für damalige Begriffe großen 20-sitzigen Flugzeug ab, wo wir auf Klappbänken aus Aluminium entlang der Bordwände Platz nahmen. Im Durchgang auf Reisekoffern, Kisten mit Film- und Tonaufnahmeapparaturen breitete sich eine riesige Tanne in ihrer ganzen Größe aus, die wir am Vorabend im Wald bei Moskau geschlagen hatten... Weihnachten kam heran; wir wussten, wie gerne sich die Deutschen am Weihnachtsabend unter der Tanne versammeln... Im Flugzeug war es furchtbar kalt... einer von den deutschen Genossen, die die russischen Fröste nicht gewohnt waren, war der Erste, der es nicht aushielt... und in dem engen Gang zwischen Kisten und Knien zu ›spazieren‹ begann. Bald bot der ganze Raum einen eigenartigen Anblick: die Menschen tanzten, umfassten sich mit den Armen, rangen freundschaftlich miteinander – in dem Bemühen, sich etwas zu erwärmen... Am folgenden Tag landeten wir... in Karaganda. Dort überraschte uns ein heftiger Schneesturm. Fast zwei Tage verbrachten wir in einem kleinen Häuschen, das den Flughafen ersetzte... Am Morgen setzten wir unseren Weg auf Bauernschlitten fort und erreichten nach 6 – 7 Stunden endlich das Ziel.«[106] Am 11. Dezember nahm die Gruppe ihre Überzeugungsarbeit unter den deutschen Kriegsgefangenen auf und führte bis zu ihrer Abreise am 26. Dezember mit jedem der 1850 Lagerinsassen mindestens ein individuelles Gespräch. Das Ergebnis der Bemühungen um die »Seelen« der inhaftierten Soldaten war, dass knapp 800 von ihnen das Papier, das im Lager Temnikow entstanden war, ebenfalls unterzeichneten.

Nach einer Rückreise, die ebenso abenteuerlich verlief wie die Hinreise, berichtete Ulbricht im Januar 1942 Kominternchef Dimitroff über den Einsatz in Karaganda. Der war mit den Ergebnissen dieser Aktion nicht sonderlich zufrieden und griff in der Folgezeit weiterhin massiv in die Arbeit Ulbrichts ein: [24. Januar 1942] »Kritik an der Tätigkeit der Brigade, die im Lager Spassosawodsk (Karaganda) war. Es wurden eine Reihe konkreter Beschlüsse gefasst. Haben eine ständige Kommission zu Fragen der Kriegsgefangenen gebildet, die aus Ulbricht, Koplenig und Szántó besteht.« [29. Januar 1942] »Mit Ulbricht konkret festgelegt, was die für die Kriegsgefangenen zuständige Kommission zu leisten hat.« [30. Januar 1942] »Haben eine Sitzung der Kommission wegen der für die Kriegsgefangenen und für das Hinterland der gegnerischen Armee bestimmten Broschüren durchgeführt. Der vorgelegte Plan (73 Broschüren) ist nicht realistisch.« [18. Februar] »Ulbricht, Koplenig, Szántó, Försterling (die Kriegsgefangenen-Kommission). Haben unsere Maßnahmen betreffs der Lagerschule für Kriegsgefangene festgelegt.« [27. März 1942] »Ulbricht wegen Angelegenheiten im Zusammenhang mit den Kriegsgefangenen.«[107] Als ein Ergebnis dieser Tätigkeit Ulbrichts entstanden jeweils im Mai 1942 und 1943 zwei Kriegsgefangenenschulen. Hier wurden ausgesuchte »bekehrte« deutsche Kriegsgefangene von Mitgliedern der KPD-Führung, unter ihnen auch Ulbricht, bis zum Kriegsende politisch und ideologisch geschult und auf einen Einsatz in Deutschland im Sinne der KPD vorbereitet. Teilnehmer des ersten Kurses, der vier Monate dauerte, waren neben 120 Deutschen 15 Österreicher, zehn Sudetendeutsche und 80 Rumänen. Wie immer waren auch bei dieser Tätigkeit die Entscheidungsspielräume der KPD-Führer eng begrenzt. Jedes Detail war mit der Komintern oder mit sowjetischen Behörden abzustimmen. Die Verwaltung des Lagers und die Festlegung des zur Verfügung stehenden Budgets erfolgte durch das NKWD. Dieses bestimmte auch die endgültigen Teilnehmer der Lehrgänge, die durch die Kaderabteilung der Komintern vorgeschlagen wurden. Die Verantwortung Ulbrichts und seiner Mitarbeiter blieb also auf eine Vorauswahl der Kursteilnehmer beschränkt. Und auch was die Schulungsinhalte betraf, war die KPD nur ausführendes Organ. Die Richtlinien, wie der Unterricht zu erfolgen und der Lehrplan auszusehen hatte, wurden durch Kominternsekretär Manuilski ausgearbeitet.[108]

Kritik an der KPD-Führung

Ab Ende 1939 gerieten die deutschen KP-Führer in Moskau zunehmend in die Defensive. Was war nur übrig geblieben von der einstmals mächtigsten kommunistischen Partei der Welt außerhalb der Sowjetunion, fragten sich die Kominternführer. Sowohl Ulbricht als auch sein Nachfolger Dahlem waren in Paris im Hinblick auf die Errichtung einer Volksfront nicht erfolgreich gewesen. Nachdem sich die Pariser Leitung nach Kriegsausbruch in Frankreich freiwillig in Internierung begeben hatte, waren die noch bestehenden Verbindungen zu den »Illegalen« im Reich abgerissen, was die Bedeutung der KPD als organisatorische Einheit für die Komintern weiter schwächte. Hinzu kam, dass für Stalin die KPD und ihre Emigrationsführung in Moskau nach Abschluss des deutsch-sowjetischen Freundschaftspakts ein Problem geworden waren. Die Sowjetunion begann, KPD-Emigranten in Hundertschaften nach Deutschland auszuliefern. Anlässlich einer Beratung mit den deutschen KPD-Führern stichelte EKKI-Sekretär Manuilski, dass es in Deutschland seit langem keine Kommunisten mehr gebe. Die auf der »Brüsseler Konferenz« beschlossene Reorganisation der KPD sei gescheitert. Auf Initiative der Komintern peilte die KPD-Führung ab Ende 1939 die Schaffung einer neuen illegalen Leitung der KPD im Deutschen Reich an. Das geplante neue Berliner Sekretariat sollte von Herbert Wehner geleitet werden. Am 3. Februar 1941 reiste der »designierte Reichsleiter« der KPD von Moskau nach Stockholm, um von dort aus den Aufbau der Landesleitung in Berlin voranzutreiben. Der Angriff Deutschlands auf die Sowjetunion im Juni 1941 ließ den Unmut gegenüber der deutschen Sektion der Komintern nur noch weiter steigen. Schließlich war die Kominternführung auch mit den Erfolgen der mit großem Aufwand und mit hoher Intensität betriebenen Propagandaaktivitäten der KPD völlig unzufrieden. Weder bei den deutschen Soldaten an der Front noch bei der Bevölkerung im Reich zeigten sich nennenswerte Auswirkungen dieser Aktivitäten. Dabei hatten die Sowjets Zersetzungserscheinungen beim deutschen Gegner nicht nur erhofft, sondern erwartet. Die Misserfolge schob die Komintern der KPD-Führung in die Schuhe. Sie habe politische Fehler gemacht und ungenügend an der Propagandafront gearbeitet, warf die Komintern Ulbricht und seinen Genossen vor. Die kritisierten KPD-Führer gingen in sich und besprachen selbstkritisch die gegenwärtige innere Situation der Parteiführung. Pieck, Ulbricht, Ackermann und Florin sahen sich gezwungen, zuzugeben, dass sie nur über schwache Verbindungen ins Reich verfügten und nicht in der Lage waren, dort in nennenswertem Umfang zu agieren. Als Ergebnis ihrer Klausur legten sie dem Sekretariat des EKKI am 3. April 1942 ein Papier mit dem Titel »Bericht über Deutschland, Lage und Stimmung im Lande« vor, in dem sie wieder einmal Maßnahmen zum Kampf gegen die Diktatur Hitlers vorschlugen.[109] Doch mit Strategiepapieren war die Kominternführung jetzt nicht mehr zufrieden zu stellen. Der Unmut des kommunistischen Dachverbandes gegenüber den deutschen Genossen steigerte sich im Laufe des Jahres 1942 stetig, auch aufgrund des »Falles Wehner«, der am 18. Februar 1942 in Stockholm verhaftet worden war. Im Gefängnis löste er sich von der KPD und distanzierte sich danach auch von ihr. Das EKKI forderte eine Stellungnahme der deutschen Genossen zu dem Fall, immerhin war der Mann Kandidat des Politbüros der KPD gewesen. Pieck legte daraufhin ein mit »Selbstkritik« betiteltes Papier der KPD-Führung vor. Wehner wurde am 6. Juli 1942 aus der KPD ausgeschlossen. Begründung: Er habe, »zerfressen von tiefstem Pessimismus und aus Feigheit«, durch seine Aussage in der Untersuchungshaft und vor Gericht »vollen Parteiverrat« geübt.[110] Der Höhepunkt der Attacken wurde im Oktober erreicht, als einige Kominternfunktionäre auf drei Versammlungen die deutschen KP-Führer massiv angriffen. Ihnen wurde bemerkenswerterweise vorgeworfen, in erster Linie als Deutsche zu denken und zu fühlen. Weiterer Kritikpunkt war die »Überheblichkeit und Abgeschlossenheit der deutschen Genossen gegenüber Genossen der Bruderparteien«. Die Gescholtenen gerieten so in die Defensive, dass sie die Angriffe artig und unterwürfig als »eine wertvolle Hilfe zur Überwindung der... zu Tage getretenen Mängel und Fehler der Parteiführung« bewerteten.[111] Am 15. Dezember 1942 schließlich gipfelte die Kritik in einem Beschluss des Sekretariats des EKKI, in dem den »hier befindlichen führenden deutschen Genossen« empfohlen wurde, ihre Kräfte auf den Wiederaufbau der KPD im Reich zu konzentrieren. Außerdem wurde ihnen eine Änderung der »völlig ungenügenden Organisierung ihrer Arbeit« und der »Arbeitsverteilung unter den ZK-Mitgliedern und anderen Aktivisten« als Hausaufgabe aufgetragen.[112] Die KPD-Führer reagierten darauf, indem sie ab sofort eine Reihe weiterer KPD-Kader zu den Beratungen des engsten Führungszirkels hinzuzogen. Unter diesen neuen Kadern war auch

Ulbrichts Lebensgefährtin, Lotte Kühn. Darüber hinaus beschlossen die gemaßregelten Deutschen die Einsetzung einer Reihe von Arbeitsgruppen, die sich mit der Frage beschäftigen sollten, wie das Nachkriegsdeutschland aussehen und organisiert werden sollte. Ulbricht leitete – das verstand sich fast von selbst – die Arbeitsgruppe »Organisationsfragen«. Außerdem wirkte er in der Arbeitsgruppe »Parteibezirk Berlin« mit, die von Wilhelm Pieck geleitet wurde. Auch das lag nahe für den ehemaligen Bezirkssekretär der KPD für den Großraum Berlin. Lotte Kühn blieb bei ihrem Standardthema und arbeitete in der Arbeitsgruppe »Frauenfragen« mit.[113]

Stalingrad

Die Einkesselung der Sechsten Deutschen Armee bei Stalingrad im Spätherbst 1942 brachte die Wende im Zweiten Weltkrieg. Die militärische Niederlage der Wehrmacht gegen die Rote Armee begann sich abzuzeichnen. Walter Ulbricht wurde in dieser Situation – nach eigenen Angaben in unmittelbarem Auftrag des ZK der KPdSU – an die Stalingradfront geschickt. Sein Auftrag lautete, propagandistisch auf die eingekesselten deutschen Soldaten Einfluss zu nehmen. Mit Hilfe von abgeworfenen Flugblättern und direkten Ansprachen per Lautsprecher sollten die Landser davon überzeugt werden, dass der Krieg verloren sei und dass nur eine Kapitulation ihre militärische Vernichtung verhindern könne. Am 29. November verließ Ulbricht auftragsgemäß zusammen mit den deutschen Schriftstellern Willi Bredel und Erich Weinert Moskau.[114] Erich Weinert erinnerte sich an die gemeinsame Zugfahrt mit Ulbricht von Moskau nach Stalingrad: »In den Abteilen des Zuges war viel Lustigkeit. Unser Waggon war fast nur von Offizieren besetzt. Es ist auffällig, wie seit der siegreichen Offensive der Roten Armee vor Stalingrad die Stimmung der Menschen sich verändert hat. Die Meinung, dass Hitler sich von diesem Schlag nicht mehr erhole, ist heute wohl die Meinung aller.«[115]

Von Anfang Dezember 1942 bis zum 23. Januar 1943, als er nach Moskau zurückkehrte, hielt sich Ulbricht unmittelbar an der Stalingradfront auf und versuchte in vorderster Linie den sowjetischen Auftrag erfolgreich auszuführen. Zu diesem Zweck wurden Kleinlaster mit großen Lautsprechern ausgerüstet und bis in Hörweite der deutschen Soldaten gefahren. Mit Unterstützung dieser Technik versuchten Ulbricht und seine Mitstreiter, die deutschen Truppen in Ansprachen von der Sinnlosigkeit ihres weiteren Kampfes

Der Propagandist (links) mit Nikita Chruschtschow (vor dem Mikrofon) im Winter 1942 an der Wolgograder Front, nahe dem damaligen Stalingrad

zu überzeugen. Das war ein durchaus gefährliches Unterfangen, denn sie mussten sich hierzu in Schussweite der Deutschen begeben. Es gab Situationen, in denen »die Deutschen aus allen Rohren feuerten und den Lautsprecher unhörbar zu machen drohten«[116], erinnerte sich ein Teilnehmer. Ulbricht beschrieb später eine andere Situation: »Wir sind täglich an der Front im Gebiet von Begetowka, sprechen zu den deutschen Soldaten. Da natürliche Deckung nicht vorhanden ist, graben wir uns ein Loch. Die deutschen Truppen antworteten am Anfang mit Maschinengewehrfeuer. Später hörten sie jedoch interessiert zu.«[117] Nicht umsonst hatte Ulbricht sich im Juli 1942 bei Dimitroff dafür eingesetzt, dass die Genossen, die für die politische Arbeit an der Front bestimmt waren, eine militärische Schnellausbildung in der Handhabung von Handfeuerwaffen erhalten sollten.[118]

Das Weihnachtsfest 1942 verbrachte Ulbricht – »es wird ein kleiner Tannenbaum beschafft, und es gibt gutes Essen und zu trinken« – zusammen mit einigen deutschen Kriegsgefangenen und mit einem Mitglied des Politbüros der KPdSU, der zugleich »Mitglied des sowjetischen Kriegsrates der Stalingrader Front« war.[119] Der Name dieses Mannes war Nikita Chruschtschow. Mehrfach aßen Ulbricht und der spätere KPdSU-Chef in diesen Tagen zusammen

Lautsprecherpropaganda an der Stalingrader Front 1942 (Vierter von links)

zu Abend, und der Deutsche musste dabei des Öfteren den Spott Chruschtschows über sich ergehen lassen: »Na, Genosse Ulbricht, es sieht nicht so aus, als ob Sie heute Ihr Abendbrot verdient hätten. Es haben sich keine Deutschen ergeben.«[120] Trotzdem wird Ulbricht diese Abende als willkommene Erholung von den Strapazen des Alltags in Stalingrad empfunden haben. Es waren Wochen »in Bauernhütten und Bunkern, in Schneelöchern und Stellungen, auf Chausseen und Trampelpfaden, voll atemloser Eile und stundenlangem Warten«.[121] Und es waren Wochen »der Lebensgefahr vorn in den Erdlöchern, wenn sich der Gegner mit seinen Granatwerfern nach dem Mikrofon einschießt – nach dem Grundsatz, je schärfer der Einschlag aus dem Lautsprecher dröhnt, umso tödlicher liegt der Schuss«.[122]

Bis zum 23. Januar 1943 war Ulbricht Augenzeuge des Unterganges der Sechsten Deutschen Armee. In seinem Tagebuch hielt er fest: »6. Januar. Im Gebiet der 65. sowjetischen Armee sprechen wir zu den deutschen Soldaten und Offizieren. Auf Grund von Mitteilungen Gefangener haben wir die Geschichte der 376. deutschen Division genau studiert. Diese Division trägt den Namen ›Verlorene Division‹, weil sie in ihrem Mannschaftsbestand schon einige Male vernichtet wurde. Der Kommandeur der Division, Edler von

Daniels, im Zivilleben Angestellter der Firma Krupp, erklärt im Kessel: ›Solange meine Division aus einer Feldküche essen kann, ist sie noch einsatzfähig.‹ ... 8. Januar. Heute ist der geschichtliche Tag, wo Generalfeldmarschall Paulus und den anderen Offizieren und Truppen im Kessel das Ultimatum übermittelt wird. Abends um 18.30 sprechen ich und Erich Weinert über den Rundfunksender und verlesen die Bedingungen der Kapitulation. Generalfeldmarschall Paulus wird aufgefordert, am 9. Januar 1943 um 10 Uhr bevollmächtigte Vertreter mit der schriftlichen Antwort zu entsenden, ... Paulus lehnt die Kapitulationsbedingungen ab. Die bevollmächtigten sowjetischen Offiziere, die an der festgelegten Stelle die Antwort erwarten, werden von deutschen Minenwerfern beschossen ... Am 10. Januar beginnt der Generalangriff. Ich befinde mich bei der 21. sowjetischen Armee. Ich spreche gemeinsam mit deutschen Offizieren, die antifaschistische deutsche Kriegsgefangene sind, bei Marinowka, wo wir jedoch wegen des schnellen Vormarsches nichts tun können ... Am 19. Januar erreichen wir den Flugplatz Pitomnik, das Zentrum des Kessels ... Der Flugplatz von Pitomnik bietet ein furchtbares Bild. Neben den Offizierswagen liegen Haufen von Pferdeknochen, von denen alles Fleisch sauber entfernt ist, die letzte Nahrung der deutschen Soldaten, bevor sie der Tod erreichte ... Der Tag der letzten Schlacht zur Liquidierung des Kessels ist angebrochen. Wir befinden uns auf dem Befehlsstand des Leiters der Artillerie südlich von Stalingrad. Die Geschütze der schweren Artillerie, die schweren Minenwerfer, die leichten Minenwerfer und die ›Katjuschas‹ haben mit ihrer Kanonade begonnen. Der Traum der deutschen Truppen, im Kessel zu überwintern und das Frühjahr abzuwarten, findet ein furchtbares Ende.«[123]

Nach der Niederlage der Deutschen bei Stalingrad erhielt »Ulbricht Walter Ernstowitsch« am 1. März 1943 für »die vorbildliche Erfüllung der Kampfaufgaben der Kommandoführung an der Kampffront gegen die Deutschen Eroberer« den Orden des »Vaterländischen Krieges 2. Stufe« verliehen. Er wurde Ulbricht von Manuilski im Namen des Obersten Sowjets überreicht. Artig bedankte sich der Geehrte mit einer weiteren Kampfverpflichtung bei Dimitroff: »Ich betrachte diese Auszeichnung als Verpflichtung, noch besser im Kampf zur Vernichtung des Hitlerfaschismus, zur Vernichtung der Hitlerarmee und des Hitlerstaates zu arbeiten.«[124]

Die Auflösung der Komintern

Im Frühjahr 1943 wurde die KPD-Führung mit dem Gedanken der Auflösung der Komintern konfrontiert. Das war eine Vorstellung, die ihr durchaus gelegen kam. Wie oft hatte die Kominternführung ihre deutsche Sektion in der Vergangenheit bevormundet. Und wie oft hatte sie die KPD-Führer heftig wegen vermeintlicher politischer Fehler kritisiert. Die Auflösung der Komintern konnte nur mehr Freiheit, Unabhängigkeit und Macht für die KPD und ihre Protagonisten bedeuten. Endlich würde man direkten Zugang zu den entscheidenden sowjetischen Stellen haben und nicht mehr den Umweg über die Kominternführung gehen müssen. Als am 13. Mai 1943 das EKKI-Präsidium – unter Teilnahme von Pieck und Ulbricht – tagte, um den Text für die Auflösung der Komintern zu verabschieden, drängelte Ulbricht dementsprechend, »man möge doch endlich an die Sache ohne Zögern herangehen. Er habe den Eindruck, als ob man die Auflösung gar nicht ehrlich wolle und die Komintern unter anderem Firmenzeichen weiter bestehen lassen wolle.«[125] Mit diesem Eindruck lag Ulbricht goldrichtig. Zwar gab das Präsidium des EKKI bald darauf, am 9. Juni 1943, die Selbstauflösung der Kommunistischen Internationale bekannt. Doch das war nur ein taktisches Zugeständnis Stalins an seine westlichen Verbündeten. Die konnten sich nur schwer mit dem Gedanken abfinden, dass in Moskau die kommunistische Weltrevolution geplant wurde, während die Westmächte durch ihren Kriegseinsatz das Überleben der Sowjetunion ermöglichten. An die Stelle der Komintern trat nahtlos die Abteilung »Internationale Information« beim ZK der KPdSU. Der Beschluss zur Gründung dieser Abteilung fiel am 12. Juni 1943 in einer Abendsitzung bei Stalin, an der neben Dimitroff nur die engere sowjetische Führung teilnahm. Dimitroff hielt dazu in seinem Tagebuch fest: »Damit die Feinde nicht die Tatsache ausnutzen können, dass Dimitroff dieser Abteilung vorsteht, wurde beschlossen, Schtscherbakow als Abteilungsleiter und Dimitroff und Manuilski als Stellvertreter einzusetzen. Dieser Beschluss sei nicht zu verkünden, und die Arbeit der Abteilung sei intern zu organisieren und zu führen.«[126] Damit änderte sich zwar die Organisationsform, der Inhalt von Stalins Strategie zur Lenkung der kommunistischen Parteien in aller Welt jedoch blieb. Dimitroff erledigte für den Kremlherrn dieselben Aufgaben wie bisher. Er blieb Verbindungsmann zwischen der KPdSU und den kommunistischen Exilparteien in Moskau. Wie bisher konnten sich Pieck, Ulbricht und die Parteiführer anderer Staaten – entsprechend dem System der Nomenklatur – nur über ihn an sowjetische Partei- und Regierungsstellen wenden. Führungstechnisch blieb also alles beim Alten. Eine bemerkenswerte inhaltliche Änderung der bisherigen Kominternstrategie gab es jedoch. An die Stelle des uneingeschränkten Zentralismus durch die Komintern trat eine neue Politik der »nationalen Linie«. Sie beinhaltete im Kern die Tolerierung, ja Förderung einer eigenständigen nationalen Politik der europäischen Kommunistischen Parteien. Es galt die Devise, in den einzelnen Staaten »das Sowjetsystem weder zu forcieren noch durchzusetzen«. Dementsprechend äußerte Ulbricht bald: »Wir sind der Auffassung, dass der Weg, Deutschland das Sowjetsystem aufzuzwingen, falsch wäre.«

Das Nationalkomitee Freies Deutschland

Schon vor der formalen Auflösung der Komintern begann Dimitroff damit, die nationalen Sektionen auf die neue Strategie der »nationalen Linie« auszurichten. Als ersten Schritt veranlasste er, dass für jedes Land so genannte antifaschistische Komitees gegründet werden sollten, denen Persönlichkeiten des öffentlichen Lebens und bekannte kriegsgefangene Antifaschisten angehören sollten. Am 24. Mai fand dazu bei Dimitroff eine Strategiesitzung statt, an der von deutscher Seite Pieck, Ulbricht und Ackermann teilnahmen. Am 11. Juni präsentierten Manuilski und Pieck den Bulgaren bereits den Entwurf für den Beschluss zur Schaffung des antifaschistischen deutschen Komitees »Freies Deutschland«. Nur einen Tag später stellte Dimitroff diesen Entwurf Stalin und der engeren KPdSU-Führung vor: »Haben unseren Entwurf für die Bildung des deutschen antifaschistischen Komitees ›Freies Deutschland‹ diskutiert. Stalin hat den Entwurf im Wesentlichen gebilligt.«[127] Nachdem die theoretische Vorarbeit geleistet war, durften Wilhelm Pieck, Wilhelm Florin, Walter Ulbricht, Anton Ackermann[128] und Elli Schmidt die Gründung des Nationalkomitees Freies Deutschland, wie es endgültig genannt wurde, vorbereiten. Zu diesem Zweck versuchten sie, aus den Reihen der deutschen Kriegsgefangenen Kandidaten zu rekrutieren, die bereit waren, im Nationalkomitee mitzuarbeiten, mit dem Ziel, sich als Deutsche für die Beendigung des Krieges, den Sturz Hitlers und die Errichtung eines demokratischen deutschen Staates einzusetzen. Dies wiederum sollte für die propagandistische Arbeit der KPD in Deutschland ausgeschlachtet werden. Ende Juni 1943 fand die letzte Besprechung zwischen KPD-Führung und Dimitroff vor dem Aufruf zur Gründung des Nationalkomitees statt. Der ebenfalls anwesende Manuilski überzeugte Pieck und Ulbricht, dass die von ihnen vorgeschlagenen Farben für das Emblem des Komitees, Schwarz-Rot-Gold, die Farben der Weimarer Republik, nicht geeignet waren, um das monarchistisch-traditionalistisch geprägte Offizierskorps der Wehrmacht positiv auf das geplante Vorhaben einzustimmen. Also wurden die Farben des untergegangenen Kaiserreiches, Schwarz-Weiß-Rot, gewählt, Farben, die für die deutschen Kommunisten das Symbol des deutschen Imperialismus darstellten.[129] Aber wie immer fügten sie sich den sowjetischen Vorgaben. Am 1. Juli 1943 erschien dann in der Zeitung für die deutschen Kriegsgefangenen, Das freie Wort, ein entsprechender Aufruf zur Gründung des Nationalkomitees. Er war an die deutschen Offiziere und Soldaten in den Kriegsgefangenenlagern der Sowjetunion gerichtet. Die Beteiligung der KPD-Führung an dem Aufruf wurde aus taktischen Gründen verschwiegen.

Ulbricht wurde dazu auserkoren, die Gründung des Nationalkomitees zu organisieren. Schon in der ersten Hälfte des Jahres 1943 hatte er sich wiederholt im Kriegsgefangenenlager Krasnogorsk aufgehalten. Ende Juni begab er sich erneut dorthin, um die Gründung des Nationalkomitees vorzubereiten. Zunächst ließ er dazu einen vorbereitenden Ausschuss wählen, dem – nach bewährter Taktik der KPD – öffentlich bekannte Schriftsteller, ehemalige Reichstagsabgeordnete und gefangene deutsche Offiziere angehörten. Neben den prominenten Kommunisten Ulbricht und Pieck tauchten in der Namensliste des Ausschusses Schriftsteller wie Erich Weinert und Johannes R. Becher sowie Bernt von Kügelgen auf. Immer an der kurzen Leine seiner sowjetischen Aufpasser, trieb Ulbricht innerhalb von drei Wochen die Gründung des Nationalkomitees voran. Er beteiligte sich an der Ausarbeitung des Manifests des Nationalkomitees Freies Deutschland, führte zahlreiche Überzeugungsgespräche mit gefangenen deutschen Soldaten und Offizieren und schrieb in diesem Zusammenhang Propagandatexte, die zur Ausstrahlung über den Deutschen Volkssender und den Moskauer Rundfunk bestimmt waren.[130] Heinrich Graf von Einsiedel, einer der Mitbegründer des Nationalkomitees auf Seiten der deutschen Offiziere, erinnerte sich später, dass die ersten Vorstellungen Ulbrichts und seiner kommunistischen Mitstreiter auf völlige Ablehnung bei den gefangenen Offizieren gestoßen waren. Der von der KPD vorgelegte Entwurf eines Manifests für das Nationalkomitee habe in seiner Diktion und mit seinen Losungen besser in eine Soldatenratssitzung oder eine KPD-Versammlung gepasst.[131] Der Entwurf wurde darum in einer Versammlung am 10. Juli 1943 wegen seines »marxistischen Gedankengutes« abgelehnt. Eine kleinere Gruppe kooperationswilliger Offiziere hatte einen eigenen Entwurf für das Manifest ausgearbeitet, der inhaltlich nicht mit dem KPD-Entwurf Ulbrichts zu vereinbaren war. Nach längeren heftigen Diskussionen setzten die Sowjets als Kompromiss eine eigene Fassung durch, die dem Entwurf der Offiziere wesentlich näher kam als dem der KPD-Führung.

Trotz solcher Niederlagen war Ulbricht mit seinen Bemühungen im Ergebnis erfolgreich. Am 12. und 13. Juli 1943 wurde in Krasnogorsk im Rahmen einer Gründungsversammlung das Nationalkomitee Freies Deutschland ins Leben gerufen. Sicherlich gelang dieses Vorhaben nur darum, weil es von den Sowjets kontrolliert und gesteuert wurde und weil die deutschen Offiziere, die im Komitee mitarbeiteten, nicht Herren ihres Willens waren. Wie schon in der Pariser Volksfront gelang es Ulbricht nicht, eine gemeinsame intellektuelle Basis mit seinen nichtkommunistischen Mitstreitern zu finden. Es gab Kommunisten, bemerkte Heinrich Graf von Einsiedel dazu, »die ganz gut mit den Offizieren zu verhandeln verstehen. Aber die ›Apparatschiks‹ aus der Partei wie Ulbricht mit ihren hölzernen ›dialektischen‹ Monologen sind einfach unerträglich.«[132]

Offiziell war Ulbricht nur einer der 38 Mitglieder des Nationalkomitees. Gleichzeitig fungierte er aber auch als Leiter der operativen Abteilung des Nationalkomitees und wurde damit zum eigentlichen »Macher« dieser Organisation. Der Schriftsteller Erich Weinert fungierte demgegenüber nur als Vorzeigepräsident. Augenzeuge Wolfgang Leonhard berichtete, dass es zwei Nationalkomitees gab. Ein offizielles mit Sitz in Lunjowo[133], wo sich Weinert aufhielt, und ein inoffizielles, in einer Nebengasse des Arbatplatzes in Moskau, wo Ulbricht residierte. Hier, in einem Haus ohne jeglichen Hinweis auf das Komitee, wurde die eigentliche Arbeit geleistet. In Lunjowo tauchte Ulbricht nur gelegentlich auf, um entweder an Sitzungen des Nationalkomitees oder anderen Beratungen teilzunehmen. In Moskau arbeiteten neben Ulbricht Arthur Pieck, der Sohn des KPD-Vorsitzenden, im Rang eines sowjetischen Majors, und Karl Maron, später Chef der Volkspolizei in der DDR, für das Nationalkomitee. Zwei Räume waren Erich Weinert und Ulbricht vorbehalten. In den restlichen Zimmern waren die Redaktion der Propagandazeitung Freies Deutschland, die Redaktion des gleichnamigen Kurzwellensenders sowie das Sekretariat des Nationalkomitees untergebracht.[134] Ulbricht schrieb Artikel für die Zeitung, verfasste Manuskripte und hielt Ansprachen im Rundfunksender, der vier Mal täglich sendete. Er entschied über die personelle Auswahl und die Aufgaben der so genannten Frontbevollmächtigten, die entlang der Kampflinien die Propagandaarbeit für das Nationalkomitee leiteten. Nach wie vor versuchten die KPD-Propagandisten, hauptsächlich durch Direktansprachen über Lautsprecherwagen und mit Hilfe von Flugblättern die deutschen Soldaten zur Desertion zu bewegen. Auch Ulbricht besuchte erneut einzelne Frontabschnitte, wobei sein persönlicher Einsatz, deutsche Soldaten zum Überlaufen zu bewegen, auch diesmal nur zu sehr mäßigen Erfolgen führte.

Ebenso regelmäßig besuchte Ulbricht im Rahmen dieser Aufgabe immer wieder Kriegsgefangenenlager, um deutsche Soldaten und Offiziere »umzudrehen« und sie für die Arbeit im Nationalkomitee zu gewinnen. Im Sommer 1944 bemühte sich die KPD mit Erfolg um die in Gefangenschaft geratenen deutschen Generale. Das Ergebnis war, dass am 8. Dezember fünfzig deutsche Generale, an ihrer Spitze Generalfeldmarschall Paulus, einen Aufruf »An Volk und Wehrmacht« beschlossen und unterzeichneten, in dem zum Sturz Hitlers und Himmlers aufgerufen wurde. An der vorbereitenden Tagung in einem Landhaus bei Moskau hatte Ulbricht als Vertreter des Nationalkomitees teilgenommen. Der Aufruf wurde danach vom Nationalkomitee in großem Umfang verbreitet. Millionen von Flugblättern wurden hinter den deutschen Linien abgeworfen, und in über 12 000 Direktansprachen über Lautsprecher wurde der Inhalt des Aufrufs an die deutschen Soldaten herangetragen. Trotz des großen Aufwands blieb der praktische Effekt auch dieser Aktion bedeutungslos. Lediglich 15 Soldaten eines Infanterieregiments liefen am 15. Januar 1945 zu den Sowjets über.[135]

Ulbrichts Tätigkeit für das Nationalkomitee endete im Wesentlichen am 9. September 1944. An diesem Tag war in einer Sitzung bei Dimitroff beschlossen worden, dass angesichts der sich abzeichnenden militärischen Niederlage Deutschlands die Arbeit des Auslandsbüros der KPD verstärkt werden sollte. Dieses Gremium, mit Sitz in Moskau, war unmittelbar nach der Auflösung der Komintern nicht nur bei der KPD, sondern bei allen kommunistischen Parteien installiert worden. Zunächst hatten dem Auslandsbüro der KPD Wilhelm Pieck, Wilhelm Florin, Paul Wandel, Paul Försterling und Grete Keilson angehört. Jetzt rückte Ulbricht anstelle des kürzlich verstorbenen Wilhelm Florin in das Auslandsbüro der KPD ein. Für das Nationalkomitee Freies Deutschland war er künftig nur noch nebenamtlich tätig.[136] Eine der Hauptaufgaben des neuen Auslandsbüros der KPD war die Steuerung der illegalen Arbeit der verbliebenen KPD-Mitglieder im Reich. Die materiellen Bedingungen, unter denen Ulbricht und Pieck dabei arbeiten mussten, waren bescheiden. Die Büroräume des Auslandsbüros lagen weit entfernt vom Hotel Lux in einem Gebäude im sechsten Stock, wo der Fahrstuhl aufgrund Strommangels des Öfteren abgeschaltet werden musste. Wilhelm Pieck bat Dimitroff darum im September 1944, ihm und Ulbricht bessere Arbeitsräume zuzuweisen, als er hörte, dass im »Institut Marx-Engels-Lenin« in der ersten Etage Räume frei geworden waren. Dimitroff entsprach der Bitte des gesundheitlich angeschlagenen KPD-Vorsitzenden. Im Dezember 1944 durfte das Auslandsbüro drei Räume im besagten Institut beziehen. Pieck und Ulbricht erhielten jeweils ein kleineres Einzelzimmer. Im dritten, etwas größeren Raum arbeiteten die restlichen Mitarbeiter des Auslandsbüros, unter anderem der Kaderreferent der KPD, Paul Försterling, und die Sekretärin Bärbel Pflaumer.[137]

Rückkehrvorbereitungen

Ab dem 6. Februar 1944 begann sich die KPD-Führung konkret auf eine mögliche Rückkehr nach Deutschland vorzubereiten. Diesbezügliche Vorgaben aus dem Umfeld Stalins waren vage und ständigen Veränderungen unterworfen, die sich aus den Absprachen mit den anderen künftigen Siegermächten ergaben. Trotz dieses Mangels an ideologischen und taktischen Richtlinien stürzte sich die KPD-Führung mit großem Elan auf die neue Aufgabe. Kein Wunder, lag doch die Aussicht in der Luft, nach meist mehr als einem Jahrzehnt Emigration nach Deutschland zurückkehren zu können. Die KPD-Spitze beschloss zunächst wie immer, Arbeitsgruppen zu bilden, die Programme für die künftige politische Arbeit in Deutschland ausarbeiten sollten. Die wichtigste war die von Wilhelm Pieck geleitete »Arbeitskommission für politische Probleme«. Ihr gehörten die 20 wichtigsten und namhaftesten Mitglieder der KPD an, darunter natürlich auch Ulbricht. Der hatte sich innerhalb der Arbeitsgruppe mit dem Thema »Die politische Führung im neuen Deutschland« auseinander zu setzen. Dabei dachte Ulbricht in erster Linie an die künftige Rolle der Kommunisten und der KPD im Nachkriegsdeutschland. Daneben kreisten seine Gedanken um einen Zusammenschluss aller deutschen Parteien in einem »Block kämpferischer Demokratie«. Hinter dieser Vokabel steckte die Idee, eine Massenpartei zu schaffen, in der die KPD eine tragende Rolle spielen sollte.[138]

In 18 Sitzungen, die jeweils montags, vom 6. März bis zum 21. August 1944, im Hotel Lux in den Wohnräumen Wilhelm Piecks stattfanden, diskutierte diese Kommission detailliert ihre Vorstellungen der Nachkriegsordnung in Deutschland. Ulbricht nahm an den meisten Sitzungen teil, soweit er nicht durch parallel stattfindende Sitzungen von Arbeitsgruppen, die er selbst leitete, an der Teilnahme verhindert war. Über die Mitarbeit in der zentralen Kommission hinaus war er für die Leitung der Arbeitsgruppen »Jugendfragen«, »Organisationsfragen« und »wichtige Bezirke Deutschlands« zuständig.[139] In jeder Sitzung der Arbeitskommission referierte ein anderes Mitglied über ein zentrales Thema der Rückkehr. Ulbricht hatte seinen ersten Auftritt am 17. April 1944, als er seine Gedanken über »Die politische Führung beim Sturze Hitlers und im neuen Deutschland« vortrug. Offensichtlich wollte er sich bei diesem Vortrag noch nicht so recht aus dem Fenster lehnen und erst einmal die Meinung seiner Genossen einholen. Nach einem ausführlichen historischen Exkurs über die Rolle des Sozialismus in Deutschland blieb er im Weiteren reichlich unverbindlich, so dass beschlossen wurde, die Diskussion über sein Thema eine Woche später fortzusetzen. Am 24. April trug Ulbricht erneut vor, und bereits der Titel seines Referats »Strategie und Taktik der Machtübernahme« zeigte, dass er sich nunmehr entschieden hatte, eine offensive Strategie für die KPD im Nachkriegsdeutschland vorzuschlagen. Was er vortrug, war die uneingeschränkte Übernahme des sowjetischen Sozialismusmodells für sein deutsches Vaterland und von wenig taktischer Rücksichtnahme geprägt. Ulbricht blieb sich treu. Vor kurzem erst, bei der Gründung des Nationalkomitees »Freies Deutschland«, war er wieder aufgrund seines mangelnden Einfühlungsvermögens und Sinnes für das Machbare gescheitert und von den Sowjets zurückgepfiffen worden. Das hinderte ihn nicht, nur wenig später erneut ein pures Sozialismusmodell für die Nachkriegsstrategie der KPD vorzuschlagen. Die Diskussionen der KPD-Führung mündeten im Dezember 1944 im »Aktionsprogramm des Blockes Kämpferischer Demokratie«, das federführend von Pieck, Ulbricht und Ackermann entworfen worden war. Ulbrichts ungebremste Sozialismusstrategie fand darin entscheidenden Niederschlag. Großbetriebe und Banken sollten in erheblichem Umfang verstaatlicht werden. Eine Bodenreform nach dem Grundsatz »Der Boden gehört dem, der ihn bearbeitet«, sollte die Großgrundbesitzer enteignen. Die Wiedergründung von Parteien, auch der KPD, wurde in dem Programm aufgrund sowjetischer Vorgaben bewusst ausgeklammert.[140]

Parallel zu dieser programmatischen Arbeit bereitete sich die KPD ab dem Sommer 1944 auch mit konkreten Personalplanungen auf die Rückkehr nach Deutschland vor. Der Mann fürs Personal, Paul

Försterling, hatte schon im Januar 1944 eine Liste von 264 Moskau-Emigranten vorgelegt und konkrete Vorschläge für ihre künftige Funktion sowie ihren Einsatzort gemacht.[141] Im Sommer hielt es die KPD-Führung dann für angebracht, ihre Personalplanung mit der sowjetischen Führung abzustimmen. Am 13. Juli regte Pieck bei Dimitroff an, »in größerer Zahl Kader in das Land [zu] schicken, die den Kampf der Hitlergegner organisieren«. Dabei schwebte Pieck vor, »für alle Bezirke der östlichen Hälfte Deutschlands ... zunächst je 20 antifaschistische Kriegsgefangene vorzubereiten«[142], die jetzt in Deutschland tätig werden sollten. Als Instrukteur für die Auswahl und Ausbildung dieser Einsatztruppe schlug er unter anderem Walter Ulbricht vor.[143] In der Folge erstellte Pieck in Abstimmung mit Dimitroff eine »Liste von Genossen, die sehr bald ins Land geschickt werden«. Um diese Kader auszubilden und sie auf ihren Einsatz in Deutschland vorzubereiten, wurde eine eigene Parteischule der KPD gegründet. Ulbricht erhielt die Aufgabe, zusammen mit drei sowjetischen Funktionären und dem Kaderreferenten der KPD, Försterling, Teilnehmer und Ersatzkandidaten für die Ausbildung an der Schule auszuwählen. Außerdem wurde ihm die politische Führung der Schule von Seiten der KPD übertragen. Die »Schule für das Land«, wie sie genannt wurde, nahm im September 1944 ihre Arbeit auf und führte bis Dezember 1945 fünf Kurse mit jeweils 25 bis 30 Teilnehmern durch.[144] Die Teilnehmer wurden dabei im Schnellverfahren mit dem ABC des Marxismus-Leninismus und der Geschichte der KPD vertraut gemacht und auf die Ziele der KPD eingeschworen. Zu den praktischen Übungen gehörte die Abfassung von Flugblättern, Zeitschriftenartikeln und Reden. Ulbricht hielt dort ebenso wie Parteiführer Wilhelm Pieck im Rahmen des Lehrplans drei »Lektionen«, wobei für eine Lektion rund zehn Stunden Unterricht im Lehrplan vorgesehen waren.[145] Themen waren beispielsweise Lenins Werke »Was tun?« und »Über die Lehren der deutschen Novemberrevolution«.[146]

Überhaupt gehörte die Ausbildung der Kader, die für die KPD die Macht im neuen Deutschland erringen sollten, zu Ulbrichts Arbeitsschwerpunkten in dieser Phase. Er hielt Vorträge in den Kriegsgefangenenschulen[147], in denen Ähnliches »gelehrt« wurde wie in der »Schule für das Land«, nämlich Versammlungstechnik, Parteitaktik, russische Geschichte und »bolschewistische Kritik und Selbstkritik«.[148] Zu den praktischen Schulungen für die künftigen Remigranten gehörten beispielsweise das Verfassen von Flugblättern und die Anleitung, wie solche später in Deutschland hergestellt werden könnten.[149] Auch die in Moskau lebenden rund 150 deutschen Kommunisten wurden ab Februar 1945 auf ihre kommende politische Arbeit in Deutschland vorbereitet. Ein Mal wöchentlich hatten sie an einem Schulungskurs teilzunehmen, auf dem alle in Deutschland anstehenden politischen Probleme erörtert wurden. Auch hier gehörte Ulbricht neben den anderen KPD-Führern zu den Referenten.

Stalin bremst

Anfang 1945 begann für die KPD-Emigranten die heiße Phase der Rückkehr nach Deutschland. Seit über einem Jahr hatten sie sich darauf vorbereitet. Die entwickelte Strategie hieß: Möglichst schnell eine kommunistische Massenpartei in Deutschland aufbauen, ehe sich die traditionelle Parteienlandschaft neu etablieren kann, und diesen Wettbewerbsvorsprung nutzen, um die politische Macht zu ergreifen. So wie es in der Sowjetunion vorexerziert worden war, sollte und musste es nun endlich auch in Deutschland gelingen, ein sozialistisches System zu errichten. Doch auf dem Weg zu diesem Ziel war in den Jahren nach 1945 – für die Deutschen erstaunlich – eine ganz hohe Hürde zu überwinden. Ausgerechnet Stalin bremste den sozialistischen Eifer seiner deutschen Vasallen.

Stalin verordnete der KPD 1944/45 Zurückhaltung bei ihrer Sozialismusforderung und ließ sie wissen, dass der Sozialismus in Deutschland gegenwärtig nicht das Ziel sei. Vielmehr stehe Deutschland vor einer bürgerlich-demokratischen Umgestaltung, die in ihrem Wesen die Vollendung der Revolution von 1848 sei. Stalin und die sowjetische Führung hatten nicht vergessen, dass 1933 die Nationalsozialisten den Kommunismus in Deutschland hinweggefegt hatten. Ebenso war ihnen nicht entgangen, wie wenig Wirkung die kommunistische Propaganda bei den in der Sowjetunion gefangenen deutschen Soldaten gezeigt hatte. Vor diesem Hintergrund wurde es von der Sowjetführung als illusorisch eingeschätzt, in Deutschland unmittelbar den Sozialismus einführen zu können. Zwar hatte auch Stalin immer das Endziel, das kommunistische System der Sowjetunion nach Deutschland auszuweiten. Doch zielte seine Politik auf ganz Deutschland. Er wollte auch Einfluss auf den Westteil Deutschlands und war nicht bereit, diesen den westlichen Alliierten allein zu überlassen. Deutschland als Ganzes war besiegt worden, nicht nur der östliche, künftig von den Sowjets zu besetzende Teil. Dass im größeren westlichen Teil, in dem das industrielle Zentrum, das Ruhrgebiet, lag, der unterlegene Gegner unter westlicher Besatzung wieder zu Kräften gelangen sollte, konnte nicht im Interesse der Sowjetunion liegen. Das Land, das sich nach dem Ersten Weltkrieg so erstaunlich schnell wieder von seiner Niederlage erholt hatte, das den Kommunismus im eigenen Machtbereich eliminiert hatte und das die Sowjetunion 1941 trotz eines Nichtangriffspakts überfallen und an den Rand der Niederlage gebracht hatte, sollte in der Zukunft so unter Kontrolle der Sowjets stehen, dass sich diese Bedrohung nie wiederholen würde. Dafür war der Kremlherr bereit, sein langfristiges Ziel, die Bolschewisierung Deutschlands, zunächst zurückzustellen. Dafür war er auch bereit, die Macht in Deutschland mit den anderen Siegermächten zu teilen. Vor diesem Hintergrund – aber nur vor diesem Hintergrund – war der sowjetische Diktator für die Einheit Deutschlands.[150] Er wollte keinen Separatstaat DDR, obwohl er dessen Entstehung schon frühzeitig befürchtete,[151] weil er wusste, dass ihm ein solcher alle Chancen nehmen würde, Einfluss auf ganz Deutschland zu nehmen. Alle seine Deutschland betreffenden Handlungen und Initiativen, beginnend mit dem Aufbau »Deutscher Zentralverwaltungen« in der SBZ im Mai 1945 bis hin zu den sowjetischen Deutschlandnoten des Jahres 1952, waren Ausdruck dieser Gesamtstrategie.

Anfang 1945 wurde die KPD darüber informiert, dass die deutschen Kader bei ihrer Rückkehr nach Deutschland zunächst in kleinen Gruppen und unter Regie der politischen Abteilungen der Roten Armee an den einzelnen Fronten eingesetzt werden sollten. Sie sollten dabei nur Hilfsfunktionen erfüllen, ohne selbst eine offizielle Mission zu haben.[152] Erst in einer zweiten Etappe sollten die deutschen Kommunisten eigenständige Aufgaben übernehmen. Gedacht war dabei an die Wiederbelebung der KPD, die Schaffung von lokalen Volksausschüssen aus politischen und wirtschaftlichen Grundorganisationen sowie an die Herausgabe lokaler Zeitungen.[153] Das blieb natürlich weit hinter den deutschen Plänen zurück. Irritiert fragte Wilhelm Pieck am 19. Februar 1945 noch einmal bei Dimitroff nach den Vollmachten der deutschen Einsatzgruppen und dem Zeitpunkt des Neuaufbaus der KPD nach.[154]

Schon am 15. Februar 1945 entstand unter Federführung Ulbrichts ein neues Papier der KPD, in dem sich die Partei auf die neue Situation einstellte: Die »Richtlinien für die Arbeit der deutschen Antifaschisten in den von der Roten Armee besetzten Gebieten«.[155] Der Entwurf enthielt auf zwei Seiten organisatorische Grundsätze für den Wiederaufbau der KPD und Richtlinien für die Mitgliedschaft in der Partei. Außerdem legte Ulbricht am selben Tag einen Entwurf zu »Anweisungen für Anfangsmaßnahmen zum Aufbau der Parteiorganisation in den besetzten Gebieten«[156] vor. Darin wurden detailliert der Neuaufbau der kommunalen Verwaltungen beschrieben und Vorgaben für die Besetzung von Stellen gemacht. Schließlich erarbeitete die KPD-Führung in dieser Phase auch noch einen »Vorschlag für die nächsten Maßnahmen der Kommunisten«.[157] Die KPD ging bei all diesen Strategiepapieren nach wie vor davon aus, möglichst schnell eine kommunistische Massenpartei in Deutschland aufzubauen. Ganz war noch nicht durchgedrungen, dass Stalin das zu diesem Zeitpunkt nicht wollte.

Trotzdem ergriff jetzt ein »Rückkehr-Fieber« die Moskauer KPD-Emigranten. Mehr und mehr kreisten alle Gespräche um die Rückkehr und die künftige Arbeit in Deutschland. Am 1. April 1945 berieten sich Ulbricht, Pieck und Anton Ackermann zusammen mit Georgi Dimitroff erneut über den bevorstehenden Einsatz im Nachkriegsdeutschland. An diesem Tag wurde ein Plan für eine stufenweise Übersiedlung der KPD-Führung nach Deutschland verabschiedet. In Abweichung von den bisherigen Personalplanungen wurde beschlossen, dass Ulbricht die Vorhut der KPD leiten sollte. Mit einer Einsatztruppe von rund einem Dutzend KPD-Emigranten sollte er als Erster der Moskauer KPD-Emigranten nach Berlin zurückkehren. Mitte April waren die Würfel gefallen. Die 32 KPD-Funktionäre, die als Erste zurückkehren sollten, standen namentlich fest. Ulbrichts Name stand dabei an erster Stelle.[158]

Unter Führung von Pieck erhielten die Heimkehrer in vier Tagesseminaren, die in der zweiten Aprilhälfte stattfanden, den letzten Schliff.[159] Ulbricht und seine zehnköpfige Truppe nahmen nur noch an den beiden ersten Schulungen teil, dann war die Zeit für ihren Einsatz gekommen.[160] Dabei wäre um ein Haar Ulbrichts Teilnahme kurz vor dem Start noch ins Wasser gefallen. In der Abschlussbesprechung bei Dimitroff am 25. April, an der neben Ulbricht, Pieck und Ackermann auch sowjetische Militärs teilnahmen, präsentierte die KPD die Namen von jeweils zehn Deutschen, die in Berlin sowie in Sachsen in zwei Gruppen zum Einsatz kommen sollten. Dabei kam es anscheinend noch einmal zu einer Diskussion über Ulbrichts Rolle, der als Leiter der Berliner Gruppe vorgesehen war. Pieck notierte unter die Namen der beiden Gruppen: »nicht so bekannte Genossen – Ulbricht?« Offenbar wurde von sowjetischer Seite die Frage gestellt, ob es zweckdienlich sei, einen der bekanntesten deutschen Kommunisten als Ersten nach Berlin zu schicken, und ob es nicht besser wäre, auf einen weniger prominenten Deutschen zu setzen. Die Diskussion endete mit einem Votum für Ulbricht. Noch einmal wurden die Deutschen vergattert: Die politische Arbeit in Deutschland sollte ausschließlich aufgrund entsprechender Anweisungen durch die Politische Hauptverwaltung bei der Roten Armee (PUR) erfolgen. Die KPD war berechtigt, dabei Vorschläge zu machen, es sollte jedoch auf keinen Fall selbstständige Initiativen der KPD geben und erst recht keine selbstständige Parteiorganisation.[161]

Zeitzeuge Wolfgang Leonhard berichtete über die letzten Tage in Moskau: »Ulbricht schien überhaupt nicht beeindruckt oder erfreut zu sein – zumindest ließ er sich nichts anmerken. Er sprach zu uns, als ob es sich um die selbstverständlichste Sache der Welt handeln würde, nach so vielen Jahren nach Deutschland zurückzukehren... Am 27. April wurden wir noch einmal zu einer kurzen Besprechung zu Ulbricht bestellt. ›Alles bereit, alles fertig?‹, fragte Ulbricht. Zum ersten Mal erlebte ich Ulbricht lächelnd und freundlich. ›Voraussichtlich werden wir am 29. oder 30. April fliegen. Vorher werden wir noch bei Wilhelm eine Abschiedsfeier haben. Nun noch eine praktische Angelegenheit.‹ Er öffnete eine Mappe und nahm ein Bündel Banknoten heraus, die unter uns aufgeteilt wurden. Jeder erhielt 1000 Rubel, was weit über dem Monatslohn eines Arbeiters lag, und zudem 2000 Deutsche Reichsmark für die ersten Anschaffungen in Deutschland.« Leonhard weiter: »Am 29. April wurden wir zum letzten Mal zu Ulbricht gerufen. Auch diese Besprechung war nur ganz kurz. ›Es ist alles klar. Wir werden morgen um 7.00 Uhr abfliegen. Wir treffen uns vor dem Nebeneingang des Hotels Lux um 6.00 Uhr und fahren dann mit einem Autobus zum Flugplatz. Jeder nimmt nur ein kleines Köfferchen mit den allerdringendsten Sachen mit sich. Heute Abend sind wir noch bei Wilhelm eingeladen.‹« [162]

Sowjetischer Statthalter: 1945–1953

»Wenn unsere Politik richtig durchgeführt werden soll, so müssen wir eine Partei schaffen, die zu drei Viertel aus neuen Mitgliedern bestehen muss.«

»Es muss demokratisch aussehen, aber wir müssen alles in der Hand haben.«

Walter Ulbricht im Mai 1945

»Die Überprüfung der Parteimitglieder und Kandidaten wird uns helfen, Elemente mit kleinbürgerlicher Entartung, mit materiellen und moralischen Korruptionserscheinungen, Elemente, die sich von der Partei entfremdet haben, aus der Partei zu entfernen.
Die Überprüfung wird uns helfen, solche parteifremden Elemente zu entfernen, die in den Jahren seit 1945 zu uns gekommen sind, um ihre unsauberen Geschäfte mit dem Mitgliedsbuch unserer Partei zu tarnen oder aus persönlichen Gründen Karriere machen zu wollen.«

Walter Ulbricht am 1. Dezember 1950

Rückkehr nach Deutschland

Am 1. Mai 1945, einen Tag nach Hitlers Selbstmord, kehrte Ulbricht in Begleitung sowjetischer Offiziere in die noch umkämpfte und brennende deutsche Hauptstadt zurück. Nach zwölf Jahren Emigration betrat er erstmals wieder deutschen Boden. Was von Berlin übrig geblieben war, musste ihn erschüttern. Die Stadt glich mehr einem Trümmerhaufen denn einer Metropole. Umgestürzte Bäume, herabhängende Straßenbahnleitungen, Pferdekadaver, Panzerhindernisse und Bombentrichter hatten viele Straßen fast unpassierbar gemacht und zwangen immer wieder zu großen Umwegen. An einigen Stellen leisteten Hitlerjugend und Volkssturm noch Widerstand. Viele Häuser brannten, Ruinen verglühten. Verängstigte Menschen, die wochenlang in Kellern oder Bunkern vegetiert hatten, irrten mit grauen Gesichtern durch die Trümmerberge. Zwei Drittel aller Gebäude waren total zerstört oder schwer beschädigt. Es gab keinen Strom, kein fließendes Wasser, kein Gas, keine Lebensmittel, keine Wohnungen, keine öffentlichen Verkehrsmittel. In den U-Bahn-Schächten stand Wasser. Und auf dem Reichstag wehte die rote Fahne.

So trostlos sich die Lage in dieser Stunde für Deutschland gestaltete, für Ulbricht war sie ein Triumph. Er hatte zu den wenigen gehört, die vor 1933 gegen die Nationalsozialisten protestiert und gekämpft hatten. Nach der Machtergreifung hatte er über ein Jahrzehnt lang aus der Emigration zum Sturz des Hitlerregimes aufgerufen. Er hatte Recht behalten mit seinen Warnungen vor Hitler. Und er durfte sich bestätigt fühlen, dass sein politischer Lebensweg sich letztlich als richtig erwiesen hatte. Jetzt fiel ihm der Triumph zu, als Abgesandter Stalins als Erster der Moskauer KPD-Exilanten nach Berlin zurückzukehren. Es war die Rückkehr eines Siegers. Und jetzt wollte er sein politisches Lebensziel verwirklichen, den Aufbau des Sozialismus in Deutschland.

Am Vortag war er noch in Moskau aufgewacht. Um sechs Uhr früh hatte ihn und seine neun deutschen Begleiter – Fritz Erpenbeck, Otto Fischer, Gustav Gundelach, Richard Gyptner, Walter Köppe, Wolfgang Leonhard, Hans Mahle, Karl Maron und Otto Winzer – ein Bus vom Lux abgeholt und zum Moskauer Flughafen gebracht. Dort standen zwei amerikanische Douglas-Transportmaschinen bereit. Eine davon bestiegen Ulbricht und seine Mannschaft, die andere war für eine ebenfalls zehnköpfige Gruppe von Angehörigen des Nationalkomitees Freies Deutschland reserviert, die unabhängig von der »Gruppe Ulbricht« nach Deutschland zurückkehrte. Der Flug führte zunächst nach Minsk, wo die Maschine aufgetankt wurde. Nachmittags landeten Ulbricht und seine Begleiter in Calau, dem heutigen Kalawa, 70 Kilometer östlich von Frankfurt an der Oder. Nach einer Übernachtung in einem Gasthof in der Nähe von Küstrin, dem heutigen Kostrzyn, ging die Reise der Gruppe am 1. Mai weiter nach Bruchmühle bei Strausberg, 30 Kilometer östlich von Berlin. Hier befand sich der Stab von Generaloberst Bersarin, der mit der von ihm befehligten Armee die Schlacht um Berlin für die Sowjetunion entschieden hatte. Den deutschen Moskau-Heimkehrern wurde in Bruchmühle ein Haus zugewiesen, das ihnen zugleich als Arbeitsplatz und Wohnquartier diente.[1] Hier hielten sich die Mitglieder der »Gruppe Ulbricht« bis zum Tag der bedingungslosen Kapitulation des Deutschen Reiches am 8. Mai 1945 auf. Am Tag darauf bezogen sie ein neues Quartier in Ost-Berlin.[2] Auch dieses Gebäude lag in unmittelbarer Nachbarschaft zum Hauptquartier der sowjetischen Besatzer und diente der »Gruppe Ulbricht« zugleich als Arbeitsplatz und Wohnort.

Am Abend des 1. Mai war Ulbricht aus Berlin zurückgekehrt und stieß wieder zu den Mitgliedern seiner Gruppe in Bruchmühle. Bei einer ersten Besprechung, an der auch sowjetische Politoffiziere teilnahmen, verkündete er den Fahrplan für die nächsten Wochen: »Es wird unsere Aufgabe sein, die deutschen Selbstverwaltungsorgane in Berlin aufzubauen.«[3] Ulbrichts Mannschaft blickte sich zweifelnd um, während ihr Chef seine Pläne entwickelte. Vor allem, als er in Anbetracht des Chaos, das überall herrschte, neben Technikern, Ingenieuren und Facharbeitern auch zur Suche nach Lehrern und Künstlern aufforderte, war seine Truppe »ehrlich erstaunt, um nicht zu sagen entrüstet«.[4] Doch am nächsten Tag nahmen alle entsprechend der Anweisung Ulbrichts ihre Arbeit auf.

In nur zwei Monaten sollte die »Gruppe Ulbricht« den personalpolitischen Grundstein für die kommunistische Herrschaft in der sowjetischen Besatzungszone legen. Und sie sollte einen nennenswerten Beitrag zum Wiederaufbau des öffentlichen Lebens in Berlin leisten. Bereits am 13. Mai 1945 nahm der Berliner Rundfunk sein Programm auf. Organisator dieser beachtenswerten Leistung war Hans Mahle, ein Mitglied der »Gruppe Ulbricht«. Sein Chef hatte ihm den Auftrag dazu mit den Worten erteilt: »Du bist schließlich der Einzige von uns, der ein bisschen von Rundfunk versteht.«[5] Am 14. Mai 1945 fuhr wieder der erste U-Bahn-Zug, sechs Tage später folgten die ersten Straßenbahnen. Dass am 17. Mai der erste Nachkriegsmagistrat von Berlin seine Arbeit aufnehmen konnte, war entscheidend dem Wirken der KPD-Truppe um Ulbricht zuzuschreiben. Am 18. Mai gab das Orchester der Oper unter den Linden sein erstes Konzert nach dem Krieg, und am 26. Mai folgten die Berliner Philharmoniker. Ein kleines Wunder war schließlich, dass bereits im Juni 1945 128 000 Kinder in notdürftig hergerichteten Schulräumen wieder unterrichtet wurden. Die Mitglieder der »Gruppe Ulbricht« trugen zu diesem logistischen Wunder bei. Ihre Tätigkeit endete Anfang Juli, als Parteiführer Wilhelm Pieck nach Deutschland zurückkehrte und die KPD-Führung ihr endgültiges Domizil im Zentrum Berlins bezog.[6]

Hilfsorgan der sowjetischen Besatzungsmacht

Noch am Abend seiner Ankunft in Deutschland führte Ulbricht ein erstes Gespräch mit dem Chef der Politischen Hauptverwaltung (PUR) bei der Roten Armee, Generalleutnant Galadshew. Von ihm erhielt Ulbricht seine ersten Aufgaben zugeteilt. Die Kompetenzen der »Gruppe Ulbricht« waren bereits in Moskau eindeutig abgesteckt worden. Die Deutschen waren ein Hilfsorgan der PUR, eigene Initiativen sollten sie zunächst nicht entwickeln. Dimitroff stellte das gegenüber Wilhelm Pieck Ende Mai noch einmal ausdrücklich klar, als die Rückkehr des KPD-Vorsitzenden und einer weiteren Emigrantengruppe nach Deutschland vorbereitet wurde: »Abreisende stehen nicht zur Verfügung der KPD, sondern zur Verfügung der Roten Armee – ihrer Organe.«[7] Die sowjetischen Besatzungsbehörden kontrollierten zunächst jeden Schritt der deutschen Kommunisten. Das begann damit, dass die Arbeits- und Wohnräume der KPD-Rückkehrer bewusst in unmittelbare Nähe der PUR gelegt wurden. Jedes Mitglied der »Gruppe Ulbricht« erhielt ein von den Sowjets ausgestelltes Schreiben, das ihn als Mitarbeiter der PUR auswies. Fast jeden Abend konsultierte Ulbricht Vertreter der PUR, um Einzelheiten seiner Arbeit zu besprechen. Mal machte er Vorschläge für die Organisation der Arbeit der Bezirksverwaltungen und für Maßnahmen zur Wiederbelebung des öffentlichen Lebens. Mal initiierte er Flugblätter, in denen die Berliner zur Verbesserung der Ernährungssituation dazu aufgefordert wurden, »jedes Stück Boden« zu bebauen, oder in denen Vorschläge zur Linderung der allgemeinen Wohnungsnot gemacht wurden.[8]

Die enge Anbindung der KPD an die sowjetische Besatzungsmacht galt nicht nur unmittelbar nach dem Krieg für die »Gruppe Ulbricht«. Auch die Vertreter der KPD- bzw. SED-Führung blieben lange Zeit in wichtigen Fragen abhängig von den Vorgaben oder Genehmigungen der Sowjets. Dabei spielte es keine Rolle, ob das oberste sowjetische Kontrollorgan als Sowjetische Militäradministration in Deutschland (SMAD) firmierte oder – wie nach Gründung der DDR – als Sowjetische Kontrollkommission in Deutschland (SKK). Auch nach der Gründung der DDR hatten die deutschen Genossen sich mit der Rolle von Bittstellern abzufinden, blieben ein Hilfsorgan ihrer sowjetischen Vormünder. Ulbricht und die übrigen SED-Führer holten sich selbst in Detailfragen zunächst in Karlshorst, wo die SMAD und später die SKK ihren Sitz hatten, die Genehmigung ein, bevor sie handeln konnten. Wilhelm Pieck hielt dazu in seinen Notizen fest: »Ob es um die Komplettierung der Ministerlisten geht oder um die Leitung des Kulturbundes, die Umbenennung der Frankfurter Allee in Stalin-Allee, die Preisgestaltung der HO oder die Vorbereitung der Frühjahrsbestellung – stets fallen die Entscheidungen erst nach Rücksprache mit Tschuikow und Semjonow.«[9]

Walter Ulbricht arbeitete von Beginn an direkt mit der obersten politischen Führung der Sowjets in Deutschland zusammen. Das waren General Galadshew, der Chef der Politischen Hauptverwaltung der Roten Armee in Berlin, und sein Stellvertreter, Generaloberst Serow. Ulbricht bediente sich bei den Treffen mit den SMAD-Repräsentanten regelmäßig der Hilfe eines Dolmetschers, unmittelbar nach dem Krieg war das Wolfgang Leonhard. Hier erhielt er seine Aufträge und legte Rechenschaft über seine Arbeit ab. Ulbricht war 1945 »ein deutscher Politgehilfe in der Politischen Hauptverwaltung eines Frontkommandos«.[10] Er war zwar nicht ohne Einfluss, die Entscheidungen aber, auch in relativ unbedeutenden Fragen, trafen die sowjetischen Sieger. Stolz schrieb Ulbricht zwei Wochen nach seiner Ankunft in Berlin an Wilhelm Pieck: »Jetzt ist es schon so, dass die Kommandanten in verschiedenen Stadtteilen, wenn komplizierte Fragen sind, sich telefonisch an uns wenden und einen Instrukteur anfordern, der hilft, die Fragen zu klären und den Verwaltungsapparat richtig aufzubauen.«[11]

Durch den fast täglichen Kontakt zu den führenden sowjetischen Repräsentanten entwickelte sich Ulbricht schnell zu deren wichtigstem deutschen Ansprechpartner. Ulbricht garantierte die effiziente Umsetzung sowjetischer Vorstellungen in der KPD und den neu entstehenden deutschen Verwaltungsbehörden. Er machte Personalvorschläge für zu besetzende Stellen, gab Ratschläge und Empfehlungen. Deutsche Mitarbeiter für die Zeitung der Roten Armee Tägliche Rundschau wurden gesucht? Kein Problem, Ulbricht präsentierte umgehend vier geeignete Kandidaten und forderte zwei von ihnen gleich aus Moskau an. Zu keinem Zeitpunkt zeigte er nach außen irgendwelche Zweifel an der Richtigkeit sowjetischer Besatzungspolitik. Mochten die Klagen über die Unfähigkeit oder Selbstherrlichkeit einiger sowjetischer Militärkommandanten auch nicht abreißen, Walter Ulbricht erstickte jede Kritik an der sowjetischen Besatzungsmacht im Keim. Beschwerden über hemmungslose Demontagen der Sowjets in Betrieben wies er kategorisch zurück. Eine freimütige Diskussion über das Sieger-Besiegten-Verhältnis ließ er gar nicht erst aufkommen. Insbesondere das alle bewegende Thema der vielen Vergewaltigungen deutscher Frauen durch sowjetische Soldaten verdrängte er fast gewaltsam von der Tagesordnung. Für ihn bedeutete umgekehrt die Konzentration und Kanalisierung von Informationen und Kontakten bei ihm selbst einen ungeheuren Informations- und Wettbewerbsvorsprung gegenüber seinen Mitstreitern und möglichen Konkurrenten um die künftige Macht in der sowjetischen Besatzungszone. Ulbrichts bedingungslose Gefolgschaft und sein Informationsvorsprung waren die beiden elementaren Bausteine bei seinem Aufstieg zum sowjetischen Statthalter in Deutschland.

Von einer Anleitung Ulbrichts in dieser Phase durch die Parteiführung in Moskau – so die SED-Geschichtsschreibung – kann keine Rede sein. Die Informationen zwischen dem in Moskau verbliebenen Parteivorsitzenden Wilhelm Pieck und Walter Ulbricht flossen nur spärlich. Sechs Briefe wechselten die beiden im Mai miteinander; die meisten erreichten ihr Ziel mit erheblicher Verspätung. So beklagte sich Pieck denn auch, dass man ihn nicht ausreichend informiere.[12] In den Wochen zwischen der Abreise Ulbrichts und der Rückkehr Piecks nach Deutschland am 1. Juli war der Parteiführer der KPD weitgehend isoliert. Ulbricht wandte sich direkt an Dimitroff und lieferte diesem ausführliche Berichte und Analysen. Den ehemaligen Generalsekretär der Komintern behandelte Ulbricht auch nach seiner Rückkehr nach Deutschland zunächst wie seinen Vorgesetzten und bezeichnete Dimitroff in einem der Schreiben an Pieck als »Chef«.[13] Das war nicht verwunderlich, war der Bulgare doch bis zuletzt der wichtigste Ansprechpartner Ulbrichts gewesen, zunächst in seiner Funktion als Generalsekretär der Komintern und nach deren Auflösung als Leiter der Abteilung Internationale Information des ZK der KPdSU. Mindestens sieben Mal berichtete Ulbricht im Mai Dimitroff ausführlich über den Gang der Dinge, in erster Linie über Personal- und Organisationsfragen. Auch als Ulbricht Anfang Juni nach Moskau reiste, um die Vorbereitungen für die Wiederzulassung von Parteien in Deutschland abzustimmen, besprach er sich ausgiebig mit Dimitroff.

Das »Regime der Stellvertreter«

Für die sowjetischen Besatzungsbehörden hatten angesichts der schrecklichen Zerstörungen in Berlin die Wiederherstellung der öffentlichen Ordnung und die Reorganisation von öffentlichen Versorgungsleistungen absolute Priorität. Als Erstes beauftragten sie deshalb ihre deutschen Gehilfen mit dem Wiederaufbau der Berliner Bezirksverwaltungen und der Bildung eines Magistrats.[14] Damit begann hinter den Kulissen die Errichtung des »Regimes der Stellvertreter«[15] in der Sowjetischen Besatzungszone. Ulbricht begann damit in Berlin und dehnte diese Strategie später auf die gesamte sowjetische Besatzungszone aus. Das Prinzip war einfach. An die Spitze einer Volksvertretung oder Verwaltungsbehörde wurde ein möglichst bekannter Repräsentant des Bürgertums gestellt. Damit sollte vor der Bevölkerung verschleiert werden, welchen Einfluss die Kommunisten in diesen Gremien hatten. Der jeweils neue erste Mann, der Vertrauen für das neue »demokratische« System erzeugen sollte, wurde damit beschäftigt, Reden zu halten, zu repräsentieren und von einer Sitzung zur anderen zu eilen. Die entscheidenden Posten dahinter, die Positionen des Stellvertreters, des Personalchefs und des Zuständigen für das Ausbildungswesen und die Polizei, wurden generalstabsmäßig mit Kommunisten besetzt. Ulbrichts Weisung in Bezug auf die Auswahl der Führungskräfte für die Berliner Bezirksverwaltungen lautete: »Kommunisten als Bürgermeister können wir nicht brauchen, höchstens im Wedding oder in Friedrichshain. Die Bürgermeister sollen in den Arbeiterbezirken in der Regel Sozialdemokraten sein. In den bürgerlichen Vierteln – Zehlendorf, Wilmersdorf, Charlottenburg usw. – müssen wir an die Spitze einen bürgerlichen Mann stellen ... Jedenfalls muss zahlenmäßig mindestens die Hälfte aller

Funktionen mit Bürgerlichen oder Sozialdemokraten besetzt werden... Und nun zu unseren Genossen. Der erste stellvertretende Bürgermeister, der Dezernent für Personalfragen und der Dezernent für Volksbildung, das müssen unsere Leute sein. Dann müsst ihr noch einen ganz zuverlässigen Genossen in jedem Bezirk ausfindig machen, den wir für den Aufbau der Polizei brauchen.«[16]

Bereits am 17. Mai 1945 war die erste Aufgabe der »Gruppe Ulbricht« erfüllt. In allen Stadtbezirken Berlins hatte die KPD neue Bürgermeister und Bezirksverwaltungen eingesetzt. Um die angestrebte »Ausgewogenheit« zu erreichen, waren Mitglieder des »Nationalkomitees Freies Deutschland« als »parteilose Antifaschisten« in die Verwaltungen übernommen worden. In Einzelfällen kam es auch vor, dass die Zugehörigkeit zur KPD einfach verheimlicht wurde.[17] Trotzdem gelang es nicht ganz, die Vorherrschaft der Kommunisten in den neuen Verwaltungen zu verschleiern. Im August 1945 gehörten von 20 Bezirksbürgermeistern sechs der KPD, vier der SPD, einer der CDU und einer der LDPD an, acht waren parteilos.[18]

Parallel zu den Bezirksämtern organisierte Ulbricht nach dem gleichen Muster einen neuen Magistrat samt Oberbürgermeister für die Stadt Berlin. In Bezug auf den viel stärker im Blickpunkt der Öffentlichkeit stehenden Stadtrat musste die Verschleierungstaktik der KPD natürlich noch stärker beachtet werden. Hier war es besonders wichtig, bürgerliche und sozialdemokratische Galionsfiguren zu finden, die nach außen für die Öffentlichkeit die neue demokratische Ordnung repräsentierten, während die Kommunisten im Hintergrund die Fäden zogen. Bei der Suche nach geeigneten Vorzeigekandidaten für den Magistrat schaltete sich Ulbricht persönlich ein. Als Ersten überredete er den Sozialdemokraten und ehemaligen Gewerkschaftsfunktionär Josef Orlopp, in den neuen Berliner Magistrat einzutreten.[19] Wie Orlopp berichtete, erfolgte am nächsten Tag seine demokratische Legitimation für dieses Amt. Sowjetische Vertreter riefen aus den umliegenden Häusern etwa 50 Frauen und Männer zusammen, holten deren Meinung über den Kandidaten ein und ließen schließlich über seine Ernennung abstimmen.[20] Der erste geeignete »Bürgerliche« wurde mit dem ehemaligen Reichstagsabgeordneten Dr. Andreas Hermes einen Tag später gefunden. In einem weiteren nächtlichen Gespräch gelang es Ulbricht am 5. Mai, Hermes davon zu überzeugen, Leiter des Haupternährungsamtes und damit Stadtrat für Ernährung zu werden.[21] In seinem Bericht an Generaloberst Serow schlug Ulbricht vor, wie man Hermes für die eigenen Zwecke gewinnen sollte:

»Unsere Aufgabe müsste sein, Dr. Hermes systematisch und geduldig zu beeinflussen und keine Mittel zu scheuen, ihn für die Freundschaft zur Sowjetunion zu festigen.«[22] Dass Ulbricht auch den weltbekannten Chirurgen Prof. Dr. Friedrich Sauerbruch im Keller der Berliner Charité aufgestöbert haben will, wie er selbst an Dimitroff berichtete, ist dagegen eine Legende.[23] Tatsächlich hatte Hans Mahle den Chef der Charité in seinem Haus in Wannsee ausfindig gemacht. Am 10. Mai 1945 wurde Sauerbruch Ulbricht im Hauptquartier der KPD in der Prinzenallee vorgestellt, und er erklärte sich bereit, als Stadtrat die Leitung des Berliner Gesundheitswesens zu übernehmen.[24]

Für die Rolle des Berliner Oberbürgermeisters hatte Ulbricht zunächst Andreas Hermes ins Auge gefasst.[25] Drei Tage später favorisierte er einen gewissen Otto Schulz, der vor 1933 Magistratsschulrat gewesen war.[26] Wiederum drei Tage später, am 12. Mai, schlug Ulbricht endgültig den 68-jährigen parteilosen Ingenieur Dr. Arthur Werner als neuen Oberbürgermeister vor. Werner hatte zwischen 1912 und 1942 eine technische Lehranstalt zur Ausbildung von Technikern und Ingenieuren geleitet. Sonstige Verwaltungserfahrung besaß er nicht. Alle Beteiligten wussten, dass Werner in dieser Funktion völlig überfordert war. Ulbricht gestand das später ganz freimütig ein: »Werner hatte von politischen Problemen und Entscheidungen keine Ahnung. Daher konnte er auch den westlichen Offizieren gegenübertreten; er wusste nichts und erschien ihnen als typischer Bürgerlicher von seinen Manieren und von seinem Aussehen her. Er hat die Amis faktisch aufs Kreuz gelegt. Natürlich haben wir uns oft darüber amüsiert.«[27] Die Schlüsselpositionen hinter dem Oberbürgermeister besetzte Ulbricht entsprechend dem »System der Stellvertreter« mit Karl Maron[28], einem Mitglied der »Gruppe Ulbricht«. Der wollte den Posten zunächst nicht so recht annehmen, weil er sich die Aufgabe nicht zutraute. Aber Ulbricht wischte Marons Bedenken in der für ihn typischen Art vom Tisch: »Du wirst schon sehen, wie gut es gehen wird. Man muss sich nur ein wenig anstrengen.«[29] Plangemäß wurden auch die Abteilungen Volksbildung sowie Personalfragen und Verwaltung mit Kommunisten besetzt. Ulbrichts Wahl für das Personalressort fiel auf Arthur Pieck, den Sohn des KPD-Vorsitzenden, der bis dahin im Rang eines Hauptmanns in der Politverwaltung der Roten Armee gearbeitet hatte.[30]

Als am 19. Mai 1945 um 13.00 Uhr die offizielle Amtseinführung des Magistrats in Anwesenheit von Stadtkommandant Bersarin über die Bühne ging, hatten Ulbricht und seine Helfer die zweite

Aufgabe in Rekordzeit erfolgreich bewältigt. Doch damit hatte der Aufbau von Ulbrichts »Regime der Stellvertreter« erst begonnen. »Das war unser Kurs für ganz Deutschland«[31], erinnerte sich Ulbricht später. Nachdem die amerikanischen und englischen Truppen die von ihnen besetzten Gebiete Thüringens und Sachsens geräumt hatten, reiste Ulbricht Anfang Juli in diese Länder. Begleitet von SMAD-Mitarbeiter Wladimir Semjonow, reorganisierte er in Weimar, Jena und Erfurt sowie in Halle, Bitterfeld und Leipzig nach dem Berliner Vorbild in kürzester Zeit auch dort die regionalen Verwaltungen.

Schließlich baute Ulbricht auch die so genannten »Zentralverwaltungen« nach diesem Muster auf. Auf der Potsdamer Konferenz hatten die Siegermächte entschieden, daß zonenübergreifende Zentralverwaltungen für Finanzen, Transporte, Verkehr, Außenhandel und Industrie unter direkter Leitung des Alliierten Kontrollrates tätig werden sollten, denen die Funktion von nationalen Ministerien zugedacht war. Die SMAD sah in den »Zentralverwaltungen« ein wichtiges Instrument, um den von Stalin angestrebten Einfluss auf ganz Deutschland zu gewinnen. Seinen »bürgerlichen« Wunschkandidaten für das Amt des Präsidenten der Deutschen Zentralverwaltung für Justiz rekrutierte Ulbricht ebenfalls persönlich. Nach längerer Suche stieß er im jüdischen Krankenhaus in Berlin auf Dr. Eugen Schiffer, einen alten Liberalen, der in der Weimarer Republik Justiz- und Finanzminister gewesen war, und überzeugte ihn, in leitender Stellung am Wiederaufbau der Justiz mitzuwirken.[32] Die Absicht der sowjetischen Besatzer, mittels der Zentralverwaltungen auch eine gewisse Kontrolle in den westlichen Besatzungszonen ausüben zu können, scheiterte allerdings daran, dass die Franzosen im Alliierten Kontrollrat ihr Veto gegen die Errichtung der Zentralverwaltungen einlegten. Diese entstanden darum nur in der sowjetischen Besatzungszone und gingen später in den entsprechenden Ministerien der DDR auf.

Die Moskau-Emigranten setzen sich durch

Obwohl zunächst die Wiedergründung von Parteien nicht auf dem Fahrplan Stalins für Deutschland stand, begann Ulbricht bereits in den ersten Tagen nach seiner Rückkehr damit, das Fundament für die Neugründung der KPD zu legen. Schon am 13. Mai verkündete er vor KPD-Genossen: »Es gibt zur Zeit keine Parteibüros und Parteikomitees. Alles muss vorbereitet werden, um bei Legalität da zu sein.«[33] Zehn Tage später schickte er an Parteichef Wilhelm Pieck in Moskau einen Plan für die Neugründung der KPD, die »jetzt vorbereitet wird«. Vorsichtig fügte er hinzu: »Selbstverständlich geschieht das zunächst in einer solchen Form, die nicht erkennen lässt, worum es sich handelt.«[34] Ulbricht war viel zu erfahren und zu vorsichtig, um in einer so wichtigen Frage auch nur den Eindruck aufkommen zu lassen, er verhalte sich nicht entsprechend den Vorgaben der sowjetischen Führung. Noch Mitte Mai 1945 herrschte weder bei Ulbricht noch bei Dimitroff eine exakte Vorstellung darüber, wann und in welcher Form sich im Nachkriegsdeutschland wieder Parteien organisieren würden. Ulbricht beklagte sich bei Georgi Dimitroff, dass es sehr schwierig sei, den Genossen in Berlin zu erklären, warum die KPD noch nicht öffentlich auftreten könne.[35] Zugleich schlug er vor, einen »Volksbund der demokratischen Erneuerung« zu schaffen, der das gesamte Potenzial linker Kräfte unter Führung der KPD bündeln sollte. Doch am 26. Mai 1945 erhielt KPD-Chef Wilhelm Pieck die Nachricht, dass Parteien und Gewerkschaften jetzt doch zugelassen werden würden.[36] Stalin hatte eine Entscheidung getroffen.

In der Nacht vom 3. zum 4. Juni 1945 reiste Ulbricht erstmals nach Kriegsende wieder nach Moskau, um sich mit der sowjetischen Führung über Details der Neugründung der KPD abzustimmen. Begleitet wurde er von den beiden anderen Leitern der Initiativgruppen, Anton Ackermann und Gustav Sobottka. Zwischen Juni 1945 und April 1952 empfing Stalin in seinem Arbeitszimmer im Kreml insgesamt elf Mal eine Delegation der KPD beziehungsweise der SED. Ulbricht, der protokollarisch hinter Wilhelm Pieck und dem Sozialdemokraten Otto Grotewohl an dritter Stelle rangierte, war bei diesen richtungsweisenden Treffen mit dem sowjetischen Diktator mit einer Ausnahme immer anwesend. Zwei Mal gewährte Stalin seinem Statthalter in der SBZ/DDR sogar das Privileg, allein empfangen zu werden.[37] Das Protokoll dieser Spitzengespräche führte in der Regel Wladimir Semjonow, von 1946 bis 1949 Politischer Berater des Obersten Chefs der SMAD und ab 1953 erster Hoher Kommissar der UdSSR in der DDR. Am Morgen des 4. Juni traf sich die KPD-Delegation zunächst zu einem Vorgespräch mit Parteiführer Wilhelm Pieck.[38] Am Abend kam es zu einem ersten Gespräch mit Stalin, an dem auf sowjetischer Seite auch Außenminister Molotow teilnahm.[39] In den folgenden Tagen konferierte die KPD-Führung mehrfach mit Dimitroff, der in seinem Tagebuch festhielt: »Pieck, Ulbricht, Ackermann und Sobottka bei mir. Wir erörtern ihren Entwurf eines Aufrufs des ZK der deutschen Kommunistischen Partei an das deutsche Volk und den Vorschlag zur Gründung einer Partei der Werktätigen in

Deutschland ... Habe Stalin den redigierten Text des Aufrufs geschickt.«[40] In der Nacht vom 7. zum 8. Juni fand dann ein vierstündiges abschließendes Treffen mit Stalin statt. Die Diskussion drehte sich hauptsächlich um den Entwurf des Aufrufs der deutschen KP-Führer, der mit wesentlichen Änderungen verabschiedet wurde. In den Erinnerungen Dimitroffs war es Stalin, der vorschlug, »definitiv zu erklären, dass im gegebenen Moment die Einführung des sowjetischen Systems in Deutschland unrichtig ist; notwendig ist die Errichtung eines antifaschistischen, demokratischen, parlamentarischen Regimes«.[41] Ausdrücklich wandte sich Stalin auch gegen eine schnelle Vereinigung von KPD und SPD und verwarf damit einen entsprechenden Vorschlag Ulbrichts. Der Kreml-Herr begründete das mit seiner Sorge, dass die Westmächte diesen Akt nicht widerstandslos hinnehmen würden.[42] Über die Sowjetunion solle im Übrigen nicht so lobend gesprochen werden, gab der Sowjetführer den Deutschen als taktische Vorgabe mit auf den Heimweg.[43]

Am 10. Juni 1945 reiste Walter Ulbricht mit dem fertig formulierten Aufruf der KPD im Gepäck wieder nach Berlin zurück. Die Unterzeichner des kommunistischen Programms für das Nachkriegsdeutschland – Ulbricht unterschrieb nach Pieck an zweiter Stelle – bildeten zugleich das »provisorische Zentralkomitee« der neuen KPD. Außerdem war in Moskau die Bildung eines Sekretariats des ZK verabschiedet worden, dem Ulbricht ebenfalls angehörte.[44] Noch am selben Abend verkündete Ulbricht in einer Versammlung vor 60 KPD-Funktionären den Befehl Nr. 2 der SMAD, der die Bildung und Tätigkeit von Parteien in Deutschland sowie das Recht zur Vereinigung in freien Gewerkschaften und Organisationen zum Inhalt hatte. Danach verlas Ulbricht den in Moskau ausgearbeiteten Entwurf des Zentralkomitees der KPD. Schon in der anschließenden Diskussion wurde deutlich, dass sich vor allem die Altkader, die das Dritte Reich in Deutschland überlebt hatten, mehr vom Nachkriegsprogramm der KPD versprochen hatten. Für viele alte Parteigenossen war der Inhalt des Aufrufs eine schwere Enttäuschung. Kein Wort fand sich darin von der Errichtung der Diktatur des Proletariats. Selbst das Wort Sozialismus suchten sie in dem Manifest vergebens. Dort hieß es entsprechend den Vorgaben Stalins vielmehr: »Wir sind der Auffassung, dass der Weg, Deutschland das Sowjetsystem aufzuzwingen, falsch wäre.« Mancher alte Rot-Front-Kämpfer rieb sich verwundert die Augen, als er in dem Aufruf die Forderung las: »Völlig ungehinderte Entfaltung des freien Handels und der privaten Unternehmerinitiative auf Grundlage des Privateigentums.« Immerhin sah der Aufruf die

»Liquidierung des Großgrundbesitzes, der großen Güter der Junker, Grafen und Fürsten« vor, was jedoch im nächsten Satz relativiert wurde: »Es ist selbstverständlich, dass diese Maßnahmen in keiner Weise den Grundbesitz und die Wirtschaft der Großbauern berühren werden.«

Die Kritik aus den eigenen Reihen an dieser moderaten Strategie war unüberhörbar. Immer wieder musste Ulbricht auf Tagungen und Versammlungen die Forderung nach einer Verstaatlichung der Industriebetriebe in der SBZ zurückweisen. Ulbrichts lapidare Antwort lautete: »Wir glauben, dass die Verstaatlichung nicht auf der Tagesordnung steht.«[45] Ebenso musste Ulbricht die Forderung seiner Parteigenossen zurückweisen, landwirtschaftliche Erzeugnisse beschlagnahmen zu lassen: »Es gibt Genossen, die die Beschlagnahme sämtlicher landwirtschaftlicher Produkte fordern. Die Bauern würden fragen, was ist der Unterschied zwischen der Zwangsbewirtschaftung bei den Nazis und bei euch? Das ist kein Unterschied, wenn wir so verfahren würden.«[46] Stattdessen ermahnte Ulbricht seine Genossen, auf den alten Gruß »Rot Front« zu verzichten und von der Ausstattung von Versammlungsräumen mit Hammer und Sichel Abstand zu nehmen.[47] »Es ist klar, wenn wir in ein Parteibüro kommen, und wir sehen nur die Bilder der Führer des Sowjetvolkes, dass das nicht richtig ist... Ich denke, das muss man korrigieren.«[48] Das Tragen des Sowjetsterns wurde gar verboten, und wer sich nicht daran hielt, musste damit rechnen, verhaftet zu werden.[49] Auch die Forderung, wieder einen kommunistischen Jugendverband zu gründen, wies Ulbricht im Hinblick auf die Gesamtstrategie zurück. Stattdessen bekannte er sich wiederholt zum privaten Unternehmertum: »Ich will ganz offen sagen: Den privaten Unternehmern bleiben noch große Möglichkeiten... Allerdings unterliegt er – das soll ganz offen ausgesprochen werden – gewissen Beschränkungen...die sich allgemein aus den Schwierigkeiten des Aufbaus ergeben... Mit anderen Worten: Die Bäume dieser Privatunternehmer wachsen nicht mehr in den Himmel. Aber er hat als Privatunternehmer die Möglichkeit, zu produzieren und auch Gewinne zu machen; darüber ist gar kein Zweifel.«[50] Darüber hinaus sprach sich Ulbricht auch für eine leistungsorientierte, differenzierte Bezahlung aus: »Wir sind nicht der Meinung, dass die Scheuerfrau genauso verpflegt wird wie ein Abteilungsleiter. Wir sind gegen die Gleichmacherei. Absolut sind wir dagegen. Das ist auch eine Frage der Erziehung, denn wenn alle gleich behandelt werden, dann frage ich euch, warum soll sich der niedrige Funktionär dann noch entwickeln?«[51]

Bereits am 19. Juni 1945 reiste Ulbricht erneut nach Moskau, um Stalin und Molotow in einer nächtlichen Sitzung im Kreml über die Wirkungen des Aufrufs aus erster Hand zu unterrichten.[52] Auch anhand der innerparteilichen Diskussion des Aufrufs war erneut deutlich geworden, dass die »Moskau-Emigranten« in den zwölf Jahren der Diktatur eine ganz andere Entwicklung genommen hatten als die »West-Emigranten« oder die im Reich verbliebenen »Illegalen«. Aus Ulbrichts Sicht machten die Altmitglieder der KPD, die das Dritte Reich nicht in der Sowjetunion überlebt hatten, nahezu alles falsch. Sie verwendeten die alten Symbole aus der Zeit der Weimarer Republik, wie Hammer und Sichel, trugen rote Armbinden mit der Aufschrift KPD und verwendeten die Losung »Rot Front«. All das war nicht im Sinne Stalins, also musste auch Ulbricht es verbieten. Überzeugen konnte er die alten Kader, die nicht durch die Gehirnwäsche des Stalinismus gegangen waren, meist nicht. Schon Mitte Mai hatte sich Ulbricht denn auch in einem Brief an Wilhelm Pieck beklagt: »Wir müssen uns Rechenschaft darüber ablegen, dass die Mehrheit unserer Genossen sektiererisch eingestellt ist und dass möglichst bald die Zusammensetzung der Partei geändert werden muss durch die Hereinnahme aktiver Antifaschisten, die sich jetzt in der Arbeit bewähren. Manche Genossen führen unsere Politik mit Augenzwinkern durch, manche haben den guten Willen, aber dann ist bei ihnen doch die Losung ›Rot Front‹, und manche, vor allem in den komplizierten Bezirken Charlottenburg und Wilmersdorf, reden über Sowjetmacht und Ähnliches. Wir haben energisch den Kampf gegen die falschen Auffassungen in den Reihen unserer Genossen geführt, aber immer wieder tauchen neue Genossen auf, die mit den alten Fehlern von vorn beginnen.«[53]

Das selbstständige Denken der »Illegalen« und »West-Emigranten« sowie die Tatsache, dass sie eigene politische Vorstellungen entwickelten, war unvereinbar mit dem zentralistisch und nach Befehlsstrukturen ausgerichteten Denken der überlebenden »Moskau-Heimkehrer«. Kein Wunder, dass es schnell zu Spannungen zwischen ihnen und den übrigen Altkommunisten kam. Heinz Brandt, später Sekretär der Berliner Bezirksleitung der SED, beschreibt das Verhältnis dieser Gruppen zueinander: »Misstrauisch beäugen die ›Moskauer‹, Unentwegte, Leute von der ›Gruppe Ulbricht‹, uns Daheimgebliebene, uns Funktionäre, die wir niemals durch Stalins Säuberungs-, seine Gehirnwäschemaschine gegangen sind. Wir sind nicht von ihrer Kumpanei. An unseren Händen klebt kein Blut. Wir sind nicht in Stalins Verbrechen verstrickt, sind nie seine Helfershelfer gewesen – und wir haben am eigenen Leibe erfahren, was Terror ist. Wir bilden für dieses Regime, das seine dunklen Pläne noch nicht offen enthüllt, sie unter wohltönend demokratischen Phrasen verbirgt, eine potenzielle Gefahr.«[54] In der unausweichlich anstehenden innerparteilichen Machtauseinandersetzung waren die »West-Emigranten« den in Machtfragen bestens geschulten und gestählten Exilanten in keiner Weise gewachsen. Ulbricht trat den »einfachen« Parteimitgliedern gegenüber wie ein Vorgesetzter auf, und zwar in einem Ton, der keinen Widerspruch duldete, und in einer Art, die keinen Zweifel ließ, dass er und nicht die »Illegalen« die Politik der Partei bestimmten.[55] Vor allem die Tatsache, dass die Emigranten den alleinigen Kontakt zu den sowjetischen Besatzungsbehörden hatten und damit für sich in Anspruch nehmen konnten, ihre Politik sei von den Sowjets gebilligt oder sogar vorgegeben, schloss eine entscheidende politische Einflussnahme durch die Repräsentanten des kommunistischen Widerstands fast völlig aus. Darüber hinaus nahmen die Emigranten für sich in Anspruch, dass alleine sie ideologisch auf der Höhe seien, und drängten auch auf diesem Weg den Einfluss der »Illegalen« zurück. »Ich will keine Vorwürfe machen, nach 12 1/2 Jahren faschistischer Diktatur, wo die Genossen im KZ nicht lesen konnten, ist es klar, dass es in einer Reihe von Fragen Missverständnisse geben kann und muss...«, dozierte Ulbricht. »Die Funktionäre, die in einer großen Zahl eine marxistische Schulung haben, aber stehen geblieben sind, wie sollten sie sich in den letzten 13 Jahren mit den Problemen beschäftigen, die jetzt ausgearbeitet worden sind?«[56] Schließlich bestimmten Ulbricht und seine Gruppe von Anfang an die Personalpolitik. Obwohl seit Anfang Mai über 100 Altfunktionäre der KPD, die zuvor im Gefängnis oder im Konzentrationslager gesessen hatten, in einem Sammellager in der Spandauer Behrendt-Kaserne darauf warteten, wieder für die KPD zum Einsatz kommen zu können, griff Ulbricht lediglich auf vier Genossen aus diesem in Berlin vorhandenen Personalreservoir zurück.[57] Er begründete diese Zurückhaltung mit dem fadenscheinigen Argument, dass für den Einsatz der dort lebenden Kommunisten keine Unterbringungsmöglichkeiten vorhanden seien.[58] Aber das galt natürlich genauso für die aus Moskau nach Berlin beorderten Kader. Und von dort forderte er ständig neue Genossen an. Schon am 6. Mai bat er darum, dass Paul Schwenk nach Berlin kommandiert werden solle, weil er einen Spezialisten für Kommunalpolitik benötige.[59] Drei Tage später forderte er von Dimitroff gleich eine ganze Mannschaft an: »Ich brauche dringend weitere Mitarbeiter: Zehn qualifizierte Instrukteure-Kommunisten für die Arbeit in den Kreisverwaltungen und Brandenburg, einen Mitarbeiter für Kaderfragen und eine Sekretärin mit Stenografiekenntnissen... Für die Schulungsarbeit wird Zaisser benötigt, für die weitere Bearbeitung von Dr. Hermes brauche ich Hörnle.«[60] Am 17. Mai hakte er noch einmal wegen des Mitarbeiters für Kaderfragen bei Dimitroff nach und benannte seinen Wunschkandidaten für diese Aufgabe, Paul Försterling, den Moskauer Kaderreferenten der KPD. Am selben Tag schrieb er an Pieck: »Du wirst sicher erschrocken sein, dass ich telegrafisch so viele Leute angefordert habe. Aber es ist unbedingt notwendig, alle einigermaßen für die Arbeit fähigen Leute nach hier zu schicken.«[61] Ende Mai rief er nach Johannes R. Becher »zur Arbeit unter der Intelligenz« und nach Erich Wendt[62], dem ersten Ehemann seiner Lebensgefährtin Lotte, der 1936 in der Sowjetunion verhaftet und in ein Lager verschleppt worden war. 1939 war er allerdings rehabilitiert worden und sollte Ulbricht jetzt bei der Herausgabe einer »antifaschistisch-demokratischen« Zeitung helfen.[63] Das Ergebnis dieser Personalpolitik Ulbrichts spiegelte sich im Gründungsaufruf der KPD vom 10. Juni wider. Von den 16 Unterzeichnern gehörten 13 zur Gruppe der Emigranten und lediglich drei zu den Illegalen.

In ähnlicher Weise löste Ulbricht das Problem mit den »Antifa-Gruppen«. Unmittelbar nach dem Einmarsch der Sowjets hatten sich überall in der sowjetischen Besatzungszone spontan räteartige Komitees gebildet. Sie versuchten, nach dem Zusammenbruch das Lebensnotwendigste auf kommunaler Ebene wieder in Gang zu bringen. Allein in Berlin wurden 16 solcher Gruppen namentlich erfasst. Sie kümmerten sich um den Wiederaufbau der kommunalen Betriebe und Versorgungseinrichtungen, in Zusammenarbeit mit den örtlichen Kommandanten der Roten Armee um die Neubesetzung der örtlichen Verwaltungen und um die »Bestrafung« ehemaliger nationalsozialistischer Funktionsträger. Sie nannten sich »Antifaschistischer Ausschuss«, »Volkskomitee« oder verstanden sich als Teil des »Nationalkomitees Freies Deutschland«. Die Initiatoren waren meist Kommunisten oder Sozialdemokraten, die das Dritte Reich nicht in der Emigration, sondern in Deutschland überlebt hatten. Aus der Sicht der sowjetischen Besatzungsmacht vertraten diese Gruppen inhaltlich unausgereifte politische Losungen und in einigen Fällen »feindliche und provokatorische Ziele«.[64] Ulbricht machte sich darum sofort an die Auflösung dieser Basisgruppen. »Es wurde in Erfahrung gebracht..., dass diese Büros von Nazis aufgezogen worden sind«, teilte er den Mitgliedern seiner Gruppe apodiktisch mit, was diese zunächst nicht anzweifelten. »Es sind also Organisationen, deren Ziel es ist, die demokratische Entwicklung zu stören. Wir müssen alles daransetzen, sie aufzulösen. Dies ist jetzt die wichtigste Aufgabe. Jeder soll in seinem Bezirk unbedingt herausbekommen, wo sich solche Komitees befinden, und ihre sofortige Auflösung bewirken.«[65] Ulbricht ging es darum, seinen Verwaltungsaufbau konsequent zu vollenden, ohne dass sich personelle Alternativen zu seinen Vorstellungen entwickeln konnten. Noch wichtiger aber war ihm, dass sich in diesen Antifa-Gruppen kein politisches Linkspotenzial bilden konnte, das nicht unter Kontrolle der KPD stand. Obwohl allen Mitgliedern der »Gruppe Ulbricht« schnell klar wurde, dass in den Komitees keine Nazis, sondern alte Genossen zugange waren, ließ sich Ulbricht in dieser Frage nicht beeinflussen. »Sie müssen aufgelöst werden, und zwar sofort«,[66] erklärte er seinen Mitarbeitern schroff. Wurden ihm neue Fälle solcher Basisgruppen bekannt, reagierte er heftig, ja wütend und drang kompromisslos auf ihre Beseitigung. Am 9. Mai berichtete er Dimitroff in einem Brief: »Wir haben diese Büros geschlossen und den Genossen klar gemacht, dass jetzt alle Kräfte auf die Arbeit in den Stadtverwaltungen konzentriert werden müssen.« Da war sicher der Wunsch der Vater des Gedankens. Ärger bereitete Ulbricht auch noch nach diesem Datum der »Kampfverband Freies Deutschland« aus Charlottenburg, der sich noch bis August 1945 hielt.[67] Dasselbe galt für die »Organisation Sowjet-Deutscher Aktivisten« in Tempelhof, die im Juni 1945 beim Magistrat ihre offizielle Zulassung als Partei beantragte.[68] Letztlich gelang Ulbricht aber die Ausschaltung dieser Basisgruppen, die eine Gefährdung seiner zentralistisch gesteuerten Politik aller linksgerichteten Kräfte durch die KPD darstellten, relativ rasch. Im Herbst 1945 waren die Antifa-Gruppen sämtlich von der politischen Bühne verschwunden.

Die Machtergreifung der KPD

Im Gespräch mit den deutschen KPD-Führern Anfang Juni hatte Stalin auch festgelegt, wie man mit den bürgerlichen Parteien umgehen solle, mit deren Wiederentstehen der sowjetische Diktator fest rechnete. Sie sollten dadurch unter Kontrolle gehalten werden, dass sie zusammen mit KPD und SPD in einen »Block antifaschistischer Parteien« eingebunden werden sollten. Innerhalb dieses »Blocks« würden die Kommunisten mit Hilfe der sowjetischen Besatzungsmacht dann schon die entscheidende Rolle spielen, da war man sich bei der Besprechung in Moskau sicher. Ansonsten hatte sich Pieck noch notiert, dass die bürgerlichen Parteien in ihrer Entstehung nicht von der KPD beeinflusst werden sollten. Doch zur Überraschung Ulbrichts und seiner kommunistischen Mitstreiter vergingen Wochen, ohne dass sich eine weitere Partei gründete. Obwohl die ehemaligen Parteien der Weimarer Republik, »Zentrum« und »Demokratische Partei«, noch gar nicht wiedergegründet waren, berichtete das Zentralorgan der KPD, die Deutsche Volkszeitung, bereits über Einheitskundgebungen und Gespräche mit Vertretern dieser Parteien.[69] Das brachte Ulbricht in Erklärungszwang, so dass er sich entgegen seinen ursprünglichen Plänen auch in die Gründung der bürgerlichen Parteien einschalten musste. Richard Gyptner, ein Mitglied der »Gruppe Ulbricht«, erhielt von ihm den Auftrag, sich um die Liberalen zu kümmern. »Na, Richard, wie steht es denn nun bei den Liberalen?«, fragte Ulbricht nach einiger Zeit nach. »Ja, Walter, was kann ich tun? Ich war schon mehrmals bei ihnen, die reden da herum, aber eine Partei gründen wollen sie noch nicht so recht.« – »Na, Richard, red ihnen gut zu«, ermunterte Ulbricht.[70] Als sich am 25. Juni 1945 die Christlich-Demokratische Union und am 5. Juli 1945 die Liberal-Demokratische Partei gründeten, konnte endlich Stalins Vorgabe realisiert werden. Am 14. Juli wurde die »Einheitsfront der antifaschistisch-demokratischen Parteien« geboren. KPD, CDU, SPD und LDPD entsandten jeweils fünf Vertreter in ihren gemeinsamen Ausschuss, der Beschlüsse nur einstimmig fassen konnte. Walter Ulbricht wurde eines seiner Mitglieder. Damit hatte der Reorganisator des politischen Lebens in der SBZ eine weitere Aufgabe erfolgreich abgeschlossen, die Organisation eines Pseudo-Parteiensystems in der SBZ. Zu wirklichem politischem Einfluss sollten die anderen Parteien – ausgenommen für eine Übergangszeit die SPD – nie gelangen.

Zwei Jahre später, am 31. Januar 1947, als die nunmehrigen SED-Führer wieder einmal von Stalin empfangen wurden – für Ulbricht war es das fünfte Mal nach Kriegsende –, befand der Diktator in Moskau, dass die Sowjetische Besatzungszone noch eine weitere Partei benötige. Während der Diskussion der Frage, wie mit ehemaligen NSDAP-Mitgliedern in der SBZ umgegangen werden sollte, stellte Stalin den Deutschen die Frage: »Kann man ihnen nicht erlauben, eine eigene Partei unter anderer Bezeichnung zu organisieren?« Stalin warf den SED-Führern vor, dass sie gegenüber den ehemaligen Nazis einen Kurs der Vernichtung verfolgen würden, und regte an, diesen Kurs zu ändern, damit nicht alle Ex-Nationalsozialisten in das Lager der Gegner gedrängt würden. Allein schon die Fragestellung brachte die SED-Führer in Verlegenheit. Pieck und Grotewohl brachten vor, dass ein solcher Kurs der SED bei den werktätigen Massen im Westen nicht verständlich zu machen und nicht durchführbar sei. Doch Stalin bestand auf seiner Idee: »Man könnte sie ›Nationaldemokratische Partei‹ nennen oder auch anders. Das Problem ist nicht die Bezeichnung.«[71] Und so geschah es. Unter maßgeblichem Einfluss der SED trat am 19. Juni 1948 die National-Demokratische Partei Deutschlands (NDPD) an die Öffentlichkeit. Viele ihrer Funktionäre kamen aus dem »Nationalkomitee Freies Deutschland« und aus den »Antifa-Schulen« in der Sowjetunion. Kein Wunder, dass die NDPD später im politischen Alltag fast immer den Standpunkt der SED einnahm.

Neben dem Wiederaufbau der Verwaltungen und der Neugestaltung der Parteienlandschaft in der SBZ stand auf dem Spickzettel der »Gruppe Ulbricht« auch die Gründung einer Einheitsgewerkschaft. Gleichzeitig mit der Neugründung der Parteien wurde der Grundstein für gleichgeschaltete Gewerkschaften gelegt. Zügig, wie bei allen Personalfragen, hatte ein Mitglied der »Gruppe Ulbricht« in Berlin-Britz den ehemaligen Sekretär der kommunistisch gelenkten RGO[72], Roman Chwalek, aufgetrieben. Ulbricht beauftragte ihn, weitere ehemalige Gewerkschaftsführer aus der Zeit vor 1933 zu suchen und mit ihnen Gespräche im Hinblick auf den Aufbau einer Gewerkschaft zu führen. Chwalek machte sich zusammen mit dem Kommunisten Paul Walter sogleich ans Werk.[73] Ende Mai konstituierte sich ein Gründungskreis, dem neben KPD-Mitgliedern auch Bernhard Göring von der SPD sowie die CDU-Mitglieder Jakob Kaiser und Ernst Lemmer angehörten.[74] Nachdem diese Gruppe weitgehende Vorarbeiten geleistet hatte, trat Ulbricht wieder auf den Plan und beteiligte sich an der Schlussredaktion des Gründungsaufrufs. In der zweiten Juni-Hälfte wurde der »Aufruf des vorbereitenden Gewerkschaftsausschusses für Groß-Berlin« verabschiedet. Ulbricht hatte darin entscheidende Passagen im Sinne der KPD durchgesetzt. Seine Vorschläge wurden aber nicht kritiklos und ohne Änderung übernommen. Die nicht-kommunistischen Vertreter lehnten es unter anderem ab, ein Schuldbekenntnis der früheren Gewerkschaftsführungen für die Ereignisse des Jahres 1933 abzulegen. Der Entwurf traf auch noch keine Festlegung auf eine Klassenkampforganisation, wie es die KPD-Vertreter gefordert hatten, und ließ auch offen, ob es in Zukunft eine Einheitsgewerkschaft geben würde.

Wie immer war die KPD den anderen Parteien in der Sowjetischen Besatzungszone gedanklich, strategisch und organisatorisch weit voraus. Auch die künftige Gewerkschaftsarbeit in Deutschland war von der KPD 1944/45 minutiös vorbereitet und in einem schriftlichen Konzept festgehalten worden. Danach sollte die frühere Zersplitterung der Gewerkschaftsbewegung in sich bekämpfende Teile in der Zukunft dadurch vermieden werden, dass die neuen Gewerkschaften unter einem Dach zusammengefasst werden sollten. An und für sich eine vernünftige Argumentation – nur, der da so sprach, redete mit kreidebelegten Stimmbändern. Tatsächlich ging es Ulbricht darum, auch im Bereich der Gewerkschaften von vornherein Opposition und Meinungsvielfalt auszuschließen, um sicherzustellen, dass die KPD zur alleinigen politischen Kraft in der SBZ wurde. Ernst Lemmer, führendes CDU-Mitglied in der SBZ, schrieb über die Gründung des FDGB: »Es war kein Russe dabei, aber die Russen waren ja vertreten durch Walter Ulbricht, der zwar ein sehr selbstbewusstes und machtwilliges Auftreten zeigte, aber im Übrigen doch vorsichtig war, um die zu gewinnen, die man noch hinzuziehen wollte, die Sozialdemokraten und die Arbeitnehmervertreter der CDU. Er gab sich außerordentlich maßvoll und akzeptierte die Formel, eine von den Parteien und vom Staat völlig unabhängige, aber einheitliche Gewerkschaftsbewegung zu schaffen. ›Ich betone, vom Staat und den Parteien unabhängig‹ – sagte Ulbricht. Dass er das Gegenteil meinte, dass es Dialektik war, hat sich dann im Laufe der Zeit herausgestellt.«[75] Im internen Kreis machte Ulbricht dann auch deutlich, was aus der Einheitsgewerkschaft werden sollte: »Wir sehen, dass es einer ganzen Reihe von Leuten daran liegt, die Einheitsfront zu torpedieren. Auch Gewerkschaftsfunktionäre sind daran beteiligt. Sie erklären, dass sie unabhängig sind ... Wir kennen das von 1932, wo sie auch unabhängig waren ... und versucht haben, sich dem Faschismus einzugliedern. Diese Unabhängigkeit werden wir ihnen abgewöhnen.«[76]

Wie heimtückisch Ulbricht hinter den Kulissen agierte, zeigte sich anlässlich der regionalen Delegiertenwahlen in der SBZ für den späteren Gründungskongress des Freien Deutschen Gewerkschaftsbundes (FDGB). Die KPD ließ ganze Listen mit den Namen gewählter Sozialdemokraten verschwinden und fälschte die Wahlen damit massiv. Wolfgang Leonhard hat beobachtet und beschrieben, welch tragende Rolle Ulbricht am Tag der Wahl der Berliner Delegierten zum ersten Gewerkschaftskongress spielte: »Ulbricht war mit Energie geladen. Das Ganze mutete wie ein Feldzug an. ›Sofort durchgeben – an alle: Nur Kommunisten wählen, nur Kommunisten. Jetzt entscheidet sich alles!‹ Wenige Minuten später kam ein Funktionär aus dem Nebenzimmer: ›Die Genossen wollen nicht. Sie sagen, sie hätten mit den Sozialdemokraten abgemacht, die Gewerkschaftsleitung paritätisch zusammenzusetzen. Unsere Genossen wollen deswegen auch für die Sozialdemokraten stimmen.‹ – ›Kommt jetzt überhaupt nicht in Frage. Ganz fest sein – nur Kommunisten wählen.‹ Der Funktionär gab die Anweisung durch. Nach einer Viertelstunde kam er wieder. ›Die Genossen sind unzufrieden. Sie sagen, wenn wir uns nicht an unsere Abmachungen halten, machen wir die Einheit kaputt.‹ – ›Die Einheit wird umso fester, je mehr Kommunisten wir in der FDGB-Leitung haben. Sag ihnen das!‹, war Ulbrichts Antwort.«[77] Die Parteidisziplin siegte schließlich über das Ehrgefühl. Von den Delegierten in den Bezirksausschüssen der Gewerkschaften sollten 184 der KPD und nur 131 der SPD angehören. Ulbricht hatte die KPD einen weiteren Schritt auf dem Weg zur uneingeschränkten Macht in der SBZ vorangebracht. Kein Wunder, dass er im Februar 1946, als der erste Kongress des Freien Deutschen Gewerkschaftsbundes in Berlin zusammentrat, mit den meisten Stimmen aller 59 Kandidaten in den 45-köpfigen Bundesvorstand des FDGB gewählt wurde.[78]

Der Organisator Ulbricht konnte sich auf die Schulter klopfen. Wieder einmal hatte er unter Beweis gestellt, was er zu leisten vermochte, wenn man ihn denn ließ. In nur zehn Monaten hatte er für die KPD ein solides Herrschaftsfundament in der SBZ gelegt, das alle entscheidenden Machtfaktoren umfasste. Die neue KPD war innerparteilich bedingungslos auf Moskaukurs getrimmt, die bürgerlichen Parteien und die Gewerkschaften waren so unter Kontrolle gebracht worden, dass sie sich nie zu einem ernst zu nehmenden politischen Faktor in der SBZ entwickeln würden. Die Verwaltungsbehörden waren konsequent nach der KPD-Strategie des »Regimes der Stellvertreter« wieder aufgebaut worden. Schließlich waren auch die Schlüsselstellungen in den Massenmedien mit Moskauer Kadern besetzt worden: Rudolf Herrnstadt bestimmte als Chefredakteur den Kurs der Berliner Zeitung und Hans Mahle in gleicher Funktion den des Berliner Rundfunks. Es blieb nur noch eine Aufgabe auf dem Weg zur absoluten Macht der KPD in Ostdeutschland zu erfüllen: die Eliminierung der Sozialdemokratie.

Aus KPD und SPD wird SED

Seit 1935 hatte Ulbricht immer wieder erklärt, dass nach dem Sturz des NS-Regimes ein Zusammenschluss von Kommunisten und Sozialdemokraten in einer einheitlichen Arbeiterpartei erfolgen müsse. Dieser Vorschlag fiel bei vielen Linken auf fruchtbaren Boden. Die Mehrheit der KPD- und SPD-Mitglieder war in den Jahren der politischen Verfolgung zur Überzeugung gelangt, dass der »Bruderkampf in der deutschen Arbeiterbewegung« ein entscheidender Grund für die nationalsozialistische Machtergreifung gewesen sei.[79] Doch jetzt, als sich eine Vereinigung der Arbeiterparteien geradezu anbot, machte Ulbricht auf einmal einen großen Bogen um die sozialdemokratischen Führer. Aus einer vermeintlichen Position der Stärke heraus wollte Ulbricht keine unnötigen Kompromisse eingehen und die machtpolitische Entwicklung der KPD nicht durch Rücksichtnahme auf die SPD behindern. Er hoffte vielmehr, die Sozialdemokraten mit einem zügigen Aufbau der KPD als »Massenpartei des Volkes« ausschalten zu können. Darum reagierte er zunächst nicht auf entsprechende Angebote von führenden Sozialdemokraten, endlich die lang ersehnte Einheitspartei der Arbeiterklasse zu schaffen.[80] Erich W. Gniffke[81] und Otto Grotewohl bemühten sich vergeblich, Kontakt zur »Gruppe Ulbricht« herzustellen.[82] »Es bestand allgemein die Auffassung, dass die Sozialdemokratie in Berlin überhaupt keine Rolle mehr spielen würde. Wir haben die Traditionen der alten sozialdemokratischen Parteimitglieder unterschätzt, und wir mussten eine große Wendung in unserem Kurs machen«,[83] gestand Ulbricht später selbstkritisch.

Erst am 12. Juni 1945, nachdem Stalin die »Blockstrategie« vorgegeben hatte, wandte sich Ulbricht neben den bürgerlichen Parteien auch an die Sozialdemokraten. Bei voller Selbstständigkeit, schlug er in einer Funktionärsversammlung aller Parteien vor, sollten sich alle Parteien in einem Block zusammenfinden, um dort gemeinsam praktische Aufgaben in Angriff zu nehmen. Ohne jede Ideologie, nur mit dem Ziel, die Schutthaufen zu beseitigen und Wirtschaft und Verwaltung in Gang zu bringen.[84] Ein SPD-Sprecher unterbreitete daraufhin spontan das euphorische Angebot an die KPD: »Wir sind bereit, über alle Fragen der Einheit mit unseren kommunistischen Freunden zu sprechen, und fragen, wann ein solches entscheidendes Wort zu besprechen möglich ist. Die neue sozialdemokratische Partei ist zu jeder Mitarbeit bereit, vorbehaltlos und rückhaltlos.«[85] Wie mochte Ulbricht bei diesen Worten zu Mute sein? Genau das hatte er vor wenigen Tagen in Moskau vorgeschlagen, doch Stalin, der »weise Vater der Völker«, hatte abgewunken. So durfte Ulbricht auf dieses Angebot nicht eingehen, sondern musste kühl an der eingeschlagenen Taktik festhalten. Einige Tage später, anlässlich einer Besprechung kommunistischer und sozialdemokratischer Spitzenfunktionäre, lehnte er dann auch ausdrücklich die sofortige Gründung einer einheitlichen Arbeiterpartei ab. Er begründete dies damit, dass ein solcher Schritt voreilig sei und ohne vorherige Klärung ideologischer Fragen bald zu erneuten Auseinandersetzungen zwischen den alten Rivalen führen würde.[86] Als vorläufigen Ersatz für eine einheitliche Arbeiterpartei schlug er eine enge Zusammenarbeit und die Bildung eines gemeinsamen

203

Arbeitsausschusses der beiden Parteien vor; auch das war in Moskau so vorgedacht worden. Den Entwurf für das Konzept der künftigen Zusammenarbeit hatte die KPD-Delegation bereits fertig in der Tasche,[87] und er wurde ohne wesentliche Änderungen verabschiedet.

Ende 1945 änderte sich allerdings plötzlich die Meinung in Moskau, was das Tempo der Vereinigung von Kommunisten und Sozialdemokraten in der SBZ betraf. Deutliche Wahlniederlagen der Kommunisten in Ungarn am 4. und in Österreich am 25. November ließen wenig Hoffnung zu, dass die KPD in Deutschland bei demokratischen Wahlen die Mehrheit erringen könnte. Und das war ja das politische Ziel Stalins, entscheidenden politischen Einfluss auf ganz Deutschland zu haben. Darum drängte Moskau nunmehr auf eine schnelle Vereinigung von SPD und KPD. Wenn man die »Gefahr Österreich« bannen wolle, erklärte ein SMAD-Mitarbeiter Ulbricht den Strategiewechsel, müsse man jetzt den Einheitsprozess forcieren.[88] Ende Januar 1946 wurde Ulbricht erneut nach Moskau gerufen. Diesmal stand die Vereinigung der Arbeiterparteien auf der Tagesordnung. Stalin persönlich forderte von Ulbricht und Dolmetscher Fred am 2. Februar ein schnelleres Tempo beim Vereinigungsprozess. Bis zum 1. Mai 1946 sollte die Vereinigung abgeschlossen sein, verlangte der sowjetische Diktator.[89]

Dieselbe Forderung stellte der Sowjetführer an die SMAD, was starken Druck der sowjetischen Besatzungsorgane auf den Vereinigungsprozess zur Folge hatte. SPD-Funktionären, die sich gegen die Vereinigung aussprachen, wurde von örtlichen sowjetischen Kommandanten Redeverbot erteilt. Sozialdemokratische Parteisekretäre, die in dieser Frage eine nicht genehme Haltung zeigten, wurden abgesetzt und schlimmstenfalls verhaftet.[90] Auch SPD-Chef Grotewohl wurde Ende Januar 1946 zu Marschall Shukow zitiert und dazu vergattert, die Vereinigung sofort durchzuführen.

Der Druck der SMAD hatte zur Folge, dass sich Ulbrichts ursprüngliche Absicht, die SPD durch seine eigene Partei zu dominieren, nicht realisieren ließ. Noch im Dezember hatte Ulbricht erklärt, dass die »Einheit der Arbeiterklasse nur möglich ist, wenn die KP den sozialdemokratischen Genossen die marxistisch-leninistische Theorie vermittelt und sie davon überzeugt«.[91] Doch die SMAD entschied sich, die beiden Parteien völlig gleichberechtigt unter einen Hut zu bringen. Das ging so weit, dass künftig jeweils ein SPD- und ein KPD-Führer gemeinsam einen Aufgabenbereich in der vereinigten Arbeiterpartei übernehmen sollten.

Auftragsgemäß machte sich Ulbricht in den nächsten Monaten in Rundfunkinterviews, in Reden auf Gewerkschaftsversammlungen und im Rahmen von Parteiveranstaltungen für die schnelle Vereinigung der Arbeiterparteien stark. Bei allen Verhandlungen mit der SPD, die die Vereinigung vorbereiteten, war Ulbricht in zentraler Funktion mit von der Partie. Am 21./22. April hatte Stalins Statthalter in der SBZ seine nächste Aufgabe zur vollsten Zufriedenheit erfüllt. In der Deutschen Staatsoper in der Friedrichstraße fand der Vereinigungsparteitag von SPD und KPD statt. Den Vorsitz hatten Otto Grotewohl und Max Fechner als Vertreter der SPD und Wilhelm Pieck und Walter Ulbricht für die KPD. Am ersten Tag hielten Grotewohl und Pieck die Hauptreferate. Der zweite Tag wurde von Ulbricht eröffnet. Auf der Tagesordnung stand unter anderem der Beschluss über die Vereinigung und die Wahl des Parteivorstandes. Ulbricht las die Namen des neuen Parteivorstandes vor, einschließlich seines eigenen, und das Plenum stimmte einzeln und offen jedem Vorschlag zu. Ulbricht resümierte am Ende des Prozesses: »Mit dem heutigen Tage gibt es keine Sozialdemokraten und keine Kommunisten mehr, mit dem heutigen Tage gibt es nur noch Sozialisten.« Das Protokoll vermeldet »brausenden Beifall«. Ulbricht fuhr fort: »Es geht heute nicht nur um eine einfache Vereinigung von Sozialdemokraten und Kommunisten, es geht heute um die Neugeburt der deutschen Arbeiterbewegung.« Das Protokoll hält fest: »Stürmische Zustimmung«. Ulbricht endete mit den Worten: »Mit uns das Volk, mit uns der Sieg!« Unter »brausendem Beifall« erhoben sich die Delegierten und sangen begeistert das alte Arbeitertrutzlied »Brüder, zur Sonne, zur Freiheit!«.[92] Die SED war geboren.

Wiederum einen Tag später kam der neue Parteivorstand zu seiner konstituierenden Sitzung zusammen und wählte aus seiner Mitte ein Zentralsekretariat. Dieses Gremium sollte in der Zukunft als eigentliche Parteiführung die Geschicke der vereinigten Arbeiterpartei lenken. Wie im Vorfeld der Vereinigung vereinbart, galt das Prinzip der Parität. Grotewohl und Pieck standen dem Zentralsekretariat gleichberechtigt vor; Ulbricht und Fechner sollten sie bei Abwesenheit paritätisch vertreten.[93] Keiner der Sozialdemokraten ahnte an diesem Tag, dass von der SPD, ihren Traditionen und ihren Werten in wenigen Jahren nichts übrig bleiben würde, und das, obwohl von den rund 1,3 Millionen SED-Mitgliedern zum Zeitpunkt des Vereinigungsparteitages 53 Prozent aus der SPD kamen. Von den 14 unter Euphorie und Zukunftshoffnung gewählten Mitgliedern des Zentralsekretariats gehörten Ende 1953 nur noch Wilhelm Pieck, Walter Ulbricht und Hermann Matern sowie als einziger Sozialdemokrat Otto Grotewohl der SED-Führung an. Alle anderen hatten bis dahin das Handtuch geworfen, waren entmachtet und teilweise sogar als Parteifeinde aus der Partei ausgeschlossen und in den Kerker geworfen worden. August Karsten trat 1947 aus »Gesundheitsgründen« zurück. Erich W. Gniffke floh im Oktober 1948 in den Westen. Otto Meier, Käthe Kern und Helmut Lehmann wurden im Januar 1949 auf unbedeutende Posten abgeschoben. Paul Merker verlor im August 1950 unter der Anschuldigung, »kein Vertrauen zur Sowjetführung« gehabt und in der Emigration »Befehle amerikanischer Imperialisten« befolgt zu haben, alle Parteifunktionen. Franz Dahlem wurde im Mai 1953 wegen seines »kapitulantenhaften Verhaltens« als Leiter der Pariser Exilleitung der KPD in den dreißiger Jahren und wegen »nicht parteigemäßen Verhaltens« aus dem ZK der SED ausgeschlossen. Max Fechner, der sozialdemokratische »Partner« Ulbrichts, bereits im Januar 1949 aus dem Zentralsekretariat entfernt, wurde im Anschluss an den Aufstand vom 17. Juni 1953 aus der Partei ausgeschlossen und zu einer mehrjährigen Haftstrafe verurteilt, weil er sich vor die streikenden Arbeiter gestellt hatte. Ebenso wurde Elli Schmidt im Zusammenhang mit den Ereignissen des 17. Juni aus der SED-Führung entfernt. Anton Ackermann, der bereits 1948 Selbstkritik üben musste, weil er die These vom besonderen Weg zum deutschen Sozialismus vertreten hatte, verlor nach dem 17. Juni seine Funktionen als Kandidat des Politbüros und als Mitglied des ZK der SED, weil er angeblich eine »versöhnlerische Position« vertreten hatte.

Lebensziel Sozialismus

Gebetsmühlenartig bekräftigte Stalin nach dem Krieg immer wieder seine Deutschland-Strategie. Er wollte die Grenze des sowjetischen Imperiums am Rhein und nicht an der Elbe ziehen. Ganz Deutschland sollte ein sozialistisches Regime nach sowjetischem Muster haben, nicht nur der östliche Teil, der bereits von der UdSSR beherrscht wurde. Zur Erreichung dieses strategischen Ziels war Stalin bereit, taktische Zugeständnisse zu machen. Die Teilung Deutschlands musste nach seinem Verständnis verhindert werden, um nicht den Einfluss auf die Entwicklung des westlichen Teils zu verlieren. So konzedierte Stalin anlässlich eines Treffens mit den KPD-Führern am 2. Februar 1946, dass die Lage in der Sowjetunion anders als in Deutschland gewesen sei. Im Westen müsse man auf demokratischem Weg zur Arbeitermacht gelangen, nicht durch Diktatur.[94] Die KPD-Führung reagierte darauf zustimmend, wie hätte es anders sein können bei dieser erneuten Bestätigung der Strategie des Kreml-Chefs, die einer Anweisung gleichkam. Die Fahrten der deutschen Genossen nach Moskau glichen eher einer Wallfahrt von Gläubigen denn einer Beratung. Das Orakel im Kreml besaß die Gabe, auf seine Gesprächspartner einzuwirken und sie durch seine Macht und Autorität in seinem Sinne zu lenken, ohne Befehle erteilen zu müssen. Anton Ackermann verfasste nach diesem »Moskauer Gipfel« im Auftrag und in Abstimmung mit dem Politbüro den Artikel: »Gibt es einen besonderen deutschen Weg zum Sozialismus?« Ackermann bejahte die Frage natürlich und vertrat die These, dass der Sozialismus in Deutschland – anders als in Russland – ohne Revolution eingeführt werden könne, »auf friedlichem Weg und unter Beschränkung auf die rein gesetzlichen Mittel«.[95] Zugleich ließ Ackermann aber auch keinen Zweifel daran, dass die SED letztlich die Erringung der Macht durch die Arbeiterklasse und in der Folge den Sozialismus in Deutschland anstrebte. Offen blieb dabei nur, wie der Weg zu diesem Ziel aussehen sollte. Im selben Sinne verlief ein Treffen Stalins mit Pieck und Grotewohl am 26. März 1948; das einzige Gespräch mit der SED-Führung übrigens, an dem Ulbricht nicht teilnahm. Stalin drängte seine deutschen Gäste erneut, in gesamtdeutschen Zusammenhängen zu denken, und forderte: »Sie sollten dennoch gewisse Surrogate oder besser Keime (Embryos) eines gesamtdeutschen Parlaments und einer gesamtdeutschen Regierung schaffen... es wäre gut, wenn ein Organ des Volkskongresses[96] eine Verfassung Deutschlands ausarbeiten und sie sowohl in West- als auch in Ostdeutschland zur Diskussion stellt.«[97]

Um diese Forderungen Stalins zu erfüllen, setzte die SED-Führung jahrelang außerordentliche personelle und materielle Ressourcen ein und startete eine Vielzahl gesamtdeutscher Initiativen. Ulbricht reiste vor diesem Hintergrund 1946 und 1947 mehrfach in die westlichen Besatzungszonen, um bei öffentlichen Ansprachen oder Reden auf KPD-Veranstaltungen in diesem Sinne zu wirken. Vom 28. Juli bis zum 4. August 1946 trat er als Redner im zerstörten Nürnberg und in anderen bayrischen Städten auf. »Alles hängt von der eigenen Kraft, vom unbeugsamen Willen unseres Volkes ab, ein einiges, unabhängiges, demokratisches Deutschland zu erringen... Die erste Pflicht dem Vaterland gegenüber ist der Kampf gegen die Zerreißung Deutschlands durch den Dollarimperialismus und seine deutschen Helfer. Das deutsche Volk will ein einiges, unabhängiges Deutschland durch baldigen Abschluss des Friedensvertrages.« Im März 1947 trat Ulbricht als Redner in Kassel auf, und im April nahm er gemeinsam mit Wilhelm Pieck und Otto

Grotewohl am Landesparteitag der bayrischen KPD in München teil. Kurz darauf sprach er auf einer Landesdelegiertenkonferenz der hessischen KPD in Offenbach. Im Juni reiste er zusammen mit Friedrich Ebert erneut nach München und im August nach Offenbach. Ein Auftritt als Redner auf einer Großkundgebung in Hannover zusammen mit Max Fechner Mitte August 1947 wurde durch die britischen Besatzungsbehörden verhindert, die den Ostdeutschen die Einreise in die britische Besatzungszone verwehrten.[98]

Fast immer, wenn die SED-Führer von Reisen zu Stalin in die junge DDR zurückkamen, verstärkten sie als Erstes ihre gesamtdeutschen Anstrengungen, so zum Beispiel nach einem Moskaubesuch von Pieck, Grotewohl, Ulbricht und Oelßner vom 3. bis 6. Mai 1950. Am 2. Juni mündete diese Reise in einen »Beschluss des Politbüros über die Verstärkung des Kampfes in Westberlin und Westdeutschland«. Darin bescheinigten sich die SED-Führer: »Das Politbüro der Sozialistischen Einheitspartei Deutschlands stellt selbstkritisch fest, dass die Politik und die praktische Arbeit der SED ungenügend auf die Lösung der gesamtdeutschen Aufgabe orientiert ist.«[99] Letztlich ging es in diesen Initiativen immer darum, Stalins Wunsch, Einfluss auf Gesamtdeutschland zu nehmen, zu erfüllen. Sich dem eindeutig erklärten Willen des sowjetischen Diktators zu widersetzen, war für jeden, der sich in seinem Machtbereich bewegte, schlechterdings unmöglich, natürlich auch für Ulbricht. Deshalb erklärte er immer wieder: »Nicht der Sozialismus steht auf der Tagesordnung, sondern die Demokratie«[100], oder: »Wir werden gesamtdeutsche Pläne der demokratischen Politik für Gesamtdeutschland planen... und haben die Aufgabe, in der Ostzone zu beweisen, dass die gesamtdeutschen Pläne realisierbar sind, indem wir sie in der Ostzone durchführen. Wir tun keinen Schritt, der nicht für ganz Deutschland Gültigkeit haben würde, das muss unsere Hauptorientierung sein. Der Kampf um die Einheit Deutschlands muss jetzt erst richtig beginnen.«[101]

Der Aufbau eines sozialistischen Systems in Deutschland – das war und blieb Ulbrichts Lebensziel. Schon als junger kommunistischer Funktionär hatte er in der Weimarer Republik in flammenden Reden eine Arbeiter- und Bauernregierung für Deutschland, die Diktatur des Proletariats gefordert. Dass jetzt, nach der Niederlage des Faschismus, die Zeit für ein sozialistisches Deutschland reif war, stand für ihn außer Frage. Ulbricht war keine »Revolutionär aus eigenem Recht«[102], sondern ein Abgesandter Stalins, für den die Vorgaben des sowjetischen Diktators unantastbar waren. Der Gedanke, sich dessen Willen zu widersetzen, kam in Ulbrichts Weltbild nicht vor. Dass vieles, was er in der Sowjetischen Besatzungszone und später in der DDR organisierte, kontraproduktiv zum Ziel war, den Sozialismus auch in Westdeutschland einzuführen, war ihm nicht bewusst. Ulbricht wollte den Sozialismus lieber heute als morgen in der Sowjetischen Besatzungszone einführen, ohne zu erkennen, dass er damit die kommunistischen Einflussmöglichkeiten auf die westlichen Besatzungszonen zugleich reduzierte. Unterstützung bei seinen Sozialismus-Plänen für die SBZ fand Ulbricht bei der SMAD vor allem bei Sergej Tulpanow, Chef der »Verwaltung Information« und Leiter des Parteiaktivs der KPdSU im SMAD-Apparat. Tulpanow sah in Ulbricht, der zuverlässig im bolschewistischen Sinne funktionierte und alle Anweisungen ohne große Diskussionen ausführte, einen Mann, den man fördern musste. Gegenüber Erich W. Gniffke äußerte Tulpanow: »Wir befinden uns in einer krisenhaften Zeit. Da braucht die Partei einen standfesten und erfahrenen Mann, wie Walter Ulbricht einer ist. An ihm müssen sich die übrigen Sekretäre orientieren.«[103] Demgegenüber betrachtete Wladimir Semjonow Ulbrichts Sozialismus-Kurs kritisch. Sicher auch deshalb, weil er als Protokollführer der Gespräche Stalins mit den SED-Führern die Strategie des KPdSU-Chefs aus erster Hand mitbekam und damit deutlich besser informiert war als Tulpanow. Mehrfach äußerte Semjonow gegenüber Grotewohl die Sorge, »dass einige von Tulpanow und Ulbricht eingeleitete Maßnahmen über das Ziel der Moskauer Politik hinausgehen und die derzeitige an sich schon schwierige Lage noch komplizieren könnten«.[104]

Ulbricht durfte sich allerdings auf seinem Weg zur Einführung des Sozialismus in der DDR durchaus im Einklang mit Stalins Vorgaben fühlen. Zwar drängte der Kreml-Herr die SED-Führer immer wieder massiv zum Kampf für die deutsche Einheit, mit dem Ziel, auch in Westdeutschland ein sozialistisches System zu etablieren. Zugleich ordnete er aber auch eine Reihe entscheidender Strukturveränderungen in der SBZ an, die diesem Ziel diametral entgegenstanden, weil sie für den Westen enthüllten, wohin die Reise letztlich gehen sollte. So übergab die SMAD der KPD-Führung auf Stalins Anordnung im Sommer 1945 einen Gesetzesentwurf, wonach alle landwirtschaftlichen Betriebe über 100 Hektar ohne Entschädigung enteignet und an einheimische Bauern, Landarbeiter sowie Vertriebene verteilt werden sollten. Die Aufgabe, dieses Vorhaben propagandistisch vorzubereiten, wurde Ulbricht übertragen, und der machte sich mit Feuereifer ans Werk. Das war ein Vorhaben in seinem Sinn. Unter der Losung »Junkerland in Bauernhand« organisierte er Versammlungen in den Dörfern, um den dort ansässigen Kleinbauern klarzumachen, dass sie mehr Land für sich fordern sollten. Die ließen sich nicht lange bitten, und bald trafen in Berlin jeden Tag neue von Bauern und Landarbeitern unterschriebene Resolutionen ein, in denen die Aufteilung des Großgrundbesitzes in der SBZ gefordert wurde. Das schaffte die Voraussetzung dafür, dass Stalins Anordnung in der Provinz Sachsen am 3. September 1945 in Form einer Verordnung über die Bodenreform beschlossen werden konnte. Bald darauf erließen auch die übrigen Provinzialverwaltungen in der SBZ entsprechende Verordnungen.

Nach gleichem Muster organisierte Ulbricht 1946 in Sachsen die Vorbereitung eines »Volksentscheides« über die entschädigungslose Verstaatlichung von Konzernen und Großbetrieben. Schon im Oktober 1945 hatte die SMAD die Beschlagnahme des Eigentums der »Kriegs- und Naziverbrecher« in der SBZ angeordnet. Aufgrund dieses Befehls wurden fast 10 000 Konzern- und Großbetriebe, Banken und Sparkassen in Ostdeutschland von der sowjetischen Besatzungsmacht enteignet, rund 45 Prozent der Industriekapazität in der SBZ. Im Frühjahr 1946 sollten diese Enteignungen rechtlich sanktioniert werden. Das »rote Sachsen« wurde dazu auserkoren, den Machthabern per Mehrheitsbeschluss zu bestätigen, dass die Enteignungen vom Volk so gewünscht seien. Als Erstes organisierte Ulbricht, als Beauftragter des Parteivorstandes der SED, dass am 1. Mai 1946 überall in der SBZ auf Versammlungen die »Enteignung und konsequente Bestrafung« der Kriegsverbrecher und Nazi-Aktivisten gefordert wurde. Nach diesem Auftakt überflutete ein Heer von Agitatoren die sächsischen Städte und Dörfer. 150 Mitarbeiter des Parteivorstandes der SED wurden generalstabsmäßig in Sachsen eingesetzt. Wo sie auf Widerstand stießen, griff die Besatzungsmacht ein und verhaftete besonders hartnäckige Gegner des Volksentscheids.[105] Die FDJ unterstützte die Kampagne durch Versammlungen, Kundgebungen, Fahrradkolonnen, Flugblätter und Plakate. Ab dem 20. Juni 1946 berichtete das Neue Deutschland täglich auf einer halben Seite über gute Beispiele, wie die »Massen« für den Volksentscheid mobilisiert worden waren. Walter Ulbricht hielt sich von Ende Mai bis Mitte Juni 1946 vorwiegend in Sachsen auf und hielt Ansprachen in mehr als 15 Städten, um persönlich sicherzustellen, dass der Volksentscheid auch das erwünschte Ergebnis brachte. Am 30. Juni 1946 machten die Sachsen Ulbricht das schönste Geburtstagsgeschenk und bestätigten der SED mit Dreiviertelmehrheit die Rechtmäßigkeit der vorgenommenen Enteignungen. Wie schon ein Jahr zuvor bei der »Demokratischen Bodenreform« folgten die übrigen Länder- und

Provinzialverwaltungen der SBZ dem sächsischen Beispiel mit entsprechenden Verordnungen.

Der nächste Sozialismus-Schub für die SBZ kam im Sommer 1948, als die jugoslawischen Kommunisten unter ihrem Führer Tito es wagten, sich den Auffassungen des »Führers des Weltproletariats« in Moskau zu widersetzen und einen eigenständigen Weg einzuschlagen. Als Folge verhängte die KPdSU eine Art Bann über Tito und seine Anhänger und wies die kommunistischen Parteiführer der Ostblockstaaten an, den Kampf gegen den »Titoismus« in den eigenen Reihen aufzunehmen. Zugleich forderte der Kreml von allen kommunistischen Parteien des Ostblocks die sofortige Umwandlung in bolschewistische, am Modell der KPdSU ausgerichtete Satelliten-Organisationen. Auch das war eine Aufgabe, für die augenscheinlich nur Walter Ulbricht in Betracht kam. Schon kurz darauf, Ende Juli, mündete Ulbrichts innerparteiliche Jagd auf »Titoisten« in dem Beschluss des Zentralsekretariats der SED »Für die weitere organisatorische Festigung der Partei und für ihre Säuberung von feindlichen und entarteten Elementen«. Zugleich ließ Ulbricht das Zentralsekretariat der SED beschließen, »die SED zu einer Partei neuen Typus zu machen, die unerschütterlich und kompromisslos auf dem Boden des Marxismus-Leninismus steht«.[106] Mit anderen Worten: Ulbricht forderte, wie von Stalin gewünscht, die parteiinterne Einführung des Sozialismus und die formelle und inhaltliche Angleichung der SED an die KPdSU. Die SPD-Vertreter im Zentralsekretariat der SED leisteten gegen diesen Antrag, mit dem die innerparteiliche Demokratie in der SED beseitigt werden sollte, kaum noch Widerstand. Nur zwei ehemalige Sozialdemokraten – Erich W. Gniffke und August Karsten – hatten noch den Mut, gegen diese Resolution zu stimmen.[107] Damit war für Ulbricht der Weg frei, die SED in eine bolschewistische Kaderpartei nach dem Vorbild der KPdSU umzuformen. Er betrat damit kein Neuland; schon einmal, ein Vierteljahrhundert zuvor, hatte er hautnah miterlebt, wie die alte KPD zu einem Instrument der Komintern und damit Stalins geschmiedet worden war.

Durch diese innerparteilichen Erfolge beflügelt, unternahm Ulbricht im Herbst einen erneuten Anlauf, den Sozialismus in der SBZ einzuführen. Vor dem Parteivorstand der SED erläuterte er: »Unsere Aufgabe ist es, den Weg der völligen Beseitigung und Liquidierung der kapitalistischen Elemente sowohl auf dem Lande wie in den Städten zu beschreiten. Diese Aufgabe ist, kurz gesagt, die des sozialistischen Aufbaus.«[108] Als die restlichen SED-Führer sich am 18. Dezember 1948 erneut mit Stalin trafen, um die aktuelle Linie abzustimmen, trugen sie ihm allerdings einen deutlich moderateren Fahrplan zur Einführung des Sozialismus in der SBZ vor. Doch nach wie vor passte der Aufbau des Sozialismus in der SBZ nicht in Stalins Pläne. Der Kreml-Chef kritisierte, dass die deutschen Kommunisten den Kampf zu offen und viel zu direkt führen würden. Er verglich die SED-Führer mit »Teutonen«, die »nackt in den Kampf mit den Römern« zogen. »Doch diese Methode fordert viele Opfer und erreicht nicht immer ihr Ziel. Man muss sich maskieren...« Stalin forderte eine »opportunistische Politik«, einen »Zickzack... zum Sozialismus«. Das hieß für ihn: »Vorerst sind keinerlei Enteignungen nötig, diese Angelegenheit ist noch nicht herangereift. Irgendwelche verbindlichen Verordnungen, die den kapitalistischen Elementen direkt aufs Haupt schlagen, sind ebenso unnötig. Ihr schwächt euch selbst. Der Weg zur Volksdemokratie ist noch verfrüht. Man muss abwarten.«[109] Wilhelm Pieck notierte sich zu dem Gespräch: »Noch kein einheitlicher Staat, stehen nicht vor der Macht.«[110] Erneut pfiff Stalin die SED-Führer also zurück, was den Separatstaat DDR unter sozialistischer Fahne anbetraf. Allerdings ließ er den Deutschen eine Hoffnung: »Wenn jedoch im Westen eine separate westdeutsche Regierung geschaffen wird, dann muss auch in Berlin eine Regierung geschaffen werden.« Auf Vorschlag von Molotow einigte sich die Runde darauf, diese »provisorische deutsche Regierung« zu nennen. Ulbricht bereicherte die Diskussion um den Vorschlag, dass die künftige Regierung durch die Volkskammer zu bilden sei und dann durch den Deutschen Volksrat bestätigt werden solle. Dies fand die Zustimmung Stalins.[111] Faktisch wurde in diesem Gespräch die Prozedur für die spätere Bildung der Regierung der DDR festgelegt, nach der zehn Monate später, im Oktober 1949, tatsächlich verfahren werden sollte.

Trotzdem war das Ergebnis dieser Moskauer Reise ein erneuter Rückschlag für die sozialistischen Intentionen Walter Ulbrichts. Aus Moskau zurückgekehrt, leitete Pieck in einem Interview im Neuen Deutschland sofort den Rückzug vom Kurs der Partei auf das Sowjetmodell ein, indem er erklärte, wie Stalin es der SED-Führung in den Mund gelegt hatte, dass die Bedingungen in der Sowjetischen Besatzungszone von denen der anderen Volksdemokratien noch grundverschieden seien und dass die SED nicht die Absicht habe, zu einer Volksdemokratie überzugehen.[112] Wesentlich deutlicher wurde Ende Januar 1949 Otto Grotewohl bei seiner Rede auf der ersten Parteikonferenz der SED.[113] Mit kaum verhüllter Kritik an Ulbricht hielt er »unseren Zonenpolitikern« entgegen, dass kein »noch so schönes Ostdeutschland, möge es immer heißen, wie es will«, die Aufgabe erfüllen könne, »die ein einheitliches, fortschrittliches und demokratisches Deutschland in ganz Europa erfüllen kann«. Ulbricht referierte auf der Konferenz, trotz dieser Attacke äußerlich ungerührt, über die Erfahrungen auf dem Gebiet der Staats- und Wirtschaftspolitik und über die Durchführung des Zweijahresplans. Das Ergebnis der Parteikonferenz war, dass nicht, wie von Ulbricht angestrebt, Kurs auf den Sozialismus genommen wurde, sondern Stalins wichtigstes Ziel, der »Kampf um die Einheit Deutschlands und einen gerechten Frieden«, erneut in den Vordergrund gerückt wurde.[114]

Innerparteilich machte die SED auf ihrer zweiten Parteikonferenz jedoch einen Sprung auf dem Weg zu einer bolschewistischen Kaderpartei nach sowjetischem Vorbild. Die SED beschloss, wie von Ulbricht seit dem Sommer 1948 gefordert, dass sie in eine »Partei neuen Typus« umgestaltet werden sollte. Die Organisationsstruktur der SED wurde jetzt weitgehend derjenigen der KPdSU angeglichen. Das Prinzip der Parität, die gemeinsame Besetzung aller Funktionen durch Kommunisten und Sozialdemokraten in der SED, wurde abgeschafft. Wer von diesem Zeitpunkt an in die SED eintreten wollte, hatte sich je nach sozialer Herkunft in einer ein- bis zweijährigen Kandidatenzeit zu bewähren, bevor die Partei bereit war, ihn in ihre Arme zu schließen. Die »Zentrale Parteikontrollkommission« wachte ab sofort darüber, dass jedes Mitglied nach den Regeln der reinen Lehre lebte und arbeitete. Das Prinzip des demokratischen Zentralismus wurde eingeführt, ebenso das Verbot von Fraktionen und Gruppierungen innerhalb der SED. Schließlich wurde zu diesem Zeitpunkt auch die Führungsstruktur der alten KPD beziehungsweise der KPdSU auf die vereinigte Arbeiterpartei übertragen. Fortan repräsentierte das Politbüro die Parteiführung der SED. Daneben wurde ein so genanntes »Kleines Sekretariat« des Politbüros gebildet, dem fünf Mitglieder angehörten und das insbesondere die Aufgabe hatte, die Beschlüsse des Politbüros vorzubereiten und ihre Durchführung zu kontrollieren. Sein Leiter hieß Walter Ulbricht. Das bisherige Zentralsekretariat der SED wurde als Folge dieser Strukturveränderung im Sommer 1949 aufgelöst.

Acht Monate später konnte Ulbricht erneut triumphieren. Als sich in der Bundesrepublik am 7. September 1949 der erste Deutsche Bundestag konstituierte und Konrad Adenauer eine Woche später zum Bundeskanzler gewählt wurde, war Stalin gezwungen, darauf zu reagieren; irgendetwas musste jetzt mit dem Osten Deutschlands geschehen. Wieder einmal wurden Ulbricht, Grotewohl, Pieck und Oelßner nach Moskau zitiert, wo sie am 17. September mit Mitgliedern des Politbüros der KPdSU, ergänzt durch Tschuikow und Semjonow ein Gespräch mit Stalin vorbereiteten. Das Ergebnis dieser Beratungen mündete in einen Brief der SED-Delegation an Stalin mit Datum vom 19. September 1949. Darin stellten Ulbricht und seine Genossen vor, wie sie sich die Bildung der ersten DDR-Regierung dachten: »Die Regierung soll aus 18 Mitgliedern bestehen, dem Ministerpräsidenten und drei Stellvertretern sowie 14 Ministern. Davon sollten die SED acht und die übrigen Parteien zehn Minister bekommen... Pieck soll Präsident werden, Grotewohl Ministerpräsident, seine Stellvertreter Ulbricht, Nuschke und Kastner.«[115]

Zu einem Gespräch mit Stalin über diese Vorschläge kam es dann nicht, aber der SED-Delegation wurde wahrscheinlich am 27. September 1949 eine zustimmende sowjetische Antwort überreicht, wobei dieses Schreiben auch die personelle Zusammensetzung der ersten DDR-Regierung bestätigte. Wie schon im Dezember 1947 im direkten Gespräch mit Stalin entschieden, war die Antwort auf die Gründung der Bundesrepublik Deutschland die Gründung der DDR. Die Schlüsselpositionen in der Regierung wurden nach »Verhandlungen« mit den anderen Parteien entsprechend dem in Moskau festgelegten Kräfteverhältnis mit SED-Führern besetzt. Die entscheidende Machtstellung in der neuen Regierung fiel Walter Ulbricht zu. Diesmal wandte er das Prinzip des »Regimes der Stellvertreter« auf sich selbst an. Obwohl Pieck als Staatspräsident und Grotewohl als Ministerpräsident die formal höchsten Staatsämter bekleideten – Ulbricht rangierte nur als einer von drei stellvertretenden Ministerpräsidenten –, sollte dieses Amt zu einem weiteren Pfeiler seiner Macht werden. Ihm fiel nämlich die Aufgabe zu, die Politik des Politbüros gegenüber allen maßgeblichen Beteiligten, also gegenüber dem Parteiapparat, der Regierung und den sowjetischen Stellen, zu koordinieren. Denn eins war für die SED-Führer klar: Durch die Bildung einer Regierung der DDR sollte sich an den bislang geltenden Machtverhältnissen nichts ändern. Auf einer Tagung des Parteivorstandes der SED am 4. Oktober 1949 erklärte Gerhart Eisler bezeichnend: »Wenn wir eine Regierung gründen, geben wir sie nicht wieder auf, weder durch Wahlen noch andere Methoden.« Das ergänzte Ulbricht durch den zustimmenden Zwischenruf: »Das haben einige noch nicht verstanden!«[116] Im selben Sinn erklärte Pieck am 4. Oktober: »Wir sind der Auffassung, dass das System der Parteiführung im Politbüro durch den Übergang der Genossen auf Regierungspositionen im

Prinzip nicht verändert wird.« Damit meinte Pieck nichts anderes, als dass sich die Regierung der DDR den Beschlüssen des Politbüros der SED unterzuordnen hatte. Und »Genosse Ulbricht, der zwischen dem Parteiapparat und der Regierung die größte Sicherheit für eine Koordinierung gibt«, sollte der Mann sein, der dafür Sorge zu tragen hatte, dass der Wille des Politbüros von der Regierung auch umgesetzt wurde.[117]

Der Generalsekretär

Im Januar 1949 war Ulbricht Leiter des »Kleinen Sekretariats« des Politbüros der SED geworden, das sich noch im selben Jahr zum »Sekretariat des Zentralkomitees der SED« wandelte. Damit wurde die Führungsstruktur der SED an die der alten KPD beziehungsweise der KPdSU angeglichen, obwohl ein Zentralkomitee noch gar nicht existierte. Erst auf dem dritten Parteitag der SED im Juli 1950 wurde erstmals ein Zentralkomitee der vereinigten Arbeiterpartei gewählt. Die Aufgaben des Zentralkomitees waren im Statut der SED festgelegt: Das ZK der SED ist »zwischen den Parteitagen das höchste Organ der Partei und leitet ihre gesamte Tätigkeit. Es vertritt die Partei im Verkehr mit anderen Parteien und Organisationen.«[118] Entgegen dieser Aussage im Statut der SED war die tatsächliche Bedeutung des ZK im Machtgefüge der SED wesentlich bescheidener. Die beiden eigentlichen Entscheidungsgremien der SED waren das Politbüro und das Sekretariat des ZK der SED. Im Zeitraum zwischen dem dritten Parteitag 1950 und dem sechsten Parteitag 1963 fanden insgesamt lediglich 54 ZK-Sitzungen statt. Das ZK tagte also statistisch ein Mal im Quartal. Es hatte in der Praxis in erster Linie die Aufgabe, die Entscheidungen der eigentlichen Parteiführung, des Politbüros und des Sekretariats, in Form von Beschlüssen zu legitimieren.

Anders, als der Titel suggerierte, war diese Position eine wichtige, mehr noch eine entscheidende Machtfunktion im SED-Staat. Das auf dem dritten Parteitag der SED 1950 beschlossene zweite Statut der SED übertrug dem Sekretariat die »allgemeine Leitung der Organisationsarbeit und die tägliche operative Führung der Tätigkeit der Partei«. Zu den wichtigsten Aufgaben gehörten die Vorbereitung der Sitzungen des Politbüros und die Kontrolle der Umsetzung von dessen Beschlüssen. An dieser Stelle flossen alle Informationen zusammen. Hier wurde entschieden, ob und zu welchem Zeitpunkt ein Thema auf die Tagesordnung des wichtigsten SED-Gremiums gesetzt wurde. Ulbricht bestimmte nicht nur über die Tagesordnung der jeweiligen Sitzung, sondern stellte auch die

Personenkult im Sachsenwerk in Dresden 1950

vorbereitenden Unterlagen zusammen. Oft verschickte er gleich noch einen »Entwurf des Beschlussprotokolls« der anstehenden Sitzung mit und arbeitete damit schon auf das von ihm gewünschte Ergebnis hin.

Am 17. Oktober 1949, kurz nach Gründung der DDR, fasste das Sekretariat des ZK der SED einen Beschluss, der in einer funktionierenden Demokratie einem Staatsstreich gleichkäme. Ab sofort mussten alle Gesetze und Verordnungen von Bedeutung, ja selbst Vorschläge zum Erlass von Gesetzen und Verordnungen, vor ihrer Verabschiedung durch die Volkskammer oder die Regierung dem Politbüro beziehungsweise dem »Kleinen Sekretariat« vorgelegt werden.[119] Dadurch erhielt Ulbricht quasi ein Vetorecht im Rahmen der Gesetzgebung in der DDR. Kein Gesetz und keine Verordnung konnte ohne seine Zustimmung in Kraft treten. Regierung und Parlament der DDR waren von der ersten Stunde ihres Bestehens an machtlose Organe einer Pseudo-Demokratie, in der die SED-Führung alles bestimmte.

Anlässlich des dritten Parteitages der SED vom 20. bis 24. Juli 1950 erhielt Ulbricht nach sowjetischem Vorbild den Titel, der seiner realen Machtstellung im SED-Staat entsprach. Am 25. Juli, wenige Tage nach seinem 57. Geburtstag, wurde er einstimmig zum Generalsekretär des ZK der SED gewählt. Auch diese Bezeichnung orientierte sich am sowjetischen Vorbild. Wilhelm Pieck hatte Ulbrichts Berufung zum Generalsekretär so begründet: »Ich glaube, darüber gibt es keine Bedenken und Zweifel, dass Walter Ulbricht der Generalsekretär wird. Das ist schon durch die ganze Praxis der Partei so in Erscheinung getreten.«[120] In der Frankfurter Allgemeinen Zeitung vom 26. Juli 1950 hieß es im Hauptkommentar zu diesem Ereignis treffend: »Die stärkste Figur in der sowjetischen Zone ist Walter Ulbricht ... Über seinen Charakter sind sich alle Beobachter einig, die ihn aus der Nähe kennen gelernt haben: einer der ganz wenigen deutschen Kommunisten, die es an eisiger Kälte mit den russischen Führern aufnehmen können; daher einer der wenigen, dem sie ganz vertrauen ... ein Mann nicht ohne Scharfblick, und im Ganzen von der furchtbaren Einseitigkeit des Denkens und Handelns, die das Wesen der Weltanschauung seiner Partei ausmacht. Vielleicht eine bedeutende, auf jeden Fall eine unheimliche Figur.«[121] Walter Ulbricht war zum mächtigsten Mann der DDR geworden – mehr noch, zum mächtigsten Deutschen seiner Zeit.

Sukzessive schmiedete sich Ulbricht aus dem Sekretariat des ZK der SED ein persönliches Instrument seiner Macht im SED-Staat. Frei werdende Stellen im Sekretariat und im Zentralkomitee besetzte er, wann immer es möglich war, mit Mitarbeitern seiner Wahl. Durch diese Personalpolitik und sein Wirken als Generalsekretär des ZK gewann Ulbricht zunehmenden Einfluss auf den zentralen Parteiapparat. Immer wieder zog er neue Aufgaben und damit Einfluss und Macht in das Sekretariat. Mit der Macht der Parteiverwaltung im Rücken, traf er zunehmend selbstständige Entscheidungen, oft ohne das Politbüro auch nur zu informieren. Über den von ihm weitgehend beherrschten Verwaltungsapparat setzte er die eigenmächtig getroffenen Entscheidungen dann auch gleich um. Selbst der treue Ulbricht-Gefolgsmann Hermann Matern äußerte angesichts dieses Führungsstils des SED-Chefs 1953 sarkastisch: »Hoffentlich erfahren wir von Walter, wenn wir uns im Krieg befinden.«[122] Seine Politbürokollegen behandelte der Generalsekretär oft so, als seien sie ein formales Bestätigungsgremium für von ihm im Sekretariat bereits getroffene Entscheidungen. Oft überfiel er das entscheidende SED-Gremium mit einer dicken Vorlage, die angeblich aus Zeitgründen noch am selben Tag zu beschließen war. Ohne dass ein anderes Politbüromitglied die Gelegenheit hatte, sich ausreichend mit der Angelegenheit zu beschäftigen, schaffte Ulbricht auf diesem Wege vollendete Tatsachen. Hinzu kam, dass der Generalsekretär mit seinen Politbürokollegen oft sehr rüde umging. Wenn beispielsweise Fred Oelßner theoretische Erwägungen anstellte, konnte es vorkommen, dass ihm Ulbricht mit Bemerkungen wie »Hör endlich auf zu reden, Fred!« oder »Halt doch endlich den Mund!« das Wort abschnitt. Franz Dahlem bezeichnete er als einen »senilen Trottel«, der überhaupt nicht mehr arbeite.[123] Es konnte nicht ausbleiben, dass die wachsende Selbstherrlichkeit Ulbrichts die anderen Politbüromitglieder verärgerte und diese sich durch ihren Generalsekretär entmündigt fühlten. Das sollte sich später rächen.

Gründe für den Aufstieg

Ulbrichts Aufstieg an die Spitze der SED und der DDR war keine Selbstverständlichkeit. Als Redner war er wenig begabt. Seine hohe Stimme, die sich oft zu überschlagen drohte, und sein starker sächsischer Dialekt schränkten seine rhetorischen Möglichkeiten stark ein. Eine unvorteilhafte Angewohnheit war auch, dass er oft stereotyp an das Ende eines Satzes die Frage »ja?« stellte. »Genossen, das geht nicht. Man muss zuerst den Alten ... fragen, ja? Das Programm liegt schon fest, ja? Ihr müsst verstehen, ja?«[124] Seine Reden las er grundsätzlich ab und blieb am Rednerpult ganze Passagen lang über sein Manuskript gebeugt. Dabei verhaspelte er sich auch noch oft und betonte falsch. Zwei weitere unangenehm wirkende rhetorische Angewohnheiten hatte er sich in der Sowjetunion angeeignet. Er wiederholte Sätze, denen er ein besonderes Gewicht verleihen wollte, ohne dabei den zweiten Satz besonders zu betonen. Bedeutsame Stellen unterstrich er mit einem stereotypen Auf und Ab seiner hochkant gestellten rechten Hand. Schließlich hatte er auch die sowjetische Sitte übernommen, dass der Redner mitklatscht, wenn die Zuhörer Beifall spenden.[125] Sein im Wesentlichen einziges rhetorisches Mittel, das er aber in fast jeder Rede einsetzte, war die rhetorische Frage. Mit Formulierungen wie »man hat uns gefragt«, »hier ist gefragt worden« oder »es wurde die Frage gestellt« leitete er ein Thema ein, um die Frage anschließend sofort selbst zu beantworten. Nur selten gelang es ihm, schlagfertig und mitreißend zu sein und beim Auditorium Heiterkeit und echten Beifall hervorzurufen.[126] In späteren Jahren enthielten seine Reden auffallend blumig-schwülstige Passagen: »Die Wische [Gegend bei Magdeburg, M. F.] ist ... ein ... von Initiative und Leben erfüllter Teil unseres großen deutschen Bauplatzes, eines neuen, schönen und reichen Lebens, Teil jenes großen Bauplatzes, der Deutsche Demokratische Republik heißt« (Oktober 1960). »Die Schöpferkraft unseres ganzen Volkes ist sinnvoll und planmäßig auf die Errichtung eines neuen Zeitalters gerichtet, in dem Frieden und soziale Sicherheit, Menschenwürde und Brüderlichkeit, Freiheit und Gerechtigkeit, Menschlichkeit und Lebensfreude für alle garantiert sind« (August 1964). »Die Flamme der deutsch-sowjetischen Freundschaft, dieses Unterpfand für Frieden, Wohlergehen und die glückliche Zukunft unserer Völker, die dem gleichen großen Ziel zustreben, hat einen festen Platz, einen Platz für immer im Herzen unseres Volkes erobert« (Oktober 1967).

Persönlich beliebt war Ulbricht nie, auch im Alter hatte er keine Freunde. Auf Leute, die ihn nicht näher kannten, machte er bisweilen einen linkischen, unbeholfenen Eindruck, und insbesondere seine an Lenin erinnernde Barttracht gab immer wieder Anlass zur Befremdung.[127] Wer die Gelegenheit hatte, ihn näher kennen zu lernen, fand ihn meistens unsympathisch. Auch anlässlich von Geburtstagsfeiern, wenn die anderen tanzten und sich amüsierten, saß er mit Funktionären in einer Ecke und machte Personalplanung.[128] Immer wirkte er verkrampft und angestrengt. Vor allem wurde ihm angekreidet, dass er niemals von der Arbeit abschaltete, das haben mehrere Zeitzeugen bestätigt: »Walter Ulbricht hatte wahrscheinlich so gut wie kein Privatleben. Immer war er im Dienst.«[129] 1943 in der Sowjetunion fuhr Ulbricht an einem strahlend heißen Sommertag mit anderen KPD-Emigranten in einem LKW an einem See vorbei, der zum Baden einlud. Ulbricht sprang als Erster ins Wasser und schwamm los. Plötzlich rief er: »Wir müssen das Flugblatt ändern, und zwar so.« Als ihn die anderen staunend ansahen, schmunzelte der Schwimmer verlegen und meinte: »Ja, die Arbeit lässt mich nicht los.«[130]

Worin lagen also die Gründe für Ulbrichts Erfolg und Aufstieg an die Spitze von Staat und Partei? Warum erklomm er trotz seiner sichtbaren Unzulänglichkeiten unablässig eine Stufe nach der anderen in der Parteihierarchie?

Die entscheidenden Fähigkeiten Ulbrichts waren sein stark ausgeprägtes Machtbewusstsein und seine Durchsetzungsfähigkeit, die sich auch in äußerster Brutalität niederschlagen konnte. Gegenüber den meisten anderen Politikern, die seinen Weg kreuzten, war er ein Virtuose der Macht. Sein politischer Lebensweg war eine Aneinanderreihung innerparteilicher Machtkämpfe. Seit Mitte der zwanziger Jahre stand er in jeder dieser Auseinandersetzungen auf der Seite der Sieger, auch wenn er manchmal für eine Zeit lang ins Hintertreffen geriet. Letztlich schaltete er alle seine innerparteilichen Gegner früher oder später aus. Dabei kannte er keine Skrupel, auch wenn der Betreffende in der Vergangenheit ein enger Mitarbeiter oder ein Verbündeter gewesen war. Sieben Jahre lang war er durch die Hölle der stalinistischen Säuberungen gegangen. Ein politischer Fehler war damals lebensgefährlich. Wer das überlebt hatte, dem konnte man nur noch schwerlich Furcht einflößen. »Walter Ulbricht formulierte stets prinzipiell und scharf, schonte niemanden vor Kritik, er liebte den Streit und war selbst nicht selten zänkisch... Oft flogen die Fetzen so heftig, dass man als junges Parteimitglied Angst bekam«, urteilte ein Zeitzeuge. War nach heftigen Auseinandersetzungen im Politbüro einmal ein Beschluss gefasst, »dann musste er durchgeführt werden, und wehe dem, der ausscherte.[131] Hatte bei Ulbricht einmal einer ›verschissen‹, dann für immer, denn er war nachtragend.«[132] Persönliche Kritik vergaß er nie, und er zahlte sie dem Kritiker irgendwann heim, auch wenn das Jahre dauern sollte.

Am Beispiel von Otto Grotewohl lässt sich besonders gut nachvollziehen, warum sich Ulbricht auf seinem Weg an die Spitze von Staat und Partei letztlich gegenüber all seinen Konkurrenten durchsetzte. Otto Grotewohl, der führende Sozialdemokrat in der SBZ, hatte 1946, als er zusammen mit Wilhelm Pieck Vorsitzender der SED wurde, beste Karten, die prägende politische Figur der DDR zu werden. Er galt in der SED als unersetzliche Symbolfigur für die Interessen der Sozialdemokratie, rangierte in der Parteihierarchie formal über Ulbricht und genoss höchstes Ansehen bei der sowjetischen Besatzungsbehörde. Der SMAD-Vertreter Tulpanow urteilte damals über den Sozialdemokraten: »Der Parteitag hat ein außerordentlich schnelles Wachstum der Autorität Grotewohls in der Partei gezeigt. Er ist zur Zeit der anerkannte Führer der SED. Grotewohl wurde bezeichnenderweise in einem Auftritt auf der Kundgebung der Werktätigen Berlins ›Bebel unserer Tage‹ genannt. Grotewohl wird in der Partei nicht als der ehemalige Sozialdemokrat gesehen – er wird von den ehemaligen Kommunisten und von jenen, die der Partei nach der Vereinigung beigetreten sind, gleichermaßen geachtet. Er kann es sich zugleich leisten, gegen die Sozialdemokraten mit einer Schärfe aufzutreten, die weder Pieck noch Ulbricht möglich wäre. Der kommunistische Teil des Zentralsekretariats der SED hat volles Vertrauen zu Grotewohl.«[133]

Grotewohl hätte es im Vorfeld der Vereinigung sogar in der Hand gehabt, Ulbricht politisch zu eliminieren. In einem Gespräch zwischen SMAD-Chef Shukow und Grotewohl kam es zur berühmten Frage Shukows: »Gibt es persönliche Gründe? Ist Ulbricht nicht genehm? Soll er zurückgezogen werden?«[134] Grotewohl verzichtete auf die Annahme dieses Angebots und vergab damit eine einmalige Chance, sich von der politischen Allgegenwart Ulbrichts zu befreien. Das war umso erstaunlicher, als sich Grotewohl und Ulbricht von Anfang an nicht grün waren und ihre gegenseitige Antipathie oft nur schwer verbergen konnten. Schon im Sommer 1945 hatte Grotewohl gegenüber einem Freund geäußert, dass Ulbricht »ein gefährlicher Bursche« sei.[135] Ebenso vergab Grotewohl spätere Möglichkeiten, sich gegenüber Ulbricht Vorteile zu verschaffen. 1953 gehörte er zur Mehrheit im Politbüro, die Ulbricht kritisierte. Herrnstadt berichtete, dass sich der SED-Vorsitzende damals »seinen Kummer aus vielen Jahren von der Seele redete«, gleichzeitig aber »peinlich dabei bemüht« gewesen sei, »Walter Ulbrichts Eigenliebe zu schonen«. Ihm fehlte der »politische Killerinstinkt«, um sich in dieser größten Krise in Ulbrichts Nachkriegskarriere eindeutig auf die Seite seiner Gegner zu stellen und zu versuchen, ihn auszuschalten. Seine entschiedene Stellungnahme wäre ausschlaggebend gewesen. Stattdessen versuchte er immer wieder, Ulbricht in die Diskussion mit einzubeziehen.[136] 1956, während der innerparteilichen Auseinandersetzungen zwischen Walter Ulbricht und Karl Schirdewan sowie Ernst Wollweber, hatte Grotewohl ein letztes Mal die Chance, sich von Ulbricht zu befreien. Erneut fehlte ihm die Kraft, sich eindeutig zu den Gegnern Ulbrichts zu bekennen. Schirdewan erinnerte sich: »Otto Grotewohl stimmte mir mehr als die anderen in wichtigen Fragen zu. Aber er stand oft im Zwiespalt der Dinge. Und in entscheidenden Momenten hatte er nicht die innere Kraft, entschieden und konsequent gegen Ulbricht zu handeln; zu sagen, bis hierher und nicht weiter.«[137]

Grotewohl, ein Jahr jünger als Ulbricht, war ein sensibler, harmoniebedürftiger Mann, der während der Weimarer Republik im Freistaat Braunschweig ein erfolgreicher Landespolitiker gewesen war. Anfang der zwanziger Jahre hatte er dort verschiedene Ministerämter innegehabt und war von 1925 bis 1933 für die SPD Mitglied des Reichstages gewesen, ohne dass er dabei zu den prägenden Figuren seiner Partei gehört hatte. Im Dritten Reich mehrfach inhaftiert und ständig im Visier der Gestapo, schlug er sich mit verschiedenen Tätigkeiten in der Privatwirtschaft durch, zuletzt als Geschäftsführer der Hallenbäderbau-GmbH in Berlin. Nach dem Krieg fand er sich plötzlich an der Spitze der Ost-SPD wieder. Er selbst kommentierte diesen Aufstieg so: »Ich bin durch Zufall hochgespült worden in diese Position. Ich muss sie jetzt ausfüllen, und ich will sie auch ausfüllen, und ich will auch lernen.«[138] Doch letztlich war Grotewohl dieser Position nicht gewachsen. Es gelang ihm nicht, den politischen Kurs der Einheitspartei wenigstens mitzubestimmen und ihr sozialdemokratische Züge zu geben. Vielmehr vollzog Grotewohl nach der Vereinigung von KPD und SPD unter dem maßgeblichen Einfluss von Wilhelm Pieck einen deutlichen Linksruck. Eine Äußerung nach einem Besuch in Moskau im März 1947 zeigt, dass Grotewohl sich innerlich der kommunistischen Ideologie und dem Führungsanspruch der Kommunisten unterworfen hatte: »Genosse Stalin ist der größte Sozialist der Welt, Genosse Stalin ist der Vater der Welt.«[139]

Es fehlte Grotewohl schlicht am notwendigen Machtbewusstsein und Durchsetzungsvermögen. In dieser Hinsicht war er Ulbricht weit unterlegen. Das war der entscheidende Grund dafür, warum er vom SED-Chef sukzessive zurückgedrängt wurde, bis er am Ende seiner Laufbahn nur noch als Statist auf der politischen Bühne stand. Im Gegensatz dazu kannte Ulbricht keinerlei Skrupel, sich gegenüber Grotewohl dadurch Vorteile zu verschaffen, dass er Briefe an den Ministerpräsidenten durch das Ministerium für Staatssicherheit auswerten ließ. Mindestens zwei Briefe an Otto Grotewohl – es ging um Kritik an der Enteignung von Landwirten in der DDR – kannte Ulbricht, bevor Grotewohl sie selber gelesen hatte. So ein Schreiben der Evangelischen Kirchenleitung Berlin-Brandenburg an den Regierungschef der DDR mit Datum vom 17. März 1960. Staatssicherheitsminister Erich Mielke teilte Ulbricht dazu mit: »Der Brief ist unterwegs an den Empfänger. Ob er ihn vor Montag schon bekommen wird, entzieht sich meiner Kenntnis. Auf Grund der Möglichkeiten des MfS gelangten wir vor Absendung in den Besitz dieses Schreibens – ich bitte das bei der Auswertung zu berücksichtigen.«[140] Im zweiten Fall schrieb der MfS-Chef: »Beiliegend ein Schreiben des katholischen Bischofs von Berlin an die Regierung der DDR, datiert vom 6. April 1960, das jedoch erst jetzt zur Absendung gelangt und heute oder morgen in der Kanzlei des Ministerpräsidenten eintreffen wird.«[141]

Nach der Vereinigung schwand Grotewohls Einfluss schnell. Bereits 1947 fiel eine sowjetische Beurteilung, die für Stalin erstellt worden war, schon deutlich negativer aus: »Genießt Popularität im Lande, besonders unter den Sozialdemokraten ... Zeigt in der praktischen Arbeit oft Wankelmütigkeit und Inkonsequenz ... In seinen Reden und Aufsätzen erlaubte er sich verworrene und zweifelhafte Ansichten, die den Marxismus verzerren.«[142] Als Ende 1948 mit Erich W. Gniffke der neben ihm führende Sozialdemokrat der SBZ in den Westen floh, verlor Grotewohl seinen wichtigsten Verbündeten und seinen letzten Freund aus der Zeit vor der Vereinigung. Zudem machte er in personalpolitischer Hinsicht den Fehler, hinzunehmen, dass Ulbricht seinen sozialdemokratischen Partner Max Fechner zunehmend ins Abseits drängte. Anfang 1949 wurde Fechner nicht ins neu gegründete Politbüro gewählt. Dass hierdurch ein Triumvirat von Pieck, Grotewohl und Ulbricht entstand, ist Grotewohls Eitelkeit anzulasten. Er hätte die Zurückdrängung von Fechner nicht zulassen dürfen oder darauf bestehen müssen, dass noch ein weiterer Sozialdemokrat der SED-Führung angehörte, um zu verhindern, dass er jetzt allein zwei Kommunisten gegenüberstand.

Zwar wurde Grotewohl 1949 erster Ministerpräsident der DDR und Ulbricht nur sein Erster Stellvertreter. Doch trotz dieser formalen Unterordnung war Ulbricht zu diesem Zeitpunkt bereits deutlich mächtiger als Grotewohl. Ulbricht schuf sich schnell eine Hausmacht im Parteiapparat. Zudem gelang es ihm, sich gegenüber den sowjetischen Besatzern als »natürlicher« deutscher Ansprechpartner zu positionieren. Grotewohl stand Anfang der fünfziger Jahre ohne eigenen Anhang im Apparat und ohne eigene politische Konzeption da, so dass ihm auch der Parteivorsitz, den er bis 1954 zusammen mit Pieck innehatte, nicht half, um sich gegen Ulbricht durchsetzen zu können. Mit wachsender Macht wurde Ulbricht immer ungeduldiger und ruppiger im Umgang mit dem längst unterlegenen Grotewohl. Die SMAD hielt kritisch fest, dass Ulbricht zum Beispiel einen Grundsatzartikel über die Einheit Deutschlands im Neuen Deutschland veröffentlichte, ohne den Inhalt mit anderen Mitgliedern des Sekretariats abzustimmen. Das war für Ulbricht nichts Neues, so war er schon immer vorgegangen, doch Grotewohl fühlte sich durch solche Alleingänge tief verletzt und gekränkt. Mehrfach erinnerte er Ulbricht wütend daran, dass Pieck und nicht Ulbricht derjenige sei, der mit ihm an der Spitze der Partei stehe.[143] Die Animositäten der beiden gingen so weit, dass Grotewohl in einer Sitzung, in der er formell die Leitung hatte, aber selber nicht zu Wort kam, weil Ulbricht ihn ständig unterbrach, die Nerven verlor und rief: »Bin ich noch Parteivorsitzender, oder bin ich es nicht mehr?«[144]

Schließlich resignierte Grotewohl sichtbar, zog sich immer mehr aus der Partei zurück und gab sich, politisch von Ulbricht an den Rand gedrängt, selber auf. Ende der fünfziger Jahre war er ein Außenseiter im Politbüro, der einzige Sozialdemokrat im Führungsgremium der SED neben Friedrich Ebert. Der aber war ein Parteigänger von Walter Ulbricht. 1960 schließlich, nach dem Tod Wilhelm Piecks, wurde Ulbricht Vorsitzender des Staatsrates und Grotewohl einer seiner sechs Stellvertreter. Damit zog Ulbricht am Ende auch formal an Grotewohl vorbei, der nicht mehr in der Lage war, Widerstand zu leisten. Ab diesem Zeitpunkt war Grotewohl ohnehin so krank, dass er kaum noch seine Ämter wahrnehmen konnte.

Der zweite Grund für Ulbrichts unaufhaltsamen Aufstieg war sein Opportunismus gegenüber den Machthabern in der KPdSU. Ideologische Richtungswechsel und neue Losungen, die von der KPdSU ausgingen, erkannte er fast immer als einer der Ersten. Übergangslos schwenkte er von diesem Moment an auf die neue Linie um, auch wenn das bedeutete, jetzt das Gegenteil von dem zu vertreten, was bislang als richtig und opportun gegolten hatte. Er verstand es, trotz aller ideologischer Wirren, ständiger programmatischer Neuerungen und konzeptioneller Widersprüche, immer ideologisch auf der Höhe zu sein und die neue Linie zu vertreten, als sei er ihr Erfinder. Während viele andere Spitzenfunktionäre immer wieder Probleme damit hatten, Vorgaben aus der UdSSR mit ihrem Bild vom Marxismus-Leninismus in Einklang zu bringen, bereitete dies Ulbricht keinerlei Probleme. Das unterschied den Pragmatiker Ulbricht von fast allen anderen Funktionären. Er hatte begriffen, dass die Ideologie des Kommunismus ein Herrschaftsinstrument war und nicht ein wissenschaftlich unangreifbares Naturgesetz, wie man es den meisten Kommunisten mit Erfolg einredete. So vertrat zum Beispiel auch Ulbricht, wie das gesamte Politbüro, Stalins These vom besonderen deutschen Weg zum Sozialismus: »Es wäre auch falsch, zu denken, dass die Entwicklung in allen Ländern gleichmäßig verläuft. Wir müssen in Deutschland den Weg gehen, der den Entwicklungsbedingungen in Deutschland entspricht, und das wird nicht der gleiche Weg sein wie in anderen Ländern«[145], äußerte Ulbricht 1946. Im Sommer 1948 änderte Stalin unter dem Eindruck des Abfalls von Jugoslawien unter Tito diese Strategie. Er pochte nunmehr darauf, dass die Entwicklung in allen sozialistischen Staaten so erfolgen müsse wie in der UdSSR. Daraufhin wurde Anton Ackermann, der als Parteiideologe eher zufällig mit seinem Namen für die These vom besonderen deutschen Weg zum Sozialismus stand, von Ulbricht gezwungen, seine damalige Aussage öffentlich zu widerrufen und dafür Selbstkritik zu üben. Ulbricht dagegen übernahm die neue Vorgabe über Nacht und stillschweigend, als hätte er nie eine andere Auffassung vertreten. Er habe mit seiner These darüber hinweggetäuscht, attackierte Ulbricht Ackermann jetzt plötzlich, dass der »Übergang zum Sozialismus nur im schärfsten Klassenkampf durch die Beseitigung der letzten kapitalistischen Klassen siegreich geführt werden« könne. Obwohl Pieck und Grotewohl intervenierten, die Theorie Ackermanns sei doch damals von allen mitgetragen worden, und diese »kleine Familienangelegenheit aus der Vergangenheit« interessiere doch gar niemanden, bestand Ulbricht darauf, dass Ackermann damit einen schweren ideologischen Fehler gemacht habe und dass er dafür öffentlich Selbstkritik zu üben habe.[146] Ulbricht sah in Ackermann einen wichtigen Konkurrenten um die Macht und nutzte erbarmungslos die Gelegenheit, um diesen zu schwächen. Er hatte die verschiedenen Anlässe, bei denen Ackermann ihn in der Vergangenheit kritisiert hatte, nicht vergessen. Wenige Tage später leistete Ackermann gezwungenermaßen im Neuen Deutschland Buße und stufte die »Theorie von einem besonderen deutschen Weg zum Sozialismus... als unbedingt falsch und gefährlich« ein.[147] Trotzdem verlor Ackermann in der Folgezeit gegenüber Ulbricht nachhaltig an Boden und wurde vom Politbüromitglied zum Kandidaten des Politbüros degradiert.

Dritter Erfolgsfaktor für Ulbrichts Aufstieg war sein Wissen um die Macht der Parteiverwaltung und die konsequente Nutzung dieses Potenzials. Der Parteiapparat war seit Beginn seiner KPD-Karriere immer seine Domäne gewesen. Schon in den zwanziger Jahren als Parteisekretär in Thüringen und später als Mitarbeiter der Organisationsabteilung der Komintern hatte sich Ulbricht mit Vehemenz, ja mit Lust auf Verwaltungsarbeiten gestürzt. Dadurch hatte er nach dem Krieg gegenüber seinen innerparteilichen Konkurrenten die größte Erfahrung in der Führung des Parteiapparates beziehungsweise in der Parteiverwaltung. Das war umso wichtiger, als seine Konkurrenten dieses Feld vernachlässigten oder gar nicht erst besetzten. So schmiedete Ulbricht über die Jahre aus dem Parteiapparat sein persönliches Machtinstrument. Zum einen durch eine geduldige und umsichtige Personalpolitik, bei der er nach und nach alle wichtigen Positionen im Apparat mit jungen Funktionären seines Vertrauens, wie Erich Honecker, besetzte. Zum anderen dadurch, dass der Generalsekretär den Verwaltungsapparat auf sich persönlich einschwor und sich dadurch eine immer stärker werdende Hausmacht in der KPD/SED schuf. Wichtige Entscheidungen, die vom Politbüro verabschiedet werden mussten, bereitete Ulbricht mit den fachlich zuständigen Politbürokollegen oder Funktionsträger bilateral vor. Kam danach eine Vorlage zur Entscheidung ins Politbüro, war die Sache meist bereits definitiv entschieden. Wenn beispielsweise Bruno Leuschner, bis 1961 Vorsitzender der Staatlichen Plankommission der DDR, ein wirkliches Problem hatte, dann kleidete er dieses in eine Mitteilung in Form eines Privatbriefes, der mit »Lieber Otto!« oder »Lieber Walter!« begann. Dieses Schreiben wurde fast immer in die Privatwohnung des Angeschriebenen gebracht und anschließend vernichtet. Die wichtigsten Angelegenheiten erledigte Leuschner mit Ulbricht allein. Eine Information an andere Politbüromitglieder, auch an Grotewohl, erging nur dann, wenn Ulbricht das ausdrücklich empfahl. Er selbst allerdings erhielt von Leuschner jedes Schreiben in Kopie, das jeweils mit »Lieber Otto!« an Grotewohl gesandt wurde.[148]

Ein wichtiger Nebeneffekt von Ulbrichts Stellung als »Herr der Verwaltung« war die Tatsache, dass er regelmäßig besser informiert war als seine Mitstreiter. Ulbricht unternahm größte Anstrengungen, um möglichst umfassend informiert zu sein und über alles Bescheid zu wissen. Er war ein guter Zuhörer, das haben alle Zeitzeugen einhellig bestätigt, stellte Fragen, bohrte nach und verschaffte sich so fast immer ein besseres Bild über relevante Sachverhalte als seine Kollegen und Konkurrenten. Er besaß eine schnelle Auffassungsgabe und ein gutes Gedächtnis sowie die Fähigkeit, Wesentliches und Unwesentliches unterscheiden zu können. Bis auf seine letzten Lebensjahre versuchte er, sich ein reales Bild der Lage zu verschaffen, er betrog sich nicht selbst und wollte keine Potemkinschen Dörfer vorgeführt bekommen. Typisch für seine Gesprächsführung im kleinen Kreis war seine Aufforderung gegenüber Baufachleuten 1963: »Sie brauchen keine Angst davor zu haben, leitende Regierungsorgane zu kritisieren. Aber bitte konkret. Keine allgemeinen Bemerkungen!«[149] Bezeichnendes Beispiel dafür, wie geschickt er sich Informationen verschaffte, ist das erste offizielle Treffen zwischen SMAD- und SPD-Führung am 21. Juni 1945. Selbst konnte er dabei naturgemäß nicht anwesend sein, doch gelang es ihm, seine Lebensgefährtin Lotte als Dolmetscherin für diese wichtige Begegnung zu platzieren. So war er auch in diesem Fall bestens über den Stand der Dinge informiert. Später stand ihm die beste Informationsquelle der DDR, das Ministerium für Staatssicherheit, nach Belieben offen, oft exklusiv. Mit »Lieber Walter!« beginnen unzählige Informationen und Ausarbeitungen, die Erich Mielke an den SED-Chef weiterleitete. Oft vermerkte Mielke dabei: »Diese Information geht nur an Dich persönlich« oder »Dieser Bericht ist nur zu Deiner persönlichen Information gedacht – es ist nicht beabsichtigt, anderen davon Kenntnis zu geben« oder »Falls keine andere Meinung besteht, werden keine weiteren Informationen gefertigt«.[150] Das Ministerium für Staatssicherheit sorgte dafür, dass nichts in der DDR passierte, was Ulbricht nicht wusste. Erich Mielke berichtete, wenn fünf Fischkutter der DDR von polnischen Grenztruppen gezwungen wurden, einen polnischen Hafen anzulaufen, wenn in Thüringen ein Waggon der Reichsbahn entgleiste, auch wenn es dabei nur zwei Verletzte gab, ja sogar wenn ein westliches Segelflugzeug in der DDR notlanden musste. Wie aufmerksam Ulbricht die Berichte aus dem MfS las, zeigen die vielen Anstreichungen und Unterstreichungen, die er in den Akten machte. Militärisch knapp vermerkte er manchmal handschriftlich, wie weiter zu verfahren war: »Gen. Mielke, Veranlasse bitte die notwendigen Maßnahmen. Formulare beschaffen. WU.« Oder: »Gen. Mielke, Bitte geschickter arbeiten. WU.« [151] Auch diese exklusiven Informationen stellten einen enormen Wettbewerbsvorteil gegenüber seinen Kollegen im Politbüro dar.

Der vierte Grund für den Aufstieg: Keiner seiner Konkurrenten hatte bessere Kontakte zu den Sowjets als Ulbricht. Das galt aufgrund seiner langjährigen Emigration sowohl für seine Beziehungen zu entscheidenden Stellen in Moskau als auch zu den Machthabern in der Sowjetischen Besatzungszone. Vor allem Ulbrichts Tätigkeit als Agitator an der Stalingrad-Front führte zu lebenslangen persönlichen Beziehungen zur Creme der sowjetischen Führung. Mit Chruschtschow hatte Ulbricht 1942 in Stalingrad gemeinsam das Weihnachtsfest gefeiert. So ein Ereignis vergisst man nicht. Tschuikow, Marschall der Sowjetunion und ehemaliger Vorsitzender der Sowjetischen Kontrollkommission in Deutschland, schickte Ulbricht noch nach dessen Entmachtung am 30. Januar 1973 ein Telegramm, in dem er sich an die gemeinsame Zeit in Stalingrad erinnerte: »Teurer Genosse Ulbricht! Anlässlich des dreißigjährigen Jubiläums sende ich Ihnen Stalingrader Grüße. Ihre wahren Worte, die an die betrogenen deutschen Soldaten gerichtet waren, durchdrangen Unterstände und Panzerungen und erreichten die Herzen der Betrogenen und Verirrten. Sie haben gemeinsam mit uns gegen den Hitlerfaschismus mit der geistigen Waffe gekämpft, und wir haben am 2. Februar des Jahres 1943 gemeinsam den Sieg errungen. Ich wünsche Ihnen, unserem teuren Regimentskameraden, beste Gesundheit und noch viele Lebensjahre. Marschall der Sowjetunion W. I. Tschuikow.«[152]

Nach 1945 gelang es Ulbricht, sich schnell als wichtigster Ansprechpartner und Vertrauensmann der SMAD zu etablieren und die Informationsflüsse weitgehend auf sich zu konzentrieren. Seine Lebensgefährtin Lotte platzierte er an einer Schaltstelle des im Aufbau befindlichen KPD-Parteiapparats. Sie übernahm die so genannte »sekrete« beziehungsweise Sekretariatsabteilung. Über Lotte Ulbricht, die perfekt Russisch sprach, liefen die Verbindungen des Parteiapparats zu den verschiedenen sowjetischen Stellen, insbesondere zur SMAD. Hier wurden eingehende russische Materialien und Briefe ins Deutsche und entsprechend die Entwürfe aus dem KPD-Apparat ins Russische übersetzt und an die sowjetischen Stellen weitergeleitet.[153] Bald lief jeder wichtige Kontakt zur SMAD über das Sekretariat beziehungsweise über Walter Ulbricht. In den Protokollen der Partei- und Staatsführung war später regelmäßig die Formulierung zu finden: »Über Punkt soundso wird Genosse Ulbricht mit den sowjetischen Genossen sprechen.«[154] Ulbricht nahm nach 1945 an jedem Gespräch der KPD/SED-Führung teil, welches Stalin seinen deutschen Statthaltern gewährte. Eine bessere Informationsquelle über sowjetische Absichten bezüglich Deutschland gab es nicht.[155] Als Ende 1949 die sowjetischen Internierungslager aufgelöst wurden, in denen zu diesem Zeitpunkt noch 13 500 Deutsche inhaftiert waren, wandten sich die Sowjets zu diesem Zweck an Ulbricht, nicht etwa an Ministerpräsident Grotewohl oder an den SED-Vorsitzenden Pieck. Ulbricht wurde generell von den Mitarbeitern der SMAD akzeptiert und geschätzt, wenn auch seine mangelnde Teamfähigkeit kritisiert wurde: »Er kennt sich in der Organisationsarbeit aus, kann jede politische Kombination konspirativ durchführen und streng geheimhalten«, hieß es in einem SMAD-Bericht über Ulbricht. Tulpanow urteilte im September 1946: Ulbricht »ist genauer als jeder andere in seinen Formulierungen, er versteht mehr als die anderen, ist aber unbeliebt, gerade wegen seiner Heftigkeit«.[156]

Ein entscheidender Wettbewerbsvorteil gegenüber seinen Mitkonkurrenten schließlich war Ulbrichts enormer Fleiß. Der fiel schon Anfang der zwanziger Jahre auf, als der SED-Chef noch Bezirkssekretär der KPD in Thüringen war. Ernst Wollweber, damals Politischer Leiter des Nachbarbezirks, urteilte: »Er galt als unerhört fleißig, initiativ, ausgesprochen solide: er hatte keine Laster und keine erkennbaren äußerlichen Schwächen. Er rauchte nicht, er trank nicht und hatte keinen persönlichen Umgang. Niemand in der Partei war mit ihm befreundet.«[157] Ulbrichts Arbeitspensum rang selbst seinen Gegnern Bewunderung ab. Er stand morgens um sechs Uhr auf und begann seinen Arbeitstag um acht Uhr. Ab neun Uhr jagte eine Sitzung die andere. Auf eine Mittagspause verzichtete er und nahm sein Essen während einer Sitzung ein. Nach durchschnittlich sechs bis acht Besprechungen endete sein Arbeitstag oft erst zwischen 22 und 23 Uhr. Auch die Sitzungen des Politbüros, die jeden Dienstag um zehn Uhr begannen, gingen zum Teil bis in die Nacht hinein. Seine Umwelt fragte sich immer wieder, wie er es durchhielt, 12 bis 13, manchmal 16 Stunden am Tag ohne sichtbare Ermüdungserscheinungen eine Besprechung nach der anderen abzuhalten.[158] Auch während der stundenlangen, oft drögen Reden in der Volkskammer oder auf Parteiversammlungen, wenn sich andere schon mal ein Schläfchen gönnten, saß Ulbricht »hellwach mit zusammengekniffenen Augenbrauen wie ein Wächter auf seinem Platz und nahm jedes Wort aufmerksam in sich auf«.[159] Detailbesessen studierte er unermüdlich ungeheure Aktenberge und war dadurch fast immer kompetenter und besser vorbereitet als seine Gesprächspartner. Es gab kaum ein Thema, mit dem er sich nicht beschäftigte. Architektur und Kunst, Wirtschafts- und Gewerkschaftsfragen interessierten ihn ebenso wie Sport oder Landwirtschaft. Auch Vorlagen, die Ulbricht erst am Abend vor einer Sitzung erhielt, studierte er noch in der Nacht, um am nächsten Tag kompetent Stellung nehmen zu können. Vor Beginn einer Besprechung notierte er sich auf einem Zettel stichpunktartig die Fragen, die er ansprechen wollte. Zuerst hatte der jeweilige Gesprächspartner zu berichten, dann äußerte Ulbricht seine Meinung und gab schließlich die Anweisungen, wie zu verfahren war. Oft überzog er den Zeitplan eines Termins, so dass die als Nächstes bestellten Funktionäre oder Minister stundenlang untätig in seinem Vorzimmer sitzen mussten.[160] Wenn andere nach endlosen Sitzungen erschöpft waren und gähnend nur noch mit halbem Ohr zuhörten, vertrat Ulbricht nach wie vor hartnäckig seine Meinung und setzte sich schließlich durch, weil er über die bessere Kondition verfügte als seine erschöpften Mitstreiter. Auch was die Anzahl seiner Ämter betraf, blieb Ulbricht unerreicht. 1950 war er zugleich Abgeordneter im Landtag von Sachsen-Anhalt, Mitglied des Bundesvorstandes des FDGB, Generalsekretär des ZK der SED, Mitglied des Politbüros des ZK der SED und Erster Stellvertretender Ministerpräsident der DDR.

Säuberung der SED

Ende der vierziger Jahre setzte in den kommunistischen Parteien Osteuropas eine umfangreiche und brutale Säuberungswelle ein. Es war eine Neuauflage der stalinistischen Säuberungen in der Sowjetunion Ende der dreißiger Jahre, nur dass diesmal die kommunistischen Parteiführungen der Satellitenstaaten der Sowjetunion terrorisiert wurden.[161] Nach der Regie der drei berüchtigten Moskauer Schauprozesse von 1936 bis 1938 fanden 1949 in Ungarn der Rajk-Prozess und in Bulgarien der Kostow-Prozess statt. Im September 1949 wurden in Budapest der frühere ungarische Innenminister László Rajk und sieben hohe kommunistische Führer vor Gericht gestellt. Einen Monat später ereilte in Sofia elf führende bulgarische Kommunisten dasselbe Schicksal. Wie ehedem unter der Regie Wyschinskis in Moskau, legten fast alle Angeklagten das absurde »Geständnis« ab, für Jugoslawien und die USA spioniert und gegen die Volksdemokratien konspiriert zu haben. Die meisten Angeklagten wurden hingerichtet oder zu lebenslanger Haft verurteilt. Aufhänger für diese Willkürmaßnahmen waren die amerikanischen Brüder Hermann und Noel H. Field. Noel Field war seit 1942 Leiter der europäischen Zentrale des Unitarian Service Committee in Genf gewesen. In dieser Funktion hatte er vielfältige Tätigkeiten entwickelt, um verfolgten Menschen im von den Deutschen besetzten Europa zu helfen; viele verdankten ihm ihr Leben. Der sowjetische Geheimdienst dachte ihm wegen dieser Tätigkeit im Nachhinein die Rolle eines »amerikanischen Meisterspions« zu. Jeder, der in der Vergangenheit Kontakt zu Field gehabt hatte, war damit verdächtig, ein Komplize des Meisterspions zu sein, und lief Gefahr, selbst zum Spion und Verräter gestempelt zu werden.

Auch in der DDR wurde ab Herbst 1949 ein Schauprozess nach diesem Muster vorbereitet, der 1951 stattfinden sollte. Die tragende Rolle spielte dabei Generalsekretär Walter Ulbricht. Wohl aufgrund sowjetischer Initiative setzte die SED am 14. November 1949 eine Kommission »für die Field-Untersuchung« ein.[162] Im Zusammenspiel mit dem Vorsitzenden der Zentralen Parteikontrollkommission (ZPKK), Hermann Matern, sorgte Ulbricht zunächst dafür, dass diese Untersuchungskommission mit absolut linientreuen Genossen besetzt wurde. Auf diese Weise wurde sogar die ZPKK von der geheimen Untersuchung ausgeschlossen, die nur von einem Kreis weniger Ulbricht-Vertrauter durchgeführt wurde.[163] Am 24. Dezember drängte Wladimir Semjonow ultimativ gegenüber Wilhelm Pieck, dass sich »Agenten im Apparat« befänden und deshalb »Säuberungen« erforderlich seien. In welchem Umfang er das für erforderlich hielt, teilte Semjonow auch gleich mit. Etwa ein Zehntel der SED-Mitglieder müsse entfernt werden.[164] Bei ihrer Suche nach »Spionen« in der Partei wurden die Untersuchungsorgane der SED vor allem unter den »West-Emigranten« fündig. Noch bevor die Untersuchung abgeschlossen war, waren die ersten Opfer der Säuberung zu verzeichnen. Im März 1950 wurde der zweite Vorsitzende der westdeutschen KPD, Kurt Müller, von der Staatssicherheit nach Ost-Berlin gelockt und verhaftet. Erich Mielke persönlich vernahm Müller und sagte ihm dabei ganz offen, dass er als Hauptangeklagter für einen politischen Schauprozess in der DDR auserkoren worden sei.[165] Müller passte dann allerdings doch nicht in die angedachte Prozessstrategie und fiel für die Rolle des Hauptangeklagten aus. Das half ihm persönlich wenig; erst 1956 kam er aus sowjetischer Haft wieder frei. Opfer Nummer zwei wurde im April 1950 Paul Bertz, ehemaliges Mitglied des

Sekretariats der KPD in Paris, der den Fehler gemacht hatte, sich 1946 gegen die Vereinigung von KPD und SPD auszusprechen. Damit war er dafür prädestiniert, in einem Schauprozess die Rolle des Angeklagten zu übernehmen. Unter dem Druck der Untersuchung durch die Zentrale Parteikontrollkommission nahm er sich das Leben. Am 11. Juni beschloss das Politbüro den Ausschluss von Alexander Abusch aus dem Sekretariat des Politbüros »im Zusammenhang mit dem Fall Field«.[166]

Ein Jahr nach dem Auftrag Semjonows hatten die Sicherheitsorgane der SED ihre Pflicht getan und die »Agenten im Apparat« entlarvt. Am 24. August 1950 verkündete das ZK der SED eine Liste mit den Namen von elf »Fieldisten«. Alle waren ehemalige »West-Emigranten«. Die prominentesten Opfer auf der Anklagebank waren der Chefredakteur des Deutschlandsenders, Leo Bauer, und Paul Merker, Mitglied des Politbüros und ehemaliges Mitglied des Pariser Sekretariats der KPD, das nach Lesart der KPD 1939 ein »kapitulantenhaftes Verhalten« an den Tag gelegt hatte. Dass Merker zum Opfer eines geplanten Schauprozesses auserkoren wurde, war kein Zufall. Der alten Garde der KPD-Führer zugehörig, war er einer der wenigen ernsthaften Konkurrenten Ulbrichts in der SED-Führung. Als Alternative zum Generalsekretär galt auch Franz Dahlem, im Politbüro für Personalpolitik, Organisation und die Politik gegenüber Westdeutschland zuständig, womit er eine Schlüsselposition im wichtigsten SED-Gremium einnahm. Anders als Ulbricht genoss er Sympathien in weiten Parteikreisen und galt als Vertreter der West-Emigranten und KZ-Häftlinge in der SED-Führung. Seine Auseinandersetzungen mit Ulbricht seit den dreißiger Jahren waren in der SED bekannt. Kein Wunder, dass Ulbricht versuchte, neben Merker auch Dahlem auf die Anklagebank im geplanten Schauprozess zu bringen, was ihm zu diesem Zeitpunkt allerdings nicht gelang. Merker jedoch wurde wegen seiner »Hilfe für den Klassenfeind« politisch kaltgestellt. Zunächst durfte er noch in der SED bleiben und sein Dasein als Leiter der HO-Gaststätte in Luckenwalde fristen. Wilhelm Pieck versuchte in der parteiinternen Diskussion, die Wogen zu glätten und die schlimmsten Exzesse gegen die bedrängten »West-Emigranten« zu verhindern. Doch Ulbricht war fest entschlossen, den sowjetischen Auftrag auszuführen und weitere »Spione« in der SED zu entlarven, die man im angedachten Schauprozess vorführen konnte.

Im Sommer 1951 wechselten die Vorwürfe gegen Merker. Nachdem Stalin den »Zionismus« als neues Feindbild entdeckt hatte, wurde Paul Merker, dem man keine Verbindungen zu Noel Field hatte nachweisen können, nunmehr unterstellt, Leiter einer zionistischen Agententruppe gewesen zu sein, die vom amerikanischen Geheimdienst nach Kriegsende in die Führung der deutschen Kommunisten eingeschleust worden sei. So sollte zu Ende gebracht werden, was im August 1950 begonnen worden war. Auf der zweiten Parteikonferenz der SED im Juli 1952, auf der Ulbricht den Aufbau des Sozialismus in der DDR einläutete, warnte der SED-Chef drohend davor, dass der »Feind« die Partei durch »Einschmuggeln feindlicher Elemente in den Parteiapparat« zersetzen wolle.[167] Neben Paul Merker rückte erneut Franz Dahlem in den Mittelpunkt der Verdächtigungen und Angriffe. Ulbricht, der Machtmensch, unternahm den nächsten Anlauf, um sich auch dieses innerparteilichen Gegners zu entledigen.

Katalysator des Geschehens in der DDR wurde der dritte Nachkriegsschauprozess, der in der Tschechoslowakei stattfand. Ab November 1952 saßen in Prag der ehemalige KP-Generalsekretär Rudolf Slánsky, der frühere Außenminister Vladimir Clementis und sieben stellvertretende Minister wegen Hochverrats, Spionage, Sabotage und militärischen Verrats auf der Anklagebank. Als im Prager Prozess angeblich der Name Merker fiel, wurde Paul Merker Anfang Dezember mit den Vorwürfen, »Zionist« und »Subjekt der US-Finanzoligarchie« zu sein, verhaftet. Auch Dahlem geriet jetzt in akute Gefahr. Ende 1952 setzte das Politbüro eine Kommission ein, die am 17. März 1953 der Zentralen Parteikontrollkommission den Auftrag gab, die »notwendigen Untersuchungen« gegen Dahlem einzuleiten. Bis zum Ende dieser Untersuchung »ruhten« Dahlems Funktionen.[168] In der Folge wurde Dahlem intern der Zusammenarbeit mit den amerikanischen und französischen Geheimdiensten und »sogar der Verbindung mit der Gestapo« bezichtigt.[169] Ulbricht hatte damit alles vorbereitet, um den von den Sowjets gewünschten Schauprozess, wenn auch mit Verspätung, durchführen zu können. Willkommener Nebeneffekt war, dass Ulbricht mit den beiden gefundenen Opfern zugleich zwei seiner profiliertesten innerparteilichen Kritiker und Konkurrenten ausschalten konnte. Am 25. März 1953 zeichnete Ulbricht im »erweiterten« Politbüro ein Bild der totalen Unterwanderung der DDR-Wirtschaft durch Agenten und Saboteure, die unbehelligt die DDR schädigen könnten, da sich niemand um sie kümmere. Als er nach einer Stunde das zu Beginn der Sitzung ergriffene Wort wieder abgab, war den anwesenden SED-Führern klar, dass die noch bevorstehenden Parteisäuberungen alle vorausgegangenen in ihrer Intensität wohl noch übertreffen würden.[170]

Doch der geplante Schauprozess gegen die »Zionisten« fand schließlich nicht statt. Der Tod Stalins im März 1953 und der folgende Kampf um die Führung in der KPdSU, vor allem aber der Volksaufstand in der DDR am 17. Juni, schufen völlig veränderte Rahmenbedingungen, unter denen sich die Durchführung eines stalinistischen Schauprozesses in der DDR verbot. Doch das half den bereits Verhafteten wenig. Gerade weil Ulbricht auch persönliche Gründe hatte, gegen Merker und Dahlem vorzugehen, verfolgte er sie weiter, auch wenn eine öffentlichkeitswirksame Verurteilung in einem Schauprozess jetzt nicht mehr möglich war. Paul Merker wurde am 30. März 1955 – also nach über zwei Jahren Untersuchungshaft – zu acht Jahren Zuchthaus verurteilt. Zuvor hatte die Sicherheitskommission des Politbüros unter Vorsitz Ulbrichts am 8. März beschlossen: »Strafmaß darf nicht unter sechs Jahren sein.«[171] Am 17. Februar 1956 wurde Merker vorzeitig aus der Haft im Zuchthaus Brandenburg-Görden entlassen und rehabilitiert. Danach arbeitete er als Lektor im Verlag »Volk und Welt«. Politischen Einfluss erreichte er nicht mehr. Franz Dahlem wurde im Mai 1953 von allen Funktionen entbunden und saß bis zu seiner Rehabilitierung 1956 ohne Anklage in Untersuchungshaft. Nach seiner Entlassung aus dem Gefängnis wurde er am 2. Februar 1957 wieder in das ZK der SED kooptiert, blieb aber wie Paul Merker künftig ohne nennenswerten politischen Einfluss.

Stalins neue Deutschlandstrategie

Ein ums andere Mal hatten sich die SED-Führer bei ihren Besuchen in Moskau von Stalin vorwerfen lassen müssen, »dass die Politik und die praktische Arbeit der SED ungenügend auf die Lösung der gesamtdeutschen Aufgaben orientiert ist«.[172] Seine gesamtdeutsche Strategie änderte Stalin erst im Sommer 1952, nachdem das sowjetische Ziel, die Eingliederung der Bundesrepublik in das westliche Verteidigungsbündnis zu verhindern, gescheitert war. Ende 1951 bereiteten die westlichen Siegermächte einen »Generalvertrag« vor, mit dem die Bundesrepublik in die Europäische Verteidigungsgemeinschaft aufgenommen werden sollte, die ihrerseits als Teil der NATO geplant war. Die Unterzeichnung der entsprechenden Verträge war für das Frühjahr 1952 vorgesehen. Auf diese Situation reagierte Stalin mit einem auf den ersten Blick verlockenden Angebot. In einem an die Westmächte gerichteten Schreiben vom 10. März 1952 bot der sowjetische Diktator unverzügliche Verhandlungen über einen Friedensvertrag mit Deutschland an, und zwar unter unmittelbarer Beteiligung einer gesamtdeutschen Regierung. Ein wiedervereinigtes Deutschland stand damit im Raum, in den Grenzen, die die Siegermächte auf der Konferenz in Potsdam festgelegt hatten. Freie wirtschaftliche Betätigung, Abzug der Besatzungsmächte und eine eigene Armee sollten ihm zugestanden werden. Nur eine Einschränkung machte der Herr im Kreml: Keine Integration der Bundesrepublik in ein westliches Verteidigungsbündnis, das gegen die Sowjetunion gerichtet ist! Diese so genannte Stalin-Note war das weitestgehende Angebot zur Regelung der deutschen Frage, das die UdSSR je gemacht hatte. Doch schon die ersten Reaktionen der Bundesregierung machten deutlich – man hatte kein Vertrauen in die Ernsthaftigkeit des Angebots.[173] Bundeskanzler Adenauer war der Auffassung, die Note sei nicht mehr als ein weiterer Versuch, die Verhandlungen der Westmächte und der Bundesrepublik über den Generalvertrag zu stören und die bevorstehende Integration Westdeutschlands in die Europäische Verteidigungsgemeinschaft zu verhindern.

Ulbricht reagierte auf die Ablehnung der Stalin-Note durch die Alliierten am 28. März 1952 mit einem rüden Aufruf zum »Kampf gegen die Bonner Clique [der] Handlanger des amerikanischen Imperialismus«.[174] Einen Tag später reiste er in der üblichen Besetzung, also zusammen mit Pieck, Grotewohl und Oelßner, nach Moskau, um sich mit der sowjetischen Führung über das weitere Vorgehen abzustimmen.[175] Untergebracht wurden die vier SED-Führer in Kunzewo, im berühmten Datschenviertel der sowjetischen Führung, das Pieck und Ulbricht aus ihrer Exilzeit bestens in Erinnerung hatten. Pieck hielt die Treffen mit der sowjetischen Führung, die bis zum 10. April dauerten, minutiös fest. Obwohl die SED-Führer sich zehn Tage lang in Moskau aufhielten, dauerten die Spitzengespräche mit der KPdSU-Führung nur wenig mehr als drei Stunden. So blieb genügend Zeit, um sich ausgiebig Filme anzusehen: zwei Teile »Tarzan«, »Das Weltall«, »Der Landarzt«, »Prschewalski« und »Junge Garde«.[176]

Am 1. April 1952 trafen sich die Deutschen um 21.00 Uhr mit Stalin, Molotow, Malenkow, Mikojan und Bulganin. Nach den Notizen Piecks war schon an diesem Abend klar, dass eine Einigung mit dem Westen in der Deutschlandfrage nicht mehr für möglich gehalten wurde. Die Eingliederung der Bundesrepublik in das westliche Verteidigungsbündnis löste eine radikale Änderung der langjährigen Deutschlandstrategie Stalins aus. Pieck notierte sich: »Polizei – Bewaffnung ... Volksarmee schaffen – ohne Geschrei ... Pazifistische Periode ist vorbei ... Erfüllt Euch mit Kampfgeist, wir werden Euch helfen.«[177] Stalin sprach sich an diesem Abend – wohl noch unter dem Eindruck der Zurückweisung seines Angebots – dezidiert für die Schaffung einer Armee der DDR aus, »je eher, umso besser«. Und er dozierte gegenüber den deutschen Genossen: »Sie reagieren nur auf Stärke. Wenn bei euch plötzlich eine Armee auftaucht, wird man anders mit euch sprechen – man wird euch anerkennen und lieb gewinnen, da Stärke von allen geliebt wird.«[178] Am 7. April 1952, zwischen 22.00 und 23.20 Uhr, kam es zum zweiten Treffen der SED-Führer mit Stalin und den KPdSU-Führern. Erneut wurde der radikale Wechsel im Denken Stalins deutlich: »Faktisch wird in Westdeutschland ein selbstständiger Staat organisiert. Ihr müsst auch euren eigenen Staat organisieren. Die Demarkationslinie zwischen West- und Ostdeutschland muss als eine Grenze betrachtet werden, und zwar nicht als eine einfache Grenze, sondern als gefährliche Grenze.«[179] Erneut wurde auch über die Schaffung einer DDR-Armee gesprochen und, im Zusammenhang mit der Kollektivierung der Landwirtschaft in der DDR, zum ersten Mal auch über die Einführung des Sozialismus in der DDR. Wilhelm Pieck notierte: »Schaffung von Produktiv-Genossenschaften im Dorfe, um Großbauern einzukreisen. Geschickt im Herbst beginnen. Beispiele schaffen – Vergünstigungen Saatgut, Maschinen. Instrukteure zur Verfügung. <u>Niemand zwingen</u>. Nicht schreien. Kolchosen – Sozialismus. Tatsachen schaffen. Im Anfang die Tat – <u>Weg zum Sozialismus – staatliche Produktion ist sozialistische Produktion</u>.«[180]

Der Kurswechsel war so ungeheuerlich für die SED-Delegation, dass Ulbricht irritiert nachhakte, dies werde Konsequenzen haben: »Bis jetzt sagten wir in der DDR, dass wir für ein demokratisches Deutschland eintreten, und führten eine Reihe von Maßnahmen nicht durch, die bei der Entwicklung in Richtung Sozialismus durchgeführt werden müssen. Wir sprachen auch niemals davon, dass wir zum Sozialismus übergehen ... Bis jetzt haben wir nicht davon gesprochen und nicht darauf hingewiesen, dass die volkseigenen Betriebe sozialistisch sind. Wir haben die in der DDR entstandene gesellschaftliche Situation ein wenig maskiert.« Stalin entgegnete auf diesen Einwand, dass diese Strategie richtig gewesen sei. Auch in der Zukunft sei es nicht angebracht, lauthals vom Sozialismus zu reden, auch wenn in Deutschland jetzt zwei Staaten geschaffen würden. »Man muss die Propagierung der Einheit Deutschlands die ganze Zeit fortsetzen. Das hat für die Erziehung des Volkes in Westdeutschland große Bedeutung. Jetzt habt ihr diese Waffe in den Händen, man muss sie die ganze Zeit in den Händen behalten. Wir werden auch weiterhin Vorschläge zu Fragen der Einheit Deutschlands machen, um die Amerikaner zu entlarven.«[181]

Als am 26. Mai 1952 der Generalvertrag[182] unterschrieben worden war, hatte die SED-Führung bereits alles vorbereitet, um die neue Strategie der Abgrenzung der DDR von der Bundesrepublik in die Tat umzusetzen. Nur wenige Minuten nach der Unterzeichnung des Vertrages trat der Ministerrat der DDR zusammen und verabschiedete die »Verordnung über Maßnahmen an der Demarkationslinie zwischen der Deutschen Demokratischen Republik und den westlichen Besatzungszonen Deutschlands«. Darin wurde das Ministerium für Staatssicherheit der DDR beauftragt, »unverzüglich strenge Maßnahmen zu treffen..., um ein weiteres Eindringen von Diversanten, Spionen, Terroristen und Schädlingen« in die DDR zu verhindern. Die Telefonverbindungen zwischen Ost- und West-Berlin wurden gekappt. Westberliner durften die DDR künftig nur noch mit Sondergenehmigung betreten. Noch am selben Tag wurde mit der Errichtung eines dreifach gestaffelten Grenzregimes nach sowjetischem Vorbild begonnen. Entlang der 1300 Kilometer langen DDR-Grenze entstand eine fünf Kilometer breite Sperrzone, gefolgt von einem 500 Meter breiten Schutzstreifen und einem zehn Meter breiten Kontrollstreifen. Der Startschuss zum Bau des Todesstreifens entlang der DDR-Grenze war gefallen. Zugleich trat der »Schießbefehl« an der innerdeutschen Grenze in Kraft, wie das Protokoll einer Sitzung der Ersten Sekretäre der SED belegt. Walter Ulbricht machte in dieser Sitzung am 4. Juni 1952 unmissverständlich klar: »Wer sich in diesem Sperrgebiet aufhält, der wird beschossen. Der Grenzpolizist, der sich irgendwie von einer Banditengruppe zurückzieht, wird streng bestraft werden. Kein Polizist hat das Recht, sich irgendwie nach rückwärts abzusetzen... Bei uns herrscht eine strenge Ordnung. Diese Grenzordnung besteht jetzt, und sie ist streng durchzuführen. Hier in Berlin ist es schon so gewesen, dass eine Gruppe unsere Grenzschutzleute angegriffen hatte. Dafür ist der Betreffende erschossen worden, und wir werden dafür sorgen, dass der betreffende Grenzpolizist extra ausgezeichnet wird, weil er getroffen hat (Beifall).«[183]

Ebenfalls noch im Mai 1952 begann die SED mit Zwangsaussiedlungen von Bewohnern des Grenzgebietes. In der genannten Konferenz Ulbrichts mit den Ersten Sekretären der SED machte der Generalsekretär klar, was der Zweck dieser Zwangsaussiedlungen war: »Es ist notwendig, bestimmte Einwohner aus diesen Gebieten zu entfernen... Man soll ihnen mit allen Kräften helfen, und man soll diese Maßnahmen sozusagen nicht wie Strafmaßnahmen durchführen. Das ist unzulässig. Wenn wir Strafmaßnahmen durchführen, dann machen wir das anders... Selbstverständlich sagen wir ihnen: Das sind die Folgen des Generalkriegsvertrages und der Organisierung von Banditentum aus dem Westen. Sie leiden darunter. Sollen sie ihre Wut, wie es richtig ist, gegen die Bonner Regierung und die Amerikaner richten. Wir sind dafür nicht verantwortlich.«[184]

Ulbricht war keineswegs unglücklich über die ablehnende Haltung des Westens gegenüber den Noten Stalins. Im Gegenteil, endlich konnte er einen erneuten Anlauf auf das von ihm lang erstrebte Ziel »Sozialismus« in der DDR machen. Am 30. Mai beschloss »sein« Sekretariat des Zentralkomitees, wie die zentrale Losung für die bevorstehende zweite Parteikonferenz der SED[185] heißen sollte: »Vorwärts für Frieden, Einheit, Demokratie und Sozialismus«.[186] Da war er wieder, der Lebenstraum Ulbrichts vom Sowjetstaat in Deutschland. Mit dieser Losung ging er weit über das hinaus, was kurz zuvor in Moskau besprochen worden war. Mit Schreiben vom 2. Juli 1952 wurde Stalin vom Politbüro um Zustimmung zum »Neuen Kurs« der SED gebeten, wonach jetzt der Sozialismus in der DDR aufgebaut werden sollte. Doch die Zustimmung Stalins blieb aus. Obwohl die SED mit einem sowjetischen Vertreter auf ihrer Parteikonferenz gerechnet und ihn als ersten Gastredner vorgesehen hatte, traf am 8. Juli nur ein Telegramm des ZK der KPdSU ein, das auf die Losung der SED einging. Das Wort »Sozialismus« kam darin allerdings nicht vor.

Baumeister des Sozialismus

Mit den Worten »Wir werden siegen, weil uns der große Stalin führt« endete Ulbrichts stundenlanges Referat am ersten Tag der zweiten Parteikonferenz der SED. Obwohl Stalin seinem Sozialismusprogramm für die DDR nicht explizit zugestimmt hatte, verkündete Ulbricht in dieser folgenreichen Rede, »dass in der Deutschen Demokratischen Republik der Sozialismus planmäßig aufgebaut wird«.[187] Die Delegierten und Gäste der Parteikonferenz sprangen nach Abschluss seines Vortrages »spontan von ihren Plätzen und spenden Genossen Ulbricht minutenlang begeisterte Ovationen«. Endlich war der SED-Chef am Ziel seines Lebens angelangt.

Die praktischen Folgen dieser strategischen Entscheidung waren einschneidend. Eine Flut von Beschlüssen, energisch vorangetrieben durch das von Ulbricht geleitete Sekretariat des ZK der SED, stürzte in den folgenden Monaten auf die DDR-Bürger ein. Die damit verbundenen Veränderungen kamen in ihrer Radikalität einer Revolution gleich. Noch im Juli wurden die fünf Länder der DDR aufgelöst und durch 14 Bezirke ersetzt. Fast zeitgleich wurde die Organisation »Dienst für Deutschland« ins Leben gerufen, ein sechsmonatiger Arbeitsdienst für 17-jährige Mädchen und Jungen, der grundsätzlich auf freiwilliger Basis beruhte. Für »wichtige Großbauten« konnten Jugendliche allerdings auch zwangsverpflichtet werden. Kasernierte Unterbringung und Uniformpflicht erinnerten fatal an ähnliche Organisationen des Dritten Reiches. Flankierend erfolgte am 7. August 1952 die Gründung der »Gesellschaft für Sport und Technik«, einer paramilitärischen Einrichtung für Jugendliche, die den »sozialistischen Aufbau und Schutz der DDR vor Aggressionen« unterstützen sollte. Unter dem Vorwand der »Verschärfung des Klassenkampfes« wurde das gesamte Geistesleben fortan noch rigider kontrolliert, abweichende Meinungen wurden noch rigoroser verfolgt. In besonderem Maße ging die SED dabei gegen die Kirchen und die Geistlichen vor. Vereinigungen oder Organisationen, in denen man Kritik an Ulbrichts Politik übte, wurden liquidiert. Zur Jahreswende 1952/53 war es das »Amt für Information« unter Leitung von Gerhart Eisler, in dem sich Emigranten aus dem Westen versammelt hatten. Am 21. Februar 1953 löste Ulbricht aufgrund ähnlicher Motivation die »Vereinigung der Verfolgten des Naziregimes« auf. Hier hatten sich vor allem ehemalige Spanienkämpfer zu einem Anti-Ulbricht-Forum zusammengefunden. Besonders zu leiden hatten die Bauern in der DDR. Ulbricht erklärte, wie in Moskau mit Stalin besprochen, die sozialistische Umgestaltung der Landwirtschaft zum wichtigsten Ziel der DDR nach der Schaffung der sozialistischen Industrie. Fortan sollten sich die Bauern auf freiwilliger Basis in Landwirtschaftlichen Produktionsgenossenschaften zusammenschließen. Das war der Anfang vom Ende des freien Bauerntums. Drei Jahre später waren 90 Prozent aller Bauern nicht mehr frei, sondern in eine LPG gepresst.

In der Industrie wurden alle Kräfte und Ressourcen in den Ausbau von Bergbau, Hüttenindustrie, Schwermaschinenbau und Energiewirtschaft gesteckt, zu Lasten der Konsumgüterindustrie. Der Druck auf die Privatwirtschaft nahm weiter zu. Handwerker und die übrig gebliebenen mittelständischen Unternehmer wurden gezwungen, Produktionsgenossenschaften beizutreten, viele private Gewerbebetriebe wurden enteignet. Von den Arbeitern verlangte man immer neue und höhere Arbeitsnormen. In besonderem Maße wurden Anstrengungen unternommen, um vermehrt Frauen als Arbeitskräfte für den sozialistischen Produktionsprozess zu gewinnen. Die Mitarbeiter des Staats- und Parteiapparates waren oft vom vorgelegten Sozialisierungstempo überfordert. Und die Betriebe, zu ständig neuen Planerhöhungen gedrängt, konnten aufgrund zunehmender Materialengpässe ihren Vorgaben immer weniger nachkommen. Für diesen Zustand mussten Schuldige gefunden werden. Eine Welle von Prozessen gegen »Schädlinge« sollte der Bevölkerung suggerieren, dass es nur an »Zögerern« und »Saboteuren« lag, wenn der Sozialismus nicht schnell genug in die Gänge kam. Prominentestes Opfer dieser Schuldzuweisungsstrategie wurde der Minister für Handel und Versorgung, Karl Hamann (LDPD). Ulbrichts Sekretariat ortete in seinem Ministerium »bewusste Schädlingsarbeit reaktionärer Elemente«, was die Verhaftung Hamanns zur Folge hatte. Erst im Juli 1954 wurde Hamann vor Gericht gestellt und zu zehn Jahren Zuchthaus verurteilt.

Krisenjahre: 1953–1958

»Er war der Meinung, er müsse sich um alles kümmern... Aber der Fehler war, dass er nicht die Grenzen seiner Fähigkeiten sah.«

Ernst Wollweber

»Man konnte mit ihm reden, er nahm Vorschläge an, aber letzten Endes machte er doch, was er wollte.«

Kurt Hager

»Der größte Mensch unserer Epoche ist dahingeschieden. Sein Werk jedoch lebt und wird der Menschheit noch in Jahrhunderten wegweisend sein.«

Ulbricht, drei Tage nach Stalins Tod

»Ich habe noch nie im Leben einen solchen Idioten gesehen.«

Der sowjetische Geheimdienst-Chef Lawrentri Berija über Ulbricht, Frühjahr 1953

Diktatur

Mit dieser Radikalisierung der Politik Ulbrichts ging eine persönliche Radikalisierung einher. Es schien, als seien mit der Entscheidung für den Aufbau des Sozialismus auch alle Beschränkungen weggefallen, die der SED-Chef sich bislang hinsichtlich seiner Person noch auferlegt hatte. Jetzt ließ er seinem Macht- und Führungsanspruch nahezu freien Lauf. Die Auswahl der Führungskräfte in Partei und Verwaltung war schon immer seine Domäne gewesen. Ab jetzt schob er die Kader hin und her, ohne überhaupt noch zuzuhören, ob der Betreffende mit der Entscheidung einverstanden war. Als Beispiel sei Karl Schirdewan erwähnt, damals Mitarbeiter im Zentralkomitee und einige Jahre später ein erbitterter Gegner Ulbrichts. Im März 1952 wurde er zu Ulbricht gerufen, der ihn darüber informierte, dass er von Berlin nach Dresden versetzt sei, um dort Erster Sekretär der SED-Landesleitung Sachsen zu werden. Das erfolgte aus heiterem Himmel, ohne Vorgespräch, ohne nach Schirdewans Einverständnis zu fragen. Er werde das schon schaffen, meinte Ulbricht lakonisch, als Schirdewan überrascht zu bedenken gab, dass er noch keine Erfahrung habe, eine so große Parteiorganisation zu führen.[1] Nur ein halbes Jahr später teilte Ulbricht Schirdewan in derselben Art und Weise mit, dass er wieder nach Berlin zurückbeordert sei und im Zentralkomitee die Abteilung »Leitende Organe und Kader« aufzubauen habe.[2]

Ulbrichts Führungsstil war nie kooperativ gewesen. Mit zunehmender Macht und zunehmendem Alter wurde er immer herrischer, und ab den fünfziger Jahren »befremdete und erschütterte« der diktatorische Stil des SED-Chefs sein Umfeld.[3] Wer anderer Meinung war, auch im Politbüro, wurde von ihm abgekanzelt wie ein Schuljunge. Widersprach ihm jemand, konnte er so wütend reagieren, dass sich seine Stimme überschlug. Bei Kritik an seiner Person brach er die Diskussion ab und verbat sich jedes weitere Wort. Konnte er sich argumentativ nicht durchsetzen, erzwang er Entscheidungen in seinem Sinne mit dem alles erschlagenden Argument, das sei von den sowjetischen Besatzungsbehörden so angewiesen worden. Radikal und verbissen verfolgte er nur noch ein Ziel: den »Aufbau des Sozialismus«. Seine Bereitschaft zu politischen Diskussionen nahm immer mehr ab. In für ihn besonders schwierigen Situationen griff er wiederholt zu der Strategie, feststehende Tatsachen schlichtweg zu leugnen und seine Kritiker als Lügner hinzustellen. Bestimmte Probleme, für die er keine Lösung hatte oder die er anders lösen wollte als seine Kollegen im Politbüro, verdrängte er einfach.

Wichtige Entscheidungen fällte er immer öfter allein, ohne das dafür eigentlich zuständige Gremium auch nur zu informieren. Das galt selbst für das Politbüro. Auch sein engstes politisches Umfeld fand nur noch selten Zugang zu ihm. Von einer kollektiven Führung der Partei konnte keine Rede mehr sein. Robust drückte er auch Mehrheiten im Politbüro, die anderer Auffassung waren als er, an die Wand und setzte autokratisch seinen Willen durch. Das blieb auch den Sowjets nicht verborgen. In einer für Stalin bestimmten Auskunft wurde kritisiert, dass »Ulbricht eine Neigung zur eigenmächtigen Lösung der praktischen Fragen zeigt, dass er die anderen Leiter ignoriert. Das hat er bisher nicht überwunden, was wesentlich die Kollegialität in der Parteiführung behindert.«[4] Dass er sich mit diesem Stil keine Freunde machte, lag auf der Hand. Es musste im Führungsgremium der SED notgedrungen zu elementaren Spannungen und Auseinandersetzungen kommen. Bei solchen Anlässen zeigte sich Ulbricht besonders schroff und ließ sich zu persönlichen Angriffen und Gehässigkeiten hinreißen. Dabei machte er auch vor Pieck und Grotewohl nicht Halt. »Ich habe es satt, die Gouvernante von zweien zu sein«, äußerte er 1953 über die beiden formal über ihm stehenden Genossen.[5] Ab Anfang 1953 führte Ulbrichts autokratischer Führungsstil schließlich zu tief greifenden Auseinandersetzungen im Politbüro der SED.

Stalin und sein deutscher Vasall

Am 5. März 1953 starb Stalin, die prägende politische Figur im Leben von Walter Ulbricht, friedlich in seinem Bett. Kein anderer Mensch hatte den SED-Chef so stark beeinflusst wie der sowjetische Despot. Das Verhältnis von Ulbricht zu Stalin war zu allen Zeiten das eines Vasallen zu seinem Lehnsherrn gewesen. Dabei gab es erstaunliche Ähnlichkeiten und Parallelen zwischen den beiden Machthabern. Der Sachse wie der Georgier waren kleine Männer, jeweils nur ungefähr 1,65 Meter groß. Beide hatten leichte kör-

Der Statthalter bei der Einweihung des Stalin-Denkmals in der Stalin-Allee in Ost-Berlin, August 1950

perliche Defekte: Stalin einen verkrüppelten linken Arm, Ulbricht ein Kehlkopfleiden, das sich in seiner Fistelstimme niederschlug. Nach eigener Aussage gegenüber seinem Leibarzt handelte es sich dabei um die Folge einer schweren Rachendiphtherie, einer bakteriellen Erkrankung, im Alter von achtzehn Jahren. Gleichermaßen zeichneten sich die beiden Parteiführer durch miserable rhetorische Fähigkeiten aus, die zudem durch ihren jeweiligen Dialekt noch verschlimmert wurden: Das Deutsch des SED-Generalsekretärs war ebenso stark sächsisch gefärbt wie das Russisch des sowjetischen Diktators georgisch. Ähnlich waren sie sich auch in ihrer Lebensführung; sie lebten für ihre Verhältnisse einfach, Luxus bedeutete ihnen nichts. Beide waren mutig, in Krisensituationen zeichnete sie eine ungewöhnliche Kaltblütigkeit aus. Auf dem Weg zur Macht konnten sie sich auf dieselben Gaben stützen. Ihre Stärken waren Organisationstalent, ein überragendes Namensgedächtnis, Durchsetzungsfähigkeit und der unbedingte Wille zur Macht. Beide waren unnachgiebig, ja verbohrt bei der Durchsetzung ihrer Ziele. Politische Gegner wurden konsequent ausgeschaltet, wenn die eigene Macht dazu ausreichte. In ihrem Misstrauen gegenüber jedermann, einschließlich der eigenen Familie, standen sie sich in nichts nach. Brutalität, ein außergewöhnlicher Instinkt für die Macht und im Bedarfsfall eine völlig skrupellose Bereitschaft zu ideologischen Kurswechseln waren für Ulbricht wie für Stalin die entscheidenden Eigenschaften für den jeweiligen Aufstieg.

Kennen gelernt hatte Ulbricht den Kreml-Herrn, den allmächtigen Führer des Weltkommunismus, aus dem Blickwinkel eines untergeordneten, kleinen Funktionärs. Schon in der Weimarer Republik hatte er mehrfach erfahren, dass der Wille des sowjetischen Diktators auch in der KPD entscheidend war. Während der Säuberungen Stalins in der Sowjetunion, als Ulbricht in Moskau lebte, hatte er Stalin fürchten gelernt. Nur durch seine völlige Selbstunterwerfung hatte er diese Zeit überlebt. Das gelang von allen KPD-Politbüromitgliedern, die in die Sowjetunion geflüchtet waren, nur Walter Ulbricht und Wilhelm Pieck. Auch nach 1945 mit räumlicher Entfernung Ulbrichts von Stalin änderte sich an ihrem Verhältnis von Herrscher und Diener nichts. In seinen Moskauer Jahren war Ulbricht ein Funktionär der zweiten Führungsebene gewesen, der keinen Zugang zu Stalin gehabt hatte und sich entsprechend den Regeln der Nomenklatur nicht einmal direkt an ihn hatte wenden dürfen. Mit seinem Aufstieg an die Spitze der SED rückte Ulbricht auf in die Ebene der Staats- und Parteiführer, denen Stalin die Gnade des persönlichen Gesprächs gewährte. So bekam Ulbricht die jeweilige politische Linie oder Strategie unmittelbar vom sowjetischen Diktator vermittelt. Diese hatte er bisher bestenfalls aus zweiter Hand mitgeteilt bekommen oder hatte sie sich irgendwie zusammenreimen müssen. Doch das änderte nichts daran, dass es keine politische Entscheidung von Substanz gab, die nicht Stalin getroffen hätte oder die zumindest von ihm abgesegnet wurde. Ein ums andere Mal, immer wenn es um entscheidende Fragen ging, reiste Ulbricht, in der Regel in Begleitung von Pieck und Grotewohl, nach Moskau, um sich von Stalin instruieren zu lassen. Das war 1945 so, als es um den KPD-Aufruf zur Neugründung von Parteien in Ostdeutschland ging. Das war 1949 nicht anders, als die Gründung der DDR und die Bildung einer DDR-Regierung anstand. Und auch 1952, als die DDR durch die Grenze zur Bundesrepublik militärisch abgeschottet und mit dem Aufbau der Volksarmee sowie der Kollektivierung der Landwirtschaft in der DDR begonnen wurde, war diesen einschneidenden Maßnahmen ein Besuch der SED-Spitze in Moskau und ein entsprechender »Rat« Stalins vorausgegangen.

Jahrzehntelang hatte Ulbricht sich dem Despoten in Moskau bedingungslos unterworfen, hatte ihn als »Leuchtturm der Wissenschaft«, »weisen Vater der Menschheit«, »Führer der Völker«, ja

»größten Menschen unserer Epoche« gepriesen. Stalins Konterfei war in unzähligen Bildern und Gipsbüsten festgehalten, eine Fabrik, mehrere Brigaden und Hunderte von Straßen in der DDR trugen seinen Namen. Im August 1951 wurde in der Stalin-Allee in Ost-Berlin ein monumentales Denkmal für den Übermenschen errichtet. Im selben Jahr, anlässlich Stalins Geburtstag am 21. Dezember 1951, wurde das erste Lenin-Denkmal der DDR enthüllt. Diese totale Unterwerfung und Huldigung hatte Ulbricht die wohlwollende Unterstützung seines Lehnsherrn in Moskau eingetragen. Ein Wohlwollen, das zugleich seine stärkste Waffe und seine Lebensversicherung bei den Machtkämpfen innerhalb der SED war. Welchen Wert Stalin Ulbricht zuerkannte, dokumentierte sich anlässlich der Feierlichkeiten zum 70. Geburtstag des sowjetischen Diktators im Dezember 1949. Während der Parade zu Stalins Ehrentag durfte der SED-Chef in unmittelbarer Nähe des Kreml-Herrn sitzen.

Der Tod Stalins war für Ulbricht ein tiefer, wirklicher Schock. Die Empfindungen der SED-Führer glichen sich in diesen Tagen, das ist vielfach belegt. Kurt Hager schrieb über Stalins Tod: »Sein Tod erfüllte mich mit tiefem Schmerz. Ich stand am Fenster meines Arbeitszimmers im Karl-Liebknecht-Haus und kämpfte mit den Tränen. Stalin war ein Teil unseres Lebens gewesen.«[6] Ulbricht seinerseits legte am 8. März 1953 im Neuen Deutschland ein erneutes Bekenntnis auf den sowjetischen Diktator ab: »Der größte Mensch unserer Epoche ist dahingeschieden. Sein Werk jedoch lebt und wird der fortschrittlichen Menschheit noch in Jahrhunderten wegweisend sein.« Dass Ulbricht auch nach dem Tod Stalins vom »weisen Stalin«, vom »unsterblichen Stalin«, »unserem Vater« und »unserem weisen Lehrer« sprach,[7] beweist, dass er den Verstorbenen zutiefst bewunderte und verehrte. Die SED ordnete sofort an, Stalins Werke in Luxusausgaben herauszugeben. Ein Stalin-Museum wurde geplant, die Reproduktion von Stalin-Büsten in großem Umfang eingeleitet und das Marx-Engels-Lenin-Institut um den Namen des Verstorbenen ergänzt. Der Höhepunkt der Totenehrung war die Umbenennung von Eisenhüttenstadt an der Oder in Stalinstadt.[8] Ursprünglich sollte der Ort im »Karl-Marx-Jahr« 1953, dem 135. Geburtsjahr des kommunistischen Vordenkers, nach sowjetischem Vorbild (Leningrad, Stalingrad) in Karl-Marx-Stadt umbenannt werden. Aufgrund von Stalins Tod änderte die SED-Führung diesen Plan und verlieh Eisenhüttenstadt den Namen des gerade Verstorbenen.[9]

Sogar noch der Tod Stalins sollte Ulbrichts politischen Weg beeinflussen, mehr noch, erschüttern. Er fiel mitten in die größte Krise der jungen DDR und in die bislang größten Auseinandersetzungen innerhalb der SED-Führung. Der Machthaber in Moskau, der seinen Statthalter in Ost-Berlin bislang nahezu unangreifbar gemacht hatte, starb zum denkbar unglücklichsten Zeitpunkt für Ulbricht. Die Folge war der größte Knick in seiner Nachkriegskarriere. Den 17. Juni 1953 überstand Ulbricht nur mit sehr viel Glück. Ein Stalinist blieb er bis zu seinem Tod.

Der 17. Juni und der »Neue Kurs«

Eine Tragik des 17. Juni liegt darin, dass der Aufstand des Volkes, der sich explizit auch gegen den SED-Chef gerichtet hatte, diesem die Macht erhielt. Durch den Protest des Volkes verzögerte sich die unmittelbar bevorstehende Entmachtung Ulbrichts. So gelang es ihm, sich bis zum Sturz seines gefährlichsten Gegners, Berija, auf seinem Posten an der Spitze der SED zu halten. Danach sicherten ihm sein überlegenes Machtbewusstsein, seine Perfidität und seine Brutalität das politische Überleben. Selbst wenn die neue sowjetische Führung in dieser Situation noch bereit gewesen wäre, Ulbricht als SED-Chef abzulösen, der SED-Generalsekretär hatte keinen innerparteilichen Gegner von gleichem Format. Ulbricht überlebte den 17. Juni vor allem deshalb, weil seine Gegner nicht entschlossen und hart genug waren, den schwer Angeschlagenen endgültig zu Fall zu bringen. Wären sie entschlossener gewesen, hätte Ulbricht keine Gelegenheit mehr gehabt, sie mit dem gestürzten Berija in Verbindung zu bringen. Und auch nach Ulbrichts Gegenangriff hätten sie noch eine Chance gehabt, sich durchzusetzen, wären sie nur offensiv aufgetreten. Ulbricht besaß zu diesem Zeitpunkt keine Unterstützung in Moskau, und so war eine Entscheidung des Machtkampfes allein innerhalb der SED möglich. Doch Herrnstadt und Zaisser fehlte der politische Killerinstinkt, den Ulbricht besaß, und das war entscheidend.

Ganz ungeschoren ging Ulbricht allerdings nicht aus der Auseinandersetzung hervor. Er war gezwungen, Selbstkritik zu üben und sich zumindest nach außen hinter den »Neuen Kurs« zu stellen. »Ich möchte hier vor dem höchsten Forum der Partei offen feststellen, dass in der Parteiführung ich für diese Fehler die größte Verantwortung trage.«[10] Weiter musste er zugeben, das Prinzip der kollektiven Leitung missachtet, vielfach durch Einzelentscheidungen ersetzt und das von ihm geleitete Sekretariat über das

Politbüro gestellt zu haben. Auch einen kleinen Teil seiner Macht musste er abgeben. Sein wichtigstes Machtinstrument, das Sekretariat des Zentralkomitees, wurde von elf auf sechs Mitglieder reduziert. Und er musste zwei neue Regierungsmitglieder akzeptieren, Hilde Benjamin als Justizministerin und Ernst Wollweber als Minister für Staatssicherheit, die nicht seine Wahl waren. Schließlich wurde sein Titel »Generalsekretär« nach sowjetischem Vorbild in »Erster Sekretär des ZK« geändert. Diese öffentliche Demonstration seiner Machtbeschneidung mag ihn am meisten geschmerzt haben.

Das Volk, das der SED kurz die Zähne gezeigt hatte, wurde durch eine Reihe von populären Maßnahmen der SED-Führung im Zuge des »Neuen Kurses« beschwichtigt. Reiseerleichterungen für Fahrten in den Westen wurden gewährt, die stringente Kirchenpolitik etwas gelockert und die Zwangskollektivierung der Landwirtschaft vorerst zurückgestellt. Die Konsumgüterindustrie wurde zu verstärkter Produktion aufgerufen, und durch eine Reihe von Lohnerhöhungen und gleichzeitigen Preissenkungen konnte der Lebensstandard der DDR-Bevölkerung spürbar angehoben werden. Möglich wurden diese wirtschaftlichen Zugeständnisse durch umfangreiche Hilfestellungen der Sowjetunion, die Ulbricht im August in Moskau ausgehandelt hatte. Angesichts der Lage blieb der sowjetischen Führung gar nichts anderes übrig, als der DDR aus ihrer wirtschaftlichen Klemme zu helfen. Die noch zu zahlenden Reparationen in Höhe von 2,5 Milliarden Dollar und weitere Schulden der DDR gegenüber der Sowjetunion wurden erlassen. Die letzten 33 Großbetriebe, die sich aufgrund von Reparationsansprüchen noch in sowjetischem Besitz befanden, wurden der DDR zurückgegeben. Zudem erhielt Ulbricht einen Kredit von 485 Millionen Rubel. Schließlich wurden die bisherigen Diplomatischen Missionen in Moskau und Berlin zur Aufwertung der DDR in Botschaften umgewandelt.[11]

Dem »Neuen Kurs« war nur eine kurze Lebensdauer beschieden. Schon Anfang 1954 wurden die politischen Zügel wieder angezogen. Ulbricht sprach auf dem vierten Parteitag der SED auch wieder vom Sozialismus: Die DDR sei »nunmehr zur Schaffung der Grundlagen des Sozialismus übergegangen«. Der Ton gegenüber den Kirchen wurde im Laufe des Jahres 1954 wieder rauer. Bald war von einem »Neuen Kurs« nichts mehr zu spüren. Nur die Intellektuellen hatten 1954 graduell mehr Freiheiten als in den Jahren zuvor. Als Ulbricht, knapp ein Jahr nach dem 17. Juni, wieder fest im Sattel saß, zeigte sich, dass der Kraftakt an der Substanz des 60-Jährigen gezehrt hatte. Ulbricht erkrankte ernsthaft und musste sich ab Mitte Mai für rund zwei Wochen in ein Krankenhaus begeben. Anfang Juli 1954 flog er mit seiner Frau Lotte zu einer vierwöchigen Kur in das Sanatorium Barwicha bei Moskau, in dem sich auch Wilhelm Pieck erneut aufhielt.[12] Im Sommer 1955 zog Ulbricht einen Schlussstrich unter den »Neuen Kurs«. Ein Jahr zuvor hatte er unter dem Druck der Ereignisse noch verkündet: »Dieser Kurs ... gilt für die ganze Periode des Kampfes um die nationale Wiedervereinigung Deutschlands.« Jetzt erklärte er, dass künftig nur noch zwischen einem richtigen und einem falschen Kurs zu unterscheiden sei: »Manche von euch werden sich wundern, dass ich die Bezeichnung ›Neuer Kurs‹ nicht gebraucht habe... Das bemerkenswerteste eines solchen Kurses wäre nicht, dass er neu ist, sondern dass er falsch ist. Und ich kann nicht umhin, den Leuten, die solchen Vorstellungen nachhängen, einen Zahn zu ziehen. Wir hatten niemals die Absicht, einen solchen falschen Kurs einzuschlagen, und werden ihn niemals einschlagen.«[13]

Der 20. Parteitag der KPdSU

Anfang 1956 kam Ulbricht erneut in Bedrängnis, und wieder ging die Krise von Entwicklungen in der Sowjetunion aus. Auf dem XX. Parteitag der KPdSU leitete Nikita Chruschtschow einen Reformkurs ein, dessen Folgen einem politischen Erdbeben gleichkommen sollten. Erstmals verwendete Chruschtschow in Bezug auf das Verhältnis von kapitalistischen und kommunistischen Staaten den Begriff der »friedlichen Koexistenz« und erklärte, dass Kriege zwischen ihnen vermeidbar seien. Der Sozialismus könne nicht nur durch Revolution, sondern auch auf parlamentarischem Wege in den heute noch kapitalistischen Ländern eingeführt werden. Den einzelnen sozialistischen Staaten billigte Chruschtschow einen eigenen unabhängigen Weg beim Aufbau des Kommunismus zu. Insoweit knüpfte er an die politische Strategie Stalins an, die von 1945 bis zum Abfall Jugoslawiens 1948 gegolten hatte.

In der Nacht vom 25. zum 26. Februar 1956 hielt Chruschtschow seine berühmte Geheimrede, in der er mit der Stalin-Ära abrechnete und Stalin vom Sockel des Personenkults stieß. Damit löste er die »Tauwetterperiode« mit weit reichenden Folgen aus. Ausländische Delegationen waren dazu nicht eingeladen. Die SED-Führer wurden in dieser Nacht gegen 3.00 Uhr geweckt und von einem sowjetischen Genossen über die Rede informiert. Nach dieser nächtlichen Information ging die deutsche Delegation erschüttert auseinander, ohne dass ein einziges Wort oder eine Bemerkung zu dem gerade Erfahrenen fiel. Beim Frühstück hatte sich Ulbricht wieder gefasst und äußerte gegenüber Karl Schirdewan, der den Auftrag hatte, zu Hause über die Ergebnisse des Parteitages zu berichten, trocken und kaltschnäuzig: »Du kannst ja ruhig sagen, dass Stalin kein Klassiker ist.«[14] Das war eine erstaunlich gelassene Reaktion angesichts der Tatsache, dass noch die Grußadresse des ZK der SED zu diesem Parteitag der sowjetischen Bruderpartei mit der üblichen Floskel »Es lebe die unbesiegbare Lehre von Marx, Engels, Lenin und Stalin« geendet hatte. Wenige Tage nach seiner Rückkehr aus Moskau nahm Ulbricht in Form eines Artikels im Neuen Deutschland Stellung zu den sensationellen Ergebnissen des XX. Parteitages der KPdSU. Dabei sparte er die Kritik an Stalin nicht völlig aus. Er erwähnte »Selbstbeweihräucherungen und Entstellungen der Parteigeschichte« in der Stalin-Biografie und »theoretische Fehler« in Stalins Schrift »Ökonomische Probleme des Sozialismus«. Sein neues Urteil über den sowjetischen Diktator lautete: »Als sich Stalin jedoch später über die Partei stellte und den Personenkult pflegte, erwuchsen der KPdSU und dem Sowjetstaat daraus bedeutende Schäden. Zu den Klassikern des Marxismus kann man Stalin nicht rechnen.«[15] Die Wirkung dieses Richtungswechsels war enorm. Schlagartig begann ein nicht mehr steuerbarer innerparteilicher Diskussionsprozess in der SED, insbesondere unter Intellektuellen. Wie 1953 die unvorbereitete Verkündung des »Neuen Kurses« überforderte auch diesmal der Bruch mit Stalin viele altgediente Funktionäre. Für sie, die den Kurs des Kreml-Herrn oft in harten Kämpfen hatten durchsetzen müssen, brach eine Welt zusammen. Immer wieder war ihnen eingetrichtert worden, dass Stalin der »größte lebende Theoretiker des wissenschaftlichen Sozialismus« und der »größte Wissenschaftler der Gegenwart« sei, dessen Lebenswerk noch »Jahrhunderte die Entwicklung des Weltgeschehens« beeinflussen werde. Zu Lebzeiten Stalins war er von Ulbricht als »genialer Feldherr« gepriesen worden. Nach dem XX. Parteitag warf er ihm vor, die Sowjetunion nicht genügend auf den Zweiten Weltkrieg vorbereitet und die Meinung seiner Militärs nicht zur Kenntnis genommen zu haben. Plötzlich war er nicht einmal mehr ein Klassiker.

Am 17. März 1956 schlug in der DDR eine Nachricht wie eine Bombe ein: Londoner Zeitungen veröffentlichten die Rede Chruschtschows im Wortlaut, und bald war der Inhalt über die westdeutschen Rundfunk- und Fernsehsender einem breiten Publikum in der DDR bekannt. Ulbricht war gezwungen, unvorbereitet und ohne Abstimmung mit der KPdSU, sich noch an diesem Tag auf einer Versammlung von Berliner SED-Funktionären zu diesem alle bewegenden Vorgang zu äußern. Der Problematik des Kurswechsels war er sich wohl bewusst: »Einige Genossen haben nun gesagt: Was ist Ulbricht eingefallen, das so offen zu sagen!« Er wies diesmal zusätzlich auf Rechtsverletzungen in der Sowjetunion und auf politische Fehler Stalins, etwa in der Landwirtschaft, hin. Dabei gab er auch ähnliche Fehler in der SED zu und machte deutlich, dass auch die SED sich fragen müsse, inwieweit es in ihren Reihen noch einen »Führerkult« gebe und wenn ja, wie man diesen beseitigen könne.[16] Wie hilflos er tatsächlich der Diskussion gegenüberstand, zeigt ein Telegramm, das er nach dieser Veranstaltung an Chruschtschow schickte und in dem er sich beklagte: »Es ist für uns nicht angenehm, dass wir zu Fragen der KPdSU öffentlich Stellung nehmen, bevor das in der ›Prawda‹ geschehen ist. Es blieb uns jedoch in dieser Situation kein anderer Weg. Ich schlage vor, dass in einem Leitartikel der ›Prawda‹ zu einigen Fragen Stellung genommen wird.«[17]

Ende März 1956 fand die dritte Parteikonferenz der SED[18] statt, an die die Delegierten hohe Erwartungen knüpften. Wenn selbst in der KPdSU Stalin und seine Politik kritisiert wurden, dann musste das doch auch in der SED geschehen, war die Hoffnung vieler. Doch Ulbricht sträubte sich zu diesem Zeitpunkt noch gegen jeden Reformansatz, ja selbst dagegen, die Chruschtschow-Rede offen zu diskutieren. Wusste er doch nur zu gut, dass Kritik an Stalins Herrschaft leicht auf ihn überschwappen konnte. Darum bedrängte er Karl Schirdewan, der über den XX. Parteitag der KPdSU referieren und den Wortlaut der Geheimrede Chruschtschows vortragen sollte, den Text besonders schnell vorzulesen, »damit nicht alles mitgeschrieben werden könne und nicht alles publik würde. Er verlangte außerdem, einige Passagen zu übergehen«, berichtet Schirdewan. »Ich konnte jedoch seiner Auffassung nicht folgen. Da mit ihm darüber nicht zu diskutieren war, nahm ich seine Meinung zur Kenntnis und las ganz normal vor.«[19] Schirdewan war sich darüber im Klaren, welch hohe Erwartungen die SED-Mitglieder an diese Parteikonferenz hatten. Der innerparteiliche Druck war diesmal zu groß, als dass Ulbricht, nach bewährtem Rezept, den Kopf einfach in den Sand stecken und abwarten konnte, bis das Unwetter an ihm vorbeigezogen war. Als im Verlauf der Parteikonferenz statt Reformen in erster Linie Wirtschaftsfragen diskutiert werden sollten, machte sich allgemeiner Unmut breit. »Während Ulbricht über den Maisanbau in der DDR« und »das Heranwachsen der zyklischen Krise in der Bundesrepublik« referierte,[20] verließ eine Reihe von Tagungsteilnehmern demonstrativ die Halle, um ihren Ärger in den Vorräumen zum Ausdruck zu bringen. Obwohl der SED-Chef die

Konferenz durch ein straffes Tagungsmanagement in seinem Sinne über die Bühne brachte, wurde der ideologische Konflikt für alle deutlich. Die Parteibasis stellte Ulbricht unangenehme Fragen: »Warum werden die kommunistischen Parteien erst jetzt über die vielen Irrtümer und Fehler Stalins unterrichtet? Warum wird die Geheimrede Chruschtschows, von der man aus den Meldungen der Westsender hört, nicht in der SED-Presse veröffentlicht? Warum werden in der DDR keine Minister abgesetzt? Warum werden nicht jene zur Verantwortung gezogen, die sich in der DDR ähnlicher Methoden wie Stalin bedient haben?«[21] Die Antworten auf diese Fragen mussten unweigerlich bei Ulbricht gesucht werden.

Der Erste Sekretär der SED reagierte nach der Tagung auf den wachsenden Druck aus seiner eigenen Partei mit der Einrichtung einer »Kommission zur Überprüfung von Angelegenheiten ehemaliger Parteimitglieder«. Er selbst übernahm den Vorsitz dieses Gremiums, das die ungerechtfertigten Verfolgungen von SED-Genossen in der Vergangenheit klären sollte. Am 19. April 1956 nahm die Kommission ihre Arbeit auf, und bereits auf der nächsten ZK-Tagung, Ende Juli, konnte Ulbricht erste Ergebnisse vorstellen. Der Termin für diese Tagung, auf der auch über den XX. Parteitag der KPdSU und seine Folgen für die SED diskutiert werden sollte, musste zwei Mal verschoben werden. Das lag daran, dass in der SED-Führung erbittert um die Konsequenzen aus der Chruschtschow-Rede gerungen wurde.[22] Ulbricht musste auf dieser Tagung für SED-Verhältnisse heftige Kritik über sich ergehen lassen und wurde gezwungen, anzuerkennen, dass auch in der SED Reformen erforderlich seien.[23] Für eine gewisse Entspannung und eine Dämpfung der Kritik am SED-Chef sorgte Ulbrichts Bekanntmachung, dass seit April 1956 schon 73 SED-Mitglieder rehabilitiert worden waren, die man in den letzten Jahren in der DDR politisch verfolgt hatte. Besonders pikant daran war, dass Ulbricht eine Reihe von Personen nannte, die er selbst in der Vergangenheit entmachtet hatte. Rehabilitiert wurden Anton Ackermann, Elli Schmidt und Hans Jendretzky, deren Parteistrafen, die »im Zusammenhang mit ihrem Verhalten im Juni 1953« ausgesprochen worden waren, gelöscht werden sollten.[24] Franz Dahlem und Max Fechner, die seit 1953 in Untersuchungshaft saßen, kamen frei. Paul Merker und Franz Dahlem, als Hauptopfer für einen deutschen Schauprozess auserkoren, wurden wieder in die Arme der Partei geschlossen. Dasselbe galt für Merkers Frau Margarete, KPD-Mitglied seit 1921, die 1953 aus der SED ausgeschlossen worden war, weil sie es abgelehnt hatte, ihren Mann als imperialistischen Agenten zu bezeichnen.²⁵ Schließlich wurde in diesem Zusammenhang auch der ehemalige LDPD-Vorsitzende Dr. Karl Hamann begnadigt. Insgesamt wurden bis zum Oktober des Jahres 21 000 Personen aus DDR-Haft entlassen. Diese hohe Zahl politischer Häftlinge dokumentiert das Maß der Justiz-Willkür der vergangenen Jahre. Noch vorhandene Relikte der Stalin-Verehrung wurden stillschweigend getilgt. Aus Stalinstadt wurde wieder Eisenhüttenstadt und die Berliner Stalin-Allee in Karl-Marx-Allee umbenannt. Das dort befindliche Denkmal des Diktators wurde nachts in aller Stille entfernt. Das Marx-Engels-Lenin-Stalin-Institut mutierte zum Institut für Marxismus-Leninismus, und auch die Elektro-Apparatewerke in Ost-Berlin verloren Stalin als Namenszusatz.

Wieder einmal demonstrierte Ulbricht seine außergewöhnliche Anpassungsfähigkeit an neue ideologische Gegebenheiten. Von sich aus hätte er nie am Sockel Stalins gerüttelt. Aber wenn schon, dann so, dass damit nicht die eigene Machtbasis in Gefahr geriet. Dadurch, dass er sich an die Spitze der Rehabilitierungskommission gesetzt hatte, Seite an Seite mit seinen beiden wichtigsten Kritikern im Politbüro, Karl Schirdewan und Ernst Wollweber, gelang es ihm, die erste aufbrandende Welle der Kritik zu brechen. Doch aus der Diskussion war er damit keineswegs. Die Auseinandersetzung um seine Rolle und seine Verantwortung für die Zustände in Staat und Partei begann gerade erst.

Aufstand gegen Ulbricht

Anders als drei Jahre zuvor hatte die Anti-Ulbricht-Front diesmal eine deutlich breitere Basis als in den Juni-Tagen des Krisenjahres 1953. Zahlreiche Funktionäre auf allen Ebenen und quer durch alle Staats- und Parteiorgane lehnten innerlich den Kurs des SED-Chefs ab. Insbesondere die Intellektuellen fanden diesmal den Mut zu offener Kritik. Als im Juni 1956 eine Ehrung von Spanienkämpfern in Berlin stattfand, bei der ein Abzeichen durch das ZK der SED verliehen wurde, kam es zu einer öffentlichen Antipathiebekundung gegen Ulbricht. In alphabetischer Reihenfolge wurden die »Veteranen« zur Ehrung aufgerufen. Als der Erste Sekretär an der Reihe war, herrschte eisiges Schweigen, wo vorher begeisterter Beifall gespendet worden war. Diese Demonstration war umso peinlicher für Ulbricht, als der nächste Aspirant wieder provozierend beklatscht wurde. Auf demütigende Weise war dem SED-Chef bedeutet worden, dass er nicht dazugehörte und man nicht bereit war, ihn in diese Reihen aufzunehmen. In Leipzig wurde Ulbricht auf einer Veranstaltung der Landwirtschaftlichen Fakultät gar ausgepfiffen.[26] Den ganzen Sommer über machten Gerüchte die Runde, dass die Absetzung des Ersten Sekretärs des ZK der SED unmittelbar bevorstünde. Als potenzieller Nachfolger galt, wie 1953, der gerade rehabilitierte Franz Dahlem.

Die äußeren Rahmenbedingungen dieser zweiten politischen Krise Ulbrichts waren mit den Problemen des Jahres 1953 nicht zu vergleichen. Der Verlauf der Auseinandersetzungen in der SED-Führung, jetzt wie damals, glich sich jedoch frappierend. Es schien, als richtete sich das jeweilige Geschehen nach einem geheimen Drehbuch desselben Autors, der sich nur wenig Mühe gemacht hatte, Änderungen gegenüber der ersten Version vorzunehmen. Erneut wurde im Politbüro Ulbrichts Führungsstil hart attackiert und seine Schönfärberei angeprangert. Seine Kollegen warfen ihm vor, dass er weder im Staat noch in der Partei Demokratie zulasse. Besonders empört waren sie darüber, dass Ulbricht eines der größten Probleme der DDR, die andauernde Republikflucht, tabuisierte und totschwieg. Wieder wurden die ständigen Alleingänge des SED-Chefs und seine innerparteiliche Diktatur angeprangert. Wie 1953 geriet Ulbricht zu Beginn der Auseinandersetzungen schwer unter Beschuss und in die Defensive. Wie damals gelang es ihm während des monatelang andauernden Machtkampfes, das Blatt schließlich zu seinen Gunsten zu wenden. Wieder rettete er seine Haut, indem er aus seinen Anklägern Angeklagte machte und sie dadurch ausschalten konnte. Auch diesmal siegte er hauptsächlich deswegen, weil seine Gegner nicht entschieden genug gegen ihn vorgingen. Wie Wilhelm Zaisser und Rudolf Herrnstadt fehlten seinen Gegnern auch 1956 die nötige Entschlossenheit, Rücksichtslosigkeit und Brutalität, um Ulbricht politisch zu eliminieren.

Ulbrichts Hauptgegner im Politbüro waren diesmal Karl Schirdewan, erst im Juli 1953 ins Politbüro aufgerückt und als ZK-Sekretär zuständig für die Abteilung »Leitende Organe und Kader«, und Staatssicherheitschef Ernst Wollweber. Karl Schirdewan war wie Ulbricht ein KPD-Veteran, dessen Kontakte zu anderen SED-Mitgliedern bis in die zwanziger Jahre zurückreichten. Ernst Wollweber kannte Schirdewan seit Ende der zwanziger Jahre näher, als beide als Delegierte am sechsten Weltkongress der Komintern teilgenommen hatten. Mit Gerhard Ziller, dem ZK-Sekretär für Wirtschaftsfragen, hatte der Personalchef der SED 1933/34 zusammen im Untergrund gearbeitet, und mit Industrieminister Fritz Selbmann war er in den Konzentrationslagern Sachsenhausen und Flossenbürg interniert gewesen. Otto Grotewohl sympathisierte mit ihm, die beiden Familien hatten 1954 zusammen auf der Krim Urlaub gemacht. Mit Anton Ackermann war er sich »einig in der Einschätzung von Walter Ulbricht«. Gerade diese persönlichen Verbindungen innerhalb der SED-Führung und die Sympathien, die Schirdewan von allen entgegengebracht wurden, machten ihn zu einem gefährlichen Gegner für Ulbricht. Schirdewan forderte nach dem XX. Parteitag der KPdSU eine offene Diskussion über politische Fehler und eine konsequente Entstalinisierung der SED. Er lehnte den politischen Druck auf Kirchen, Künstler und Studenten ab, trat für eine Entspannung zwischen den beiden deutschen Staaten ein und sprach sich für einen langsameren, schrittweisen Aufbau des Sozialismus aus. Kein Geringerer als Chruschtschow bestärkte Schirdewan in seiner Ulbricht-Kritik, indem er in einem persönlichen Gespräch Unverständnis für die Weigerung des SED-Chefs äußerte, in der DDR einen Entspannungskurs einzuleiten.[27]

Auch Ulbrichts zweiter Hauptgegner, Staatssicherheitsminister Ernst Wollweber, war wie der SED-Chef ein Mann aus den ersten Tagen des Kommunismus, und die beiden kannten sich seit Jahrzehnten.[28] Wollwebers Stärke in der Auseinandersetzung mit seinem Ersten Sekretär lag in seiner besonderen Beziehung zur sowjetischen Führung, aufgrund der er seit 1945 eine Sonderstellung genoss. Zwischen 1933 und 1945 war er unter direkter Führung des sowjetischen Geheimdienstes international als Terrorist tätig gewesen und hatte während dieser Zeit keine Verbindung zur KPD gehabt. Als Wollweber 1945, begleitet von einem sowjetischen Major, aus Moskau zurückkehrte und in der KPD-Zentrale auftauchte, vermutete Ulbricht, dass Wollweber auch künftig besondere Beziehungen zu Moskau pflegen würde, die außerhalb seiner Einflusssphäre lagen. Seine erste Frage an den frisch zurückgekehrten Terroristen war denn auch: »Was wünscht man in Moskau in Bezug auf deine künftige Funktion?«[29] Das war auch der Grund dafür, dass Ulbricht Wollweber gegenüber ein Maß an Respekt und Zurückhaltung zollte, das er gegenüber anderen SED-Führern nicht an den Tag legte. Im Juni 1953 war Wollweber auf Vorschlag der Sowjets neuer Minister für Staatssicherheit geworden. Er war kein Wunschkandidat Ulbrichts, sondern musste von ihm vor dem Hintergrund des Volksaufstandes und seiner angeschlagenen Position akzeptiert werden. Das Verhältnis der beiden war in den zurückliegenden Jahren immer spannungsgeladen gewesen. Auch Wollweber galt als Reformer und wurde von Karl Schirdewan als »kommender Mann« eingeschätzt. Im internen Kreis ließ sich Wollweber mehrfach zur Kritik hinreißen, dass Ulbricht das Politbüro nicht richtig informiere. Beide waren ähnlich stur, und Wollweber gehörte zu den wenigen in Ulbrichts Umfeld, die keine Angst vor dem SED-Chef hatten. Er war auch einer der wenigen, der ihm unter vier Augen die Meinung sagte und sich traute zu widersprechen, was dazu führte, dass sie mehrfach »richtig aneinander gerieten«, wie Wollweber sich erinnerte.

Fred Oelßner, im Sommer 1953 noch ein Verbündeter des damaligen Generalsekretärs, gehörte diesmal zu seinen mutigsten und vehementesten Kritikern. Am 3. Juli 1956 gab er eine Erklärung im Politbüro ab, die Ulbricht hart attackierte, wie es seit dem Sommer 1953 nicht mehr der Fall gewesen war. »Gibt es in der SED einen Personenkult?«, fragte Oelßner in der Sitzung des Politbüros an diesem Tage rhetorisch, um seine Frage sogleich zu beantworten: »Jawohl, es gibt ihn und im Zusammenhang damit ein persönliches Regime, das hauptsächlich vom Genossen Ulbricht ausgeübt wird. Nach dem XX. Parteitag der KPdSU ist es – unter dem Druck des Feindes – sogar stärker geworden. Jede öffentliche Kritik am Genossen Ulbricht ist als unzulässig erklärt. Dieses persönliche Regime besteht seit langem... Viele Genossen in der Partei und im ZK sind mit diesem Regime unzufrieden, jedoch fürchten sie sich, das offen auszusprechen.«[30] Ulbricht reagierte auf die internen Angriffe mit ungeheurer Nervosität. Ohne Namen zu nennen, drohte er im Politbüro jedem, der für Reformen eintrat: »Ich werde alle verhaften lassen.«[31] Noch problematischer als die Situation im Politbüro war für Ulbricht, dass er sich in dieser Phase auch auf sein traditionelles Machtinstrument, den Apparat, nicht mehr stützen konnte. Das Sekretariat des ZK, nach dem Juni-Debakel vor drei Jahren in seiner Macht zurechtgestutzt und personell umgebaut, war mehrheitlich mit Ulbricht-Kritikern besetzt. Von seinen sieben Mitgliedern waren vier – Kaderchef Karl Schirdewan, der Sekretär für Wirtschaftsfragen, Gerhard Ziller, Kurt Hager, Sekretär für Wissenschaft und Hochschulen, und Paul Wandel, Sekretär für Kultur und Erziehung – eindeutige Gegner Ulbrichts.

Ende 1956 geriet die Auseinandersetzung zwischen Ulbricht und seinen Gegnern zur offenen Feldschlacht. Entscheidend für ihren Ausgang sollte sein, dass die Ulbricht-Kritiker nicht »gemeinsam schlugen«, sondern lediglich »getrennt marschierten«. Am 25. Oktober überwarf sich Ulbricht endgültig mit seinem Minister für Staatssicherheit. Wollweber war erst drei Tage zuvor, nach längerer krankheitsbedingter Abwesenheit, nach Berlin zurückgekehrt.[32] Während seines Krankenhausaufenthaltes hatte ihn Ulbricht entgegen den üblichen Gepflogenheiten der Partei nicht einmal besucht.³³ Ulbricht zeigte sich äußerst erregt über die Unruhen in Polen und kritisierte in diesem Zusammenhang auch die Arbeit des MfS. »Es war das erste Mal, dass ich Ausdrücke aus seinem Munde hörte, die er sonst nie benutzte«, bilanzierte Wollweber das Treffen, und er spürte, dass ihr beiderseitiges Verhältnis nunmehr an einen Punkt gekommen war, an dem es nicht mehr um den Streit in Sachfragen ging.³⁴ Zur selben Zeit näherte sich die Auseinandersetzung mit Karl Schirdewan ihrem Höhepunkt. Anlass war die Vorbereitung der nächsten Tagung des Zentralkomitees der SED im November, die erste seit der Juni-Tagung, wo Ulbricht so stark unter Beschuss geraten war. Erneut fiel Karl Schirdewan die Aufgabe zu, über den XX. Parteitag der KPdSU und seine Auswirkungen zu berichten. Schirdewans Entwurf für seine Rede wurde im Politbüro geradezu »zerrissen«, wie er sich erinnerte.³⁵ Seine Demokratisierungsvorschläge stießen bei Ulbricht auf totale Ablehnung. Der SED-Chef sah nach dem Wiedererstarken der konservativen Kräfte in der Sowjetunion keine Veranlassung mehr, Selbstkritik zu üben, sondern verlangte vielmehr von Schirdewan, dass dieser in der betreffenden ZK-Sitzung auf die Existenz »feindlicher Gruppen« in der Partei hinweisen und »Wachsamkeit« propagieren solle. Jede erneute Kritik an der SED und ihren Führern sollte im Keim erstickt werden. Doch Schirdewan konterte diesen Räsonierungsversuch mit der Bemerkung: »Das ist ein Rückfall in die alte Zeit ... Beweise kannst du für deine Behauptungen nicht bringen.«³⁶ In zwei weiteren Sitzungen des Politbüros weigerte sich Schirdewan, den Grundtenor seiner Vorlage an das ZK im Sinne Ulbrichts zu ändern. Von nun an begegneten beide einander in offener Feindschaft.

Ulbrichts Versuche, seine Opponenten zum Schweigen zu bringen, erwiesen sich zu diesem Zeitpunkt als vergeblich. Als das Zentralkomitee Mitte November zu seiner nächsten Tagung zusammenkam,³⁷ musste der Sachse erneut herbe Kritik einstecken. Nach Schirdewans kritischer Rede äußerten sich nicht weniger als 20 weitere Redner negativ und ablehnend zur Politik Ulbrichts. Friedrich Ebert, Sohn des ersten Reichspräsidenten der Weimarer Republik und Oberbürgermeister von Berlin, zeigte am Beispiel der Berichterstattung der DDR-Medien über die Sommerolympiade in Melbourne auf, welche Ausmaße der Personenkult um Ulbricht bereits angenommen hatte: »Erste Seite ND Hauptaufmachung: Aus der Ansprache Walter Ulbrichts; zweite Seite groß aufgemacht: Walter Ulbricht überbrachte die Grüße der Regierung an die Olympiateilnehmer; weiterer großer Bericht: Walter Ulbricht verabschiedete Olympiateilnehmer in der Sporthalle. Der Clou dieser Berichterstattung, von den 38 Olympioniken werden vier neben Ulbricht namentlich erwähnt.«[38] Otto Grotewohl bezog für seine Verhältnisse ebenfalls ungewöhnlich deutlich Stellung gegen Ulbricht. In seinem Schlusswort auf der Tagung merkte er an, dass es nicht sein könne, dass jeder, der eine abweichende Meinung vertrete, in die Nähe der Konterrevolution gerückt werde.

Zum zweiten Mal musste Ulbricht also auf einer ZK-Tagung schwere Schläge einstecken, doch er ging nicht zu Boden. Er verstand es, durch seinen Einfluss auf den Apparat den entstandenen Schaden relativ gering zu halten. In der Parteipresse wurde über Schirdewans Bericht und die sich anschließende kritische Diskussion nur »entschärft« berichtet. Die sonst übliche gründliche Auswertung des Berichts des Politbüros in den Parteigremien blieb diesmal aus. Anders als gewohnt wurden die Ergebnisse der Tagung auch nicht in Broschürenform veröffentlicht. Ulbricht nutzte das Forum, um seinerseits öffentlich die Arbeit Ernst Wollwebers zu kritisieren. Nach dem XX. Parteitag der KPdSU, agitierte Ulbricht, seien »manche Genossen der Staatssicherheit so vorsichtig geworden, dass sie nicht mehr die Kraft gehabt hätten, gegen bestimmte Feinde des Staates energisch vorzugehen«. Jeder Anwesende spürte: Das war eine öffentliche Kriegserklärung an Ernst Wollweber. Der nächste Schlag gegen den Minister für Staatssicherheit ließ nicht lange auf sich warten. In einer Politbürositzung Mitte Dezember 1956 warf Erich Honecker dem Stasi-Chef vor, die operative Arbeit zugunsten der Bürokratie zu vernachlässigen.[39] Anlass für diese harsche Kritik war eine Übung der militärischen Verbände des MfS, zu dem damals auch die Deutsche Grenzpolizei, die Transportpolizei und die Bereitschaftspolizei gehörten. Die ZK-Abteilung für Sicherheitsfragen, der Honecker als Sekretär vorstand, gab über diese Übung ein vernichtendes Urteil ab. Zudem warf Honecker dem MfS vor, bei der Aufdeckung »feindlicher Gruppen« in der DDR versagt zu haben. Als Konsequenz verlangte der ZK-Sekretär für Sicherheitsfragen von Wollweber einen Bericht, wie die Arbeit der Staatssicherheit zu verbessern sei.[40] Dass Wollwebers Kompetenzen anlässlich dieser Sitzung deutlich reduziert wurden, stellte bereits eine Vorentscheidung in der Auseinandersetzung zwischen Ulbricht und Wollweber dar. Wollweber musste auf Beschluss des Politbüros seine bisherige Zuständigkeit für die Grenzpolizei, die Bereitschaftspolizei und die Bahnpolizei abgeben. Das war ein herber Macht- und Imageverlust für den Stasi-Chef.

Ein Schlag ins Genick der Intellektuellen

Der Machtkampf in der SED-Führung zog sich durch das gesamte Jahr 1957. Entscheidend für seinen Ausgang war die Tatsache, dass sich selbst jetzt, nach mehrmonatiger heftiger Kritik an Ulbricht, keine organisierte Opposition gegen den Ersten Sekretär zu formieren vermochte. Die Parallelität zu den Ereignissen im Sommer 1953 war unübersehbar. Führende SED-Funktionäre waren sich einig in der Ablehnung der Politik Ulbrichts, doch zu einer konzertierten Aktion gegen ihn konnten sie sich nicht durchringen. So konnte sich Ulbricht jedem seiner Gegner einzeln zuwenden und mit einer jeweils speziell auf ihn zugeschnittenen Strategie ausschalten. Dabei kam ihm zugute, dass seine Gegner auf den verschiedensten hierarchischen Ebenen der Partei eine Reihe machtpolitisch unverzeihlicher Fehler machten.

Die generelle Strategie des SED-Chefs bestand darin, seine Gegner durch ständige Vorwürfe und Angriffe einzuschüchtern und zu versuchen, sie dadurch mundtot zu machen. Dabei stand ihm auch das Glück zur Seite. Just in dem Moment, als er sie benötigte, fielen ihm zwei geeignete Opfer für einen Schauprozess nach stalinistischem Vorbild in den Schoß. Der Philosoph Wolfgang Harich, Chefredakteur der Deutschen Zeitschrift für Philosophie, hatte unter dem Eindruck des XX. Parteitages der KPdSU in weltfremder Selbstüberschätzung ein »Memorandum« verfasst, in dem er einen »besonderen deutschen Weg zum Sozialismus« vorschlug. Das war nichts Neues. Schon 1946 hatte Anton Ackermann aufgrund einer Weisung Stalins einen solchen besonderen deutschen Weg zum Sozialismus vorgeschlagen und hatte dafür später Selbstkritik üben müssen. Nach Harichs Vorstellungen sollte die SED liberalisiert werden, um sie so bündnisfähig für die westdeutsche Sozialdemokratie zu machen. Ausdrücklich forderte Harich die Ablösung der DDR-Regierung und damit die Ablösung Ulbrichts in seiner Funktion als Stellvertretender Ministerpräsident.[41] Wie naiv der »Verschwörer« Harich zu Werke schritt, kann man daran ermessen, dass er sein »Memorandum« am 25. Oktober 1956 dem sowjetischen Botschafter Georgi Puschkin vorlegte, der das konterrevolutionäre Ansinnen Harichs augenblicklich Ulbricht hinterbrachte. Der zitierte den Philosophen zu sich und warnte ihn unmissverständlich vor den Folgen seines Tuns.[42] Noch am selben Tag informierte Ulbricht das Politbüro über den ungeheuerlichen Vorgang: »Heute morgen war Harich bei mir und hat seine Pläne entwickelt. Das ist das Programm der Konterrevolution.«[43] Kurz darauf wurde Harich festgenommen.

Am 6. Dezember 1956 erlitt Walter Janka, der Verlagsleiter des Aufbau-Verlags, dasselbe Schicksal. In Jankas Haftbefehl war als Haftgrund angegeben, dass er eine »staatsfeindliche Gruppe« geleitet habe, mit dem Ziel, die Regierung der DDR und das Politbüro zu stürzen. Am 21. November 1956 habe er in seiner Wohnung zusammen mit Paul Merker und Wolfgang Harich Pläne zum Umsturz in der DDR geschmiedet und versucht, Paul Merker dazu zu bestimmen, »Ulbricht als Ersten Sekretär der SED abzulösen und die Rolle Gomulkas in der DDR zu übernehmen«.[44] In Wahrheit hatte Janka nicht mehr getan, als sich im Dunstkreis der Literaten und Intellektuellen kritisch mit der Politik Ulbrichts auseinander zu setzen. Das taten viele in diesen Tagen. Aber Janka war das ideale Opfer. Einerseits als Verleger in der DDR so bekannt, dass jeder Künstler und Intellektuelle von seinem Schicksal erfahren und darüber schockiert sein würde, andererseits nicht von der internationalen Bedeutung, dass man einen Aufschrei der Empörung befürchten musste.

Vergeblich verlangte Schirdewan, dass man Harich und Janka die Gelegenheit geben solle, im Politbüro ihre Auffassungen darzulegen. Ulbricht wies das schroff zurück. Seine Vorstellung, wie man mit diesen Fällen im Politbüro umgehen sollte, waren grundsätzlich anderer Natur. Die Art und Weise, in der Ulbricht das SED-Führungsorgan über das Verfahren gegen Harich und Janka informierte, war grotesk. Während einer Politbürositzung bat er seine Kollegen plötzlich und ohne Vorankündigung, auf den Gang hinauszutreten, wo auf einem langen Tisch die Ermittlungsakten gegen Harich und Janka ausgelegt waren. Ulbrichts Kollegen wurden gebeten, sich die Unterlagen anzusehen. Das geschah nach den Erinnerungen von Karl Schirdewan so: »Wir mussten dabei hintereinander an diesem Tisch entlanggehen. Am Ende des Tisches stand Mielke und beobachtete. Man verspürte fast körperlich seinen kontrollierenden Blick. Ich versuchte, eine Akte einzusehen, konnte es aber nicht, weil ich vorwärts gedrängt wurde. Ich warf die Akte wieder hin.«[45]

Ein halbes Jahr später wurde Walter Janka vom 23. bis 26. Juli 1957 der Prozess gemacht. Der gesamte Vorstand des Schriftstellerverbandes der DDR wurde gezwungen, als Zuschauer an dem Verfahren teilzunehmen. Spitzenfunktionäre der Künstlerverbände und des Kulturbundes mussten ebenso im Gerichtssaal anwesend sein wie Professoren der Humboldt-Universität. Schließlich wohnte dem Schauspiel eine Reihe von namhaften Künstlern bei, unter ihnen Anna Seghers, Willi Bredel, Bodo Uhse und Helene

Weigel. Ulbricht bedeutete auf diese Weise den Dichtern und Denkern in der DDR mit Brachialgewalt, dass Widerstand gegen ihn in den Kerker führte. Und jeder, der angesprochen war, verstand die Botschaft. So etwa Kulturminister Johannes R. Becher. Nach der Verhaftung Jankas hatte Becher sich für diesen bei Ulbricht eingesetzt. Doch der SED-Chef komplimentierte Becher einfach hinaus. Ab diesem Zeitpunkt wurde Becher von Ulbricht ständig unter Druck gesetzt, sich eindeutig zu ihm und seiner Politik zu bekennen. Dem war der Kulturminister nicht gewachsen. Am 10. September 1957 schrieb er einen langen Brief an das Politbüro, an dessen Ende die Bitte stand, ihn aus seinen Ämtern und Funktionen zu entlassen. Danach war er bis zu seinem Tod ohne jeden politischen Einfluss und spielte in den Auseinandersetzungen in der SED-Führung keine Rolle mehr. Er starb am 11. Oktober 1958.

Bezeichnend für die Unentschlossenheit, ja Schwäche der Gegner Ulbrichts war die Tatsache, dass diese nicht einmal dann, als die sowjetische Führung den Machtkampf in der SED-Führung offiziell zum Thema machte, ihre Chance ergriffen, gemeinsam gegen den ungeliebten Sachsen vorzugehen. Die Krise im Politbüro der SED war der KPdSU-Führung natürlich nicht verborgen geblieben. Allein deshalb nicht, weil Sowjet-Botschafter Puschkin von Harichs »Aufstand« aus erster Hand informiert worden war. Vom 4. bis 10. Januar 1957 wurde eine Regierungsdelegation der DDR nach Moskau gebeten, um die neue Linie nach den Erschütterungen des vergangenen Jahres festzulegen. Am Nachmittag des 7. Januar stand der Streit im SED-Politbüro auf der Tagesordnung. Doch am Morgen vor dieser entscheidenden Sitzung rief Grotewohl die deutsche Delegation zu sich und regte an, die Meinungsverschiedenheiten innerhalb der SED-Führung nicht im Politbüro der KPdSU zu erörtern. »Legen wir doch den Deckel auf das Fass, und damit ist Schluss«, schlug der harmoniebedürftige Grotewohl seinen Kollegen vor. Tatsächlich einigte sich die deutsche Delegation auf diese Vorgehensweise. Es war bezeichnend, dass ausgerechnet Ulbricht in der gemeinsamen Sitzung mit der sowjetischen Führung die Position der SED-Führung erläuterte: »Wir haben miteinander beraten, wir werden unsere Meinungsverschiedenheiten selbst klären und eine gemeinsame Auffassung erarbeiten.« Die Reaktion der anwesenden Sowjet-Führer auf diese Erklärung war betretenes Schweigen und offenkundiges Erstaunen.[46] Ulbrichts Gegner hatten eine entscheidende Chance zum Sturz ihres Ersten Sekretärs vergeben.

Nach der Rückkehr aus Moskau ging Ulbricht Ende Januar 1957 sofort wieder in die Offensive. Nach dem bewährten Muster der Auseinandersetzungen von 1953 blies er jetzt öffentlich zum Gegenangriff auf seine Kritiker in den Führungsgremien der SED. Mit der ihm eigenen Entschlossenheit machte er sich daran, seine Opponenten politisch zu vernichten. Die Schlusssätze seiner Rede auf der nächsten Tagung des Zentralkomitees[47] lauteten: »Unsere Partei ist im letzten Jahr, das von komplizierten Ereignissen erfüllt war, festen Schrittes vorangegangen. Die Genossen haben eine gute Arbeit geleistet und die wütenden Angriffe des Gegners unserer Partei und gegen die Arbeiter- und Bauernmacht ... zurückgeschlagen. Und jetzt gehen wir zur Gegenoffensive über.«[48] Wie diese Gegenoffensive aussah, machte Erich Honecker deutlich, der auf dieser ZK-Sitzung als Anklageredner gegen den unlängst verhafteten Wolfgang Harich auftrat.[49] »Im Zusammenhang mit der Aufdeckung des konterrevolutionären Zentrums Harich hat die Zentrale Parteikontrollkommission die Prüfung der Haltung beziehungsweise der staatsfeindlichen Betätigung einiger Genossen eingeleitet.«[50] Jeder, der sich in der jüngsten Vergangenheit kritisch gegenüber Ulbrichts Politik geäußert hatte, jeder, der im privaten Kreis seinen Unmut über den rigiden Kurs des Ersten Sekretärs zum Ausdruck gebracht hatte, musste besorgt aufhorchen bei dieser drohenden Ankündigung Honeckers.

Anlässlich derselben ZK-Tagung wurde die ZK-Abteilung »Leitende Parteiorgane«, die bislang Karl Schirdewan unterstanden hatte, Politbüromitglied Alfred Neumann zugeordnet. Ulbricht »verkaufte« seinem Hauptgegner diese Teilentmachtung beiläufig und kaltschnäuzig mit den Worten: »Karl, du machst ab jetzt nur noch die Kaderarbeit im Sekretariat.« Und der so Zurechtgestutzte ließ sich das ohne Gegenwehr gefallen, wie ein Schuljunge, der von seinem Lehrer zurechtgewiesen wird. Dass Schirdewan diese Degradierung ohne Widerstand hinnahm, war machttaktisch ein unverzeihlicher Fehler. Seine wohl letzte Chance, sich gegen Ulbricht doch noch durchzusetzen, vergab Schirdewan im August 1957, als Chruschtschow die DDR besuchte. Der sowjetische Parteichef suchte demonstrativ den Kontakt und das Gespräch mit Schirdewan, der nach eigener Einschätzung zu diesem Zeitpunkt »schon etwas isoliert« in der SED-Führung war. Chruschtschow lud Schirdewan spontan ein, ihn in Sotschi zu besuchen, wohin er gerade in Urlaub fahren wollte. Doch Schirdewan erkannte offensichtlich nicht, welche Gelegenheit ihm der KPdSU-Chef damit bot. So verschenkte Schirdewan in unbegreiflicher Weise auch dieses letzte Angebot, das Blatt noch zu seinen Gunsten zu wenden. Eine

Dienstreise zu Chruschtschow ohne Ulbrichts Zustimmung erschien ihm völlig unmöglich.[51] Schirdewan war aus zu weichem Holz geschnitzt, um gegen Ulbricht im Kampf um die Macht bestehen zu können.

Im Januar 1957 stand Ulbricht erneut das Glück zur Seite. Auch Ernst Wollweber machte einen schweren taktischen Fehler, den Ulbricht mit sicherem Machtinstinkt sofort ausnutzte, um den Stasi-Chef ab diesem Zeitpunkt unablässig zu attackieren. Unterstützt durch die beiden »Erichs«, Honecker und Mielke, gelang es Ulbricht, durch ständige Angriffe den gesundheitlich schwer angeschlagenen Wollweber so zu zermürben, dass dieser im Sommer freiwillig seinen Rücktritt anbot. Nach einer Auseinandersetzung mit seinem Stellvertreter, Erich Mielke, der, ohne ihn vorher zu informieren, direkt Meldungen an Ulbricht weitergegeben hatte, erließ Wollweber am 14. Januar 1957 folgenden Befehl: »Um zu garantieren, dass Partei- und Staatsführung nur gründliche Informationen erhalten, befehle ich: Meldungen an den Vorsitzenden des Ministerrates, den 1. Sekretär des Zentralkomitees, an die Mitglieder der Sicherheitskommission des ZK werden durch mich persönlich weitergegeben, in Abwesenheit erfolgt die Weitergabe durch meinen 1. Stellvertreter.«[52] Die Warnung seines sowjetischen Beraters, dieser Befehl könne falsch ausgelegt werden, ignorierte Wollweber. Die Reaktion Ulbrichts ließ nicht lange auf sich warten. Wollweber musste in Begleitung Mielkes beim SED-Chef zum Rapport erscheinen und sich vom wutschäumenden Ulbricht anhören: »Das ist der Versuch, sich über die Partei zu stellen.« Das war eine Demütigung des Stasi-Chefs, insbesondere weil Mielke, der der Auslöser dieses Befehls gewesen war, an dem Gespräch teilnahm. Spätestens jetzt wusste Mielke, dass sein Chef Wollweber in Ungnade gefallen war und dass sich für ihn die Chance bot, auf dessen Stuhl Platz nehmen zu können.

Am 7. Februar 1957 schlug Ulbricht noch einmal in dieselbe Kerbe. Zusammen mit Erich Honecker erzwang er eine Sitzung der wichtigsten Führungskräfte des Ministeriums für Staatssicherheit und kritisierte Wollweber auch dort in schärfster Form. Der Befehl sei fehlerhaft gewesen, diktierte er den schockierten Führungskräften des MfS ins Protokoll. Noch schwerer wog sein Vorwurf, Wollweber habe damit den Versuch unternommen, sich über Partei und Regierung zu stellen. Schließlich bemängelte der SED-Chef, dass bezüglich der Konspiration und Geheimhaltung im Ministerium große Mängel bestünden. Ulbricht zeigte sich demonstrativ besorgt über angebliche »Untergrundbewegungen«, die sich in der DDR in verschiedenen Kreisen entwickelt hätten und von der Staatssicherheit nicht wahrgenommen worden seien. Alles in allem, so Ulbricht, sei die Sicherung der DDR durch das Ministerium für Staatssicherheit nicht ausreichend. Die Sitzung endete mit einer weiteren bitteren Niederlage für Wollweber. Keiner seiner sechs anwesenden Mitarbeiter stellte sich nach dieser aggressiven Kritik des SED-Chefs hinter den Minister. Alle erklärten in der Aussprache, dass sie für die Zurückziehung des Befehls seien. In besonderem Maße tat sich dabei Erich Mielke hervor. Ernst Wollweber war schließlich gezwungen, seinen Befehl zurückzunehmen.»Ich habe nicht die Absicht, diesen Befehl zurückzuziehen, aber mir ist auch klar, dass die Ausführungen des Genossen Walter Ulbricht mit sich bringen, dass dieser Befehl in der Praxis hinfällig ist.«[53]

Zwei Tage später kostete Ulbricht seinen Triumph im Politbüro aus, das auf seine Initiative beschloss, das MfS ab sofort der Sicherheitskommission des ZK zu unterstellen, die von seinem Schützling Honecker geleitet wurde. Ulbrichts Triumph über den Stasi-Chef wäre vollkommen gewesen, wenn nicht sein erneuter Versuch, Wollweber zum Konterrevolutionär zu stempeln, gescheitert wäre. Auch das Politbüro weigerte sich, in den Befehl Wollwebers hineinzulesen, dieser habe sich damit »über die Partei gestellt«.[54] Trotzdem belasteten die Angriffe des SED-Chefs Wollweber aufs Schwerste. Einen Tag nach dieser für ihn demütigenden Politbürositzung ließ Wollweber in einem Gespräch mit seinen beiden Stellvertretern seinem Ärger über Ulbricht freien Lauf.»Was ist das denn [für] eine Parteiführung, wenn immer nur ein Mann bestimmt?«, fragte er rhetorisch.»Wir müssen doch endlich davon abkommen, dass einer befiehlt, ohne dass die gesamte Leitung davon weiß.«[55] Sein Klagen half nichts. Schonungslos wurde Wollweber in den nächsten Wochen weiter attackiert und demontiert. Die herbe Kritik an der Arbeit der Staatssicherheit hörte nicht mehr auf. Im Politbüro kursierten Vorlagen, die dem MfS »eine Reihe sehr ernster Schwächen und Mängel« attestierten.[56] Ab April fanden mehrere Untersuchungen in Bezirksverwaltungen von Wollwebers Ministerium statt. Nach ihrem Abschluss wurde dem MfS und ihrem Chef der Vorwurf gemacht, »eine Reihe feindlicher Kräfte und Stützpunkte, vor allem in Großbetrieben, an Universitäten und Hochschulen, nicht erkannt zu haben«.[57]

Anfang Juli 1957 war Wollweber die ständigen Auseinandersetzungen leid und bot Ulbricht seinen Rücktritt aus gesundheitlichen Gründen an. Der zeigte sich prinzipiell einverstanden, bat Wollweber aber, so lange im Amt zu bleiben, bis die sowjetische Führung seinem Rücktritt zugestimmt hatte. Wollweber war mit diesem Verfahren einverstanden und fuhr danach zur Kur ins thüringische Bad Liebenstein.[58] Offensichtlich passte ein freiwilliger Rücktritt Wollwebers nicht in Ulbrichts Drehbuch. Am 9. Juli wurden im Politbüro die Angriffe auf Wollweber fortgesetzt. Erich Mielke, der in dieser Sitzung berichtete, wurde in Abwesenheit und ohne Wissen Wollwebers mit der »kommissarischen Leitung des Ministeriums« betraut.[59] Auf der sich anschließenden ZK-Tagung vom 10. bis 12. Juli attackierte Honecker den Staatssicherheitsminister erneut, wobei die Vorwürfe sich plötzlich deutlich verschärften. Wollweber, der von den Angriffen auf ihn erfahren hatte, war aus der Kur nach Berlin geeilt und nahm zur Überraschung aller an der Tagung teil. Er musste sich anhören, wie Honecker dem MfS vor dem ZK vorwarf, dieses habe die »Bekämpfung feindlicher Agenturen« in der DDR und die bewaffneten Kräfte... grob vernachlässigt.[60] Anfang Oktober 1957, nach einem Jahr ständiger Angriffe durch Honecker, warf Wollweber endgültig das Handtuch und bat das Politbüro aus gesundheitlichen Gründen um seine Pensionierung. Jetzt gab Ulbricht dem Gesuch nach. Offiziell mit Wirkung zum 1. November 1957 schied Wollweber aus dem MfS aus. Der bisherige »kommissarische« Leiter des SED-Spitzelapparates, Genosse Erich Mielke, wurde neuer Minister für Staatssicherheit.

Ebenfalls im Oktober gelang es Ulbricht, einen weiteren Kritiker, Paul Wandel, auszuschalten. Als Sekretär für Kultur und Erziehung im ZK wurde ihm die lautstarke Kritik und Opposition an Hochschulen und in Künstlerkreisen zum Vorwurf gemacht. Wegen »ungenügender Härte bei der Durchsetzung der kulturpolitischen Linie der SED-Führung« wurde er mit einer »strengen Parteirüge« bedacht und von seiner Funktion als ZK-Sekretär entbunden. Kurt Hager dagegen, Sekretär für Wissenschaft und Hochschulen, legte auf derselben Sitzung des ZK eine umfangreiche Selbstkritik ab und diente Ulbricht als Zeuge der Anklage gegenüber Wandel, dem er vorwarf, sich geweigert zu haben, im Kulturbund[61] »aufzuräumen«.[62] Durch diesen Akt der Selbstunterwerfung entging Hager, anders als Wandel, seinem Sturz. Im Ergebnis gewann Ulbricht dadurch wieder die Kontrolle über das Sekretariat des ZK zurück, in dem jetzt nur noch Karl Schirdewan und Gerhard Ziller, der Wirtschaftssekretär des ZK, ausgewiesene Gegner Ulbrichts waren.

Parallel zog Ulbricht alle Register gegenüber seinem Hauptgegner Karl Schirdewan. Mal mit Sticheleien, mal mit absurden Vorwürfen setzte er den Kaderchef unter psychischen Druck und versuchte, ihn ebenso zu zermürben wie Wollweber. Im Mai 1957 etwa bestellte er Schirdewan zu sich, nachdem dieser mehrere Großbetriebe in Frankfurt/Oder besichtigt hatte. »Man hat mir nämlich mitgeteilt«, eröffnete er dem perplexen Schirdewan, »dass der Parteisekretär sich lobend über dich ausgesprochen hätte. Mit Karl Schirdewan – einer der kommenden Leute – könne man durch dick und dünn gehen und offen über die politische Lage sprechen.« Das war ein gefährlicher Vorwurf an Schirdewan, den dieser natürlich zurückwies. Aber das war nur Ulbrichts Einleitung gewesen, um Schirdewan im Folgenden wirklich zu erschrecken und einzuschüchtern. »Aber ich möchte dir noch etwas sagen«, fuhr Ulbricht fort. »Schreibe im Politbüro nicht so viel mit... das erweckt... bei einigen Genossen Misstrauen, und manche haben schon deine Verhaftung gefordert.« Eine Antwort auf Schirdewans bestürzte Frage, um wen es sich dabei handle, verweigerte Ulbricht. Schirdewan empörte sich: »Dann werde ich am morgigen Tag in der Politbürositzung die Frage selbst stellen.« Barsch unterbrach ihn Ulbricht: »Das erlaube ich dir nicht. Das hier ist ein persönliches Gespräch, und dabei soll es auch bleiben.«

Erst jetzt, viel zu spät, schon mit dem Rücken zur Wand und wichtiger potenzieller Verbündeter in der Führungsriege der SED beraubt, entschloss sich Schirdewan dazu, die Gegner Ulbrichts um sich zu versammeln, um in einer konzertierten Aktion gegen den SED-Chef vorzugehen. Am 11. November 1957 besuchte er den gerade zurückgetretenen Ernst Wollweber und bat ihn um Unterstützung gegen den SED-Chef im Rahmen der nächsten Tagung des ZK. Schirdewan wusste, dass ein parteiöffentlicher Auftritt gegen Ulbricht Risiken in sich barg und dass dieser für ihn und seine Familie negative Folgen haben könnte, falls er sich gegenüber dem SED-Chef nicht durchsetzen würde. Wollweber war nicht bereit, Schirdewan vorbehaltlose Unterstützung zuzusagen. Vielmehr hielt er sich seine zukünftige Haltung offen und erläuterte Schirdewan, dass sein »Auftreten und das Wie von dem Verlauf der ZK-Tagung abhängen würde«.[63] Weitsichtig warnte er Schirdewan eindringlich davor, die Machtverhältnisse falsch einzuschätzen.

Der Versuch der verbliebenen Opponenten, sich gegen Ulbricht zu verbünden, leitete das Ende des Aufstands gegen Ulbricht ein. Am 9. Dezember 1957 trompetete Gerhard Ziller, unter Einfluss nennenswerter Wodka-Mengen, im Rahmen eines Mittagessens heraus, dass er in der nächsten Sitzung des Zentralkomitees gegen Ulbricht auftreten werde. »Ich, Gerhard Ziller, werde auspacken, ... Gen. Schirdewan ist gut vorbereitet und wird... sprechen. Auch Gen. Selbmann wird sprechen... Gen. Fred Oelßner und Gen. Wittkowsky... dann können die Halunken was erleben...

Es geht jetzt auf Biegen und Brechen, aufs Ganze. Wir lassen uns nicht einen nach dem anderen abschießen. Entweder gehen wir vor die Hunde, dann wird man uns als Lumpen bezeichnen, oder wir gehen als Sieger hervor ... es wird zu Auseinandersetzungen kommen ..., wie sie noch nie erlebt wurden.«[64] Ziller machte den katastrophalen Fehler, dies in Anwesenheit des Stasi-Funktionärs Otto Last zu artikulieren, der sofort Erich Mielke über den unerhörten Vorgang informierte. Vier Tage später, am 13. Dezember, trat das Politbüro zu einer Sondersitzung zusammen. Schirdewan war als einziges Mitglied zu dieser Sitzung nicht eingeladen, bemerkte aber, dass die anderen zusammengerufen wurden. Er begab sich in den Sitzungsraum und hielt Ulbricht vor, warum er nicht eingeladen sei. Der redete sich verlegen heraus, das sei wohl vergessen worden. Natürlich hatte Ulbricht seinen Gegner nicht vergessen, sondern hätte die Angelegenheit gerne in Abwesenheit Schirdewans behandeln lassen.[65] Ulbricht selbst erstattete dem obersten SED-Gremium Bericht über den Vorgang. Auch Industrieminister Fritz Selbmann geriet dabei in die Schusslinie, der ebenfalls an dieser schicksalhaften Sitzung teilgenommen und sich kritisch über führende SED-Funktionäre geäußert hatte. Otto Last wurde als Kronzeuge gegen Ziller und Selbmann vor das Politbüro geladen.[66] Er berichtete über aggressive Kritik an Ulbricht und Honecker in der betreffenden Runde. Der SED-Führung sei vorgeworfen worden, sie habe sich als unfähig erwiesen, die wirkliche Lage in der Partei einzuschätzen. Als Ziller vor das Tribunal zitiert wurde, äußerte er auf die Vorwürfe nur: »Ich kann mich an nichts erinnern.« Ulbricht konterte trocken: »Im Weine liegt die Wahrheit.«[67] Ziller war dieser Situation nicht gewachsen. Er erschoss sich, bevor die Verhöre im Politbüro am nächsten Morgen weitergehen sollten, in der Nacht des 14. Dezember 1957.

Den an Grotewohl gerichteten Abschiedsbrief Zillers verlas Ulbricht am folgenden Tag im Politbüro. Danach herrschte eisiges Schweigen. Ulbricht fuhr ungerührt fort: »Dann übergeben wir den Brief dem Archiv.« Als später die Witwe Zillers bei Ulbrichts Kondolenzbesuch fragte, »warum musste das geschehen, was lag gegen ihn vor?«, entgegnete Ulbricht nur: »Von uns aus brauchte er das nicht zu tun.«[68] Eiskalt schrieb der SED-Chef noch am selben Tag einen vertraulichen Brief an Nikita Chruschtschow, in dem er den ganzen Vorgang schilderte und alles tat, um auch noch Industrieminister Selbmann zu diskreditieren. Vom »größenwahnsinnigen Auftreten« Selbmanns war in dem Schreiben die Rede und von Vorwürfen anderer Mitglieder des Politbüros, dass Selbmann überheblich auftrete und die Rolle der Partei nicht anerkenne.[69]

Damit war der Ulbricht-Opposition der entscheidende Schlag versetzt. Der Machtkampf war entschieden. Am 17. Dezember 1957 wurden die politischen Meinungsverschiedenheiten im Politbüro offen diskutiert. Die Mehrheit des Politbüros stellte sich hinter Ulbricht. Schirdewan wurde nahegelegt, »über seine bisherigen Auffassungen ... selbstkritisch nachzudenken«. Ebenso wurde Fred Oelßner »ersucht, selbstkritisch seine Meinung in bestimmten Fragen zu überprüfen«.[70] Ulbricht unterrichtete Chruschtschow auch über die Ergebnisse dieser entscheidenden Sitzung schriftlich. Anfang Januar 1958 übten Schirdewan und Oelßner, nachdem sie sich mehrere Wochen lang gewunden hatten, die von Ulbricht geforderte Selbstkritik. Als die Erklärung Schirdewans am 11. Januar im Politbüro diskutiert wurde, stellte sich die Mehrheit erneut hinter Ulbricht und distanzierte sich von Schirdewan und Oelßner. Erich Honecker wies die Erklärung Schirdewans mit der Drohung zurück, er solle sich darüber im Klaren seien, dass das ZK weitergehende Maßnahmen gegen ihn beschließen werde, wenn er mit dieser Erklärung vor dem Zentralkomitee auftrete.[71] Erich Mückenberger gab zu Protokoll: »Der Zweck der Erklärung ist offenkundig der Stoß gegen den 1. Sekretär.« Hermann Matern schließlich bezeichnete Schirdewan als »Lügner« und warf ihm »krankhafte Überheblichkeit« vor.[72] Die Sitzung endete mit dem Beschluss des Politbüros, eine Delegation der SED nach Moskau zu senden, um die Zustimmung der Führung der KPdSU zur Ablösung Schirdewans als ZK-Sekretär einzuholen. Begründung: Schirdewan habe versucht, die Parteiführung zu zersetzen. Ulbricht merkte an, dass die Entfernung Schirdewans aus dem Sekretariat des ZK das Mindeste sei. Alles Weitere hänge davon ab, dass er endlich die geforderte selbstkritische Erklärung abgebe. Außer Schirdewan selbst, Fred Oelßner und Otto Grotewohl stimmten alle Politbüromitglieder für diese Vorgehensweise.[73] Auch über das Ergebnis dieser Politbürositzung berichtete Ulbricht umgehend in einem Schreiben an Chruschtschow.

In der letzten Januarwoche 1958 fand das von den SED-Führern gewünschte Treffen in Moskau statt. Chruschtschow plädierte dafür, dass Schirdewan Sekretär des ZK bleiben solle, doch anweisen konnte er das nicht. Am Ende der Konsultation stand der Kompromiss, dass Schirdewan wenigstens Mitglied des ZK bleiben solle. Nach ihrer Rückkehr aus Moskau entschied die SED-Führung am 31. Januar 1958: »Das Politbüro beschließt bei Stimmenthaltung des Genossen Schirdewan: Bis zur Tagung des Zentralkomitees ruhen die Funktionen der Genossen Schirdewan und Oelßner als Mitglieder des Politbüros und des Genossen Schirdewan als

Sekretär des Zentralkomitees.«[74] Einen Tag später tagte das Politbüro erneut und beschloss, dem Zentralkomitee vorzuschlagen, Schirdewan wegen Fraktionstätigkeit von seiner Funktion als Mitglied des Politbüros und als Sekretär des ZK zu entheben und ihm eine strenge Rüge zu erteilen. Bis dahin entsprach das dem, was in Moskau mit der Führung der KPdSU besprochen worden war. Doch Ulbricht dachte gar nicht daran, jetzt auf halbem Weg Halt zu machen. Schirdewan sollte und musste politisch vernichtet werden. Ohne selber in Erscheinung zu treten, ließ er ein Kesseltreiben gegen seinen bereits degradierten Gegner beginnen. Honecker übernahm die Aufgabe, hinter den Kulissen Stimmung gegen den ehemaligen Kaderchef zu machen. Innerhalb weniger Tage wurde dadurch aus einem Kritiker Ulbrichts, der offenen Widerspruch gewagt hatte, ein Konterrevolutionär, ein Partei- und Staatsfeind. Entgegen den Moskauer Absprachen führte das schließlich nicht nur zur Abberufung Schirdewans als Sekretär des ZK. Am 6. Februar 1958 wurden Fred Oelßner, Ernst Wollweber und Karl Schirdewan wegen »Fraktionstätigkeit« als »Parteifeinde« aus dem ZK ausgeschlossen und mit einer strengen Rüge bestraft.

Die Dramaturgie Ulbrichts auf dieser Parteiveranstaltung war perfekt. Er brauchte sich die Hände nicht schmutzig zu machen. Die öffentliche Verurteilung seiner Gegner übernahmen andere für ihn, die sich Hoffnung machten, von deren Sturz zu profitieren. Erich Honecker hielt die Anklagerede gegen die geschlagene Opposition: »Sie tarnten ihre opportunistische Politik mit dem angeblichen Kampf gegen den Arbeitsstil des Genossen Ulbricht. In Wirklichkeit sahen die opportunistischen Kräfte in dem marxistisch-leninistischen Arbeitsstil des Genossen Ulbricht eine Gefahr für ihre fraktionelle Tätigkeit; denn dieser Arbeitsstil war und ist seinem Inhalt nach darauf gerichtet, jede fraktionelle Tätigkeit zu unterbinden, die Kollektivität der Führung zu festigen, die Reihen der Partei zu stärken und die Einheit und Reinheit der Partei zu sichern.«[75] Auch diesmal, wie nach dem 17. Juni 1953, ließ es Ulbricht nicht dabei bewenden, nur die Parteispitze zu säubern. Auf dem fünften Parteitag der SED im Juni 1958 wurde der Schlussstrich unter die Affäre Wollweber/Schirdewan, die gar keine gewesen war, gezogen. Die beiden unterlegenen Kritiker Ulbrichts und ihre Anhänger wurden aus allen Parteiämtern entfernt. Der 50-jährige Schirdewan wurde zum Leiter der Staatlichen Archivverwaltung degradiert, Ernst Wollweber in Rente geschickt. Mit ihnen verloren 21 der 89 Vollmitglieder des ZK und 16 der 44 Kandidaten ihren Sitz im Machtzentrum der SED.[76] Seinen treuesten Gefolgsmann, Erich Honecker, der ihm bei den innerparteilichen Aus-

Die beiden mächtigsten Männer im SED-Staat grüßen die Teilnehmer der »Kampfdemonstration der Berliner Werktätigen«

einandersetzungen in jeder Hinsicht die Stange gehalten hatte, belohnte Ulbricht für dessen Loyalität, indem er ihn zum Vollmitglied im Politbüro machte und im Sekretariat des ZK zusätzlich die Abteilung »Leitende Parteiorgane und Massenorganisationen« übertrug, für die bislang Karl Schirdewan zuständig gewesen war. In Kombination mit seiner Funktion als ZK-Sekretär für Sicherheit rückte Honecker damit zum zweiten Mann der SED auf. Ulbricht hatte seinen Nachfolger bestimmt.

Ulbricht setzte sich in dieser für ihn schwierigen Situation gegenüber seinen Gegnern durch, weil er cleverer, machtbewusster und entschlossener war als diese. Die Opposition hatte 1956/57 ohne Zweifel gute Chancen, den Diktator an der Spitze des Politbüros zu entmachten. Doch seine Gegner hatten nicht genügend Mut und Kraft, um entschieden und ohne Zögern gegen den SED-Chef vorzugehen. Sie waren zwar bereit zu öffentlicher Kritik, soweit sie damit die Spielregeln des Systems nicht verletzten. Zur Ausschaltung Ulbrichts, zu seinem Sturz, konnten sie sich dagegen nicht entschließen. Wären sie sich einig gewesen, hätten sie die ausgestreckte Hand Chruschtschows ergriffen und sich seiner Unterstützung versichert, wäre die deutsche Nachkriegsgeschichte anders verlaufen. So aber dichteten systemkonforme DDR-Poeten bald: »Genosse Ulbricht – ... wer dich verunglimpft – will uns – die Partei, die Klasse schänden ... Du stehst an der Spitze unserer Partei. Hast ihr dein Bestes gegeben. Sie war und sie ist dein Herz – dein Blut und dein Leben. – ... Du hältst die Fahne sauber; so wurden ohne Federlesen die Schirdewane ausgekehrt –.«[77]

Der Privatmann

»Ich mag seinen Bart nicht, wenn wir noch verheiratet wären, hätte er ihn sich wieder abnehmen lassen müssen.«

Martha Schmellinsky, Ulbrichts erste Frau, 1962

»Ich sage Ihnen wohl nichts Neues, wenn ich Ihnen versichere, dass Sie fast der Einzige sind, der mit ihm fertig wird... Mein Mann ist nun mal ein Mensch von einer enormen Charakterstärke, die bis zur Herrschsucht gehen kann. Sein Lebenslauf ist Ihnen sicher bekannt. Er ist es seit langem gewohnt, zu befehlen, und dass man seinen Befehlen gehorcht. Bei einem Widerspruch kann er durchaus laut und grob werden. Sie wissen, auch ich muss mich ihm unterordnen... Ich rate Ihnen also und es wäre gut, wenn Sie meinen Rat beherzigen würden: Auf einen groben Klotz gehört ein grober Keil.«

Lotte Ulbricht, 1966 zum Leibarzt von Walter und Lotte Ulbricht

Die Familie

Der leitende Friedhofsbeamte des Leipziger Waldfriedhofs war bei der Durchsicht von Gräberlisten zufällig auf die Namen von Ulbrichts Eltern gestoßen, die zuvor anonym in verschiedenen Gräbern gelegen hatten. Er meldete das nach Berlin, worauf Ulbricht Anfang 1960 eine 25 Quadratmeter große Grabstätte kaufte und für seine Eltern herrichten ließ. In einen rotbraunen Natursteinblock, oberhalb der Namen, Geburts- und Sterbedaten seines Vaters und seiner Mutter, ließ er das Goethe-Zitat »Edel sei der Mensch, hilfreich und gut« einmeißeln. Seine Familie hatte Ulbricht Mitte der zwanziger Jahre zuletzt gesehen, anlässlich der Hochzeit seiner Schwester Hildegard. In einem Fragebogen, den er Anfang 1944 in Moskau ausfüllte, gab er an, den genauen Aufenthalt seines Bruders Erich und seiner Schwester Hildegard nicht zu kennen. Über seinen Vater Ernst berichtete er, dieser sei 1934 im »KPD-Konzentrationslager« umgekommen. Tatsächlich fiel der Vater 1943 einem Luftangriff der Alliierten auf Leipzig zum Opfer. Seine Mutter war bereits 1926 verstorben.

Das Bezeichnendste am Privatmann Ulbricht war, dass es ihn praktisch nicht gab. Zum einen blieb dem mit unermüdlicher Energie und hart, ja verbissen arbeitenden Ulbricht für ein Privatleben wenig Zeit. Zum anderen vermochte er nicht zu trennen zwischen den Rollen des Staatsmanns und des Privatmanns. Der »offizielle« Ulbricht überlagerte den »privaten« fast immer. Verwandtschaftliche Beziehungen pflegte er kaum. Zum jüngeren Bruder Erich, bereits 1928 in die USA ausgewandert, hatte Ulbricht nach 1945 ebenso wenig Kontakt wie zu seiner bei Hamburg lebenden Schwester Hildegard. Als Ulbrichts Geschwister 1961 im Jahre des Mauerbaus von Journalisten der Zeitschrift Stern aufgespürt wurden, reagierten beide sehr zurückhaltend und demonstrierten augenfällig Distanz zu ihrem berühmt-berüchtigten Bruder. Hildegard war nur bereit, in Anwesenheit ihres Anwalts mit dem Stern zu sprechen. Erich beteuerte ebenfalls vorsichtig und misstrauisch, dass er mit seinem älteren Bruder keine Verbindung mehr habe.

Seine erste Frau, Martha Schmellinsky, hatte Ulbricht schon vor Jahrzehnten verlassen. Als er 1945 aus der Sowjetunion nach Deutschland zurückkehrte, wohnte Martha immer noch in derselben kleinen Wohnung in der Leipziger Geißlerstraße 2, in der sie vor einem Vierteljahrhundert kurz zusammengelebt hatten. Gefühle für ihren Ex-Mann hegte sie naturgemäß nach dieser langen Zeit nicht mehr. Ihre Ehe kommentierte sie mit den Worten: »Ich bin die Tochter eines Klavierbauers, und ich dachte damals, ich hätte einen Tischler geheiratet.«[1] Einem Reporter, der 1962 an ihrer Tür klingelte, vertraute sie an: »Ich hatte gedacht, ich würde ihn nie wiedersehen.« Außer im Fernsehen sah sie ihn auch nie wieder. Sie starb in der zweiten Hälfte der siebziger Jahre auf der Pflegestation eines Leipziger Altersheims. Auch seiner Tochter Dorle, die mit ihrem Mann und zwei Söhnen in der Bundesrepublik lebte, begegnete Ulbricht nicht wieder, und seine beiden Enkelkinder lernte er nie kennen.

Die zweite Lebensgefährtin Ulbrichts war Rosa Michel, mit der er ab Mitte der zwanziger Jahre liiert war. 1901 unter dem Namen Marie Wacziarg geboren, war sie polnischer Nationalität. 1920 wurde sie Mitglied der KP Frankreichs und der KPdSU. Sie war Mitarbeiterin der Kommunistischen Jugendinternationale und der EKKI. Diese Beziehung endete 1935 in Moskau, als Ulbricht seine spätere zweite Frau, Lotte Kühn, kennen lernte. Nach 1945 arbeitete Rosa Michel als Korrespondentin des Zentralorgans der Französischen Kommunistischen Partei »l' Humanité« in Ost-Berlin und kehrte 1948 nach Paris zurück.

Die zehn Jahre jüngere Lotte[2] war bis zu seinem Tod 1973 die engste und wichtigste Bezugsperson Walter Ulbrichts. Wie ihr Mann stammte sie aus einer Arbeiterfamilie, und wie er fand sie schon als Jugendliche den Weg zum Sozialismus. Nach dem Realschulabschluss trat sie während ihrer Ausbildung zur Büroangestellten 1919 der Freien Sozialistischen Jugend und 1921 der KPD bei, wo sie von 1921 bis 1922 als Sekretärin beim Zentralkomitee arbeitete. Nach einer Delegierung zur kommunistischen Jugendinternationale nach Moskau wurde sie mit 20 Jahren Mitglied im Zentralvorstand des Deutschen Kommunistischen Jugendverbandes. Von 1926 bis 1927 hielt sie sich erneut in Moskau auf, wo sie als Archivarin bei der Kommunistischen Jugendinternationale arbeitete. 1927 siedelte sie wieder nach Berlin über und verdiente ihren Lebensunterhalt als Sekretärin bei der UdSSR-Handelsvertretung. 1931 emigrierte sie zusammen mit ihrem Mann, Erich Wendt, in die Sowjetunion, wo sie bis 1935 als Mitarbeiterin der Kommunistischen Internationale tätig war. In dieser Zeit hatte sie mehrere Schicksalsschläge zu verkraften. Erich Wendt wurde während der stalinistischen Säuberungen 1936 verhaftet, in ein Lager nach Saratow verschleppt und aus der KPD ausgeschlossen. Obwohl 1939 rehabilitiert, wurde er 1941 zusammen mit den Wolga-Deutschen nach Sibirien deportiert. Lottes 1901 geborener Bruder Benno wurde während des Dritten Reiches in Deutschland hingerichtet.

Persönliches Glück war Lotte Wendt 1935 beschieden, als sie die Lebenspartnerin Walter Ulbrichts wurde. Der schrieb am 5. April 1935 aus Paris an Wilhelm Pieck: »Trotz alledem habe ich wenigstens in der persönlichen Frage letzten Endes doch Glück gehabt... Du wirst verstehen, dass ich nach Erledigung der Familienangelegenheiten in Paris viele persönliche Angelegenheiten mit meiner jetzigen Frau, Genossin Lotte Kühn, zu besprechen habe. Es wäre mir lieb, wenn Du ihr behilflich sein könntest, kurz nach hier zu kommen.«[3] Die beiden heirateten im Mai 1953 in der DDR, nachdem sie von ihren jeweils ersten Ehegatten geschieden worden waren. Lotte arbeitete in den ersten Nachkriegsjahren im unmittelbaren Umfeld Ulbrichts, zunächst als Abteilungsleiterin im ZK der KPD. 1946/47 wurde sie Hauptreferentin in der Abteilung »Werbung, Presse, Rundfunk« im ZK der SED. Von April 1947 bis zum 20. Januar 1954 war sie persönliche Mitarbeiterin ihres Mannes im ZK. Sie beendete diese Tätigkeit als Folge der parteiinternen Kritik an ihrer beruflichen Verbindung mit ihrem Mann und der Ereignisse des 17. Juni. Künftig schränkte sie ihre eigene politische Laufbahn zugunsten der Unterstützung ihres Mannes ein. 1954, im Alter von 51 Jahren, begann sie noch ein Studium der Gesellschaftswissenschaften, das sie 1959 mit dem Diplom als Gesellschaftswissenschaftlerin abschloss. Von 1959 bis zum Tod von Walter Ulbricht 1973 war sie wissenschaftliche Mitarbeiterin am Institut für Marxismus-Leninismus. Hauptsächlich befasste sie sich dort mit der Publikation von Arbeiten ihres Mannes. Immer blieb sie in verschiedenen Frauenausschüssen aktiv, die bei der SED-Führung gebildet wurden. Außerdem veröffentlichte sie regelmäßig Aufsätze und Artikel, meist zu Frauenthemen: »Die Aufgaben einer Frauenleiterin«, »Eisenhüttenkombinat Ost braucht einen Frauenausschuss« oder »Die Bäuerinnenkonferenz – eine Lektion für die Partei«.[4]

Geschickt verstand sie es, in ihren Veröffentlichungen auf ihren Mann hinzuweisen und ihn dadurch zu unterstützen. Regelmäßig zitierte sie ihn: »Wie von Walter Ulbricht formuliert wurde« oder »So hat zum Beispiel Genosse Ulbricht... als erster die Aufgabe gestellt«. Oft machte sie auch ganz unverhohlen Propaganda für ihn: »Die Genossen sollten sich auch an unserem Generalsekretär ein Beispiel nehmen. Bevor er zu entscheidenden Fragen Stellung nimmt..., überzeugt sich Walter Ulbricht an Ort und Stelle von der tatsächlichen Lage, berät er mit den einfachen Menschen, welches ihrer Meinung nach der beste Weg zur Lösung der betreffenden Frage ist.« Oder: »Das ganze Denken und Sein Walter Ulbrichts ist erfüllt von dem Bestreben, alles in seinen Kräften Stehende zu tun, damit die arbeitenden Menschen in unserem Arbeiter- und Bauernstaat besser, schöner leben. Alle persönlichen Wünsche ordnet er diesem Streben unter.«[5]

Wie ihr Mann war auch Lotte Ulbricht dem Bann der Partei verfallen. Es war ihr so wenig wie ihm gegeben, persönliche Freundschaften zu pflegen, und wie er war sie immer offiziell unterwegs, immer im Dienst. Nach Aussage ihrer Adoptivtochter Beate hieß Lotte in Wandlitz nur »der Feldwebel«. Maria Ebert, die Nachbarin der Ulbrichts in Wandlitz, berichtete von folgender symptomatischer Szene. Als Lotte Ulbricht einmal den Frisiersalon in Wandlitz aufsuchte, war zur Zeit nur ein Stuhl besetzt, aber an allen vorhandenen Plätzen das Licht eingeschaltet. Bevor sie sich setzte, um sich die Haare machen zu lassen, ging sie kommentarlos, aber mit Zeichen äußerster Missbilligung im Salon herum und schaltete an allen Plätzen das Licht aus.[6]

1946 adoptierten Walter und Lotte Ulbricht, die miteinander keine leiblichen Kinder hatten, ein Mädchen aus einem Waisenhaus in der Sowjetunion. Die blonde Beate, am 6. Mai 1944 in der Ukraine geboren, war als kleines Mädchen der Liebling ihres Vaters. Zu ihr hatte Ulbricht ein persönliches, weitgehend unverkrampftes Verhältnis. Darf man den Aussagen von Beate Ulbricht glauben, war es eine ganz normale Vater-Tochter-Beziehung, wie in einer ganz normalen Familie. Er schmuste mit ihr, nahm sie Huckepack und redete mit ihr in Kindersprache. Abends las er ihr Gute-Nacht-Geschichten vor. Selbst in Anwesenheit Dritter soll Ulbricht beim Spielen mit seiner Tochter gegen seine sonstige Gewohnheit völlig gelöst gewesen sein.[7] Wenn dem wirklich so war, dann war das eine bemerkenswerte Ausnahme im Leben des Berufspolitikers Ulbricht.

Natürlich war auch die Erziehung von Kindern und Jugendlichen für Ulbricht eine politische Frage. Das Tragen westlicher Kleidung für DDR-Jugendliche beispielsweise war für ihn indiskutabel: »Wozu müssen Jugendliche Hemden mit Bildern von Texas tragen?

Texas ist doch eine solch reaktionäre Gegend, dass sie niemals Vorbild für unsere Jugend sein kann ... Es gehört doch nicht viel Phantasie dazu, schwarze Hosen und schwarze Hemden zu produzieren. Die wurden für Leichenbestatter schon früher hergestellt. Aber wir, die wir den Sozialismus aufbauen ... wir brauchen doch schöne, leuchtende Farben.«[8] Die Vorstellung, dass DDR-Jugendliche nach West-Berlin ins Kino gingen, war für ihn ein Gräuel. Westliche Spionage- und Kriminalfilme waren in Ulbrichts Wertesystem ohnehin nichts anderes als eine »räuberische Politik des deutschen Imperialismus. Und die Jugendlichen merken gar nicht, dass sie in die Netze des deutschen Militarismus gehen.«[9] Ganz besonders wichtig war dem SED-Chef in diesem Zusammenhang der Kampf gegen die »Schundliteratur«, eine Vokabel aus seiner Kindheit. Anfang des Jahrhunderts war Ulbricht mit dabei gewesen, als in der sozialistischen Arbeiterjugend in Leipzig dann und wann »Schundliteratur« eingesammelt und verbrannt wurde. Ulbrichts Schwester Hildegard berichtete in einem Interview über die Wahl der Lektüre im Elternhaus: »Bei uns wurde nie Schund gelesen, niemals. Nur die Werke unserer Klassiker, nur das wahrhaft Edle und Gute haben wir gelesen.«[10] Was genau als »Schund« zu betrachten war, wurde von Ulbricht nie näher definiert. Jedoch war für den SED-Chef klar: »Wir können doch nicht den Fabrikanten der westlichen Schundliteratur die Erziehung der Jugend überlassen.«[11] Das Wort »Halbstarke«, das in Westdeutschland in den sechziger Jahren für aufbegehrende Jugendliche üblich war, verbannte Ulbricht aus dem Sprachwortschatz der DDR: »Wir kennen dieses Wort nicht, wir kennen keine Jugendlichen dieses Charakters, wir kennen nur Jugendliche, und die Pflicht der Partei, der FDJ, der Eltern und Erzieher ist es, ihnen zu helfen, sich zu entwickeln und vorwärts zu kommen.«[12]

Nicht anders äußerte sich Lotte Ulbricht zu Fragen der Kindererziehung. Wie ihr Mann fürchtete auch sie den zersetzenden Einfluss der westlichen Propaganda auf die eigenen Kinder, warnte vor dem »Gegner«, der Tag und Nacht bemüht sei, die Herzen und Hirne der DDR-Kinder zu vergiften. Auch in Kleiderfragen vertrat Lotte Ulbricht die Linie ihres Mannes und lehnte »westlichen Geschmack«, insbesondere »Niethosen« bei den Jungen sowie »enge Hosen und Pullover« bei den Mädchen, ab. Alles, was aus dem Westen kam, war nach Lotte Ulbrichts Auffassung für Ost-Kinder tabu: Dauerwellen, Lippenstifte, westliche Frisuren, West-Sender, Westberliner Kinos und westliche Schund- und Schmutzhefte. Diese ideologisch geprägten Vorstellungen über die Erziehung von Kindern vertrat Lotte Ulbricht nicht nur in der Öffentlichkeit, sondern setzte sie auch zu Hause gegenüber ihrer Tochter Beate durch. Der Forderung der Mutter, »das Tragen des Pionierhalstuches oder der FDJ-Kleidung sollten wir nicht allein dem Willen der Kinder überlassen«, fügte sich Beate noch. Wie es sich für eine klassenbewusste junge Sozialistin gehörte, ging sie zu den Jungen Pionieren und kleidete sich wie alle mit der blauen Uniform. Unerträglich waren für sie nach eigener Aussage demgegenüber die Kleiderwünsche der Mutter in der Schule, wo sie die »spießigsten Kleider« tragen musste, was sie als »echte Tortur« empfand, weil sie deshalb von ihren Mitschülern ausgelacht wurde.[13] Obwohl Ulbricht und seine Frau über Kindererziehung zumindest offiziell keine unterschiedlichen Meinungen hatten, gestaltete sich das Verhältnis zur Adoptivmutter nach Aussage von Beate Ulbricht wesentlich schwieriger als das zum Vater. Der Verdacht liegt nahe, dass Lotte Ulbricht sich mit der Adoption weniger einen Kinderwunsch erfüllt hatte, sondern vielmehr eine Pflichtübung darin sah, um im gesellschaftlichen Sinne Vorbildfunktion auszuüben. Der Kreis der Spielkameraden von Beate beschränkte sich auf Kinder aus der benachbarten SED-Prominenz, die unter ähnlichen Zwängen standen. Einzig zur Haushälterin der Ulbrichts, Lottes Schwester, entwickelte sich ein natürliches, warmes Verhältnis. »Tante Deti«[14] wurde für das Kind die Ersatzmutter. Bei ihr fand Beate die Zuneigung und Wärme, die sie bei ihrer Adoptivmutter vergeblich suchte. Als Beate in die Pubertät kam, war das Verhältnis zu Lotte Ulbricht schon so schlecht geworden, dass sie diese respektlos nur noch als »die Olle« bezeichnete. 1959, im Alter von 15 Jahren, wurde Beate von ihrer Mutter in ein Internat nach Leningrad geschickt, um im Mutterland des Kommunismus gegen den Druck der bürgerlichen, westlichen Ideologie immunisiert zu werden.[15]

Das weitere Schicksal von Beate Ulbricht ist tragisch. Im Anschluss an ihr Abitur begann sie in Leningrad Germanistik zu studieren. Dabei lernte sie den Italiener Ivanko Matteoli kennen, den Sohn eines italienischen KP-Funktionärs, und verliebte sich in ihn. Das Verhältnis blieb ihren Eltern nicht lange verborgen. Sofort beorderten sie ihre Tochter nach Berlin zurück. Was sie nicht wussten – Beate war schwanger und ließ vor ihrer Rückkehr das Kind in einer Leningrader Klinik abtreiben. Vergeblich versuchten Lotte und Walter, ihrer Tochter das Verhältnis zu Hause auszureden. Schließlich stimmten sie der Verbindung unter der Bedingung zu, dass der künftige Schwiegersohn bereit war, in die DDR zu ziehen und sich einbürgern zu lassen.[16] Am 30. Oktober 1963 heirateten Beate Ulbricht und Ivanko Matteoli im Standesamt von Berlin-Pankow. Die einzige Trauzeugin war »Tante Deti«. Die Eltern von

Ivanko konnten an der Hochzeit nicht teilnehmen, da sie kein Einreisevisum erhielten. Das junge Paar wurde behandelt wie jedes andere im Arbeiter- und Bauernstaat. Es erhielt eine Zweizimmerwohnung in der Balatonstraße in Ost-Berlin zugewiesen, und Beate musste bei der »Stern-Radio«-Fabrik in Berlin als Löterin am Fließband arbeiten.[17] Eineinhalb Jahre nach der Heirat wurde Ulbricht Großvater; Beate brachte ihre Tochter Patricia zur Welt. Doch auch das Enkelkind konnte das Verhältnis zwischen den Ulbrichts und den Matteolis nicht verbessern. Immer wieder kam es zu heftigen Streitigkeiten. Bei einer dieser Auseinandersetzungen soll Ivanko Matteoli nach Aussage von Beate Ulbricht seine Schwiegermutter im Streit geohrfeigt haben, mit der Folge, dass danach »offener Krieg« herrschte. Beate und ihr Mann beschlossen daraufhin, die DDR zu verlassen und ihr Glück in Leningrad zu suchen, wo sie sich kennen gelernt hatten. Ihr Mann fuhr voraus, um eine Wohnung zu suchen, während Beate noch in Berlin blieb und ihre Tochter betreute. Kaum hatte Ivanko die DDR verlassen, wurde Beate der Reisepass entzogen, so dass sie die DDR nicht verlassen konnte. Ihrem Mann wurde seinerseits die Rückreise in die DDR verweigert, so dass das Paar zwangsweise getrennt wurde. Ulbricht besorgte seiner Tochter einen neuen Job in der russischen Abteilung von ADN.[18] Dort übersetzte sie TASS-Artikel für die DDR-Nachrichtenagentur und umgekehrt ADN-Artikel für TASS. Das Familiendrama nahm seinen Lauf. Zwei Jahre hörte Beate nichts mehr von ihrem Mann, nachdem sie anfangs noch Briefkontakt gehabt hatten. In dieser Zeit, allein in der Wohnung mit ihrem kleinen Kind, isoliert von ihrem Mann und im Streit mit den Eltern lebend, begann Beate Ulbricht zu trinken, vorzugsweise Wermut, den sie kistenweise von den Eltern ihres Mannes aus Italien zugeschickt bekommen hatte.[19] Nach zwei Jahren Isolation war sie zermürbt und willigte in die von ihren Eltern geforderte Scheidung ein. Einen Tag später erhielt sie ihren Pass zurück. Die Scheidungsprozedur fand ohne Gerichtsverhandlung statt. Es gab keine Anwälte, keine Schriftsätze, nichts als ein Schreiben der zuständigen Behörde.

Einige Wochen später fuhr sie nach Leningrad, um ihren Mann zu suchen. Sie konnte ihn nicht finden, traf aber ihren alten Schulfreund Jury Polkownikow wieder, mit dem sie das Abitur gemacht hatte.[20] Daraus entwickelte sich eine neue Beziehung. Beate Ulbricht wurde erneut schwanger und heiratete daraufhin ein zweites Mal. 1969 kam Sohn Andruscha zur Welt. Ulbrichts Adoptivtochter hatte kein Glück, was ihre Beziehungen zu Männern betraf. Ihr zweiter Ehemann war Alkoholiker, der sie schlug. Zunehmend suchte auch Beate Ulbricht Zuflucht im Alkohol, und bald zerbrach auch ihre zweite Ehe. Als Ulbricht 1973 starb – sein zweites Enkelkind hatte er nie zu Gesicht bekommen –, begann der letzte Akt des Dramas. Wegen ihrer Alkoholabhängigkeit wurde Beate das Sorgerecht für ihre Kinder entzogen. Ein Erbteil erhielt sie nicht. Zuletzt lebte sie in einer verwahrlosten Mietwohnung in der Rummelsburger Straße in Berlin-Friedrichsfelde. Sie trank zwei Flaschen Wermut pro Tag und rauchte vier Schachteln Zigaretten. 1991, knapp drei Monate, nachdem sie ihre Lebensgeschichte im Boulevardblatt Super veröffentlicht hatte, wurde die 47-Jährige in ihrer Wohnung tot aufgefunden. Die Umstände ihres Todes wurden nie geklärt, möglicherweise fiel sie einem Gewaltverbrechen zum Opfer. Einer ihrer Liebhaber, Peter Polzcyk, wurde zweieinhalb Jahre später, am 14. Februar 1994, in seiner Wohnung in Lichtenberg ermordet.

Die Freunde

Ähnlich wie mit seinen verwandtschaftlichen Beziehungen verhielt es sich auch mit Ulbrichts freundschaftlichen; er hatte keine. Persönlich beliebt war Ulbricht schon in seiner Jugend nicht gewesen, das wurde im Alter nicht besser. Von seiner Veranlagung her war er eher ein Eigenbrötler als ein geselliger Mensch. Es lag nicht in seiner Natur, sich Vergnügungen hinzugeben und einfach Spaß zu haben. Kurt Hager berichtete: »Für Witze hatte er keinerlei Verständnis.«[21] Er rauchte nicht, seine Mitarbeiter hatten in seiner Anwesenheit Rauchverbot, trank wenig Alkohol und lebte sehr geregelt. Misstrauen und Vorsicht verließen ihn nie. Immer hielt er Distanz zu anderen Menschen, selbst zu seinem Leibarzt Arno Linke, der ihn sieben Jahre lang rund um die Uhr medizinisch betreute. Im privaten Kreis, auch auf dem Höhepunkt der Macht, wirkte er kalt und verkrampft. Bei den wenigen Gelegenheiten, bei denen im Kreis der Spitzenfunktionäre privat gefeiert wurde, konnte er niemals abschalten. Unweigerlich endete das Gespräch auf einer Geburtstagsfeier in der Besprechung allgemein- und personalpolitischer Fragen, wenn Ulbricht anwesend war. Der SED-Chef war sich dieses Mankos im persönlichen Bereich durchaus bewusst und versuchte im Alter, mehr Nähe zu den Menschen herzustellen, Sympathien, vielleicht ein wenig Liebe zu gewinnen. Doch das gelang ihm nur sehr eingeschränkt. Seine Versuche, in seinem privaten Umfeld Nähe herzustellen, wirkten bestenfalls unbeholfen jovial. Eine persönliche, freundschaftliche Beziehung zu anderen Menschen ließ Ulbricht außerhalb seiner Familie kaum zu. Bezeichnend für diese seltenen Verbindungen war, dass Ulbricht auch im privaten Bereich der »Vorgesetzte« war. Andere Menschen waren für ihn nur so lange »Freunde«, wie sie ihm nützten, schmeichelten, sich seinen Launen unterwarfen. Die »Freundschaft« endete in dem Moment, in dem der andere Partner Gegenleistungen erwartete oder gar forderte. Einer dieser »Freunde« Ulbrichts war Kurt Fischer[22], ab 1948 Präsident der Deutschen Verwaltung des Inneren und Chef der Deutschen Volkspolizei. Nach dem Krieg pflegten Ulbricht und Fischer für kurze Zeit ein Verhältnis, das man als freundschaftlich bezeichnen kann. Es blieb eine kurze Episode; Fischer starb im Alter von nur fünfzig Jahren.

Ein besonderes Verhältnis pflegte Ulbricht zu Johannes R. Becher. Eine Freundschaft gleichberechtigter Partner war auch diese Beziehung nicht. Eher kann man das Verhältnis der beiden als eine Gönnerhaftigkeit Ulbrichts gegenüber Becher bezeichnen, die zum einen auf die Schmeicheleien Bechers zurückzuführen war, zum anderen auf das Kalkül Ulbrichts, dass die demonstrativ zur Schau gestellte Verbindung zu Becher seinem Ansehen nur nützlich sein konnte. Kennen gelernt hatten sich die beiden in den dreißiger Jahren in der Sowjetunion, wo beide die stalinistischen Säuberungen überlebt hatten. Ulbricht hatte damals in seiner Eigenschaft als deutscher Vertreter beim EKKI über Becher einen Bericht verfasst, der in der damaligen wahnwitzigen Hysterie in Moskau für Becher eine tödliche Belastung hätte werden können.[23] Charakteristisch für ihr beiderseitiges Verhältnis in den gemeinsamen Moskauer Jahren ist eine Szene anlässlich einer Silvesterfeier der deutschen Exilkommunisten, in deren Rahmen Becher den Trinkspruch »Auf die deutsche Revolution« zum Besten gab. Sofort war Ulbricht wieder »Politbüromitglied im Dienst« und rügte Becher: »Deutsche Revolution – das ist ja eine Vokabel der Nazis! Du meinst die Revolution in Deutschland, Genosse Becher.« Der entschuldigte sich sofort für den kleinen Fehler, an dem sich in dieser Situation ausschließlich Ulbricht stoßen konnte: »Du hast Recht, Genosse Walter, ich meine natürlich auf die Revolution in Deutschland. Prost.«[24]

Nach ihrer Rückkehr aus Moskau lebten Ulbricht und Becher in den ersten Jahren der DDR in Pankow nur einen Steinwurf voneinander entfernt und unternahmen abends hin und wieder gemeinsame Spaziergänge. Becher verfasste mehrere Gedichte auf den SED-Chef:

W. U.

Wer so wie Du sieht auf den Grund der Dinge,
Wer so wie Du nur eines Willens ist,
Dass Friede sei, und dass das Volk vollbringe
ein Friedenswerk – wer nach dem Maße misst –

Wer so wie Du der Jugend ist verbündet
Und ihr den Mut zu neuem Leben gibt –
Wer so wie Du ist in sich fest begründet –
Wer so wie Du sein Land, sein Deutschland liebt –

Der zieht den Hass, des Feindes Hass auf sich,
Doch mit dem Unmaß dieses Hasses wendet
Des Volkes ganze Liebe sich ihm zu –

Die Liebe ist's, die dies Sonett Dir sendet.
Wir, die wir Deutschland lieben, grüßen Dich.
Ruhm jedem, der sein Volk liebt so wie Du![25]

Doch trotz öffentlicher Huldigungen und Unterwerfungserklärungen blieb das Verhältnis des »Dichters der Nation« zu seinem Freund und Parteichef äußerst zwiespältig. Becher war immer wieder hin- und hergerissen zwischen Faszination für die Theorie des Sozialismus einerseits und niederschmetternder Realität in der DDR andererseits. Insbesondere in der Phase des »Tauwetters« wurde dieser Widerspruch für ihn unerträglich. Während er sich öffentlich für eine kulturpolitische Öffnung einsetzte, verfolgte Ulbricht den gegenteiligen Kurs und ging mit härtesten Bandagen gegen die Intellektuellen in der DDR vor. Über den Prozess gegen den Leiter des Aufbau-Verlages, Walter Janka, von 1957 war Becher so erschüttert, dass er nach dem vergeblichen Versuch einer Aussprache mit Ulbricht gegenüber dessen innenpolitischem Hauptgegner, Karl Schirdewan, äußerte, er könne diese geistige Drangsalierung weder mitmachen noch ertragen, er werde daher in die Sowjetunion emigrieren.[26] Ulbricht wiederum ließ seinen langjährigen Weggefährten daraufhin sofort fallen, und Becher verlor 1957 jeden politischen Einfluss.

Die Missachtung durch Ulbricht konnte Becher allerdings noch schwerer ertragen als die geistige Drangsalierung durch den SED-Chef, und so versuchte er danach, durch besondere Anstrengung die Achtung und öffentliche Anerkennung durch seinen Freund zurückzugewinnen. 1958, zum 65. Geburtstag Ulbrichts, veröffentlichte Becher eine huldigende, ja lobhudelnde Biografie über den Staats- und Parteichef der DDR. Sie endete mit den Worten:»Und wir alle, die wir die Heimat lieben, und wir alle, die wir den Frieden lieben, lieben dich, Walter Ulbricht, den deutschen Arbeitersohn.« Immerhin erreichte er damit, dass Ulbricht zumindest den Schein der Verbundenheit zu Becher wahrte. Als Becher im Oktober 1958 todgeweiht im Krankenhaus lag, schrieb Ulbricht an die Kaderabteilung des ZK folgende Hausmitteilung: »Betr. Verleumdungen über Genossen Dr. Joh. R. Becher... Wie bekannt, liegt der Genosse Johannes R. Becher bereits seit längerem schwerkrank danieder. Anfang der Woche berichtete der Genosse Stephan Hermlin der Genossin Becher, ihm sei von einem ›guten Genossen‹ in Halle... die Frage gestellt worden, was denn mit Becher los sei. Es ginge das Gerücht um, dass zwischen ihm und der Partei Differenzen bestünden und er sich in die Krankheit ›geflüchtet‹ habe. Gestern besuchte Helene Weigel die Genossin Becher und behauptete, dass in Berliner Künstlerkreisen seit längerer Zeit ebenfalls Gerüchte über Genossen Becher umgingen. Ich bitte, umgehend zu untersuchen, von wem die Gerüchte ausgehen, und die erforderlichen Maßnahmen zu ihrer Unterbindung einzuleiten.«[27]

Nach Bechers Tod am 11. Oktober 1958 sorgte Ulbricht dafür, dass das Werk von Becher so interpretiert wurde, wie er das für richtig hielt, nämlich in seiner »Bedeutung als Dichter der Nation«.[28] Zu Bechers 70. Geburtstag, am 22. Mai 1961, stiftete der Deutsche Kulturbund zum Gedenken an den Verstorbenen die Johannes-R.-Becher-Medaille in Gold. Sinnigerweise war Walter Ulbricht der Erste, dem der Kulturbund diese Auszeichnung verlieh. Anlässlich der Verleihungszeremonie bekräftige Ulbricht erneut, »dass Johannes R. Becher, der große Dichter der deutschen Nation, wirklich ein lieber, guter Freund von ihm gewesen sei«. Der bei der Feierlichkeit anwesenden Witwe, Lilly Becher[29], drückte er bei der Dankesparade besonders herzlich die Hand.[30] Das hinderte ihn nicht daran, einige Jahre später harsch gegen Lilly Becher vorzugehen, als diese in ihrer Eigenschaft als Leiterin des Johannes-R.-Becher-Archives der Akademie der Künste begann, das Werk und die Bedeutung Bechers nicht nur unter sozialistischen Gesichtspunkten zu interpretieren. In einem Brief an Erich Honecker vom 28. Januar 1969 beklagte Ulbricht den Versuch, Becher »in seinem jugendlichen Gärungsprozess zu zeigen. Wir wollen ihn jedoch ehren für seine geschichtliche Leistung und sein dichterisches Schaffen in der Periode des Übergangs vom Kapitalismus zum Sozialismus.

Der Sportler auf dem Deutschen Turn- und Sportfest in Leipzig 1959

Auch als 75-Jähriger treibt Ulbricht aktiv Sport – hier allerdings posiert er mit Ehefrau Lotte für die Kamera

Seine Leistung in dieser Periode überragt das Schaffen aller anderen Dichter und Schriftsteller. Stattdessen wird eine Kampagne geführt über die Trennung Johannes R. Bechers von der bürgerlichen Vergangenheit. Für das geschichtliche Verständnis des Dichters ist das zwar auch wichtig, aber das ist doch nicht das Hervorragende.«[31] Sogleich legte er fest, wie man gegenüber Lilly Becher zu verfahren habe: »Bei Lilly Becher ist das Schwanken der Normalzustand… An dem Normalzustand des Schwankens bei Lilly Becher ist nichts mehr zu ändern. Sie muss eine richtige Abreibung bekommen, aber nicht offiziell. Ich würde das den Leiter der Kulturabteilung im ZK machen lassen, mit noch einem Genossen aus der Abteilung. Man versucht, die geschichtliche und künstlerische Bedeutung von Johannes R. Becher abzuwerten. Das lassen wir nicht zu, und wir lassen uns auch nicht aus der Ruhe bringen. Schon gar nicht von Lilly Becher. Die Genossen, die mit ihr sprechen, müssen sich vorher genau informieren. Sie müssen sie richtig auf die Schippe nehmen, so dass sie keine Argumente zum Weitererzählen hat.«[32]

Leidenschaft Sport

Eine private Leidenschaft hatte Ulbricht allerdings: den Sport. Von Kindheit an bis ins hohe Alter war der Sport für ihn Freude und Kraftspender. Jeder Arbeitstag des SED-Führers begann nach dem Aufstehen um sechs Uhr mit zehn Minuten Gymnastik, danach folgten Waschen, Zähneputzen und das Frühstück mit Lotte, bevor er gegen acht Uhr zur Arbeit aufbrach. Dabei bedurfte es manchmal eines »kleinen Anstoßes« durch seine Lebenspartnerin. Mit großem Genuss verspeiste Ulbricht übrigens zum Frühstück Baisers aus geschlagenem Eiweiß von vier bis fünf Eiern. Um sicherzustellen, dass diese absolut frisch waren, wurden die für die Lieferung ausersehenen Hühner in einem besonderen Hühnerhof gehalten.[33]

Ulbrichts sportliche Aktivitäten waren breit gestreut. Er unternahm mit seiner Frau ausgedehnte Spaziergänge und Wanderungen, ruderte sie über den Döllnsee und schwang bei Gelegenheit auch mal das Tanzbein mit ihr. Im Sommer stand oft Schwimmen auf Ulbrichts persönlichem Trainingsprogramm. Während eines Urlaubs im Gästehaus der Regierung der DDR in Dierhagen wagte er sich in »knielangen Bermudashorts, die damals noch nicht in der Mode waren« und in denen er nach Meinung eines Zeitzeugen »etwas trottelig« aussah, an den öffentlichen Strand.[34] Wann immer er es einrichten konnte, ging er in die Sauna, der er größte gesundheitliche Bedeutung beimaß. Als 57-Jähriger begann er noch Tennis zu spielen und nahm mehrmals in der Woche Trainingsstunden. Auf dem Liepnitzsee stand ein kleines Ruderboot für ihn bereit, das er gelegentlich nutzte. Die am Ufer ausharrenden obligatorischen Begleiter ließen ihn dabei mit Hilfe von Feldstechern keinen Moment aus dem Blick. Für den Fall der Fälle lag ein Motorboot bereit, um dem SED-Chef zu Hilfe eilen zu können.[35] Im Winter bevorzugte Ulbricht Schlittschuhlaufen und Skifahren. Alle Zeitzeugen bescheinigen ihm auch im hohen Alter große Sportlichkeit. »Gekonnt zog er auf der kleinen Kunsteisbahn im Innenring von Wandlitz seine Kreise«, berichtete sein Leibarzt. Und ein DDR-Skilehrer urteilte über die Laufkünste des Ersten Sekretärs, dass Ulbricht ein Könner gewesen sei, der sich bemüht habe, das bei seinen Abfahrten vom Fichtelberg auch zu zeigen. Ulbricht fuhr aber nicht nur Ski-Alpin, sondern unternahm auch ausgedehnte Skiwanderungen durch den Thüringer Wald und das Erzgebirge.

Wenn Ulbricht sich einen persönlichen Luxus leistete, dann war es seine medizinische Betreuung. Ihm stand ein persönlicher Leibarzt zur Verfügung, der ihn rund um die Uhr betreute. Von 1964 bis 1971 nahm Dr. Arno Linke diese Funktion wahr. Der lernte schnell die Eigensinnigkeiten seines neuen Patienten in Gesundheitsfragen kennen. Gleich nach der ersten Untersuchung verordnete er Ulbricht wegen dessen Kreislaufproblemen, unter denen der SED-Chef schon seit Jahrzehnten litt, eine Kur, bei der täglich das Herz und Kreislauf stärkende Mittel Strophanthin, ein Fingerhutextrakt, gespritzt werden sollte. Ulbricht lehnte den Therapievorschlag zunächst ab – »kommt überhaupt nicht in Frage« –, stimmte der Behandlung dann allerdings doch zu.[36] Bei seinen speziellen Essgewohnheiten ließ sich Ulbricht allerdings weder von seinem Arzt noch von seiner Frau beeinflussen. Mindestens ein Mal pro Woche verzehrte er eine große Schale roher Früchte, oft mehr als ein Kilo. Bei allen sportlichen Aktivitäten Ulbrichts hatte ihn sein Leibarzt zu begleiten. Vor und nach dem Schwimmen mussten der Blutdruck des Patienten gemessen und die Pulsfrequenz gezählt werden. Wenn der »Chef« rudern wollte, dann ruderte Dr. Linke eben in einem eigenen Boot in der Nähe mit. Nicht zu nahe allerdings, um Ulbricht nicht das Gefühl des Alleinseins zu nehmen. Nicht einmal bei seinen Skiwanderungen verzichtete der SED-Chef auf die unmittelbare Anwesenheit seines Arztes. Auch im Wald auf Tourenskiern, die medizinischen Utensilien im Rucksack, war Arno Linke jederzeit im Dienst. Und natürlich fehlten auch hier die Begleiter von der »Firma« nicht, die selbst beim Langlauf stets eine aufklappbare Trage mit sich führten.[37]

Der 68-jährige Ulbricht beim Volleyball getreu seinem Motto:
»Jedermann an jedem Ort jede Woche einmal Sport«

Ulbricht hielt mit seiner Sportbegeisterung nicht hinter dem Berg. Sein Ausspruch: »Für jedermann an jedem Ort jede Woche einmal Sport« wurde zum geflügelten Wort. Mal spendierte er eine Ausrüstung für eine Eishockeymannschaft der Jungen Pioniere, mal ließ er sich im Kreis von Leistungssportlern fotografieren. Besonders gerne demonstrierte er seine Fitness und seine Verbundenheit mit dem Sport als Vorturner bei großen Turn- und Sportfesten. Im Alter von 66 Jahren spielte er zusammen mit den Politbüromitgliedern Erich Honecker, Alfred Neumann und Paul Verner, ergänzt durch zwei Jugendliche, einen Satz Volleyball gegen eine Jugendmannschaft. Natürlich gewann die Politbüroauswahl den Satz mit fünfzehn zu acht.[38] Jede Gelegenheit – und sei es nur für eine halbe Stunde – nahm er wahr, um einem Spiel von Dynamo Berlin, einer Leichtathletikveranstaltung oder einer Wintersportmeisterschaft beizuwohnen. Was für ihn recht war, sollte für andere billig sein. Wenn es um den Sport ging, war er noch missionarischer als sonst: »Wir sind dafür, dass in den Schulen in den Pausen regulär

Gymnastik und vor allem Atemgymnastik durchgeführt wird ... Es kann kein Mensch 4, 5 und 6 Stunden hintereinander sitzen. Das ist nicht möglich, wenn nicht in der Zwischenzeit Gymnastik durchgeführt wird ... Dasselbe gilt auch für bestimmte Betriebe, sogar für einige Großstadtbetriebe ... In solchen Betrieben ist es notwendig, entweder Atem- oder andere Gymnastik in den Pausen durchzuführen. Das macht außerdem Freude, also keiner hat einen Schaden, alle haben nur einen Vorteil ... Wir hoffen, dass bald der Zustand beseitigt ist, wo sich Studenten oder andere Hochschüler, wenn die Frage des Sports und der Körperkultur steht, eine ärztliche Bescheinigung beschaffen. Wir hoffen, dass die Zeit bald vorüber ist.«[39]

Eine wichtige Folge seiner Sportbegeisterung war die konsequente, zielgerichtete Förderung des Leistungssports in der DDR. Die Gründung der Deutschen Hochschule für Körperkultur und die kontinuierliche Bereitstellung erheblicher Mittel für deren Ausbau sowie für Forschung und Lehre auf dem Gebiet des Sports gingen maßgeblich auf das persönliche Engagement Walter Ulbrichts zurück. Viele Spitzensportler der fünfziger und sechziger Jahre empfingen aus seinen Händen hohe staatliche und gesellschaftliche Auszeichnungen. Die DDR – seit 1968 erstmals mit einer eigenen Mannschaft bei den Olympischen Spielen vertreten – mauserte sich zu einer der führenden Sportnationen der Welt. Die professionell geförderten ostdeutschen Sportler rechtfertigten die Investitionen der SED-Führung in die Sportförderung durch Top-Leistungen. Als »Diplomaten im Trainingsanzug« trugen sie maßgeblich zur Steigerung des internationalen Ansehens der DDR, aber auch zur inneren Stabilität ihres Landes bei, indem sie durch ihre sportlichen Erfolge zu Recht den Stolz der DDR-Bevölkerung weckten.[40]

Leben im »Getto«

Nachdem Ulbrichts Lebensgefährtin Lotte im Juni 1945 aus Moskau nach Deutschland zurückgekehrt war, bezogen die Ulbrichts zusammen mit der Familie Pieck vorübergehend ein Haus in der Rohrwall-Allee 7 in Berlin-Karolinenhof. Kurz darauf fanden die beiden ein standesgemäßes Quartier in einem von Bombardierung und Beschuss verschont gebliebenen Villenviertel in unmittelbarer Nähe des Schlosses Niederschönhausen. Die Häuser in diesem Gebiet waren auf Befehl der SMAD von ihren bisherigen Bewohnern – unter Zurücklassung der Möbel – geräumt und von sowjetischen Offizieren bezogen worden. Nachdem das Viertel mit einem hohen Stacheldrahtzaun umzäunt und mit einem von Rotarmisten bewachten Tor versehen worden war, wurden weitere frei stehende Villen der KPD-Prominenz zu Wohnzwecken zur Verfügung gestellt. Im »Getto«, wie die Siedlung im Volksmund bald hieß, im »Städtchen«, wie die Bewohner es liebevoll nannten, wohnten neben Ulbricht und Pieck auch die übrigen KPD-Spitzenfunktionäre wie Franz Dahlem und Anton Ackermann, aber auch der Sozialdemokrat Otto Grotewohl. Hier blieb Ulbricht mit seiner Familie bis 1960 wohnen. Das ganze Viertel war während all dieser Jahre durch Zäune, Schlagbäume und Sicherheitsbeamte vom übrigen Stadtgebiet abgeschirmt. Bei abendlichen Spaziergängen traf sich die DDR-Elite gelegentlich auf der Straße. Das machte persönliche Kontakte möglich, die keine Selbstverständlichkeit waren. Man feierte zusammen Geburtstag und lud sich abends gegenseitig nach Hause zum Essen ein. Eine gewisse Vorsicht und Distanz war bei den Bewohnern des Städtchens dennoch immer gegenwärtig. Viele Bewohner des Viertels teilten die Erfahrungen der Emigration und des meist damit verbundenen konspirativen Lebens. Das Damoklesschwert, das allzeit über jeder privaten Beziehung schwebte, war die »Fraktionsbildung«, eine der Todsünden innerhalb einer kommunistischen Partei. Das schloss wirkliche Freundschaften und enge Beziehungen innerhalb der SED-Führungsclique nahezu aus.

Ulbrichts Einfamilienvilla lag in grüner, ruhiger Lage und zeichnete sich weder durch Prunk noch durch eine bombastische Grundstücksgröße aus. Lediglich in zwei Zimmern leistete sich der SED-Chef eine Einrichtung, die nach DDR-Maßstab als Luxus zu bezeichnen war. Ein Zimmer wurde mit einer wertvollen Seidentapete aus China tapeziert, ein zweites mit einem Mosaikfußboden aus venezianischem Kristallglasstein ausgelegt.[41] An der Gartentür stand ein Wachhäuschen in den Farben Schwarz-Rot-Gold, in das sich der bewaffnete Posten, der das Haus des SED-Chefs zu bewachen hatte, bei schlechtem Wetter zurückziehen konnte.[42] Im Keller der Sechs-Zimmer-Villa war ein Aufenthaltsraum für die Fahrbereitschaft und den Wachdienst eingerichtet worden. Empfing Ulbricht abends Gäste, zeigte sich der Hausherr leger in Wolljacke und mit Kamelhaarpantoffeln. Lotte kochte und servierte einfache, gutbürgerliche Gerichte. Es gab Aufschnitt, italienischen Salat, Rührerei, Bratkartoffeln, Schnitzel, Bier und auf Wunsch Wodka.[43] Die »offiziell-privaten« Fotos aus Ulbrichts Haus demonstrieren ein gutbürgerliches, fast spießiges Interieur. Im Wohnzimmer stand eine mit grünem Plüsch bezogene Couchgarnitur, am

Fenster ein Schreibtisch, Bücherregale und Vitrinen, in denen Gläser und Nippes aufbewahrt wurden. Auf anderen Bildern ist Ulbricht mit Lotte und Tochter Beate in der Hollywoodschaukel im Garten oder am Kaffeetisch, den eine selbstgehäkelte weiße Tischdecke ziert, zu sehen. Bescheidener, kleinbürgerlicher Wohlstand wurde hier demonstriert, die Erfüllung der Wünsche und Sehnsüchte aus der Zeit, in der Ulbricht in billigen, kleinen Hinterhofwohnungen leben musste. Er hatte in Paris, Prag und Moskau gelebt. Er verkehrte in den Ostblockstaaten mit allen Prominenten seiner Zeit. Trotzdem blieb er in seinem Wesen ein Kleinbürger, der sich an den Werten und dem Weltbild orientierte, die schon für den jungen Tischler am Anfang der Weimarer Republik der Maßstab gewesen waren.

Viele Wochenenden und Urlaube verbrachte die Familie Ulbricht in einem Schloss oberhalb eines kleinen Sees in der Umgebung von Berlin. Unmittelbar nach dem Krieg war es als Erholungsheim für die Mitglieder des SED-Zentralsekretariats eingerichtet worden. Am Wochenende wurde es von den SED-Führern auch regelmäßig genutzt, jeder hatte dort sein eigenes Zimmer. Franz Dahlem, mit Panamahut und aufgekrempelter Hose, konnte man Krebse fangen sehen, andere spielten Skat. Die Frauen gingen spazieren und sammelten Pilze. Ulbricht ließ es sich aber auch in seiner Freizeit nicht nehmen, nach dem Rechten zu sehen. Häufig forderte er seine Kollegen auf, mit ihm das in der Nähe liegende Gut zu besuchen, das die Parteizentrale mit Lebensmitteln versorgte, die Silos anzusehen und sich nach dem Stand der Ernte zu erkundigen.[44]

In den Ferien zog es die Ulbrichts in die Gästehäuser der Regierung in Oberhof, Oberwiesenthal, Dierhagen oder auf der Insel Vilm. Ab 1954 leistete sich Walter Ulbricht ein eigenes Ferienhaus, in dem er sich im Alter regelmäßig aufhielt. Dieses Domizil in der Schorfheide, 70 Kilometer nördlich von Berlin am Ufer des Döllnsees gelegen, war von Hermann Göring 1940 als Gästehaus seiner Residenz »Waldhof Carinhall« gebaut worden. Während »Carinhall« am 28. April 1945 auf Anordnung des Reichsmarschalls und Reichsjägermeisters mit 400 Zentnern Sprengstoff dem Erdboden gleichgemacht wurde, blieb das Gästehaus verschont. Unmittelbar nach dem Krieg diente es bis zur Übernahme durch Walter Ulbricht als Jugendherberge der FDJ.[45] Neben anderen Spitzenfunktionären ging Ulbricht hier in einem persönlichen Sonderjagdrevier gelegentlich auf die Pirsch. Statt russischer Großfürsten wie zur Zeit Bismarcks weilten jetzt Spitzenfunktionäre aus der

UdSSR, wie Breschnew, Gromyko oder Kossygin, als Jagdgäste in der Schorfheide. 1961 ließ der Staatsratsvorsitzende seinen Feriensitz mit seinen 25 Zimmern zur Residenz des Staatsrates ausbauen. Es entstand eine große Konferenz- und Freizeitanlage mit 16 Gebäuden, ausgestattet mit allen Schikanen. Turnhalle, Schießstand und Volleyballplatz waren ebenso vorhanden wie Bootshäuser und Badestege.[46] Die Anlage war für die Abhaltung von Konferenzen der Parteiführung und zur standesgemäßen Unterbringung ausländischer Staatsgäste konzipiert worden. Hauptnutzer war jedoch Walter Ulbricht. Natürlich war der Komplex von einem Zaun umgeben, und das von Wachen besetzte Tor öffnete sich nur für einen ausgewählten Personenkreis.

1960 zog die SED-Führung nach Wandlitz, nördlich von Berlin, in eine abgeschirmte, eigens für sie errichtete Siedlung. Mit der Planung war bereits vor dem 17. Juni 1953 begonnen worden. Der Aufstand und die innerparteilichen Auseinandersetzungen von 1956 bis 1958 hatten das Vorhaben verzögert. Die von einer Betonmauer umgebene Siedlung bestand aus 23 Häusern, die nur für die Mitglieder des Politbüros und deren Familien bestimmt waren. Das Areal war so geplant, dass die Bewohner dort völlig autark leben konnten. Theoretisch brauchte niemand das Gelände zu verlassen, um einzukaufen oder um sich die Haare schneiden zu lassen. Es gab eine eigene HO-Verkaufsstelle, eine Schwimmhalle, einen Kinosaal, medizinische Einrichtungen und einen Clubraum.[47] In einem Außenring, um den inneren Kern der Siedlung herum, befanden sich Bäckerei, Fleischerei, Tankstelle und Gebäude für Kraftfahrer, Wachpersonal und Verkäuferinnen. Die Straßen im inneren Ring waren anonym und hatten keine Namen. Das gesamte Personal gehörte der Staatssicherheit an, egal ob Kraftfahrer, Wachmann oder Versorgungstechniker.[48] Zur ständigen alleinigen Verfügung Ulbrichts standen eine Haushälterin und sein persönlicher Fahrer, Fred Thöns, bereit, die unter sich und gegenüber Dritten von Ulbricht als dem »Chef« sprachen.

Das Ehepaar Ulbricht bezog das Haus Nr. 7, mit zehn Zimmern das größte der Siedlung. Für einen Staatsführer war es dennoch schlicht und bescheiden. Es lag in einem Kiefernwald und war von einer Hecke mit einem eisernen Gartentor umgeben. Auch das Innere seines neuen Domizils spiegelte wider, dass der SED-Chef keinen Wert auf Luxus legte. Im Erdgeschoss befanden sich eine größere Empfangshalle, das Speisezimmer und ein privates Wohnzimmer. Beide Zimmer waren einfach und gediegen im Stil der fünfziger Jahre eingerichtet und wirkten auf Besucher steril. In der

Der Privatmann zu Hause in Wandlitz mit Ehefrau Lotte

oberen Etage befanden sich das gemeinsame große Schlafzimmer, ein relativ kleines Arbeitszimmer für Walter Ulbricht und ein etwas größeres für Lotte. Dazu kamen ein Bad, ein Massageraum mit einer Sprossenwand und ein kleines Arztzimmer. Hier wurde das Ehepaar jahrelang vom persönlichen Leibarzt, Arno Linke, medizinisch betreut. Ulbricht präsentierte sich seinem Arzt dort morgens im langen dunkelgrünen Bademantel und »mit etwas zu reichlichen, gerade deshalb sehr bequemen Pantoffeln«.[49] Auch Lotte Ulbricht kam in den Genuss der Dienste dieses Privatarztes, wobei auch zwischen ihr und Linke das Verhältnis distanziert blieb. Arno Linke schrieb später über seine Patientin, sie habe eine »farblose, knarrend raue Stimme«, und es sei aufgefallen, »dass die Peripherie der Iris ihrer grauen Augen einen scharf abgesetzten Ring aufwies, wodurch ihr Blick etwas Stechendes hatte, der genau ihrer Stimme entsprach«.[50] Als Ulbricht im Januar 1966 in Oberhof eine Ischämie, eine Mangeldurchblutung der Herzkranzgefäße, gut überstanden hatte, bedankte sich Lotte Ulbricht bei ihrem gemeinsamen Arzt für die erfolgreiche Behandlung auf die ihr eigene Art und Weise. Misstrauisch beobachtete Lotte, dass sich ihr gemeinsamer Arzt regelmäßig in Stenografie ausführliche Aufzeichnungen über seine Patienten machte, und sie bedeutet ihm, dass »wir das aber gar nicht so gern haben, denn man weiß schließlich nicht, in wessen Hände das gerät. Können Sie sich das nicht auch so merken?«[51]

Die Abgeschiedenheit in Wandlitz verstärkte die Isolierung Ulbrichts und der übrigen Politbüromitglieder von der Bevölkerung. Auch das persönliche Verhältnis der SED-Führer untereinander wurde durch die abgeschlossene Situation in Wandlitz negativ beeinflusst. Die meisten Einwohner waren durch die Zeit der Emigration und Verfolgung während des Nationalsozialismus geprägt worden und fühlten sich noch Jahre später immer ein bisschen unsicher. Das Gefühl, verfolgt zu werden, verstärkte sich in der Abgeschiedenheit von Wandlitz eher noch. Die privaten Kontakte Ulbrichts reduzierten sich noch mehr. Ein Grund dafür war auch, dass Ulbricht im hohen Alter eine enorme Reisetätigkeit entfaltete. Sein Arzt, der ihn auch auf diesen Reisen rund um die Uhr medizinisch betreute, konnte sich in seinen Erinnerungen nicht mehr besinnen, wie oft Ulbricht allein nach Russland reiste. Jedenfalls war der Erste Sekretär des ZK der SED in Moskau sichtbar besserer Laune als in Berlin. »Hier war er heiter und lachte sogar, was sonst wirklich höchst selten vorkam«, berichtete Arno Linke.[52] Wenn Ulbricht flog, stand ihm ein persönliches Flugzeug mit einer eigenen Kabine zur Verfügung. Wie es seinen Gewohnheiten entsprach, war diese einfach und ohne Luxus eingerichtet. Die Möblierung bestand nur aus einem Tisch mit einer Lampe, einem Teppich, kleinen Sesseln und einer Liege. Auf ihr lag Ulbricht während des Fluges gewöhnlich, eingehüllt in eine Decke, während Lotte in Zeitschriften blätterte.[53]

Der Kunstliebhaber

Ulbrichts Verhältnis zu Kunst und Kultur wurde von zwei Faktoren bestimmt. Grundsätzlich verstand und behandelte er auch diese Gebiete politisch. Auch die Kunst war für ihn eine »Waffe der Partei« zur Durchsetzung ihrer politischen Ziele. Persönlich war sein Kunstverständnis durch seine frühe Jugend geprägt worden. Das war der zweite Faktor. Seit dem 15-Jährigen im Arbeiterjugend-Bildungsverein von seinen Lehrern die Klassik und die deutschen Klassiker näher gebracht worden waren, lag sein kulturelles Weltbild fest. Goethe und Schiller waren und blieben für ihn der Höhepunkt deutscher Literatur. Sein herausragend gutes Gedächtnis befähigte ihn dazu, aus dem Stegreif Passagen aus literarischen Werken zu zitieren. Augenzeugen haben mehrfach geschildert, wie Ulbricht seine Umwelt mit dieser speziellen Fähigkeit beeindrucken konnte. Einmal diskutierten Johannes R. Becher und Gerhart Eisler, ob ein Vers, der in der Diskussion angedeutet worden war, von Goethe oder Herder sei. Da klopfte Ulbricht ungeduldig mit dem Bleistift auf den Tisch. »Das ist von Lessing«, sagte er und zitierte spontan: »Wer wird nicht einen Klopstock loben? / Doch wird ihn jeder lesen? – Nein. / Wir wollen weniger erhoben / Und fleißiger gelesen sein.«[54] Im Bereich der Musik waren es der Prägung in der Jugendzeit entsprechend Beethoven, Mozart und Haydn, die für Ulbricht das Nonplusultra darstellten. Der SED-Chef besuchte mit seiner Frau regelmäßig Theateraufführungen und Konzerte in der gesamten DDR. In der Leipziger Oper war er Stammgast; eine der dortigen Logen wurde wegen seiner häufigen Besuche vom Volksmund als »Walter-Ulbricht-Loge« bezeichnet. Ihr war ein eigener, nur dem SED-Chef und seinen Gästen zugänglicher Raum angeschlossen, in dem der Staatschef in der Pause, wie alle anderen Gäste auch, seinen Sekt trank. An Silvester stand oft ein Konzertbesuch auf dem Programm, vorzugsweise die Neunte Symphonie von Ludwig van Beethoven. Ein derartiger Konzertbesuch an Silvester war für ihn ein Muss seit seinen Kindheitstagen, als er dieses Werk durch seine Eltern in Leipzig kennen gelernt hatte. Ein kleinbürgerlicher Zuschnitt auch hier, einschließlich des Respekts vor einem Bildungskanon.

Manchmal ging er mit seiner Frau an diesem Tag allerdings auch ins Theater. Zur Jahreswende 1957/58 sahen die beiden sich eine Aufführung des »Sommernachtstraums« in der Berliner Volksbühne an. Gelegentlich gingen die beiden auch ins Kino oder besuchten eine Kunstausstellung. Bei Theaterstücken bevorzugten die beiden zeitgenössische DDR-Autoren. Wenn Walter Ulbricht den Fernseher anmachte, dann meistens, um sich die »Aktuelle Kamera«, die Nachrichtensendung des DDR-Fernsehens, anzusehen. Laut Auskunft seiner Frau Lotte mochte er auch Theaterübertragungen und »Fernsehspiele, die eine besondere literarische Gestaltung erfordern«. Schließlich gefielen ihm bestimmte Sendereihen wie der »Weimarer Pitaval« und die »Rumpelkammer«. Wenn er las, dann fast immer Akten, die er sich nach Hause mitgebracht hatte, oder Fachaufsätze zu bestimmten Themen, in denen er kompetent sein wollte. Belletristik blieb dem Urlaub vorbehalten. Auch hier beschäftigte er sich in erster Linie mit DDR-Autoren. Dabei bevorzugte er laut seiner Frau Lotte »Bücher..., die das Großartige unserer Epoche gestalten«.[55] Neben Werken seines langjährigen Weggefährten Johannes R. Becher las er Romane von Hans Fallada und beschäftigte sich mit dessen Biografie.

Der Diktator:
1958–1965

»Unseren Feinden in Westdeutschland
und anderswo aber sagen wir: ›Je mehr ihr
unseren Walter Ulbricht hasst, umso mehr
lieben wir ihn, denn er ist einer von uns‹.«

Egon Krenz

»Eine kleine graue Maus, an einem Strick
nagend, an dem ein Fallbeil hängt.«

Gerhard Zwerenz

»Die Arbeitsproduktivität wird letztlich
den Wettkampf der Systeme entscheiden.
Letzten Endes siegt doch der Sozialismus
über den Kapitalismus durch seine höhere
Produktivität der Arbeit.«

Walter Ulbricht

»Die westlichen Monopolisten
organisieren sich durch den systematischen
Menschenraub aus der DDR eine
zusätzliche Wachstumsspritze.«

Walter Ulbricht

Alleinherrschaft

Die Auseinandersetzung mit der Schirdewan-Fraktion war der letzte innerparteiliche Angriff auf Ulbricht für viele Jahre. Mit ihrer Ausschaltung waren alle Opponenten von Rang eliminiert und Ulbricht wurde unangefochten zum Herrscher über SED und DDR, auch wenn er offiziell in der Parteihierarchie immer noch hinter den nominellen Parteivorsitzenden Wilhelm Pieck und Otto Grotewohl rangierte. Jetzt erst, mit fünfundsechzig Jahren, war er auf dem Höhepunkt der Macht angelangt. Bis zu seiner Ablösung 1971 sollte er dreizehn Jahre lang nahezu als Alleinherrscher das Schicksal der DDR und ihrer Menschen bestimmen. Es gab kaum einen gesellschaftlichen Bereich, zu dem Ulbricht sich ab diesem Zeitpunkt nicht richtungweisend und mit absolutem Anspruch auf Gefolgschaft äußerte. Solche entscheidenden Einflussnahmen auf so viele Bereiche, wie sie Ulbricht jetzt vornahm, sind kennzeichnend für eine Diktatur und nur dort möglich. Die Staatsmacht der DDR – das war ab Ende der fünfziger Jahre Walter Ulbricht. Die letzte Phase seines langen politischen Lebens sollte seine erfolgreichste und fruchtbarste werden. In den sechziger Jahren, nach dem Mauerbau, stabilisierte sich die DDR nach innen und außen und erreichte unter Ulbrichts Führung erstaunliche wirtschaftliche Erfolge. Zugleich gelang es dem Diktator, seine DDR gegen den Widerstand der Bundesrepublik als souveränen Staat in der Völkergemeinschaft zu etablieren.

Eines der Gebiete, auf dem Ulbricht sich selbst für besonders kompetent erachtete, war die Architektur. Am 23. April 1952 war er aufgrund seines diesbezüglichen Wirkens durch Staatspräsident Wilhelm Pieck zum Ehrenmitglied der Deutschen Bauakademie ernannt worden. Wie fast jeder Lebensbereich waren für den SED-Chef auch Architektur und Städtebau letztlich politische Angelegenheiten. Er betrachtete Fragen der Architektur als gebaute Weltanschauung. Der Wiederaufbau beziehungsweise die Neugestaltung der Stadtzentren der DDR hatten nach seinem Verständnis die neue sozialistische Gesellschaftsordnung widerzuspiegeln. Und dabei galt wie immer: »Ständig aus den Erfahrungen der Sowjetunion lernen ... Ihr habt nicht das Recht, alles von vorn anzufangen«, schrieb er den Architekten der DDR ins Stammbuch, »sondern ihr müsst von den letzten Errungenschaften der Bautechnik und der Baukunst der Sowjetunion ausgehen.«[1] »Ein ausgezeichnetes Beispiel für die repräsentative Bebauung im Stadtzentrum« war für ihn der Neubau der Sowjetischen Botschaft Unter den Linden in Berlin. Im Bauhausstil sah er – wie die Nationalsozialisten – eine »volksfeindliche Erscheinung«. Ergebnis seiner sozialistischen Architekturphilosophie waren die riesigen, tristen Plattenbauviertel der DDR und Retortenstädte wie Hoyerswerda und Schwedt. In beiden Fällen lieferte Ulbricht die Gedanken, wie in der sozialistischen Stadt die gesellschaftlichen Interessen und das persönliche Leben der Menschen miteinander in Einklang zu bringen seien.[2]

Die Innenstädte der DDR sollten sich nach Ulbrichts Architekturverständnis »durch Großzügigkeit und Weiträumigkeit von der Enge der Zentren, wie sie im Kapitalismus entstanden sind«, unterscheiden.[3] Ansonsten galt für den SED-Chef ähnlich wie im Bereich der Kunst der Grundsatz, dass Bauten und Wohnkomplexe »farbenfroh, lebendig und schön« gestaltet werden sollten, »weil das ein echtes Bedürfnis unserer den Sozialismus aufbauenden Menschen« sei.[4] Dieser sozialistischen Bauphilosophie opferte die SED unter Ulbrichts Führung bedenkenlos historisch bedeutsame Bauten. Statt beschädigte alte Bausubstanz wiederaufzubauen, ließ man sie verfallen, bis sie nicht mehr zu retten war. Nicht bauliche Schäden, sondern politische Gründe entschieden über den Wiederaufbau. Ulbricht wollte den radikalen Bruch mit der Vergangenheit, wollte, dass Repräsentationsbauten und Baudenkmäler des Bürgertums aus seiner DDR verschwanden. Die Architektur des neuen Systems sollte an die Stelle der Symbole der untergegangenen Epoche der Ausbeutung der Arbeiterklasse treten.

Darum wurde auf Ulbrichts Betreiben im September 1950 auch das Stadtschloss der Hohenzollern in Berlin-Mitte gesprengt. Die Zerstörung dieses Barockbaues, für den 1443 der Grundstein gelegt worden war und der über Jahrhunderte Sitz der preußischen Könige und der deutschen Kaiser gewesen war, stieß auf erheblichen Widerstand. Denkmalpfleger, Kunsthistoriker und Architekten setzten sich für den Erhalt des symbolhaften Bauwerks ein. Zwar war das Schloss im Krieg schwer beschädigt worden, jedoch wiesen mehrere Gutachter eindringlich auf die Möglichkeit der Rekonstruktion hin. In der öffentlichen Diskussion war angesichts der Abrisspläne der SED-Spitze von einem »unbegreiflichen Akt fanatischen Zerstörungswillens« und »kaltblütigem Mord« die Rede. Ministerpräsident Grotewohl sah sich angesichts der Proteste gezwungen, die Sprengung des Schlosses öffentlich zu verteidigen: »Jetzt schreien alle, und wenn das Schloss erst weg ist, kräht kein Hahn mehr danach.«[5] Der öffentliche Widerstand half nichts. Ulbricht, der eigentliche Schlossliquidator, zog sein Vorhaben von den Protesten unbeeindruckt durch: »Das Zentrum unserer Hauptstadt, der Lustgarten und das Gebiet der jetzigen Schlossruine, muss zu dem großen Demonstrationsplatz werden, auf dem der Kampfwille und Aufbauwille unseres Volkes Ausdruck finden können.«[6] Am 7. September 1950 rückten die Sprengmeister des »VEB Abräumung und Erdbau« an und legten innerhalb von vier Monaten das Schloss endgültig in Schutt und Asche. Lediglich das Portal IV, von dessen Balkon Karl Liebknecht am 9. November 1918 die »freie sozialistische Republik« ausgerufen hatte, blieb erhalten und wurde 1963 in das an den Schlossplatz angrenzende Staatsratsgebäude integriert. Am 1. Mai 1951 war das Kapitel Stadtschloss aus Ulbrichts Sicht abgeschlossen, als auf dem Gelände des geschleiften Schlosses der für 800 000 Menschen konzipierte Aufmarschplatz – größer als der Rote Platz in Moskau – eingeweiht wurde.

Aus demselben Motiv ordnete Ulbricht 1963 den Abriss des Schwedter Schlosses an. Ganz besonders verhasst als Relikte der kapitalistischen Vergangenheit waren ihm Kirchen. Für die Sprengung der berühmten Leipziger Universitätskirche 1968, die er gegen erheblichen Widerstand der Leipziger Bevölkerung durchsetzte, war er ebenso persönlich verantwortlich wie für die Zerstörung der Garnisonskirche in Potsdam, die Abtragung der Rostocker Christuskirche und die endgültige Beseitigung der Dresdner Sophienkirche.

Immer wieder betonte Ulbricht in Reden, dass die SED sich nicht in Details des Städtebaus oder der Planung einzelner Gebäude einmischen wolle. Er gab sich demokratisch und föderalistisch und verwies darauf, dass die Stadtverordnetenversammlungen natürlich die Gremien seien, in denen die Entscheidungen über Einzelmaßnahmen des Wiederaufbaus gefällt werden sollten.[7] Doch die Realität sah ganz anders aus. Immer wieder griff die SED-Führung – und ihr Erster Sekretär ganz besonders – direkt in örtliche Planungen ein, wenn die Entwicklung nicht nach ihrem Geschmack verlief und wenn der lokale SED-Befehlskanal versagte. So Anfang

1969, als die Berliner Bischofskonferenz gegen den Abriss der Rostocker Christuskirche protestierte, der zuvor von der Stadtverordnetenversammlung beschlossen worden war. Auf die Intervention der katholischen Kirchenführung hin sorgte Ulbricht persönlich dafür, dass in Rostock als Ersatz für die einzige katholische Kirche in der Hansestadt ein neues Gemeindezentrum gebaut wurde. Exakt zwei Monate nachdem dieses am 12. Juni 1971 eingeweiht worden war, konnte die alte Christuskirche endlich wunschgemäß abgerissen werden.[8] Alle bedeutenden Bauvorhaben der DDR wurden vom Ersten Sekretär der SED persönlich aufmerksam begleitet. In der ihm eigenen Detailversessenheit besuchte er mehrfach die Großbaustelle in der Berliner Stalin-Allee.[9] Sie galt ihm als »Grundstein des Aufbaus des Sozialismus in der Hauptstadt Berlin«. Bis in kleinste Details griff er hier in die Arbeit der Architekten ein. Er entschied, dass die Hauseingänge der Wohnhäuser, die zur Stalin-Allee hin geplant waren, von der Straßenseite weg auf die andere Seite verlegt wurden. Die Raumhöhe der Läden machte er einen, das Kino zwei Meter höher, damit sich die Werktätigen in hohen, freien Räumlichkeiten bewegen konnten.[10] Selbst den Maßstab von Gesimsornamenten, Details der Fenster und der Keramikprofile diskutierte er mit den Fachleuten. Andere wichtige Bauvorhaben, die er begleitete, waren die Hochschule für Körperkultur und Sport in Leipzig, das Kulturhaus der Maxhütte in Unterwellenborn, die Berliner Staatsoper Unter den Linden und die Sporthalle an der Stalin-Allee in Berlin. Als Letztere 1951 gebaut wurde, besuchte er die Baustelle wöchentlich und hatte täglichen Kontakt zur Bauleitung.[11]

Großen Einfluss nahm Ulbricht auch auf den Wiederaufbau des am 13. Februar 1945 völlig zerstörten Stadtzentrums von Dresden. 1952 hatte die SED beschlossen, dass die Stadt an der Elbe zur sozialistischen Modellstadt werden sollte.[12] Am 31. Mai 1953 legte Ulbricht öffentlichkeitswirksam den Grundstein für den Wiederaufbau des zentralen Platzes in Dresden, des Altmarktes.[13] Tatsächlich gab es zu diesem Zeitpunkt noch keinerlei Baupläne, erst ab Anfang Juli entstanden die ersten Zeichnungen. Regelmäßig fuhr Ulbricht in den folgenden Jahren nach Dresden und nahm massiven Einfluss auf die Stadtplanung. Immer wieder stand der SED-Chef mit den verantwortlichen Architekten und Planern an Modellen und drängte darauf, dass Dresden ein »sozialistisches Gepräge« bekommen sollte: »Das neue Dresden wird ... auch durch sein architektonisches Bild den historischen Sieg der Arbeiterklasse über die kapitalistische Gesellschaftsordnung widerspiegeln. Es geht ... jedoch nicht nur ... um den Neuaufbau, sondern um die sozialisti-

Der Baumeister vor einem Modell der Dresdner Innenstadt 1953

sche Umgestaltung der Stadt auf allen Gebieten des gesellschaftlichen Lebens, der Wirtschaft und der Kultur.«[14] In der Praxis bedeutete das, dass der überwiegende Teil der Ruinen öffentlicher Bauten aus der Zeit vor 1945 – Kirchen, Theater, Bäder, Postämter, Banken, Kaufhäuser, Markthallen, die Reichsbahndirektion – gesprengt wurden. Nichts sollte von der großbürgerlich-wilhelminischen Repräsentationsarchitektur übrig bleiben. Schon damals gab es die Idee, die Dresdner Frauenkirche als historisches Mahnmal wiederaufzubauen. Ulbricht riet davon ebenso ab wie vom Wiederaufbau des Dresdner Schlosses, von Ulbricht abwertend mal als »Kasten«, mal als »Trümmerhaufen« bezeichnet.[15] Den größten Widerstand bei der endgültigen Zerstörung der Reste des alten Dresden gab es bezüglich der gegenüber dem Zwinger gelegenen Sophienkirche. Ulbricht über die Sophienkirche: »Wenn ich mit meinem Auto an der Sophienkirche vorbeifahre, möchte ich am liebsten das Ding umfahren. Wir streiten uns schon jahrelang wegen der Sophienkirche herum. Die Sophienkirche wird uns ein ewiges Hindernis sein. Die Herbststürme kommen, bald muss die Kirche eben mal fallen, obwohl einige sagen, die Mauern hielten 1000 Jahre. Wir haben eine sozialistische Stadt, und da muss die Sophienkirche fallen.«[16] Wenn die Dresdner Denkmalpfleger Einwände gegen seine Pläne hatten, dann verunglimpfte er sie als »archäologische Kommission«.[17] Auch hier setzte sich der SED-Chef letztlich mit seinem sozialistischen Architekturprogramm durch. Stimmen, die 1953 eine architektonische Anknüpfung an Dresdens Baugeschichte und Tradition forderten, wurden von Ulbricht unterdrückt. Die Reste der Sophienkirche wurden schließlich abgetragen und die Wilsdruffer Straße im Zentrum der Elbe-Stadt zur ersten sozialistischen Straße Dresdens ausgebaut. Der Altmarkt, Dresdens zentraler Platz in der Altstadt, wurde deutlich vergrößert, damit die Stadt über den gewünschten Aufmarschplatz verfügte.

Wie die Architektur betrachtete Ulbricht auch die Kunst und die Künstler in der DDR unter politischen Gesichtspunkten. Die Künstler galten ihm als »Waffe der Partei« auf dem Weg in die kommunistische Gesellschaft und hatten sich darum nach seinem Verständnis kompromisslos in den Dienst der SED, in den Dienst des Sozialismus zu stellen. Vom einzelnen Kulturschaffenden, sei er Schriftsteller, Maler oder Filmregisseur, forderte Ulbricht, dass er »die neuen Helden« künstlerisch gestalten und »die Schönheit des Lebens unserer sozialistischen Gesellschaft« darstellen sollte. Diesen Anspruch an die Kunst und die Künstler in der DDR stellte Ulbricht immer wieder in allen Gesprächen und in allen Reden, in denen er sich zu Fragen der Kunst äußerte. Oft war seine diesbezügliche Forderung eine unverhüllte Drohung: »Sie meinen, dass unser Programm des Kommunismus etwas sehr Erbauliches sei, aber für ihr eigenes Leben, für ihr künstlerisches Schaffen ziehen sie keine Schlussfolgerungen, sondern malen nach wie vor Bilder, die überhaupt nichts mit unserem Leben und der Zukunft zu tun haben. Das gilt es zu ändern.«[18]

Ulbrichts Standardformeln im Zusammenhang mit der Beurteilung und Einschätzung von Kunst waren: »Wem nützt das? Was bringt das?... Ja und, was hat die Arbeiterklasse davon? Wie hilft diese Kunst unseren Werktätigen bei ihrem Kampf? Was gibt sie ihnen?«[19] Zum ersten Mal ist dieser politische Anspruch Ulbrichts an einen Künstler in den dreißiger Jahre dokumentiert. Während seiner Emigrationszeit in Prag traf Ulbricht mit dem Schriftsteller Oskar Maria Graf und dem Verleger Wieland Herzfelde zusammen, die Grafs Roman »Der Abgrund« im von der KPD kontrollierten Malik-Verlag herausgeben wollten. Das Buch behandelte realistisch das Scheitern der Weimarer Republik. Nach nächtlicher Diskussion mit Autor und Verleger kam schließlich Ulbrichts Frage: »Das mag ja alles stimmen. Aber wir müssen uns fragen, wem das in der jetzigen Situation nützt.«[20] Besuchte er eine Kunstausstellung, stellte sich ihm die Frage: »Ja und, was hat aber die Arbeiterklasse davon? Was gibt sie ihr?«[21]

Von Nutzen war nach seinem Verständnis eine positive, lebensbejahende Kunst, und nur diese. Darum musste eine moderne Vase in der DDR weiß sein und nicht grau: »Die Formgestalter wollen damit das Leben der Werktätigen grau machen, während sich die Bourgeois in Westdeutschland mit Farbenpracht umgeben. Das Leben unserer Menschen soll auch bunt sein.«[22] Ulbricht wollte farbenfrohe, großartige Bauten in den Werken der Künstler entdecken und lebensfrohe Menschen in blühendem Umfeld, keine Abbildung der Realität. Ein Bild, das diesem Anspruch genügte, war Walter Womackas »Rast bei der Ernte«, »weil das Bild durch seine leuchtenden Farben von echtem Optimismus erfüllt ist«. Dasselbe galt für Lea Grundigs »Die drei von der Brigade Makarenko«. Der Brigadier und die beiden jungen Arbeiter auf dem Bild schienen Ulbricht eine treffende Darstellung typischer Repräsentanten der befreiten Arbeiterklasse.[23] Ein Bild von Bernhard Heisig[24], das eine Gruppe sich unterhaltender und ruhender Kommunarden darstellt, erfüllte Ulbrichts ideologische Anforderungen demgegenüber nicht. Nachdem er das Gemälde auf der Leipziger Kunstausstellung gesehen hatte, urteilte er: »Die Kommunarden haben gestürmt und nicht geschlafen. Gerade dieses Bild zeigt, dass es bei der künstlerischen Darstellung mit der Ideologie beginnen muss.« – »Berichten Sie in Ihrem Film von der schöpferischen Kraft der Menschen«, forderte der SED-Chef von einem Filmemacher, »berichten Sie davon, wie die Menschen im Ergebnis ihrer Anstrengungen, ihrer Arbeit, ihres Kampfes um eine bessere, menschliche Gesellschaftsordnung sich selbst verändern, wie sie wachsen, wie ihre Seele und ihre geistigen Kräfte sich entfalten, wie ihre Vorstellungen davon, was gut, schön und lebenswert ist, sich wandeln.«[25] Unter diesem Blickpunkt waren Ulbricht neu entstehende Musikrichtungen und -gruppen natürlich ein Gräuel. In der Musik und dem Auftritt von Beat-Gruppen in den sechziger Jahren witterte er »ideologische Zersetzungsarbeit« und bedauerte, dass das Ministerium für Kultur »wahllos Lizenzen zum Auftreten solcher Gruppen« erteilt hatte.[26]

Ein Politbürobeschluss vom 11. November 1965 fasst weitgehend zusammen, was den Herren der SED und ihrem Primus inter Pares in der zeitgenössischen Kunst und Kultur gegen den Strich ging. Das Programm des Berliner Kabaretts »Distel«, wurde beklagt, enthalte auch nach starken Änderungen des Programms aufgrund von Interventionen der Berliner Bezirksleitung der SED »weiter politisch unklare und schädliche Aussagen«. Zudem würden Texte improvisierend geändert und von der Regie abweichende Nuancierungen vorgenommen, um bestimmte politische Effekte zu erzielen.[27] Der Dramatiker Heiner Müller musste sein Stück »Der Bau«, das am Deutschen Theater in Berlin aufgeführt werden sollte, nach mehreren kritischen Auseinandersetzungen mit der Leitung des Theaters überarbeiten: »In diesem Stück gibt es eine falsche Darstellung unserer Wirtschaftspolitik und der Rolle der Partei.« Noch schlimmer fiel die Beurteilung von Manfred Bielers Stück »ZAZA« [Zentralamt zur Aufbewahrung alter Genossen] durch das Politbüro aus. Es sei »ein Ausdruck dafür, wie weit einzelne Künstler vom Leben entfernt sind und auf gegnerischen Positionen stehen. Dieses unserer Republik feindliche und verlogene Stück stellt einen direkten Angriff gegen die Partei dar, entstellt in gröbster Weise die Entwicklung der DDR seit 1945, verhöhnt unsere Genossen und tritt das Bild großer historischer Persönlichkeiten der Arbeiterbewegung in den Schmutz.«[28] Schließlich wurden in dem Beschluss Robert Havemann, Wolf Biermann und Stefan Heym eine »Politik des Skeptizismus, des Zweifelns und der Diskreditierung der DDR« attestiert.

Wer sich als Künstler Ulbrichts politischem Anspruch offen widersetzte, musste damit rechnen, gemaßregelt, im schlimmsten Fall beruflich vernichtet zu werden. Nur ein paar wenige herausragende Künstler konnten es sich erlauben, in begrenztem Rahmen eigene Wege zu gehen. Zu nennen ist hier der Schauspieler und Volkssänger Ernst Busch[29]. Der »Barrikaden-Tauber«, auch das »singende Herz der Arbeiterklasse« genannt,[30] spielte 1954 den Azdak in Brechts »Kaukasischer Kreidekreis« im Deutschen Theater in Ost-Berlin, als überraschend Ulbricht und das halbe Politbüro in der

Vorstellung erschienen. Busch erdreistete sich, ganz nach vorn an die Rampe der Bühne zu treten und in die Ehrenloge die Worte zu schleudern: »Ihr könnt nicht bis vier zählen, aber ihr fresst acht Gänge.« Zur Pause waren die hohen Gäste verschwunden. Sofortige unmittelbare Folgen hatte der Affront für Busch nicht, doch in den folgenden Jahren wurde er zunehmend in seiner Wirkung und seinem Schaffen zurückgedrängt. Nach einem hitzigen Streit mit Ulbricht warf Busch dem SED-Chef das SED-Parteibuch vor die Füße[31] und zog sich aus »gesundheitlichen Gründen« 1961 von der Bühne zurück. Auch das konnte er sich gegenüber dem allmächtigen Staatschef erlauben, ohne dass er dafür persönlich belangt wurde.

In unregelmäßigen Abständen ritt Ulbricht über die Jahre immer mal wieder einen strategischen Großangriff gegen Intellektuelle und Künstler, um diese in seinem Sinne auf Kurs zu bringen oder um einer vermeintlich zu liberalen Strömung in der Kunst und Kultur der DDR entgegenzuwirken. Eine Kampagne dieser Art fand 1956/57 statt, um die Auswirkungen der von Chruschtschow eingeleiteten Tauwetterpolitik zu revidieren. Ihr Höhepunkt waren die Prozesse gegen Wolfgang Harich und Walter Janka. Drastische Auswirkungen auf das gesamte Kulturleben der DDR hatte zwei Jahre später die »Bitterfelder Konferenz«. Auf dem vorangegangenen fünften Parteitag der SED hatte die Parteiführung die Losung ausgegeben: »Arbeiter, erstürmt die Höhen der Kultur!« Dahinter stand die Strategie, den Intellektuellen in der DDR ein Gegengewicht in Form künstlerisch tätiger Arbeiter entgegenzusetzen, um Ulbrichts sozialistischen Kulturanspruch endlich durchzusetzen. Am 24. April 1959 tagten unter Leitung des Generalsekretärs der SED im Kulturpalast des Elektrochemischen Kombinats in Bitterfeld fast 500 »Kulturschaffende« der DDR. Das Programm und die Grundzüge des Ablaufs der Konferenz hatte Ulbricht persönlich im März 1959 während seiner Kur in Karlsbad ausgearbeitet. Täglich führte er dort Planungsgespräche mit den Organisatoren der Konferenz. Sein persönliches Eingreifen ging bis hin zur Bestimmung des Teilnehmerkreises, der Ablauforganisation und der Tagesordnung. In seiner Grundsatzrede auf dem Kongress formulierte Ulbricht wieder einmal in unmissverständlicher Weise seinen Anspruch an die Künstler in der DDR: »Die Aufgabe besteht darin, auf der Grundlage des Aufbaus des Sozialismus die neue sozialistische Nationalkultur zu schaffen und mit ihrer Hilfe den Kampf um die Überwindung der Überreste der kapitalistischen Ideologie, der kapitalistischen und bürgerlichen Gewohnheiten zu führen. Gleichzeitig besteht die Aufgabe darin, mit künstlerischen

Mitteln den Kampf gegen die imperialistische und faschistische Ideologie und die bürgerliche Dekadenz zu führen, die vom Westen her einwirken.«[32] Ulbricht forderte die Künstler auf, in die Betriebe zu gehen und in Romanen, Erzählungen, Bühnenwerken und Gedichten das »Heldentum der Arbeit« zu feiern. Gleichzeitig sollten die Arbeiter aus ihrem Leben und von ihrem Kampf um die Erfüllung der Produktionsaufgaben berichten. Daraus entstand der »Bitterfelder Weg«, der rein statistisch ein Erfolg war.[33] 18 000 Volkskunstgruppen und -zirkel entstanden, in denen schreibende Arbeiter mit ersten Arbeitsproben an die Öffentlichkeit traten. 133 Laientheater, meist auf Betriebsebene, gaben ihr Bestes und hofften, den von der Einheitsgewerkschaft der DDR nun jährlich vergebenen »Kunstpreis des FDGB« zu erringen. Zwar sollte keiner der Arbeiterkünstler in die Kunstgeschichte eingehen, propagandistisch hielt der »Bitterfelder Weg«, was Ulbricht sich von ihm erhoffte. Es fanden sich genügend »Künstler«, die sich seiner Forderung vom Primat der Politik über die Kunst unterwarfen. Zwei Beispiele hierfür mögen genügen. Der Maler Ernst Jazdzewski äußerte später: »Man stelle sich vor, welchen Weg die Fachdiskussion gehen würde, wenn die Künstler unter sich geblieben wären, wenn Walter Ulbricht auf der ›Bitterfelder Konferenz‹ nicht grundsätzlich Kritik an der Isolierung der Kunst vom Leben, an ihrer Abgeschiedenheit geübt hätte.«[34] Lea Grundig, Mitglied der deutschen Akademie der Künste, schrieb im Zusammenhang mit der »V. Deutschen Kunstausstellung« 1962 in Dresden: »Auf der ›Vierten‹ hatte Walter Ulbricht uns Künstlern einige harte Wahrheiten gesagt über die Blässlichkeit und Schwäche des damals gezeigten Menschenbildes... Die Kritik hat uns schwer getroffen... Und doch hatte Walter Ulbricht Recht gehabt. Das Bild unserer Menschen, das Gemeinsamkeitserlebnis unserer Tage war noch schwach, unklar, schematisch dargestellt... Dann kam Bitterfeld: Die Verbindung von Volk und Kunst blieb nicht länger nur der Initiative einzelner Künstler überlassen. Breite Brücken wurden geschlagen, und darüber zogen die Menschen von hüben nach drüben und vereinten sich an den neu gewonnenen Ufern.«[35]

Ende 1962 lud Ulbricht die Creme der DDR-Künstler zu einer Aussprache nach Berlin ein. Wenn Ulbricht rief, sagte man nicht ab, und so versammelten sich im Plenarsaal des ZK der SED Anna Seghers, Stephan Hermlin, Erwin Strittmatter, Helene Weigel, Brigitte Reimann, Walter Womacka, Fritz Cremer, Paul Wiens, Wolfgang Langhoff und viele andere. Wieder einmal ritt der Erste Sekretär der SED bei diesem Treffen eine Attacke auf die Künstler der DDR. Brigitte Reimann hielt in ihrem Tagebuch fest: »Wiens wurde von U. immerzu unterbrochen, in der unverschämtesten Weise, rechthaberisch und böse... Dieser Mann ist vom Machtrausch besessen, er lässt keine andere Meinung gelten außer der seinen, ist ein Demagoge, der falsch und verlogen argumentiert und mit der linken Hand nimmt, was er eben mit der rechten gab... Es ist hoffnungslos, Besserung für unsere literarische Situation zu erwarten, solange dieser amusische Mensch mit seinem Kleinbürgergeschmack sich Urteile anmaßt... Das Schlusswort war entsetzlich, schließlich brach ich in Tränen aus, vor Wut und Hass gegen diesen Mann, der die Künstler in der gemeinsten Weise beschimpfte.«[36]

Auf dem sechsten Parteitag der SED 1963 schließlich wurden vier der namhaftesten Schriftsteller der DDR öffentlich an den Pranger gestellt, weil sie sich nicht so verhielten, wie die SED-Führung das von einem DDR-Künstler erwartete. Stephan Hermlin, weil er in der »Akademie der Künste« jungen Dichtern einen Auftritt ermöglicht hatte, der mit dem Kunstverständnis der DDR-Oberen nicht in Einklang zu bringen war; Peter Hacks wegen seines Theaterstückes »Die Sorgen und die Macht«; Peter Huchel, weil er das »Elitäre gepflegt« habe; Günter Kunert wegen zweier »feindlicher« Fernsehfilme und einiger Verse wie: »Als unnötigen Luxus / Herzustellen verbot, was die Leute / Lampe nennen, / König Tharos von Xantos, der / von Geburt Blinde.«[37] Das hatte der blinde König schnell begriffen und rächte sich mit Diffamierung und Boykott.

Noch einschneidender waren die unmittelbaren Eingriffe Walter Ulbrichts in das Rechtssystem der SBZ. Wenn in der DDR ein wichtiger politischer Prozess stattfand, war es eine Selbstverständlichkeit, dass der SED-Chef im Hintergrund die Fäden zog. Das ging so weit, dass er allein oder das Politbüro unter seinem Vorsitz die Strafen festlegte, die in politischen Strafprozessen vom jeweils zuständigen »Gericht« zu verhängen waren. Berühmtes Beispiel dafür sind die »Waldheimer Prozesse«. Am 17. Januar 1950 konnte der Leser des Neuen Deutschland einen Briefwechsel zwischen Armeegeneral W. I. Tschuikow, dem Vorsitzenden der Sowjetischen Kontrollkommission, und Ulbricht lesen. Er betraf die Auflösung der letzten sowjetischen Internierungslager in der DDR. Insgesamt wurden 15 000 Personen aus den Lagern entlassen – fünf Jahre nach dem Ende des Krieges. Rund 3 500 weitere Häftlinge wurden an das Innenministerium der DDR übergeben mit der Maßgabe, dass die »verbrecherische Tätigkeit« der Gefangenen zu untersuchen sei und sie durch Gerichte der DDR »abgeurteilt«

werden sollten.[38] Diese Vorgabe nahm Ulbricht wörtlich. Er sorgte dafür, dass aus der ganzen DDR in Waldheim in Sachsen besonders vertrauenswürdige Richter und Staatsanwälte zusammengezogen wurden. Eine SED-Kommission erläuterte den ausgewählten Juristen vor Beginn der Verfahren, dass es sich hier nicht um normale Prozesse handle, sondern um eine besondere politische Aufgabe. Richter, die später in den Verfahren zu geringe Strafen verhängten – das waren für die SED Freiheitsstrafen zwischen fünf und zehn Jahren! –, wurden sofort abgelöst. Zufrieden meldete die SED-Kommission, die die Fäden in Waldheim zog, schon bald nach Berlin, dass Strafen unter zehn Jahren seit dem 9. Mai nicht mehr »ausgeworfen« worden waren.[39] Die Schuld der Angeklagten stand von vornherein fest. Die Öffentlichkeit wurde von den Verfahren weitgehend ausgeschlossen, auf Zeugen, Verteidiger und Sachverständige in der Regel verzichtet. 20 Minuten dauerte ein »Prozess« im Normalfall. Entsprechend fielen die von Mai bis Juli 1950 gefällten knapp 3 500 »Urteile« über die »Naziverbrecher« aus. Eine ganze Reihe Unschuldiger wurde auf diese Weise zu drakonischen Haftstrafen verurteilt. In der Mehrzahl der Fälle lautete das Urteil auf mehr als 15 Jahre Freiheitsentzug. Außerdem wurden 32 Todesurteile verhängt. Parteiführung und SKK wurden durch ein umfangreiches Berichtswesen der in Waldheim tätigen SED-Kommission ständig auf dem Laufenden gehalten.

Herr des gesamten Verfahrens war der Generalsekretär der SED. Detailliert wurde Ulbricht über alle wesentlichen Vorgänge von seinen Waldheimer Organisatoren informiert, die keine wichtige Entscheidung trafen, ohne vorher seine Zustimmung einzuholen. Selbst die Anklageschriften der Staatsanwälte wurden teilweise zunächst von Ulbricht gelesen, bevor sie in Druck gegeben werden konnten: »Die Anklage ist bisher noch nicht von dem Genossen Walter Ulbricht gelesen worden. Es wird jedoch erwartet, dass bis zum Sonnabend die Zustimmung zum Druck der Anklage gegeben ist.«[40] Natürlich wurde Ulbricht auch konsultiert, wenn es um Details der Vollstreckung verhängter Todesurteile ging: »Wenn der Genosse Walter Ulbricht diesem Vorschlag zustimmt, kann in den nächsten Tagen die Ablehnung der Gnadengesuche und die Vollstreckung der Todesurteile erfolgen.«[41] Ulbricht stimmte zu, und in der Nacht vom 4. November 1950 wurden von den insgesamt 32 zum Tode Verurteilten 24 in Waldheim hingerichtet. Zwei Verurteilte waren vor der Exekution verstorben, in sechs Fällen wurde der Revision stattgegeben und das Urteil nach erneuter Verhandlung in lebenslängliche Zuchthausstrafe umgewandelt.[42] Eine Störung im Ablauf ergab sich nur, als sich der Stellvertretende Ministerpräsident der DDR, Otto Nuschke, des Themas Waldheim annahm. Mit Datum vom 18. August 1950 übersandte Nuschke »in Sachen Waldheim« ein Exposé an den Justizminister der DDR, Max Fechner, in dem er sich sehr kritisch zu den dortigen Prozessen äußerte. In seinem Schreiben schlug Nuschke vor, dass der Ministerrat einen Prüfungsausschuss einsetzen solle, um die ergangenen Urteile zu prüfen. Zugleich führte er 14 Einzelfälle von Verurteilten auf, die seiner Meinung nach unschuldig waren. Besonders unangenehm für Ulbricht war, dass Nuschke seinen Vorstoß offensichtlich im Einvernehmen mit Ministerpräsident Otto Grotewohl unternahm.[43] Die Waldheimer Verfahren kamen daraufhin mehrfach im Ministerrat zur Sprache. Am 17. November 1950 legte Nuschke sogar eine eidesstattliche Versicherung ab, dass einer der Verurteilten, den er persönlich aus der Nazizeit kannte, ein fanatischer Gegner des Regimes gewesen war. Die Begründung im Waldheim-Urteil, dieser habe die nationalsozialistische Bewegung gefördert, sei darum in keiner Hinsicht haltbar. Nun war guter Rat bei der SED teuer. Nuschke konnte man in dieser Situation nicht so einfach in den Kerker werfen und damit mundtot machen. Ulbricht sah sich gezwungen, auf den Protest des Stellvertretenden Ministerpräsidenten zu reagieren. Am 24. November, eine Woche nach Abgabe der eidesstattlichen Versicherung, erklärte der SED-Chef sich damit einverstanden, dass zwei der von Nuschke aufgeführten Angeklagten begnadigt werden durften.[44]

Anscheinend war die Sowjetische Kontrollkommission von den Ergebnissen in Waldheim nicht restlos begeistert. Zu viel war über die Verfahren in den Westen durchgesickert. Im Sommer 1952 übermittelte die SKK an Ulbricht ein Merkblatt, das nach Inhalt und Duktus einer Anweisung gleichkam. Zum dritten Jahrestag der DDR erschien es den Sowjets »zweckmäßig und in politischer Hinsicht vorteilhaft, die Akten bezüglich der in Waldheim verurteilten Kriegs- und Naziverbrecher zu überprüfen, zwecks Befreiung von der Haft oder Verminderung der Strafe für einzelne Kategorien von Verurteilten«[45]. Eine Reihe der in Waldheim Verurteilten hatte daraufhin das Glück, dass sie entlassen wurden oder ihre Strafe herabgesetzt wurde.

Die Tatsache, dass Ulbricht in politischen Strafsachen oberster Richter seines Landes war, galt nicht nur für die Waldheimer Prozesse. Es war gängige Praxis, dass vor Vollzug eines Todesurteils die letzte Entscheidung im Politbüro fiel. Das Führungsgremium der SED fungierte darum quasi auch als Gnadeninstanz – eine Befugnis, die formell Staatspräsident Wilhelm Pieck zustand. Das Politbüroprotokoll vom 8. September 1953 dokumentiert diese Verfahrensweise eindrucksvoll: »Von der beabsichtigten Vollstreckung der Todesurteile an Erna Dorn, Kurt König, Stanislaus Rucz, Walter Schönbrodt, Siegfried Erbe wird Kenntnis genommen. Das Politbüro ist der Auffassung, dass von einer Umwandlung der Urteile in lebenslanges Zuchthaus bei Walter Körner, Karl Holdorf, Joachim Walk abzusehen und die Todesstrafe zu vollstrecken ist. Der Umwandlung der Urteile in lebenslanges Zuchthaus bei Heinrich Siggelkow, Hans Leipner, Josef Komarowski wird zugestimmt.«[46] Falco Werkentin hat hierzu das treffende Bild gezeichnet: »Ulbricht fungierte quasi als Vorsitzender Richter, als Beisitzende Richter traten an diesem Tage Pieck, Grotewohl, Oelßner, Rau, Matern, Schirdewan und Stoph auf. Als Kandidaten des Politbüros, gewissermaßen in der Rolle der Schöffen, nahmen teil: Erich Honecker, Erich Mückenberger, Herbert Warnke und Bruno Leuschner. Eingebettet waren diese tödlichen Beschlüsse zwischen einer Entscheidung über den Kuraufenthalt eines Genossen in der Sowjetunion [Tagesordnungspunkt 17] und der Festlegung des Monats der Deutsch-Sowjetischen Freundschaft [Tagesordnungspunkt 19].«

1954 verhängte das Politbüro neun, ein Jahr später 29 Todesurteile. In den Jahren von 1955 bis 1958 beschäftigte sich das Politbüro der SED in 27 Sitzungen mit politischen Strafverfahren. In allen politisch wichtigen Strafverfahren wurde das oberste Entscheidungsgremium der SED früher oder später immer in die Urteilsfindung einbezogen. Üblicherweise erstellte die für Justiz zuständige ZK-Abteilung in politischen Strafverfahren eine Vorlage mit knapper Sachverhaltsschilderung und machte einen Vorschlag, welche Strafe verhängt werden sollte. Meistens stimmte das Politbüro diesem Vorschlag zu, zum letzten Mal im März 1971.[47] In bestimmten Fällen entschied Ulbricht allerdings auch allein über Beschlussvorlagen aus dem ZK-Apparat. Und in mindestens zwei Fällen verhängte er dabei persönlich die Todesstrafe. Mit Datum vom 13. und 14. Juni 1955 gingen dem Ersten Sekretär auf Briefpapier der SED zwei »Hausmitteilungen« zu, in denen er über zwei bevorstehende politische Strafverfahren vor dem Obersten Gericht der DDR informiert wurde. Es handelte sich um die »Strafsache gegen fünf Agenten des RIAS« sowie um den »Prozess gegen fünf Agenten der KgU«[48]. Den insgesamt zehn Angeklagten wurden Spionagedelikte und geplante Sabotageakte zur Last gelegt. Die dafür vorgesehene Strafe, die das Oberste Gericht verhängen sollte, lieferte der SED-Apparat wie immer gleich mit: Ein Mal sollte die Todesstrafe verhängt werden und zwei Mal »lebenslängliches Zuchthaus«. Die restlichen Angeklagten sollten Zuchthausstrafen zwischen acht und 15 Jahren erhalten. Das reichte Ulbricht sichtlich nicht aus. Bei einem Unglückseligen namens Joachim Wiebach strich der Erste Sekretär des ZK der SED per Hand den Vorschlag seines Apparats »lebenslängliches Zuchthaus« und schrieb »Vorschlag Todesurteil« daneben. Ebenso wandelte Ulbricht die vorgesehene Strafe für den Angeklagten Hans-Dietrich Kogel von »10–15 Jahre Zuchthaus« in die Todesstrafe um. Noch eine dritte Änderung nahm Ulbricht vor: Der Vorschlag »10–15 Jahre Zuchthaus« für den Angeklagten Wilibald Schuster schien ihm angemessen, aber die vollen 15 Jahre sollten es schon sein, und so schrieb er diese Zahl neben dessen Namen. Nach diesen Änderungen unterschrieb Ulbricht die Hausmitteilungen mit »Einverstanden W. Ulbricht« und leitete sie weiter an den »Gen. Grotewohl zur Meinungsäußerung«. Dass dieser Einwände erhob, ist nicht bekannt.

Spionage hatten die Angeklagten in leichteren Fällen wohl betrieben. Sabotageakte hatte keiner von ihnen durchgeführt. Nur die Planung von Sabotageakten kam denn neben Spionage auch zur Anklage, um dem Prozess das nötige Gewicht zu geben. Als Ende Juni 1955 die beiden Prozesse begannen, waren die Angeklagten nicht nur längst verurteilt, sondern ihr Strafmaß stand bereits unabänderlich fest. Am 24. und 27. Juni 1955 verhängte das Oberste Gericht nach jeweils dreitägiger Verhandlungsdauer die von Ulbricht festgelegten Strafen. Im Morgengrauen des 29. Juni 1955 wurden der 30-jährige Gerhard Benkowitz und der 32-jährige Hans-Dietrich Kogel in der Haftvollzugsanstalt Dresden vom Henker mit dem Fallbeil enthauptet. Der routinemäßig anwesende Arzt vermerkte wie bei jeder Enthauptung Herzinfarkt auf dem Totenschein, und noch am selben Tag wurden die beiden Hingerichteten im Krematorium Dresden-Tolkewitz eingeäschert. Am 14. September 1955 folgte ihnen der 29-jährige Joachim Wiebach aufs Schafott.

Mitte der fünfziger Jahre wurde Ulbricht von einem westdeutschen Journalisten gefragt, ob denn die Abstimmungsmaschine in der DDR, die doch immer auf einstimmig programmiert sei, den Aufwand lohne. Erstaunlich offen antwortete Ulbricht: »Das muss eben sein, wir brauchen das jetzt noch. Aber« – mit leiserer Stimme, als spräche er zu sich selbst – »die Gesetze der DDR mache doch ich.«[49] Wenn in der DDR ein wichtiges Gesetz oder wenn in der zweiten Hälfte der sechziger Jahre die neue Verfassung konzipiert wurde, war es eine Selbstverständlichkeit, dass Walter Ulbricht den Vorsitz in der Kommission führte, die den Entwurf erarbeitete. In der zweiten Hälfte der fünfziger Jahre hielt Ulbricht die Zeit für gekommen, um die noch vorhandenen Reste bürgerlicher Rechtstradition in der DDR zu tilgen. Auf seine Anregung klein veranstaltete das ZK der SED am 2./3. April 1958 eine Konferenz an der Akademie für Staats- und Rechtswissenschaften »Walter Ulbricht« in Babelsberg, die als »Babelsberger Konferenz« in die Rechtsgeschichte der DDR einging. Der SED-Chef läutete dort das sozialistische Zeitalter auf dem Gebiet der Justiz ein: »Die alte bürgerliche Rechtswissenschaft, dieser ganze formaljuristische Dogmatismus, ist ein Hindernis.«[50] Gesetzgebung, Verwaltung, Justiz und Rechtswissenschaften wurden von nun an vollständig und uneingeschränkt der SED-Führung unterstellt. Die Unabhängigkeit des Richters wurde abgeschafft, er galt künftig uneingeschränkt als politischer Funktionär. Das Verwaltungsrecht erklärte Ulbricht für überflüssig und schaffte es ab. Der Kernsatz von Ulbrichts 44-seitigem Referat lautete: »In Wahrheit aber schaffen die Beschlüsse der Partei die Grundlage für die Staats- und Rechtswissenschaft.« Im Anschluss an seine Rede fand eine widerwärtige Inszenierung statt, bei der die anwesenden Juristen gezwungen wurden, Selbstkritik zu üben und zu Kreuze zu kriechen. Durch Zurufe von Ulbricht und Kurt Hager wurden sie dabei wie dumme Jungen abgekanzelt. Wer nicht in diesem Sinne funktionierte, verlor die Lehrbefugnis als Professor oder wurde als Bürgermeister aufs Land geschickt. Mit der Babelsberger Konferenz war in der DDR die Unterwerfung des Rechts unter die Partei abgeschlossen. Und die Partei, das war Ulbricht.

Erwähnt sei schließlich die Justizposse um den »Hund von Mühlhausen«, die Ulbricht immerhin so ernst nahm, dass er sie 1954 in seiner Parteitagsrede erwähnte. Worum ging es? Der SED-Genosse Fritz Ramm, Betriebsschutzleiter des »VEB Einheit« im thüringischen Mühlhausen, traf dort im Herbst 1953 auf einen streunenden Hund, prügelte ihn halb zu Tode und warf am nächsten Tag das noch lebende Tier in eine Grube mit glühender Asche. Die Mühlhausener waren empört. Kollegen von Ramm sammelten Unterschriften und setzten seine Entlassung durch. Die Betriebsparteiorganisation schloss ihn aus der SED aus und die SED-Bezirkszeitung Das Volk verkündete: »Von solchen Menschen trennt sich die Partei!« Der örtliche Hundezüchterverein erstattete Anzeige wegen Tierquälerei, woraufhin Ramm zunächst zu einer Freiheitsstrafe von einem Jahr und in der Berufungsinstanz zu einer Geldstrafe von 450 Mark verurteilt wurde. Weil der Tierquäler öffentlich kritisiert worden war, nahm sich die Parteibürokratie des Falles an und stellte sich schützend vor ihren wachsamen Genossen. Die Empörung der Öffentlichkeit über den Tierquäler wurde so plötzlich zu einem Anschlag auf den Genossen Ramm, ja zu einem feindlichen Akt gegen die SED. In einer Vorlage an das Sekretariat des ZK der SED hieß es: »Auf dem dortigen Betriebsgelände trieb sich ein Hund umher, der, als er den Genossen R. anfiel, von ihm getötet wurde. Diese Tatsache nutzte der versteckt arbeitende Feind aus, tarnte sich mit der Diskussion über das Schicksal des Hundes und begann, eine infame Hetze gegen solch bewährte Parteimitglieder wie Genossen Ramm zu betreiben.«[51] Wenige Stunden vor Beginn des Parteitages der SED 1954 wurde das Urteil vom Obersten Gericht der DDR aufgehoben. Die Begründung las sich so: »Da es zur perfiden Taktik des Klassenfeindes gehört, fremde Tiere zur Täuschung und Ablenkung der Wachsamkeit klassentreuer Hunde einzusetzen, schritt Genosse Ramm sofort zur Liquidierung des Feindes.«[52] Klangen da etwa Ironie und Sarkasmus mit? Jedenfalls nicht in Ulbrichts Rede auf dem Parteitag: »Der Genosse Ramm ist ein aktiver Kämpfer. Und so ist es ihm gelungen, das klassenverräterische Treiben parteifeindlicher Elemente aufzudecken.« Ergo wurde der »aktive Kämpfer«, Genosse Ramm, wieder in die Partei aufgenommen und statt seiner wurden nun die »parteifeindlichen Elemente« bekämpft. Zwei Staatsanwälte und der Direktor des Kreisgerichts, das Ramm verurteilt hatte, wurden abgelöst. Der Richter, der Ramm verurteilt hatte, kam ins Gefängnis. Die Staatssicherheit suchte nach weiteren »parteifeindlichen Elementen« im örtlichen Hundezüchterverein, in der CDU- sowie in der LDPD-Organisation in Mühlhausen und wurde auch fündig. Bleibt hinzuzufügen, dass Justizministerin Hilde Benjamin den Fall allen Richtern und Staatsanwälten der DDR zur Auswertung empfahl. Sie empfand ihn als beispielhaft für das Bemühen der DDR-Justiz um eine weitere Festigung der sozialistischen Gesetzlichkeit.

Nach seinem Sieg über seine innerparteilichen Widersacher Schirdewan und Wollweber kehrte Ulbricht 1958 wieder zu seinem Sozialismuskurs zurück, den er bereits bis zum Volksaufstand am 17. Juni 1953 verfolgt hatte. Die beiden großen Krisen seiner Nachkriegskarriere waren überstanden. Sowjetische Interventionen, die seine Stellung betrafen, waren nicht mehr zu befürchten. Der Kalte Krieg zwischen den Supermächten geriet nach der kommunistischen Machtergreifung in Kuba 1959 in die »Gefrierphase«. Damit war der Hardliner Ulbricht als Führer des westlichsten Vorpostens der UdSSR wieder unentbehrlich geworden. Als Chruschtschow 1961 auf dem 22. Parteitag der KPdSU[53] eine weitere Entstalinisierungswelle auslöste, waren damit keine Gefahren mehr für Ulbrichts Machtstellung verbunden. Obwohl selbst ein Repräsentant

Besuch in einer LPG bei Bitterfeld 1960

des Stalinismus, saß Ulbricht wieder so fest im Sattel, dass er »Stalins Fehler und Verbrechen« verurteilen konnte, ohne für sich selbst irgendwelche Konsequenzen ziehen zu müssen.

Die Rückkehr zu einer härteren Gangart schlug sich besonders bei den noch selbstständigen Handwerkern und Kleinunternehmern nieder. Die Zahl der Beschäftigten in den noch verbliebenen privaten Betrieben mit mehr als zehn Beschäftigten sank von 1958 bis 1959 von 331 000 auf 220 000. Im selben Zeitraum stieg der Anteil der staatlichen LPGs an der landwirtschaftlichen Nutzfläche der DDR von 37 auf 45,1 Prozent. Von Februar bis April 1960 wurde plötzlich und selbst für Spitzenfunktionäre überraschend die Zwangskollektivierung der restlichen noch selbstständigen Bauern in der DDR durchgepeitscht. Innerhalb von zehn Wochen wurden die meisten noch freien Bauern gewaltsam in LPGs getrieben. Der Anteil der von LPGs bewirtschafteten landwirtschaftlichen Nutzflächen schnellte in diesem kurzen Zeitraum von 45,1 auf 84 Prozent in die Höhe.[54] Ausgelöst worden war dieser Feldzug gegen den Rest des freien Bauerntums durch eine Agrarkonferenz der internationalen kommunistischen Parteien am 2. und 3. Februar 1960 in Moskau. Als Ulbricht, der wie immer die DDR-Delegation angeführt hatte, aus Moskau zurückgekehrt war, startete er unverzüglich einen Blitzkrieg gegen die noch verbliebenen privaten Bauern. Er begann in Mecklenburg und endete am 15. April im Bezirk Karl-Marx-Stadt.[55] Aufgrund dieses erneuten Drucks flohen in diesem Zeitraum jede Woche knapp 50 Bauern mit ihren Familienangehörigen aus dem Arbeiter- und Bauernparadies in den Westen. Etliche Landwirte, die ihre Enteignung nicht verkrafteten, nahmen sich das Leben.[56] Im Frühjahr 1960 häuften sich darum die Beschwerden über die Zwangskollektivierung aus unterschiedlichen Richtungen. Unabhängig voneinander wandten sich Studentengruppen, die Evangelische Kirchenleitung Berlin-Brandenburg und der katholische Bischof von Berlin mit Beschwerdeschreiben an die Regierung der DDR. Ulbricht fragte daraufhin bei Erich Mielke nach, was es mit den bekannt gewordenen Selbstmorden unter Landwirten auf sich habe. Dessen Antwort war typisch: »In der Anlage erhältst Du zwei Informationsberichte mit den Überprüfungsergebnissen zu der von feindlichen Elementen verbreiteten Verleumdung über die sozialistische Umgestaltung der Landwirtschaft.« Was nicht in die eigene Regie passte, musste ein feindlicher Angriff sein. Ulbricht strich sich in Mielkes Bericht dick an, wenn einer der Betroffenen sich angeblich aus persönlichen Gründen das Leben genommen hatte. Das war des Rätsels Lösung. Mielkes Kommentar zum Schreiben des katholischen Bischofs von Berlin: »Der Brief befasst sich mit der sozialistischen Umgestaltung auf dem Lande. Das Schreiben ist in einem unerhörten, aggressiven Tone abgefasst und bedeutet eine ziemlich offene Kampfansage der reaktionären katholischen Bischöfe.«[57]

Vorsitzender des Nationalen Verteidigungsrates

1960 wurde Ulbricht 67 Jahre alt. Für die meisten Menschen ein Alter, in dem sie sich bereits aus dem Berufsleben zurückgezogen und zur Ruhe gesetzt haben; nicht so bei Walter Ulbricht. Der Höhepunkt seines beruflichen Lebens stand ihm und den Menschen in der DDR erst noch bevor. Ein ganzes Leben lang hatte der SED-Chef sich diszipliniert und selbst gezügelt, so gut er konnte. Immer hatte er formal in der Hierarchie hinter anderen zurückstehen müssen, obwohl er seit Jahrzehnten einer der einflussreichsten und mächtigsten deutschen Kommunisten und seit Jahren die klare Nummer eins in der SED war. Lange Jahre hatte er sich zurückhalten müssen, obwohl er sich Mitgenossen gegenüber als überlegen empfand und es auch war. Wie er sich im Verhältnis zu Pieck und Grotewohl sah, hatte er aus seiner Sicht schon 1953 beschrieben: »Ich habe es satt, die Gouvernante von Zweien zu sein.«[58] Erst

1960 sollte Ulbricht auch offiziell und formal an die Spitze von Staat und Partei treten.

Zunächst rief Ulbricht durch Gesetz vom 10. Februar 1960 den »Nationalen Verteidigungsrat« (NVR) ins Leben und kürte sich zum Vorsitzenden dieses neuen Gremiums. Der Nationale Verteidigungsrat bündelte alle legislativen und exekutiven Befugnisse für den inneren wie den äußeren Notstandsfall bei sich. Ulbricht wurde damit für den Notstandsfall zum Oberbefehlshaber aller »Bewaffneten Kräfte« der DDR. Das waren neben Volksarmee und Volkspolizei auch die Betriebskampfgruppen. Da der Nationale Verteidigungsrat auch über die allgemeine oder teilweise Mobilmachung entschied,[59] fielen Ulbricht mit diesem Amt diktatorische Vollmachten für den Fall innerer oder äußerer Krisen zu. Vorläufer des Nationalen Verteidigungsrates war die geheime Sicherheitskommission beim Politbüro, die am 6. Juli 1954 zum ersten Mal zusammengetreten war und bis zum 28. Januar 1960 insgesamt 29 Sitzungen abhielt. Walter Ulbricht war von Beginn an Mitglied, Erich Honecker seit dem 28. Oktober 1956 ihr Sekretär.[60] Das Ereignis, das die Mitglieder dieses Gremiums in den ersten Jahren am meisten erschütterte, war der Volksaufstand in Ungarn 1956. In der Sitzung der Sicherheitskommission vom 30. November 1956 wurde Verteidigungsminister Stoph angewiesen, eine Gruppe sowjetischer Offiziere, die an den Kämpfen in Budapest teilgenommen hatten, in die DDR einzuladen, um die Erfahrungen dieser Kämpfer für die NVA und die anderen »Bewaffneten Organe« auszuwerten. Die eigene Sicherheit wurde nach den Ereignissen in Ungarn offensichtlich als so gefährdet angesehen, dass die Sicherheitskommission beschloss, die 8 182 wichtigsten SED-Funktionäre mit Pistolen auszustatten. Diese sollten durch die Deutsche Volkspolizei nach Abschluss einer Schießausbildung ausgegeben werden. Unter anderem wurden damals alle Mitglieder des zentralen Parteiapparats und alle ZK-Mitglieder und -Abteilungsleiter bewaffnet.

Die Protokolle des Nationalen Verteidigungsrates belegen, dass sich dieses Gremium, wenn es wirklich ernst wurde, zum Beispiel anlässlich des Baus der Berliner Mauer 1961, der Kuba-Krise 1962 oder der Besetzung der Tschechoslowakei 1968, mit der jeweiligen Krise nicht beziehungsweise erst im Nachhinein beschäftigte, wenn alles entschieden war. In den sechs Sitzungen vor dem Mauerbau zum Beispiel, die vom 16. März 1960 bis zum 23. Juni 1961 stattfanden, wurden weder die Flüchtlingswelle noch die Vorbereitungen zum Mauerbau angesprochen. Wenn es hart auf hart kam, entschied der Vorsitzende des NVR, Walter Ulbricht, persönlich und ohne sich mit den anderen Mitgliedern näher abzustimmen. Auch während der Invasion der Warschauer-Pakt-Staaten in die Tschechoslowakei 1968 trat der NVR allein in der Person seines Vorsitzenden in Erscheinung.

Ein Befehl Ulbrichts aus dem Jahr 1965 regelte die Voraussetzungen für den Einsatz der Nationalen Volksarmee. Alle Alarmübungen und Überprüfungen der NVA, sämtliche Empfehlungen und Anordnungen sowjetischer Militärs, welche die NVA als Ganzes betrafen, sowie die Auslösung erhöhter Stufen der Gefechtsbereitschaft und der Gefechtseinsatz der NVA bedurften der ausdrücklichen Genehmigung oder Kenntnisnahme durch den Vorsitzenden des NVR beziehungsweise seines Sekretärs, Erich Honecker.[61] Dieser Befehl wurde beispielsweise am 15. Oktober 1962 relevant, als amerikanische Luftaufklärer sowjetische Mittelstreckenraketen auf Kuba entdeckten. Die USA fühlten sich dadurch atomar bedroht und stellten der Sowjetunion ein Ultimatum, diese Nuklearwaffen abzuziehen. Die Sowjetunion ordnete in dieser Situation, in der ein Atomkrieg drohte, die »erhöhte Gefechtsbereitschaft« für die Truppen des Warschauer Paktes an. Ulbricht fiel dadurch die Aufgabe zu, diese sowjetische Weisung für die NVA durch eigenen Befehl zu bestätigen. In der gesamten Volksarmee wurde eine Urlaubs- und Ausgangssperre verhängt. Die militärischen Stäbe stellten innerhalb weniger Stunden Arbeitsbereitschaft her. Der zentrale unterirdische Gefechtsstand der NVA-Führung wurde vorbereitet, alle Entlassungen aus der Armee gestoppt.[62]

Vorsitzender des Staatsrates

Zweiter, noch wichtigerer Baustein auf dem Weg zur absoluten Macht in Staat und Partei war die Übernahme des Amtes des Vorsitzenden des Staatsrates der DDR durch Ulbricht im Herbst 1960. Am 7. September war Staatspräsident Wilhelm Pieck gestorben. Pieck war der vorletzte kommunistische »Dinosaurier« in der SED gewesen, wie Ulbricht ein Mann aus den ersten Tagen des Kommunismus in Deutschland. Nach seinem Tod wurde das Amt des Staatspräsidenten abgeschafft. An seine Stelle trat am 12. September 1960 – von langer Hand vorbereitet – ein neu geschaffenes Gremium: der Staatsrat, mit Walter Ulbricht als Vorsitzendem. Schon im März 1956 hatte der SED-Chef versucht, eine neue Verfassung durchzusetzen, die ein kollektives Staatsoberhaupt statt eines Präsidenten der DDR vorsah. Ulbricht reagierte damit auf die Kritik aus den eigenen Reihen an seiner herausragenden Stellung in Partei und Staat und kam scheinbar der Forderung nach einer »kollektiven Führung« nach. Doch in diesem Krisenjahr scheiterte Ulbricht ausnahmsweise am heftigen Widerstand von Otto Grotewohl, der spürte, auf welche Person diese Verfassungsänderung zulief. Vier Jahre später setzte Ulbricht seine damalige Planung in die Tat um. Es gab niemanden mehr, der ihn daran hindern konnte. Ausgerechnet Otto Grotewohl wurde dazu auserkoren, dem Zentralkomitee den Gesetzesentwurf über die »Bildung des Staatsrates der Deutschen Demokratischen Republik« zu erläutern und Ulbricht als dessen Vorsitzenden vorzuschlagen.[63] Das war einer der typischen Racheakte Ulbrichts, der nie vergaß und nie verzieh.

Der Staatsrat war ein eigens für Ulbricht geschaffenes und auf ihn zugeschnittenes Staatsorgan. Er hatte zum einen die klassischen Aufgaben eines Staatsoberhauptes, wie die Verkündung von Gesetzen und die Ratifizierung und Kündigung internationaler Verträge. Darüber hinaus hatte der Staatsrat das Recht, Beschlüsse mit Gesetzeskraft zu fassen, grundsätzliche Bestimmungen zu Verteidigungs- und Sicherheitsfragen zu erlassen und Gesetze »allgemeinverbindlich auszulegen«. Damit trat der Staatsrat nicht nur als Legislativorgan neben die Volkskammer, vielmehr war er zumindest in Teilbereichen über ihr angesiedelt. Mit dem Antritt seines Amtes als Vorsitzender des Staatsrates konnte Ulbricht die Stellung als Erster Stellvertreter des Vorsitzenden des Ministerrates aufgeben, sie war überflüssig geworden. Im Laufe der sechziger Jahre weitete Ulbricht die Rechte des Staatsrates sogar noch weiter aus und verstärkte – formaljuristisch korrekt – seine diktatorischen Rechte.

Die personelle Besetzung des Staatsrates dokumentierte, dass sich Ulbricht mit diesem Organ ein weiteres, auf ihn persönlich zugeschnittenes Herrschaftsinstrument geschaffen hatte. Neben dem Vorsitzenden waren sechs Stellvertreter vorgesehen. Von ihnen hatte lediglich Otto Grotewohl politisches Gewicht. Die anderen Stellvertreter waren Mitglieder der Blockparteien mit geringem politischem Einfluss. Die sechzehn »normalen« Mitglieder waren Funktionäre unterer Ebenen, die politisch bedeutungslos und bisher nicht in Erscheinung getreten waren. Auf den ersten Blick schien es, dass der Staatsrat ein basisdemokratisches Organ war, in das auch einfache Funktionäre aller Parteien berufen werden konnten. Tatsächlich hatte Ulbricht Funktionäre ohne Macht und ohne Stimme um sich geschart, die seine Vorgaben abzunicken hatten. Die eigentliche Arbeit des Staatsrates wurde ohnehin von der Verwaltung, in diesem Fall der Kanzlei des Staatsrates, geleistet.

Rund 75 Menschen standen dort Mitte der sechziger Jahre unmittelbar in den Diensten Ulbrichts. Die Kanzlei gliederte sich in mehrere Fachabteilungen[64] und wurde vom Sekretär des Staatsrates, Otto Gotsche, einem der engsten beruflichen Wegbegleiter Ulbrichts seit 1949, geführt.[65]

Ulbrichts Auslandsreisen als Staatsoberhaupt der DDR hatten eine andere formale Qualität als bisher. Sie wurden zu einem politischen Akt, der mit enormem bürokratischem und protokollarischem Aufwand betrieben wurde. So hatte die Protokollabteilung des Staatsrates alle Hände voll zu tun, als Ulbricht im Frühjahr 1961 die ČSSR besuchte.[66] Allein die Festlegung der Geschenke für die tschechischen Gastgeber, die mit dem Außenministerium der DDR penibel und aufwendig abgestimmt wurde, war ein Staatsakt. Mit Geschenken für 37 Personen im Gesamtwert von 20 604,75 Mark reisten Ulbricht und sein Gefolge schließlich nach Prag. Die wertvollsten Präsente überreichte der Staatsratsvorsitzende der DDR natürlich dem Staats- und Parteichef der ČSSR, Antonin Novotny, und seiner Frau, der »Genossin Novotna«: Eine vollautomatische Kamera und eine Vase »Kronenkraniche Meißen« für den Herrn, ein Kaffee-Tee-Service Meißner Porzellan für die Dame. Am Ende der Hierarchie und der Geschenkeliste standen zwei Mitarbeiter des Ministeriums für Staatssicherheit der ČSSR, der Genosse Krachtovil, seines Zeichens Schneider, sowie der Genosse Chalupa, Friseur. Für sie fielen jeweils noch ein Paar Manschettenknöpfe ab.[67] Der jeweilige Empfang des Vorsitzenden des Staatsrates der DDR in den sozialistischen Bruderländern sah immer gleich aus: Schon auf dem Flugplatz freundliches Winken von der Gangway, demonstratives Händeschütteln, kräftige Umarmungen, schmatzende Bruderküsse. Immer dabei die Pioniere aus der jeweiligen DDR-Botschaft mit »Winkelementen«, sprich Fähnchen, und einem obligatorischen Strauß roter Nelken, die sie dem Staatsratsvorsitzenden überreichten. Es folgte die Nationalhymne der DDR »Auferstanden aus Ruinen«, gespielt von einer mehr oder minder guten militärischen Blaskapelle. Schließlich ging es im Konvoi – oft im offenen Wagen – durch blumengeschmückte Straßen zum Tagungsort oder zum Gästehaus der jeweiligen Regierung. Vorbei an einem Fahnenmeer, bestehend aus der jeweiligen Nationalflagge, den roten Fahnen der Arbeiterbewegung und der DDR-Flagge, vorbei an einem Spalier jubelnder Menschen, die von ihrer Partei zum Jubel abkommandiert worden waren.

Die Eingaben an den Staatsrat sollten, neben den Berichten aus dem Ministerium für Staatssicherheit der DDR, zu einer weiteren wichtigen Informationsquelle für Ulbricht werden. Zwischen 5000 und 10000 Petitionen gingen jeden Monat beim Staatsrat ein, darunter auch 200 bis 300 aus der Bundesrepublik. Die Abteilung »Eingaben« in der Kanzlei des Staatsrates stellte daraus monatlich einen etwa 20 Seiten langen Bericht für den Staatsrat zusammen, der ungeschminkt die Beschwerden, Bitten und Nöte der DDR-Bevölkerung widerspiegelte. Durch dieses monatliche Berichtswesen wusste Ulbricht sehr genau, wo bei den Menschen in seinem Land der Schuh drückte. Zwei Themen ragten signifikant aus der Flut der Petitionen heraus und standen jeden Monat an der Spitze der Statistik: Bis zu 49 Prozent aller Eingaben fielen auf das Thema Wohnen im weitesten Sinne (Wohnungsbau, Wohnungsinstandsetzung). An zweiter Stelle standen mit rund 25 Prozent Petitionen, die den Reiseverkehr in den Westen zum Gegenstand hatten.[68] Eine Eingabe an den Staatsrat war für den Betreffenden durchaus sinnvoll und konnte zur Lösung seines individuellen Problems führen. Bei der Bearbeitung der Petition forderte die Kanzlei des Staatsrates Behörden und Parteiorgane auf, zu Vorwürfen von Bürgern Stellung zu nehmen. Danach konnte es vorkommen, dass ein Genosse mit »Fehlverhalten« zur Verantwortung gezogen wurde und sich beim Petenten entschuldigen musste. Bisweilen leistete Ulbrichts Kanzlei auch ganz unbürokratisch und unkonventionell selber Hilfe, etwa indem sie für eine bedürftige Familie, die unter unzumutbaren Umständen lebte, für 300 Mark Deckbetten und Wäsche kaufte.

Personenkult und Hass

Anfang der sechziger Jahre, nach dem Tod von Wilhelm Pieck und Otto Grotewohl, konzentrierte sich die DDR-Propaganda darauf, die Person von Walter Ulbricht ins bestmögliche Licht zu rücken. Generalstabsmäßig arbeitete die SED-Propagandamaschine daran, den Ersten Sekretär der SED als weisen und gütigen Landesvater der DDR zu positionieren, eine Rolle, die bislang Wilhelm Pieck innegehabt hatte. Die Presseabteilung der Kanzlei des Staatsrates zum Beispiel sah ihre Hauptaufgabe expressis verbis in der »Popularisierung des Staatsrates, besonders seines Vorsitzenden, und der Tätigkeit des Staatsrates«. Zu diesem Zweck sammelte die Abteilung Material über Walter Ulbricht, »sowohl biografisches als auch Berichte über seine Tätigkeit«. Zudem legte sie einen »Walter-Ulbricht-Bilderfonds« an, dem eine zentrale Rolle bei der Archivierung von »gesperrten Bildern« Ulbrichts zugedacht war. Gesperrt für die Ausleihe beziehungsweise den Abdruck wa-

Der Erste Sekretär des ZK der SED gibt 1959 ein Fernsehinterview

ren Bilder über Ulbricht in der DDR unter anderem, »weil Personen mit abgebildet sind, die aus der Parteiführung ausgeschlossen werden mussten«.[69] Briefe an den Staatsratsvorsitzenden, die geeignet waren, Ulbricht in einem guten Licht erscheinen zu lassen, wurden von der Kanzlei des Staatsrates für ihn so beantwortet, als würde er persönlich Anteil nehmen und antworten. Im Mai 1965 erreichte ihn folgender Brief: »Lieber, guter Arbeiteronkel Ulbricht! Ich heiße Wolfram Erler und bin 3 1/2 Jahre alt. Ich habe Dich sehr lieb; deshalb habe ich meine Mutti gebeten, für mich an Dich zu schreiben; denn ich bin ja noch zu klein dazu. Ich sitze bei meiner Mutti auf dem Schoß und sage ihr immer, was sie schreiben soll. Wenn meine Mutti im Pflegeheim arbeitet, bin ich im Kinderheim. Das Heim heißt genauso wie Du. Da hängt ein ganz großes Bild von Dir. Ich möchte auch gern eines von Dir haben. Das soll auf meinem Spielschrank stehen. Bitte, lieber Arbeiteronkel Ulbricht, schenkst Du mir eines? Wenn ich groß bin und zur Schule gehe, will ich sehr fleißig sein; und wenn ich dann ein großer Mann bin, will ich auch ein Arbeiteronkel werden! Ich schneide aus der Zeitung immer die guten Arbeiteronkel raus. Die bösen Onkels, die Bomben schmeißen, mach ich kaputt. Ich könnte Dir noch viel erzählen, aber Du hast doch immer so viel Arbeit und für mich bestimmt keine Zeit. Ob ich nun ein Bild von Dir bekommen werde? Bitte, Bitte!!! Es grüßt Dich ganz lieb Dein Wolfram Erler.« Ulbricht antwortete, das heißt, er ließ antworten: »Lieber Wolfram

Erler! Deinen Brief vom 29.5.1961 habe ich erhalten. Du wirst mir wohl glauben, dass ich mich sehr darüber gefreut habe, denn ich nehme an, dass Du Dich anstrengen wirst, bald ein guter Junger Pionier zu werden. Die Jungen Pioniere helfen alle mit, ein gutes Leben für alle Kinder zu schaffen, und kämpfen mit ihren Eltern um die Erhaltung des Friedens. Nur im Frieden kann die schöne Zukunft für alle Menschen geschaffen werden, und dafür wollen wir alle arbeiten. Damit Du ein bleibendes Andenken bekommst, erfülle ich Deine Bitte und übersende Dir das gewünschte Bild. In der Hoffnung, dass Du gesund bist und später auch einmal fleißig lernen wirst, grüße ich Dich und Deine Eltern mit dem Gruß der Jungen Pioniere / Seid bereit! W. Ulbricht.«[70]

Als die Seminargruppe 10A der Wirtschaftswissenschaftlichen Fakultät der Universität Leipzig darum bat, den Namen »VI. Parteitag der SED« tragen zu dürfen, genehmigte Ulbrichts Kanzlei das mit der Ermahnung, »dass ihr alle Anstrengungen unternehmt, um dieser Auszeichnung alle Ehre zu machen«.[71] Die Einladung der Familie Dawydow aus Prokojews an den »teuren« Walter Ulbricht in die Sowjetunion mit der Bitte, die Patenschaft für ihren Sohn zu übernehmen, lehnte der SED-Chef demgegenüber durch seinen Mitarbeiter Dr. Herbert Jung freundlich ab.[72] Einen Korb bekam auch Manfred Durschnabel aus Wolgast, der seine Hausgemeinschaft Karl-Zimmermann-Straße 5 in Wolgast nach Walter Ulbricht benennen wollte.[73] Glück dagegen hatte der Genosse Horst Bernsdorf aus Bad Liebenstein, der erfolgreich um die Unterschrift seines Ersten Sekretärs auf zwei Ersttagsbriefen »20 Jahre DDR« bat. Während Ulbricht dem Schweizer Lehrer Raoul Schöchlin aus Biel den Wunsch nach Signierung der von Johannes R. Becher verfassten Ulbricht-Biografie erfüllte, wurde Klaus Klingbeil aus Berlin mit demselben Anliegen abgewiesen, wohl weil er kein Parteigenosse war.[74] Demgegenüber war Ulbricht bereit, für ein Radiogewinnspiel des Jugendsenders DT 64 den ersten Band des »Kapitals« für die Siegerin zu signieren, und erlaubte auch den Autoren des Buchs »Technische Arbeitsstähle« ihr Werk Walter Ulbricht zu widmen.[75]

Als Ulbricht am 30. Juni 1958 seinen 65. Geburtstag feierte, gab es niemanden mehr, der ihm in die Gestaltung der Feierlichkeiten hineinredete und ihm zur Bescheidenheit riet, wie es fünf Jahre zuvor der Fall gewesen war. Staatspräsident Wilhelm Pieck verlieh dem Jubilar zum zweiten Mal den Ehrentitel »Held der Arbeit«. Die Stadt Leipzig trug Ulbricht die Ehrenbürgerwürde an. Die Glückwunschschreiben aus dem In- und Ausland waren nicht zu zählen,

*Chruschtschow verleiht Ulbricht zu seinem 70. Geburtstag den Titel
»Held der Sowjetunion« verbunden mit dem »Lenin-Orden« und der Medaille »Goldener Stern«*

und die Avantgarde der DDR-Künstler und -Wissenschaftler widmete ihm eine Festschrift. Das alles musste fünf Jahre später, anlässlich des 70. Geburtstags des DDR-Diktators, noch übertroffen werden. Die Abteilung Agitation des ZK arbeitete einen Maßnahmeplan »zur Würdigung des 70. Geburtstages des Ersten Sekretärs des ZK der SED« aus. Generalstabsmäßig wurden in dem Papier die DDR-Massenmedien angewiesen, wie Ulbricht weiter glorifiziert werden sollte: »Gen. Ulbricht ist als Arbeiterfunktionär, als Marxist-Leninist, als Internationalist, als Revolutionär, als Wissenschaftler und als Staatsmann, als deutscher Patriot zu zeigen... In jedem Ort der DDR wird am 29.6. bzw. 30.6. eine Festveranstaltung durchgeführt, in allen Betrieben, LPG, VEB und staatlichen Organen finden Belegschaftsversammlungen statt unter der Losung ›uns allen zum Nutzen – Walter Ulbricht zu Ehren‹.«[76] Allein die offizielle Gratulationscour anlässlich dieses Festtages dauerte neun Stunden. Das Politbüro der SED erklärte seinen Geburtstag zu einem offiziellen Republikfesttag, der Ministerpräsident der DDR verlieh dem Jubilar zum dritten Mal den Orden »Held der Arbeit«, und diesmal wurde er Ehrenbürger Ost-Berlins. Die KP-Chefs Bulgariens, Frankreichs, der ČSSR, Ungarns, Polens und der Sowjetunion reisten nach Berlin, um den Jubilar mit weiteren Orden zu ehren. Bulgarien war mit dem Georgi-Dimitroff-Orden zur Stelle. Chruschtschow steuerte den Ehrentitel »Held der Sowjetunion« bei und heftete Ulbricht zusätzlich die Medaille »Goldener Stern« und den »Lenin-Orden« an die Brust. Die DDR-Medien priesen ihren Staatsratsvorsitzenden als »neuen Menschen«, »Fundament des neuen Lebens«, »Genie der Arbeiterklasse« und »neuen Weltschöpfer«.

1968 schließlich erhielt Ulbricht aus Anlass seines 75. Geburtstages als erster Mensch den sowjetischen »Orden der Oktoberrevolution«, der bislang nur an die Städte Leningrad und Moskau verliehen worden war.[77] In der DDR wurde eine Sonderbriefmarke mit seinem Konterfei und der Aufschrift »Walter Ulbricht 75 Jahre« verkauft. Die DDR-Journalisten texteten diesmal: »Erster Tischler seines Staates«, »Erster Vertrauensmann des Volkes« und »bedeutendster deutscher Staatsmann unserer Zeit«. Über den Rundfunk tönte es: »Walter Ulbricht – das ist die Partei der Arbeiterklasse, das ist die DDR« und Walter Ulbricht ist »der bedeutendste deutsche Politiker des Jahrhunderts«. In jeder Kantine und jedem Büro gehörte sein gerahmtes Bild zum obligaten Wandschmuck. Die größten Chemiewerke der DDR trugen ebenso seinen Namen wie die Akademie für Staats- und Rechtswissenschaften der DDR, ein Sportstadion in Ost-Berlin und eine Vielzahl von Brigaden und LPGs. Die Kinder wuchsen schon im Vorschulalter mit Parolen wie »Walter Ulbricht – das sind wir alle« auf und bauten in den Kinderhorten »Walter Ulbricht Ecken«. Aus den Kehlen Junger Pioniere erklang der Refrain »Vorwärts mit Genossen Ulbricht, der unser Freund und Vorbild ist«.[78] Die Mitglieder der Ordnungsgruppen der FDJ, eine nach dem Mauerbau geschaffene paramilitärische Organisation, hatten ihr Treuegelöbnis auf Walter Ulbricht persönlich abzulegen: »Das gelobe ich im Geiste Karl Liebknechts und Ernst Thälmanns dem Genossen 1. Sekretär des Zentralkomitees der Sozialistischen Einheitspartei Deutschlands, Walter Ulbricht.«[79] Seine Reden endeten regelmäßig mit »minutenlangem Beifall«, »stürmischem Beifall«, »nicht enden wollendem Beifall«, »Hochrufen und Sprechchören« auf Walter Ulbricht. Wer Presseberichte im Neuen Deutschland und in den SED-Bezirkszeitungen las, musste annehmen, dass Ulbrichts Reisen durch das Land Triumphzügen glichen: Befreites Lachen, Aufatmen, Begeisterung, Liebe und Vertrauen waren danach die Reaktionen, denen der Staatsratsvorsitzende auf seinen Reisen begegnete. »Selbstverpflichtungen« und »Normerfüllungsversprechen« gegenüber Ulbricht waren nicht mehr zu zählen. Frieda Hockauf, eine Textil-

Der Tänzer auf einem Freundschaftstreffen der FDJ in Magdeburg 1957

arbeiterin aus dem »VEB Mechanische Weberei Zittau«, verpflichtete sich, innerhalb von drei Monaten 45 Meter besten Stoff zusätzlich zu ihrer Ablieferungsnorm zu weben. Der Verband der Kleingärtner, Siedler und Kleintierzüchter der DDR versprach: »Die Mitglieder unseres Verbandes steigern in ihrer Freizeitbeschäftigung, in Garten und Kleintierstall, die Produktion von Obst und Gemüse, von Eiern, Fleisch, Honig, Milch, Wolle und Fellen – uns allen zum Nutzen, Walter Ulbricht zu Ehren.«[80] Große Industriebetriebe wie Leuna verpflichteten sich, besondere Anstrengungen bis zum Geburtstag Ulbrichts auf sich zu nehmen.

Die Krönung des Personenkults waren die hymnischen Gedichte und Epen, die staatskonforme Dichter auf den Staatsratsvorsitzenden verfassten. So endet die Ulbricht-Biografie des damaligen DDR-Kulturministers Johannes R. Becher: »Die deutsche Arbeiterklasse zählt ihn zu ihren Besten. Die Partei der Arbeiterklasse, das schöpferische Kollektiv des Politbüros sind stolz auf ihn. Die

Deutsche Demokratische Republik erblickt in ihm ein Vorbild an Fleiß, Energie, Arbeitskraft – als menschlichen Inbegriff unschätzbarer Errungenschaft. Das Aufbauwerk des Sozialismus grüßt dich als einen seiner hervorragendsten Erbauer. Und wir alle, die wir die Heimat lieben, und wir alle, die wir den Frieden lieben, lieben dich, Walter Ulbricht, den deutschen Arbeitersohn.«[81] Zur Ehrenrettung der DDR-Künstler muss angemerkt werden, dass sie sich keineswegs alle dem DDR-Diktator unterwarfen. Die Schriftstellerin Brigitte Reimann etwa schrieb 1957 den Ausdruck »Schwein Ulbricht« in ihr Tagebuch. 1961 notierte sie: »Niemals stand der Personenkult so in Blüte wie heute. Unsere Schriftsteller schämen sich nicht, Lieder auf Ulbricht zu schreiben, schleimige Widerlichkeiten, in denen sie ihn [mit] dem großen, wahrhaft großen Lenin vergleichen, es gibt ›Ulbrichtecken‹, das Ganze schmeckt nach religiösem Unsinn.«[82] Konsequent lehnte sie es ab, 1963 zu Ulbrichts 70. Geburtstag eine »Ulbricht-Hymne« zu verfassen, die in einem »Elogenband« erscheinen sollte: »Unmöglich für einen Menschen mit Verstand, über U. als Förderer der schönen Künste zu schwatzen.«[83] – »Ministerium und Aufbau-Verlag haben mich dutzend Mal angerufen und agitiert wegen des Huldigungsartikels für WU. Aber ich streike, und wenn ich bei ihnen verschissen habe in alle Ewigkeit. Und wir haben doch Personenkult!«[84]

Auch andere DDR-Bürger sahen Ulbricht in einem anderen Licht, als die Staatspropaganda es ihnen gerne eingetrichtert hätte. Über die Jahre erhielt der SED-Chef Hunderte »anonymer Hetzschreiben«, die in der Regel an das Ministerium für Staatssicherheit weitergeleitet wurden. Allein im April 1968 übermittelte das Büro Ulbricht einen ganzen Stapel derartiger Zuschriften an Erich Mielke. Oft schlug dem SED-Chef aus solchen Schreiben der blanke Hass entgegen. So etwa im Brief des nach Westdeutschland geflohenen Bauern Fritz Buchtenhagen, dessen Bauernhof kurz zuvor in der DDR enteignet worden war: »Sie sind ein ganz gemeiner roher Patron, welcher niemals in seinem Leben für die Ernährung des Deutschen Volkes nur das geringste gearbeitet hat. Solche Kadetten wie Sie es sind, hat man früher an dem Galgen gehängt, damit die Menschheit von solchem Lumpengesindel befreit ist... Sie haben meine große bäuerliche Familie um alles gebracht, was meine Urgroßeltern, Großeltern und meine Familie in zichjahren geschafft haben durch Tag und Nachtarbeit! Bilden Sie sich nun nicht ein, daß wir das, trotzdem das wir geflüchtet sind so hinnehmen und uns damit abfinden. Nein, nein, so leicht werden wir es Ihnen nicht machen. Aus diesem Grunde haben wir uns entschlossen, Ihnen dass liebste zu nehmen, was wohl Ihr Kind Beate ist. Gute Bekannte kommen mit der Beate täglich zusammen und wir werden uns an Sie Herr Ulbricht so gemein rächen, wie Sie uns Ihre Rachen gegenüber durchgeführt haben. Rache, Rache, Rache, das ist jetzt unsere Entscheidung. Sie haben uns rücksichtslos ins Unglück gestürzt, und wir werden nun auch Sie genau so rücksichtslos, Ihre Familie ins familiäre Unglück stürzen. Wir haben jeden Tag bei der Beate die Gelegenheit.«[85] Wer Ulbricht öffentlich kritisierte, lebte gefährlich. Die Bezeichnung des SED-Chefs als »Spitzbart« erfüllte in den Augen der DDR-Justiz bereits den Straftatbestand der Staatsverleumdung und brachte dem aufmüpfigen Zahnarzt Dr. Föst aus Spremberg ein Jahr Gefängnis ein.[86] Die Äußerung »Ich bin nicht allwissend wie Walter Ulbricht« des Fachdozenten Herbert Goedecke vor Schülern einer technischen Betriebsfachschule ahndete das Kreisgericht Dessau mit einer Freiheitsstrafe von sechs Monaten.[87] Und Honecker warnte alle Kritiker Ulbrichts eindringlich: »Wir werden, wie in der Vergangenheit so auch in der Zukunft, jedem auf die Finger klopfen, der es wagt, unseren im revolutionären Kampf bewährten Führer mit Schmutz zu bewerfen.«

So hoch die Wellen des Personenkultes um den klein gewachsenen Sachsen in der DDR schlugen, so extrem war der Hass gegen ihn in der Bundesrepublik. Nach dem Mauerbau 1961 erreichte er seinen Kulminationspunkt. Walter Ulbricht wurde in der Bundesrepublik zur Personifizierung des Kommunismus, zum Verantwortlichen für die Teilung Deutschlands und zur Symbolfigur des Kalten Krieges stilisiert. Die westdeutschen Medien beschimpften ihn als »Zonen-Vogt«, »Russen-Knecht«, »Kreatur des Kremls«, »Verbrecher«, »Mauermörder«, »Buchhalter des Terrors«, »Ratte aus Pankow«, »Sklavenhalter Mitteldeutschlands« und »Kettenhund der Sowjetunion«. Die Süddeutsche Zeitung betitelte ihn als »roten Tyrann aus Leipzig«, die Berliner Morgenpost als »Zonendiktator«, und die Zeit sprach vom »sächselnden Stalin«. Die Karikaturisten der Bundesrepublik erkoren ihn zum Standardobjekt, und das Kabarett hatte in ihm einen unerschöpflichen Stichwortgeber. Es war nicht schwer, ihn lächerlich zu machen. Seine hohe und dünne Stimme, die ständig drohte, sich zu überschlagen, sein sächsischer Dialekt, seine Kleinwüchsigkeit und Verkrampftheit, die er nie ganz abzulegen vermochte, machten es leicht, ihn zu verhöhnen. Doch Ulbricht war keine lächerliche Figur, sondern der Alleinherrscher über die DDR. Weder Hass noch Hohn konnten sein Wirken in Ostdeutschland behindern, geschweige denn verhindern. Während sich in der Bundesrepublik die Bundeskanzler Adenauer, Erhard, Kiesinger und Brandt ablösten, hielt Ulbricht ununterbrochen die Macht in der DDR in den Händen.

Umgekehrt blieb der SED-Chef seinen Feinden in Westdeutschland nichts schuldig. Er ließ keine Gelegenheit aus, das westliche System und seine Repräsentanten zu brandmarken und zu verdammen. Dem Regierenden Bürgermeister von Berlin, Willy Brandt, unterstellte Ulbricht »zynische Leichtfertigkeit« und urteilte über ihn: »Ein Mensch, der sein Gewissen verloren hat, ein Abenteurer ohne jede Bindung an Verantwortung und Tradition.«[88] Die gesellschaftliche Entwicklung »in den vom Monopolkapital beherrschten Ländern« beschrieb er als »mittelalterlich, rückständig, in höchstem Grade unmoralisch und nicht mehr in die Neuzeit der Menschheitsgeschichte passend«.[89] Wie in den zwanziger Jahren die Wirtschaft der Weimarer Republik, sah er die Wirtschaft in Westdeutschland in den Händen des »Großkapitals« und vom »Dollarimperialismus« beherrscht. Die westdeutsche Jugend bedauerte er als »Kanonenfutter für die reaktionären Interessen der Konzernherren, Bankherren und Großgrundbesitzer«. Die Bundesrepublik galt ihm mal als »westdeutsches Protektorat«, in dem die arbeitenden Menschen unter der »Knechtschaft des amerikanischen Imperialismus« litten, mal als »Naturschutzpark für die großkapitalistischen Monopole, für die früheren Wehrwirtschaftsführer Hitlers«. Westdeutsche Politiker beschimpfte er als »Bonner Schönredner«, »großmäulige Revanchepolitiker in West-Berlin und Bonn« oder als »parasitäre Ausbeuterklasse«. Er beklagte das »Treiben der Bonner Menschenhändler« sowie die »Wolfsgesetze des Kapitalismus«. Höhepunkte seiner Attacken waren Sätze wie: »Die Vertreter des verfaulenden Kapitalismus mögen zu Grunde gehen.«[90] Und er prophezeite: »Die parasitären Beherrscher der imperialistischen Länder mögen mit Gewalt oder Betrug hier und da ihre Herrschaft noch ein Weilchen verlängern. Das ändert nichts an der historischen Entwicklungsrichtung und an der Tatsache, dass ihre Uhr unaufhaltsam abläuft.«

In ganz besonderem Maße hasste Ulbricht Bundeskanzler Konrad Adenauer. Ein ums andere Mal belegte er sein Feindbild Nummer eins mit Vokabeln wie »Kriegshetzer«, »Monopolkapitalist«, »Kanzler der Börsenjobber« und »rheinischer Separatist«. Mal warf er Adenauer vor, ein französischer Spion zu sein, mal bezeichnete er ihn wegen dessen entfernten amerikanischen Verwandtschaft als »willfähriges Werkzeug der amerikanischen Imperialisten«.[91] Selbst vor Vergleichen mit Hitler schreckte Ulbricht nicht zurück: »Seine Revanchepolitik ist im Kern gleich der Revanchepolitik Hitlers, wie sie in ›Mein Kampf‹ dargelegt ist.«[92] Ulbrichts Sprachrohr, Politbüromitglied Albert Norden, skizzierte den Bundeskanzler als »Steigbügelhalter der Nazis« und diffamierte ihn als

Antisemiten. Die SED-Propagandamaschine gab sich größte Mühe, um Adenauer in ungezählten Angriffen als unerbittlichen Gegner der Wiedervereinigung und als »Spalter« Deutschlands zu brandmarken. Die demonstrative Nichtbeachtung durch den Bundeskanzler forderte Ulbricht zu immer neuen Propagandafeldzügen gegen Adenauer heraus, die er teilweise persönlich leitete. Nicht unerheblich dürfte an Ulbrichts Ego die Tatsache genagt haben, dass sich Adenauer – trotz aller gegenteiligen Bemühungen der SED-Führung – in der DDR einer überraschenden Sympathie erfreute. Der Höhepunkt des Ulbricht-Feldzugs gegen Adenauer fand ab Sommer 1962 statt. In einer Besprechung, an der unter anderen Hermann Axen und Erich Honecker teilnahmen, diktierte Ulbricht einen Zwölf-Punkte-Plan, der den Sturz des Bundeskanzlers zum Ziel hatte. Die Sitzung schloss mit dem Appell des SED-Chefs: »In diesem Sinn muss jetzt täglich die Kampagne geführt und entwickelt werden, dass die Adenauer-Ära zu Ende geht. Wir konzentrieren dabei das Feuer gegen die Adenauer, Strauß, Gehlen, Globke usw. Wir müssen uns dabei klar sein, dass wir für diese Kampagne etwa ein Jahr Zeit haben. In dieser Zeit muss der Rücktritt Adenauers erzwungen werden. Wenn es soweit ist, muss für alle Welt klar sein, dass er von uns gestürzt wurde.«[93] Ulbricht sollte mit seiner zeitlichen Vorgabe erstaunlich richtig liegen. Tatsächlich trat Adenauer im Oktober 1963 zurück. Doch das hatte nichts mit Ulbrichts diesbezüglichen Bemühungen zu tun.

Der zweite westdeutsche Intimfeind Ulbrichts war Herbert Wehner. Ihre Beziehung und ihr jeweiliges dramatisches Leben böte genügend Stoff für einen Roman. Kennen gelernt hatten sich die beiden Widersacher in der Weimarer Republik als Mitarbeiter der KPD-Zentrale in Berlin. Beide waren sie Männer, die die Macht suchten und bereit waren, für ihre Karriere hohe Risiken einzugehen. Beide blieben nach der nationalsozialistischen Machtergreifung – unter Einsatz ihres Lebens – zunächst noch in Berlin, dann führte sie ihr gemeinsamer Weg nach Paris und später nach Moskau. Von Anfang an misstrauten sie einander. 1936 überwarf sich Ulbricht mit Herbert Wehner wegen der Volksfrontpolitik. Über die richtige Strategie gegenüber der SPD zerstritten sich die beiden so, dass Ulbricht Wehner drohte, er werde für seine Auffassungen in Moskau Rede und Antwort zu stehen haben.[94] Tatsächlich musste sich Herbert Wehner wegen seines Streits mit Ulbricht 1937 gegenüber der Komintern rechtfertigen und wurde gezwungen, während des gegen ihn eingeleiteten Untersuchungsverfahrens in Moskau zu bleiben. Spätestens zu diesem Zeitpunkt wurde aus dem gegenseitigen Misstrauen Feindschaft. Bitter vermerkte Wehner in seinen Erinnerungen, dass Ulbricht während des Kominternverfahrens gegen ihn in Paris nach Fakten zu seinem, Wehners »Scheiterhaufen« gesucht habe: »Durch Lotte[95], die am 2. Mai in Moskau eintraf, konnte ich mir ein Bild davon machen, in welcher Weise Ulbricht und Nuding dort nach Brennmaterial zu meinem Scheiterhaufen gesucht hatten ... ein Anzeichen mehr dafür, dass ich für jene schon ein ›toter‹ Mann war.«[96] In der Tat beauftragte Ulbricht einen Mitarbeiter damit, Wehners Büro und Wohnung in Paris zu »überholen«. Bei der Übergabe von Unterlagen aus Wehners Wohnung durch seine Frau Charlotte Teubner wurden auch zahlreiche Parteimaterialien ausgehändigt, wie Telegramme aus Moskau, Briefe Piecks und Münzenbergs sowie chiffrierte Berichte aus Deutschland.[97] Nach dem KPD-Verständnis von Konspiration lag allein in der Aufbewahrung solcher Dokumente ein Vergehen. Als die Auflistung dieser Papiere am 21. September 1937 nach Moskau übermittelt wurde, war das Untersuchungsverfahren gegen Wehner zu dessen Glück bereits abgeschlossen, und die Vorwürfe gegen ihn waren fallen gelassen worden. Die von Ulbricht aus Paris übermittelten neuen Vorwürfe führten zu einer Wiederaufnahme der Untersuchung gegen Wehner, die bis zum Sommer 1938 dauerte. Erst am 13. Juni 1938 kam die zweite Kommission zum Ergebnis, dass Herbert Wehner »im Apparat des EKKI belassen werden soll«.[98] Wehner seinerseits verachtete Ulbricht und ließ ihn das auch spüren. Eine Weggefährtin jener Tage berichtete über Wehners Meinung zu Ulbricht: »Er verabscheute Ulbricht, den Nur-Taktiker und selbstsicheren Rechthaber, und nannte ihn stets ›Wullbricht‹, um dessen geistige und menschliche Grobschlächtigkeit zu charakterisieren.«[99]

Bald änderte sich die Machtsituation. Wehner überlebte die Untersuchung der Komintern unbeschadet, während Ulbricht sich 1938 wegen seiner Volksfrontpolitik gegenüber der Komintern verantworten musste. Jetzt schlug die Stunde Wehners. Als die Kominternspitze die KPD-Führung wegen ihrer vermeintlich schlechten Personalpolitik kritisierte, ergriff Wehner die Gunst der Stunde und attackierte in einer Politbürositzung der KPD im Oktober 1939 massiv die Kaderpolitik der KPD-Führung. Zugleich forderte er für sich persönlich mehr Macht und Einfluss im Politbüro. Das führte nachträglich zu Auseinandersetzungen in der KPD-Spitze und zu Kritik am Verhalten von Pieck und Ulbricht hinsichtlich des 1937 gegen Wehner eingeleiteten Verfahrens. Ulbricht sah sich sogar gezwungen, zu erklären, er sehe ein, damals falsch gehandelt zu haben, und würde sich nicht wieder zu solchen Schritten treiben lassen.[100] Die Attacke Wehners beunruhigte Wilhelm Pieck so sehr, dass er deswegen einige Tage später nach einer Besprechung mit Ulbricht zu diesem Thema besorgt in seinem Notizbuch vermerkte: »Feind in unsere Führung eingedrungen – Führung diskreditiert – ob Schweigen vor KI?«[101] Bis zum Abschluss des gegen ihn eingeleiteten Untersuchungsverfahrens wegen der Münzenberg-Affäre am 5. Juli 1939 rangierte Ulbricht daraufhin in den offiziellen Protokollen hinter Herbert Wehner.

In Moskau wurden beide mitschuldig gegenüber deutschen Emigranten, die in das Räderwerk der stalinistischen Säuberungen geraten waren. Als Mitglieder einer KPD-Kommission befanden sie darüber, ob von sowjetischen Organen verfolgte deutsche Kommunisten weiter in der KPD bleiben durften. In der Regel entschieden sie gegen ihre bedauernswerten Genossen und machten damit deren Los noch schwerer. Dabei ist zu ihren Gunsten zu berücksichtigen, dass dies in einem Umfeld geschah, in dem es kein Recht und keine Gerechtigkeit gab, sondern es nur darum ging, selbst zu überleben. Ihre Wege trennten sich Anfang der vierziger Jahre, als Herbert Wehner im Auftrag des Politbüros nach Schweden emigrierte. 1942 befreite er sich in schwedischer Gefangenschaft vom Joch des Kommunismus stalinistischer Prägung.

Nach dem Krieg kreuzten sich ihre Wege wieder, nur dass sie jetzt in zwei Lagern standen. Ihre Feindschaft setzte sich fort. 1964 mündete diese Feindschaft in eine mehrjährige Kampagne der SED mit dem Ziel, Wehner in der bundesdeutschen Öffentlichkeit zu diskreditieren und ihn letztlich als politischen Gegner auszuschalten. Auslöser dieser totalen Konfrontation war eine Sendung im Zweiten Deutschen Fernsehen am 8. Januar 1964, in der Wehner aufgrund seiner persönlichen Erfahrungen mit dem Nationalsozialismus und dem Kommunismus die beiden Systeme bezüglich ihrer totalitären Elemente gleichsetzte.[102] Dieser Vergleich war eine derartige Provokation für Ulbricht, dass er, unmittelbar nachdem ihm der Wortlaut des Interviews vorlag, eine Kampagne internationalen Ausmaßes gegen Wehner eröffnete. Der erste denunziatorische Artikel, der im Rahmen dieser Kampagne am 24. Januar 1964 in der Berliner Zeitung erschien, lag Ulbricht vor Veröffentlichung zur Genehmigung vor. Darin wurde Wehners Ausschluss aus der KPD 1942 bewusst falsch mit dessen »Zutreiberrolle für Hitlers Henker« begründet. Rudolf Breitscheid sei, »wie Zeugen berichteten«, im Konzentrationslager »wegen der Aussagen Wehners von den SS-Mördern in Buchenwald noch grausamer gequält« worden.[103] Weitere Artikel und Veröffentlichungen in verschiedenen DDR-Medien folgten. Ebenso ein Buch des westdeutschen Journalisten

Hans Frederik, der in einem 640-seitigen Elaborat über Wehner mit dem Titel »Gezeichnet vom Zwielicht seiner Zeit« Material verwendete, das ihm die SED zuspielte. Ulbricht ließ sich die Ergebnisse der gegen Wehner gerichteten Kampagne regelmäßig vorlegen und begutachtete sie aufmerksam, wie seine Unterstreichungen zeigen. Auch später wetterte Ulbricht bei jeder Gelegenheit gegen Wehner. So beschimpfte er ihn, der gerade Minister für gesamtdeutsche Fragen geworden war, in einer Politbürositzung am 24. Januar 1967: »Wehner war niemals ein Kommunist, er war auch kein Sozialdemokrat, er ist ein politischer Hochstapler, der jetzt sein Ziel, einen Ministerposten, erreicht hat. Und damit sind alle anderen Fragen für ihn erledigt.«[104]

Es ist bemerkenswert, dass Ulbricht und die SED falsche Tatsachen über Wehner behaupteten und verbreiten ließen, um ihn zu diskreditieren und möglichst zu stürzen. Ein Unterfangen, das im Ergebnis scheiterte. Wahre Fakten dagegen, die Ulbricht bekannt waren und deren Veröffentlichung Mitte der sechziger Jahre in der Bundesrepublik mit einiger Sicherheit den Sturz Wehners zur Folge gehabt hätten, behielt Ulbricht für sich. So die Tatsache, dass Wehner 1937 handschriftliche Berichte für den sowjetischen Geheimdienst, das NKWD, verfasst hatte. Noch 1994, als der Spiegel das Material veröffentlichte, war die öffentliche Resonanz enorm. Wäre es 1967 publiziert worden, als dem Ministerium für Staatssicherheit entsprechende Unterlagen vom KGB zur Verfügung gestellt wurden, hätte es Wehner politisch den Kopf gekostet. Dasselbe galt für andere Unterlagen, aus denen hervorging, dass Wehner in der zweiten Hälfte der dreißiger Jahre Mitglied jener KPD-Kommission gewesen war, die über die weitere Parteizugehörigkeit in Ungnade gefallener KPD-Genossen entschieden hatte. Warum Ulbricht dieses Material nicht einsetzte, liegt auf der Hand. Er war wie Wehner Mitglied derselben Kommission gewesen und hatte dieselbe Schuld auf sich geladen. Auch Ulbricht wäre mit diesem dunklen Kapitel seiner Vergangenheit in der Öffentlichkeit konfrontiert worden. So blieben die entsprechenden Akten unter Verschluss. Wehner blieb an der Macht, und Ulbricht stellte sicher, dass an seinem von ihm selbst sorgsam aufgebauten Geschichtsbild nicht gekratzt werden konnte.

Die Bundesrepublik einholen und überholen

Für die Wirtschaftspolitik war Walter Ulbricht innerhalb der KPD/SED-Führung schon seit 1945 zuständig. Diese Aufgabe hatte ihm seine Partei in erster Linie deshalb übertragen, weil er sich seit Ende der dreißiger Jahre mit theoretischen Wirtschaftsfragen des Marxismus-Leninismus beschäftigt hatte und damit gegenüber den anderen KPD-Führern einen vermeintlich entscheidenden Kompetenzvorteil besaß. Von Beginn an war die wirtschaftliche Entwicklung die Achillesferse der DDR. Schon im langen und harten Winter 1946/47 mussten aufgrund mangelnder Energie zahlreiche Betriebe in der SBZ stillgelegt werden. Hunderttausende Arbeiter in Ostdeutschland wurden arbeitslos, allein 200 000 in Ost-Berlin. Ulbrichts Antwort auf wirtschaftliche Probleme seines Landes war seit 1945 dieselbe und änderte sich über all die Jahre, die er an der Spitze von Staat und Partei stand, nie. Die Arbeiter müssten sich mehr anstrengen, forderte er immer wieder aufs Neue, die Arbeitsproduktivität müsse entscheidend gesteigert und die industrielle Produktion erhöht werden. Von den Bauern forderte er Jahr für Jahr »angestrengtere Arbeit« zur Steigerung der Produktion von Nahrungsmitteln. Gebetsmühlenartig wiederholte er: »Es gibt jetzt keine wichtigeren Probleme als den Kampf für die Steigerung der Arbeitsproduktivität und für die Senkung der Selbstkosten.«[105] Denn das sah Ulbricht völlig klar und ohne Illusionen: Die langfristige Existenz des ersten sozialistischen deutschen Staates würde davon abhängen, dass dieser wirtschaftlich wettbewerbsfähig war.

Ulbricht wusste, dass der Wettkampf der politischen Systeme in hohem Maße ein Wettkampf der jeweiligen Wirtschaftskraft war: »Die erste Frage ist die Gewinnung der ökonomischen Überlegenheit, d. h., wir müssen auf allen Gebieten der Produktion das Weltniveau erreichen ... Wir müssen erreichen, dass die Deutsche Demokratische Republik nicht nur in Bezug auf die Technik, auf die Erreichung des Weltstandards in der Produktion Westdeutschland und anderen Ländern überlegen ist, sondern dass wir auch überlegen sind auf dem Gebiete der Landwirtschaft.«[106] Mit seinem untrüglichen Instinkt für die Macht war ihm klar, dass die DDR nur dann bestehen konnte, wenn es gelang, mit dem Westen ökonomisch Schritt zu halten. Entscheidend für den Ausgang dieses Wettkampfes würde sein, welches System langfristig die höhere Produktivität erzielen konnte: »Die Entscheidung im friedlichen Wettbewerb zwischen Sozialismus und Imperialismus fällt in den Fabriken und Konstruktionsbüros, auf den Feldern der Genossenschaften und der volkseigenen Güter. In diesem Kampf geht es in erster Linie um die Steigerung der Arbeitsproduktivität durch die Einführung der neuesten Errungenschaften der Wissenschaft und höchstentwickelter Technik in unserer Produktion.« Im Vergleich zu seinen Politbürokollegen und den meisten wirtschaftlichen

Theoretikern der DDR war Ulbricht mit dieser Erkenntnis weit voraus. Er scheute sich keineswegs, vom »Weltmarkt« zu sprechen, auf dem die DDR Erzeugnisse anbieten müsse, die »eine hohe Rentabilität bringen«.[107] In den sechziger Jahren erkannte Ulbricht frühzeitig den revolutionären Charakter der Mikroelektronik für die Zukunft der Wirtschaft. Halbleiter beschrieb er als »Nervenzellen der neuen Technik, besonders der Mechanisierung und Automatisierung. Wer das nicht begreift, hat nichts begriffen, denn ohne die Organisierung des wissenschaftlich-technischen Fortschritts ist alles Reden über den Sieg des Sozialismus hohle Phrase.«[108] Damit zeigte der SED-Chef auch im Alter einen Realismus und eine Weitsicht, die ihn gegenüber fast allen seiner Politbürokollegen hervorhob und auszeichnete.

Ab Oktober 1945 hatte Ulbricht auf Anforderung von Marschall Shukow für das Gebiet der Sowjetischen Besatzungszone erstmals einen Wirtschaftsplan für das kommende Kalenderjahr aufgestellt. Von da an gehörten die volkswirtschaftliche Planung für die SBZ und später die DDR sowie die Bemühung, diese Pläne auch umzusetzen, zu seinen ständigen und wichtigsten Aufgaben. 1950 erstellte Ulbricht nach sowjetischem Vorbild den ersten Fünfjahrplan für die Wirtschaft der DDR. Das war bei den letzten Besprechungen in Moskau im Dezember 1949 so »angeregt« worden. Also beschloss das SED-Politbüro am 14. Februar 1950, eine Kommission unter Leitung Ulbrichts einzusetzen, die den ersten »Fünfjahrplan« für 1951 bis 1955 ausarbeiten und bis zum Sommer dem Politbüro präsentieren sollte. Keine Frage, ein Vorhaben dieser Größenordnung war vor seiner Verkündung mit der KPdSU-Führung abzustimmen. Das Thema war so wichtig, dass Ulbricht seine Planung Stalin am 4. Mai 1950 persönlich vortragen durfte. Der SED-Generalsekretär nutzte die Gelegenheit, um den sowjetischen Diktator um Wirtschaftshilfe für die DDR zu bitten.

Das war ein Anliegen, das er von nun an jahrzehntelang immer wieder in allen möglichen Tonlagen – bittend, fordernd, drohend – in Moskau vortragen sollte. Die Abstimmung der Wirtschaftsplanungen der DDR ging regelmäßig einher mit Bitten der SED-Führung um wirtschaftliche Unterstützung durch die Sowjetunion. Anders, trug Ulbricht gegenüber Stalin und dessen Nachfolgern Chruschtschow und Breschnew ein ums andere Mal vor, sei die erforderliche wirtschaftliche Entwicklung der DDR nicht sicherzustellen. Im Februar 1950 hatte er mit seinem Appell Erfolg. Stalin stimmte Ulbrichts Wunsch zu, die DDR in den Rat für gegenseitige Wirtschaftshilfe (RGW) aufzunehmen, und hob darüber hinaus alle Beschränkungen auf, die von den sowjetischen Besatzungsbehörden in der Vergangenheit für die Entwicklung einzelner Industriezweige festgelegt worden waren. Schließlich erklärte er sich bereit, die noch ausstehenden Reparationsleistungen der DDR an die UdSSR um die Hälfte zu kürzen und die Restzahlungen auf 15 Jahre zu strecken. Ulbricht hakte an dieser Stelle ein mit dem Vorschlag, dieses außerordentliche Zugeständnis Stalins propagandistisch auszunutzen: »Der politische Effekt muss zum Teil der SED angerechnet werden.«[109] Auch dieser Vorstoß Ulbrichts stieß auf Zustimmung bei seinen sowjetischen Gesprächspartnern. Was für ein Tag!, dürfte Ulbricht am Ende dieses Gesprächs mit Stalin gedacht haben. Entspannt konnte er jetzt seinen Planentwurf vorlegen, der auf dem dritten Parteitag der SED im Juli 1950[110] verabschiedet wurde. Ulbricht hielt auf dem Parteitag das Referat über den »Fünfjahrplan« und die Perspektiven der Volkswirtschaft der DDR. Was unter seiner Leitung zur wirtschaftlichen Entwicklung der nächsten Jahre angedacht worden war, war mehr als ehrgeizig. Die industrielle Produktion sollte in diesem Zeitraum auf das Doppelte der Produktion des Jahres 1936 gesteigert werden. Das Volkseigentum sollte gleichzeitig um mehr als 60 Prozent wachsen. Hinter diesem ehrgeizigen Plan stand das Problem, dass die DDR fünf Jahre nach Kriegsende in ihrer wirtschaftlichen Entwicklung spürbar hinter der Bundesrepublik zurückblieb.

Im Anschluss an den Parteitag entfachte die SED-Führung eine breit angelegte Kampagne zur Propagierung des »Fünfjahrplans«, um die Bevölkerung für dessen Wirtschaftsziele – und die dabei geforderte Mehrleistung – zu begeistern. Ulbricht, anderen Mitgliedern der Partei- und Staatsführung voran, war sich nicht zu schade, für sein Programm persönlich zu werben. 1950 und 1951 unternahm er eine Reihe von Reisen, um auf Veranstaltungen und anlässlich von Parteiversammlungen über den Fünfjahrplan zu referieren. Allein zwischen dem 11. und 30. August 1950 trat er auf Belegschaftsversammlungen im Eisenwerk Unterwellenborn, in der Kammgarnspinnerei an der Werra Niederschmalkalden, im VEB Optik Carl Zeiss Jena, in der Warnowwerft Warnemünde, in der Volkswerft Stralsund, in der Zentralforschungsanstalt für Tierzucht in Dummersdorf und auf dem dritten Kongress des FDGB in Berlin auf.[111]

Doch schon in den Anfangsjahren der DDR – da nützte alle Propaganda nichts – zeichnete sich ab, dass das System der sozialistischen Planwirtschaft elementare Mängel aufwies. Die DDR hatte darum – bei allem Fleiß ihrer Bürger – keine Chance, mit der wirtschaftlichen Entwicklung marktwirtschaftlich organisierter Staaten, wie der Bundesrepublik, mitzuhalten. Das wichtigste Vorhaben des ersten Fünfjahrplanes war der Bau eines Eisenhüttenkombinats beim Städtchen Fürstenberg an der Oder. Eine neue Stadt, symbolträchtig Eisenhüttenstadt genannt, sollte gleich mit errichtet werden. Weit genug von der Westgrenze entfernt, zugleich unmittelbar am »Bruderland« Polen und in größtmöglicher Nähe zur Sowjetunion gelegen. Bald war auf Propagandaplakaten zu lesen, dass in Eisenhüttenstadt »sowjetisches Erz und polnischer Koks zu deutschem Friedensstahl« gemacht würden. Doch das Prestigeobjekt des ersten Fünfjahrplanes wurde am 19. September 1951 als Potemkinsches Dorf in Betrieb genommen. Die Erinnerung des damals zuständigen Ministers für Schwerindustrie, Fritz Selbmann, an dieses Ereignis ist symptomatisch für die weitere Entwicklung der DDR-Wirtschaft insgesamt; ein Rohr war nicht rechtzeitig geliefert worden: »Die versammelte Menschenmenge brach in begeisterten Jubel aus, da sie sicherlich meinte, der ausströmende schwarze Rauch sei ein Beweis dafür, dass der Hochofen nun wirklich fertig wäre. Das Gegenteil war natürlich der Fall, denn an sich hätte bei einer geschlossenen Rohranlage kein schwarzer Rauch aufsteigen dürfen, aber nur ich und einige Vertraute wussten, dass im letzten Moment über den Holzstoß im Ofengestell noch ein Fass schwarzen Heizöls geschüttet worden war.«[112]

Immer wieder hatte die DDR-Bevölkerung als Folge der staatlichen Planwirtschaft unter mangelnder Versorgung mit Konsumgütern zu leiden. 1953 etwa beklagte Elli Schmidt, Kandidatin des Politbüros, vor der Volkskammer: »Margarineknappheit, die Fehler in der Verteilung der Winterkartoffeln und Kohle, die schlechte Streuung von Lebensmitteln und Textilien ... Nicht nur in der Versorgung mit Lebensmitteln, sondern auch besonders in der Versorgung mit Textilien gab es große Mängel ... Im Winter brauchen unsere Kinder keine Sandalen, die es jetzt und nicht im Sommer zu kaufen gibt. Im Winter brauchen unsere Kinder keine Kniestrümpfe, die man jetzt haben kann, während sie im Sommer fehlten ... Wir sind geradezu empört über die Behandlung unserer Kleinsten, der Neugeborenen, für die keine Windeln zu haben sind.«[113]

Trotz dieser für alle sichtbaren Mängel bei der Versorgung der Bevölkerung mit Konsumgütern blieben die Wirtschaftsziele von Walter Ulbricht ehrgeizig. 1956 erklärte er dem chinesischen KP-Vorsitzenden Mao Zedong, dass er die Absicht habe, die Bundesrepublik bis 1960 wirtschaftlich zu überholen. Als Mao zweifelte:

»Vielleicht erst später?«, entgegnete Ulbricht: »Wir müssen jetzt, sonst ist es gefährlich.« Daraufhin entgegnete Mao: »Sie haben einen großen Wunsch.«[114]

Zwei Jahre später, auf dem fünften Parteitag der SED im Juli 1958, gab Ulbricht den propagandistischen Startschuss für ein Wirtschaftsprogramm, mit dem diese wirtschaftliche Zielsetzung erreicht werden sollte. Dabei knüpfte er an eine Losung Chruschtschows an, wonach die Sowjetunion anstrebte, »in den wichtigsten Zweigen der landwirtschaftlichen und industriellen Produktion die USA in historisch kürzester Frist einzuholen und zu überholen«.[115] Ein ähnliches Ziel gab Ulbricht der DDR-Wirtschaft vor: »Die Volkswirtschaft der Deutschen Demokratischen Republik ist innerhalb weniger Jahre so zu entwickeln, dass die Überlegenheit der sozialistischen Gesellschaftsordnung der DDR gegenüber der Herrschaft der imperialistischen Kräfte im Bonner Staat eindeutig bewiesen wird und infolgedessen der Pro-Kopf-Verbrauch unserer werktätigen Bevölkerung an allen wichtigen Lebensmitteln und Konsumgütern den Pro-Kopf-Verbrauch der Gesamtbevölkerung in Westdeutschland erreicht und übertrifft.« Auch den Termin zur Erreichung des Ziels legte der SED-Chef gleich fest; bis 1961 sollte die Aufgabe gelöst sein.[116] 1959 mündete diese Wirtschaftsinitiative Ulbrichts in das »Gesetz über den Siebenjahrplan«, dessen Hauptziel Ulbricht anlässlich seiner Verabschiedung durch die Volkskammer noch einmal betonte: »In wenigen Jahren werden wir in Deutschland die Überlegenheit der sozialistischen Gesellschaftsordnung über die imperialistische Herrschaft in Westdeutschland beweisen. Wer kann daran zweifeln, dass unserer gerechten Sache die Zukunft gehört?«[117]

Und wie sollte die Aufgabe bewältigt werden? Natürlich durch zusätzliche Anstrengungen der Werktätigen, durch eine erneute Erhöhung der Arbeitsproduktivität! Schon 14 Tage vor dem Parteitag hatte Ulbricht die Propagandamaschine der SED angeworfen. Mit Wirkung zum 29. Mai 1958 schaffte die SED die Lebensmittelkarten in der DDR ab. Seit dem Krieg, seit 13 Jahren, waren viele Grundnahrungsmittel wie Butter, Margarine, Zucker oder Milch in der DDR rationiert gewesen. Man konnte sie in beschränktem Umfang billig über Lebensmittelmarken beziehen [500 Gramm Butter für 2,10 M.] oder, falls vorhanden, zu Wucherpreisen im Laden kaufen [500 Gramm Butter für 10 M.]. Im Dezember 1953 konnte ein DDR-Bürger 1380 Gramm Fleisch, 915 Gramm Fett und 1240 Gramm Zucker über seine Lebensmittelmarken erwerben. Um die Bevölkerung positiv auf den bevorstehenden Parteitag und auf den erneuten Aufruf zu härterer Arbeit einzustimmen, sollten alle bislang rationierten Nahrungsmittel jetzt unbeschränkt eingekauft werden können, allerdings zu deutlich höheren Preisen [500 Gramm Butter für 4,90 M.]. Wenn das auch für die Konsumenten in der DDR eine erhebliche Mehrbelastung darstellte, so wurde die Abschaffung der Lebensmittelkarten von der Mehrheit der Bürger doch mit Freude aufgenommen.

Nach dem Parteitag lief die Propagandamaschine auf Hochtouren. Ulbrichts ehrgeizigen wirtschaftlichen Ziele mündeten propagandistisch in der »Schlacht der 1 000 Tage«. Jeder Betrieb, jedes Kollektiv wurde dazu aufgerufen, sich für das neue ökonomische Ziel künftig noch stärker ins Zeug zu legen. Die Medien waren voll von der Präsentation immer neuer Selbstverpflichtungen, die Pläne nicht nur zu erreichen, sondern zu übertreffen. Die Übererfüllung des Plans durch die Kollektive wurde – oft ohne Rücksicht auf Kosten oder Qualität – zur alles entscheidenden Kennziffer. Damit kam man in die Medien. Das wurde auf der Maikundgebung laut verkündet, wenn die Mitarbeiter der Betriebe an der Tribüne mit der Parteiprominenz vorbeizogen. Planerfüller und -übererfüller wurden in der »Straße der Besten« vorgestellt und öffentlich gelobt. Man ehrte sie mit Orden und Preisen, dem Ehrentitel »Aktivist« (ab 1949) oder der »Medaille für ausgezeichnete Leistungen« (ab 1951). Doch auch mit der besten Propaganda war die grundsätzliche Unterlegenheit der zentralistisch gesteuerten Planwirtschaft der DDR gegenüber dem marktwirtschaftlichen Wirtschaftssystem der Bundesrepublik nicht ansatzweise zu egalisieren. Je näher das Jahr 1961 heranrückte, desto klarer wurde, dass Ulbrichts Wirtschaftsinitiative ein Flop werden und dass man die Bundesrepublik nicht »einholen und überholen« würde. Anfang 1961 kursierte unter der DDR-Bevölkerung der Witz: »Es werden an alle Filzpantoffeln ausgegeben.« – »Warum denn das?« – »Damit die Westdeutschen nicht hören, dass wir sie überholen.« Die lahmende Wirtschaft, beeinträchtigt vor allem auch durch den jahrelangen Massenexodus von DDR-Bürgern in den Westen, zwang Ulbricht zum Handeln, wenn er nicht die Stabilität der DDR und damit seine eigene Macht gefährden wollte.

Ulbricht, Chruschtschow und Deutschland

»Wir haben den Krieg gewonnen. Unsere Arbeiter werden nicht eure Toiletten putzen«, blaffte Nikita Chruschtschow Ulbricht einmal in seiner barschen, emotionalen Art an, als er vom SED-Chef

KPdSU-Chef Nikita Chruschtschow ehrt Walter Ulbricht zu seinem 70. Geburtstag am 30. Juni 1963 mit einem Besuch in Ost-Berlin

gebeten wurde, zur Unterstützung der ostdeutschen Wirtschaft sowjetische Gastarbeiter in die DDR zu schicken. Der Tischler aus Leipzig und der Schlosser aus Moskau kannten sich schon seit Ende 1941, als sie sich an der Stalingrad-Front begegnet waren. Chruschtschow war schon damals Mitglied des Politbüros der KPdSU und Mitglied des sowjetischen Kriegsrates der Stalingrad-Front. Bereits bei ihrer ersten Begegnung prallten die unterschiedlichen Temperamente der beiden Männer aufeinander. Der cholerische Sowjetführer war derb und bäuerlich im Umgang und immer zu Späßen auf Kosten anderer aufgelegt. Der trockene, beflissene und unterwürfige Ulbricht – er berichtete später fast ehrfürchtig über diese Begegnung – war der charakterliche Gegenpart. Mehrfach musste der Deutsche bei gemeinsamen Abendessen den Spott Chruschtschows über sich ergehen lassen: »Na, Genosse Ulbricht, es sieht nicht so aus, als ob Sie heute Ihr Abendbrot verdient hätten. Es haben sich keine Deutschen ergeben.« Auch den Weihnachtsabend 1942 verbrachten Ulbricht und Chruschtschow zusammen mit einigen übergelaufenen deutschen Soldaten an der Stalingrad-Front.[118]

Ihr späteres Verhältnis, als sie beide an der Spitze ihrer jeweiligen Länder standen, war nicht von Wärme geprägt. Ulbricht trat dem Generalsekretär der KPdSU zu selbstbewusst auf und beharrte zu oft auf der eigenen Meinung. Vor allem verscherzte sich Ulbricht Sympathie, als er im Anschluss an die bahnbrechende Rede Chruschtschows über Stalins Verbrechen auf dem 20. Parteitag der KPdSU 1956 im Herbst demonstrativ zum achten Parteitag der KP Chinas fuhr. Mao Zedong, der chinesische KP-Führer, war ein erklärter Gegner jeder Entstalinisierung. 1958, als das Politbüro der SED zum zweiten Mal den Aufstand gegen Ulbricht wagte, wäre Chruschtschow bereit gewesen, den SED-Chef fallen zu lassen. Aber zu seinem Erstaunen fand sich letztlich keiner der Ulbricht-Gegner zum Dolchstoß gegen den ersten Mann im SED-Staat bereit. Später führten Chruschtschow und Ulbricht harte Auseinandersetzungen über den richtigen wirtschaftspolitischen Kurs der DDR. Auch über die Frage, in welchem Umfang in der DDR Mais angebaut werden sollte, ein Steckenpferd des Kreml-Chefs, stritten sich die beiden Parteiführer hartnäckig. Ulbricht berichtete über eine gemeinsame Autofahrt mit Chruschtschow: »Als Chruschtschow in die DDR kam, schimpfte er die ganze Zeit bis Magdeburg auf mich ... weil ich kein Maisjünger sei und weil der Mais nicht genügend wachse.«[119]

Doch am Ende überlebte Ulbricht nach Lenin und Stalin auch diesen Sowjetführer. Im Herbst 1964 wurde Chruschtschow entmachtet und aufs politische Altenteil abgeschoben. Ulbricht kommentierte das mit den Worten: »Das wurde aber auch wirklich höchste Zeit, denn er war ja in letzter Zeit schon unmöglich, der Alte!«[120] Ulbricht hingegen tauschte fortan auch mit dem neuen Parteiführer der KPdSU, Leonid Breschnew, den Bruderkuss und stand weiter an der Spitze der SED und der DDR.

Für eine selbstständige Deutschlandpolitik Ulbrichts war auch in der Ära Chruschtschow kein Raum. Für den Nachfolger Stalins war die DDR die teuer bezahlte Eroberung der Sowjetunion im Zweiten Weltkrieg. Als Grenzland zum westlichen Block spielte sie eine zentrale Rolle in der Ost-West-Strategie Moskaus. Politische Veränderungen, selbst eigenständige Initiativen, die das Verhältnis beider deutscher Staaten betrafen, waren darum für das Politbüro der SED nicht möglich. In dieser essentiellen Frage behielt sich die sowjetische Führung zu jedem Zeitpunkt die Entscheidung auch von Details vor. Und die KPdSU-Führung nahm keinerlei Rücksicht auf die SED, wenn es um die eigenen Machtinteressen ging. Als Bundeskanzler Konrad Adenauer im September 1955

Moskau besuchte, mit dem Ziel, die Freilassung der deutschen Kriegsgefangenen in der UdSSR zu bewirken, informierte Chruschtschow das SED-Politbüro frühzeitig über seine Absicht, dieser Forderung entgegenzukommen, wenn die Bundesregierung ihrerseits bereit sei, mit der UdSSR diplomatische Beziehungen aufzunehmen. Ulbricht schlug daraufhin vor, dass die Nachricht über die Entlassung der deutschen Kriegsgefangenen durch ihn der deutschen Öffentlichkeit überbracht werden sollte. Was für ein Prestigegewinn wäre das für Ulbricht und die DDR gewesen! Doch der sowjetische Parteichef lehnte den Vorschlag rundweg ab. Dieses Zugeständnis war sein Trumpf für die bevorstehenden Verhandlungen mit Adenauer, dessen Einsatz er sich persönlich vorbehielt. Ulbricht und Pieck wurde sogar zugemutet, kurz vor dem Adenauer-Gespräch geheim nach Moskau zu fliegen, um mit der KPdSU-Führung die Strategie für die bevorstehenden Gespräche mit Adenauer abzustimmen. Vor der Öffentlichkeit mussten die SED-Führer diese Reise geheimhalten, um den Bundeskanzler nicht zu irritieren.[121]

Balsam auf die Wunden der SED-Führer war, dass die UdSSR nach Aufnahme diplomatischer Beziehungen mit der Bundesrepublik auch die DDR formal als selbstständigen Staat anerkannte. Am 20. September 1955 durfte Ulbricht als Führer einer DDR-Delegation in Moskau den »Vertrag über die Beziehungen zwischen der Deutschen Demokratischen Republik und der Union der Sozialistischen Sowjetrepubliken« unterzeichnen, der die Souveränität der DDR proklamierte. Ulbricht hatte den Abschluss dieses Vertrages maßgeblich mit vorbereitet; zunächst in Gesprächen mit dem Hohen Kommissar in Deutschland, Semjonow, der nach der Unterschrift zum Botschafter der UdSSR in der DDR mutierte, danach in Beratungen mit dem Partei-Ideologen der KPdSU, Suslow.

Chruschtschow hatte die DDR dazu auserkoren, die Rolle eines Schaufensters des sozialistischen Lagers gegenüber dem Westen zu spielen. Deutschland war für ihn der zentrale Kampfplatz in der Auseinandersetzung zwischen den beiden Blöcken.[122] Der ostdeutsche Staat sollte dadurch zum Sieg des Sozialismus beitragen, dass er wirtschaftliche Überlegenheit und größeren Wohlstand der Bevölkerung demonstrierte.

Zur Erreichung dieses Ziels war Chruschtschow bereit, die DDR durch Rohstoff- und Warenlieferungen zu unterstützen, auch um den Preis, dass dies wirtschaftliche Einschränkungen für die Sowjetunion mit sich brachte. Jedoch überstiegen die Ostberliner

Wünsche bald die sowjetische Fähigkeit und Bereitschaft. Als die »Schaufensterstrategie« trotz nennenswerter materieller Hilfe durch die UdSSR auch nach mehreren Jahren keinen Erfolg zeitigte, reifte bei Chruschtschow die Erkenntnis, dass sein Ziel nicht erreichbar war, solange die Grenze zwischen Ost- und West-Berlin noch offen war.

Darum übermittelte er am 27. November 1958 den Westmächten eine Note, die eine neue Berlin-Krise auslösen sollte. Der sowjetische Führer stellte sich darin auf den Standpunkt, dass das Potsdamer Abkommen, als angebliche Rechtsgrundlage der Präsenz der westlichen Besatzungsmächte in Berlin, unwirksam geworden sei. Damit sei insbesondere die Ausübung des Besatzungsregimes in West-Berlin hinfällig. West-Berlin müsse den Status einer »freien Stadt« erhalten, bei gleichzeitiger Verfügungsberechtigung der DDR über die Verkehrswege auf ihrem Territorium. Mit anderen Worten, die DDR sollte allein über den Zugang zu West-Berlin entscheiden dürfen. Diesen Paukenschlag im Ost-West-Gefüge verband Chruschtschow mit der ultimativen Forderung, dass die Westmächte sich innerhalb von sechs Monaten zu einem diesbezüglichen Abkommen bereit erklären müssten. Andernfalls wolle die sowjetische Regierung die geplanten Maßnahmen im Alleingang mit der DDR durchführen.[123] Als der Westen sich nicht einschüchtern ließ, schob Chruschtschow im Februar 1959 ein weiteres Berlin-Ultimatum nach, das neue Drohungen enthielt. Als der Westen auch darauf nicht einging, machte Chruschtschow allerdings keine Anstalten, seine Drohungen auch in die Tat umzusetzen. Es zeigte sich, dass der Sowjetführer nur geblufft hatte und nicht bereit war, wegen West-Berlin ein größeres Risiko einzugehen, geschweige denn einen neuen Krieg anzuzetteln.

Wenn Ulbricht auch nicht der Initiator dieses Vorstoßes war, so passte dieser doch wunderbar in seine eigenen Vorstellungen vom künftigen Deutschland. Er sah darin sofort eine Chance, seine DDR zu stabilisieren und gegenüber der Bundesrepublik mehr Macht und Eigenständigkeit zu erreichen. Jetzt war für ihn der Zeitpunkt gekommen, eines der dringendsten Probleme des SED-Staates endlich zu lösen: die Unterbrechung des Zugangs von Ost- nach West-Berlin, den Hauptfluchtweg aller Ostdeutschen, die die DDR für immer verlassen wollten. Schon 1958 hatte Ministerpräsident Otto Grotewohl in einer Rede offen angesprochen, dass die »anhaltende Flucht aus der Republik das Problem Nr. 1« sei und dass es »so nicht weitergehen könne«.[124] Für Ulbricht galt die halbe, westdeutsche Stadt im Herzen der DDR ohnehin als »Tummelplatz der Kriegstreiber und Kriegsinteressierten..., Paradies der Menschenhändler, Spione, Diversanten..., Eiterbeule, die junge Menschen systematisch durch Filme verseucht, die Mord und andere Schwerverbrechen lehren.«[125] Und er ortete Versuche der Bundesrepublik, »mit dem Westberliner Frontstadtsumpf die ganze Deutsche Demokratische Republik zu verpesten«. In den fünfziger Jahren hatten mehr als 2,2 Millionen DDR-Bürger ihrer Heimat für immer den Rücken gekehrt. Der ständige Verlust an Menschen nagte am Lebensnerv der DDR. Besonders hart war die Tatsache, dass vor allem junge, gut ausgebildete und hoch motivierte DDR-Bürger dem Arbeiter- und Bauernstaat davonliefen. So floh zwischen 1954 und 1961 annähernd ein Fünftel der Ärzteschaft der DDR und hinterließ eine verheerende Lücke im Gesundheitswesen. Die Auswirkungen auf die Altersstruktur der DDR waren katastrophal. Die ständige Abwanderung von Fachkräften wirkte sich immer wieder spürbar auf die Wirtschafts- und Versorgungslage aus. Insgesamt unterschied sich die Fluchtbilanz für das Jahr 1960 nicht von der vorangegangener Jahre: Wieder waren fast 200000 Menschen den Verlockungen des kapitalistischen Westens erlegen. Drei Viertel davon hatten sich entschieden, ihr Land über Berlin, das offene Tor im Eisernen Vorhang, zu verlassen. Das Frühjahr 1961 glich in vielem der Situation im Krisenjahr 1953. Jeden Monat kehrten 19000 Menschen der DDR den Rücken, die Einwohnerzahl einer Kleinstadt.

Ulbricht schilderte Chruschtschow diese Situation in drastischster Form. Mehrfach trug er dem Sowjetführer vor, dass Ost-Berlin keine Chance habe, zur Vorzeigestadt des Sozialismus zu werden, wenn die Grenze zum Westteil der Stadt weiter offen bleibe. Zugleich lotete die SED-Führung mit einer Reihe repressiver Maßnahmen aus, wie weit sie in der Berlin-Frage gehen konnte, bis sie auf aktiven Widerstand aus dem Westen traf. So machte die DDR den Aufenthalt westdeutscher Besucher in Ost-Berlin genehmigungspflichtig, verweigerte West-Berlinern, die einen westdeutschen Reisepass hatten, den Zugang nach Ost-Berlin und sperrte auch schon mal die Sektorengrenze in Berlin ganz mit der Begründung, die Ost-Berliner vor den Auswirkungen eines im Westteil Berlins stattfindenden »revanchistischen Vertriebenentreffens« schützen zu müssen. Am 23. Januar 1960 schrieb Ulbricht einen offenen Brief an Konrad Adenauer, in dem er vorschlug, eine Volksabstimmung über Abrüstung, einen Friedensvertrag und eine deutsche Konföderation durchzuführen. Für West-Berlin forderte er erneut den Status einer Freien Stadt. Das Schreiben war gespickt mit aggressiven Vorwürfen zur »Kriegspolitik« der Bundesrepublik und selbstsicheren Drohungen. Ähnliche Attacken gegen die Bundesrepublik folgten das ganze Jahr hindurch. Am 19. Juli 1960 veranstaltete Ulbricht zusammen mit seinem Politbürokollegen Albert Norden eine Pressekonferenz, um die »Weltöffentlichkeit über das Ausmaß der Bonner Aggressionsvorbereitungen gegen die DDR zu informieren«.[126] Ende August von einem vierwöchigen Sommerurlaub auf der Krim braun gebrannt zurückgekehrt, attackierte Walter Ulbricht erneut die »provokatorische« und »kriegerische« Politik der Bundesrepublik in einem Interview mit dem DDR-Fernsehen. Die Bundesrepublik antwortete auf diese ständigen verbalen Angriffe, indem sie am 30. September 1960 das gegenseitige Handelsabkommen mit der DDR kündigte. Das brachte die SED und Ulbricht in eine prekäre Lage, denn die DDR war auf die bislang von der Bundesrepublik gelieferten Rohstoffe und Halbfertigprodukte ebenso angewiesen wie auf die Devisen, die sie aus dem Verkauf ihrer Produkte in der Bundesrepublik erzielte. Nur die UdSSR konnte jetzt noch Hilfe leisten. Im November reiste Ulbricht als Leiter der SED-Delegation zum dritten Mal in diesem Jahr in die Sowjetunion, um in Moskau an einer Konferenz aller kommunistischen und Arbeiterparteien teilzunehmen. Am Rande der Tagung traf Ulbricht mit Chruschtschow zusammen und besprach mit ihm die Lage in Deutschland. Chruschtschow sicherte Ulbricht zu, dass die UdSSR der DDR die erforderlichen Rohstoffe und Waren liefern werde, falls das Handelsabkommen zwischen den beiden deutschen Staaten von der Bundesrepublik nicht verlängert würde. Mit dieser Zusage im Rücken konnte Ulbricht gestärkt nach Deutschland zurückreisen und seinen Aggressionskurs fortsetzen.[127] Und er hatte Glück: Das Handelsabkommen zwischen der Bundesrepublik und der DDR wurde mit Wirkung zum 1. Januar 1961 wieder in Kraft gesetzt.

Der Bau der Mauer

Am 18. Januar 1961 wandte sich Ulbricht erneut mit einem im Ton dramatischen Schreiben an Nikita Chruschtschow. Ungeschminkt schilderte der SED-Chef darin die wirtschaftliche und politische Situation der DDR. Und die las sich ganz anders als bei seinen öffentlichen Auftritten: »Der konjunkturelle Aufschwung in Westdeutschland, der für jeden Einwohner der DDR sichtbar war, ist der Hauptgrund dafür, dass im Verlaufe von zehn Jahren rund zwei Millionen Menschen unsere Republik verlassen haben. In dieser Lage waren und sind wir gezwungen, um den Abstand im Lebensniveau wenigstens schrittweise zu mildern, ständig mehr für den individuellen Konsum zu verbrauchen, als unsere Wirtschaft hergab. Das ging ständig zu Lasten der Erneuerung unseres Produktionsapparates. Das kann man auf die Dauer nicht fortsetzen.«[128] Ulbrichts Lösungsansatz zur Behebung dieser Misere war die Bitte an den KPdSU-Chef, dass dieser die anstehende Rückzahlungsverpflichtung der DDR gegenüber der UdSSR in Höhe von 800 Millionen Mark bis 1966 aufschieben möge. Andernfalls könne der Lebensstandard der DDR-Bevölkerung nicht gehalten werden. Chruschtschows Antwortschreiben vom 30. Januar war durchweg positiv. Der KPdSU-Chef signalisierte Entgegenkommen in der ökonomischen Frage und war bereit zu einem von Ulbricht gewünschten Treffen im April, bei dem Details besprochen werden sollten.[129]

Am 16. März 1961 konfrontierte Ulbricht erstmals das ZK der SED mit seinem Vorhaben, die Berliner Sektorengrenze zu schließen. In seinem Referat ging er auf die Flüchtlingsproblematik ein und erörterte die Frage, ob die Abschottung der Inner-Berliner-Grenze nicht die Antwort auf dieses Problem sein müsse.[130] Zwei Wochen später tagte der Politische Beratende Ausschuss der Warschauer-Pakt-Staaten in Moskau.[131] Ulbricht nutzte die Gelegenheit, um in seiner Eigenschaft als Vorsitzender des Ausschusses seine Pläne erstmals auch den Verbündeten vorzustellen. Sein Vorschlag, die Fluchtwege nach West-Berlin zu »verstopfen, mit Posten unserer Grenzorgane, mit Barrieren, vielleicht auch mit Stacheldrahtzäunen«, stieß auf Ablehnung bei den Führern der anderen Ostblockstaaten, einschließlich Chruschtschow. Das Risiko, dass die USA unter ihrem Präsidenten Kennedy militärisch intervenieren könnten, sei zu groß, warnten sie. Immerhin erhielt Ulbricht die Vollmacht, für den Fall einer Grenzabriegelung »alles vorzubereiten«. Der SED-Chef legte das als Vollmacht zur Durchführung seines Vorhabens aus. Nach Berlin zurückgekehrt, beauftragte er Erich Honecker, mit den Vorbereitungen für die Schließung der Berliner Sektorengrenze zu beginnen.[132]

Am 15. Juni 1961 gab der SED-Chef anlässlich einer Pressekonferenz vor 350 Journalisten ungewollt einen wichtigen Hinweis auf den bevorstehenden Bau der Mauer. Auf die Frage einer Reporterin der Frankfurter Rundschau, ob er beabsichtige, die Staatsgrenze der DDR am Brandenburger Tor, mitten in der Stadt, zu errichten, erwiderte Ulbricht: »Ich verstehe Ihre Frage so, dass es in Westdeutschland Menschen gibt, die wünschen, dass wir die Bauarbeiter der Hauptstadt der DDR dazu mobilisieren, eine Mauer aufzurichten. Mir ist nicht bekannt, dass eine solche Absicht besteht. Die Bauarbeiter unserer Hauptstadt beschäftigen sich hauptsächlich mit Wohnungsbau, und ihre Arbeitskraft wird dafür voll eingesetzt. Niemand hat die Absicht, eine Mauer zu errichten ...« Der letzte Satz sollte zum geflügelten Wort Ulbrichts werden. Niemand hatte nach einer Mauer gefragt. Doch die anwesenden Journalisten griffen den Hinweis nicht auf. Ulbrichts Fehler blieb ohne Folgen.

Doch noch hatte Ulbricht seine Verbündeten von seinem Vorhaben nicht überzeugt und musste darum weiter dafür werben. Anlässlich eines Essens mit dem sowjetischen Botschafter Michail Perwuchin, Anfang Juli 1961, schilderte er die Lage der DDR in den drastischsten Formen: Der wachsende Flüchtlingsstrom desorganisiere immer mehr das ganze Leben der Republik. Bald müsse es zu einer Explosion kommen. Es gebe erste Anzeichen für Revolten, doch bisher könne Mielke diese unterbinden, indem er die Rädelsführer festsetze. Perwuchin solle Chruschtschow mitteilen, wenn die gegenwärtige Situation der offenen Grenze weiter bestehen bleibe, sei der Zusammenbruch unvermeidlich. Als Kommunist warne er davor und lehne alle Verantwortung dafür ab, was weiter geschehe. Er könne diesmal nicht garantieren, die Lage unter Kontrolle zu halten. Das solle man in Moskau wissen.[133] Einen Monat später gelang es Ulbricht, seine Verbündeten endgültig von der Notwendigkeit, die Sektorengrenze in Berlin abzuschotten, zu überzeugen. Am 3. August trug er auf einer Konferenz der Warschauer-Pakt-Staaten ein weiteres Mal seine Beweggründe vor. Geschickt ergänzte er seine frühere Argumentation um wirtschaftliche Gesichtspunkte, die auch die anderen Ostblockstaaten betrafen. Die Abwanderung der DDR-Bevölkerung wirke sich so negativ auf die Wirtschaft aus, erläuterte er, dass die DDR nicht mehr in der Lage sei, ihre Verpflichtungen gegenüber den sozialistischen Bruderstaaten, Rohstoffe und Fertigprodukte zu liefern, zu erfüllen. Zudem sei die Lage in der DDR explosiv. Jeden Tag könne der »Klassenfeind« mit einem Putsch losschlagen.[134] Die Zustimmung fiel den kommunistischen Machthabern nicht leicht. Ulbricht wurde während der Sitzung nach Ost-Berlin zurückgeschickt, um noch offene Fragen unzweideutig zu klären. Am 4. August beriet er sich in Ost-Berlin mit den wichtigsten Politbürokollegen, unter ihnen Willi Stoph und Erich Honecker, in Wandlitz. An diesem Tag wurde das exakte Datum des Mauerbaus festgelegt: das darauf folgende Wochenende, der 12. und 13. August. Und die SED-Führer stellten eine neue, weitergehende Forderung auf: Eine massive Mauer sollte errichtet werden, nicht nur ein Stacheldrahtzaun. Einen Tag später war Ulbricht zur Schlusssitzung der

Konferenz wieder in Moskau. Sein Vorhaben, eine feste Mauer zu errichten, stieß nicht auf ungeteilte Zustimmung. Chruschtschow schlug einen Kompromiss vor: Zuerst solle die Grenze durch Stacheldraht gesperrt werden. Wenn der Westen darauf nicht reagiere, könne der Zaun durch eine Mauer ersetzt werden. Unter keinen Umständen solle man sich auf westliches Gebiet vorwagen. »Danke, Genosse Chruschtschow«, sagte Ulbricht abschließend. »Ohne Ihre Hilfe könnten wir dieses schreckliche Problem nicht lösen.« Chruschtschow entgegnete: »Ich bin einverstanden – aber keinen Millimeter weiter!«[135]

Am 7. August 1961 informierte der SED-Chef sein Politbüro in einer außerordentlichen Sitzung über die Ergebnisse seiner Moskauer Gespräche. Das oberste SED-Organ fasste den formellen Beschluss, die Grenzen zu West-Berlin zu schließen. Am 12. August unterschrieb Ulbricht um 16.00 Uhr in seinem Landsitz am Döllnsee die vom Einsatzstab unter Leitung von Erich Honecker vorbereiteten Befehle für die Unterbrechung des freien Zugangs von Ost-Berlin nach West-Berlin. Um 22.00 Uhr waren die führenden Repräsentanten der DDR wie Ministerpräsident Stoph, der Oberbürgermeister von Berlin, Ebert, und die Vertreter der Blockparteien im Staatsrat zum Abendessen eingeladen. »Wir werden«, so Ulbricht zum sowjetischen Botschafter Michail Perwuchin, »zusammen essen, ich teile ihnen die Schließung der Grenze mit und bin vollkommen überzeugt, dass sie diesen Schritt billigen werden. Vor allem aber lasse ich sie nicht weg, bis die Aktion beendet ist. Sicher ist sicher.«[136] Gegen 22.30 Uhr erließ Honecker aus seiner Einsatzzentrale im Polizeipräsidium in Ost-Berlin die kodierten Einsatzbefehle an die ausgewählten Polizei- und NVA-Einheiten. Der zweite Mann der SED erwies sich Ulbrichts Vertrauen würdig. Die geheime Vorbereitung und generalstabsmäßige Durchführung des Mauerbaus war eine strategische und logistische Meisterleistung. Ab 1.00 Uhr sperrten rund 25 000 Mann der »Betriebskampfgruppen« die Zugänge zwischen Ost- und West-Berlin. Zum selben Zeitpunkt erließ Ulbricht einen Befehl an die Vorsitzenden der Bezirkseinsatzleitungen, in dem Alarmstufe I angeordnet wurde. Als die Berliner am Sonntagmorgen aufwachten, standen sie vor vollendeten Tatsachen. Der »Zentrale Stab«, der die ganze Aktion leitete, hielt in der Zeit vom 14. bis zum 18. August täglich zwei Sitzungen ab. Drei Mal wurden sie von Ulbricht persönlich geleitet, ansonsten von Erich Honecker.[137]

In den folgenden Wochen zeigte sich Ulbricht von seiner radikalsten Seite. In einer Ansprache im Deutschen Fernsehfunk am

18. August 1961 rechtfertigte er den Mauerbau in demagogisch kaum zu überbietender Weise. Er schob die Schuld für die Teilung Berlins der Bundesregierung zu, der er unterstellte, den Bürgerkrieg in der DDR und die offene militärische Provokation geplant zu haben, mit dem Ziel, »die Deutsche Demokratische Republik zu unterminieren und sturmreif zu machen«. Der Versuch der Bundesregierung, die DDR »aufzurollen«, erinnere ihn daran, wie Hitler seinen Überfall auf die Tschechoslowakei und dann auf Polen vorbereitet habe. Diese gefährliche Situation für den Frieden in Europa sei durch den Mauerbau bereinigt worden: »Die Maßnahmen unserer Regierung haben dazu beigetragen, den in diesem Frühherbst 1961 durch die westdeutschen Militaristen und Revanchepolitiker bedrohten Frieden in Europa und in der Welt zu retten. Mögen auch die Bürger Westdeutschlands und Westberlins begreifen, dass es sehr wohl möglich ist, dass ihnen durch unsere Maßnahme das Leben gerettet wurde.«[138] Am 29. August 1961 nahm er zum Mauerbau im Neuen Deutschland Stellung: »Konterrevolutionäres Ungeziefer, Spione und Diversanten, Schieber und Menschenhändler, Prostituierte, verdorbene Halbstarke und andere Gegner der volksdemokratischen Ordnung saugten sich an unserer Arbeiter-und-Bauern-Republik wie Blutegel oder Wanzen am gesunden Körper fest. Sie hätten natürlich auch gern noch weiterhin unserem Volke das Blut und den Lebensnerv ausgesogen... Wenn man das Unkraut nicht bekämpft, dann erstickt es die junge Saat... Deshalb haben wir die Risse in unserem Haus dichtgemacht, die Schlupflöcher für die ärgsten Feinde des deutschen Volkes geschlossen.«[139]

Während einer Politbürositzung in diesen emotional aufgewühlten Tagen brach aus ihm hervor, was seit Jahrzehnten seine innerste Überzeugung und sein Lebensleitbild war: »Folgende Einstellung muss vor allem bei den Kommunisten existieren: Alles, was der Stärkung der DDR dient, ist richtig. Alles, was hier Tag und Nacht geschieht, ist richtig. Wer zu Maßnahmen der DDR schwankt, gibt dem Gegner bereits Platz. Das war auch unsere Stellung seit 1917 zur Sowjetunion. Ob alle immer gleich alles verstanden haben oder nicht: Was die Sowjetunion macht, ist richtig. Die Sowjetunion hat Recht. So muss auch die Einstellung zur DDR sein. Die Fragen müssen zugespitzt werden... Die Volksarmee ist unsere Armee. Es muss offen gesagt werden: Wer die DDR provoziert oder dabei mitmacht, wird zerschlagen, gleich, welches Parteibuch er besitzt.«[140] Von diesem Lebensprogramm war es nur ein kleiner Schritt zum Schießbefehl an der Mauer. In einer Rede vor FDJ-Funktionären und Mitgliedern des Politbüros erklärte Ulbricht:

»Wer provoziert, auf den wird geschossen ... Manche sagen, Deutsche können doch nicht auf Deutsche schießen. Auf die Deutschen, die den Imperialismus vertreten, werden wir, wenn sie frech werden, schießen.« Und so geschah es. Im ersten Jahr nach dem Bau der Mauer starben 50 Menschen beim Versuch, das Arbeiter- und Bauernparadies zu verlassen.

Das rote Wirtschaftswunder

Der 13. August 1961 war die zweite Geburtsstunde der Deutschen Demokratischen Republik. Der Mauerbau war die wichtigste und entscheidendste Maßnahme Ulbrichts zur Stabilisierung der kommunistischen Herrschaft in Ostdeutschland. Er beendete »die Abstimmung mit den Füßen«, unterbrach den Flüchtlingsstrom gut ausgebildeter DDR-Bürger in den Westen und verhinderte so ein weiteres personelles Ausbluten des SED-Staates. Er schaffte die Voraussetzung für einen Bewusstseinswandel der Menschen in der DDR und damit letztlich für den Aufschwung der DDR-Wirtschaft in den sechziger Jahren. Die Bevölkerung musste sich ab jetzt mit dem Gedanken abfinden, ihren Lebensmittelpunkt dauerhaft in der DDR zu haben. Dies führte bei vielen »Leistungsträgern« dazu, dass sie sich mit den Verhältnissen in der DDR zu arrangieren begannen. Facharbeiter, Ingenieure, Wissenschaftler und Techniker suchten ihre Chance künftig notgedrungen in ihrem beruflichen Engagement, zuweilen auch in einem Engagement für ihren Staat. Dadurch gelang es Ulbricht in den sechziger Jahren, der DDR-Wirtschaft neue Impulse zu geben. Seine Wirtschaftsinitiative nach dem Mauerbau war eine seiner größten Leistungen als Staats- und Parteichef der DDR.

Auf Hilfe aus dem Ostblock, insbesondere der Sowjetunion, konnte Ulbricht dabei nicht zählen. Chruschtschow hatte Anfang der sechziger Jahre genügend eigene wirtschaftliche Probleme. Als Ulbricht 1962 wieder einmal um Wirtschaftshilfe in Moskau nachsuchte, kehrte sein Abgesandter, der Vorsitzende der Staatlichen Plankommission, Karl Mewis, mit leeren Händen zurück. Auf Mewis' Bitte, die Sowjetunion möge der DDR behilflich sein, ihrer Rolle gegenüber dem Westen als »Schaufenster des Sozialismus« gerecht zu werden, wurde er von seinen Verhandlungspartnern abgekanzelt: Wenn die deutschen Genossen der Auffassung seien, ein Schaufenster des Sozialismus zu sein, dann mögen sie es auch bitte mit eigener Kraft zu füllen versuchen.[141]

Erste Überlegungen zu einer grundlegenden Reform der DDR-Wirtschaft gab es in einem kleinen Kreis um Ulbricht seit Anfang der sechziger Jahre. Neben dem SED-Chef gehörten dieser Reformergruppe dessen langjähriger, enger Mitarbeiter Wolfgang Berger sowie Günter Mittag und Erich Apel an. Begünstigt wurden Ulbrichts Reformgedanken durch zeitgleiche Überlegungen in der Sowjetunion. Dort hatte der Wirtschaftsprofessor Jewsej Libermann eine Diskussion über die Reformierung der UdSSR-Wirtschaft initiiert. Im Kern ging es dabei darum, die Produktivität und Flexibilität der Betriebe in der Sowjetunion zu erhöhen. Zu diesem Zweck sollten die staatlichen Planungsvorgaben reduziert und Gewinn- und Rentabilitätskennziffern eingeführt werden, deren Erfüllung als Grundlage für die Gewährung von Prämien an die Belegschaft dienen sollte.[142]

Die KPdSU-Führung stand diesem Reformansatz zunächst aufgeschlossen gegenüber und beschloss auf ihrem 22. Parteitag 1961, die wirtschaftliche Leistungsfähigkeit der Sowjetunion zu verbessern, weil nur auf diesem Weg das Endziel Kommunismus erreichbar schien. Das war Wasser auf Ulbrichts Mühlen, der als Leiter der DDR-Delegation am sowjetischen Parteitag teilgenommen hatte. Das Politbüro der SED setzte daraufhin mehrere Arbeitsgruppen mit dem Auftrag ein, »Grundsätze eines neuen ökonomischen Systems der Planung und Leitung der Volkswirtschaft« auszuarbeiten. Parallel dazu bemühte sich Ulbricht um die Zustimmung Chruschtschows zu einer generellen Reform des Wirtschaftssystems der DDR. Vor allem drängte Ulbricht auf eine persönliche Teilnahme des KPdSU-Chefs am sechsten Parteitag der SED 1963, damit »Nikita Sergejewitsch Chruschtschow als Leiter der Delegation am Parteitag teilnimmt und die Möglichkeit benutzt, sich mit den neuen Problemen der ökonomischen Entwicklung der DDR an Ort und Stelle vertraut zu machen«.[143]

Die vom Ersten Sekretär der SED initiierte wirtschaftspolitische Diskussion und die Vorarbeiten der Arbeitsgruppen, die zum Jahresende 1962 abgeschlossen waren, mündeten in eine für kommunistische Verhältnisse radikale Änderung des bisherigen wirtschaftlichen Kurses. Ende 1962 kündigte Ulbricht in einer Rede in Leipzig an, dass die SED-Führung beabsichtige, sich von ihrer bisherigen Wirtschaftspolitik zu lösen. Die wirtschaftsfremden, politisch motivierten Steuerungskriterien sollten durch wirtschaftliche Leistungskriterien ersetzt werden.[144] Radikal forderte Ulbricht, dass Schluss gemacht werden müsse mit der einseitigen »These vom Vorrang der Politik gegenüber der Ökonomie«. Vielmehr hätten jetzt »ökonomische Aufgaben Vorrang«.[145] Kurz darauf, auf dem sechsten Parteitag der SED im Januar 1963, stellte Ulbricht das »Neue Ökonomische System der Planung und Leitung« (NÖS) vor. In Abkehr von den bisherigen Grundsätzen stalinistischer Wirtschaftspolitik sah es die Einführung bestimmter Prinzipien der Marktwirtschaft vor. Dazu gehörte die Gewährung leistungsabhängiger materieller Anreize für den Einzelnen wie die Schaffung von Prämien und Jahresprämien in Abhängigkeit vom wirtschaftlichen Ergebnis des Betriebs. Dazu zählte weiter die Schaffung von Entscheidungsspielräumen für die Unternehmen durch Dezentralisierung und Reduzierung zentraler Verwaltungsapparate. Begriffe wie Gewinn, Rentabilität, Preise, Selbstkosten und so weiter sollten Einzug in die Betriebe halten. Die Unternehmen sollten selbstständig Kredite aufnehmen können und einen Teil ihres Gewinnes zur Finanzierung von Investitionen behalten dürfen.

Zu der von Ulbricht gewünschten Teilnahme Chruschtschows am Parteitag der SED sollte es jedoch nicht kommen. Mehr noch, es gab überhaupt keine ideologische Absicherung dieses entscheidenden wirtschaftlichen Richtungswechsels in der DDR durch die KPdSU. Nach Aussagen von Ulbrichts damals engstem Mitarbeiter, Wolfgang Berger, »gab es vor dieser wichtigen Entscheidung keine Rückfragen oder Rückversicherungen aus Moskau«.[146] Die Wirtschaftsreform Anfang der sechziger Jahre, das »Neue Ökonomische System« war ausschließlich eine Ulbricht-Reform. Erste Erfolge zeigten sich schnell. 1964 erfüllte »die sozialistische Industrie erstmalig seit vielen Jahren neben dem Produktionsplan auch den Gewinnplan«. In der DDR-Landwirtschaft wurde eine bedeutende Steigerung der Agrarerzeugnisse erreicht. Die Versorgung der Bevölkerung mit Nahrungsmitteln, Konsumgütern und Dienstleistungen verbesserte sich spürbar. Dieser Trend hielt auch 1965 an.[147] Alles in allem war das von Ulbricht durchgesetzte NÖS ein Schritt zur »sozialistischen Marktwirtschaft«. Es war Basis und Motor für das »rote Wirtschaftswunder« in der DDR der sechziger Jahre. Das »Riesenkombinat« DDR stieg – auch begünstigt durch einen Boom der Weltwirtschaft – zur zweitgrößten Wirtschaftsmacht des Ostblocks auf, und die DDR-Bevölkerung erreichte den höchsten Lebensstandard aller kommunistischen Länder der Welt. Unter den wirtschaftsfeindlichen Bedingungen des Sozialismus war dies ein großer Erfolg des Wirtschaftspolitikers Ulbricht. Geschickt unterstützte er die wirtschaftliche Entspannung durch weitere populäre Zugeständnisse. Zum 15. Jahrestag der DDR verkündete er eine große Amnestie für politische Straftaten und erlaubte ab diesem Zeitpunkt DDR-Rentnern Reisen in den Westen. Ab 1966/67 wurde in der DDR die Fünf-Tage-Woche eingeführt. Alles zusammen verbesserte das Image Walter Ulbrichts bei der DDR-Bevölkerung spürbar und erlaubte es ihm, in gewissem Umfang in die von ihm angestrebte Rolle des Landesvaters zu schlüpfen.

Doch schon 1964 drohte Ulbrichts Wirtschaftsreform Gefahr. Im Januar 1964 musste Ulbricht wieder einmal bei Chruschtschow um wirtschaftliche Hilfe bitten. Die Versorgung der DDR-Bevölkerung und -Betriebe mit Waren und Rohstoffen war gefährdet, weil der dafür erforderliche Importbedarf von der DDR-Wirtschaft allein nicht realisiert werden konnte. Andere Warschauer-Pakt-Staaten zogen es plötzlich vor, statt ihre Lieferverpflichtungen aus langfristigen Handelsabkommen zu erfüllen, die entsprechenden Waren auf den westlichen Märkten anzubieten. Darum fehlten der DDR zu diesem Zeitpunkt 480 000 Tonnen Steinkohle, die die Polen liefern sollten, und 400 000 Tonnen Erdöl, die die ČSSR zugesichert hatte. Ulbricht versuchte Chruschtschow in seinem Schreiben weiszumachen, dass dahinter eine neue Taktik der Bonner Politik zur »ökonomischen Erpressung« der DDR stehe. Anlass hierfür waren Bemühungen der Bundesrepublik, Handelsvertretungen in verschiedenen Ostblockländern zu errichten. Ulbricht appellierte an Chruschtschow, dass die Sowjetunion diesen »systemschädigenden« Verhaltensweisen innerhalb des Ostblocks Einhalt gebieten solle. Darüber hinaus forderte er vom KPdSU-Chef, dass die UdSSR stattdessen in die Bresche springen solle. Chruschtschow sagte zwar zunächst Hilfe durch Lieferungen in Höhe von 200 000 Tonnen Erdöl und 150 000 Tonnen Steinkohle zu, musste aber wenig später gegenüber der SED den wirtschaftlichen Offenbarungseid leisten. Aufgrund eigener existentieller agrarwirtschaftlicher Probleme – die UdSSR als traditioneller Großerzeuger von Getreide war in dieser Phase gezwungen, in großem Umfang Getreide auf dem Weltmarkt einzukaufen – musste Chruschtschow langfristig zugesagte Lieferungen der UdSSR an die DDR und andere Staaten einstellen, um die Versorgung im eigenen Land sicherstellen zu können.

In der Folge gelang es Ulbricht und seinem neuen Mann für die Wirtschaft, Erich Apel, mit großen Anstrengungen, die Entscheidung der Sowjets zumindest in Teilen zu revidieren. Sie verwiesen in einem Schreiben vom 7. April 1964 darauf, dass die feste Verbindung der DDR-Volkswirtschaft mit der Wirtschaft der UdSSR »eine Lebensfrage« sei. Als Ulbricht im Juni 1964 zum Abschluss des Freundschafts- und Beistandspaktes mit der UdSSR in Moskau weilte, gelang es ihm, Chruschtschow einige Zugeständnisse abzuringen. Im Oktober wandte er sich vor dem Hintergrund weiterer anstehender Verhandlungen erneut an den KPdSU-Chef. Basis seiner Argumentation war die mit Chruschtschow abgestimmte Deutschlandpolitik der SED mit dem politischen Ziel, zu »gleichberechtigten Verhandlungen« mit der Bundesrepublik zur Deutschlandfrage zu kommen. Das war seiner Meinung nach nur erreichbar auf der Basis einer stabilen wirtschaftlichen Entwicklung der DDR. Die »noch nicht konkurrenzfähige« Wirtschaft der DDR müsse auf den entscheidenden Gebieten mit Westdeutschland gleichziehen. Entscheidend dafür sei »nicht der Lebensstandard, sondern die Erhöhung des wissenschaftlich-technischen Niveaus der Produktion«. Die dafür von der DDR vorgesehenen Maßnahmen könnten nur umgesetzt werden, wenn bis 1970 Rohstoffimporte aus der Sowjetunion, insbesondere die Einfuhr von Erdöl, Erdgas, Walzstahl und Getreide, gesichert seien.[148]

Neue Kader braucht das Land

Ulbricht war von Beginn seiner Wirtschaftsreform an klar, dass er seine Ziele mit den alten, bürokratischen Wirtschaftsfunktionären nicht erreichen konnte. Mehrfach brachte er zu jener Zeit seine Geringschätzung für die »Parteiarbeiter« ohne wirtschaftlichen Sachverstand in der SED zum Ausdruck. Zur Lösung der wirtschaftlichen Probleme der DDR, meinte der SED-Chef, »brauchen wir nicht den Typ eines subalternen Verwaltungsbeamten«. Er war entschlossen, seine Wirtschaftsreform auch gegen den erbitterten Widerstand einer ganzen Generation von SED-Funktionären durchzusetzen, deren Weltbild mit der Einführung des »Neuen Ökonomischen Systems« zusammenbrach. Bereits im Dezember 1962 wies er das Sekretariat des ZK an, dass künftig »als Leiter von Organen nur Persönlichkeiten mit entsprechender Qualifikation eingesetzt werden« dürften.[149] Das war sicher ein richtiger Ansatz, wollte Ulbricht seine Wirtschaftsreform effizient voranbringen, doch er rüttelte damit an den Grundmauern kommunistischer Systeme und an der Machtbasis des SED-Apparates. Das »Neue Ökonomische System« als wirkliche Alternative zur bisherigen Form der Wirtschaft zu begreifen, fiel vielen altgedienten Funktionären schwer. Das beschränkte sich nicht nur auf die niederen Chargen, sondern reichte bis in die Spitzengremien. Doch daran störte sich der Diktator Ulbricht nicht. Wieder einmal umging er den Apparat, der ihm zu schwerfällig schien, und entschied allein, was gut war für die SED und die DDR. Dabei nahm er den Groll der entmachteten und umgangenen Funktionäre im hauptamtlichen Parteiapparat in Kauf, zumal er große Teile der Bevölkerung hinter sich wusste. Das Volk spürte die Richtigkeit des neuen Weges und identifizierte sich schnell damit. Die DDR-Bürger erkannten, dass sich Einsatz und fachliche Leistung wieder mehr lohnten und dass diese auch mit persönlichen Vorteilen honoriert wurden. Die Arbeiter sahen eine Chance, durch mehr Leistung ihren Lohn zu erhöhen, und zwar aufgrund nachvollziehbarer und in ihren Augen fairer Kriterien.

Wer sich seinem »Neuen Ökonomischen System« widersetzte, es kritisierte oder nicht in der Lage war, auf dessen Anforderungen zu reagieren, wurde von Ulbricht rigoros von seinem Posten entfernt. Prominentestes Opfer wurde der bisherige Leiter der Staatlichen Plankommission und Kandidat des Politbüros, Karl Mewis, der bereits im Januar 1963 seinen Hut nehmen musste und danach sang- und klanglos alle Partei- und Regierungsämter verlor. Ulbricht verzieh ihm nicht, dass er sich bei den letzten Verhandlungen in Moskau über Waren- und Rohstofflieferungen der UdSSR an die DDR nicht hatte durchsetzen können. Als Argument für die Entmachtung von Mewis dienten Ulbricht Unterlagen aus der Zeit des Dritten Reiches. Mewis war 1942 Leiter des KPD-Auslandsbüros mit Sitz in Stockholm gewesen. Als er von der schwedischen Polizei festgenommen wurde, hatte er in einem 62 Seiten umfassenden Protokoll detaillierte Angaben über andere in Schweden lebende KPD-Mitglieder gemacht. Vor dem ZK begründete der Erste Sekretär der SED die Entfernung seines Planungschefs damit, »dass der Genosse Mewis nicht imstande ist, die großen Aufgaben, wie sie jetzt auf dem Parteitag beschlossen werden, als Vorsitzender der Plankommission durchzuführen«.[150] An seine Stelle trat Erich Apel, ein enger Mitarbeiter Ulbrichts, der maßgeblich an der Entwicklung des NÖS mitgearbeitet hatte. Günter Mittag, ein anderer enger Mitarbeiter, wurde anlässlich des sechsten Parteitages der SED zum ZK-Sekretär für Wirtschaftsfragen befördert. Ein Jahr später musterte Ulbricht eine Reihe weiterer alter Genossen aus, die »gewisse überlebte Auffassungen über ökonomische Probleme nicht hinter sich lassen konnten«.

Ulbricht wusste, dass er die Menschen der DDR für seine wirtschaftlichen Anstrengungen gewinnen musste, wenn seine Wirtschaftsreform Erfolg haben sollte. Er brauchte nicht nur neue Führungskräfte in der DDR-Wirtschaft, die die alten Führungskader ersetzen konnten, er brauchte die Identifikation einer ganzen Generation ausgebildeter Fachkräfte mit dem politischen System insgesamt, damit deren volles Engagement für die DDR-Wirtschaft sichergestellt werden konnte. An die Stelle der bisherigen Führungskräfte, deren Legitimation für eine Führungsaufgabe in der Wirtschaft oft allein das Engagement für den Sozialismus gewesen war, sollte nach Ulbrichts Vorstellungen eine neue Elite treten, die »technische Intelligenz«. Damit waren junge Facharbeiter und Hochschulabsolventen mit wirtschaftlicher Ausbildung im weitesten Sinne gemeint. Darum versuchte Ulbricht fast zeitgleich mit seinen wirtschaftlichen Reformansätzen auch das politische Gesamtsystem der DDR vorsichtig so zu modifizieren, dass es für die junge Generation attraktiv genug war, damit diese sich mit der DDR und ihrem politischen System arrangieren konnte. Ulbricht hatte dabei das Idealbild des »sozialistischen Menschen« vor Augen, den Kreativität, eigenständiges Denken und persönliches Engagement auszeichnen sollten, menschliche Eigenschaften, die für das effektive Funktionieren eines Wirtschaftssystems unerlässlich sind, in der DDR aber durch das politische System weitgehend unterdrückt wurden.

Angriff auf Honecker

Im Zuge dieser Reformansätze kam es zu heftigen Angriffen Walter Ulbrichts auf die Jugendpolitik in der DDR: »In der Schule ist etwas nicht in Ordnung... Es ist eine große Schlamperei eingetreten. Man braucht in der Schule nicht mehr zu lernen, nicht mehr zu turnen, dafür Ringelreihen tanzen.«[151] Dieser Attacke gegen die Verantwortlichen für das Ausbildungssystem der DDR im Juni 1963 folgte einen Monat später ein ebenso heftiger Vorwurf an die Zuständigen für die FDJ: »Die bei manchen Genossen bestehende Tendenz, die ganze Jugendarbeit in der FDJ konzentrieren zu wollen, ist überholt.«[152] Kein Zweifel, das waren öffentliche Ohrfeigen für den zweiten Mann der SED, Erich Honecker, der als ZK-Sekretär für Jugendpolitik der SED zuständig war, und für dessen Ehefrau Margot, die Ministerin für Volksbildung der DDR.

Unter bewusster Umgehung Honeckers und des Leiters der Kommission für Jugendfragen beim Politbüro, Paul Verner, rief Ulbricht im Frühjahr 1963 alle mit Jugendfragen befassten SED-Gremien zu einer Aussprache zusammen. In dieser »Kommission für Jugendfragen« kritisierte er einleitend mit drastischen Worten, dass die Jugendpolitik »viel zu wünschen übrig ließe«, und beklagte den »administrativen Stil, den die Jugend nicht versteht«.[153] »Mit der Etikette der ›volksdemokratischen Ordnung‹ wurde unser Schulsystem verpfuscht.«[154] Solch ungewohnte öffentliche Kritik musste auf Honecker und seine nachgeordneten Genossen wie ein Schlag ins Gesicht wirken. Es war das erste Mal, dass Ulbricht seinen bisherigen Lieblingsgenossen öffentlich derart brüskierte. Ein tief greifendes Zerwürfnis zwischen Ulbricht und Honecker, dem »Berufsjugendlichen« im Politbüro der SED, war die zwangsläufige Folge. Das Verhältnis der beiden ersten Männer im SED-Staat sollte nach dieser Attacke Ulbrichts nie wieder so sein wie vorher. Das Ziel des SED-Chefs – zu dessen Erreichen er auch den möglichen Bruch mit seinem politischen Ziehsohn Honecker nicht scheute – war die Beschneidung der Rolle der FDJ auf die Erziehung von Jugendlichen bis zum Alter von 20 bis 22 Jahren. Die anderen jungen Menschen, die dieses Alter überschritten hatten und die damit für den Arbeitsmarkt unmittelbar zur Verfügung standen, wollte Ulbricht dem Einfluss der FDJ entziehen. Er glaubte nicht daran, dass die FDJ für seine neue Elite, die »technische Intelligenz«, attraktiv genug war. Honecker vertrat dagegen die Meinung, »dass man gerade in dieser komplizierten Zeit einen einheitlichen, starken, straff organisierten Jugendverband brauche und sich nicht auf Experimente einlassen dürfe«.[155]

Im Mai 1963 trat Ulbricht vor dem siebten Parlament der FDJ auf und beklagte dort erneut öffentlich die mangelnde Attraktivität der FDJ. Der SED-Chef präsentierte sich hier als Junggebliebener mit Verständnis für die Jugend und der Bereitschaft, mit Jugendlichen offen über Probleme zu sprechen, wobei man »kein Blatt vor den Mund zu nehmen« brauche. Die Jugendlichen sollten sich ihrer Rolle als »Hausherren von morgen« bewusst werden. Höhepunkt der Attacken Ulbrichts gegen die FDJ war die Äußerung: »die Zeit des stalinistischen Personenkults«, in der »man nur die richtigen Zitate auswählen« brauchte, sei vorbei.[156] Am 27. Juni 1963 tagte zum zweiten Mal die von Ulbricht zusammengerufene große »Kommission für Jugendfragen«, sein Gremium zur Umgehung der dazu eigentlich berufenen SED-Funktionäre und -Organe. Erneut fielen harte Worte Ulbrichts in Richtung Honecker. Er sprach von »Fehlern« der FDJ: »Die heutige Jugendarbeit ist auf unsere reale Lage nicht richtig eingestellt.«[157] Ziel der Zusammenkunft war die Einsetzung einer Arbeitsgruppe, die für das Politbüro ein grundlegendes Strategiepapier für die künftige Jugendpolitik ausarbeiten sollte.

Anfang Juli 1963 – Erich Honecker war bezeichnenderweise im Urlaub – bestimmte Walter Ulbricht an allen Parteiorganen vorbei einen Leiter für die Jugendkommission, der seine Vorstellungen für die künftige Jugendpolitik der SED ideologisch vorbereiten und umsetzen sollte. Seine Wahl fiel auf Kurt Turba[158], den Chefredakteur der Studentenzeitschrift »Forum«, die in der jüngsten Zeit durch ihre für DDR-Verhältnisse große Offenheit und Liberalität sowie ihr Problembewusstsein aufgefallen war. Ulbricht ernannte Turba gleichzeitig zum Leiter der Abteilung »Jugend« des ZK. Dass Ulbricht auf Turba verfiel, war eine weitere, nicht zu verkennende Ohrfeige für Erich Honecker. Turba war nämlich von 1950 bis 1953 Abteilungsleiter im Zentralrat der FDJ gewesen und nach dem 17. Juni 1953 von Honecker wegen seiner »bürgerlichen Herkunft« und seiner »kritischen Haltung« geschasst und auf den Posten des Chefredakteurs der Studentenzeitschrift »Forum« abgeschoben worden. Als Turba Ulbricht auf seine früheren Probleme mit der FDJ aufmerksam machte und meinte, dass er für die Aufgabe schwerlich geeignet sei, antwortete Ulbricht lachend: »Ja, was glauben Sie denn, warum ich gerade Sie vorgeschlagen habe?«[159] Und dann machte er deutlich, worum es ihm ging. Er brauche jemanden, der den jährlich 100 Millionen Mark verschlingenden FDJ-Apparat »auf Trab« bringen könne. Und das sollte schnell geschehen. Bis Mitte August, bis Honecker aus dem Urlaub zurückkommen würde, sollten personell und inhaltlich bereits Tatsachen geschaffen sein. Ulbricht empfahl Turba dringend, für die Ausarbeitung der neuen Jugendstrategie »ein völlig neues Organ« zu bilden. Und unorthodox, wie er manchmal sein konnte, empfahl er weiter: »Gehen Sie nicht nach dem Dienstrang vor... Prüfen Sie genau: Wer ist notwendig, und wer wird nicht mehr gebraucht. Wir fangen neu an.« Und er schloss mit der Bemerkung, dass es wahrscheinlich am besten sei, alle auszuwechseln, da sie »nichts taugten«.[160] Das war eine Kampfansage an Erich Honecker, der spätestens jetzt erkennen musste: Dieser Anschlag galt ihm. Paul Verner, bisheriger Leiter der Jugendkommission beim Politbüro und ein Vertrauter Honeckers, wurde durch die Einsetzung von Turba seiner Funktion enthoben. Anfang 1964 versuchte Ulbricht, Verner unter dem Vorwurf dogmatischer Engstirnigkeit und fachlicher Inkompetenz auch noch von seiner Funktion als Erster Sekretär der SED-Bezirksleitung Berlin abzulösen. Ulbricht scheiterte aber mit diesem Vorhaben im Gespräch mit dem Sekretariat der SED-Bezirksleitung Berlin.[161]

Als Turba seinen Entwurf am 12. September 1963 vorstellte und erwartungsgemäß von den bisher für die Jugendpolitik verantwortlichen Funktionären Kritik an der neuen Linie geübt wurde, konterte Ulbricht harsch: »Wenn wir nicht scharf formulieren, nützt uns das ganze Kommuniqué nichts. Jawohl, manche Leute sollen eine Nacht nicht ruhig schlafen können... Durch den Bürokratismus und alte Gewohnheiten ist die Sache sehr kompliziert... Der

Umwandlungsprozess ist so tief, dass er nicht mit Anweisungen zu machen ist. Er geht nur so: Probleme aufreißen! Und wenn diese Probleme nicht schmerzen, hat es gar keinen Sinn, darüber zu reden. Es muss völlig klar sein: Es geht um eine tiefe Wende und nicht um eine Reparatur!... Der schlimmste Bürokrat muss nach dem Lesen des Kommuniqués sagen: Verdammt noch mal, jetzt ändert sich wirklich etwas. Und wer das nicht mit seinem Verstand erfassen kann, soll es fühlen.«[162] Ulbricht setzte sich mit seiner Revolution von oben gegen die Empörung und den Widerstand nahezu aller bisherigen Jugendfunktionäre durch. Vom Politbüro am 17. September verabschiedet, wurde die neue Jugendstrategie am 21. September 1963 im Neuen Deutschland unter der großen Überschrift »Der Jugend Vertrauen und Verantwortung« veröffentlicht. Das Jugendkommuniqué war ein wichtiger Beitrag zur Liberalisierung und Demokratisierung im Jugend- und Kulturbereich der DDR zwischen 1963 und 1965. Es wurde von Künstlern und Intellektuellen als »Wende von oben« und Zeit des »Tauwetters« empfunden. Zugleich legte es die Basis für Ulbrichts eigentliches Ziel, die Gewinnung der DDR-Jugend für ein Engagement in der DDR-Wirtschaft.

Diese von Ulbricht eingeleitete Liberalisierungspolitik setzte sich 1964 fort. Höhepunkt war das Deutschlandtreffen der FDJ an Pfingsten 1964. Die Ulbricht-Führung wollte der DDR-Jugend damit ein »herrliches Fest«, ein »Geschenk an die Jugend« bereiten. Das Deutschlandtreffen bot in der Tat ein imposantes Veranstaltungsprogramm mit 1304 Sport- und Kulturveranstaltungen. 1000 Kulturgruppen und 4600 Einzelkünstler traten auf. Ganze Straßenzüge im Zentrum von Berlin wurden gesperrt und zu »Tanzstraßen« erklärt, auf denen sich Hunderttausende bei Twist, Hully-Gully, Jazz und Rock vergnügten. Sämtliche Theater spielten kostenlos, die Kinos hatten fast rund um die Uhr geöffnet, 30 Spreedampfer veranstalteten einen Lampionumzug. Ulbricht, Schirmherr des Deutschlandtreffens, hielt am 16. Mai 1964 im mit 70 000 Jugendlichen gefüllten Walter-Ulbricht-Stadion in Ost-Berlin die Eröffnungsansprache. Dauerhaftes Nebenprodukt des großen Jugendfestes war der Jugendsender »DT 64«, der zunächst nur für die Zeit des Pfingsttreffens eingerichtet worden war. Auf Vorschlag von Turba durfte »DT 64« nach dem Ende des Deutschlandtreffens weitersenden und entwickelte sich schnell zum beliebtesten Sender für DDR-Jugendliche.

Der Apparat schlägt zurück

Neue Wirtschaftspolitik, revolutionäre Jugend- und Kulturpolitik, viele altgediente SED-Funktionäre überforderte diese Reformwut ihres Ersten Sekretärs. Mit der Liberalisierung der Jugendpolitik waren Entwicklungen verbunden, die nicht nur in der DDR, sondern in ganz Europa viele ältere Menschen vor den Kopf stießen. Schlagartig entstanden laute und wilde Musikgruppen, die in Gaststätten und Jugendclubs auftraten. Was die Jugendlichen als befreiendes neues Lebensgefühl empfanden, verbanden viele Ältere mit »Negermusik«, ungepflegten Haaren und Schamlosigkeit. Die Mehrheit der älteren Parteimitglieder auf allen Ebenen lehnte das ab. Vor allem Funktionäre aus dem Umfeld Honeckers, die die FDJ mit aufgebaut und später geführt hatten, fürchteten um ihre Pfründe und gingen auf Oppositionskurs zu Ulbricht. An ihrer Spitze standen – kein Wunder nach den vorangegangenen Attacken Ulbrichts – der Gründer der FDJ, Erich Honecker, seine Frau Margot und Paul Verner, engster Mitstreiter Honeckers in den Aufbaujahren der FDJ.

Offener Widerstand gegen den Diktator Ulbricht war zwecklos, das war den Opponenten klar. Der SED-Chef war Anfang der sechziger Jahre innerparteilich nahezu unangreifbar und hatte zudem bei seinen wirtschaftlichen Reformansätzen die Rückendeckung Chruschtschows. Die Stunde der FDJ-Fraktion schlug mit Chruschtschows Sturz am 15. Oktober 1964, durch den sich die Lage in der Sowjetunion grundlegend änderte. An die Stelle des prinzipiell reformfreudigen Chruschtschow trat mit Leonid Breschnew ein Mann in den Apparat, dessen generelle Linie die Aufrechterhaltung des Status quo, die Machterhaltung für die KPdSU werden sollte. Die Beziehungen zwischen Ulbricht und dem neuen KPdSU-Chef gestalteten sich von Beginn an ungünstig. Bereits die erste Begegnung der von Ulbricht geleiteten DDR-Delegation mit der neuen sowjetischen Führung Ende 1964 machte deutlich, dass Breschnew andere Akzente setzte als sein gestürzter Vorgänger. Ulbricht warb um Verständnis für seine Wirtschaftspolitik und erläuterte, dass die DDR den Lebensstandard ihrer Menschen spürbar heben müsse, um die »westdeutsche Herausforderung« im Wettbewerb der Systeme annehmen zu können. Breschnew erwiderte auf diesen Vortrag Ulbrichts am nächsten Tag, dass es nach Auffassung der KPdSU insbesondere darauf ankäme, alles zu tun, damit nie wieder faschistische Armeen vor Moskau stünden. Die anderen sowjetischen Führungskader nickten zu-

1964: Hand in Hand mit dem neuen KPdSU-Chef Leonid Breschnew

stimmend zu dieser Logik, die sinnbildlich für die Breschnew-Ära stehen sollte.[163] Während es Ulbricht in erster Linie darauf ankam, durch maximale Nutzung von Wissenschaft und Technik die Wirtschaft anzukurbeln und so die Überlegenheit der sozialistischen gegenüber der bürgerlichen Gesellschaft zu beweisen, setzte die Breschnew-Führung die Priorität im militärischen Bereich.

Demgegenüber bestanden von Anfang an besondere Beziehungen zwischen dem neuen KPdSU-Chef und Erich Honecker. Der wurde am 15. Oktober 1964 schon vor der öffentlichen Bekanntgabe der Ablösung Chruschtschows in verklausulierter Form von Breschnew darüber informiert. Eine Allianz hinter dem Rücken Ulbrichts bahnte sich an. Der SED-Chef, der immer die Kunst beherrscht hatte, am besten informiert zu sein und die besten Kontakte zur Sowjetführung zu pflegen, merkte von dieser besonderen Beziehung zwischen Breschnew und dem zweiten Mann im SED-Staat zunächst nichts. Das war einer der größten Fehler seines langen politischen Lebens.

Anfang 1965 begann der SED-Apparat, sich durch verschiedene Initiativen erfolgreich gegen den Kurs Ulbrichts zur Wehr zu setzen. Honecker und seine Verbündeten gingen dabei nicht offen gegen Ulbricht vor, sondern attackierten ihn indirekt, indem sie seine Vertrauten kritisierten. Außerdem versuchten sie den Beweis anzutreten, dass der Kurs Ulbrichts eine Gefährdung der öffentlichen Sicherheit und damit der Herrschaft der Partei beinhalte, ohne den SED-Chef dabei namentlich zu nennen. Das Ergebnis dieses Widerstands war, dass Ulbricht Ende 1965 seine Jugend- und Kulturpolitik revidieren musste und dass seine Wirtschaftsreform zum Stillstand kam.

Zunächst sammelte die Honecker-Fraktion Material gegen die neue Jugendpolitik. Auf diesem Gebiet fühlte Honecker sich am kompetentesten und sichersten. Er ließ die politische Abteilung der DDR-Botschaft in Moskau anweisen, alle Veröffentlichungen in der Sowjetunion zum Thema Jugendpolitik zu sammeln und auszuwerten. Am 20. April 1965 lag das Auftragswerk auf dem Tisch von Kurt Hager. Sein Fazit: Die neue KPdSU-Führung hatte bei den sowjetischen Jugendlichen »negative Erscheinungsformen« geortet, »Erscheinungen von Passivität, Skeptizismus, politischer Unreife, Verletzungen der Arbeitsdisziplin, Trinkerei u. a.«. Den Grund für diese Probleme sah man in der Tatsache, dass eine »Beeinflussung der Jugend durch die bürgerliche Ideologie« zugelassen worden sei. Zudem habe die kritische Diskussion von Fehlern in der Sowjetunion unter Stalin und deren Korrektur »zur Verwirrung unter den Jugendlichen« beigetragen.[164] Das war doch was! Mit diesem Material konnte man getrost auch in der DDR gegen die Jugendlichen zu Felde ziehen und auf diesem Weg Ulbrichts neuen Mann für die Jugendpolitik diskreditieren. Hager strich sich diese und andere Passagen im Bericht der Moskauer DDR-Botschaft rot an. Was die KPdSU-Führung in der UdSSR für kritisch hielt, konnte sie in der DDR ja wohl nicht billigen. Honecker wies danach die ihm unterstellten ZK-Abteilungen an, alle angeblichen Fehlverhalten von Jugendlichen in der DDR zu sammeln, um auf diesem Weg zu beweisen, wie falsch und gefährlich sich die Maßnahmen und Anordnungen Turbas im real existierenden DDR-Alltag auswirkten. Bald wurden die Jugendkommission und die Abteilung Jugend des ZK mit Hausmitteilungen in diesem Sinne bombardiert. Mal wurde über eine Tanzveranstaltung berichtet, in deren Anschluss es zu einer Schlägerei gekommen war, mal waren nachts Milchkannen umgeschmissen worden, und es fand sich sogar ein Fall, in dem Jugendliche Funktionäre »angepöbelt« hatten. Honecker ließ aus diesen Vorfällen einen 50-seitigen »Bericht über das Auftreten von kriminellen und gefährdeten Gruppierungen Jugendlicher in der Deutschen Demokratischen Republik« zusammenstellen. Diesen Bericht ließ der zweite Mann im SED-Staat am 7. Juli 1965 vom nicht beschlussfähigen Sekretariat des ZK – die meisten Mitglieder, einschließlich Ulbricht, waren im Urlaub – bestätigen. Honecker fühlte sich – nachdem die Machtverhältnisse in Moskau sich geändert hatten – jetzt stark genug, es Ulbricht mit gleicher Münze heimzuzahlen. Der hatte ja auch zwei Jahre zuvor die Jugendkommission ins Leben gerufen, als Honecker im Urlaub war. Das verabschiedete Papier wurde danach an einen breiten Funktionärskreis verteilt, mit der Maßgabe, »unmittelbar die sich daraus ableitenden Maßnahmen einzuleiten«.[165] Das in dem Bericht gezeichnete Bild wurde von den Funktionären auf den unteren Ebenen nur zu gerne aufgenommen. Es bestätigte, wie falsch und gefährlich der Kurs gegenüber den Jugendlichen in den letzten beiden Jahren gewesen war. Angeblich waren aufgrund der neuen Jugendpolitik junge Mädchen durch Gruppen von Jugendlichen »genotzüchtigt« worden, es hatte massenhaft »rowdyhafte Ausschreitungen« gegeben, »staatsfeindliche Gruppen« hatten sich gebildet, »jugendliche Diebesbanden« waren an der Tagesordnung, und sogar »Gruppenbildungen zur Durchführung schwerer Verbrechen« waren beobachtet worden. Es war ganz offensichtlich, Turbas Jugendpolitik brachte die ganze DDR in Gefahr!

Es konnte nicht ausbleiben, dass der Initiator dieser falschen und gefährlichen Politik dafür zur Verantwortung gezogen würde. Am 11. Oktober 1965 fand eine außerordentliche Sitzung des ZK-Sekretariats statt, mit einem einzigen Tagesordnungspunkt: »Zu einigen Fragen der Jugendarbeit und dem Auftreten von Rowdy-Gruppen«. Zu der Sitzung hatte Honecker 23 Gäste aus dem Apparat eingeladen, unter anderem seine Frau und fast alle Sekretäre des Zentralrates der FDJ; Ulbricht hingegen war wie immer nicht anwesend. Die ganze Sitzung hatte nur einen Zweck: Turba sollte »geschlachtet« werden. Der ganze Frust des Apparates entlud sich in dieser fünfstündigen Sitzung über dem Kopf des Leiters der Jugendkommission, der doch nur Ulbrichts Werkzeug gewesen war. Günter Mittag, bislang auf der Seite der Wirtschaftsreformer um Ulbricht zu finden, sprach von einer »erpresserischen Politik« der Jugendkommission, die mittels der Presse auf die Parteiführung gerichtet werde. Die beiden Honeckers und Paul Verner geißelten die Beat-Musik als Ausdruck »westlicher Dekadenz« und sahen in ihrem Überschwappen auf die DDR eine Art »Nervengift« der Imperialisten »zur ideologischen Unterwanderung und Aufputschung der DDR-Jugend«. Das Ergebnis dieses Tribunals stand von vornherein fest: Umgehend waren die »Entstellungen der Jugendpolitik der Partei zu korrigieren«.[166] Eine Reihe von anschließenden Beschlüssen ermächtigte den SED-Apparat, nahezu alle Restriktionen und Repressionen gegen Jugendliche anzuwenden, die sich nicht im Rahmen der Ideallinie der Honecker-Fraktion bewegten. Das Jugendkommuniqué wurde durch diese Beschlüsse faktisch außer Kraft gesetzt. Ulbrichts Versuch, den Apparat zu umgehen, um die Jugend der DDR auf seinen wirtschaftlich motivierten Kurs einzuschwören, war gescheitert. Dass Ulbricht die Demontage Turbas durch Honecker widerstandslos geschehen ließ, hatte natürlich seinen Grund. Dem SED-Chef blies zu diesem Zeitpunkt der Wind aus allen Richtungen ins Gesicht. Einerseits sah er sich Attacken aus dem SED-Apparat ausgesetzt, gleichzeitig war sein Rückhalt, den er in Moskau in der Ära Chruschtschow genossen hatte, dahin. Ulbricht war 1965 zu heftigen Auseinandersetzungen mit der neuen Sowjetführung über bestimmte, für die DDR existenzielle Rohstofflieferungen gezwungen, von denen vor allem auch abhing, ob er mit seiner Wirtschaftsreform Erfolg haben oder damit scheitern würde. Die Situation drohte zu eskalieren und seine eigene Macht zu gefährden. Also entschied sich der Machtmensch Ulbricht, dem Widerstand der Honecker-Fraktion nachzugeben, um nicht selbst in Gefahr zu geraten. Der Preis dafür war die Opferung Turbas.

Der zweite Angriffspunkt der Reaktionäre um Honecker war die neue Kulturpolitik Ulbrichts, die zu einer kurzen Blütezeit der DDR-Kultur geführt hatte. Kritische Werke wie nie zuvor in der kurzen Geschichte der DDR waren entstanden. Das ging zumindest teilweise auch dem SED-Chef zu weit. Am 15. Juni 1965 beispielsweise wurde anlässlich der Arbeiterfestspiele in Potsdam der Film »Spur der Steine« mit Manfred Krug in der Hauptrolle uraufgeführt und erfuhr allgemeines Lob. In der nächsten Politbürositzung, am 28. Juni 1965, hieß Punkt drei der Tagesordnung: »Über den Film ›Spur der Steine‹, Berichterstatter: Walter Ulbricht.« Einen Tag später beschloss das Sekretariat des Politbüros Maßnahmen, mit denen der bereits angelaufene Film wieder aus dem Verkehr gezogen wurde.[167] In ähnlicher Form, wie der konservative Honecker-Flügel die Jugendpolitik Ulbrichts diskreditierte und schließlich revidierte, ging er auch gegen die Kulturpolitik des SED-Chefs vor. Ab Herbst 1965 wurde das Politbüro mit Vorlagen zu diesem Thema konfrontiert, die erschreckende Tendenzen aufzeigten. Am 29. Oktober 1965 informierten Kurt Hager und Paul Verner über den parteilosen Schriftsteller Manfred Bieler, der sich in seinem Theaterstück »ZAZA« (Zentralamt zur Aufbewahrung alter Genossen) satirisch-polemisch über einen alten SED-Genossen ausgelassen hatte. Hager und Verner zerrissen das Stück als »widerwärtiges und schändliches Machwerk ... das partei- und staatsfeindlichen Charakter trägt«.[168] Weitere kritische Vorlagen folgten, so am 12. November 1965 ein ganzes Paket problematischer Vorgänge, die angeblich durch die neue Kulturpolitik ausgelöst worden waren. In der strittigen Diskussion dieser Vorlagen im Politbüro konnte Ulbricht noch verhindern, dass das oberste SED-Organ einen generellen kulturpolitischen Wechsel beschloss. Doch die Angriffe aus dem Umfeld Honeckers hinterließen ihre Wirkung beim Ersten Sekretär der SED, zumal es ihm im Kern nicht um eine liberale Kulturpolitik ging, sondern um die DDR-Wirtschaft und deren begrenzte Liberalisierung. Günter Mittag urteilte nach der Wende, »dass Ulbricht sich damals habe überrumpeln lassen, dass er in eine Falle geraten sei«.[169] Wie im Bereich der Jugendpolitik, wo er fast zum selben Zeitpunkt die Demontage Turbas zuließ, gab Ulbricht auch auf dem Gebiet der Kultur nach. Um nicht völlig in die Defensive zu geraten, entschloss er sich, aus der Not eine Tugend zu machen, und stellte sich – nach jahrzehntelang geübter Praxis – Ende des Jahres selbst an die Spitze der Kultur-Kritiker um Honecker. Am 25. November 1965 lud Ulbricht 30 führende Schriftsteller der DDR, unter ihnen Christa Wolf, Anna Seghers, Hermann Kant und Stephan Hermlin, zu einer Aussprache über aktuelle ideologische und politische Probleme in den Staatsrat ein. Die Künstler ahnten, was ihnen blühte. Christa Wolf erinnert sich: »Da war Ende November 1965 eine Zusammenkunft im Staatsrat. Walter Ulbricht neigte zu Zusammenkünften mit Künstlern, die oft grotesk verliefen, in diesem Fall folgendermaßen: Schon auf der Treppe empfing mich der damalige 1. Sekretär des Schriftstellerverbandes, Hans Koch, sehr bleich und sagte: Heute sollen wir geschlachtet werden!«[170] Nach der Mittagspause trat Ulbricht ans Mikrofon und ritt eine Generalattacke auf die »schädlichen Tendenzen« in der DDR-Kultur. Als Beispiel hierfür hatte er sich den Roman »Rummelplatz« des Schriftstellers Werner Bräunig ausgesucht. Wieder einmal stellte er seine rhetorischen Standardfragen: »Wem soll das nützen?... Brauchen wir das für die Erziehung von heute?« Christa Wolfs Zeugnis belegt, dass Ulbricht Bräunigs Manuskript bis zu diesem Zeitpunkt noch gar nicht gelesen hatte. Sie saß während der Tagung ganz in der Nähe des SED-Chefs und konnte sehen, dass er erst nach seiner Rede den Text Bräunigs vorgelegt bekam. Bräunig war also mehr ein zufälliges Opfer, das in Ulbrichts Rede, die andere für ihn geschrieben hatten, als Sündenbock für die DDR-Kultur insgesamt herhalten musste. Die weitere Diskussion dieser vorbereitenden Tagung verlief müde, weil die Anwesenden sich geschockt zurückhielten. Einzig Christa Wolf hatte den Mut, Ulbricht zumindest tendenziell entgegenzutreten.[171] Dabei war dies nur der Auftakt zu einer strategischen Kurskorrektur in der DDR-Kulturpolitik, die wenig später mit Ulbrichts Einverständnis eingeleitet werden sollte.

Bezüglich der Wirtschaftspolitik brauchte die Honecker-Opposition sich nicht sonderlich zu engagieren, um zu einer Revidierung des Ulbricht-Kurses zu kommen. Das nahm ihr der neue Sowjetführer Breschnew ab. Nach wie vor waren ausreichende Rohstofflieferungen der Sowjetunion an die DDR ein neuralgischer Punkt für die DDR-Wirtschaft und das Gelingen von Ulbrichts Wirtschaftsreform. Die Verhandlungen über ein langfristiges Lieferabkommen, die noch unter Chruschtschow begonnen hatten, wurden 1965 fortgesetzt. In einem Schreiben an die KPdSU-Führung vom August 1965 machte Ulbricht erneut darauf aufmerksam, dass die sowjetischen Rohstofflieferungen »für die DDR eine Lebensfrage« seien.[172] Im September kam es daraufhin zu einem erneuten zähen Ringen um die sowjetischen Lieferungen zwischen der SED- und der KPdSU-Führung in Moskau. Beide Verhandlungsparteien strapazierten die Belastbarkeit der anderen Seite dabei bis zum Äußersten. Die UdSSR spielte während der Verhandlungen zunehmend ihre überlegene Position aus, indem sie bereits erreichte Kompromisse wieder in Frage stellte. Dabei machte sich Ulbrichts Planungschef, Erich Apel, im September offenbar so unbeliebt, dass er von den Sowjets zur »Persona non grata« erklärt wurde. Ulbricht musste ihn vorzeitig nach Berlin zurückschicken. Er begründete das Apel nicht näher, sondern sagte lediglich: »Du fahr mal nach Hause und mach deinen Plan.«[173] Die Sowjetführer waren von Apel offensichtlich so düpiert worden, dass sie auch nach der Abreise Apels nicht einmal mehr bereit waren, die Position »Getreide« überhaupt in das Handelsabkommen aufzunehmen. Als Breschnew vom 27. bis 29. November 1965 inoffiziell in der DDR weilte, gab ihm Ulbricht im Vorfeld zu verstehen, dass er keine Gespräche mit Apel zu befürchten habe. Apel erfuhr von dem Besuch des Sowjetführers erst, als Breschnew bereits wieder abgereist war.[174]

Was lag näher für Honecker und seine Verbündeten, als sich im Zuge ihrer »Konterrevolution« jetzt Erich Apel vorzunehmen, nachdem dieser sich sichtbar alle Sympathien bei Breschnew verscherzt hatte. Fortan wurde Apel als Chef der Staatlichen Plankommission die Schuld für alle wirtschaftlichen Probleme der DDR in die Schuhe geschoben. Höhepunkt der Attacken der Opposition auf Apel war die Politbürositzung vom 2. Dezember 1965, in der der vom Planungschef vorgelegte Entwurf für den Wirtschaftsplan des kommenden Jahres zum zweiten Mal verworfen und Apel angewiesen wurde, ihn erneut zu überarbeiten.[175] Apel wurde in dieser Sitzung schwer kritisiert und zum »Schuldigen« für die ungelösten wirtschaftlichen Probleme der DDR gestempelt. Es war vorhersehbar, dass er auf der bevorstehenden nächsten ZK-Tagung zum Jahresende öffentlich als Versager gebrandmarkt werden sollte. Am selben Abend kam es im Klub der Wandlitzer Waldsiedlung zusätzlich zu einer heftigen persönlichen Auseinandersetzung zwischen Erich Apel und seinem früheren Mitstreiter für die Reformierung der DDR-Wirtschaft, Günter Mittag.

Am 3. Dezember um 11.00 Uhr vormittags sollte der Chefplaner der DDR das hart umkämpfte Handelsabkommen zwischen der UdSSR und der DDR für die Jahre 1966 bis 1970 unterzeichnen, das er auf sowjetischen Wunsch nicht hatte zu Ende verhandeln dürfen. Eine Stunde vor der geplanten Unterzeichnung, gegen 10.00 Uhr, erschoss sich Erich Apel in seinem Arbeitszimmer im Haus der Ministerien. Der hinzugezogene Arzt »fand den Minister in seinem Schreibtischsessel halb liegend mit nach hinten herunterhängendem Kopf vor, mit frischen Blutaustritten aus beiden Ohrgängen und den Mundwinkeln, mit frischem Blut auf der Brust und an der rechten Hand. In beiden Schläfengegenden waren Ein- und Ausschussöffnungen feststellbar, offensichtlich hervorgerufen durch eine Revolverkugel. Eine Pistole befand sich in der rechten Hand.«[176] Nach Kurt Turba verlor Ulbricht damit seinen zweiten und wichtigsten Mitstreiter in der Auseinandersetzung mit seinen Widersachern im Politbüro um Erich Honecker.

Das »Kahlschlag«-Plenum[177]

Ende 1965 war eine der regelmäßigen Tagungen des Zentralkomitees der SED terminiert worden, auf der ursprünglich ausschließlich Wirtschaftsfragen behandelt werden sollten. Hier wollte Ulbricht den endgültigen Durchbruch bei seiner Reform der DDR-Wirtschaft erzielen, indem er sich sein Vorhaben vom ZK absegnen ließ. Doch dieses Vorhaben des SED-Chefs scheiterte bereits im Ansatz. Zwei Pfeiler seiner Wirtschaftspolitik, die neue Kultur- und die Jugendpolitik, waren ihm vom rebellierenden Honecker in den letzten Monaten weggeschlagen worden. Sein wichtigster Mitstreiter, der Chefplaner der DDR Erich Apel, war dem Druck des Apparats nicht gewachsen gewesen und hatte sich umgebracht. Vor diesem Hintergrund verbot sich für Ulbricht eine grundlegende Wirtschaftsdiskussion ebenso wie für seine Gegner eine nachträgliche Verdammung Apels wegen seiner angeblichen wirtschaftlichen Fehlleistungen. Die Wirtschaftstagung wurde darum kurzfristig in eine Kulturtagung umfunktioniert; sie sollte als »Kahlschlag« der Kultur in die DDR-Geschichte eingehen.

Honecker, der als Erster referierte, ging nur in Andeutungen auf die Auseinandersetzungen mit der UdSSR in Bezug auf das langfristige Handels- und Lieferabkommen ein, die mitursächlich für Apels Tod gewesen waren. Dabei warf er »leitenden Genossen« der »Staats- und Wirtschaftsorgane« vor, die »großen Möglichkeiten einer engeren Zusammenarbeit nicht voll genutzt zu haben«. Ulbricht zog demgegenüber eine positive Bilanz der Wirtschaftsreformen und forderte dazu auf, »Mängel im Vorwärtsschreiten zu überwinden«. Umgekehrt holte er zu einem Seitenhieb gegen jene Genossen in führenden Positionen aus, die vor den Risiken seiner Wirtschaftsreform gewarnt hatten.[178] Der Rest des Plenums wurde zu einer General-Attacke der Honecker-Fraktion auf die Jugend- und Kulturpolitik. Im zweiten Teil seines Referats kritisierte Honecker Werke der Schriftsteller Bieler, Heym und Biermann ebenso wie den Jugendsender »DT 64«, der »in seinem Musikprogramm einseitig die Beat-Musik propagiert« habe, »eine hektische, aufpeitschende Musik, die die moralische Zersetzung der DDR-Jugend begünstigt«.[179] Honecker forderte im Ergebnis eine Korrektur des Ulbricht-Kurses, ohne allerdings den Urheber namentlich zu nennen. In der sich an sein Referat anschließenden Diskussion wurde in einem abgekarteten Spiel der Reformgegner eine Reihe vermeintlich missratener künstlerischer Werke verdammt, um an deren Beispiel noch einmal zu belegen, auf welch falschem Kurs sich die Kulturpolitik in der Vergangenheit bewegt hatte. Über einen Film mit dem Titel »Denk bloß nicht, ich heule« erregten sich die Kulturbewahrer um Honecker ganz besonders. Der Streifen wurde von einem Redner als »Schweinerei« bezeichnet, es handle sich dabei nicht nur um eine »ideologische Verwilderung«, sondern gar um ein »Wirtschaftsverbrechen«. Günter Mittag bestätigte diese Einschätzung mit dem Zwischenruf: »Sehr richtig!« Alexander Abusch ergänzte: »Es ist ein konterrevolutionärer Film«, und Konrad Naumann forderte die Bestrafung der für den Film Verantwortlichen, durch den er sich »persönlich beleidigt« sah.[180]

Ulbricht wurde von diesen Attacken förmlich überrollt. Obwohl er namentlich nicht genannt worden war – als Missetäter wurde der Leiter der Jugendkommission Turba ausgemacht –, war dies die schwerwiegendste Kritik an ihm und seiner Politik seit 1956. In seiner Eröffnungsrede am zweiten Tag des Plenums versuchte er, weitere Angriffe abzublocken, indem er erklärte, dass das Politbüro gegenwärtig keine Jugenddiskussion führen wolle. Doch der Groll seiner SED-Mitstreiter war so groß, dass sich der Unmut in der Diskussion dennoch Bahn brach. Hanna Wolf, Paul Verner, Inge Lange und Margot Honecker ließen sich von Ulbrichts einleitenden Worten nicht beeindrucken und übten in ihren Diskussionsbeiträgen weiter heftige Kritik an der Jugendpolitik der Vergangenheit (Inge Lange: Es würde mich »zerruppen«, wenn ich »das hier nicht machte«). Ulbricht, der sich unversehens in der Rolle des Angeklagten wiederfand, reagierte wie immer, wenn er angegriffen wurde: opportunistisch. Nicht nur, dass er sich nicht vor Turba stellte, den er ja angestiftet hatte, gegen den Apparat vorzugehen, er fand nicht ein einziges Wort zur Verteidigung Turbas. Stattdessen schwenkte er in seiner Schlussansprache auf den Kurs der Kritiker ein und stellte sich an deren Spitze. Im Angriff sah er die beste Verteidigung und zeigte wieder einmal, dass er als Realpolitiker keine Bindungen an bisherige politische Inhalte kannte, wenn sich das für ihn als politisch gefährlich erwies. Dem Erhalt seiner eigenen Macht opferte er Turba bedenkenlos.

Im Stile des klassenkämpferischen Dogmatikers verurteilte er die von ihm selbst eingeleitete Kulturpolitik: »Einige Genossen versuchten den Eindruck zu erwecken, als ob eine Diskussion über die Fragen der Literatur begonnen hätte. Aber das stimmt gar nicht. Die Diskussion hat über ein ganz anderes Thema begonnen. Die Diskussion begann über das Thema der Sauberkeit in der Deutschen Demokratischen Republik, begann über das Thema, ob die Beat-Gruppen und ob die Sex-Propaganda, die systematisch nach amerikanischem Vorbild betrieben wurde, ob das die Richtung der Entwicklung der Kultur ist.« An anderer Stelle wandte er sich in gleichem Sinne an Anna Seghers: »Weißt du, Anna, es geht hier nicht um Fragen der Kunstrichtung ... Es ist auch kein Wort über die Fragen der Kunstrichtung gesagt worden, sondern es geht um große politische Fragen.« Robert Havemann, Stefan Heym und Wolf Biermann assistierte er eine »Schmutzlinie« und warf ihnen vor, »einen politischen Kampf gegen die Arbeiter-und-Bauern-Macht zielbewusst geführt« zu haben und noch zu führen. Angefeuert durch Zwischenrufe von Honecker und Hager, entdeckte Ulbricht gar ein Komplott der Kulturfunktionäre gegen die DDR, den Keim zur Konterrevolution: »Die Vorarbeit wurde mit Sex- und Beat-Gruppen geleistet, um die Atmosphäre für den politischen Kampf aufzulockern. Das haben einige dieser Leute, die im Fernsehen saßen, gut und planmäßig organisiert. Organisatorisch war das alles, von der DEFA bis zum Fernsehen und bis ins Kulturministerium, gut organisiert. Bei einigen im Kulturministerium kann ich noch nicht genau unterscheiden ... wieweit das bei ihnen politische Sympathie für diese Kreise und wieweit das Dussligkeit war..., aber das wird sich ja noch zeigen.« Und schließlich fragte er ins Plenum: »So, ist alles klar?«, und nach den Zurufen: »Völlig klar! Vollkommen klar!«, fuhr er fort: »Ist es jetzt allen Genossen klar, frage ich, dass es nicht um Literatur geht und auch nicht um höhere Philosophie, sondern um einen politischen Kampf zwischen zwei Systemen?« Keiner konnte jetzt noch widersprechen, ohne sich dem Verdacht auszusetzen, ein Konterrevolutionär zu sein.[181]

Damit endete die kurze vorsichtige Liberalisierungsphase nach dem Mauerbau in der DDR. Mit dieser ZK-Tagung wurde ein Kahlschlag in der DDR-Kultur eingeleitet, der Restriktionen in allen Kulturbereichen mit sich brachte. So wurden zum Beispiel zwölf DEFA-Spielfilme des Jahrgangs 1965 verboten. Eine Reihe von Kulturfunktionären, die sich als Reformbefürworter positioniert hatten, wurden vom obsiegenden Apparat eliminiert. Darunter Hans Bentzien, der Kulturminister der DDR, weil er sich »den Aufgaben des Ministers für Kultur nicht gewachsen gezeigt« hatte. Ebenso wurde Turba nach einer Sekretariatssitzung am 27. Januar 1966 durch Honecker von seiner Funktion als Leiter der Abteilung »Jugend« des ZK und Vorsitzender der Jugendkommission beim Politbüro abgelöst, »weil er auf Grund seines ganzen Verhaltens für die weitere Arbeit im Apparat des ZK nicht tragbar« sei.[182] Turba hatte nach dem elften Plenum mehrfach versucht, Kontakt zu Ulbricht aufzunehmen, doch der ließ sich verleugnen, indem er durch seine Sekretärin ausrichten ließ, dass Turba »noch nicht dran wäre«.

Die Tagung markierte die schwerste politische Niederlage Ulbrichts seit den Krisen Mitte der fünfziger Jahre. Ulbricht war mit seinem Versuch, seine Reformen gegen den SED-Apparat durchzusetzen, gescheitert. Die Parteifunktionäre unter Führung von Erich Honecker hatten ihrem Ersten Sekretär eindrücklich die Grenzen seiner Macht aufgezeigt! Und Honecker, jahrelang der designierte Nachfolger Ulbrichts, hatte unter Beweis gestellt, dass er sich nicht ohne weiteres einfach beiseite schieben ließ. Ulbricht konnte froh sein, dass seine Gegner sich damit begnügten, seine Politik zu revidieren, und sich nicht auch gegen ihn persönlich wandten.

Eine weitere Folge war, dass die Wirtschaftsreformen Ulbrichts gebremst wurden. Auch in diesem Bereich, der Ulbricht am wichtigsten war, schieden sich die Geister im Politbüro. Im Sommer 1965 hatte der SED-Chef eine Vorlage zur weiteren Forcierung seiner Wirtschaftsreform im Politbüro eingebracht, wonach ab 1966 schrittweise bei bestimmten, bislang staatlich subventionierten Waren marktgerechte Preise eingeführt werden sollten. Dazu zählten vor allem Textilien, aber auch Zahnpasta, Schuhcreme und Backwaren. Im Juli 1966 begannen erste Preiserhöhungen bei einigen Konsumgütern, und auf der 21. Sitzung der Volkskammer wurde am 1. September 1966 die notwendige Regulierung der Verbraucherpreise für einige Gruppen industrieller Konsumgüter begründet. Es schien, als habe sich Ulbricht in der Preisfrage durchgesetzt, obwohl diese Frage im Politbüro umstritten war, um nicht zu sagen, keine Mehrheit hatte. Ab Mitte 1966 berichtete der von Honecker geführte SED-Apparat nach bewährter Taktik von beträchtlichen »Beunruhigungen« in der Bevölkerung über die anstehenden Preisveränderungen. Günter Mittag kritisierte im September auf einer ZK-Tagung[183] die fehlerhafte Vorbereitung der preisregulierenden Maßnahmen. Angeblich war versäumt worden, diese der Bevölkerung »prinzipiell und überzeugend zu erläutern«. Kurz darauf knickte Ulbricht in der Preisfrage ein und versicherte, »dass im Zusammenhang mit der Einführung der neuen Industriepreise ab dem 1. Januar 1967 bei allen Konsumgütern ... die geltenden Preise bestehen bleiben ... Die vom Staat gezahlten Subventionen bleiben für die Bevölkerung nach wie vor wirksam, und deshalb wird es keine Preiserhöhungen für Waren geben.«[184] Ulbricht rückte damit von einem wesentlichen Teil seiner Wirtschaftsreform ab, und die Preisreform blieb im Ansatz stecken. Im Ergebnis war das eine erste Grundsatzentscheidung für die Zurücknahme seiner Wirtschaftspolitik.

Zwischen Breschnew und Honecker: 1965–1971

»Solche Idioten hat es in Deutschland noch nicht gegeben wie den Schmidt und den Wehner.«

Walter Ulbricht am 2. November 1965

»Ich schlage vor eine Änderung der Taktik, eine Änderung auch gegenüber früher. Ich bin für eine neue Westpolitik, ja für eine neue Westpolitik.«

Walter Ulbricht am 30. Oktober 1969

»Honecker ist noch ein grüner, unreifer Kommunist. Er muss noch lernen! Ihm muss man noch etwas beibringen.«

Walter Ulbricht (77) über Erich Honecker (57), 1970

Ulbricht am Nil

Zwanzig Jahre nach Ende des Zweiten Weltkriegs war die DDR völkerrechtlich immer noch weitgehend isoliert. Kein Staat außerhalb des Ostblocks hatte sich bis dato bereit erklärt, volle diplomatische Beziehungen mit dem SED-Staat aufzunehmen. Bis 1964 hatte Ulbricht darum keinen einzigen Staat außerhalb des Ostblocks offiziell besuchen dürfen. Die Tatsache, dass der erste sozialistische Staat auf deutschem Boden in der internationalen Völkergemeinschaft nur als zweitklassig galt, war eine Quelle ständiger Frustration und Demütigung für die SED und ihren Ersten Sekretär.

Grund für diese Isolierung war die »Hallstein-Doktrin« der Bundesregierung, benannt nach dem damaligen Staatssekretär im Außenministerium, Walter Hallstein. Von ihrer Gründung an war die DDR von ihrem westdeutschen Nachbarn als »Nicht-Staat«, als rechtlich nicht existent behandelt worden; noch Bundeskanzler Kurt-Georg Kiesinger sprach in der zweiten Hälfte der sechziger Jahre von der DDR als einem »Phänomen«.

Die Bundesregierung maßte sich an, alleiniger Rechtsnachfolger des Deutschen Reiches zu sein, und leitete daraus den Anspruch ab, nur sie sei zur völkerrechtlichen Vertretung Deutschlands berechtigt. Die DDR betrachtete sie – mit dem Recht des wirtschaftlich und politisch Stärkeren – als völkerrechtlich nicht existent. Jedem Staat, der die DDR diplomatisch anerkennen wollte, drohte die wirtschaftlich potente Bundesrepublik ihrerseits mit dem Abbruch der diplomatischen Beziehungen.

Anfang 1965 gelang es der DDR erstmals, die Hallstein-Doktrin zu durchbrechen. Als die Bundesregierung Israel im Sommer 1964 einen Kredit über 60 Millionen Dollar zur Beschaffung von Waffen eingeräumt hatte, verschlechterten sich die bis dahin guten Beziehungen zwischen den arabischen Staaten und der Bundesrepublik dramatisch. Diese Situation nutzte Ulbricht geschickt aus, indem

*Der erste Staatsbesuch im »kapitalistischen« Ausland.
Abflug nach Ägypten im Januar 1965 mit Ehefrau
Lotte*

er einen herzlich gehaltenen Brief an den ägyptischen Staatspräsidenten Nasser schrieb. Darin teilte er Nasser mit, dass er krank sei, und bat auf Anraten seiner Ärzte einige Tage unter der Sonne Assuans Urlaub machen zu dürfen, weil hier das am besten geeignete Klima für eine Kur sei.[1] Als Nasser diesem Besuch zustimmte, reagierte Bonn mehr als ungeschickt. Vertreter der Bundesregierung beschuldigten Nasser, Ulbricht nur aus Verärgerung über das bundesdeutsche Waffenabkommen mit Israel eingeladen zu haben. Nasser wertete daraufhin den geplanten Erholungsurlaub Ulbrichts zu einem offiziellen Staatsbesuch auf.[2] Am 31. Januar 1965 drohte er dem Botschafter der Bundesrepublik in Kairo sogar mit der Anerkennung der DDR, falls die Waffenlieferungen an Israel durch die Bundesrepublik nicht eingestellt würden.[3] Nasser war sich vollkommen klar darüber, dass diese Einladung, die den ersten Staatsbesuch Ulbrichts in einem nichtkommunistischen Land nach sich zog, gegen die vitalen Interessen der Bundesrepublik verstieß. In einem Interview mit dem Spiegel erläuterte er im Frühjahr 1965, warum Ulbricht eingeladen worden war: »Wir fühlten uns von Westdeutschland verraten... Durch das Waffengeschäft zwischen der Bundesrepublik und Israel... Ja, wir haben gewusst, dass Bonn darüber nicht erfreut sein würde.«[4] Es war eine wohl überlegte Antwort Kairos auf das Waffenabkommen der Bundesrepublik mit Israel. Ulbricht wurde zum glücklichen Nutznießer dieser Verstimmung zwischen Kairo und Bonn.

Die DDR-Propaganda feierte die Einladung Ulbrichts als triumphalen Sieg. Schlagzeilen wie »Kairo erwartet Walter Ulbricht« und »Hallstein-Doktrin in der Sackgasse«[5] prägten tagelang die Titelseiten der DDR-Zeitungen. Jedes Detail des Staatsbesuchs wurde im Neuen Deutschland beschrieben, als sei der SED-Chef in Ägypten auf einem Triumphzug und die diplomatische Anerkennung der DDR bereits vollzogen: »Triumphfahrt zum Kubbeh-Palast. Tausende Menschen jubeln: Willkommen. Flaggen beider Länder in den Straßen. 21 Schüsse Salut in Kairo und Alexandria. Marinegeleit schon auf hoher See. Staatsbankett zu Ehren der DDR-Gäste.«[6] Lotte Ulbricht veröffentlichte nach ihrer Rückkehr einen Reisebericht, der trotz seiner stilistischen Trivialität erkennen lässt, wie sehr diese Einladung Walter Ulbricht und seiner Frau schmeichelte und wie tief die Demütigung aufgrund der bisherigen völkerrechtlichen Zweitklassigkeit der DDR saß: »Die verzweifelten und oft grotesken Bemühungen der Bonner Regierung, die Reise des Staatsratsvorsitzenden... zu verhindern, hatten die ganze Welt und in erster Linie natürlich unsere Bürger auf diese Reise aufmerksam gemacht. So gut hätten wir das mit der besten Propaganda nicht geschafft. Man spürte..., diese Reise hat eine ganz besondere, wenn nicht geschichtliche Bedeutung. Zum ersten Male geht es in ein Land der nichtpaktgebundenen Staaten... Mich erfüllt ein Gefühl tiefer Genugtuung. Was hatte die Bonner Regierung nicht alles versucht, diese Reise zu verhindern... Aber die Zeiten sind vorbei, da die deutschen Imperialisten anderen Völkern ungehindert ihren Willen aufzwingen konnten. Unser Arbeiter- und Bauernstaat gilt also etwas in der Welt. Die immer komischer werdende Bonner Hilflosigkeit war für mich während der Reisevorbereitungen eine ungetrübte Quelle der Heiterkeit.«[7]

Die Bundesregierung reagierte auf den Ulbricht-Besuch mit der Einstellung der Wirtschaftshilfe für Ägypten und der staatlichen Anerkennung Israels am 12. Mai 1965. Diese ebenfalls wenig feinfühlige Reaktion führte zum diplomatischen »Stalingrad am Nil«.[8] Die meisten arabischen Staaten brachen daraufhin ihrerseits die diplomatischen Beziehungen zur Bundesrepublik ab. Zu einer diplomatischen Anerkennung der DDR durch die arabische Welt kam es zwar noch nicht. Dennoch war der Staatsbesuch Ulbrichts in Ägypten für die DDR ein Meilenstein auf dem Weg zum international anerkannten souveränen Staat. Durch Glück, aber auch persönliches Geschick war es dem Staats- und Parteichef der DDR gelungen, die Hallstein-Doktrin und die Isolierungspolitik der Bundesrepublik gegenüber der DDR erstmals zu durchbrechen.

Während des Sechs-Tage-Krieges im Juni 1967 verschlechterten sich die Beziehungen zwischen den Arabern und der Bundesrepublik weiter. Die DDR nutzte die pro-israelische Stimmung in der Bundesrepublik erneut geschickt aus, indem sie sich mit den arabischen Staaten solidarisch erklärte. Weitere diplomatische Vorstöße, vor allem auch der UdSSR, führten schließlich ab Ende April 1969 zu der von Ost-Berlin lange erstrebten diplomatischen Anerkennung durch eine Reihe von Entwicklungsländern. Ausschlaggebend für diesen diplomatischen Durchbruch waren auch handfeste finanzielle und wirtschaftliche Interessen der anerkennenden Staaten. DDR-Kredite in einer Größenordnung von mehreren hundert Millionen Dollar trugen ebenso zur Überzeugung bei wie sowjetische Einflussnahme.[9] Als erster nichtkommunistischer Staat der Welt sprach am 30. April 1969 der Irak seine Bereitschaft aus, volle diplomatische Beziehungen zur DDR herzustellen. Eine Woche später folgte Kambodscha. Und bis Mitte des Jahres erkannten der Sudan, Syrien, Südjemen, Ägypten und Algerien die DDR an. Die Hallstein-Doktrin war gescheitert, und die DDR wurde 20 Jahre nach ihrer Gründung ein souveräner Staat.

Deutschlandpolitik

An Initiativen Ulbrichts zur Wiedervereinigung Deutschlands hatte es nie gefehlt. Doch seit 1952, als Stalin nach Ablehnung seiner berühmten März-Note den Separatstaat DDR endgültig zugelassen hatte, erstarrten die gesamtdeutschen Ansätze der SED zu reinen Propagandaaktionen. Jahr für Jahr wandte sich Ulbricht seither unverdrossen mit immer wieder neuen Aktionen und Aufrufen an die SPD, die westdeutsche Öffentlichkeit oder die Bundesregierung, um für die Wiedervereinigung zu werben. Mal ließ er »Grundsätze zur Wiedervereinigung Deutschlands als friedliebender, demokratischer Staat«[10] veröffentlichen, mal formulierte er einen »zündenden Gruß« an die Delegierten des SPD-Parteitages im Juni 1956: »Den Frieden zu erhalten ist uns allen höchstes Gebot. Die Wiedervereinigung Deutschlands als Heimstatt friedlichen Schaffens ist uns Herzenssache.«[11] Bei anderer Gelegenheit schlug er ein »Abkommen der Vernunft« zwischen den beiden deutschen Staaten vor.[12] Ab 1957 verfolgte er den Gedanken einer Konföderation zwischen der DDR und der Bundesrepublik und trat unermüdlich mit immer neuen Varianten dieser Idee an die Öffentlichkeit. Im April 1964 verkündete der SED-Chef die Bereitschaft Ost-Berlins, westdeutsche Presseerzeugnisse wie Die Zeit oder die Süddeutsche Zeitung in der DDR zum Verkauf zuzulassen, wenn umgekehrt das SED-Organ Neues Deutschland in der Bundesrepublik frei verkauft werden könne. Die Idee scheiterte an der engstirnigen Haltung der Bundesregierung, die das Angebot aus rechtlichen Gründen ablehnte. Nicht einmal der Austausch von Zeitungen war möglich während des Kalten Krieges.

Ebenso scheiterte im Sommer 1966 die von Ulbricht unterstützte Idee eines »Redneraustausches«. Am 1. Februar 1966 hatte das Politbüro einen vom Ersten Sekretär des ZK der SED persönlich ausgearbeiteten »Entwurf eines Briefes an die SPD« verabschiedet, in dem der SED-Chef der westdeutschen Sozialdemokratie eine neue Variante seines Konföderationsgedankens unterbreitete. Ulbricht schlug in seinem Brief ein Zweistufen-Programm vor, das als ersten Schritt Gespräche zwischen Vertretern von SED und SPD vorsah, mit dem Ziel eines »Verständigungsfriedens« und einer »Versöhnung«.[13] Der SPD-Vorstand reagierte auf diesen Vorstoß Ulbrichts mit einem offenen Brief vom 18. März 1966. Aus diesem Dialog entstand die Idee des »Redneraustausches« zwischen SED und SPD auf je einer Veranstaltung in der DDR und der Bundesrepublik. Schließlich überforderte die SPD die Ulbricht-Führung, weil sie zwar den Redneraustausch begrüßte, aber von der SED darüber hinaus forderte, allen DDR-Bürgern Reisen in den Westen zu erlauben, damit diese sich ein eigenes Urteil über die Lage verschaffen könnten.[14] Die SED-Führung zog daraufhin ihr Angebot zurück.

All diese Initiativen mussten scheitern; sie hatten schon vom Ansatz her keine Realisierungschance. Der SED-Chef setzte bei all diesen Vorstößen immer als selbstverständlich voraus, dass eine Wiedervereinigung unter sozialistischen Rahmenbedingungen stattfinden würde, etwas anderes kam in seinem Weltbild überhaupt nicht vor. Dass in einem vereinigten Deutschland die »Errungenschaften der DDR« Bestand haben und dass die künftige Ordnung eine »antifaschistisch-demokratische« sein würde, stand für Ulbricht außerhalb jeder Diskussion: »Dass die sozialistischen Errungenschaften der DDR nicht angetastet werden dürfen, ist meines Erachtens gar keine Frage. Über diese Frage diskutieren wir nicht.«[15] Noch 1968 ließ er in der neuen DDR-Verfassung festschreiben: »Die Deutsche Demokratische Republik und ihre Bürger erstreben darüber hinaus... die schrittweise Annäherung der beiden deutschen Staaten bis zu ihrer Vereinigung auf der Grundlage der Demokratie und des Sozialismus.«[16] Ulbricht setzte darauf, dass es der SED gelingen könne, durch Unterstützung und Förderung der linken Kräfte in der Bundesrepublik einen grundlegenden politischen Wandel in Westdeutschland herbeizuführen. Er glaubte jahrzehntelang fest daran, dass es irgendwann gelingen würde, die Massen zum Aufstand gegen das westdeutsche Monopolkapital und seine politischen Handlanger zu mobilisieren. »Dann wäre es gelacht, wenn es nicht gelingen würde, die Mehrheit der sozialdemokratischen Mitglieder zu gewinnen... Wir haben alle Aussichten, die Mehrheit der sozialdemokratischen Werktätigen zu gewinnen. Wir müssen sie gewinnen, und wir haben Aussicht, sie zu uns herüberzuziehen.«[17]

Das war sein politisches Weltbild seit einem halben Jahrhundert. Und durfte er sich darin nicht bestätigt fühlen nach dem Untergang der Weimarer Republik und des Hitler-Reiches, nachdem im »halben« Deutschland der Sozialismus gesiegt hatte? War es nicht nur eine Frage der Zeit, bis sich der Kommunismus als die überlegene Gesellschaftsform auch in der Bundesrepublik durchsetzen würde? Für Ulbricht stand das außer Frage: »Wir wollen erreichen, dass die Deutsche Demokratische Republik insgesamt in den Augen der Arbeiterklasse und der Werktätigen Westdeutschlands ein solches Ansehen genießt, dass unser politischer Einfluss auf die Arbeiterklasse und die Werktätigen Westdeutschlands ständig wächst...«[18] Diesem politischen Weltbild des SED-Chefs lag eine elementare Fehleinschätzung der politischen Machtverhältnisse in der Bundesrepublik zugrunde. Angesichts der Tatsache, dass seit Gründung der Bundesrepublik die CDU/CSU die Regierung stellte, war sein Glaube an die sich auch auf Westdeutschland auswirkende Sogkraft des Sozialismus eine lebensfremde Illusion.

Allein schon weil Ulbricht seine Initiativen immer mit aggressiven Vorwürfen gegen die Bundesrepublik und meist mit Beschimpfungen ihrer politischen Repräsentanten verband, war es den jeweiligen Adressaten nahezu unmöglich, auf die Initiativen des SED-Chefs einzugehen. Am 26. Mai 1964 schrieb Ulbricht beispielsweise an Bundeskanzler Erhard, es sei erwiesen, dass der Staatsapparat, an dessen Spitze Erhard stehe, »von oben bis unten mit Leuten durchsetzt ist, die weniger die Weisungen der Regierung als vielmehr die Befehle unverantwortlicher faschistischer Untergrundorganisationen durchführen«.[19] Und an anderer Stelle hieß es: »Die Deutsche Demokratische Republik stützt sich auf eine überlegene Gesellschaftsordnung, die sozialistische Gesellschaftsordnung, während die westdeutsche Bundesrepublik einer überholten Gesellschaftsordnung der Vergangenheit angehört, die historisch zum Untergang verurteilt ist.« Anfang 1966 – in der Bundesrepublik zeichnete sich die Große Koalition aus SPD und CDU/CSU ab – schrieb Ulbricht einen offenen Brief an die Delegierten des Dortmunder Parteitages der SPD, um sie zu Gesprächen über die »Schicksalsfragen der deutschen Nation und der deutschen Einheit« zu gewinnen. Allein schon die Formulierung seiner Fragen an die Delegierten stellte sicher, dass Ulbricht keinen Erfolg haben konnte: »Wie soll das einige Deutschland aussehen, das Du erstrebst? Soll es ein Deutschland sein, in dem das Volk bestimmt, oder sollen in ihm die Multimillionäre und Hitlergenerale den Ton angeben?... Soll es ein Deutschland der sozialen Gerechtigkeit sein oder ein Deutschland, in dem die Unternehmerverbände regieren?«[20] In einer Fernsehansprache im März 1968 beschimpfte Ulbricht Bundeskanzler Kiesinger: »Herr Kiesinger hat keine Lehren aus der Vergangenheit gezogen und ist auch nicht willens, solche Lehren zu ziehen. Er geht den alten Weg des deutschen Imperialismus. Nur versucht er nicht ganz so grobe Methoden anzuwenden wie Hitler und andere.«

Was das Verhältnis zur westdeutschen SPD betraf, war Ulbricht immer wieder hin und her gerissen. Einerseits war er sein ganzes politisches Leben lang voller Misstrauen gegenüber den Sozialdemokraten, die für ihn insgeheim immer die »Sozialfaschisten« der Weimarer Republik blieben. So attackierte er 1961 die SPD-Führung: »Eine Gruppe Abenteurer hat sich der Führung der SPD bemächtigt. Die Brandt, Wehner... unterstützen aktiv die NATO-Politik... und sind ins Lager des deutschen Imperialismus übergegangen. Schon seit langer Zeit sind sie keine Sozialisten mehr... Es sind Abenteurer und Karrieristen, bereit, skrupellos die Arbeiterklasse und das werktätige Volk zu verkaufen, wenn damit nur ihren karrieristischen Zielen und ihrem eigenen materiellen Nutzen gedient ist.«[21] Andererseits war die SPD für ihn ohne jeden Zweifel die bessere Alternative zur »Kriegspartei« CDU/CSU, weil er die Illusion hatte, die Sozialdemokraten »nach links zu entwickeln« und mit ihnen die Bundesrepublik in einen sozialistischen Staat umwandeln zu können: »Wir müssen alles tun, um die sozialdemokratischen Mitglieder für den gemeinsamen Kampf zu gewinnen.«[22] Im September 1960 formulierte Ulbricht parteiintern das Ziel der SED-Politik mit Blick auf die SPD, dass »auf der unteren und mittleren Ebene eine andere Politik durchgeführt wird, als der Vorstand will ... Es geht nicht um die Bildung einer neuen Partei. Das wäre jetzt schädlich. Es geht darum, den Kampf innerhalb der Partei zu führen, mit dem Ziel, einen Kapitulanten nach dem anderen aus der Führung zu verdrängen. Es muss gelingen, auf diese Art und Weise wirklich oppositionelle Kräfte bei der Wahl 61 mit in den Bundestag zu bekommen.«[23]

Wann immer die Sozialdemokraten und ihre Führer sich nicht im Sinne dieser Illusion verhielten, reagierte Ulbricht höchst aggressiv. Als die SPD am 1. Dezember 1966 mit der Union die Große Koalition bildete, war das durch seine »Klassenkampf-Brille« betrachtet ein Skandal. Nach seinen Vorstellungen sollte die SPD sich am Aufbau des Sozialismus in der Bundesrepublik beteiligen, jetzt war sie in eine Regierung des »Monopolkapitals« eingetreten! Umgehend beschloss die SED, gegen dieses Ereignis »propagandistisches Sperrfeuer« zu eröffnen, wie sich Ulbricht gegenüber Semjonow ausdrückte. Ungehalten beschimpfte der SED-Chef die neuen SPD-Minister der Großen Koalition als »Abenteurer« und »politische Vertrauensleute des Monopolkapitals«.[24] Bereits am 30. November 1966, die Bildung der Großen Koalition zeichnete sich ab, erklärte Ulbricht im Neuen Deutschland: »Den Herren Adenauer und Strauß ist es gelungen, die Revanchepolitiker in der sozialdemokratischen Parteiführung für die Notstands- und Bunkergemeinschaft mit der CDU/CSU zu gewinnen. Im Zeichen des Chauvinismus und Revanchismus wird eine Front der reaktionären Kräfte organisiert.«[25]

Ulbrichts Spielraum für eine eigenständige Deutschlandpolitik war seit jeher eng begrenzt. In allen Phasen der Nachkriegszeit behielt sich die jeweilige sowjetische Führung die Entscheidung über Fragen, die die deutsche Nachkriegsordnung betreffen, vor. Das galt auch nach dem Eintritt der SPD in die Bundesregierung. Die Große Koalition wurde von der Moskauer Parteispitze äußerst negativ beurteilt. Die KPdSU-Führung beobachtete argwöhnisch, dass die neue Bundesregierung demonstrative Bemühungen unternahm, um diplomatische Beziehungen zu mehreren Ostblockstaaten aufzunehmen, und dass dieser neue Kurs im Falle Rumäniens bereits am 31. Januar 1967 mit der Aufnahme diplomatischer Beziehungen zum Erfolg führte. In Moskau leuchteten die Alarmlampen. Die Sowjetführer sahen in der neuen Bonner Strategie den Versuch, das von der Sowjetunion beherrschte Staatenbündnis des Ostblocks durch Einzelverhandlungen und Verträge zu spalten. Die Bonner Regierung plane mit der Herstellung diplomatischer Bezie-

Noch ein Bild der Eintracht: Walter Ulbricht und Erich Honecker ehren im November 1968 die Teilnehmer der DDR-Olympiamannschaft von Mexiko mit einem Empfang im Amtssitz des Staatsrats.

hungen »einen tückischen Angriff«, ließ Semjonow Ulbricht wissen.²⁶ Die Antwort Breschnews war ein Memorandum, mit dem die Sowjetunion ihren Führungsanspruch innerhalb des Ostblocks bekräftigte und mit dem den Satellitenstaaten ein enges außenpolitisches Korsett angelegt wurde. Am 8. Februar 1967 verabschiedeten die Außenminister der Warschauer-Pakt-Staaten – mit Ausnahme Rumäniens – auf sowjetischen Druck hin ein Papier, das für die Bundesrepublik eine unüberwindliche Hürde hinsichtlich der Aufnahme politischer Beziehungen zu den Ostblockstaaten darstellte. Gefordert wurde darin als Vorbedingung für Verhandlungen eine ganze Palette von Zugeständnissen, die zum damaligen Zeitpunkt für die Bundesrepublik unerfüllbar waren. Im Einzelnen gehörten dazu: die Anerkennung bestehender Grenzen, einschließlich der Oder-Neiße-Grenze und der Grenze zur DDR, die Anerkennung der Tatsache des Bestehens zweier deutscher Staaten, der Verzicht auf den Alleinvertretungsanspruch der Bundesrepublik, der Verzicht auf Zugang zu Kernwaffen und der Verzicht auf »rechtswidrige« Ansprüche auf West-Berlin. Der deutsch-deutsche Entspannungsprozess wurde durch den Warschauer Beschluss für mehrere Jahre unterbrochen. Der in Warschau verabschiedete Forderungskatalog wurde – und wird teilweise bis heute – zu Unrecht als Initiative Ulbrichts interpretiert und ging als »Ulbricht-Doktrin« in die Zeitgeschichte ein. Tatsächlich handelte es sich dabei um außenpolitische Forderungen Breschnews.[27]

Trotz alledem, der Eintritt der Sozialdemokraten in die Bundesregierung hinterließ seine Spuren im Ost-West-Gefüge. Trotz ständiger Rückschläge begannen sich ab diesem Zeitpunkt die beiden deutschen Staaten wieder einander zu nähern. Ende 1967 offerierte Bundeskanzler Kiesinger in einer Regierungserklärung im Deutschen Bundestag der SED ein Entspannungsprogramm für die beiden deutschen Staaten. Es reichte von Handels- und Kreditangeboten über deutsch-deutsche Sportveranstaltungen bis hin zur Möglichkeit von Regierungsverhandlungen. Und daraufhin geschah etwas Erstaunliches. Der 74-jährige Ulbricht begann sich zu diesem Zeitpunkt in der Deutschlandfrage innerlich von seinen sowjetischen Vordenkern zu lösen und entwickelte eigene deutschlandpolitische Gedanken und Initiativen. Zwar versuchte er in seinen öffentlichen Auftritten, keine Divergenzen zu den Vorgaben Breschnews sichtbar werden zu lassen. Ein ums andere Mal wiederholte er darum auch jetzt die »Ulbricht-Doktrin«: keine Verhandlungen mit der Bundesrepublik, bevor diese die DDR nicht anerkannt hatte. Doch innerlich erkannte der alte Ulbricht im Regierungswechsel in der Bundesregierung eine einmalige Chance, das Verhältnis zwischen den beiden deutschen Staaten und damit in der Folge die Lebensbedingungen für die DDR-Bevölkerung zu verbessern. Selten in seinem langen politischen Leben sprang Ulbricht so über seinen eigenen Schatten wie jetzt in der deutschen Frage.

Vier Monate nach Kiesingers Erklärung fing Ulbricht den ihm zugeworfenen Ball auf. In seiner Rede auf dem achten Parteitag der SED im April 1967 sagte er unter dem Beifall der Delegierten: »Wir schlagen deshalb vor, daß der Vorsitzende des Ministerrates der Deutschen Demokratischen Republik und der Bundeskanzler der westdeutschen Bundesrepublik ... an einem noch zu vereinbarenden Ort zusammentreffen, um über diese ersten Schritte auf dem Wege zu einer Verständigung der beiden deutschen Staaten zu verhandeln und die entsprechenden Verträge abzuschließen.«[28] Zwar wurde in diesem Jahr aus dieser Initiative nichts; die Zeit war noch nicht reif für ein Treffen der beiden deutschen Regierungschefs. Erst drei Jahre später, nachdem in der Bundesrepublik die Sozialdemokraten die Mehrheit errungen hatten, sollte dies gelingen. Doch es war ein ernst gemeinter, realistischer Ansatz Ulbrichts, um zur Entkrampfung zwischen den beiden deutschen Staaten beizutragen, und ein Schritt auf dem Weg zur Wiedervereinigung.

Ein Jahr später kam es zum nächsten deutsch-deutschen Annäherungsversuch, der diesmal von Ulbricht ausging. In einer Erklärung des Staatsrates vom 21. Juni 1968 und einer Rede vor der Volkskammer am 9. August 1968 schlug der SED-Chef eine Reihe von bemerkenswerten Maßnahmen zur Annäherung der beiden Staaten vor, die im Wesentlichen wenige Jahre später Realität sein sollten. Im Einzelnen nannte er die Herstellung normaler diplomatischer Beziehungen zwischen allen europäischen Staaten, die Aufnahme beider deutscher Staaten in die UNO und ihre Organisationen, die Unterzeichnung des Vertrages über die Nichtweiterverbreitung von Kernwaffen durch die Bundesregierung, den Abschluss eines Vertrages über die Nichtanwendung von Gewalt in den Beziehungen zwischen beiden deutschen Staaten, die Anerkennung der bestehenden Grenzen in Europa und des Status quo, den Abschluss eines Vertrages über die Normalisierung der Beziehungen zwischen DDR und Bundesrepublik sowie die Schaffung bevollmächtigter Missionen.[29] Obwohl er es nicht lassen konnte, auch diesmal seine Vorschläge mit Beschimpfungen westlicher Entscheidungsträger zu verbinden – »Das Verbrechen der Spaltung Deutschlands, von den imperialistischen Mächten mit Hilfe der westdeutschen Monopole und ihrer CDU vollzogen, hat unserem Volk unermesslichen Schaden zugefügt« –, reagierte die Bundesregierung diesmal nicht von vornherein ablehnend. Zwar wurde auch aus dieser Initiative nichts, weil der Einmarsch der Warschauer-Pakt-Staaten in die ČSSR wenige Tage später ein Klima schuf, in dem eine deutsch-deutsche Entspannungspolitik nicht gedeihen konnte. Doch festzuhalten bleibt, dass dies ein weiterer ernst zu nehmender und konstruktiver Vorschlag Ulbrichts zur Entspannung zwischen den deutschen Staaten war. 1970 fand er sich weitgehend in den deutsch-deutschen Verhandlungen wieder, und 1972 wurde er im Grundlagenvertrag zwischen DDR und BRD in großen Teilen umgesetzt.

»Der Alte taugt nichts mehr«

Selbstbewusst sah der alte Ulbricht auf seinen politischen Lebensweg zurück. Vom strafrechtlich verfolgten Revolutionär in der Weimarer Republik war er zum Staatschef eines deutschen Staates geworden. Er hatte »seine« DDR zu einem international anerkannten Staat gemacht. All seine Konkurrenten und Gegner, im Osten wie im Westen, in der Weimarer Republik, im Dritten Reich und im geteilten Deutschland, hatte er hinter sich gelassen. Sie waren tot oder entmachtet, er allein stand weiter am Ruder. Es war zwangsläufig, dass er sich in seinem Weg bestätigt fühlen musste. Und durfte er das nicht angesichts der Tatsache, dass er dem ersten sozialistischen Staat auf deutschem Boden nun 25 Jahre in führender Position vorstand? Er war der einzige noch von Stalin eingesetzte Ostblockführer, der selbst Lenin noch gekannt hatte. Und hatte er nicht Recht behalten mit seinen Warnungen 1956 wie 1968 vor liberalen Reformen im Osten?

Ende der sechziger Jahre war Walter Ulbricht ein lebendes Denkmal des Weltkommunismus. Längst gab es keine Kritiker mehr, die es wagten, den Diktator offen zu korrigieren oder zu kritisieren. Im Gegenteil, jeder SED-Funktionär bemühte sich nach Kräften, Ulbrichts Wünsche und Vorstellungen vorauszuahnen und seinem Ersten Sekretär eine Wirklichkeit zu präsentieren, von der er annehmen durfte, dass sie auf Wohlgefallen des SED-Chefs stoßen werde. Die Folge war, dass für Ulbricht oft Potemkinsche Dörfer gebaut wurden, was ihm den Blick hinter die Fassade des realen Sozialismus zwangsläufig trüben musste. Als Ulbricht 1960 die »Landwirtschaftliche Produktionsgenossenschaft Wendemark« besuchen wollte, überschlugen sich die örtlichen SED-Funktionäre geradezu, um ihre LPG für den Generalsekretär ins beste Licht zu rücken. 150 Bauarbeiter schufteten vor dem Ulbricht-Besuch Tag und Nacht »in militärischer Formation«,[30] um die LPG so herzurichten, dass Ulbricht mit den örtlichen Genossen zufrieden sein musste.

Berechtigtes Selbstbewusstsein, Personenkult und ein spürbarer Altersstarrsinn mischten sich beim Endsiebziger Ulbricht zu einem Persönlichkeitsbild, das für sein engstes politisches Umfeld manchmal unerträglich wurde. Sein schon immer vorhandener Hang zu Rechthaberei und Egomanie trat jetzt oft ungeschminkt hervor. Irgendwann Ende der sechziger Jahre war er zur Erkenntnis gelangt, dass er Einzigartiges geleistet hatte, so wie Lenin und Stalin Einzigartiges geleistet hatten. Und mit dieser Erkenntnis hielt er nicht hinter dem Berg. 1968 betonte er mehrfach gegenüber den Reformern in der ČSSR, an ihrer Spitze Dubček und Svoboda, dass die DDR die Prager Probleme in musterhafter Weise für sich selbst schon gelöst habe und dass sie »auf einer viel höheren Stufe der Entwicklung tätig [ist], als das in der Tschechoslowakei der Fall ist«.[31] Auf Wirtschaftskonferenzen der Ostblockstaaten düpierte er seine Kollegen mit der Forderung: »Jedes Land muss bei der Zusammenarbeit und Kooperation etwas einbringen. Man kann nicht nur sagen, ich möchte von euch, möglichst kostenlos, die Lizenzen usw. haben, so wie das in der Nachkriegszeit war, wo wir waggonweise Patente geliefert haben. Die Zeit ist ein für alle Mal vorbei. Jetzt müssen Leistungen vollbracht werden.« Als er 1969 eine polnische Delegation in Berlin empfing, scheute er sich nicht, ihr zu eröffnen: »Auch wenn ihr euch anstrengen werdet, ihr werdet erst in zehn Jahren so weit sein wie wir.« Instinktlos rühmte er sich anlässlich der Feierlichkeiten zum 50. Jahrestag der Oktoberrevolution in Moskau in seiner Ansprache im Kreml, schon vor 45 Jahren als deutscher Kommunist in der Sowjetunion aktiv gewesen zu sein und Lenin noch persönlich gekannt zu haben. Bei einem Empfang für die sowjetische Regierungsdelegation im Staatsrat dozierte er 1969 derart penetrant über die Erfolge der DDR-Wirtschaft, dass die sowjetischen Gäste deutliche Zeichen des Unmuts zeigten. »Schau mal, der will uns belehren«, meinte der sowjetische Minister für Chemieindustrie. Der damalige Verteidigungsminister der UdSSR, Marschall Gretschko, kommentierte im selben Jahr ein kontrovers verlaufenes Gespräch mit Ulbricht mit den Worten: »Der Alte taugt nichts mehr!«[32]

Selbst gegenüber Breschnew zeigte sich der SED-Chef wenig ehrerbietig. Noch Jahre später konnte sich Breschnew über eine Begegnung mit Ulbricht in dessen Datsche am Döllnsee erregen: »Alle meine Delegationsmitglieder stellt er in eine Ecke – mich bearbeitete er in seinem heißen Zimmer – ich schwitzte – er ließ nicht nach – dies ist nicht das Wichtigste, aber so kann und darf man niemanden behandeln.«[33] Besonders missfiel Breschnew Ulbrichts Neigung, die DDR als Modellfall des Sozialismus zu präsentieren: »Man spricht davon, dass in [der] DDR [das] beste Modell des Sozialismus entwickelt wurde oder wird. Alles macht man besser in der DDR – alle sollen lernen von der DDR.«[34] Der Machtmensch Breschnew war nicht bereit, sich vom alten Ulbricht belehren zu lassen. Anders als sein Vorgänger Chruschtschow forderte er von der DDR-Führung bedingungslose politische Unterwerfung. Insbesondere was die Deutschlandpolitik betraf, dachte er nicht daran, der SED-Führung auch nur den geringsten eigenen politischen Spielraum einzuräumen. Dass Ulbricht das nicht sah oder nicht sehen wollte, sollte sich als folgenschwerer Fehler des SED-Chefs erweisen.

An seinem eigenen Politbüro regierte der Erste Sekretär der SED wie eh und je vorbei. Anfang 1966 rief er den »Strategischen Arbeitskreis«[35] unter Leitung seines Vertrauten Wolfgang Berger ins Leben. Dieses Gremium wurde eine Art Braintrust für Ulbricht, der sich damit neben dem Staatsrat ein weiteres Organ schuf, das er vom Parteieinfluss weitgehend frei hielt und das nur ihm per-

Mit dem Star-Wissenschaftler der DDR, Manfred von Ardenne (Mitte), 1962 im Stahlwerk Freital

sönlich unterstellt war. Zwar hatte er sich die Etablierung dieses Gremiums formal vom Politbüro absegnen lassen und die Sekretäre des ZK dadurch in dessen Arbeit mit eingebunden, dass sie kraft ihrer Funktion Mitglieder wurden. Doch die Berufungskriterien für die anderen Mitglieder machten deutlich, dass Ulbricht als Mitarbeiter gerade nicht die SED-Funktionäre im Visier hatte. Vielmehr sollten die rund 130 ehrenamtlichen Mitglieder, die in verschiedenen Fachgruppen[36] mitarbeiten sollten, Experten »mit solidem theoretischem Fachwissen« im Alter zwischen 25 und 40 Jahren sein. Zusätzlich forderte Ulbricht: »Stellvertretende Minister, Hauptabteilungsleiter und Genossen in vergleichbaren Funktionen sollten nur ausnahmsweise vorgesehen werden. Wir brauchen für diese Gruppen nicht so sehr Leiter, sondern eigenständig schöpferisch mitarbeitende Mitglieder des Kollektivs.«[37]

Hauptaufgabe des »Strategischen Arbeitskreises« waren Problemanalysen und die Ausarbeitung von Zukunftskonzepten für Ulbricht. Mit diesem Instrument umging der SED-Chef den verknöcherten und ihm zu langsam arbeitenden ZK-Apparat, so wie er früher mit dessen Hilfe das Politbüro umgangen hatte. Für das ZK und seine Sekretäre hatte der alte Ulbricht offensichtlich nicht mehr viel übrig. Er nutzte die Parteibürokratie kaum noch und machte aus seiner Missachtung des Parteiapparates auch keinen Hehl: »Ich brauche keine ZK-Abteilungen, wenn ich richtig informiert sein will. Dazu brauche ich nur Prof. Ardenne zu fragen.«[38] Der »Strategische Arbeitskreis« entwickelte schnell ein Eigenleben, das Ulbrichts Kollegen im Führungsgremium der SED die Zornesröte ins Gesicht steigen ließ. Die Apparatschiks um Honecker spürten schnell, dass Ulbricht die SED-Spitze mit diesem Instrument in großem Umfang von der Gestaltung der Zukunft ausschließen wollte. Zu Recht sollten sie ihrem Ersten Sekretär später, als der Stern Ulbrichts im Sinken war, vorwerfen: »Durch die Schaffung solcher Instrumente, wie des Strategischen Arbeitskreises, in dem nominell alle Sekretäre des ZK einbezogen waren, schaltete er das Politbüro und das Sekretariat des ZK bei der Ausarbeitung der volkswirtschaftlichen Fragen aus.«[39] Diese Vorwürfe gipfelten in der Anklage, dass dies »faktisch zur Ausschaltung des Parteiapparates und auch weitgehend der Regierung« geführt habe.[40]

Für weiteres Unbehagen sorgte schließlich Walter Ulbrichts Ehrgeiz, zunehmend eigene theoretische Beiträge und Gedanken zur kommunistischen Ideologie beizusteuern. Bereits im Juli 1958 hatte er die »Sozialistische Moral« erfunden, als er auf dem fünften Parteitag der SED die »10 Gebote für den neuen sozialistischen Menschen«[41] vorstellte, die auch als die »10 Gebote der sozialistischen Moral« bezeichnet wurden. Dass der SED-Chef damit den Zehn Geboten der Bibel ein sozialistisches Äquivalent entgegensetzen wollte, wurde nicht einmal kaschiert. Seine Leitsätze lauteten »Du sollst das Volkseigentum schützen und mehren« (sechstes Gebot) oder »Du sollst sauber und anständig leben und Deine Familie achten« (neuntes Gebot). Laut Protokoll folgte der Verkündung dieser neuen, sozialistischen Morallehre stürmischer und lang anhaltender Beifall der Delegierten.[42]

Zwei Jahre später schlug die Geburtsstunde des »Neuen Menschen« in der DDR. In seiner Antrittsrede als Vorsitzender des Staatsrates skizzierte Ulbricht dieses Wesen so: »Es sind Menschen, die sich bemühen, im täglichen Leben Vorbild zu sein, in denen sich immer stärker die hohen sittlichen und moralischen Eigenschaften von Menschen unserer Gesellschaft entwickeln, die sich im wahrsten Sinne des Wortes wie Brüder verhalten, sich gegenseitig helfen, achten und lieben. In höchster Pflichterfüllung üben sie jeden Tag, zu jeder Stunde eine hohe Arbeits-, Staats- und Plandisziplin. So werden die Gebote der sozialistischen Moral in immer stärkerem Maße zum Grundsatz ihres Handelns.«[43] Als Untergruppe des »Neuen Menschen« identifizierte Ulbricht im selben Jahr den »Typ des Arbeiterforschers«, den er folgendermaßen definierte: »Geleitet von einem hohen sozialistischen Bewusstsein, das gepaart ist mit Erfindergeist, leistet er Großes für den wissenschaftlich-technischen Fortschritt unserer Republik.« Arbeiterforscher seien Menschen, »die ihre schöpferischen Kräfte im Kampf um die Meisterung der Höhen der Technik einsetzen, die voller schöpferischer Unruhe sind, die kühn in der Produktion noch nicht beschrittene Wege gehen und die mit ihren goldenen Händen, ihrem Ideenreichtum die Wissenschaft und Technik bereichern«.[44]

Anlässlich des siebten Parteitages der SED 1967 führte Ulbricht eine weitere. bislang unbekannte Vokabel in das sozialistische Wörterbuch ein. Aus seinem bisherigen NÖS wurde »das ökonomische System des Sozialismus«. Während das NÖS bislang rein auf die Reformierung der Wirtschaft ausgerichtet gewesen war, maß er seiner ideologischen Neuerung Bedeutung für das gesamte gesellschaftliche System bei. Er bezeichnete es gar als Kernstück der entwickelten sozialistischen Gesellschaft der DDR. Das Revolutionäre daran war, dass er sein »ökonomisches System des Sozialismus« als eine einzigartige, spezifische Entwicklung in der DDR ansah, weil sich die Entwicklungsbedingungen in der DDR von denen anderer sozialistischer Länder unterschieden. Ulbricht verstieg sich gar dazu, seiner Erfindung eine Rolle weit über deren volkswirtschaftliche Bedeutung hinaus zuzuerkennen. Er maß ihm eine »tiefe historisch-politische Bedeutung« zu, mehr noch, einen »Beitrag der Arbeiterklasse der DDR zur Stärkung des Weltsozialismus«.[45] Der Erste Sekretär der SED maßte sich damit eine ideologische Führungsrolle innerhalb der sozialistischen Staaten an und stellte den bislang unangetasteten Führungsanspruch der KPdSU in Frage.

Wenige Monate später, im September 1967, verkündete Ulbricht erneut etwas für die kommunistische Ideologie Ungeheuerliches, nämlich »dass der Sozialismus nicht eine kurzfristige Übergangsphase in der Entwicklung der Gesellschaft ist, sondern eine relativ selbstständige sozialökonomische Formation in der historischen Epoche des Übergangs vom Kapitalismus zum Kommunismus im Weltmaßstab«.[46] Mit anderen Worten: Der Kommunismus würde noch eine Weile auf sich warten lassen. Das war angesichts der Tatsache, dass die russische Oktoberrevolution mittlerweile ein halbes Jahrhundert zurücklag, ohne dass die Phase des Sozialismus überwunden worden war, zweifellos eine richtige Erkenntnis und eine notwendige Anpassung der Ideologie an die tatsächlichen Ver-

Theoretiker des Sozialismus – Walter Ulbricht verkündet 1968 die neue DDR-Verfassung

hältnisse. Dennoch war es ein Affront gegen die KPdSU als Führungsmacht der kommunistischen Weltbewegung und als Gralshüterin der kommunistischen Ideologie. 1961 hatte Chruschtschow den Eintritt in die kommunistische Phase verkündet und die UdSSR und den Zeitraum bis zum Endziel Kommunismus auf 20 Jahre veranschlagt. Zeitzeugen bestätigen, dass die Reaktion der Zuhörer schon während der Rede Ulbrichts im Saal zu spüren war. Die Anwesenden wussten sehr genau, dass Ulbricht damit die KPdSU geradezu herausforderte.[47]

All diese Gedanken Ulbrichts flossen 1968 unter dem Begriff der »Sozialistischen Menschengemeinschaft« in die neue DDR-Verfassung ein. Dort hieß es in Artikel 18, Absatz 1: »Die Deutsche Demokratische Republik fördert und schützt die sozialistische Kultur, die dem Frieden, Humanismus und der Entwicklung der sozialistischen Menschengemeinschaft dient.« Die »Sozialistische Menschengemeinschaft« war die schöne, wunderbare Zukunftswelt Walter Ulbrichts. Das Individuum der Zukunft sollte keinen Egoismus mehr kennen, sondern ein Wesen sein, das ausschließlich für die sozialistische Gemeinschaft lebte. Es sollte sich durch »Hilfsbereitschaft, Güte, Brüderlichkeit, Liebe zu den Mitmenschen« auszeichnen. Und seine Erfüllung sollte dieser neue Mensch in gemeinsamer Arbeit, im Lernen und in »der Teilnahme an der Planung und Leitung der gesellschaftlichen Entwicklung, besonders auch in der Arbeit der nationalen Front«[48] finden. Auch die »Sozialistische Menschengemeinschaft« war eine Neuschöpfung in der kommunistischen Begriffs- und Gedankenwelt. Ulbricht stellte damit einen der wichtigsten Grundsätze der kommunistischen Ideologie in Frage: die Klassenbetrachtung. Die »Sozialistische Menschengemeinschaft« rüttelte am grundlegenden Prinzip der Vorherrschaft der Arbeiter und Bauern in der Gesellschaft. Der SED-Chef verfolgte dabei das Ziel, die neue Elite in der DDR-Wirtschaft, in erster Linie Akademiker, mit der bisherigen Parteielite auf eine Stufe zu heben. Sollten seine Wirtschaftsreformen Erfolg haben, mussten die Führungskräfte in der Wirtschaft in das bestehende Herrschaftsgefüge eingebunden und motiviert werden. Die Bedeutung der Wirtschaft hatte für ihn einen so hohen Stellenwert, dass er bereit war, für ihre Reformierung nahezu jeden Preis zu bezahlen. Erneut hatte Ulbricht damit einen neuralgischen Punkt berührt, indem er sich gegenüber der KPdSU die Rolle eines ideologischen Vordenkers anmaßte.

Diese ideologischen Alleingänge Ulbrichts mussten in Moskau auf Skepsis stoßen. Den Politbürokraten im Mutterland des Kommunismus stieß sauer auf, dass Ulbricht in seinem Verfassungsentwurf von 1968 an der Existenz einer deutschen Nation festhielt. Über Semjonow hatte man Ulbricht darum bedeuten lassen, dass die SED diese Vokabel in der neuen DDR-Verfassung doch bitte streichen möge. Auch die Fiktion von der »Sozialistischen Menschengemeinschaft« stieß auf massive Kritik im ZK der KPdSU. Die Begründung, mit der Ulbrichts unerwünschte Innovation abgelehnt wurde – von einer »Sozialistischen Menschengemeinschaft könne keine Rede sein, weil die DDR einen zu großen privatwirtschaftlichen Sektor habe –, war allerdings dünn. Zu diesem Zeitpunkt waren in der DDR gerade noch 3,5 Prozent aller Arbeitskräfte privat tätig. Den Versuch sowjetischer Stellen, indirekt Einfluss auf den Verfassungsentwurf zu nehmen, wies Ulbricht vehement und ohne Rücksicht auf Verluste zurück: »Nichts ist! Wenn das ZK der KPdSU uns irgendwas sagen will bezüglich der Verfassung, dann soll es sich offiziell an das ZK der SED wenden.«[49] Die KPdSU ließ Ulbricht schließlich seinen Willen, in der neuen Verfassung seine persönlichen theoretischen Beiträge zum Sozialismus festzuschreiben. An einer anderen Stelle des sowjetischen Reiches gab es Probleme, denen gegenüber der Wortlaut der neuen DDR-Verfassung und der ideologische Ehrgeiz des SED-Chefs von untergeordneter Bedeutung waren.

Der Prager Frühling

Nachdem Alexander Dubček am 5. Januar 1968 neuer Chef der tschechischen Kommunisten geworden war, leitete der 46-Jährige im Frühjahr einen Reformkurs ein, mit dem Ziel, einen »Sozialismus mit menschlichem Antlitz« in der Tschechoslowakei einzuführen. Zu seinem Programm gehörte die Abschaffung der Zensur der Presse und die Zulassung von Meinungsvielfalt. Die Veränderungen in der Führungsspitze der KPČ kamen Ulbricht zunächst nicht ungelegen. Der bisherige Parteichef Novotny war Ulbricht äußerst unsympathisch gewesen und seiner Meinung nach »nicht zu Veränderungen fähig«. Von »ihm wären keine wirklichen Reformen zu erwarten«. Darum wies Ulbricht anfänglich seinen DDR-Botschafter in Prag an, sich um ein »möglichst vernünftiges politisches Verhältnis« zu Dubček zu bemühen.[50] Bei ihrem ersten Treffen ermutigte Ulbricht Dubček sogar, konsequent den Prozess der personellen Veränderung in seinem Land fortzusetzen und weitere Altkader durch kreative, reformfreudige Fachleute, Ökonomen und Techniker, zu ersetzen. Zu diesem Zeitpunkt hoffte er darauf, dass die Reformfreudigkeit Dubčeks sich positiv auf seine eigenen wirtschaftlichen Reformbemühungen und sein »Neues Ökonomisches System« auswirken würde. Alexander Dubček wiederum hielt gar nichts von Ulbricht. Sein Urteil über seinen DDR-Kollegen fiel verheerend aus: »Ulbricht war ein irgendwann in der stalinistischen Zeit versteinerter Dogmatiker, und ich fand ihn persönlich abstoßend.«

Die positive Einstellung Ulbrichts zum neuen ČSSR-Führer hielt denn auch nicht lange an. Für wirtschaftliche Reformen war Ulbricht zu haben, wenn das der Stabilisierung der Macht diente. Dann war er auch willens, alte ideologische Dogmen über Bord zu werfen. Aber freiwillig die Macht aus den Händen zu geben, war nicht seine Sache, daran dachte er nicht im Traum. 1953 hatte er im eigenen Land und 1956 in Ungarn erlebt, was passieren konnte, wenn ein kommunistischer Staat seinen Bürgern plötzlich demokratische Freiheiten einräumte. Sowohl in Ost-Berlin als auch in Budapest war den Regierenden damals die Macht aus den Händen geglitten, und sie mussten sich diese durch die Gewalt sowjetischer Panzer zurückgeben lassen. Bald gelangte Ulbricht zu der Auffassung, dass die tschechoslowakische Führung dabei war, genau diese Fehler zu wiederholen. Darum gehörte Ulbricht nach kurzer anfänglicher Sympathie für die Reformen Dubčeks bald zu seinen erbittertsten Gegnern im östlichen Lager.

Wie von ihm richtig vorausgesehen, nahm sich die sowjetische Führung des Problems Dubček schnell und entschieden an. Am 23. März 1968 rief KPdSU-Chef Breschnew die Parteichefs der Warschauer-Pakt-Staaten zu einer Konferenz nach Dresden. Auf der Tagesordnung standen Fragen der wirtschaftlichen Zusammenarbeit. Zu Dubčeks Überraschung und größtem Ärger befand er sich in Dresden von Beginn an auf der Anklagebank. Ulbricht eröffnete die Konferenz mit den Worten, zur Debatte stehe die Situation in der Tschechoslowakei: »Die Umwandlung bei euch, auch die kadermäßigen Veränderungen, waren meiner Meinung nach unvermeidlich ... aber nicht in der Weise, wie das jetzt geschehen ist«, kritisierte der SED-Chef die tschechische Delegation. Außerdem belehrte er die tschechoslowakischen »Freunde«, dass sie nicht allein in Europa seien, dass sie an ihrer »Westgrenze den deutschen Imperialismus« hätten, der einen psychologischen Krieg führe. »In diesem Augenblick die absolute Freiheit zu proklamieren, das wird für euch sehr teuer werden«,[51] warnte er. Im Anschluss an Ulbrichts Eröffnung fielen die anwesenden Partei- und Regierungschefs über die Tschechen her: Sie hätten die Situation in ihrem Land nicht unter Kontrolle, und die Zulassung von Meinungsfreiheit grenze an Konterrevolution. Doch Dubček und seine Delegation ließen sich nicht einschüchtern, so dass die Konferenz frostig und ohne gemeinsame Erklärung endete.[52]

Im Sommer wurde die Situation für die unbotmäßige tschechische Führung kritisch. Die anderen Warschauer-Pakt-Staaten hielten demonstrativ entlang der tschechischen Grenze große Militärmanöver ab. Als Dubček am 11. Juli ein Telegramm an Ulbricht schickte, um den Parteichef des Nachbarlandes zu einem klärenden Gespräch am 25. Juli einzuladen, war es für eine politische Lösung des Konflikts bereits zu spät. Ulbricht schlug die Einladung nach Rücksprache mit Moskau aus.[53] Wenige Tage später, am 14. und 15. Juli, berieten die Führer des »Anti-ČSSR-Blocks« auf Einladung Breschnews in Warschau, wie man gegen die »Konterrevolution« in der Tschechoslowakei vorgehen solle. Ulbricht zeigte sich während der Tagung hellauf empört, dass Dubček keine Anstalten machte, auf den Druck der anderen Warschauer-Pakt-Staaten auch nur zu reagieren. Solch ein Kurs widersprach grundlegend seinem Macht- und Systemverständnis. Erregt stellte er fest, die jetzige Regierung in der Tschechoslowakei sei keine Arbeiter- und-Bauern-Regierung mehr. Die Runde verabschiedete einen von der KPdSU vorbereiteten »Gemeinsamen Brief« an das ZK der KPČ. Darin wurde den tschechischen Genossen erstmals offiziell mitgeteilt, dass die Bruderländer über die Ereignisse in der ČSSR zutiefst beunruhigt seien. Unverhüllt wurde gedroht, dass »die entschiedene Verteidigung der sozialistischen Ordnung in der ČSSR nicht nur Ihre, sondern auch unsere Aufgabe ist«.[54]

Weitere, mehr oder weniger diplomatische Versuche, die aufmüpfigen Tschechen zu räsonieren, folgten. Der letzte dieser Versuche blieb wiederum Ulbricht vorbehalten. Zusammen mit einigen anderen Politbüromitgliedern, unter ihnen Erich Honecker und Willi Stoph, besuchte er Dubček am 12. August in Karlsbad, um ihm die Gefährlichkeit seines Weges noch einmal vor Augen zu führen. Hartnäckig hatte er dieses Treffen verfolgt, obwohl sowohl das SED-Politbüro als auch die KPdSU von diesem letzten Vermittlungsversuch Ulbrichts nicht begeistert waren.[55] Die gegenseitige Antipathie der beiden Staatsmänner war unübersehbar und auch deshalb hatte dieser letzte Versuch Ulbrichts, eine militärische Intervention zu verhindern, keine Chance. Dubček urteilte im Rückblick über den SED-Chef: »Walter Ulbricht war ein Besucher ganz anderer Art. Er war in der Tschechoslowakei neben Breschnew der unpopulärste Staatsmann. Deshalb bekam er keinen begeisterten Empfang, als er nach Karlsbad kam, und ich nehme an, dass er dies auch nicht anders erwartet hatte.«[56] Ulbricht benahm sich auf der abschließenden Pressekonferenz herablassend, lehrerhaft, arrogant. Geradezu dümmlich äußerte er sich zum Thema Pressefreiheit: »Als wir aus der Presse erfuhren, dass Sie eine Pressezensur abgeschafft haben, waren wir bei uns erstaunt, weil wir so etwas nicht kannten. Wir haben nie eine Pressezensur gehabt, und wie Sie sehen, wir sind ganz gut vorwärtsgekommen, auch ohne Pressezensur.«[57] Kein Wunder, dass Dubček sich von diesem Auftritt Ulbrichts nicht beeindrucken ließ. »Ich weiß noch, dass Ulbricht auf seiner Pressekonferenz bei den Journalisten allgemeine Heiterkeit auslöste, als er behauptete, es gebe in Ostdeutschland keine Zensur«,[58] erinnerte er sich. Doch darauf kam es nicht an. Dubček sah nicht oder wollte nicht sehen, was der Machtmensch Ulbricht zur selben Zeit treffend formulierte, dass nämlich »alles Gequatsche ... über die Autonomie der kommunistischen Parteien ... müßig« sei. »Es gibt kein sozialistisches Land, das autonom existieren könnte. Praktisch werden wir gemeinsam geschützt durch die Atomstreitmacht und die Raketen der Sowjetunion.«[59]

Ulbricht wusste, was Dubček hätte wissen müssen, aber verdrängte: Ein militärischer Konflikt mit der Prager Führung war jetzt unausweichlich geworden. Zwischen dem 15. und 17. August 1968 fassten Politbüro und Sekretariat des ZK der KPdSU den endgültigen Beschluss, den »gesunden« Kräften in der Tschechoslowakei militärische Hilfe zu leisten. Am 18. August wurde Ulbricht zusammen mit den anderen Staatschefs der Warschauer-Pakt-Staaten, mit Ausnahme von Rumänien, nach Moskau beordert. Breschnew stellte einleitend ultimativ fest, dass der Konflikt in der Tschechoslowakei nur noch militärisch gelöst werden könne. Über dieses Diktum gab es keine Diskussion. Alle Anwesenden – ausdrücklich auch Ulbricht – stimmten den Ausführungen Breschnews zu. Der SED-Chef berichtete über die Stimmung anlässlich des Treffens: »Es war nicht die geringste Aussicht auf die politische Lösung unter dieser Führung vorhanden. Das war die Lage. Es ist klar, dass in einem solchen Moment schnelle Beschlüsse gefasst werden. Wir hatten überhaupt keine Diskussionen. Wir haben drei Stunden lang formuliert, inzwischen wurden die militärischen Vorbereitungen getroffen, und alles war fertig. In dieser Situation gab es bei niemandem Zweifel, ob das der richtige Weg ist.«[60]

Zwei Tage später, am 20. August 1968, erließ Ulbricht als Vorsitzender des Nationalen Verteidigungsrates der DDR den Grundsatzbefehl über die Teilnahme der DDR-Streitkräfte an der Militäroperation der Warschauer-Pakt-Staaten gegen die ČSSR. Von da an ließ er sich über den Einsatz der Nationalen Volksarmee alle zwölf Stunden, täglich um 8.00 Uhr und um 20.00 Uhr, berichten.[61] Am selben Tag marschierten Truppen der Warschauer-Pakt-Staaten in die Tschechoslowakei ein und besetzten die Hauptstadt Prag. Die Streitkräfte der DDR waren militärisch und logistisch voll und ganz in die Vorbereitung der Invasion mit einbezogen und standen am 20. August 1968 mit zwei Divisionen und 16 000 Soldaten »Gewehr bei Fuß«. Entgegen ursprünglichen Plänen überschritt die DDR-Armee die Grenze zum Nachbarland jedoch nicht. Zwei Monate lang warteten die Soldaten kampfbereit im Raum Dresden entlang der tschechischen Grenze auf den Marschbefehl, letztlich blieb ihnen der Einmarsch und die aktive Teilnahme an Kampfhandlungen jedoch erspart. Bereits am 30. August konnte Ulbricht die seit der Invasion geschlossene Grenze zur ČSSR wieder öffnen,[62] und am 11. September hob er per Befehl die bis dahin andauernde erhöhte Gefechtsbereitschaft der NVA auf.[63]

Vor dem ZK rechtfertigte Ulbricht am 23. August 1968 den Einmarsch in die ČSSR: »Für die Deutsche Demokratische Republik ist das besonders wichtig, weil die Maßnahmen der verbündeten Streitkräfte der Sicherung des Friedens dienen und einen Einbruch der imperialistischen Kräfte in die Tschechoslowakei und damit eine Bedrohung der Südgrenze der Deutschen Demokratischen Republik verhindern... Man kann sagen, dass die Aktion der verbündeten Regierungen und Armeen gegen die antisozialistischen

Kräfte in der Tschechoslowakei eine wichtige Aktion im Interesse der europäischen Sicherheit war und ist... Im Unterschied zum konterrevolutionären Putsch in Ungarn im Jahre 1956 sind diesmal die verbündeten Armeen zum richtigen Moment in Aktion getreten und haben den konterrevolutionären Kräften das Handwerk gelegt.«[64]

Als sich Jan Palach, Student der Staatswissenschaften, am 16. Januar 1969 auf dem Prager Wenzelsplatz aus Protest gegen die Niederschlagung des Prager Frühling mit Benzin übergoss und anzündete und schließlich am 20. Januar starb, reagierte Ulbricht wie immer, wenn etwas nicht in sein politisches Weltbild passte. Was nicht sein sollte, durfte nicht sein. Also griff der SED-Chef argumentativ zu seiner alten Masche: Kein anderer als der Feind im Westen konnte das veranlasst haben. Aus seinem Skiurlaub schrieb er seinem Kronprinzen Honecker am 28. Januar 1969: »Was die Selbstverbrennung von Palach betrifft, so ist sie erfolgt unter terroristischem Druck und mit Betrugsmethoden einer feindlichen Gruppe, die offenkundig mit einer westdeutschen Agentenzentrale in Verbindung steht. Und leider sind die tschechischen Stellen bisher nicht bereit gewesen, die ganze Wahrheit über den Sachverhalt zu veröffentlichen. Was der Führung der KPČ fehlt, das ist eine kühne Konzeption über die sozialistische Entwicklung und Perspektive des Volkes, verbunden mit einer grundsätzlichen Auseinandersetzung mit den antisozialistischen Kräften, die vom westdeutschen Imperialismus unterstützt werden. Mit so einer lendenlahmen Argumentation wie bisher können Parteiführung und Regierung das Volk nicht für eine konstruktive Politik gewinnen.«[65]

Die Wirtschaftskrise

Während der Außenpolitiker Ulbricht auch im hohen Alter erfolgreich war, verlor der Wirtschaftspolitiker Ulbricht die Schlacht, wirtschaftlich mit dem Westen gleichzuziehen, trotz aller Anstrengungen, das DDR-Wirtschaftssystem zu reformieren. Anlässlich des siebten Parteitages der SED 1967 beschrieb der SED-Chef die Realität der DDR-Wirtschaft in nie da gewesener Form. In drastischen Sätzen kritisierte er das Verharren bei der Produktion veralteter und unrentabler Erzeugnisse, ja ganzer Industriezweige: »Die Folge ist, dass sich der Rückstand [zur Bundesrepublik] vergrößert und Disproportionen auftreten, weil die technische Revolution weitergeht.«[66] Nie zuvor hatte Ulbricht das so unverblümt und selbstkritisch ausgesprochen; für seine Zuhörer auf dem Parteitag

Die Sowjetführer wechseln, Ulbricht bleibt. Hier im Gespräch mit Anastas Mikojan, Alexej Kossygin und Leonid Breschnew (von links nach rechts) im September 1965 in Moskau

war das ein Schock. Die Antwort Ulbrichts auf die Wirtschaftsprobleme der DDR war eine nochmalige Verstärkung der Anstrengungen, die Schwerindustrie bevorzugt zu entwickeln. Auf sein Betreiben hin beschloss das Politbüro Anfang 1968 ein neues Programm zur Beschleunigung des wirtschaftlichen Aufbaus der DDR. Bis zum 20. Jahrestag der DDR, am 7. Oktober 1969, sollten 88 anspruchsvolle Automatisierungsvorhaben in Musterbetrieben durchgeführt werden. Tatsächlich gelang es, bis zum Zieltermin 87 dieser Vorhaben umzusetzen. Doch der Preis für diesen Kraftakt war hoch, und er gelang nur, weil andere Wirtschaftsbereiche gleichzeitig vernachlässigt wurden. So kam es insbesondere im Bauwesen zu großen Rückständen. Der Außenhandelssaldo mit westlichen Staaten gestaltete sich erstmals negativ, und die Verschuldung gegenüber der Bundesrepublik verdoppelte sich.[67] Für mehrere hundert Millionen harter Valuta mussten Nahrungsmittel aus dem Westen importiert werden. Dessen ungeachtet wurden weitere 183 Automatisierungsvorhaben beschlossen, von denen die Hälfte im nächsten Jahr, bis zum achten Parteitag 1970, abgeschlossen sein sollte.

Aus der Sowjetunion war keine wirtschaftliche Hilfe zu erwarten. Im Sommer 1969 rang Ulbricht in Moskau wieder einmal um Rohstofflieferungen für die DDR.[68] Doch unter Breschnew gab es – anders als unter seinem Vorgänger Chruschtschow – keinen Bonus mehr für den SED-Staat. »Wozu brauchen Sie eigentlich so viel Erdöl?«, fragte Breschnew scheinheilig während der Verhandlungen. »Ich verstehe das nicht ganz. Das ist doch ein Produkt, das riecht, das keinen schönen Duft hat, und wenn man damit Flecken macht, bekommt man sie so leicht nicht wieder weg.«[69] In den abschließenden Beratungen am 14. Juli 1969 drehte Breschnew den Spieß dann um und ließ seinen Planungschef fordern, dass die DDR eine Million Tonnen Rohre an die Sowjetunion liefern solle. Zudem wurden die Ostdeutschen aufgefordert, zu überlegen, ob nicht auch noch »größere Mengen« von Güterwagen, zusätzlich zu den bereits vereinbarten 10 000 Eisenbahnwaggons, an die UdSSR geliefert werden könnten.[70] Die sowjetischen Zusagen über dringend benötigte Rohstoffe wie Walzstahl und Getreide wurden davon abhängig gemacht, inwiefern die DDR Fertigerzeugnisse zurückliefern konnte.

Mochte Ulbrichts Versuch, die DDR-Wirtschaft zu reformieren, auch objektiv der richtige Weg gewesen sein, spürbare Erfolge zeigten sich nicht. Zwar konnten sich die wirtschaftlichen Erfolge der DDR im Vergleich zu den restlichen Ostblockstaaten sehen lassen. Aber die Versorgungslage und die allgemeine wirtschaftliche Situation der DDR-Bevölkerung blieb unbefriedigend. Anfang 1970 mündete Ulbrichts ehrgeiziger wirtschaftlicher Kurs in einer der schwersten Wirtschaftskrisen der DDR-Geschichte. Ein außerordentlich harter Winter mit dem kältesten Dezember seit 1893 hatte zu erheblichen Energiemängeln und Lücken im Warenangebot geführt. Besonders unangenehm für die SED-Führung war, dass es in dieser Situation ausgerechnet an Kohle, Gas und Heizöfen für den privaten Verbrauch mangelte. In der Bevölkerung nahm der Unmut spürbar zu. »Wie kann nach 20 Jahren Entwicklung unseres sozialistischen Staates eine solche Lage entstehen?«, war eine häufig gestellte Frage. Im Januar 1970 musste die Mehrzahl der Kombinate und volkseigenen Betriebe melden, dass diesmal der Plan nicht zu erfüllen war. Ab April 1970 wurden darum in der DDR auf Beschluss des Politbüros am Wochenende freiwillige Sonderschichten gefahren, um so die Pläne doch noch zu erfüllen. Wochenendarbeit bestimmte daraufhin das Leben hunderttausender Arbeiter; allein am 23. und 24. Mai beteiligten sich 640 000 Menschen an diesen Sonderschichten.[71] Gerade angesichts dieser zusätzlichen Anstrengungen fiel die schlechte Versorgungslage der Bevölkerung besonders ins Gewicht. Die Lage war wirklich ernst, das spürte jeder DDR-Bürger unmittelbar. Es fehlte an Bekleidung, winterfestem Schuhwerk, Hausschuhen, Handwerkszeug, Bügeleisen, Anbaumöbeln, Batterien, Öfen und Herden, es mangelte an allem. Viele dieser Produkte gehörten zur Grundversorgung, und dass sie nicht vorhanden waren, war im Winter für die Bevölkerung besonders ärgerlich. Bald überwogen die negativen Stimmen. »Warum soll ich am Sonnabend und Sonntag arbeiten, wenn es dann am Wochenanfang kein Material mehr gibt? Was ist mit der sozialistischen Errungenschaft der 5-Tage-Woche? Ist unsere Wirtschaftspolitik überhaupt richtig?«, fragten die Arbeiter immer kritischer. Zweifel und Unzufriedenheit breiteten sich aus, bei vielen Menschen nahm das Vertrauen in die Partei und vor allem in die Führung ab. »Die Arbeiter werden reglementiert, ihre Meinung ist nicht gefragt; die Arbeit auf den Baustellen macht keinen Spaß mehr, wir leben von der Hand in den Mund; die Planvorgaben sind utopisch, die ›oben‹ im Betrieb müssten mal mitarbeiten, damit sie wieder real denken lernen; der Plan wird immer höher, aber die Arbeitsmittel sind die alten geblieben, die Knochenarbeit nimmt zu.«[72] Starke Unruhe verursachten schließlich die Diskussionen um die Jahresendprämie in vielen Betrieben. »Die Arbeiter sagen, dass sie für die Nichterfüllung des Planes nicht verantwortlich zu machen seien... Unzufriedenheit, Zweifel und Unklarheiten« seien die Folge, berichtete der Erste Sekretär der Bezirksleitung Cottbus der SED, Werner Walde, an Ulbricht.[73] Ähnlich las sich der Bericht des Ersten Sekretärs der Bezirksleitung Magdeburg der SED, Alois Pisnik, im April 1970: Es dürfe »nicht übersehen werden, dass bei einem nicht kleinen Teil unserer Menschen eine Stimmung der Unzufriedenheit sich entwickelt hat und anwächst... Als Hauptursachen stellen sich meistens heraus: unzulängliche Wohnverhältnisse, mangelhafte Versorgung, besonders Mängel in der Industrieversorgung, fehlende Kindergarten- und Kinderkrippenplätze... Verkehrs- und Straßenzustandsprobleme, Kohleversorgung, primitives Administrieren verantwortlicher, vor allem staatlicher Organe... Auf Grund der angespannten Situation auf dem Bausektor können oft unbedingt notwendige Reparaturen nicht ausgeführt werden. Ein erheblicher Teil der Baukapazität, die für Reparaturen vorgesehen ist, muss ständig für die Fertigstellung von dringenden Investbauten verwendet werden. Oft leben Bürger über Jahre hinweg in menschenunwürdigen Wohnverhältnissen ohne Aussicht auf eine unmittelbare Veränderung.«[74]

Je weiter das Jahr 1970 voranschritt, desto deutlicher wurde, dass Ulbrichts NÖS kein Weg aus der Sackgasse der sozialistischen Planwirtschaft war. Trotzdem hielt der SED-Chef unbeirrbar und stur an seiner Vision von der DDR als einer führenden Industrienation fest. Mit seiner Erkenntnis, dass die elektronische Datenverarbeitung eine neue industrielle Revolution eingeleitet hatte und dass sich daraus elementare Veränderungen für die Wirtschaft ergeben würden, stand er im Kreis der führenden kommunistischen Funktionäre nahezu allein da. Verbittert beklagte er, dass die Sowjetführer »das Zeitalter der Computer nicht erkennen«.[75] Noch im Juni 1970 verkündete das Politbüro auf Ulbrichts Betreiben, dass die Automatisierungsvorhaben uneingeschränkt fortgeführt werden sollten.[76] Nicht nur in der Bevölkerung, auch bei vielen führenden SED-Funktionären wuchs der Unmut über den sturen Kurs des Diktators spürbar. Es war ein Leichtes, Ulbricht und seinem NÖS die Schuld für die wirtschaftliche Misere zuzuweisen. Ulbricht selbst lieferte seinen Gegnern im Politbüro die Munition, mit der sie sich auf ihn einschießen konnten.

»Man muss Brandt helfen«

Notgedrungen hatte sich Ulbricht seit dem 8. Februar 1967, als die Warschauer-Pakt-Staaten die »Ulbricht-Doktrin« verabschiedet hatten, in seiner Deutschlandpolitik an die sowjetischen Vorgaben gehalten. In der Beurteilung und Einschätzung der neuen Ostpolitik von Bundeskanzler Willy Brandt hielt er sich ganz an die von Misstrauen gegenüber der SPD geprägte Linie Breschnews. Am 21. April 1969 verabschiedete das Politbüro der SED einstimmig ein Schreiben an den KPdSU-Chef, in dem Ulbricht für die SED eine Einschätzung der »Neuen Ostpolitik« der westdeutschen Sozialdemokraten abgab. Die SPD-Führung beabsichtige »eine Lostrennung der DDR von der Sowjetunion und den anderen sozialistischen Staaten und die Umwandlung der kleineren sozialistischen Staaten in unstabile kleinbürgerliche Staatswesen, die dann leichter in die Netze des westdeutschen Imperialismus getrieben werden können«. Ulbrichts Ablehnung gegenüber der Ostpolitik der SPD gipfelte in dem Satz: »Etwaige Vorstellungen, es gäbe einen nennenswerten Unterschied zwischen der Politik der Parteien des Monopolkapitalismus und der Politik der sozialdemokratischen Minister in der Bonner Regierung, stehen im Widerspruch zur Realität.«[77]

Am 4. Juli 1969 verabschiedete das Politbüro ein maßgeblich von Ulbricht ausgearbeitetes 39-seitiges Strategiepapier zur Deutschlandpolitik. Die Sitzung fand in Wandlitz statt, weil Ulbricht krankheitsbedingt nicht in der Lage war, sich in die SED-Zentrale nach Berlin zu begeben. Aufgrund seiner Krankheit musste er Willi Stoph auch die Leitung der Partei- und Regierungsdelegation der DDR überlassen, die drei Tage später mit der KPdSU-Führung in Moskau konferierte.[78] Wie es der bisherigen, von Moskau gewünschten Strategie des Ostblocks entsprach, betonte Ulbricht in seinem Papier noch einmal die außenpolitische Conditio sine qua non: Keine Verhandlungen von Ostblockländern mit der Bundesrepublik, bevor diese nicht die DDR anerkannt hatte! Vorsichtige Kritik übte Ulbricht in seinem Papier daran, dass die Sowjetunion, Polen und Rumänien Sondierungsgespräche mit der Bundesrepublik geführt und damit nach seiner Auffassung gegen die gemeinsam verabschiedete Strategie verstoßen hatten. Schließlich schlug Ulbricht in seinem Bericht eine »Friedensinitiative« der DDR vor. Als ersten Schritt hierfür wollte er sich selbst mit Bundespräsident Heinemann und Bundeskanzler Kiesinger treffen. Durch solch eine nationale »Friedensinitiative«, so Ulbrichts Vorschlag, könne der Weg zu »gutnachbarlichen Beziehungen« zwischen beiden deutschen Staaten freigemacht werden.

Doch mit diesem Vorschlag lag Ulbricht aus sowjetischer Sicht gänzlich falsch. Wenn der misstrauische Breschnew etwas nicht wollte, dann waren es separate Gespräche zwischen Partei- oder Staatsorganen der beiden deutschen Staaten. Für den KPdSU-Chef war die DDR eine Eroberung, das Ergebnis des Zweiten Weltkriegs, die die UdSSR mit dem Blut ihrer Soldaten teuer bezahlt hatte. An dieser Eroberung und daran, dass die DDR ein Teil des sowjetischen Reiches war, gab es für ihn nichts zu rütteln. Rigoros lehnte Breschnew alles ab, was diesen Status quo auch nur theoretisch hätte in Frage stellen können. Die politischen Veränderungen in der Bundesrepublik waren für ihn zunächst »vor allem taktischer Natur«, mit dem Ziel, »die Deutsche Demokratische

Republik von ihren Verbündeten zu isolieren«.[79] Wenn es schon zu Gesprächen mit der Bundesrepublik kommen sollte, dann wollte er diese selber führen, um alles unter Kontrolle zu behalten. Und wenn schon Verhandlungen geführt werden sollten, dann lag seine unbedingte Priorität auf einem Abkommen über einen Gewaltverzicht zwischen der UdSSR und der Bundesrepublik. Vor diesem Hintergrund waren der KPdSU-Führung selbstständige Initiativen Ulbrichts, ja selbst eigenständige Gedanken, die Gesamtdeutschland betreffen, in höchstem Maße lästig und suspekt.

Als Willi Stoph Ulbrichts Papier in Moskau vorgelesen hatte, ließ sich Breschnew deshalb diesbezüglich zu keinen Meinungsäußerungen hinreißen, sondern vertröstete die SED-Delegation mit seiner Antwort auf das nächste Treffen. Als Stoph am Tag der Abreise der Ostdeutschen noch einmal bei Breschnew auf eine Antwort drängte, was er von Ulbrichts »Friedensplan« halte, wurde er vom KPdSU-Chef barsch abgewiesen. Das Protokoll dieses Gesprächs belegt, dass Erich Honecker sehr genau verstanden hatte, dass Breschnew in der Deutschlandfrage kein eigenmächtiges Handeln der SED wünschte. Devot signalisierte er dem mächtigsten Mann im Ostblock, dass er in diesem Punkt aus anderem Holz geschnitzt war als Ulbricht. Breschnew zu Stoph: »Ich habe Ihnen schon gesagt, dass wir Ihnen auf diese Frage antworten werden. Wir werden diese Frage noch einige Tage lang mit dem Außenministerium überprüfen. Dann werden wir entweder offiziell anrufen oder über den Genossen Botschafter antworten (Erich Honecker: Einverstanden!). Aber das hat noch ein paar Tage Zeit. Die Frage, die Genosse Walter Ulbricht gestellt hat, ist richtig. Prinzipiell ändert sich nichts. Aber man muss noch überlegen, inwieweit das taktisch richtig ist (Erich Honecker: Einverstanden!).«[80]

Die sowjetische Antwort kam dann doch schnell. Am 26. Juli 1969 übergab der sowjetische Botschafter in Ost-Berlin Ulbricht ein Schreiben, in dem die Sowjetführung zum einen klarstellte, dass man die Sozialdemokraten unterstützen müsse, damit diese in der Lage seien, eine klare Alternative zur Politik der CDU/CSU zu entwickeln. Zum zweiten bedeutete man Ulbricht, dass die SED weiterhin an allen Forderungen der Warschauer Außenministerkonferenz festzuhalten habe. Im Gegensatz dazu nahm die KPdSU-Führung aber für sich in Anspruch, Verhandlungen mit der SPD-Spitze zu führen, ohne dass die »Ulbricht-Doktrin« erfüllt sein musste: »Unter gewissen Bedingungen schließen wir auch die Möglichkeit der Kontaktaufnahme zu den SPD-Führern nicht aus.«[81] Mit Ersterem konnte Ulbricht gut leben, denn es entsprach seiner politischen Sichtweise. Die zweite Botschaft Breschnews an ihn war dagegen ein harter Schlag. Für die DDR-Führung sollte weiter das enge Korsett der »Ulbricht-Doktrin« gelten, obwohl klar war, dass deren Maximalforderungen zum Scheitern deutsch-deutscher Verhandlungen führen mussten. Seine »Friedensoffensive«, in der er sich selbst eine tragende Rolle zugedacht hatte, wurde verworfen. Die Führung der KPdSU wollte zwar den Dialog mit der SPD, aber sie wollte ihn selber führen, ohne den Umweg über die SED und ohne Beteiligung Ulbrichts. Der erste Mann der SED hatte sich weit aus dem Fenster gelehnt und wurde daraufhin von Breschnew zurückgepfiffen bei seinem Versuch, eigene deutschlandpolitische Akzente zu setzen.

Mit dieser Rollenverteilung – die der SED und ihm die Rolle des Betonkopfes zuwies, mit dem man sich nicht einigen konnte – wollte und konnte sich Ulbricht nicht abfinden. Nach seiner Vorstellung hatte er die DDR international hoffähig gemacht. Die Anerkennung seiner DDR durch die Bundesrepublik war danach nur noch eine Frage der Zeit. Bei den sich jetzt anbahnenden Verhandlungen mit der Bundesrepublik ohnmächtig zusehen zu müssen, ohne selber mitgestalten zu können, war für ihn unerträglich. Darum suchte er nach seiner nächsten Chance, um sich selbst als Verhandlungspartner wieder ins Spiel zu bringen. Diese Chance bot sich, als am 28. September 1969 erstmals in der Geschichte der Bundesrepublik mehrheitlich eine sozial-liberale Koalition aus SPD und FDP unter Führung von Willy Brandt gewählt wurde. Die Regierungserklärung, die Bundeskanzler Willy Brandt genau einen Monat später abgab, war ein deutschlandpolitischer Paukenschlag und deutete eine grundlegende Neuorientierung in der Ostpolitik der Bundesregierung an: »20 Jahre nach der Gründung der Bundesrepublik und der DDR müssen wir ein weiteres Auseinanderleben der deutschen Nation verhindern, also versuchen, über ein geregeltes Nebeneinander zu einem Miteinander zu kommen.«[82] Am Tag darauf rotierte der SED-Apparat. In fieberhafter Arbeit wurde innerhalb von 24 Stunden eine »Einschätzung des Programms der westdeutschen SPD/FDP-Regierung« vorgenommen. Erich Honecker ließ die Vorlage noch am 29. Oktober an die Mitglieder und Kandidaten des Politbüros verteilen mit der Maßgabe, dass diese nach der für den nächsten Tag anberaumten Politbürositzung zurückzugeben sei.[83] Honecker wollte in dieser wichtigen Frage kein schriftliches Dokument im Umlauf lassen, das ihn später unter Umständen diskreditieren konnte.

Am nächsten Tag, am 30. Oktober 1969, traf das Politbüro der SED zu einer außerordentlichen Sitzung am Döllnsee zusammen, wo Ulbricht gerade einen dreiwöchigen Urlaub verbrachte. Doch angesichts der dramatischen Entwicklung in Bonn sah er sich herausgefordert, dem Geschehen seinen persönlichen Stempel aufzudrücken. Und er war nicht mehr bereit, sich länger zu verbergen. Noch im Juli hatte er sich äußerlich den Vorgaben Breschnews gebeugt. In seinem Strategiepapier zur Deutschlandpolitik hatte er der SPD noch unterstellt, sie habe »militärische Aktionen gegen die DDR einkalkuliert« und die These vertreten, dass eine Regierung unter sozialdemokratischer Führung »keine erkennbare Änderung des Bonner Kurses« bringen werde. Doch jetzt, unter dem Eindruck von Brandts Regierungserklärung, bekannte er sich vehement zur Aufnahme eines Dialogs zwischen den beiden deutschen Staaten. »Wir haben keinen anderen Weg, als der SPD-Regierung zu langem Leben zu verhelfen«, erläuterte er seinen Politbürokollegen, »schon die Existenz dieser Regierung ist eine gewisse Änderung.« Auch dachte er natürlich jetzt nicht einen Moment daran, dass dies in irgendeiner Form mit einem Machtverzicht oder -verlust der SED einhergehen sollte. An dieser Grundbedingung all seiner deutschlandpolitischen Gedanken und Initiativen ließ er auch an diesem Tag keinen Zweifel: »Eine Zusammenführung dieser beiden deutschen Staaten, in denen grundsätzlich entgegengesetzte Klassen herrschen, ist nicht möglich. Der Ausweg ist allein möglich, wenn die demokratischen Kräfte das Übergewicht erhalten.«[84] Mit den »demokratischen Kräften« meinte er wie immer die »sozialistischen Kräfte«.

Dieser erneute Vorstoß, auf die Deutschlandfrage Einfluss zu nehmen, läutete das Ende seiner langen politischen Laufbahn ein. Unmissverständlich hatte Breschnew der SED und ihren Führern bedeutet, dass er Verhandlungen mit der SPD-Führung als seine Domäne ansah und eigenständige Beiträge der Ostdeutschen in diesem Fall nicht gefragt waren. Für die Mitglieder des SED-Politbüros waren in diesem Spiel nur Rollen als Statisten vorgesehen. Zwar sollten sich die Premiers Willi Stoph und Willy Brandt durchaus treffen dürfen, aber Stoph sollte dabei nur Maximalforderungen vortragen, die, für alle Beteiligten erkennbar, zwangsläufig zu einem Scheitern dieses historisch bedeutsamen Treffens führen mussten. Diese Strategie sollte es Breschnew erleichtern, in den parallel laufenden sowjetischen Gesprächen seine Ziele durchzusetzen. Was Ulbricht am Döllnsee formuliert hatte, passte aufgrund seiner Eigenständigkeit nicht in das sowjetische Konzept. Ulbricht weigerte sich, die ihm zugedachte Rolle des Hardliners in den Ver-

1967: Der Blick von Erich Honecker auf den Ersten Sekretär des ZK wird skeptischer

handlungen mit der Bundesregierung zu übernehmen. Der SED-Chef erkannte die Zeichen der Zeit nicht mehr. Seine Zeit an der Spitze der SED begann damit abzulaufen.

An diesem Tag kam es zum offenen Bruch zwischen Walter Ulbricht und dem zweiten Mann im SED-Staat, Erich Honecker. Trotz Ulbrichts vehementem Plädoyer für eine neue Ostpolitik der SED blieb Honecker bei der bisherigen, mit Moskau abgesprochenen Linie. Im Gegensatz zu Ulbricht bestand er auf der bisherigen Einschätzung, dass sich in der Bundesrepublik »keine entscheidenden Veränderungen in der Verteilung der Kräfte ... durch die Wahlen vollzogen« hätten. Man dürfe sich keinen Illusionen hingeben, die Regierung Brandt/Scheel werde sich nicht wesentlich von der Linie Kiesingers entfernen: »Die verlockenden Angebote Brandts ... sind ein Ausdruck der Schwäche des Monopolkapitals, ein Beweis der Richtigkeit unserer Politik und der Unrichtigkeit der Politik der Regierung der Großen Koalition.«[85] Es ging ihm bei seiner Analyse der SPD-Politik weniger darum, was er wirklich dachte, sondern er verhielt sich so, wie er nach Breschnews Regie zu denken hatte. Honecker sah – ebenso wie die Mehrheit des Politbüros – keine Veranlassung, Ulbrichts politischen Alleingang zu unterstützen. Nach 25 Jahren Unterordnung unter den ersten

Mann im SED-Staat kündigte Honecker Ulbricht offen die Gefolgschaft auf. Er wusste, dass die KPdSU im sich anbahnenden Dialog mit der Bundesrepublik die Fäden in der Hand haben wollte und dass über die nächsten Schritte in Moskau bereits entschieden worden war. Über die Entwicklung der Annäherung zwischen der Bundesrepublik und der UdSSR wurde Honecker in dieser Phase bereits aus erster Hand informiert, und zwar noch vor Walter Ulbricht. Ulbrichts erneuter Versuch, sich einzumischen, war ein Affront gegenüber dem klar geäußerten Willen Breschnews.

Als sich KPdSU- und SED-Führung Anfang Dezember 1969 erneut trafen, um den Rahmen für das ins Auge gefasste erste Treffen zwischen Bundeskanzler Brandt und DDR-Ministerpräsident Stoph abzustecken, machte Breschnew Ulbricht deutlich, dass dessen am Döllnsee vorgetragene »neue Westpolitik« in Moskau nicht auf Zustimmung stieß. Insbesondere stellte der Kreml-Chef noch einmal klar, dass Gespräche auf Parteiebene zwischen SED und SPD nicht sinnvoll seien.[86] Deutlicher konnte er Ulbricht nicht signalisieren, dass nicht die SED, sondern die KPdSU die Federführung in der Westpolitik gegenüber der Bundesrepublik hatte. Was das Treffen zwischen Brandt und Stoph betraf, bestand der Kreml-Chef weiter darauf, dass die DDR-Delegation in den Verhandlungen Maximalforderungen stellen sollte. Insbesondere forderte Breschnew als Verhandlungsziel die »volle diplomatische Anerkennung« der DDR durch die Bundesrepublik und nicht etwa eine weiche Lösung wie die gegenseitige Einrichtung »diplomatischer Missionen«.[87] Dabei glaubte Breschnew selbst nicht daran, dass dieses Ziel erreichbar war: »Uns scheint, dass es dazu jetzt nicht kommen wird, aber man sollte so vorgehen.«[88]

Ohnmächtig musste Ulbricht in der Folgezeit mit ansehen, wie Moskau und Warschau Zug um Zug ihre Entspannungspolitik mit Bonn umsetzten, ohne dass er dazu auch nur gefragt wurde. Am 24. Januar 1970 musste er in einem Gespräch mit dem sowjetischen Außenminister Gromyko die nächste Zumutung in der Deutschlandfrage ertragen. Gromyko erläuterte, dass die KPdSU ihre Ursprungsforderung – völkerrechtliche Anerkennung der DDR vor Abschluss weiterer Verträge – fallen lassen müsse, um zum gewünschten Gewaltverzichtsabkommen mit der Bundesrepublik zu kommen. Umgekehrt blieb es aber für die SED-Führung beim bisherigen Kurs, bei dem geplanten deutsch-deutschen Spitzentreffen zwischen Willy Brandt und Willi Stoph auf der völkerrechtlichen Anerkennung der DDR zu bestehen: »Die Tatsache des Gesprächs und der Ort des Treffens, das alles muss so organisiert... werden als faktische, staatsrechtliche Anerkennung des völkerrechtlichen Status der DDR.«[89]

Obwohl Ulbricht natürlich erkannte, dass hier mit zweierlei Maß gemessen wurde, war er augenscheinlich bemüht, wieder den Anschluss an die KPdSU-Linie zu finden, und distanzierte sich – wie von Breschnew gefordert – von der SPD. Der neue Bundeskanzler, meinte er jetzt, habe die Absicht, »in beschleunigter Weise das Eindringen in die DDR« zu erreichen. »Brandt ist also sozusagen der Vorreiter der Liberalisierung in der DDR. Hinter ihm kommt dann das ganze Heer der Revanchisten mitsamt der Bundeswehr.« Ausdrücklich nahm er Gromykos Vokabel auf: »Die prinzipielle Position in der Frage der völkerrechtlichen Anerkennung bleibt bestehen.« Zugleich setzte er Gromyko noch über eine andere ideologische Neuerung in Kenntnis. Die SED verwende »seit einem Monat nicht mehr den Begriff ›beide deutschen Staaten‹... weil der so ausgelegt werden könne, als ob eine nationale Einheit besteht und innerdeutsche Beziehungen möglich sind«[90]. Das erste deutsch-deutsche Treffen zwischen Willy Brandt und Willi Stoph am 19. März 1970 in Erfurt verlief dann im Wesentlichen so, wie es die sowjetische Dramaturgie vorgesehen hatte. Stoph hatte inhaltlich keinerlei Verhandlungsspielraum. Jede seiner Antworten auf alle potenziellen Vorschläge Willy Brandts war im Voraus festgelegt worden.

Das Signal wurde von Willy Brandt genauso aufgenommen, wie es im Sinne der Sowjets bei ihm ankommen sollte. Brandt schrieb nach dem Treffen an den amerikanischen Präsidenten Nixon: »Die ostdeutsche Seite beharrte, auch im persönlichen Gespräch, mit penetranter Entschiedenheit auf ihrer Deutung der Anerkennungsfrage. Sie konzentrierte sich fast völlig auf die formale Regelung der Beziehungen und zeigte so gut wie keine Bereitschaft, auf reale Fragen einzugehen.«[91] So konnte kein Vertrag zwischen den beiden deutschen Staaten zu Stande kommen, ja noch nicht einmal ein vertrauensbildender Dialog. Das einzige Ergebnis des Gesprächs war, dass es zu einem zweiten Gipfeltreffen der beiden deutschen Regierungschefs in Kassel kommen sollte. Die inhaltliche Linie für Kassel ließ sich die DDR-Führung am 15. Mai 1970 bei einem erneuten Besuch in Moskau von Breschnew absegnen. Noch einmal trichterte Breschnew den Deutschen bei dieser Begegnung ein, dass Brandt nicht dazu bereit sei, »einen demokratischen Weg zu beschreiten« und auf die NATO zu verzichten, und warnte erneut, »sie wollen bei euch eindringen;... jetzt werden sie auf einmal 90 Mill[iarden] Mark geben – Betriebe dazu – so kann man [sich] hineinschleichen in die DDR.« Keinesfalls dürfe sich die DDR auf die westdeutsche Formel von der »Erleichterung der menschlichen Beziehungen« einlassen. Im Ergebnis bestätigte der KPdSU-Chef damit die von Honecker ausgearbeitete Linie, dass der deutsch-deutsche Dialog nach dem zweiten Treffen abgebrochen werden sollte. Dies natürlich auf eine Weise, die der östlichen »Propaganda ein Maximum an Gewinn bringt für die DDR ... in der Weltöffentlichkeit«.[92]

An den Vorbereitungen zu diesem zweiten Treffen war Ulbricht weitgehend unbeteiligt. Zwar nahm er am Gespräch mit Breschnew teil, blieb aber danach erneut in der Sowjetunion, um in Barwicha zu kuren, und nahm an den entscheidenden Politbürositzungen, auf denen das Kasseler Treffen abschließend vorbereitet wurde, nicht teil. Während der Verhandlungen in Kassel am 21. Mai 1970 zog Erich Honecker streng nach den Vorgaben Breschnews im Hintergrund die Fäden, ohne dass Ulbricht die Möglichkeit zum Eingreifen gehabt hätte. Als dieser Anfang Juni von seinem Kuraufenthalt zurückkehrte, gingen die Auseinandersetzungen im Politbüro sofort wieder los, denn Ulbricht sah in den von Willy Brandt in Kassel übergebenen 20 Punkten viele Anknüpfungspunkte für eine Fortsetzung der Gespräche.[93] Dass er mit dieser Auffassung gegen die Breschnew-Vorgaben verstieß und dass er auch keine Mehrheit mehr im Politbüro hatte, kam ihm nicht in den Sinn. Die Auseinandersetzung eskalierte am 14. Juni 1970 anlässlich der 13. Tagung des ZK der SED. Albert Norden referierte dort über den Stand »des Kampfes zwischen der BRD und der DDR« und machte die Linie der Mehrheit des Politbüros deutlich, wonach sich am »reaktionären staatsmonopolistischen Machtsystem« der BRD ebenso wenig geändert habe wie an ihrer Einordnung in die USA-Globalstrategie.[94] Scheinbar unbelehrbar setzte Ulbricht in seinem Schlusswort der Tagung dagegen ganz andere Akzente. Zwar verhinderte das Politbüro die Veröffentlichung dieses Schlusswortes in den offiziellen Materialien, aber im Neuen Deutschland brachte Ulbricht seine Meinung noch unter. Fett gedruckt konnte der DDR-Bürger dort als Meinung der SED lesen: »Wir hoffen, dass eine dritte Tour der Gespräche zwischen den Regierungschefs der BRD und der DDR zu konkreten Verhandlungen über die Aufnahme diplomatischer Beziehungen führt ...«[95] Das war ein ungeheuerlicher Affront gegenüber der KPdSU und der Mehrheit im Politbüro der SED. Er sollte nicht folgenlos bleiben.

Der Kronprinz

Am 4. Mai 1945 meldete sich ein magerer, blasser junger Mann bei der Stadtkommandantur der Roten Armee in Berlin. Er sei schon vor der faschistischen Diktatur Spitzenfunktionär im Jugendverband der KPD gewesen, erklärte er, und habe die letzten zehn Jahre als politischer Häftling im Zuchthaus Brandenburg verbracht. Jetzt wolle er am Wiederaufbau Deutschlands mitwirken, natürlich in Diensten der KPD. Die sowjetischen Militärs leiteten die ausgemergelte Gestalt gleich an ihren deutschen Ansprechpartner Ulbricht weiter. So kam es – keiner der beiden war sich zu diesem Zeitpunkt dessen bewusst – zur historischen Begegnung zwischen Walter Ulbricht und Erich Honecker. Es war der Beginn einer 28 Jahre dauernden, intensiven beruflichen Zusammenarbeit und einer Koalition der beiden wichtigsten und mächtigsten Männer der DDR-Geschichte.

Direkte Kritik an Ulbricht fiel den Mitgliedern des Politbüros, von den extremen Ausnahmen Mitte der fünfziger Jahre abgesehen, schwer. Doch man konnte seinen »jungen Mann« angreifen, zumal der sich des Öfteren schwere Fehler leistete, und damit mittelbar auch Ulbricht attackieren. Eine Gelegenheit dazu ergab sich anlässlich der von der FDJ organisierten »Weltfestspiele der Jugend« in Ost-Berlin 1951. Die Aufgabe, diese Veranstaltung zu organisieren, erwies sich für die FDJ als eine Nummer zu groß. Weder die Unterbringung noch die Verpflegung der aus der ganzen DDR angereisten Jugendlichen wurde befriedigend bewältigt, was dazu führte, dass viele Jugendliche sich in West-Berlin verpflegen ließen und dort auch Veranstaltungen besuchten. Die größte Panne aber war, dass Staatspräsident Wilhelm Pieck nicht auf die Veranstaltungstribüne gelassen wurde, weil er keine Eintrittskarte besaß. Honecker musste sich daraufhin harsche Kritik von einigen Politbüromitgliedern gefallen lassen, die ihm Arroganz und mangelnde Kooperationsbereitschaft vorwarfen.[96] Ulbricht war gezwungen, mit ganzer Kraft für Honecker in die Bresche zu springen. Honecker berichtete diesbezüglich einem FDJ-Mitarbeiter: »Walter fühlte sich persönlich angegriffen und fiel über Jendretzky her, dass er ganz klein wurde.«[97]

Eine ähnliche Situation ergab sich, als die »Jugendhochschule Wilhelm Pieck« am Bogensee in Brandenburg, ein Schlösschen, das einst Joseph Goebbels gehört hatte, ausgebaut wurde. Ulbricht, wieder einmal ganz Baumeister des Sozialismus, hatte die durch

Honecker und die Architekten im Politbüro vorgestellten Umbaupläne verworfen und dabei seine eigenen Vorstellungen von sozialistischer Architektur durchgesetzt. Es gehe bei dem Vorhaben »nicht um den Bau eines Erholungsheims, ... nicht um eine Feriensiedlung, sondern um eine Hochschule der Jugend, um ein Institut sozialistischer Erziehung, um ein Denkmal des Sozialismus«,[98] dozierte er in typischer Manier im Politbüro, und keiner seiner Kollegen wagte Widerspruch. Die Stunde der Ulbricht-Kritiker schlug jedoch, als sich herausstellte, dass der erst zu 60 Prozent fertig gestellte Bau bereits das Dreifache der ursprünglich veranschlagten Summe verschlungen hatte. Der Generalsekretär hielt sich zu diesem Zeitpunkt gerade in Moskau auf und wurde bei seiner Rückkehr vom Tagesordnungspunkt »Kostenvoranschlag Jugendhochschule« in der nächsten Politbürositzung überrascht. Obwohl alle sich darüber im Klaren waren, dass der eigentliche Verantwortliche Ulbricht war, richtete sich der Frontalangriff der Politbüromitglieder nicht gegen ihren Generalsekretär, sondern allein gegen den leitenden Genossen des Jugendverbandes, gegen Honecker. Die Kritik am FDJ-Chef gipfelte diesmal in der Forderung nach einem Parteiverfahren vor der Zentralen Parteikontrollkommission. Angesichts der Fakten und der Massivität des Angriffs auf seinen Schützling konnte Ulbricht nicht umhin, den Opponenten im Politbüro Recht zu geben und die FDJ-Führung ebenfalls zu kritisieren. Er benutzte Honecker in diesem Fall als Blitzableiter, und die Kritik im Politbüro verpuffte schließlich ohne direkte Folgen für Honecker oder gar Ulbricht.

Ein weiterer Alleingang Ulbrichts war die Gründung der Organisation »Dienst für Deutschland« 1952. Sie entstand – in aller Stille durch Honecker vorbereitet – in nur vier Wochen mit zehntausenden Mitgliedern. Es handelte sich dabei um eine Art »Arbeitsdienst«, der unter anderem für Bauarbeiten an Straßen und Anlagen eingesetzt wurde. Die Organisation des Dienstes war eine einzige Katastrophe. In den provisorischen Lagern der neuen Organisation waren die sanitären Anlagen völlig unzureichend, ebenso Verpflegung und Bekleidung. Krankheiten, auch Geschlechtskrankheiten, häuften sich. Der Vorgang wurde im Politbüro bekannt, als sich sowohl Ulbricht als auch Honecker gerade im Urlaub befanden. Wieder wurde im obersten Gremium der SED schärfste Kritik an Honecker geübt. Im Laufe des Jahres 1952 musste sich Honecker von Wilhelm Zaisser, Elli Schmidt, Otto Grotewohl und Karl Schirdewan vorwerfen lassen, die Arbeit an der Spitze der FDJ sei »träge«, »verbürokratisiert« und »kampagnenhaft«. Er persönlich verhalte sich »arrogant« und »herzlos«

gegenüber den Interessen der Jugendlichen.[99] Hans Jendretzky, der Berliner SED-Chef, beantragte nach dem Debakel bei der Gründung der Organisation »Dienst für Deutschland« erneut die Einleitung eines Parteiverfahrens gegen den FDJ-Chef. Alle Mitglieder des Politbüros, mit Ausnahme von Wilhelm Pieck, der versuchte, bis zu Ulbrichts Rückkehr aus dem Urlaub eine Entscheidung hinauszuzögern, stimmten dem Antrag Jendretzkys zu.[100] Trotz dieser Empörung im Politbüro gelang es Ulbricht, den gegen Honecker gerichteten Beschluss zu revidieren. Erneut zeigte sich dabei die Überlegenheit des SED-Generalsekretärs gegenüber seinen Politbürokollegen. Direkte Kritik an Ulbricht wagten sie nur, wenn der abwesend war. Sobald er aber die Zügel in Ost-Berlin fest anzog, verstummte alle offene Kritik, selbst bei so eklatanten Fehlleistungen wie in diesem Fall.

Erich Honecker hatte also allen Grund, Ulbricht dankbar zu sein – und er war es ganz offensichtlich. Er dankte seinem Mentor mit vorbehaltloser Unterstützung und Loyalität bei allen politischen Krisen und Angriffen, die der durchzustehen hatte. Nibelungentreue demonstrierte er auch im Sommer 1953, dem Tiefpunkt Ulbrichts politischer Nachkriegskarriere, als einziges Politbüromitglied. 1958, nachdem Ulbricht seine zweite große politische Krise nach dem Krieg überstanden hatte, übernahm Honecker die Rolle des Anklägers gegenüber den unterlegenen Kritikern des Ersten Sekretärs der SED. Ohne zu fragen und zu klagen erfüllte Honecker bis zur Selbstverleugnung, was sein politischer Ziehvater vorgab und vordachte. Jahrzehntelang stimmten seine politischen Aussagen fast wörtlich mit denen des SED-Chefs überein. Noch ein Vierteljahrhundert später – längst waren die beiden politisch und persönlich entzweit – reagierte Honecker wie ein Lehrling, wenn sein Meister rief. Günter Schabowski, Mitglied des letzten Politbüros der SED, war im Frühjahr 1970 Zeuge einer bezeichnenden Szene im Gebäude des Zentralkomitees in Berlin: »Dort gab es einen abschließbaren Fahrstuhl, mit dem sich die Politbüromitglieder in ihre Etage befördern ließen. Gerade verließ Honecker eilig den Sonderlift, als ein Genosse auf ihn zustürzte: ›Erich, Genosse Walter will dich noch mal sprechen.‹ Honecker machte eine Vollbremsung und peste mit starrem Blick – nicht wieder zurück in den Fahrstuhl, sondern ins Treppenhaus, wo er mit raumgreifenden Sätzen entschwand. Augenscheinlich um sich schneller, als die Aufzugstechnik erlaubte, beim ›Chef‹ zu melden.«[101]

Ulbricht wiederum belohnte den Dienst seines Gefolgsmannes durch eine jahrzehntelange Förderung der Karriere Honeckers. Wann immer der FDJ-Chef Hilfe benötigte, konnte er sich seinerseits auf Ulbricht verlassen. 1953/54 hielt der SED-Chef beide Hände schützend über Honecker, als andere Politbüromitglieder Honecker wegen seiner geistigen Unbeweglichkeit und Erfolglosigkeit in der Jugendarbeit als Führer des Jugendverbandes ablösen wollten. Ulbricht setzte sich damals sogar über die Empfehlung der KPdSU hinweg, die im Vorfeld des vierten Parteitages der SED von einer Wiederwahl Honeckers ins ZK abriet. Zu diesem Zeitpunkt waren »Belastende Dokumente« über Honeckers Verhalten gegenüber der Gestapo im Dritten Reich aufgetaucht.[102] Um seinen Schützling aus der Schusslinie zu nehmen, schickte Ulbricht Honecker für ein Jahr auf die Parteischule nach Moskau. 1956 machte er ihn zum Sekretär der Sicherheitskommission des ZK. Zwei Jahre später wurde er Mitglied des Politbüros und Sekretär des ZK.

»Wenn damals nicht der Genosse Ulbricht gewesen wäre ... Er gab mir immer wieder neuen Mut, bei ihm fand ich rückhaltlose Unterstützung und Rückendeckung«, berichtete Honecker später über die Zusammenarbeit mit Ulbricht in den Aufbaujahren der DDR. Das galt selbst für das Privatleben Honeckers. Die DDR in den fünfziger Jahren gab sich sittenstreng. Für einen guten Genossen war es Pflicht, ein vorbildliches, den gesellschaftlichen Normen entsprechendes Privatleben zu führen. Damit hatte der junge Honecker seine Probleme. Schon zwei Jahre nach der Heirat mit Edith Baumann begab sich der FDJ-Chef auf eheliche Abwege und begann ein Verhältnis mit der wesentlich jüngeren Margot Feist, die in der FDJ für die Jungen Pioniere zuständig war. Ehefrau Edith, in der FDJ Honeckers Stellvertreterin, fand 1950 verfängliche Fotos, die das Verhältnis ihres Gatten und Chefs belegten. Heimlich beklagte sie sich bei Ulbricht, dass die Nebenbuhlerin Margot Feist den untreuen Erich bereits drei Mal »brutal« bedrängt habe, sich von seiner Ehefrau zu trennen.[103] Ulbricht redete daraufhin seinem Schützling ins Gewissen und verpflichtete ihn zu einem Versöhnungswochenende mit seiner legitimen Ehefrau im Ferienheim der SED-Oberen. Honecker, der von der Unterredung zwischen seiner Frau und Ulbricht nichts wusste, erlitt bei der Aussprache mit Edith einen »Zusammenbruch..., der furchtbar war«. Honecker erging sich in »Selbstanklagen« und »vollkommene[r] Ausweglosigkeit«, berichtete Edith Baumann über den Versöhnungsversuch. Honecker befürchtete wegen der aufgedeckten Affäre seinen »unrühmlichen Abgang«. Er wisse, dass er in »sein Unglück« laufe, erklärte er seiner Frau, doch er komme von Margot einfach nicht los. Die betrogene Ehefrau wandte sich noch einige Male hilfesuchend an Ulbricht und flehte ihn an, die Rivalin müsse

»aus der Jugendarbeit ausscheiden und Berlin verlassen«. Doch Ulbricht ließ seinem »jungen Mann« diesen ehelichen Fehltritt letztlich notgedrungen durchgehen. Margot Feist blieb in der FDJ-Führung, wurde nach der Scheidung von Erich und Edith Honeckers zweite Frau und später Ministerin für Volksbildung der DDR.

In der zweiten Hälfte der fünfziger Jahre legte Ulbricht die praktische Arbeit im Sekretariat zunehmend in die Hände Honeckers. Ab 1960 nahm er an den Sitzungen des Sekretariats nicht mehr teil, obwohl er als Erster Sekretär satzungsgemäß eigentlich für die Einberufung und Leitung der Sitzungen verantwortlich gewesen wäre. Doch das Vertrauen in den zweiten Mann im SED-Staat war so groß, dass er sich damit begnügte, nachträglich die von Honecker vorgelegten Beschlussprotokolle zu unterzeichnen. In der Regel hielt sich Ulbricht ab den sechziger Jahren nur noch ein Mal in der Woche in Berlin auf, am Dienstag, wenn er an den Sitzungen des Politbüros teilnahm. Dadurch, dass Ulbricht sich zunehmend auf seine Rolle als »Landesvater« und »Vordenker« konzentrierte, entstand für Honecker Raum, sich im Apparat breit zu machen und sich eine eigene Hausmacht aufzubauen. Wie einst Ulbricht entwickelte sich Honecker zum perfekten Apparatschik, der sich mit Fleiß und Vehemenz auf die politische Kleinarbeit und Organisationsaufgaben stürzte. Seinen Freiraum im Sekretariat nutzte er – ebenfalls eine Parallele zum Ulbricht früherer Tage –, um immer mehr Entscheidungen in das Sekretariat zu ziehen. Außerdem besetzte er nach und nach viele Positionen im ZK-Apparat mit Leuten seines Vertrauens; vornehmlich mit Bekannten aus der FDJ-Zeit.

Mitte der sechziger Jahre verschlechterte sich das Verhältnis des Duos rapide. Ulbrichts Tochter Beate berichtete, dass sich ihr Vater zu Hause am Esstisch des Öfteren hämisch über Honecker äußerte: »Der ist als Dachdecker mal auf den Kopf gefallen und hat davon einen bleibenden Schaden. Immer wenn er das sagte, rüffelte ihn Lotte. Honecker war ihr Schützling.«[104] Während der kurzen Phase der innenpolitischen Liberalisierung nach dem Mauerbau erteilte Ulbricht seinem Stellvertreter die Aufgabe, eine neue Jugendpolitik zu konzipieren. Doch das vorgelegte Ergebnis befriedigte den SED-Chef nicht. Von diesem Zeitpunkt an opponierte Honecker in verschiedenen Fällen gegen den ersten Mann im SED-Staat. 1966 äußerte er sich gegenüber einem ZK-Mitarbeiter äußerst kritisch über Ulbricht, nachdem dieser sein Schlusswort auf einer ZK-Tagung nicht im Politbüro abgestimmt hatte: »Ein solches Verhalten ist unmöglich. Im Schlusswort sind Dinge gesagt worden, die man nicht akzeptieren kann. Wenn es keine öffentliche Sitzung des ZK gewesen wäre, dann wäre das Schlusswort des Gen. Ulbricht nicht einstimmig bestätigt worden.« Und weiter: »Der Walter hat in letzter Zeit überhaupt zu viele Reden gehalten.«[105]

Die Absetzung Honeckers scheitert

Seit der Politbürositzung am 30. Oktober 1969, als Ulbricht seinen strategischen Schwenk in der Deutschlandpolitik gemacht hatte, war der seit Jahren schwelende Konflikt zwischen dem Ersten Sekretär der SED und seinem Kronprinzen zum offenen Machtkampf entbrannt. Über Monate hinweg war Honecker, mit Rückendeckung Breschnews, dem Schlagabtausch mit dem SED-Chef nicht mehr ausgewichen und hatte diesen dabei zunehmend in die Defensive gedrängt. Ulbrichts Wirtschaftsreform war ebenso an Honeckers Widerstand gescheitert wie die damit im Zusammenhang stehende Reformierung der Kultur- und Jugendpolitik in der DDR. In der Deutschlandpolitik wurde Ulbricht von der Mehrheit der Politbüromitglieder um Honecker derart bedrängt, dass er nicht einmal mehr seine eigenen Reden so halten und veröffentlichen konnte, wie er wollte. In dieser Situation – mit dem Rücken zur Wand – entschloss er sich zu einem spektakulären Befreiungsschlag. Am Dienstag, dem 30. Juni 1970, seinem 77. Geburtstag, berief der SED-Chef eine außerordentliche Politbürositzung für den nächsten Tag ein. Am Ende dieser Sitzung war der 57-jährige Erich Honecker nicht mehr Zweiter Sekretär des ZK der SED. Ulbricht hatte ihn völlig überraschend und ohne jede Vorabstimmung mit Moskau von seinem Posten ablösen lassen. Noch am selben Abend erhielt der sowjetische Botschafter Abrassimow, der sich gerade in Moskau aufhielt, den Anruf eines Mitarbeiters aus Berlin: »Ja, wissen Sie, Pjotr Andrejewitsch, in Ihrem Arbeitszimmer sitzt zur Zeit Honecker. Er ist völlig verzweifelt und niedergeschlagen. Honecker erzählt, dass eine Sitzung des Politbüros stattgefunden hat, auf der man beschlossen habe, ihn vom Posten des 2. Sekretärs der SED abzulösen und auf Parteischule zu schicken. Honecker bittet Sie, Pjotr Andrejewitsch, die Führung der Partei darüber zu informieren.« Danach bestätigte Honecker dem Sowjetbotschafter am Telefon: »Walter Ulbricht hat mich abgelöst.«[106]

Ulbricht scheiterte schließlich mit seinem Versuch eines Befreiungsschlages, weil er sich in dieser entscheidenden Frage nicht mit

Breschnew abgestimmt hatte. Das war angesichts seiner jahrzehntelangen Erfahrung als Apparatschik ein geradezu dilettantischer Fehler, der sich nur durch den Altersstarrsinn Ulbrichts erklären lässt, und dadurch, dass der SED-Chef sich so isoliert und bedrängt fühlte, dass er keinen anderen Ausweg mehr wusste. Breschnew reagierte denn auch sofort und schickte seinen Botschafter Abrassimow noch am selben Tag nach Deutschland zurück. »Du fliegst sofort ... zurück nach Berlin, sprichst mit Walter und veranlasst ihn, dass er das zurücknimmt.« Und so geschah es. Ulbricht stellte sich im Gespräch mit dem Sowjetbotschafter zwar zunächst dumm und antwortete auf Abrassimows Frage »Was ist passiert?« lakonisch: »Was soll schon passiert sein?« Doch am Schluss des Gesprächs beugte sich Ulbricht der Forderung Breschnews: »Genosse Ulbricht, ich würde Sie bitten, das Politbüro einzuberufen und alles wieder so herzustellen, wie es gewesen ist.«[107] In der nächsten Politbürositzung, am 7. Juli 1970, korrigierte Ulbricht seine eine Woche alte dramatische Entscheidung und setzte Honecker wieder als zweiten Sekretär der SED ein, mit dem Kommentar, er denke, dass die Zeit für Genossen Honecker ausreichend gewesen sei, um seinen Platz zu finden. Es sei daher möglich, ihn wieder in seine Funktion zu berufen. Damit war klar, dass der Streit um die Politik und die Person Ulbrichts im Politbüro weiterschwelen musste. Zwar ließen die mächtigsten Männer der DDR im Protokoll ihrer Sitzung einstimmig festhalten, dass die bisher geführte Diskussion beendet sei. Doch beschlossen sie auch, dass über die künftige Politik der SED Ende September zusammen mit dem Politbüro der KPdSU entschieden werden sollte. Wieder einmal, wie so oft in Ulbrichts langer politischer Karriere, musste die KPdSU entscheiden, wer bei den deutschen Kommunisten das Sagen haben sollte.

Auch wenn Ulbricht sich letztlich mit der Ablösung Honeckers nicht durchsetzen konnte, so war die Aktion doch ein Punktsieg über seinen mächtig gewordenen Widersacher. Noch einmal hatte er seinen Führungswillen und seine Führungsfähigkeit demonstriert. Die Mehrheit des Politbüros war ihm gefolgt und hatte Honecker abgelöst und eine Woche später wieder eingesetzt, trotz der massiven Kritik am ersten Mann der Partei in den letzten Monaten. Ulbricht nutzte die Situation, um das politische Ruder in seinem Sinne herumzureißen. Zum einen setzte er seine Vorstellungen zum Ablauf des nächsten, des achten Parteitags der SED durch. Er ließ sich vom Politbüro absegnen, dass er dort das Hauptreferat über die »entwickelte sozialistische Gesellschaftsordnung in den siebziger Jahren« halten sollte. Willi Stoph war das nach Inhalt und Zeitlimit zweitwichtigste Referat vorbehalten, während Honecker mit dem untergeordneten Thema »Die wissenschaftliche Leitungstätigkeit und Volksverbundenheit der SED« und eineinhalb Stunden Redezeit in die Schranken verwiesen wurde. Außerdem tat der SED-Chef noch einmal einen deutschlandpolitischen Paukenschlag. Am 16. Juli 1970 hielt er in Rostock eine Rede vor den Delegierten der »Arbeiterkonferenz der Ostseeländer«, die nicht nur Rostock aufhorchen ließ. Er bezog sich in seiner Rede auf einen am Vortag veröffentlichten Text von Bundesaußenminister Scheel, den er sehr positiv bewertete, und gab insgesamt zu verstehen, dass er der Fortsetzung des deutsch-deutschen Dialogs positiv gegenüberstand.

Für Erich Honecker war seine kurzfristige Entmachtung eine herbe Niederlage und Demütigung. Ohne das Veto Breschnews wäre er von Ulbricht kalt abserviert worden. Seine einzige Chance bestand jetzt darin, sich noch stärker bei Breschnew anzubiedern und sich bedingungslos dem starken Mann in Moskau zu unterwerfen, der gerade sein politisches Überleben gesichert hatte. Am 28. Juli 1970 gelang es Honecker, bei Leonid Breschnew persönlich vorzusprechen, obwohl der Kreml-Chef sich nach einer Operation in einem Sanatorium bei Moskau aufhielt. Honecker wusste, dass seine einzige Chance darin bestand, Ulbricht beim ersten Sekretär der KPdSU anzuschwärzen und in Misskredit zu bringen. Er hinterbrachte Breschnew, dass Ulbricht nach wie vor eine schrittweise deutsch-deutsche Annäherung anstrebe und auf der Meinung beharre, dass man der neuen sozialdemokratischen Bundesregierung entgegenkommen müsse. Honecker wusste ganz genau, dass diese Mitteilungen Breschnew gegen Ulbricht aufbringen würden. Der zeigte sich denn auch erwartungsgemäß vor allem über die neue Ostpolitik der Bundesregierung beunruhigt. »Du kannst mir glauben, Erich, die Lage, wie sie sich bei euch so unerwartet entwickelt hat, hat mich tief beunruhigt. Die Dinge sind schon jetzt nicht mehr eure eigene Angelegenheit ... Die DDR ... ist das Ergebnis des Zweiten Weltkriegs, unsere Errungenschaft, die mit dem Blut des Sowjetvolkes erzielt wurde ... Bis vor kurzem war die DDR für uns etwas, was man nicht erschüttern kann. Jetzt taucht aber eine Gefahr auf. Nicht lange und der Gegner, Brandt, wird dies erkennen und für sich ausnutzen.«[108] Ständig zwischen »Du« und »Sie« wechselnd, kam Breschnew dann auf Ulbricht zu sprechen. »Was will Walter mit der Möglichkeit, der durch nichts zu beweisenden Möglichkeit der Zusammenarbeit mit der westdeutschen Sozialdemokratie, was versteht [er] unter der Forderung, der Brandt-Regierung zu helfen? Gut, Sie wissen es nicht, ich auch nicht. Es gibt und kann keine, es darf zu keinem Prozess der Annäherung zwischen BRD und DDR kommen.[109] ... Auf irgendwelche Schritte von Walter, die die Einheit des PB, die Einheit der SED betreffen, werden wir von uns aus entsprechend reagieren ... Wir schätzen die Dinge jedoch so ein, dass wir doch noch auf Walter einen gewissen Einfluss ausüben können. Ich sage dir ganz offen, es wird ihm auch nicht möglich sein, an uns vorbei zu regieren, unüberlegte Schritte gegen Sie und andere Genossen des PB zu unternehmen. Wir haben doch Truppen bei Ihnen.«[110]

Trotz allem Unverständnis über Ulbrichts Position in der Deutschlandfrage war Breschnew also nicht bereit, zu diesem Zeitpunkt den Machtkampf im Politbüro zu Honeckers Gunsten zu entscheiden. Er machte deutlich, dass der KPdSU an einem kontrollierten Machtübergang gelegen war und dass es für einige Jahre zu einer Machtteilung kommen sollte. Honecker sollte Parteichef werden, Ulbricht aber weiterhin Staatsratsvorsitzender bleiben. »Um es offen zu sagen, wir sind auch unter Berücksichtigung der neuen Lage im PB der SED nicht dafür, Walter einfach auf die Seite zu schieben ... Selbst der Gegner rechnet damit, dass du die Parteiarbeit leitest und Walter als Vorsitzender des Staatsrates wirkt. Also, wir haben die Dinge besprochen, wir sind für eine mittlere Variante ... Einen anderen Weg kann man nur ins Auge fassen, wenn es nicht anders geht – dann aber mit Entschlossenheit.«[111] Abschließend verpflichtete er Honecker zu umfassender Information über »alle, auch bis jetzt undenkbaren Absichten von Walter« und gab ihm mit auf den Heimweg, er solle die schwankenden Politbüromitglieder auf seine Seite ziehen. Dieser Hinweis lässt vermuten, dass Breschnew auch deshalb an Ulbricht festhielt, weil Honecker im Politbüro über keine sichere Mehrheit verfügte. Sicherlich spielte auch eine Rolle, dass Ulbricht sich während der ČSSR-Krise als Hardliner gegenüber allen Liberalisierungstendenzen im Nachbarland gezeigt und voll auf der Breschnew-Linie gelegen hatte. Auf ausdrückliche Rückfrage erlaubte Breschnew, dass Honecker die »Genossen Stoph, Matern, Axen und Lamberz« über das Gespräch informieren dürfe.[112]

Am 19. August 1970 kam es in Moskau zu dem Treffen zwischen KPdSU- und SED-Führung, das die Entscheidung über die künftige Politik der SED und damit über die Machtverhältnisse im Politbüro bringen sollte. Obwohl er auch nach Moskau angereist war, konnte Ulbricht aus gesundheitlichen Gründen an dieser Sitzung nicht teilnehmen. In dem Gespräch mit der deutschen Delegation stellte sich Breschnew erstmals demonstrativ hinter Honecker und stärkte ihm so den Rücken. Offensichtlich hatte das vorangegangene Gespräch mit dem zweiten Mann der SED an seinem Krankenbett Wirkung bei Breschnew hinterlassen. Zunächst kritisierte er in scharfer Form Ulbrichts Wirtschaftspolitik. Vor allem die Losung, die Ulbricht für den achten Parteitag der SED vorgesehen hatte, erregte den Unmut des KPdSU-Chefs. Die Sache mit dem »Überholen ohne Einzuholen« halte er für einen Missgriff, ließ Breschnew die SED-Führung wissen, der ihn unangenehm an seinen gestürzten Vorgänger Chruschtschow erinnere. Tatsächlich hatte Ulbricht, dem diese Losung zugeschrieben wurde, sich in dieser Form nie geäußert, sondern seit der Verabschiedung des Siebenjahrplanes 1949 davon geträumt, die Bundesrepublik »einzuholen und zu überholen«. Danach bekräftigte Breschnew ein weiteres Mal seine Deutschlandstrategie. Er betrachte die DDR als ein unverzichtbares Ergebnis des Zweiten Weltkriegs, als »Errungenschaft, die mit dem Opfer des Sowjetvolkes, mit dem Blut der Sowjetsoldaten erzielt wurde«. Deutschland in den Grenzen von 1937 gebe es nicht mehr, und das sei gut so. Die DDR dürfe durch nichts und niemand erschüttert werden, deshalb seien auch alle die DDR betreffenden Fragen nicht allein eine Angelegenheit der SED-Führung. Seine Ausführungen gipfelten in den Sätzen: »Es gibt, es kann und darf zu keinem Prozess der Annäherung zwischen der DDR und der BRD kommen. Das will Brandt, das will Strauß, und das will die westdeutsche Bourgeoisie.« Schließlich gab Breschnew den deutschen Genossen etwas mit auf den Weg, was sich ausschließlich an den abwesenden Ulbricht richtete. Das Anpreisen der DDR als »Modell des Sozialismus« möge man künftig unterlassen. »Man darf in den anderen Ländern nicht den Eindruck bekommen, dass man alles besser macht als andere... Man darf keine nationale Überheblichkeit aufkommen lassen. Das ist für uns alle von Schaden.« Breschnew endete mit dem unverhüllten Machtanspruch: »Ohne SU gibt es keine DDR.«[113]

Am Vormittag des 21. August 1970 fand eine vierstündige Aussprache zwischen Breschnew und Ulbricht statt. Wie im Gespräch mit Honecker einen Monat zuvor drängte der KPdSU-Chef auf die Einhaltung des Status quo in der SED-Führung und verschloss sich Ulbrichts Wünschen, die Gegner des Ersten Sekretärs der SED aus dem Politbüro zu entfernen. Außerdem bekräftigte Breschnew auch gegenüber Ulbricht, dass im Moment »die Verhandlungen zwischen der DDR und der BRD nicht vorangetrieben werden müssen«. Im Rahmen seiner Tischrede beim abschließenden Mittagessen am selben Tag versuchte Breschnew dann, die Einheit im Politbüro der SED wiederherzustellen. »Wir erhielten in letzter Zeit einige Signale und Gerüchte, dass bei euch im

Politbüro, sagen wir, Reibereien und Streitigkeiten entstanden sind... Im Verlauf des Gesprächs habe ich unsere generelle Achtung für Gen. Walter Ulbricht zum Ausdruck gebracht, der viele Jahre große Anstrengungen für den Aufbau des Sozialismus in der DDR gemacht hat... In unserem Gespräch haben wir gemeinsam festgestellt, dass es von Seiten des Genossen Walter nichts gibt, was verlangt, Schlussfolgerungen zu ziehen oder krasse Maßnahmen zu treffen, die die Tätigkeit der Genossen und ihre Funktionen betreffen... Wir kamen auch überein, dass es notwendig ist, dass über die personellen Bemerkungen des Gen. Ulbricht keine weiteren Erörterungen im Politbüro des ZK der SED oder gar im ZK stattfinden.«[114] Abschließend fragte er Ulbricht: »Genosse Ulbricht, habe ich richtig berichtet?«, und der bestätigte: »Völlig richtig, ich bin einverstanden.« Dann folgte Breschnews rhetorische Frage: »Wie verfahren wir, Genossen? Kann man allgemeines Verständnis der beiden Delegationen zu diesem Ergebnis der Aussprache mit Genossen Walter feststellen?« Sogleich gab er selbst darauf die Antwort: »Es wird vollständiges Einverständnis beider Delegationen festgestellt.«[115] Doch das Bemühen Breschnews um Ausgleich und Stabilität in der SED-Führung war chancenlos. Zu tief waren die Gräben zwischen Ulbricht und Honecker und zu entschlossen die Kontrahenten Ulbrichts, nicht länger in seinem Schatten zu stehen. Schon mit seiner anschließenden Tischrede stellte sich Ulbricht in der entscheidenden politischen Frage, dem neuen Verhältnis zum westdeutschen Nachbarn, einmal mehr ins Abseits: »Wenn wir die Existenz einer unter sozialdemokratischer Führung stehenden Regierung Westdeutschlands nicht maximal ausnutzen, um die friedliche Koexistenz zu erreichen, dann werden uns die Völker das nicht verzeihen, auch nicht das Sowjetvolk...«[116] Das waren richtige Erkenntnisse und ein ehrliches Bemühen um eine vorwärts gerichtete, konstruktive Politik für sein Land. Machtpolitisch handelte der SED-Chef so falsch, wie niemals zuvor in seiner langen Laufbahn.

Der Sturz

Das Ergebnis der Moskauer Gespräche war ein Desaster für Ulbricht. Seine Wirtschaftspolitik war scharf kritisiert und seine Deutschlandkonzeption verworfen worden. Ebenso war man seinen Personalvorschlägen nicht gefolgt. Alles in allem war das eine der bittersten Niederlagen, die er je hatte hinnehmen müssen. Im Politbüro war er weitgehend isoliert, zudem gesundheitlich schwer angeschlagen; nach den Moskauer Gesprächen musste er sich wieder im Sanatorium in Barwicha erholen. Honecker war demgegenüber jetzt fest entschlossen, den endgültigen Machtkampf mit dem SED-Chef zu führen. Er musste Breschnew beweisen, dass er die Kraft hatte, die noch schwankenden Genossen im Politbüro hinter sich zu scharen und den alles entscheidenden Mann in Moskau zu überzeugen, dass er die bessere Alternative zum kranken und anscheinend nicht mehr voll zurechnungsfähigen Ulbricht sei.

Nach Ost-Berlin zurückgekehrt, revidierte das Politbüro am 8. September 1970 Ulbrichts Wirtschaftspolitik und beschloss eine Reihe von Maßnahmen zur Verbesserung der Versorgung der Bevölkerung mit Konsumgütern.[117] Ulbricht blieb im Gegensatz zur Mehrheit der Politbüromitglieder stur und unbelehrbar als Einziger weiterhin bei seiner Auffassung, dass das Volk Opfer für die wissenschaftlich-technische Revolution bringen müsse. Anscheinend blind für die neuen Machtverhältnisse in der SED-Führung, verkündete er diese Auffassung – auch nach dem jüngsten Beschluss des Politbüros – mehrfach vor großem Auditorium. Gleichzeitig machte er sich weiterhin in der Deutschlandfrage unbeliebt, indem er zu diesem Thema erneut eigene, nicht mit dem Politbüro abgestimmte Gedanken äußerte. Diese Alleingänge wirkten wie ein Katalysator im Kampf um die Macht im Politbüro. Die SED-Spitze unter Führung von Honecker war nicht mehr bereit, solche Eigenmächtigkeiten ihres Ersten Sekretärs zuzulassen. Sie demütigte Ulbricht daraufhin, indem sie es ablehnte, sein Schlusswort veröffentlichen zu lassen, das er anlässlich einer Tagung von Spitzenfunktionären am 21. September 1970 gesprochen hatte.[118] Am 5. Oktober schließlich wurde in einer neunstündigen Sitzung des Politbüros um eine Vorlage von Walter Ulbricht zur Weiterführung seines Neuen Ökonomischen Systems gerungen. Der Erste Sekretär der SED war schließlich gezwungen, zuzugeben, dass im Grunde drei Viertel aller Vorhaben eingestellt werden müssten, weil bei den Übrigen die dafür ursprünglich geplanten Mittel bereits weit überzogen waren.[119] Erneut gab die Mehrheit des Politbüros Ulbricht zu verstehen, dass man nicht mehr bereit war, seine Wirtschaftspolitik mitzutragen. Gerade jetzt, angesichts der angespannten Wirtschaftslage, sei es unverantwortlich, weiter zu experimentieren, meinten Ulbrichts Gegner und verlangten eine Rückkehr zum sowjetischen Modell der zentralen Wirtschaftslenkung und Planung. Diese ständigen Niederlagen belasteten Ulbrichts Gesundheitszustand zusätzlich, und erneut musste er mehreren Sitzungen des Politbüros fernbleiben.[120] Nach Aussagen seiner Frau Lotte soll Ulbricht damals so angeschlagen gewesen sein, dass er Breschnew angeboten habe, freiwillig zurückzutreten: »Im

421

Herbst 1970 war Breschnew in Berlin. Vor seiner Rückreise traf er sich mit dem Politbüro in unserem Hause... Da bat Walter Ulbricht Breschnew zur Seite und forderte mich auf, diesem seinen Wunsch vorzutragen: er wolle als Generalsekretär [sic!] zurücktreten. Breschnew bat meinen Mann, damit zu warten. Angesichts der Unruhen in Polen[121] sei der gegenwärtige Zeitpunkt sehr ungünstig. Walter versprach zu warten.«[122]

Hilfe aus Moskau für seine Wirtschaftspolitik war nicht zu erwarten. Ulbrichts diesbezüglichen Hilferuf beschied Breschnew am 21. Oktober 1970 brieflich mit einem klaren: »Njet!« Keine zusätzliche Mithilfe der Sowjets beim Bau von Atomkraftwerken in der DDR, entschied der mächtige Mann in Moskau. Keine Erhöhung der Lieferung von Rohstoffen und Nahrungsmitteln und keine weiteren Getreidelieferungen, auf die Ulbricht gehofft hatte. Zudem verlangte Breschnew von Ulbricht in einem Brief erneut, sich stärker von der neuen SPD-Regierung zu distanzieren.[123] Noch immer misstraute Breschnew dem SED-Chef in dieser Frage, trotz dessen Bemühen, sich im Rahmen der Vorgaben des Ersten Sekretärs der KPdSU zu verhalten.

Die Demontage Ulbrichts setzte sich anlässlich der 14. Tagung des ZK der SED, Ende 1970, fort. Nicht wie üblich der Erste Sekretär erstattete den Bericht des Politbüros, sondern Paul Verner, einer der Gegner Ulbrichts. Gäste waren anders als sonst nicht geladen, denn was das Politbüro den erstaunten ZK-Mitgliedern zur »hohen außerplanmäßigen Verschuldung der DDR« und zur negativen Wirtschaftsentwicklung mitzuteilen hatte, war außergewöhnlich selbstkritisch. Vor allem die gegenüber dem Westen aufgelaufenen Schulden von 2,2 Milliarden Valutamark wurden als Katastrophe und schon fast als Bankrotterklärung der DDR hochgespielt. Tatsächlich war diese Verschuldung angesichts der Leistungsfähigkeit der DDR-Wirtschaft kaum der Rede wert. Sie bot jedoch einen willkommenen Anlass zur Kritik am SED-Chef. Günter Mittag, bis zu diesem Zeitpunkt Ulbrichts wichtigster Mitstreiter für das NÖS, schlug sich auf dieser Tagung auf die Seite der Ulbricht-Gegner. In seinem Redebeitrag verlangte er eine stärkere Einbindung der DDR-Wirtschaft in das Wirtschaftssystem der UdSSR. Mittags Abwendung vom NÖS, das er mit entwickelt und bislang mitgetragen hatte, war ein schwerer Schlag für Ulbricht. Einen Generalangriff auf die Deutschlandpolitik des SED-Chefs startete schließlich Friedrich Ebert. Der Sohn des ersten Präsidenten der Weimarer Republik malte die Absichten der neuen Bundesregierung in den schwärzesten Farben und distanzierte sich deutlich von den Intentionen Ulbrichts, den Dialog mit der neuen Bundesregierung zu suchen.[124] Das parteiinterne Raunen nach dieser Tagung war unüberhörbar.

Über Nacht formulierte Ulbricht aufgrund dieser gegen ihn gerichteten Angriffe ein – in der Tagesordnung nicht vorgesehenes – Schlusswort. Ein letztes Mal versuchte er, sich gegen die Rückkehr zur reinen Planwirtschaft zu stemmen, und forderte noch einmal die »systematische Rationalisierung und Automatisierung auf allen Gebieten«. Erneut lehnte es das Politbüro ab, dieses Schlusswort seines Ersten Sekretärs veröffentlichen zu lassen. In mehreren gleich lautenden Schreiben forderten die anderen Politbüromitglieder Ulbricht nach der Tagung kategorisch auf, von der Veröffentlichung seines Schlusswortes Abstand zu nehmen, um nicht parteiinterne Differenzen an der Spitze nach außen sichtbar werden zu lassen.[125] Das Gleiche galt für seine im Politbüro eingereichten Beschlussentwürfe zur Vorbereitung des achten Parteitages der SED, in denen es um die künftige Wirtschaftspolitik der DDR ging.[126]

Obwohl Ulbrichts Stern schon tief gesunken war und trotz der Ablehnung seiner wirtschaftlichen Visionen im Politbüro, arbeitete er heimlich mit Wissenschaftlern und Experten unbeirrt an seinem Wirtschaftsprogramm der Zukunft weiter. Alle Hoffnung legte er dabei in seine Rede auf dem bevorstehenden achten Parteitag, die richtungsweisend für die kommenden Jahre sein sollte. Doch was früher das Erfolgsrezept gewesen war – im Alleingang an den eigentlichen Entscheidungsgremien vorbeiregieren –, musste jetzt misslingen. »Von diesen Ausarbeitungen«, warf ihm Honecker später vor, »waren weder das Politbüro noch das Sekretariat des ZK informiert. Es gab direkt die Anweisung, das Politbüro nicht zu informieren.«[127] Honecker arbeitete zur gleichen Zeit mit Hochdruck daran, Ulbricht in der SED-Führung endgültig zu isolieren und alle Ulbricht-Opponenten auf seine Person einzuschwören. Günter Mittag etwa, den damals wichtigsten Wirtschaftsfunktionär, der dem Ersten Sekretär der SED lange Zeit besonders nahe gestanden hatte, stellte Honecker in seiner Jagdhütte und in Anwesenheit von Willi Stoph ultimativ vor die Entscheidung, mit Ulbricht zu brechen und sich für ihn zu entscheiden. Andernfalls werde er aus dem Politbüro fliegen.[128] Gegen Gerhard Kegel, den langjährigen engsten außenpolitischen Berater des SED-Chefs, leiteten die Ulbricht-Gegner im Spätherbst 1970 nach einer unbedachten spitzen Bemerkung über den »großen Bruder« parteiliche Räsonierungsmaßnahmen ein. Der verstand als Kenner solcher Praktiken, was die Stunde geschlagen hatte, und blieb von nun an innerparteilich stumm.[129] Anfang 1971 hielt Honecker den Zeitpunkt für gekommen, um zum Dolchstoß gegen Ulbricht anzusetzen. 13 von 21 Mitgliedern und Kandidaten des Politbüros der SED unterzeichneten Ende Januar ein Schreiben an das Politbüro der KPdSU. Darin forderten sie die Ablösung Ulbrichts,»da sonst der Schaden für unsere Partei, der dann schwer wieder gutzumachen ist, immer größer wird«. Der Brief war gespickt mit persönlichen Angriffen auf den SED-Chef. Er gebe Einschätzungen von sich, die mit der realen Lage in der DDR nicht in Übereinstimmung ständen, werfe lebensfremde, pseudowissenschaftliche Fragen auf. Er halte sich nicht an gefasste Beschlüsse und getroffene Vereinbarungen und zwänge so dem Politbüro ständige Diskussionen auf, die dieses in nicht mehr vertretbarer Weise von seiner wirklichen Arbeit abhielten.»Nicht nur in der Innenpolitik, sondern auch in unserer Politik gegenüber der BRD verfolgt Genosse Walter Ulbricht eine persönliche Linie, an der er starr festhält. Leider können wir nicht umhin festzustellen, dass sich bei Genossen Walter Ulbricht in der letzten Zeit bestimmte negative Seiten seines auch ohnehin schwierigen Charakters immer mehr verstärken. In dem Maße, in dem er sich vom wirklichen Leben der Partei, der Arbeiterklasse und aller Werktätigen entfremdet, gewinnen irreale Vorstellungen und Subjektivismus immer mehr Herrschaft über ihn. Im Umgang mit den Genossen des Politbüros und mit anderen Genossen ist er oft grob, beleidigend und diskutiert von einer Position der Unfehlbarkeit. Es tritt immer stärker hervor, dass Genosse Walter Ulbricht, von dem Gefühl seiner Unfehlbarkeit geleitet, für kommende Jahrzehnte, ja bis zum Jahr 2000 politische und andere Prognosen vorlegt... Aus vielen Bemerkungen und manchem Auftreten geht hervor, dass sich Genosse Walter Ulbricht gern auf einer Stufe mit Marx, Engels und Lenin sieht. Genosse Walter Ulbricht betrachtet es als eine seiner wesentlichsten Aufgaben, den Marxismus-Leninismus ›schöpferisch‹ weiterzuentwickeln ... Seine Haltung gipfelte in der Behauptung im Politbüro, dass er ›unwiederholbar‹ sei.« Die Ursache für dieses Verhalten Ulbrichts, so die Unterzeichner des Briefes, liege an »seinem hohen Alter. Hier geht es sicherlich um ein menschliches und biologisches Problem... Bei unseren Erwägungen können wir auch nicht daran vorbeigehen, dass nach offiziellem ärztlichem Befund die gegenwärtige arbeitsmäßige Belastung des Genossen Walter Ulbricht unverantwortlich ist. Es wurde ihm von den ihn betreuenden Ärzten dringend und wiederholt empfohlen, täglich nur vier Stunden zu arbeiten, sich mittwochs, sonnabends und sonntags zu erholen und nur einmal in der Woche abends für zwei Stunden an Veranstaltungen teilzunehmen.«[130]

Zur Lösung des Problems griffen die Ulbricht-Gegner im Wesentlichen auf den Vorschlag Breschnews gegenüber Honecker vom Sommer des letzten Jahres zurück. Ulbricht sollte, so schrieben sie, von Breschnew überzeugt werden, freiwillig aufgrund seines hohen Alters und seines Gesundheitszustandes von der Funktion des Ersten Sekretärs zurückzutreten. Um ihm seinen Abgang zu erleichtern, sollte Ulbricht sich auf das Amt des Staatsratsvorsitzenden zurückziehen können. Dabei sollte der Staatsrat künftig dem Politbüro unterstellt und auf die Funktion eines Staatspräsidenten reduziert werden. Am 26. März 1971, vier Tage vor Beginn des 24. Parteitages der KPdSU, demütigte das Politbüro seinen Ersten Sekretär erneut. Honecker wollte die Reise des SED-Chefs zum Parteitag in Moskau unter allen Umständen verhindern. Er befürchtete, dass Ulbricht im Gespräch mit Breschnew die Lage noch einmal zu seinen Gunsten wenden und seine von der Honecker-Fraktion beantragte Ablösung verhindern könnte. Der zweite Mann im SED-Staat setzte deshalb in Abwesenheit Ulbrichts in einer Sondersitzung des Politbüros einen einstimmigen Beschluss durch, der Ulbricht aus gesundheitlichen Gründen die anstehende Reise untersagte: »Das Politbüro ist einstimmig folgender Auffassung: ... dass Genosse W. Ulbricht von der Reise zum XXIV. Parteitag der KPdSU Abstand nimmt ... Sollte Genosse W. Ulbricht der Auffassung des Politbüros nicht zustimmen, so werden ihn die Genossen darauf aufmerksam machen, dass damit Genosse Ulbricht die volle Verantwortung für die entstandene Lage tragen muss.«[131] Ulbricht fügte sich nicht und fuhr trotz der angekündigten Konsequenzen nach Moskau. Er wusste, dass er nichts mehr zu verlieren hatte.

Während des sowjetischen Parteitages bedrängte Honecker Breschnew massiv, endlich der Ablösung Ulbrichts als Ersten Sekretär des ZK der SED zuzustimmen. Doch der Kreml-Chef ließ sich Zeit dafür bis nach dem Parteitag. Erst am 12. April fand das von Honecker geforderte Gespräch zwischen Breschnew und Ulbricht endlich statt. Anschließend konsultierte Breschnew Honecker und Stoph. Das Ergebnis des Spitzentreffens war für Honecker unbefriedigend. Zu Recht hatte er befürchtet, dass Ulbricht im direkten Gespräch mit dem KPdSU-Chef Punkte gutmachen könnte. Der KPdSU-Chef blieb bei seiner Linie, die er Honecker schon im Sommer 1970 erläutert hatte. Breschnew entschied sich für eine Machtteilung an der Spitze der SED. Ulbricht sollte zwar vom Amt des Ersten Sekretärs des ZK der SED zurücktreten, zugleich aber Staatsratsvorsitzender bleiben. Anders als die Ulbricht-Gegner es vorgeschlagen hatten, sollte der Staatsrat auch nicht dem

425

Politbüro unterstellt und seine Kompetenzen nicht beschnitten werden. Schließlich entschied Breschnew, dass Ulbricht aufgrund seiner jahrzehntelangen Verdienste um den Kommunismus in Deutschland zugleich Ehrenvorsitzender der SED werden sollte, ein Amt, das das Statut der Partei gar nicht vorsah. An Honecker gewandt, sagte Breschnew beschwichtigend, dass diese Funktion doch »gar keine Bedeutung« habe: »Du bist doch sowieso die entscheidende Person. Lass doch die Funktion des Ehrenvorsitzenden, du entscheidest doch alles.«[132] So hatten sich Honecker und seine Anhänger den Abgang Ulbrichts nicht vorgestellt. Nur widerwillig und weil er letztlich keine andere Wahl hatte, akzeptierte Honecker die Entscheidung des KPdSU-Chefs.

Die letzten Feinheiten des Führungswechsels wurden Ende April zwischen Moskau und Ost-Berlin abgestimmt. Es blieb dem Nachfolger Honecker vorbehalten, Ulbricht die letzten Details der öffentlichen Dramaturgie, nach der der Wechsel stattfinden sollte, zu übermitteln. Unter welchem Druck Honecker dabei stand, zeigt die Tatsache, dass er sich auf dieses abschließende Gespräch vorbereitete, als handle es sich um einen Staatsstreich. Bevor er zu Ulbricht zu dessen Landsitz an den Döllnsee fuhr, ließ Honecker die Telefonverbindungen dorthin unterbrechen und wies außerdem seine Begleiter vom MfS an, statt der üblichen Bewaffnung mit Pistolen Maschinenpistolen mitzunehmen.

Am Vormittag des 27. April 1971 erklärte Ulbricht gegenüber dem Politbüro wie gewünscht seinen Rücktritt als Erster Sekretär des ZK der SED. Nachdem er sich den mit Breschnew abgestimmten Text seiner Rücktrittserklärung hatte bestätigen lassen, verließ er die Sitzung. Mit dem Tagesordnungspunkt drei übernahm Erich Honecker die Macht im SED-Staat. Mit Ulbricht verließ auch Albert Norden den Raum. Bis Mitte der sechziger Jahre war er neben Ulbricht einer der mächtigsten SED-Führer gewesen. Bis zuletzt hatte er vorbehaltlos zu seinem Ersten Sekretär gestanden und hatte zu der Minderheit gehört, die das Schreiben an Breschnew vom 1. Januar 1971 nicht unterzeichnet hatte.[133] Eilfertig sandten die Sieger noch am selben Tag ein Dankesschreiben an den KPdSU-Chef: »Teurer Genosse Leonid Iljitsch Breschnew! Das Politbüro des ZK der SED hat heute den Bericht des Genossen Walter Ulbricht über die Beratungen mit Ihnen zustimmend zur Kenntnis genommen. Das Politbüro des ZK der SED dankt Ihnen, Genosse Leonid Iljitsch Breschnew, für das Verständnis und die Zustimmung zu dem vom Genossen Walter Ulbricht unterbreiteten Vorschlag.«[134] Konsequent gab der Geschlagene kurz darauf, am 3. Mai 1971, auch vor dem Zentralkomitee der SED seinen

Rücktritt bekannt: »Nach reiflicher Überlegung habe ich mich entschlossen, das Zentralkomitee auf seiner heutigen Tagung zu bitten, mich von der Funktion des Ersten Sekretärs des Zentralkomitees der SED zu entbinden. Die Jahre fordern ihr Recht und gestatten es mir nicht länger, eine solche anstrengende Tätigkeit wie die des Ersten Sekretärs des Zentralkomitees auszuüben. Ich erachte daher die Zeit für gekommen, diese Funktion in jüngere Hände zu geben, und schlage vor, Genossen Erich Honecker zum Ersten Sekretär des Zentralkomitees zu wählen.« Das Zentralkomitee folgte diesem Wunsch, wie nicht anders zu erwarten, einstimmig und wählte Walter Ulbricht »in Ehrung seiner Verdienste zum Vorsitzenden der SED«.[135]

Unmittelbar nach Ulbrichts Rücktritt begann Honecker darauf zu drängen, dass sein Vorgänger die Insignien der Macht auch wirklich abgab. Noch am 3. Mai wurde Ulbrichts »Strategischer Arbeitskreis« aufgelöst und Ulbricht damit eines wichtigen Instruments für die Ausarbeitung von Strategien beraubt. Seinen Arbeitsplatz in der zweiten Etage des ZK-Gebäudes, eine fast die gesamte Stirnfront umfassende Zimmerflucht, musste er umgehend für seinen Nachfolger räumen. Es blieben ihm ein Arbeitszimmer mit Sekretariat und ein Raum für den obligaten Fahrer aus dem MfS. Kurz nach dem achten Parteitag der SED löste Honecker seinen Vorgänger auch unauffällig als Vorsitzender des Nationalen Verteidigungsrates ab. Er ließ sich durch die Volkskammer in dieses Amt wählen, ohne dass Ulbricht davor formell zurückgetreten oder abgewählt worden wäre. Als der neue SED-Chef wenig später seinen Antrittsbesuch in Moskau machte, zeigte sich Breschnew über die Dramaturgie der Ablösung Ulbrichts hochzufrieden: »Die Form war sehr gut gewählt; es war keine schiefe Auslegung möglich; alle drücken ihre Befriedigung aus.«[136]

Auf dem Abstellgleis: 1971–1973

»Leider ist der Patient nicht geneigt,
von der Tatsache seiner biologischen
Leistungsminderung in ausreichendem
Maße Kenntnis zu nehmen.«

Ulbrichts Leibarzt, Arno Linke, Ende 1969

Bis Mitte der sechziger Jahre hatte Ulbricht nach dem Urteil seines Leibarztes, Arno Linke, über eine für sein Alter hervorragende körperliche Verfassung verfügt: »Es war für mich immer wieder erstaunlich zu beobachten, wie gut mein Patient diese langen Tage mit abendlichen Anstrengungen verkraftete... Nur in den allerseltensten Fällen ließ er sich sichtlich erschöpft in den Sessel sinken.«[1] Abgesehen von einer Gallenblasenoperation, die Ulbricht im Moskauer Kreml-Krankenhaus vornehmen ließ, hatte er keine größeren operativen Eingriffe über sich ergehen lassen müssen. Sein einziges erwähnenswertes gesundheitliches Problem waren starke Blutdruckschwankungen, unter denen er seit vielen Jahren litt. Ab 1969 verschlechterte sich sein Gesundheitszustand altersbedingt rapide. Nach einer Ischämie, einer Mangeldurchblutung der Herzkranzgefäße, im Januar 1966 kam es im Sommer 1969 zu einem erneuten Problem mit dem Herzen, in dessen Folge sich Ulbrichts Gesamtzustand merklich verschlimmerte. Ein grippaler Infekt im Oktober 1969 zog eine weitere Verschlechterung der biologischen Leistungskurve nach sich. Hinzu kam ein langsamer, permanenter Anstieg des Blutdrucks. Ausgiebige Kuren in Barwicha brachten vorübergehend Linderung. Als Arno Linke Ulbricht und seine Frau Mitte März 1971 von der Kur abholte, hielt er erfreut fest, dass der Aufenthalt seinem Patienten gut getan hatte: »Alle klinischen Parameter waren sogar besser, als altersgemäß zu erwarten war. Die Blutgerinnungswerte, die mir am meisten Sorge bereiteten, lagen nach seiner Rückkehr im Normbereich.«[2] Nur vier Monate später, nach seinem zwangsweisen Rücktritt, war Ulbricht ein todkranker Mann. Arno Linke hatte seinen Patienten zwischenzeitlich immer wieder auf die erhöhten Blutdruckwerte aufgrund der Arteriosklerose der Gefäßwände hingewiesen. Ulbricht hatte jedes Mal geantwortet: »Bis Ende Juni muss ich durchhalten, dann machen Sie mit mir, was Sie wollen, Doktor!«[3] Der SED-Chef mutete sich zu viel zu.

Der 14. Juni 1971, der Vorabend des achten Parteitags der SED, war ein schwül-heißer Tag. Wie sehr Ulbricht seinem Nachfolger rein physisch immer noch im Weg stand, machte die Begrüßungsszene bei Breschnews Ankunft auf dem Flughafen in Berlin-Schönefeld deutlich. Der sowjetische Parteichef hatte noch nicht die Gangway verlassen, als Honecker sich vor laufenden Fernsehkameras an Ulbricht vorbeidrängte und diesen rüde zur Seite schob, um Breschnew als Erster den Bruderkuss auf die Wange drücken zu können. Am selben Abend nahm Ulbricht trotz der Anstrengungen des Tages noch am Empfang für die ausländischen Gäste teil. Als er endlich zu Hause war, erlitt er einen Kreislaufkollaps und wäre ohnmächtig zusammengebrochen, wenn es seiner Frau nicht noch mit größter Anstrengung gelungen wäre, ihn ins Bett zu bringen.

Um 22.30 Uhr schrillte bei Arno Linke das Telefon, und eine erregte Stimme rief ihn in das Haus sieben in Wandlitz. »Ulbricht lag leicht erhöht, durch ein Kissen gestützt, auf seinem Bett. Dunkle Ringe umschatteten seine Augen. Aus weit geöffneten Pupillen blickte er mir angstvoll entgegen... Tiefe Falten lagen um seinen Mund. Auf seinem bleichen Gesicht stand kalter Schweiß. Angestrengt und oberflächlich atmete er, und als ich die Pulsfrequenz maß, erschrak ich. Vor etwa drei Stunden noch relativ kräftig, war sein Puls jetzt klein, beschleunigt, unregelmäßig und kaum mehr zu tasten.«[4]

Jedes Wort über eine Teilnahme Ulbrichts am morgigen Parteitag erübrigte sich angesichts dieses Gesundheitszustandes. So musste seine Rede, an der er so intensiv gearbeitet hatte, statt seiner vom Politbüromitglied Hermann Axen verlesen werden. Immerhin blieb dem Schwerkranken so erspart, mit anhören zu müssen, wie auf dem Parteitag die politische Demontage seiner Person begann. Ohne seinen Namen zu nennen, sprach Honecker in seinem Hauptreferat über »einzelne Genossen, die verlernt haben, den Wert der Kritik und Selbstkritik zu schätzen. Sie wähnen sich klüger als das Kollektiv. Sie lieben keinen konstruktiven Widerspruch. Sie halten sich für unfehlbar und unantastbar.«[5] In Honeckers Bericht des Politbüros war von der sozialistischen Menschengemeinschaft und anderen Zukunftsvisionen Ulbrichts keine Rede mehr. Am deutlichsten rechnete SED-Chefideologe Kurt Hager mit der »Ära Ulbricht« ab, als er im Hinblick auf die wirtschaftliche Entwicklung der DDR sagte, es sei »Modellhascherei« betrieben worden. Lotte Ulbricht, die trotz des Zusammenbruchs ihres Mannes pünktlich zum Parteitag erschienen war, vermochte ihre Empörung über die ungewohnt rauen Töne nicht zu verbergen. Als Leonid Breschnew am zweiten Tag seine Rede gehalten hatte, fiel allen auf, dass Lotte Ulbricht keinen Finger zum Beifall rührte, während die ganze Halle minutenlang Beifall klatschte und begeisterte »Drushba«-Rufe ertönten. Dass sie den Parteitag auch noch vorzeitig verließ, machte den Skandal perfekt.

Für Ulbricht wurde derweil in Wandlitz das leer stehende, nebenan gelegene Haus acht mit einem Intensivbett, einem Infusionsständer und den erforderlichen Notfallgeräten ausgestattet. Nur zur Körperpflege war es ihm erlaubt, sich im Bett aufzusetzen. Die Therapie der behandelnden Ärzte sah vor, dass der Patient drei Mal täglich jeweils acht Minuten lang Sauerstoff zugeführt bekam, um seinen Kreislauf zu stabilisieren. Trotzdem erlitt Ulbricht in der Nacht vom 18. zum 19. Juni die nächste Herzattacke, diesmal waren es äußerst schmerzhafte Angina-pectoris-Anfälle, die – als Vorboten eines Herzinfarkts – die behandelnden Ärzte alarmierten. Arno Linke berichtete darüber: »Wieder sah er mir, im Bett hochsitzend, blass, mit weit aufgerissenen Augen angstvoll entgegen. ›Doktor, mein Herz‹, stöhnte er. ›Ich habe schon Sauerstoff genommen, aber er hilft nichts.‹ Frau Lotte rang die Hände.«[6] Am Nachmittag des 19. Juni war Ulbricht immerhin wieder in der Lage, den Besuch Breschnews zu empfangen. Der blieb länger, als die Ärzte es eigentlich erlaubt hatten. Breschnew sprach Ulbricht Mut zu und schmeichelte ihm, dass sein Name in der internationalen Arbeiterbewegung noch sehr gebraucht würde.[7] Am nächsten Tag schaute auch Erich Honecker für eine halbe Stunde vorbei. Am 25. Juni besuchte der neue SED-Chef den Patienten erneut und blieb diesmal für eine Stunde.[8]

Trotz aller ärztlicher Hilfe, aller Medikamente und pflegerischer Betreuung durch seinen Fahrer, Fred Thöns, erlitt Ulbricht in der Nacht vom 14. zum 15. Juli einen Herzinfarkt. In der Folge wurde Ulbrichts Gehirn eine Zeit lang mangelhaft durchblutet, was Lähmungserscheinungen im Bereich der linken Körperhälfte nach sich zog.[9] Erst jetzt stimmte Ulbricht dem Drängen seiner Ärzte auf einen mehrwöchigen Krankenhausaufenthalt zu. In einem Bericht vom 19. Juli 1971 hielten Ulbrichts behandelnden Mediziner fest: Schon vorher war es bei ihrem Patienten drei Mal zu einer koronaren Mangeldurchblutung (Koronarinfarkt) gekommen. Ulbricht hatte gegen ihren Rat große Mengen Obst und Gemüse in Verbindung mit Abführmitteln zu sich genommen, um für den Parteitag fit zu sein. Das Ergebnis waren ernsthafte Darmprobleme des Patienten, die die Ärzte als beginnenden Darmverschluss diagnostizierten. Im Krankenhaus konnte die Darmtätigkeit ohne operativen Eingriff wieder in Gang gebracht werden.[10] Den Gesamtzustand Ulbrichts schätzten sie als sehr ernst ein: »Schon bei einem Wetterwechsel könnten Kreislaufkomplikationen – auch mit tödlichem Ausgang – auftreten.«

Es lag nicht in Ulbrichts Natur, tagelang ruhig im Bett zu liegen, mochte er auch noch so krank sein. Dass ihm seine Ärzte im Krankenhaus auch noch das Arbeiten verbieten wollten, konnte er vollends nicht ertragen. Er hegte den Verdacht, dies sei ein abgekartetes Spiel, mit dem er aus dem politischen Leben ausgeschaltet werden sollte, und hielt mit dieser Meinung gegenüber den Ärzten nicht hinter dem Berg. Gegen ihr entschiedenes Veto bestand er darauf, ab Anfang November wieder seine Arbeit aufzunehmen. Arno Linke berichtete über den Krankenhausaufenthalt Ulbrichts: »Manchmal sah ich meinen Patienten, wenn er sich unbeobachtet glaubte, an. Seine Gesichtszüge veränderten sich dann erschreckend. Die Muskeln des Mundes und der Wangen, sonst diszipliniert von einer ungeheuren Willenskraft zum Gehorsam gezwungen, erschlafften. Wie eine Maske fiel die nur noch künstlich festgehaltene Miene der Wachsamkeit und Energie von seinem Gesicht und ließ es in einem Zustand gequälter Müdigkeit zurück. Da lag ein Mensch, der sich ein ganzes Leben hindurch abgeplagt hatte, der nun müde war und dennoch glaubte, sich nicht ausruhen zu dürfen. Seine Augen bekamen einen trüben, gleichgültigen Blick, begannen sich zu röten, zu tränen. Immer öfter waren Augentropfen zur Linderung notwendig.«[11]

Trotz seines Zustandes schimpfte Ulbricht unbeherrscht über seine Entmachtung und Isolierung. Was er nicht wusste, alles, was er sich im Krankenhaus frustriert von der Seele redete, wurde von den behandelnden Ärzten – pflichtgemäß, wie es die Parteiregeln vorsahen – umgehend Honecker berichtet.

Der stellte konsequent sicher, dass sein entmachteter Vorgänger keine politischen Aktivitäten mehr zu entfalten vermochte. Hätte sich Ulbricht in sein Schicksal gefügt, hätte er die Chance gehabt, als Vorsitzender des Staatsrates die Rolle eines Staatspräsidenten auszufüllen und als in der Öffentlichkeit geehrter »elder statesman« seinen politischen Lebensabend zu beschließen. Doch Ulbricht konnte sich mit seiner Entmachtung letztlich nicht abfinden. Hinzu kam, dass Honecker seinen Vorgänger in unerträglicher Weise provozierte. Der neue SED-Chef begann systematisch damit, das Ansehen Ulbrichts in der Öffentlichkeit herabzusetzen; wohl aus Sorge, dem Greis könne es gelingen, noch einmal an die Schaltstelle der Macht zurückzukehren. Als Ulbricht am 30. Juni 1971 in Wandlitz seinen 78. Geburtstag feierte, zeigte das DDR-Fernsehen den Jubilar bei der Entgegennahme der Glückwünsche des Politbüros im Hausmantel, sitzend und mit Pantoffeln bekleidet. Dasselbe Bild druckten die Zeitungen.

30. Juni 1971: Der Nachfolger gratuliert zum 78. Geburtstag von Walter Ulbricht

Während Ulbricht im Sommer 1971 im Krankenhaus lag, versuchte Honecker, Ulbrichts Zustimmung zu einer Presseerklärung zu bekommen, in der bekannt gegeben werden sollte, dass der Staatsratsvorsitzende für längere Zeit erkrankt sei und darum nicht in der Öffentlichkeit auftreten könne. Den Politbüromitgliedern Paul Verner und Werner Jarowinsky fiel die Aufgabe zu, den entsprechenden Text mit Ulbricht abzustimmen. Der Vorgang löste bei Ulbricht einen Wutanfall aus, und es fielen unfreundliche Worte über die Kollegen im Politbüro. Honecker war nicht zimperlich, wenn es darum ging, sicherzustellen, dass Ulbricht vom politischen Geschehen in der DDR fern gehalten wurde. Auch ohne Ulbrichts Zustimmung ließ der neue Erste Sekretär des ZK der SED im September 1971 auf einer Tagung des Zentralkomitees ein Paket mit ärztlichen Berichten über Ulbrichts Krankengeschichte seit 1966 verteilen. Mit diesem Schachzug gelang es Honecker, parteiintern den Eindruck zu erwecken, als sei Ulbricht so krank, dass er nur noch kurze Zeit zu leben habe. Tatsächlich befand sich der Staatsratsvorsitzende zu diesem Zeitpunkt bereits wieder auf dem Weg der Besserung und ging an diesem Tag mit Zustimmung seiner Ärzte auf die Jagd.[12]

Am 26. Oktober 1971 demontierte das Politbüro in einer Sitzung seinen langjährigen Primus inter Pares, der sich lauthals über den Umgang seiner Kollegen ihm gegenüber beschwert hatte, total und endgültig. Zu Beginn der Sitzung zeigte sich Ulbricht noch kämpferisch und warf seinen Kollegen vor, ihn politisch ausschalten zu wollen. Empört bezeichnete er die Veröffentlichung seiner Krankenakte als »abenteuerlichen Akt«, der gegen das Gesetz und die Leninschen Parteinormen verstoße. Weiter regte er sich darüber auf, dass er – ohne vorher auch nur gefragt worden zu sein – von Honecker an der Spitze des Nationalen Verteidigungsrates abgelöst worden war. Höhepunkt der Diskriminierung sei der 22. Jahrestag der DDR gewesen, wo er in der Presse und in allen Reden totgeschwiegen worden sei. Noch immer hatte Ulbricht nicht begriffen, dass seine Zeit abgelaufen war. In dieser Sitzung wurde ihm mit Gewalt eingetrichtert, dass er keine Macht mehr besaß und sich in sein Schicksal zu fügen hatte, wenn er nicht auch noch die ihm verbliebenen Machtpositionen, wie das Staatsratsamt, verlieren wollte. In einer achtstündigen Anklagesitzung musste Ulbricht 21 Reden von Politbüromitgliedern und -kandidaten über sich ergehen lassen, die alle gespickt waren mit einer Flut von Vorwürfen. Selbst Albert Norden wandte sich jetzt von ihm ab, auch wenn er mit der Bemerkung, dieser Tag sei sehr quälend für ihn, als Einziger ansatzweise Bedauern ausdrückte.[13] Reihum warfen die Politbüromitglieder Ulbricht seine Disziplinlosigkeit vor. Willi Stoph: »Auch du, Genosse Ulbricht, hast dich an die Parteibeschlüsse, an das Parteistatut zu halten, und es ist nicht erlaubt, gegen den 1. Sekretär des ZK zu polemisieren...« Günter Mittag: »Du hast mit Verdrehungen gearbeitet, mit Lügen und Verleumdungen... Genosse Ulbricht soll hier erklären, dass er seine verleumderische, intrigantenhafte Tätigkeit einstellt... Es ist erforderlich, dass du klar sagst, dass du falsch gehandelt hast... Ist es überhaupt richtig und zweckmäßig, dass du wieder als Vorsitzender des Staatsrates vorgeschlagen wirst? Dein Verhalten rechtfertigt das nicht.« Ulbricht kommentierte das mit den Worten: »Bitte etwas höflicher.« Kurt Hager: »Du glaubst an die Unfehlbarkeit des Genossen Ulbricht.

Du glaubst, dass du immer der Mittelpunkt bist, bist egozentrisch... Oder zu deinem Geburtstag, deine Bemerkung, ›einen wie mich findet ihr nicht wieder‹. Das hat mich tief erschüttert.« Als Ulbricht im Verlaufe der Sitzung damit drohte, den Streit vor das Zentralkomitee zu bringen, konterte Werner Krolikowski: »Du solltest dir keine Illusionen machen, wir würden dann die Frage deines Verhaltens vor dem ZK stellen müssen. Du erweist dir wie auch der Partei damit keinen guten Dienst... In unserer Partei gibt es keine Heiligen und keine Päpste, Genosse Ulbricht.«[14] Werner Lamberz nahm Anstoß am Verhalten von Lotte Ulbricht auf dem zurückliegenden Parteitag der SED: »Es gab auch Diskussionen zum Verhalten der Genossin Lotte Ulbricht auf dem Parteitag. Der ganze Parteitag war empört. Alle haben gesehen, sie saß da. Hat sich aber nicht zustimmend geäußert. Sie ist vor dem Parteitag weggegangen.«[15] Erich Honecker beteiligte sich nicht an den Angriffen. Nachdem alle gesprochen hatten, ergriff er abschließend das Wort, zog souverän das Fazit der Sitzung und demonstrierte, dass er jetzt der Herr im Hause war. Auf seinen Vorschlag beschloss das Politbüro, dass dies die letzte Sitzung war, in der man sich mit Fragen dieser Art auseinander setzen würde. Er wies die Vorwürfe, die Ulbricht gegenüber den anderen Politbüromitgliedern erhoben hatte, zurück und stellte klar, dass der Staatsratsvorsitzende seine Kritik an seinen Kollegen zurückzunehmen hatte. Ulbricht konnte zu allem nur noch nicken. Erschöpft und resigniert fügte er sich in sein Schicksal: »Nun hat man mich analysiert. Ich bestreite nicht, dass ich Fehler gemacht habe. Ich möchte erklären, dass ich das, was ich gegen das Politbüro und Genossen Honecker gesagt habe, dass ich das zurücknehme und dass ich mich streng an die Parteidisziplin halte.«[16] Schließlich legte Honecker in Form eines Politbürobeschlusses fest, dass Ulbricht fortan als krank und weitgehend arbeitsunfähig anzusehen sei. Ulbricht wurde bis zum 15. November jegliche Arbeit verboten. Für die Zeit danach wurde die tägliche Arbeitszeit des Staatsratsvorsitzenden auf drei bis vier Stunden begrenzt. Reisen sollte er tunlichst vermeiden, und seine Teilnahme an Sitzungen sollten nicht länger als zwei Stunden betragen. Schließlich verbot ihm das Politbüro, länger als 15 Minuten Reden zu halten. Der so Zurechtgestutzte unterwarf sich: »Ich bin einverstanden mit dem Beschluss.« Honecker beendete die Sitzung mit der Siegerpose: »Das bedeutet, dass wir keine weiteren Diskussionen führen werden.«[17]

Einen Monat später wurde Ulbricht noch einmal durch die Volkskammer der DDR zum Staatsratsvorsitzenden gewählt. Es war nur noch ein Ehrenamt ohne Macht. Honecker sorgte durch die personelle Besetzung der übrigen Posten im Staatsrat dafür, dass Alleingänge seines Vorsitzenden künftig ausgeschlossen waren. Honecker selbst wurde Mitglied des Staatsrates, Ulbrichts Stellvertreter waren die Politbüromitglieder Stoph und Ebert, und auch der bisherige Sekretär des Staatsrates, der Ulbricht-Vertraute Otto Gotsche, musste einem Honecker-Mann weichen. Ebert wurde vom Politbüro zum »Amtierenden Stellvertreter des Staatsrates der DDR« ernannt, ein Amt, das es verfassungsrechtlich nicht gab und das allein den Zweck hatte, Ulbrichts Wirkungskreis zu reduzieren. Peinlich genau wurde darauf geachtet, dass Ulbricht die ihm vom Politbüro auferlegten Begrenzungen seiner Arbeitszeit auch einhielt. Friedrich Ebert stand in den Zwangspausen bereit, um für den Staatsratsvorsitzenden einzuspringen. Die Massenmedien taten ihr Übriges, um Ulbricht langsam aus der Öffentlichkeit zu verbannen. Wenn er sein Amt noch ab und zu wahrnahm, sparten ihn die Kameras oft aus.[18] Nicht zu Unrecht beklagte sich Ulbricht später: »1972 wurde systematisch daran gearbeitet, mich von meiner Tätigkeit als Vorsitzender des Staatsrates zu entbinden und Genossen Ebert an meine Stelle vorzuschieben.«[19]

Die persönlichen Demütigungen des Entmachteten setzten sich fort. Am 20. Oktober 1971 rief ein Staatsrats-Mitarbeiter beim Chefredakteur der »Freien Presse« in Chemnitz an und bat, in Ulbrichts Auftrag, darum, einen bestimmten Leserbrief abzudrucken. Doch nicht einmal das konnte Ulbricht noch durchsetzen. Sein Mitarbeiter wurde mit dem Hinweis abgewiesen, dass es dafür »ein bisschen spät« sei, und außerdem sei man jetzt mit der Wahlvorbereitung beschäftigt.[20] Aber es kam noch schlimmer für Ulbricht. In einem Brief an Honecker, die Anrede lautete seit Juli 1970 nicht mehr »Lieber Erich«, sondern »Werter Genosse Honecker«, beklagte sich der ehedem mächtigste Mann der DDR 1972: »Ich habe die Protokollabteilung ersucht, mir und Lotte Einladungen für die Festveranstaltung zum 55. Jahrestag der Großen Sozialistischen Oktoberrevolution zuzustellen. Der Leiter der Protokollabteilung ließ mir mitteilen, er habe keine Vollmacht, mir diese Karten auszuhändigen. Das muss ein Missverständnis sein; denn die Ärztekommission hat am Dienstag, dem 31. Oktober, festgestellt, dass sich meine Lage in den letzten Wochen stabilisiert hat und unter diesen Umständen einer gesteuerten körperlichen Belastung zugestimmt werden kann. Es gibt also keinen Grund, mir die Karten vorzuenthalten. Gib bitte der Protokollabteilung Auftrag, mir heute noch die Einladung zur Verfügung zu stellen. Ich hoffe, Du verstehst, dass mir als Teilnehmer am Großen Vaterländischen Krieg besonders am Herzen liegt, an diesem Tag an der Veranstaltung teilzunehmen. Mit sozialistischem Gruß.«[21] Honecker gönnte seinem Vorgänger nicht einmal das und verweigerte ihm per Politbürobeschluss die Teilnahme an der Festveranstaltung. Ebenso wurde Ulbricht ohne Begründung untersagt, an den Festveranstaltungen des Staatsrates, der Regierung und der SED anlässlich des 23. Jahrestages der DDR, am 7. Oktober 1972, teilzunehmen.[22]

Nur ab und zu flackerte Ulbrichts Widerstandsgeist noch auf. Im Juni 1972 stürmte er in Begleitung von Ehefrau Lotte unangemeldet die Staatsjacht der DDR, die im Ostseehafen Warnemünde vor Anker lag und auf der sich der kubanische Staatschef, Fidel Castro, als Staatsgast der DDR einfinden sollte. Er wolle sich beim Genossen Fidel über die schlechte Behandlung durch seinen Nachfolger Honecker beschweren, erklärte Ulbricht der verdutzten Besatzung. Nur mit Mühe konnte Politbürokollege Werner Lamberz seinen aufgebrachten ehemaligen Ersten Sekretär zum Rückzug aufs Festland bewegen.[23]

Obwohl Ulbricht formal Politbüromitglied blieb, hatte er auch dort nichts mehr zu melden. In einem Brief vom 7. November 1972 bat er »das Politbüro, den 1. Punkt der Tagesordnung der heutigen Politbürositzung abzusetzen, da ich an dieser Sitzung nicht teilnehmen kann«. Dabei ging es um Fragen der Außenpolitik und der Beziehungen der DDR zu westlichen Staaten. Über ein solches Anliegen diskutierte Honecker nicht einmal mehr mit seinem entmachteten Vorgänger. »Erledigt – E. H.« vermerkte er auf dem Brief, das war alles.[24] Im Dezember 1972 hätte Ulbricht zu gerne auf einer ZK-Sitzung das Wort ergriffen und seine Sicht zu den ökonomischen Schwierigkeiten der DDR und deren Ursachen dargelegt. Schwierigkeiten, die man nach seinem Sturz in erster Linie ihm und seiner Politik anlastete. Doch das lag nicht in Honeckers Interesse, und so beraumte dieser eine halbe Stunde vor Beginn des zweiten Tages eine Sondersitzung des Politbüros an, in der Ulbricht untersagt wurde, vor dem ZK zu sprechen. Die Politbüromitglieder nahmen dabei noch nicht einmal den Inhalt seiner Rede zur Kenntnis. Drei Mal noch schrieb Ulbricht verbitterte und resignierte Beschwerdebriefe an den »Lieben Freund Leonid« – es waren ohnmächtige und vergebliche Versuche, die Zeit zurückzudrehen. Das letzte, neunseitige Schreiben an Breschnew stammt vom 12. Dezember 1972. »Folgendes Unerhörte ist geschehen...«, beschwerte sich Ulbricht erbost, dass ihm verboten worden war, auf der ZK-Sitzung am 7. Dezember 1972 das Wort zu ergreifen. Besonders kränkte ihn, »dass ganz offensichtlich die Absicht besteht, mich vor der Partei und der Öffentlichkeit als den Alleinschuldigen für alle Schwierigkeiten, die die Ökonomie der DDR jetzt und in der Zukunft durchzumachen hat, abzustempeln... Die

Veröffentlichungen der bürgerlichen Presse über die Verantwortung Ulbrichts für die wirtschaftlichen Schwierigkeiten und ihre Ursachen tragen verleumderischen Charakter und sollten offen widerlegt werden.«[25] Seinem Nachfolger, Erich Honecker, warf er vor: »Entgegen der Vereinbarung, dass der Beschluss über meinen Rücktritt loyal und ohne Diskriminierung durchgeführt wird, führte das Sekretariat des Zentralkomitees nach dem VIII. Parteitag eine Anzahl administrativer Maßnahmen gegen mich durch, für die es keine Gründe gab.« Nicht mehr fähig, zu erkennen, dass seine aktive Zeit abgelaufen war und jetzt andere die Entscheidung trafen, bat er Breschnew darum, für ihn Partei zu ergreifen: »Ich sehe den Ausweg in einer Konsultation mit Euch, den sowjetischen Genossen ...«[26] Ulbrichts Brief, der eine einzige Dokumentation seiner Ohnmacht war, endete geradezu mit einem Ruf um Hilfe: »Ich möchte, dass das Politbüro meine Kenntnisse und Erfahrungen besser ausnutzt. Gleichzeitig hoffe ich, dass der Erste Sekretär und das Sekretariat des ZK mich von kleinlichen Schikanen verschonen ... Ich möchte, dass die Kampagne, die in der Partei seit dem 14. Plenum (Dezember 1970) im Gange ist, ›Ulbricht ist an allem schuld‹, eingestellt wird ... Ich möchte, dass ich ungehindert meine Arbeit als Vorsitzender des Staatsrates weiter durchführen kann und der Beschluss, dass Genosse Ebert mein Stellvertreter mit allen Rechten und Pflichten sei, aufgehoben wird, da nach seinen unerhörten Verleumdungen gegen mich eine Zusammenarbeit nicht möglich ist.«[27] Der »liebe Freund« dachte nicht daran, Ulbricht zur Seite zu stehen, sondern gab das Schreiben Honecker unverzüglich zur Kenntnis.[28]

Um ganz sicher zu gehen, dass »der Alte« keine Dummheiten anstellte, beauftragte Honecker Staatssicherheitsminister Erich Mielke damit, Ulbricht zu überwachen. Der erledigte den Auftrag mit Hilfe des MfS-Majors Weber, der für den Personenschutz Ulbrichts zuständig war. Von Weber ist ein Bericht vom 7. Februar 1973 über einen Spontanbesuch Ulbrichts in der Vietnamesischen Botschaft in Ost-Berlin erhalten. Bezeichnend ist darin vor allem folgender Satz: »Beim Einsteigen in das Fahrzeug sagte der Funktionär zum Botschafter: Das ist nicht für die DDR-Presse, sondern nur für euch Vietnamesen.« Ulbricht, immer noch Staatsratsvorsitzender und Mitglied des Politbüros, war schon so weit im Ansehen gesunken, dass er im Spitzelbericht seines eigenen Leibwächters nur noch als »der Funktionär« firmierte.

Ohnmächtig musste Ulbricht der radikalen Revidierung seines Bildes in der Öffentlichkeit und der Revision seiner Politik der letzten Jahre zusehen. Die neuen Machthaber rückten systematisch das bisherige Bild der Öffentlichkeit über Ulbricht nach ihren Vor-

Der Greis bei der Aufzeichnung seiner Neujahrsansprache 1971/72 durch das DDR-Fernsehen

stellungen zurecht. Sein Einfluss auf die SED und die DDR wurde relativiert und seine historische Bedeutung herabgesetzt. Seine Zitate verschwanden aus offiziellen Schriften und Schulungsbroschüren. Die von Ulbricht – als Vorsitzender des Autorenkollektivs – beeinflusste »Geschichte der Deutschen Arbeiterbewegung« wurde aus den Bibliotheken entfernt und trotz Ankündigung nicht weitergeführt. Betriebe und öffentliche Einrichtungen, die seinen Namenszusatz trugen, strichen diesen, zum Beispiel die Akademie für Staats- und Rechtswissenschaften »Walter Ulbricht«. Das »Walter-Ulbricht-Stadion« in Berlin-Mitte wurde umbenannt in »Stadion der Weltjugend«. Die größten Chemiewerke der DDR, die Leuna-Chemie-Werke, folgten diesem Trend allerdings nicht und führten Walter Ulbricht weiterhin als Namenszusatz. Ebenso behielt Schloss Albrechtsberg in Dresden – das in der DDR als Spielplatz und Treffpunkt für Kinder und Jugendliche diente – den Namen »Pionierpalast Walter Ulbricht«. Briefmarken mit seinem Konterfei wurden nicht neu aufgelegt. Ulbricht stürzte vom Sockel des Personenkultes und wurde von seinem Nachfolger kleiner gemacht, als er gewesen war. Seine Ablösung brachte eine deutliche Neuorientierung in der Politik der DDR mit sich. Die SED richtete sich wieder stramm an der Sowjetunion aus und erkannte die führende Rolle der KPdSU uneingeschränkt an. Ulbrichts Thesen von der »sozialistischen Menschengemeinschaft«, vom Sozialismus als »selbstständiger Gesellschaftsformation« und vom »entwickelten gesellschaftlichen System des Sozialismus« verschwanden aus dem SED-Wortschatz.

Das Politbüro gratuliert zum 80. Geburtstag von Walter Ulbricht, fünf Wochen vor seinem Tod

Notgedrungen beschränkte der Staatsratsvorsitzende sich auf feierliche Kranzniederlegungen, führte im Amtssitz des Staatsrates Gespräche mit Künstlern, empfing ausländische Gäste und akkreditierte Diplomaten. Hundertjährigen DDR-Bürgern die Glückwünsche der Staatsführung übermitteln – das durfte er noch. Er heftete Fidel Castro und der amerikanischen Bürgerrechtlerin Angela Davis Orden an die Brust, vereidigte im Dezember 1971 die Minister der neuen DDR-Regierung und zeichnete im Sommer 1972 die erfolgreichen DDR-Teilnehmer an der Olympiade in München aus. Zuletzt versuchte er sich noch einmal als Historiker, wollte seine Memoiren schreiben und eine Arbeit über den Kampf der deutschen Arbeiterklasse. Das Politbüro ließ ihm hierfür formale Unterstützung angedeihen, indem es ihm den Historiker Gerhard Keiderling assistierend zur Verfügung stellte. Dabei stand wohl mehr im Vordergrund, das schriftstellerische Wirken Ulbrichts unter Kontrolle zu haben denn die Absicht, den Greis noch etwas veröffentlichen zu lassen. Keiderling, der Ulbricht mehrfach zu Arbeitsgesprächen in Wandlitz besuchte, hatte das Gefühl, dass ihre Gespräche abgehört wurden.[29] Aber ein Eingreifen Mielkes war nicht mehr nötig. Aus dem historischen Vorhaben Ulbrichts wurde aufgrund ständiger Krankheiten und Kuraufenthalte nichts mehr.

Anfang 1973 wurde Ulbrichts Gesundheitszustand kritisch. Die behandelnden Ärzte mussten ihre medizinische Betreuung verstärken. Im Mai überanstrengte sich Ulbricht bei Fernsehaufnahmen derart – »was meines Erachtens vor allem auf die scharfe Beleuchtung ... während des Aufzeichnungsaktes zurückzuführen ist« –, dass seine Ärzte ihm anschließend Bettruhe verordneten. Danach rieten sie ihm dringend, für zwei Wochen zur Erholung an den Döllnsee zu fahren. Obwohl Ulbrichts Gesundheitszustand nach eigener Einschätzung »sehr labil« war, bat er dennoch darum, auch jetzt vom Politbüro »auf dem Laufenden« gehalten zu werden. »Ich nehme an, dass Ihr versteht, was es für mich bedeutet, über die Tätigkeit des Politbüros wenigstens auf dem Laufenden zu sein.«[30] Anlässlich seines 80. Geburtstages, am 30. Juni 1973, trat Ulbricht zum letzten Mal in der Öffentlichkeit auf. Noch einmal wurde er mit großem Pomp im Staatsratsgebäude am Marx-Engels-Platz mit Orden und Ehrungen geschmückt. Die DDR verlieh ihm den »Großen Stern der Völkerfreundschaft« und die UdSSR den »Orden der Völkerfreundschaft«. Die Prawda ehrte ihn mit einem Bild auf der Titelseite und Glückwünschen von Parteichef Breschnew, Staatsoberhaupt Podgorny und Ministerpräsident Kossygin. Das Neue Deutschland widmete dem Jubilar eine halbe Seite mit großem Bild. Veröffentlicht wurde auch eine Glückwunschadresse des

Zentralkomitees der KPdSU, in der »herzliche brüderliche Glückwünsche zu Ihrem 80. Geburtstag... wie weitere Erfolge in Ihrer edlen Tätigkeit« übersandt wurden. Gäste seiner Wahl durfte er zu seinem Geburtstag nicht mehr einladen, das besorgte nun das Protokollamt. Ohnehin hatte er »alle Genossen und Freunde« darum gebeten, nur protokollarisch unvermeidbare Besuche zu machen. Den Festakt im Staatsratsgebäude konnte er nicht stehend begehen. Er musste Festredner Honecker bitten, »erlaubst du, dass ich mich dabei setze?«. Gnadenlos hielt das DDR-Fernsehen die Szene fest und vermittelte der Bevölkerung das Bild eines gebrochenen Greises, dessen Dankesworte für die »herzlichen Glückwünsche« an die »lieben Genossen« kaum noch vernehmbar waren.[31]

Am 19. Juli 1973 erlitt Walter Ulbricht einen Schlaganfall und fiel danach ins Koma. Das ärztliche Bulletin vom Tag darauf, das auf Nieren- und Lungenprobleme hinwies, deutete an, dass er sich davon nicht mehr erholen würde. Am 1. August 1973 um 12.55 Uhr verstarb er im Alter von achtzig Jahren in Ost-Berlin aufgrund Herzversagens. Sein Tod fiel mitten in die in Ost-Berlin stattfindenden Weltjugendfestspiele. Das Ableben des ehemals mächtigsten Mannes der DDR war für seine Nachfolger kein Grund, die Spiele abzubrechen. Angeblich auf Wunsch von Walter Ulbricht wurden sie ohne Unterbrechung fortgesetzt. Immerhin stellte der Hauptradiosender des SED-Staates, »Stimme der DDR«, sein Programm am Nachmittag des 1. August auf getragene Musik um. Auch das Fernsehen der DDR unterbrach seine Berichterstattung von den Weltjugendfestspielen und setzte sein Programm mit klassischer Musik fort. Am Tag darauf erschienen die ostdeutschen Zeitungen mit Trauerrändern. Unter der Überschrift »Das Kämpferleben des Genossen Walter Ulbricht hat sich vollendet« widmete das Neue Deutschland dem Verstorbenen am 2. August 1973 seine Titelseite. Der Nachruf im SED-Zentralorgan war verhalten freundlich. Die Honecker-Führung behielt konsequent die Linie bei, die sie seit der Entmachtung Ulbrichts eingeschlagen hatte. Der Verstorbene wurde erneut als verdienter SED-Führer charakterisiert, der als Mitglied der kollektiven Parteiführung gewirkt hatte. Typisch für die Berichterstattung der zentral gelenkten DDR-Presse über seinen Tod waren Redewendungen wie »an der Seite von«, »gemeinsam mit« und »im Kollektiv der Parteiführung«. Ulbricht wurde in den Nachrufen nicht so dargestellt, wie er gewesen war, sondern so, wie seine Nachfolger ihn dargestellt wissen wollten: weniger dominant, weniger beherrschend und von geringerer Bedeutung.

Ehrenwache der neuen DDR-Führung am Sarg von Walter Ulbricht, 7. August 1973

Viele westliche Beobachter, aber auch östliche Funktionäre vermuteten, dass Ulbricht in aller Stille, wie ein vergessener Rentner ohne Angehörige, begraben werden würde. Doch das war ein Irrtum. Die sowjetische Führung bestand auf einem Staatsbegräbnis erster Klasse für den Vorsitzenden des Staatsrates der DDR. »Die Russen haben dem Erich einen Strich durch die Rechnung gemacht«, erzählten sich die Leute in Ost-Berlin. Breschnew persönlich sei verstimmt gewesen über die kaltschnäuzige Art und Weise, mit der die SED-Führung Ulbrichts Tod während der Weltjugendfestspiele behandelt hatte. Eine Woche nach seinem Ableben wurde daraufhin ein pompöser Staatsakt zur Ehrung des Verstorbenen arrangiert. Am 7. August wehten die Fahnen auf den öffentlichen Gebäuden der DDR auf Halbmast. Das Neue Deutschland druckte seitenweise Kondolenzschreiben von Staaten aus aller Welt ab. Delegationen aus allen Staaten des Wahrschauer Paktes – vertreten allerdings nur durch die zweite Führungsgarnitur – fanden sich zur Trauerfeier im Gebäude des Staatsrates am Marx-Engels-Platz ein, wo noch kurz zuvor Ulbrichts 80. Geburtstag gefeiert worden war. Allein die UdSSR reiste mit der ersten Führungsebene an, an der Spitze der Vorsitzende des Präsidiums des Obersten Sowjets, Podgorny. Die gesamte sowjetische Führung, einschließlich Parteichef

Leonid Breschnew, stattete der DDR-Botschaft in Moskau einen Kondolenzbesuch ab.[32]

Die Bevölkerung nahm überraschend hohen Anteil an der Verabschiedung von Walter Ulbricht. Schon um 8.00 Uhr, lange vor Beginn des offiziellen Staatsaktes, standen vor dem Gebäude des Staatsrates so viele Menschen, dass die Schlange der Wartenden sich kilometerlang in einem großen Bogen vom Marx-Engels-Platz bis zum Lustgarten dehnte. Auch wenn viele der anstehenden Menschen delegiert worden waren, wie die Kinder in der Uniform der Jungen Pioniere, so fand sich doch eine hohe Zahl von Menschen ein, die aus eigenem Antrieb Abschied von ihrem langjährigen Parteichef und Staatsführer nehmen wollten. »So wenig«, sagte einer der Wartenden in der Schlange, »hat er schließlich nicht getan.« Auf diese Anteilnahme war die SED-Führung nicht eingestellt gewesen. Die zur Absperrung herangezogenen Soldaten erschienen erst nach und nach. Wegen des unerwartet großen Andrangs musste die Zeit der öffentlichen Aufbahrung Ulbrichts im Staatsratsgebäude über die Mittagszeit hinaus verlängert werden. Sowohl die SED-Führung, vertreten durch Erich Honecker, Willi Stoph, Horst Sindermann und Friedrich Ebert, als auch Vertreter der KPdSU hielten Ehrenwachen am Sarg.

Eingeleitet wurde der Staatsakt am Nachmittag mit der Nationalhymne der DDR. Danach spielte das Orchester der Dresdner Philharmonie den 2. Satz der 3. Symphonie von Ludwig van Beethoven. An der Stirnfront des großen Saales des Staatsrates hing ein überlebensgroßes Bild des Verstorbenen, über dem mit der DDR-Fahne bedeckten eichenen Sarg Ulbrichts, umrahmt von schwarzem Trauerflor. Ulbrichts Ordenssammlung wurde auf schwarzen Samtkissen präsentiert. Zehn große »offizielle« Kränze schmückten neben einer Vielzahl von privaten Kranz- und Blumengebinden den Saal. Die Trauerrede hielt Erich Honecker: »Unsere Partei und unser Volk sind von einem schweren Verlust betroffen. In tiefer Trauer nehmen wir heute Abschied von unserem Genossen Walter Ulbricht.«[33] Seinen musikalischen Abschluss fand der Staatsakt mit der Internationalen, der die Trauerversammlung stehend lauschte. Danach trat vor dem Staatsratsgebäude eine Ehrenformation der NVA an, und acht Generale hoben den Sarg auf den Anhänger eines Militär-LKW. Auf dessen offener Ladefläche wurde Ulbrichts Leichnam durch die Straßen Ost-Berlins in das Krematorium am Baumschulenweg überführt. Ein Musikkorps der Nationalen Volksarmee spielte dazu den Trauermarsch der Arbeiterbewegung »Unsterbliche Opfer«. Eine weitere Offiziersgruppe

Die Bevölkerung nimmt überraschend hohen Anteil am Trauerzug (hier in der Karl-Marx-Allee in Ost-Berlin) für Walter Ulbricht

trug auf schwarzen, samtenen Kissen die Orden Ulbrichts hinter dem Sarg her.

Die Trauergesellschaft auf dem Krematoriumsgelände führte Ulbrichts Witwe Lotte an, links und rechts eingehakt durch das Ehepaar Honecker. Am anderen Arm von Margot Honecker ging Ulbrichts Tochter Beate. Im Schein lodernder Pylonen wurde der Sarg in das Krematorium getragen. Noch einmal erklang die Internationale, und 21 Schuss Salut hallten, bevor Ulbrichts Leichnam eingeäschert wurde. Die Urne mit den sterblichen Überresten Ulbrichts wurde am 17. September 1973 in der Gedenkstätte der Sozialisten in Berlin-Friedrichsfelde beigesetzt. Das Neue Deutschland berichtete am nächsten Tag: »Die Fahnen senken sich zum letzten Gruß. Dumpfer Trommelwirbel hallt über den Hain, als ein General die Urne zu ihrem Platz an der Seite Wilhelm Piecks und Otto Grotewohls trägt. ›Walter Ulbricht, gestorben 1. August 1973‹, ist in die bronzene Tafel auf der Platte aus rötlichem Rochlitzer Porphyr geprägt, die die Beisetzungsstelle schließt.«[34] Hier, im Zentrum der Gedenkstätte, ruht Walter Ulbricht bis heute in Nachbarschaft der Gräber von Wilhelm Pieck, Otto Grotewohl, Rosa Luxemburg, Karl Liebknecht, Ernst Thälmann, Rudolf Breitscheid und Franz Mehring.

Der Name von Walter Ulbricht ist untrennbar mit der Geschichte des Kommunismus in Deutschland verbunden. Sein Nachlass war die DDR. Der Nachlasskonkurs fand sechzehn Jahre nach seinem Tod, am 9. November 1989, mit dem Fall der Mauer statt.

Nachwort

Die bisherige publizistische Behandlung Walter Ulbrichts wird seiner Bedeutung als Schlüsselfigur des Kommunismus in Deutschland nicht gerecht. Bis heute ist Carola Sterns Ulbricht-Biografie aus dem Jahr 1964 – geschrieben vor Ulbrichts Tod und ohne Zugriff auf die damals unzugänglichen Archive – der Maßstab, an dem sich Publikationen über Walter Ulbricht messen lassen müssen. Carola Stern verdanke ich viele Anregungen, aber auch den Grundgedanken, dass man Walter Ulbricht ernst nehmen muss. Die Biografie dieses Mannes, seine Zeit, die Geschichte der DDR haben mich über viele Jahre beschäftigt.

Dieses Buch richtet sich an eine breitere Öffentlichkeit. Doch hoffe ich, dass meine Arbeit auch der Wissenschaft von Nutzen sein wird. Die Rechtschreibung in Zitaten wurde generell der neuen Rechtschreibung angepasst, ausgenommen wurden Fälle, in denen die Original-Rechtschreibung einen eigenen Aussagewert hat.

Erstmals wurden für diese Arbeit Akten der Kommunistischen Internationale ausgewertet, die bislang unbekannte Fakten und Erkenntnisse über Ulbrichts Leben und Arbeit zu Tage gebracht haben. Mein besonderer Dank gilt Herrn Dieter Paetzold für seine Forschungen im Russischen Zentrum für die Aufbewahrung und Erforschung von Dokumenten der neuesten Geschichte in Moskau. Ohne seine Mitarbeit wäre diese Biografie so nicht zu Stande gekommen.

Ebenfalls erstmalig wurden Akten des Staatsrates der DDR und die Protokolle der Verhandlungen des Sächsischen Landtages in der Weimarer Republik für die vorliegende Arbeit ausgewertet. In diesem Zusammenhang bin ich Frau Elke Zimmermann und Frau Regina Schroda zu Dank verpflichtet. Frau Zimmermann hat mit mir im Bundesarchiv Potsdam Akten des Staatsrates der DDR eingesehen und mir zudem bei der Literaturbeschaffung geholfen. Frau Schroda hat mich bei der Recherche zur Abgeordnetentätigkeit Ulbrichts im Sächsischen Landtag unterstützt und das Manuskript korrigiert.

Schließlich möchte ich meinem Lektor, Thomas Sparr, danken, der mich in jeder Hinsicht gut beraten und nachdrücklich über die verschiedenen Etappen der Arbeit motiviert hat, dieses Buch herauszubringen.

M. F. *Dresden, im Januar 2001*

Anhang

Anmerkungen

»Der Spitzbart muss weg!«: Juni 1953

1 Der Stern vom 5. Dezember 1990, S. 208
2 Die Sowjetische Kontrollkommission in Deutschland ging nach der Gründung der DDR 1949 aus der Sowjetischen Militäradministration in Deutschland hervor und war die oberste sowjetische Besatzungsbehörde in der DDR. Ihren Sitz hatte sie in Berlin-Karlshorst.
3 Falco Werkentin, Politische Strafjustiz in der Ära Ulbricht, S. 42
4 Wladimir Semjonowitsch Semjonow, geboren 1911, ab 1938 KPdSU-Mitglied, Dozent für Marxismus-Leninismus. Ab 1939 im diplomatischen Dienst. 1946 bis 1949 politischer Berater des Obersten Chefs der SMAD. 1949 bis 1953 Politischer Berater der Sowjetischen Kontrollkommission in Deutschland. 1953 bis 1954 Hoher Kommissar der UdSSR in Deutschland. 1954 bis 1955 Abteilungsleiter im Außenministerium der UdSSR. 1955 bis 1978 Stellvertretender Außenminister der UdSSR. 1978 bis 1986 UdSSR-Botschafter in der Bundesrepublik Deutschland.
5 Wilfriede Otto, Sowjetische Deutschlandpolitik 1952/53, DA 8/1993, S. 951. Die Zusage bezog sich insbesondere auf die Lieferung von Kupfer, Stahl und Blei.
6 Wilhelm Pieck, geboren am 3. Januar 1876 in Guben, Sohn eines Kutschers, Tischlerlehre. 1895 Mitglied der SPD, Angehöriger des linken Parteiflügels. Im Mai 1915 nach einer von ihm organisierten Demonstration für die Gleichstellung der Frau vor dem Reichstag verhaftet und strafweise zum Militärdienst eingezogen. An der Front 1917 wegen Antikriegspropaganda vor ein Militärgericht gestellt. Zunächst Flucht nach Berlin und im Februar 1918 nach Holland. Ende 1918 Rückkehr nach Berlin, Mitbegründer des Spartakusbundes und Teilnehmer am Gründungsparteitag der KPD. 1919 in Haft. Mitglied des Preußischen Landtages (1921 bis 1928 und 1932/33). 1921 Mitbegründer der »Roten Hilfe« und Leiter des Organisationsbüros der KPD. 1925 Vorsitzender der »Roten Hilfe«. Mitglied des Reichstages ab 1928, des Politbüros des ZK der KPD ab 1929 und des Preußischen Staatsrates 1932/33. Ab Mai 1933 Exilführer der KPD in Paris und später in Moskau. 1935 auf dem siebten Weltkongress der Kommunistischen Internationale zum Politischen Sekretär und Leiter des Balkan-Sekretariats im Exekutivkomitee der Komintern gewählt. Im selben Jahr Emigration in die Sowjetunion. Ab 1937 Vorsitzender der Internatio-

nalen Arbeiterhilfe. Im Juni 1945 Rückkehr nach Berlin, im April 1946 auf dem Vereinigungsparteitag von SPD und KPD zum gleichberechtigten Vorsitzenden der SED neben Otto Grotewohl gewählt. Organisator und Erster Vorsitzender des Ersten Deutschen Volkskongresses 1946. Ab 1949 Mitglied der Volkskammer der DDR und ab dem 7. Oktober 1949 Staatspräsident der DDR. Gest. am 7. September 1960 in Ost-Berlin.
7 Siehe zur Biografie im Kapitel Sowjetischer Statthalter: 1945–1953, 1. Aus KPD und SPD wird SED
8 Johannes R. Becher, geboren am 22. Mai 1891 in München, Vater Amtsrichter. Studium der Philosophie, Philologie und Medizin in München, Berlin und Jena. Danach freier Schriftsteller, vorwiegend in Berlin. 1910 Schussverletzung beim Versuch, zusammen mit einer Freundin Selbstmord zu begehen. 1914 bis 1918 Aufenthalte in psychiatrischen Kliniken wegen Morphiumabhängigkeit. 1917 USPD, 1919 KPD. 1920 bis 1922 starke religiöse Orientierung, Ruhen der KPD-Mitgliedschaft. Ab 1923 aktive Mitarbeit in der KPD. 1927 bis 1932 mehrere Besuche der UdSSR. 1933 Emigration nach Prag, Paris und Moskau. Ab 1935 ständig in der UdSSR. Galt als politisch unzuverlässig. Mehrere Suizidversuche. Juni 1945 Rückkehr nach Deutschland. Ab 1946 Mitglied des Parteivorstandes bzw. des ZK der SED. 1949 Textautor der DDR-Nationalhymne. Ab 1950 Abgeordneter der Volkskammer, im selben Jahr Gründungsmitglied der Deutschen Akademie der Künste, 1953 bis 1956 ihr Präsident. 1954 bis 1958 erster Minister für Kultur der DDR. Verlor nach einer Auseinandersetzung mit Ulbricht 1957 jeden politischen Einfluss. Gest. am 11. Oktober 1958.
9 Carola Stern, Ulbricht, S. 147
10 Rudolf Herrnstadt, Das Herrnstadt-Dokument, S. 60
11 Wjatscheslaw Michailowitsch Molotow (eig. W. M. Skrjabin), geboren am 9. März 1890, sowjetischer Politiker. 1921 bis 1957 Mitglied des ZK und von 1926 bis 1957 des Politbüros der KPdSU. 1930 bis 1941 Ministerpräsident, von 1939 bis 1949 und von 1953 bis 1956 Außenminister der UdSSR. 1957 als Stalinist seiner Ämter enthoben. 1960/61 Vertreter der UdSSR bei der Internationalen Atomenergie-Organisation in Wien. Gest. 1986.
12 Gerhard Wettig, Berijas Deutschland-Politik im Frühjahr 1953, DA 6/1993, S. 676
13 Gesetzblatt der DDR Nr. 72 vom 2. Juni 1953, S. 781
14 Fred Oelßner, geboren am 27. Februar 1903 in Leipzig, Vater Gewerkschafts- und KPD-Funktionär. Volksschule, 1919 USPD, 1920 KPD. Ab 1921 Volontär bzw. Redakteur bei kommunistischen Zeitungen in Breslau, Chemnitz, Stuttgart, Remscheid und Aachen. 1923 vom Reichsgericht wegen Vorbereitung zum Hochverrat zu einem Jahr Gefängnis verurteilt. Ab 1926 Studium der Gesellschaftswissenschaften an der Internationalen Lenin-Schule und am Institut der Roten Professur in Moskau. 1932 Rückkehr nach Deutschland als propagandistischer Mitarbeiter des ZK. Ab Ende 1933 Emigration nach Paris und Prag, 1935 in die UdSSR. 1937 bis 1940 wegen »ideologischer Abwei-

chungen« Bewährung als Arbeits- und Betriebsplanungsleiter in einer Papierfabrik. Während des Krieges unter dem Pseudonym »Larew« Leiter der Deutschlandabteilung des Moskauer Rundfunks und Lehrer an einer Antifa-Schule. 1945 Rückkehr nach Deutschland, Leiter der Abteilung Agitation und Propaganda des ZK der KPD. 1946 bis 1948 Mitglied des Parteivorstandes bzw. des ZK der SED. 1949/50 Mitglied des Sekretariats, 1950 bis 1955 Sekretär für Propaganda. 1950 bis 1958 Mitglied des Politbüros. 1950 bis 1956 Chefredakteur der theoretischen Zeitschrift der SED »Einheit«. 1955 bis 1958 stellvertretender Vorsitzender des Ministerrates. Im Februar 1958 nach Auseinandersetzung mit Ulbricht über die »vollständige Kollektivierung« der Landwirtschaft Ausschluss aus dem Politbüro und Enthebung aller Funktionen im Ministerrat. Danach verschiedene leitende Funktionen an der Deutschen Akademie der Wissenschaften zu Berlin. Gest. am 7. November 1977.

15 Rolf Stöckigt, »Ein Dokument von großer historischer Bedeutung« vom Mai 1953, BzG 5/1990, S. 649
16 Der Spiegel Nr. 8/1996, S. 154
17 Rolf Stöckigt, »Ein Dokument von großer historischer Bedeutung« vom Mai 1953, BzG 5/1990, S. 648ff.
18 Rudolf Herrnstadt, Das Herrnstadt-Dokument, S. 59
19 Viktor Knoll, Lothar Kölm, Der Fall Berija, S. 67
20 Rudolf Herrnstadt, Das Herrnstadt-Dokument, S. 62
21 Wolfgang Leonhard, Die Zeit vom 28. Juni 1963
22 Rudolf Herrnstadt, geboren am 18. März 1903 in Gleiwitz (Oberschlesien), Vater Rechtsanwalt. Nach abgebrochenem Jurastudium seit 1922 Tätigkeit als Journalist. 1929 KPD, ab 1930 für den Nachrichtendienst der Roten Armee tätig. 1930 bis 1936 Auslandskorrespondent des Berliner Tageblatts in Prag, Warschau und Moskau. 1936 bis 1939 Auslandskorrespondent u. a. für L'Europe. 1940 bis 1943 Mitarbeiter im Generalstab der Roten Armee, 1943 bis 1945 Mitarbeiter im NKFD, Chefredakteur der Zeitung des NKFD Freies Deutschland. Rückkehr nach Berlin im Mai 1945. Mitbegründer von Berliner Verlag und Berliner Zeitung und deren Chefredakteur bis 1949, danach Chefredakteur des Neuen Deutschland. 1949 bis 1954 Abgeordneter der Volkskammer der DDR, ab 1950 Mitglied des ZK der SED und Kandidat des Politbüros. Im Juli 1953 wegen angeblicher fraktioneller Tätigkeit aus dem ZK und im Januar 1954 aus der SED ausgeschlossen. 1953 bis 1966 Angestellter im Deutschen Zentralarchiv, Abt. Merseburg. Gest. am 28. August 1966.
23 Heinz Brandt, Ein Traum der nicht entführbar ist, S. 209
24 Elke Scherstjanoi, »Wollen wir den Sozialismus?« Dokumente aus der Sitzung des Politbüros des ZK der SED am 6. Juni 1953, BzG 5/1991, S. 668
25 Elke Scherstjanoi, »Wollen wir den Sozialismus?« Dokumente aus der Sitzung des Politbüros des ZK der SED am 6. Juni 1953, BzG 5/1991, S. 669
26 Elke Scherstjanoi, »Wollen wir den Sozialismus?« Dokumente aus der

Sitzung des Politbüros des ZK der SED am 6. Juni 1953, BzG 5/1991, S. 669
27 Elke Scherstjanoi, »Wollen wir den Sozialismus?« Dokumente aus der Sitzung des Politbüros des ZK der SED am 6. Juni 1953, BzG 5/1991, S. 670
28 Elke Scherstjanoi, »Wollen wir den Sozialismus?« Dokumente aus der Sitzung des Politbüros des ZK der SED am 6. Juni 1953, BzG 5/1991, S. 680
29 Elke Scherstjanoi, »Wollen wir den Sozialismus?« Dokumente aus der Sitzung des Politbüros des ZK der SED am 6. Juni 1953, BzG 5/1991, S. 671
30 Rudolf Herrnstadt, Das Herrnstadt-Dokument, S. 74
31 Rudolf Herrnstadt, Das Herrnstadt-Dokument, S. 65
32 Rudolf Herrnstadt, Das Herrnstadt-Dokument, S. 75
33 BStU, ZA, MfS, SctM, 2377, Blatt 64
34 Kommuniqué des Politbüros des Zentralkomitees der SED vom 9. Juni 1953, Neues Deutschland vom 11. Juni 1953, S. 1
35 Heinz Brandt, Ein Traum, der nicht entführbar ist, S. 227
36 Steffi Knop, Eine bescheidene Öffnung, Wochenpost Nr. 25/1993
37 Carola Stern, Ulbricht, S. 156
38 G. J. Leithäuser, Der Aufstand im Juni, Der Monat Nr. 61/1953, S. 204
39 Heinz Lippmann, Honecker, Porträt eines Nachfolgers, S. 159
40 Wilhelm Zaisser, geboren am 20. Juni 1893 in Rotthausen (b. Gelsenkirchen), Vater Gendarmeriewachtmeister. Ausbildung als Volksschullehrer; 1914 bis 1918 Soldat, danach Lehrer. 1919 KPD. Während des Kapp-Putsches einer der militärischen Leiter der sog. Roten Ruhrarmee. 1921 nach vier Monaten Gefängnis aus dem Schuldienst entlassen. 1924 militärpolitischer Lehrgang bei der Komintern in Moskau. 1926 Mitarbeiter des ZK der KPD, verantwortlich für militärpolitische Schulung. Ab 1927 Mitarbeiter der Komintern in Moskau, 1932 Mitglied der KPdSU. 1936 bis 1938 »General Gomez« im Span. Bürgerkrieg, Kommandeur verschiedener Einheiten der Internationalen Brigaden. 1938 bis 1939 Mitarbeiter des EKKI in Moskau. 1943 bis 1946 Lehrer an Antifa-Schulen bzw. Leiter des Sektors für antifaschistische Schulung der Kriegsgefangenen. Februar 1947 Rückkehr nach Deutschland. 1947 bis 1948 Chef der Landesbehörde der Polizei Sachsen-Anhalt. 1948 bis 1950 Innenminister des Landes Sachsen. Ab 1950 Minister für Staatssicherheit. Im Juli 1953 wegen angeblicher fraktioneller Tätigkeit aus dem Politbüro und ZK der SED ausgeschlossen und als Minister abgesetzt. Im Januar 1954 aus der SED ausgeschlossen. Bis zu seinem Tod am 3. März 1958 als Übersetzer tätig.
41 Hermann Matern, geboren am 17. Juni 1893 in Burg (b. Magdeburg), Vater Arbeiter. Ausbildung zum Gerber. 1911 SPD, 1918 USPD, 1919 KPD. 1919 bis 1926 Arbeit als Gerber in Magdeburg. 1928 bis 1929 Besuch der Internationalen Lenin-Schule in Moskau. 1932 bis 1933 Mitglied des Preußischen Landtages. Juli 1933 als Leiter des KPD-Bezirks Pommern verhaftet. 1934 Flucht aus dem Gefängnis Altdamm (b. Stettin). 1941 Emigration nach Moskau, Mitglied des NKFD, Leh-

rer an der Zentralen Antifa-Schule in Krasnogorsk. Am 1. Mai 1945 Rückkehr nach Deutschland als Mitglied der KPD-Gruppe für Sachsen. 1945 bis 1946 Erster Sekretär der Bezirksleitung Sachsen der KPD, 1946 bis 1948 Vorsitzender des Landesverbandes Groß-Berlin der SED. Ab 1949 Vorsitzender der Zentralen Parteikontrollkommission des ZK der SED. Ab 1950 Mitglied des Politbüros und des ZK der SED. 1950 bis 1954 Vizepräsident, ab 1954 Erster Stellvertretender Präsident der Volkskammer. Gest. am 24. Januar 1971.

42 Heinz Lippmann, Honecker, Porträt eines Nachfolgers, S. 161
43 Heinz Lippmann, Honecker, Porträt eines Nachfolgers, S. 161
44 Erklärung des Politbüros des ZK der SED, Neues Deutschland vom 17. Juni 1953, S. 1
45 Sitz der Sowjetischen Kontrollkommission
46 Pawel Fjodorowitsch Judin, geboren 1899, Philosophie-Professor; 1947 bis 1950 Chefredakteur der Zeitschrift »Für dauerhaften Frieden für Volksdemokratie!« in Belgrad und Bukarest. Ab April 1953 Erster Stellvertreter des Hohen Kommissars der UdSSR in Deutschland. 1953 bis 1959 Botschafter der UdSSR in der Volksrepublik China. Danach wieder Professor für Marxismus-Leninismus in Moskau. Gest. 1968.
47 Rundfunk im amerikanischen Sektor
48 Karl Schirdewan, geboren am 14. Mai 1907 in Stettin. Wuchs zunächst bei Pflegeeltern und in einem katholischen Waisenhaus auf. Im Sommer 1914 vom Ehepaar Schirdewan in Breslau adoptiert. Abgebrochene Lehre bei einem Breslauer Getreidehändler. Arbeit als Laufbursche und später als Bürogehilfe. Mit 16 Eintritt in den Kommunistischen Jugendverband, mit 25 in die KPD. Zwischen 1927 und 1934 in verschiedenen Funktionen für den Kommunistischen Jugendverband tätig. Am 19. Februar 1934 in Hamburg verhaftet und am 10. Mai 1934 zu einer dreijährigen Zuchthausstrafe mit anschließender Schutzhaft verurteilt. Er verbrachte die Jahre des Dritten Reiches zunächst im Zuchthaus Coswig, danach in den Konzentrationslagern Sachsenhausen und Flossenbürg. Am 23. April 1945 auf dem Todesmarsch zur Evakuierung des Lagers durch amerikanische Truppen befreit. Ab August 1945 Mitarbeit im ZK der KPD, ab 1947 verschiedene Aufgaben im SED-Parteivorstand. März 1952 1. Sekretär der Landesleitung Sachsen der SED, im Oktober 1952 1. Sekretär der SED-Bezirksleitung Leipzig. Ab Juli 1953 Mitglied des Politbüros und Sekretär des ZK der SED. Februar 1958 wegen »Fraktionstätigkeit« aus dem Politbüro und dem ZK der SED ausgeschlossen. Danach Leiter der Staatl. Archivverwaltung in Potsdam, ab 1965 Rentner, gest. 1998.
49 Jan Foitzik, »Hart und konsequent ist der neue politische Kurs zu realisieren«, DA 1/2000, S. 32
50 Was ist in Berlin geschehen?, Neues Deutschland vom 18. Juni 1953, S. 1
51 Rudolf Herrnstadt, Das Herrnstadt-Dokument, S. 85
52 Henrik Eberle (Hrsg.), Mit sozialistischem Gruß. Parteiinterne Hausmitteilungen, Briefe, Akten und Intrigen aus der Ulbricht-Zeit, S. 204

53 Spruch an der WC-Tür in Halle 1 der Warnow-Werft in Rostock nach dem 17. Juni. Informationsbericht der SED-Kreisleitung-Rostock vom 22. Juni 1953. Der Spiegel, Dokument, 5/1995, S. 6
54 Rudolf Herrnstadt, Das Herrnstadt-Dokument, S. 87
55 Rudolf Herrnstadt, Das Herrnstadt-Dokument, S. 88
56 Martin Jänicke, Der dritte Weg, Die Antistalinistische Opposition gegen Ulbricht seit 1953, S. 49
57 Falco Werkentin, Politische Strafjustiz in der Ära Ulbricht, S. 139
58 Alfred Kantorowicz, Deutsches Tagebuch, abgedruckt bei Ilse Spittmann, Karl Wilhelm Fricke, 17. Juni 1953, Arbeiteraufstand in der Sowjetischen Besatzungszone, S. 144
59 Rudolf Herrnstadt, Das Herrnstadt-Dokument, S. 94
60 Wassili Danilowitsch Sokolowski, geboren 1897, Berufssoldat. Ab 1931 KPdSU-Mitglied; 1945 Erster Stellvertreter und 1946 bis 1949 Oberbefehlshaber der Gruppe der sowjetischen Besatzungstruppen in Deutschland und Oberster Chef der SMAD, ab 1946 Marschall der Sowjetunion; 1949 bis 1960 Erster Stellvertretender Verteidigungsminister, 1952 bis 1960 Generalstabschef, ab 1952 Kandidat des ZK der KPdSU; gest. 1968.
61 Jan Foitzik, »Hart und konsequent ist der neue politische Kurs zu realisieren«, DA 1/2000, S. 47ff.
62 Wilfriede Otto, Dokumente zur Auseinandersetzung in der SED 1953, BzG 5/1991, S. 658ff.
63 BStU, ZA, MfS, SctM, 2377, Blatt 66
64 BStU, ZA, MfS, SctM, 2377, Blatt 51. In seinen Erinnerungen gibt Herrnstadt diesen Satz in abgeschwächter Form wieder:»Dich, Walter, bändigen können, wenn das nötig wird«. Rudolf Herrnstadt, Das Herrnstadt-Dokument, S. 105
65 BStU, ZA, MfS, SctM, 2377, Blatt 67
66 Rudolf Herrnstadt, Das Herrnstadt-Dokument, S. 111
67 Glückwunsch des ZK der KPdSU an Walter Ulbricht, Neues Deutschland vom 1. Juli 1953, S. 1
68 Wolfgang Leonhard, Kreml ohne Stalin, S. 106
69 Rudolf Herrnstadt, Das Herrnstadt-Dokument, S. 112, datiert diese Sitzung auf etwa den 2. Juli. Sie muss ein paar Tage später stattgefunden haben, da sich Ulbricht zu diesem Zeitpunkt in Moskau aufhielt.
70 BStU, ZA, MfS, SctM, 2377, Blatt 70
71 Rudolf Herrnstadt, Das Herrnstadt-Dokument, S. 81
72 Rudolf Herrnstadt, Das Herrnstadt-Dokument, S. 120
73 Wilfriede Otto, Dokumente zur Auseinandersetzung in der SED 1953, BzG 5/1990, S. 659
74 Wilfriede Otto, Dokumente zur Auseinandersetzung in der SED 1953, BzG 5/1990, S. 665
75 Wilfriede Otto, Dokumente zur Auseinandersetzung in der SED 1953, BzG 5/1990, S. 666
76 Wilfriede Otto, Dokumente zur Auseinandersetzung in der SED 1953, BzG 5/1990, S. 665
77 Rudolf Herrnstadt, Das Herrnstadt-Dokument, S. 124

78 Rudolf Herrnstadt, Das Herrnstadt-Dokument, S. 125
79 Anton Ackermann, eigentlich Eugen Hanisch, geboren am 25. Dezember 1905 in Thalheim/Sachsen als Sohn eines Strumpfwirkers, Textilarbeiter. 1919 Eintritt in die Textilarbeitergewerkschaft, 1926 KPD-Mitglied. 1928 bis 1932 Besuch der Lenin-Schule in Moskau. 1932 bis 1933 Mitarbeiter der Deutschland-Abteilung der Komintern. Auf der »Brüsseler Konferenz« der KPD 1935 in das Zentralkomitee und das Politbüro gewählt. 1936/37 Teilnahme am Bürgerkrieg in Spanien. 1937 Emigration in die Sowjetunion. Mitglied des Nationalkomitees Freies Deutschland und Leiter des Senders Freies Deutschland. 1945 Rückkehr nach Deutschland. 1946 Mitglied des Parteivorstandes und des Zentralsekretariats der SED. Nach dem 17. Juni 1953 wegen seiner Kritik an Ulbricht gemeinsam mit seiner Frau Elli Schmidt aus dem Politbüro (Kandidat) und Anfang 1954 aus der SED ausgeschlossen, 1956 rehabilitiert. 1954 bis 1958 Leiter der Hauptverwaltung Film im Ministerium für Kultur. Ab 1958 Mitglied der Staatlichen Plankommission und Leiter der Abteilung Kultur, Volksbildung und Gesundheit. Gest. am 4. Mai 1973 in Berlin.
80 Rudolf Herrnstadt, Das Herrnstadt-Dokument, S. 129
81 Jan Foitzik, »Hart und konsequent ist der neue politische Kurs zu realisieren«, DA 1/2000, S. 40
82 Rudolf Herrnstadt, Das Herrnstadt-Dokument, S. 130
83 Jahre später, am 22. April 1971, bedankte sich Fechner schriftlich bei Ulbricht, dem er Sturz und Haft zu verdanken hatte, nach einem gemeinsamen Fernsehauftritt: »Lieber Walter! Mit herzlichem Dank und großer Freude habe ich Deinen herzlichen Nelkenstrauß zum 25. Jahrestag der Vereinigung entgegengenommen. Ich wünsche Dir recht gute Gesundheit und weiter große Schaffenskraft für die Partei und unsere sozialistische Republik. Herzliche Grüße für Dich, Deine Lotte, Max und Erna Fechner.«
84 Rudolf Herrnstadt, Das Herrnstadt-Dokument, S. 132ff.
85 Rudolf Herrnstadt, Das Herrnstadt-Dokument, S. 140
86 Rudolf Herrnstadt, Das Herrnstadt-Dokument, S. 154
87 Rudolf Herrnstadt, Das Herrnstadt-Dokument, S. 155
88 Rudolf Herrnstadt, Das Herrnstadt-Dokument, S. 157
89 Rudolf Herrnstadt, Das Herrnstadt-Dokument, S. 168
90 BStU, ZA, MfS, SctM, 2377, Blatt 59
91 Rudolf Herrnstadt, Das Herrnstadt-Dokument, S. 163
92 Rudolf Herrnstadt, Das Herrnstadt-Dokument, S. 183
93 BStU, ZA, MfS, SctM, 2377, Blatt 47
94 BStU, ZA, MfS, SctM, 2377, Blatt 49
95 BStU, ZA, MfS, SctM, 2377, Blatt 58
96 BStU, ZA, MfS, SctM, 2377, Blatt 19
97 BStU, ZA, MfS, SctM, 2377, Blatt 29
98 BStU, ZA, MfS, SctM, 2377, Blatt 33
99 BStU, ZA, MfS, SctM, 2377, Blatt 38
100 Elli Schmidt wurde durch Beschluss des ZK vom 29. Juli 1956 rehabilitiert, gelangte aber nicht wieder zu politischem Einfluss.
101 BStU, ZA, MfS, SctM, 2377, Blatt 93

Kindheit und Jugend: 1893–1918

1 RZA, Fonds 495, Register 205, Akte 3 (Personalakte Ulbricht), Russischer Fragebogen: »Allrussische Zählung der Mitglieder der Russischen Komm. Partei (B)«
2 Stern sprach mit der Schwester Ulbrichts, Stern Nr. 45/1961, S. 44
3 Brief von Else Marcus an den Kölner Stadtanzeiger, zitiert nach Heinz Voßke, Walter Ulbricht, S. 17
4 Ernst August wurde am 28. März 1869 geboren, Pauline Ida am 26. Oktober 1868
5 Ulbrichts Bruder wanderte 1928 in die USA aus und wurde 1933 Bürger der USA. Er lebte in New York und hatte zwei Söhne und eine Tochter. Ulbrichts Schwester Hilde lebte nach 1945 in Westdeutschland in der Nähe von Hamburg unter dem Namen ihres Mannes, von dem sie sich 1950 hatte scheiden lassen.
6 Stern sprach mit der Schwester Ulbrichts, Stern Nr. 45/1961, S. 44ff.
7 Heinz Voßke, Walter Ulbricht, S. 17
8 5. Bezirksschule in der Elsässer Straße, zu DDR-Zeiten trug sie Ulbrichts Namen
9 Im sowjetischen Exil füllte Ulbricht Jahrzehnte später einen Fragebogen aus, in dem er auf die Frage »Wenn sie nicht gläubig sind, von welchem Alter an« antwortete: »4 Jahre«.
10 Heinz Voßke, Walter Ulbricht, S. 18
11 Carola Stern, Ulbricht, S. 17
12 Heinz Voßke, Walter Ulbricht, S. 18
13 Stern sprach mit der Schwester Ulbrichts, Stern Nr. 45/1961, S. 44ff.
14 Heinz Voßke, Walter Ulbricht, S. 18
15 Michael Bothmer, Erinnerungen an Walter Ulbricht, Leipziger Volkszeitung vom 22. Juni 1968. Die Aussage ist mit Vorsicht zu genießen, denn für das Jahr 1908 konnte ich keinen Tischlerstreik feststellen. Dagegen fanden in den Jahren 1906 und 1907 jeweils Streiks in Leipzig statt, an denen sich die Holzarbeiter beteiligten. Streikziel waren jeweils der 9,5- bzw. 9-Stunden-Tag, Lohnerhöhungen und die Anerkennung der Gewerkschaft.
16 Kurt Baum, Als Walter Ulbricht so alt war wie wir heute, Junge Welt vom 29. Juni 1968
17 Kurt Baum, Als Walter Ulbricht so alt war wie wir heute, Junge Welt vom 29. Juni 1968
18 Leipziger Volkszeitung vom 27. Juni 1968
19 Michael Bothmer, Erinnerungen an Walter Ulbricht, Leipziger Volkszeitung vom 22. Juni 1968
20 Johannes R. Becher, Walter Ulbricht, Ein deutscher Arbeitersohn, S. 21
21 Willi Langrock, Walter Ulbrichts Tätigkeit in Leipzig in den Jahren 1912–1915, ungedrucktes Manuskript, Material des Verfassers
22 Leipziger Volkszeitung vom 21. Juni 1963
23 Kurt Baum, Als Walter Ulbricht so alt war wie wir heute, Junge Welt vom 29. Juni 1968

24 Kurt Baum, Als Walter Ulbricht so alt war wie wir heute, Junge Welt vom 29. Juni 1968
25 Johannes R. Becher, Walter Ulbricht, Ein deutscher Arbeitersohn, S. 25ff.
23 Johannes R. Becher, Walter Ulbricht, Ein deutscher Arbeitersohn, S. 25ff.
27 Heinz Voßke, Walter Ulbricht, S. 30
28 Kurt Baum, Als Walter Ulbricht so alt war wie wir heute, Junge Welt vom 29. Juni 1968
29 Heinz Voßke, Walter Ulbricht, S. 34
30 Willi Langrock, Walter Ulbrichts Tätigkeit in Leipzig in den Jahren 1912–1915, ungedrucktes Manuskript
31 Willi Langrock, Walter Ulbrichts Tätigkeit in Leipzig in den Jahren 1912–1915, ungedrucktes Manuskript
32 Willi Langrock, Walter Ulbrichts Tätigkeit in Leipzig in den Jahren 1912–1915, ungedrucktes Manuskript
33 Carola Stern, Ulbricht, S. 24
34 Johannes R. Becher, Walter Ulbricht, Ein deutscher Arbeitersohn, S. 46
35 Hermann Weber, Ulbricht fälscht Geschichte, S. 127
36 Heinz Voßke, Walter Ulbricht, S. 44

Der Funktionär 1918–1933

1 Willi Langrock, Der Spartakusbund war die treibende Kraft, S. 405ff.
2 Leipziger Volkszeitung vom 28. Dezember 1918
3 Carola Stern, Ulbricht, S. 30
4 Carola Stern, Ulbricht, S. 29
5 V. I. Lenin, Ausgewählte Werke, Band II, Berlin 1954, S. 10
6 Heinz Voßke, Walter Ulbricht, S. 45ff.
7 Die KPD-Mitgliedsbücher Ulbrichts mit der Nummer 2153 und dem Stempel »Ungültig, Reichskontrolle 1923« und Nummer 003305 befinden sich im Russischen Zentrum für die Aufbewahrung und Erforschung von Dokumenten der neuesten Geschichte, Fonds 495, Register 205, Akte 3 (Personalakte Ulbricht). Die bei Heinz Voßke, Walter Ulbricht, S. 48, abgedruckte KPD-Mitgliedskarte von Walter Ulbricht, die einen Eintritt in die KPD am 1. Februar 1919 belegen soll, hat wenig Beweiskraft. Die Karte ist von Ulbricht selbst ausgefüllt, es fehlen Eintrittsmarke und Stempel, und außerdem steht unten in Ulbrichts Handschrift der Vermerk »Duplikat«. Dieselbe Mitgliedskarte wird in der Ulbricht-Biografie von Liselotte Thoms, Hans Vieillard und Wolfgang Berger einschließlich ihrer Rückseite abgedruckt (S. 36). Dort sind Marken aufgeklebt als Quittung für die Zahlung des Mitgliedsbeitrages an die KPD. Diese Marken weisen einen Mitgliedsbeitrag ab Juli 1920 aus. Die Karte macht den Eindruck, als habe sich Ulbricht später bemüht, mittels einer Blanko-Mitgliedskarte sein Eintrittsdatum in die KPD vorzuverlegen.

8 Heinz Voßke, Walter Ulbricht, S. 59
9 Heinz Voßke, Walter Ulbricht, S. 56
10 Heinz Voßke, Walter Ulbricht, S. 59
11 Heinz Voßke, Walter Ulbricht, S. 60
12 Kurt Baum, Als Walter Ulbricht so alt war wie wir, Junge Welt vom 29. Juni 1968
13 Stern sprach mit der Schwester Ulbrichts, Stern Nr. 45/1961, S. 44ff.
14 Heinz Voßke, Walter Ulbricht, S. 57
15 Heinz Voßke, Walter Ulbricht, S. 58
16 Johann Georg Reißmüller, Vorwärts sehen, vorwärts streben, Frankfurter Allgemeine Zeitung vom 23. Mai 1998, Tiefdruckbeilage, S. 4
17 Am 23. Mai 1925 füllte Ulbricht in Moskau einen Fragebogen aus, in dem er angab, dass er ein fünf Jahre altes Kind zu unterhalten habe. Daraus ergibt sich ein Geburtsdatum der Tochter Dorle vor dem 23. Mai 1920. Demgegenüber gibt Heinz Voßke das Geburtsjahr mit 1921 an, Heinz Voßke, Walter Ulbricht, S. 62.
18 Tochter Dorle heiratete 1947 und zog in die Bundesrepublik. Sie bekam zwei Söhne. Heinz Voßke, Walter Ulbricht, S. 61
19 Sowjetzone – Ulbricht – Edel auf dem Grabstein, Der Spiegel Nr. 40/1964, S. 70
20 Carola Stern, Ulbricht, S. 139. Nach dem Krieg wohnte Martha Ulbricht immer noch in derselben kleinen Wohnung in der Leipziger Geißlerstraße 2. Einem Reporter des Londoner Daily Herald, der 1962 an ihrer Tür klingelte, offenbarte sie:»Ich hatte gedacht, ich würde ihn nie wiedersehen.« Kontakt zu ihrem Mann hatte sie in der DDR nicht mehr. Manchmal sah sie ihn im Fernsehen.»Ich mag seinen Bart nicht«, sagte sie zu dem britischen Reporter,»wenn wir noch verheiratet wären, hätte er ihn sich wieder abnehmen lassen müssen.« Gefühle hegte sie nach 25 Jahren für ihn nicht mehr. Tochter Dorle, die mit ihrem Mann und zwei Söhnen in der Bundesrepublik lebte, besuchte sie noch bis zum Mauerbau 1961. Danach lebte sie bis zu ihrem Tod allein.
21 Heinz Voßke, Walter Ulbricht, S. 62
22 Ernst Wollweber, Aus Erinnerungen, Ein Porträt Walter Ulbrichts, BzG 3/1990, S. 352
23 Carola Stern, Ulbricht, S. 35
24 Vierter Weltkongress der Komintern vom 5. November bis 5. Dezember 1922 in Petrograd
25 Manfred Wilke (Hrsg.), Die Anatomie der Parteizentrale, Die KPD/SED auf dem Weg zur Macht, S. 20
26 Heinz Voßke, Walter Ulbricht, S. 71
27 Ruth Fischer, geboren am 11. Dezember 1895 in Leipzig, Tochter des Philosophieprofessors Rudolf Eisler. Jüngere Brüder Gerhart und Hanns Eisler. Aufgewachsen in Wien, während des Ersten Weltkrieges Eintritt in die SPD. Im November 1918 Gründungsmitglied der Kommunistischen Partei Österreichs. Heirat mit dem Kommunisten Paul Friedländer (Scheidung 1921). 1919 Übersiedlung nach Berlin und von da an Lebensgemeinschaft mit Arkadi Maslow (Isaak Tscheme-

rinsky). 1923 Scheinehe mit dem Berliner KPD-Funktionär Arthur Golke zur Erlangung der deutschen Staatsbürgerschaft. Ab 1921 Leitung der Berliner KPD-Organisation zusammen mit Arkadi Maslow. Führerin des linken Flügels der KPD. Gegnerin der Kominternpolitik, dabei auch starke politische Differenzen mit den Brüdern Gerhart und Hanns. Auf dem neunten Parteitag der KPD im April 1924 zusammen mit Maslow zur Parteivorsitzenden der KPD gewählt. Am 14. August 1925 durch die Kominternführung aus dieser Position entfernt. Danach bis Juni 1926 Mitarbeit im Apparat der Komintern. Nach eigenmächtiger Reise nach Deutschland im Sommer 1926 aus der Komintern ausgeschlossen. Danach kein nennenswerter politischer Einfluss mehr. 1933 bis 1940 Exil in Paris und Lissabon zusammen mit Maslow. 1940 Emigration nach New York, Trennung von Maslow, der kein Einreisevisum in die USA erhielt und 1941 in Kuba starb. Gest. am 13. Mai 1961 in Paris.

28 Ernst Thälmann, geboren am 16. April 1886 in Hamburg, Gastwirtssohn, Transportarbeiter. 1903 SPD, 1917 USPD, Ende 1920 KPD. 1921 Mitglied der Zentrale der KPD. Setzte sich für den Oktoberaufstand der KPD in Hamburg 1923 ein. 1924 Mitglied des Reichstages und stellv. Vorsitzender der KPD unter Ruth Fischer. 1925 Vorsitzender des neu gegründeten kommunistischen »Roten Frontkämpferbundes«. Am 31. Oktober 1924 von Stalin als Vorsitzender der KPD eingesetzt. Im selben Jahr Mitglied des EKKI. 1931 Mitglied des Präsidiums des EKKI. 1925 und 1932 Kandidat der KPD bei den Wahlen zum Reichspräsidenten. 1933 verhaftet, am 28. August 1944 im KZ Buchenwald ermordet.

29 Heinrich Brandler, geboren am 3. Juli 1881 in Warnsdorf (Böhmen), Sohn eines Webers, Fliesenleger. 1901 SPD, Mitbegründer der Spartakusgruppe, 1915 aus der SPD ausgeschlossen, 1918 KPD. 1921 bis 1924 Vorsitzender der KPD. 1921 Verhaftung und Verurteilung zu fünf Jahren Festungshaft wegen Hochverrats. Im selben Jahr Flucht nach Moskau. Nach Amnestie 1922 Rückkehr nach Deutschland, Vorbereitung des revolutionären Umsturzversuches in Deutschland 1923. Danach wegen des Scheiterns des Umsturzes abgelöst. 1924 bis 1928 erneut in der UdSSR. 1928 gegen den Willen der Komintern Rückkehr nach Deutschland. Im selben Jahr aus der KPD ausgeschlossen. Gründete danach die KPD-Opposition, die eine bedeutungslose Splittergruppe blieb. 1933 Emigration nach Frankreich. 1939 in Frankreich im Internierungslager. 1941 Flucht nach Kuba. 1949 Rückkehr nach Deutschland. Gest. am 29. Juni 1967 in Hamburg.

30 Hermann Weber, Ulbricht fälscht Geschichte, S. 63

31 Ernst Wollweber, Aus Erinnerungen, Ein Porträt Walter Ulbrichts, BzG 3/1990, S. 352

32 Clara Zetkin, geboren am 5. Juli 1857 in Wiederau/Sachsen, Vater evangelischer Dorfschullehrer. Ausbildung als Lehrerin, ab 1879 als Erzieherin in Österreich und der Schweiz tätig. Seither Mitglied der SPD. Ab 1882 lebte sie in Paris und heiratete dort den russischen Marxisten Ossip Zetkin. 1891 Rückkehr nach Deutschland und Gründung

der sozialdemokratischen Frauenzeitschrift »Gleichheit«. 1900 Organisation der ersten Frauenkonferenz der SPD. Im Ersten Weltkrieg USPD, ab Frühjahr 1919 KPD. 1920 bis 1933 Mitglied des Reichstages und vielfach Mitglied des ZK der KPD. Mitglied des EKKI und des Präsidiums des EKKI. 1925 bis 1933 Präsidentin der Internationalen Roten Hilfe. Gest. am 20. Juni 1933 in Gorki.

33 Franz Dahlem, geboren am 14. Januar 1892 in Rohrbach/Lothringen, Sohn eines Weichenstellers, Kaufmännischer Angestellter. Ab 1913 Mitglied der SPD, ab 1917 USPD und ab 1920 KPD. Mitglied des Preußischen Landtages (1920 bis 1924) und des Reichstages (1928 bis 1933). Ab 1929 Mitglied des Politbüros des ZK der KPD. 1930 bis 1932 Reichsleiter der RGO. 1933 bis 1937 Mitglied der Auslandsleitung der KPD in Paris, 1938 bis 1939 Leiter des Sekretariats der Auslandsleitung in Paris. 1939 bis 1942 Internierungslager in Frankreich, 1942 Gestapohaft, 1943 bis 1945 KZ Mauthausen. Nach Kriegsende Mitglied des ZK der KPD und des Sekretariats. 1946 bis 1953 Mitglied des Parteivorstandes bzw. des ZK der SED. 1949 bis 1953 Abgeordneter der Volkskammer der DDR. Mai 1953 Ausschluss aus dem ZK und Entbindung von allen Funktionen. 1956 politisch rehabilitiert und am 2. Februar 1957 in das ZK der SED kooptiert. Danach kein politischer Einfluss mehr. Gest. am 17. Dezember 1981.

34 Wilhelm Florin, geboren am 14. Oktober 1894 in Köln. Zunächst USPD, später KPD. Ab 1924 Mitglied der Zentrale bzw. des Zentralkomitees und ab 1929 des Politbüros der KPD. 1924 bis 1933 Abgeordneter des Reichstages. 1931 bis 1943 Mitglied des EKKI, 1937 Vorsitzender der Internationalen Kontrollkommission des EKKI. Am 5. Juli 1944 nach Krankheit in Moskau eines natürlichen Todes gestorben.

35 Ernst Wollweber, Aus Erinnerungen, Ein Porträt Walter Ulbrichts, BzG 3/1990, S. 352

36 Rote Fahne vom 10. Mai 1923, 16. Mai 1923, 5. August 1923, Neue Zeitung vom 4. Juni 1923, Internationale vom 15. August 1923

37 Heinz Voßke, Walter Ulbricht, S. 76

38 Heinz Voßke, Walter Ulbricht, S. 78. Zu den vielen Aufsätzen zu diesem Thema gehört auch die 1927 veröffentlichte Broschüre Ulbrichts »Aktuelle Fragen der Gewerkschaftspolitik«.

39 »Die Welt erobern«, Der Spiegel Nr. 44/1995, S. 48

40 »Die Welt erobern«, Der Spiegel Nr. 44/1995, S. 51

41 Bernt Kaufmann (Ltg.), Eckhard Reisener, Dieter Schwips, Henri Walther, Der Nachrichtendienst der KPD, 1919-1937, Berlin 1993, S. 77ff.

42 Ruth Fischer, Stalin und der Deutsche Kommunismus, Berlin 1991, Band 1, S. 390 und 461

43 14. Juli 1928

44 Hermann Weber, Ulbricht fälscht Geschichte, S. 68

45 Hermann Weber, Ulbricht fälscht Geschichte, S. 129

46 Hermann Weber, Ulbricht fälscht Geschichte, S. 129

47 Hermann Weber, Ulbricht fälscht Geschichte, S. 131

48 Dmitri S. Manuilski, geboren am 21. September 1883, in Swjatcz Ge-

schichtslehrer, 1903 Mitglied der Sozialdemokratischen Partei Russlands, 1906 Verhaftung und Verbannung. 1907 Emigration nach Paris, Jurastudium an der Sorbonne, 1912/13 illegal in Russland, Flucht nach Finnland, Rückkehr nach Russland 1917, Anschluss an die Bolschewiki. 1923 bis 1939 Mitglied des ZK der KPdSU. 1924 bis 1943 Mitglied der Kominternführung, nach dem Sturz Bucharins 1929 bis 1934 faktischer Leiter der Komintern. Von 1935 an Stellvertreter von Kominternchef Dimitroff. Nach dem Krieg stellvertretender Vorsitzender des Ministerrates der UdSSR der Ukrainischen Sozialistischen Sowjetrepublik. 1953 Aufgabe aller politischen Tätigkeiten wegen völliger Erblindung. Gest. 1959 in Kiew.

49 RZA, Fonds 495, Register 205, Akte 3 (Personalakte Ulbricht), Russischer Fragebogen Nummer 1417, von Ulbricht handschriftlich in Deutsch ausgefüllt
50 RZA, Fonds 495, Register 205, Akte 3 (Personalakte Ulbricht)
51 Hermann Weber, Ulbricht fälscht Geschichte, S. 133
52 RZA, Fonds 495, Register 205, Akte 3 (Personalakte Ulbricht), Russischer Fragebogen »Allrussische Zählung der Mitglieder der Russischen Komm. Partei (B)«. Nach Aussage von Wolfgang Leonhard sprach Ulbricht gut russisch. Angesichts Ulbrichts eigener Aussage und der Tatsache, dass er sich noch 1970, als er Breschnew seinen Rücktritt als Erster Sekretär des ZK der SED anbot, dabei seiner Frau als Dolmetscherin bediente, ist diese Aussage zu bezweifeln. Siehe: Lotte Ulbricht, Walter Ulbricht wollte 1970 zurücktreten, Neues Deutschland vom 21. November 1996, S. 1
53 Hermann Weber, Ulbricht fälscht Geschichte, S. 132
54 Georgi Dimitroff, geboren am 18. Juni 1882 in Bulgarien. Seit 1902 Mitglied der bulgarischen Sozialdemokratie. Nach dem Ersten Weltkrieg führendes Mitglied der bulgarischen Kommunisten. Teilnehmer an bewaffneten Aufständen, 1923 in Abwesenheit zum Tode verurteilt. 1924 Kandidat des EKKI. 1933 in Deutschland als Brandstifter des Reichstages angeklagt, Freispruch durch das Reichsgericht nach glanzvollem Auftritt, der ihm weltweites Ansehen brachte. Im Februar 1934 Ausreise in die Sowjetunion, 1935 bis zu ihrer Auflösung 1943 Generalsekretär der Komintern, danach wichtiger Funktionär im ZK der KPdSU. Nach dem Zweiten Weltkrieg Rückkehr nach Bulgarien, 1946 bis 1949 Ministerpräsident der Volksrepublik Bulgarien, 1948 Generalsekretär der bulgarischen KP. Gest. am 2. Juli 1949 im Sanatorium Barwicha bei Moskau nach langjährigem Leiden an Diabetes.
55 RZA, Fonds 495, Register 25, Akte 12, Blatt 1-2
56 Hermann Weber, Ulbricht fälscht Geschichte, S. 134
57 RZA, Fonds 495, Register 25, Akte 18, Blatt 1-6
58 An anderer Stelle auch als »engeres Kollegium« oder »kleines Kollegium« bezeichnet
59 RZA, Fonds 495, Register 25, Akte 12, Blatt 1-2
60 RZA, Fonds 495, Register 25, Akte 12, Blatt 1-2
61 Die Organisationsabteilung der Komintern versandte monatlich einen derartigen Brief.

62 RZA, Fonds 495, Register 25, Akte 12, Blatt 1-2
63 RZA, Fonds 495, Register 25, Akte 18, Blatt 1-6
64 RZA, Fonds 495, Register 25, Akte 18, Blatt 7
65 RZA, Fonds 495, Register 25, Akte 14, Blatt 65-67
66 RZA, Fonds 495, Register 25, Akte 14, Blatt 86-87
67 RZA, Fonds 495, Register 25, Akte 14, Blatt 123-138
68 Russische Kommunistische Partei
69 RZA, Fonds 495, Register 25, Akte 12, Blatt 3
70 Internationale Pressekorrespondenz
71 RZA, Fonds 495, Register 25, Akte 12, Blatt 123-138
72 Otto Nille Kuusinen, geboren am 22. August 1881 in Finnland, Staatsexamen in Geschichte und Philologie. Gründete 1918 die KP Finnlands mit. 1921 bis 1939 Sekretär und Mitglied des Präsidiums des EKKI. 1940 bis 1957 stellvertretender Vorsitzender des Präsidiums des Obersten Sowjets der UdSSR. Ab 1957 bis zu seinem Tod 1964 Mitglied des ZK der KPdSU. 1952/53 und ab 1957 Mitglied des sowjetischen Politbüros. Seine Frau Aino, mit der er seit 1922 verheiratet war, wurde in der Neujahrsnacht 1937/38 durch das NKWD verhaftet und nach 17 Jahren Gefängnis- und Lagerhaft im Oktober 1955 rehabilitiert und freigelassen. Sie kehrte nach dem Tod ihres Mannes 1965 nach Finnland zurück, wo sie 1970 starb.
73 Nikolai Iwanowitsch Bucharin, geboren am 9. September 1888, Berufsrevolutionär, enger Mitarbeiter Lenins, nach dessen Tod Theoretiker der Partei. 1917 bis 1929 Mitglied des ZK der KPdSU, 1919 bis 1924 Kandidat und von 1924 bis 1929 Mitglied des Politbüros. 1918 bis 1929 Chefredakteur der »Prawda«. 1926 bis 1929 Vorsitzender der Komintern. 1929 sämtlicher Funktionen enthoben. Im Februar 1937 verhaftet und im dritten Moskauer Schauprozess (gegen den »antisowjetischen rechtstrotzkistischen Block«) am 13. März 1938 zum Tode verurteilt und am 15. März hingerichtet.
74 Grigori Jewsejewitsch Sinowjew, geboren am 11. September 1883, Berufsrevolutionär, enger Mitarbeiter Lenins. 1917 bis 1926 Vorsitzender des Petrograder (seit 1924 Leningrader) Sowjets. 1919 bis 1926 Mitglied des Politbüros der KPdSU und Vorsitzender der Komintern. Zunächst Verbündeter Stalins in der Auseinandersetzung mit Trotzki, nach Zerwürfnis mit Stalin schloss er sich dessen Kritikern an. 1927 aus dem ZK ausgeschlossen. Zwischen 1927 und 1933 wiederholte Ausschlüsse aus der Partei mit nachfolgender Wiederaufnahme. 1935 erneut aus der Partei ausgeschlossen und zu zehn Jahren Haft verurteilt. Am 24. August 1936 im ersten Moskauer Schauprozess (gegen das »vereinigte trotzkistische-sinowjewsche Zentrum«) zum Tode verurteilt und einen Tag später hingerichtet.
75 Arkadi Maslow (Isaak Tschemerinsky) stammte aus einer begüterten russischen Familie. Ausbildung und Studium in Deutschland. Ab 1919 Lebensgefährte von Ruth Fischer, die ihn für die Arbeit in der KPD gewann. Ab 1921 zusammen mit Ruth Fischer Führer der Berliner Parteiorganisation der KPD. Führender Theoretiker des linken Flügels der KPD. Ab April 1924 zusammen mit Ruth Fischer Führer der KPD.

Im Mai 1924 in Berlin inhaftiert. Auf Betreiben der Komintern im August 1925 zusammen mit Ruth Fischer aus der Parteiführung entfernt. Im Sommer 1926 aus der KPD ausgeschlossen. 1933 bis 1940 Exil in Paris und Lissabon zusammen mit seiner Lebensgefährtin. 1940 erhielt er kein Einreisevisum in die USA, darum Exil in Kuba, wo er 1941 starb.

76 Hermann Weber, Die Wandlung des deutschen Kommunismus, Band 1, S. 300
77 RZA, Fonds 495, Register 25, Akte 12, Blatt 4-5
78 Heinz Voßke, Walter Ulbricht, S. 83
79 RZA, Fonds 495, Register 205, Akte 3 (Personalakte Ulbricht), Parteibuch der KPD, Mitgliedsbuch Nummer 2153
80 Verhandlungen des Sächsischen Landtages, 41. Sitzung 1927, S. 1487
81 Verhandlungen des Sächsischen Landtages, 77. Sitzung 1928, S. 2823
82 Verhandlungen des Sächsischen Landtages, 77. Sitzung 1928, S. 2823
83 Verhandlungen des Sächsischen Landtages, 77. Sitzung 1928, S. 2823
84 Verhandlungen des Sächsischen Landtages, 77. Sitzung 1928, S. 2823
85 Verhandlungen des Sächsischen Landtages, 77. Sitzung 1928, S. 2823
86 Stenografische Berichte der Verhandlungen des Reichstages, IV. Wahlperiode 1928-1930, Band 423, 7. Sitzung, S. 126C
87 17. Juli 1928 bis 1. September 1928
88 Walter Stoecker, geboren am 9. April 1891 in Köln-Deutz. 1919/20 Mitglied des Preußischen Landtages für die USPD, Juni 1920 Mitglied des Reichstages für die KPD. 1924 bis 1929 Vorsitzender der KPD-Reichstagsfraktion. Am 28. Februar 1933 verhaftet und im Gefängnis Spandau in »Schutzhaft« genommen. Ab April 1933 KZ Sonnenburg, ab 7. April 1937 KZ Buchenwald. Dort am 10. März 1939 an Typhus gestorben.
89 Stenografische Berichte der Verhandlungen des Reichstages, IV. Wahlperiode 1928-1930, Band 423, 13. Sitzung, S. 315D
90 RZA, Fonds 495, Register 205, Akte 3 (Personalakte Ulbricht), »Russischer Fragebogen der Moskauer Organisation der R.K.P. (Bolschewiki), Chamownischeskij rayon«
91 Friedrich Heckert, geboren am 28. März 1884 in Chemnitz, Redakteur. 1924 bis 1933 Abgeordneter des Reichstages. Ab 1921 Mitglied des ZK und ab 1927 Mitglied des Politbüros der KPD. Ende 1929 Vertreter der KPD bei der Komintern. 1935 Mitglied des EKKI. Gest. am 7. April 1936 in Moskau, wurde an der Kremlmauer beigesetzt.
92 Hermann Weber, Ulbricht fälscht Geschichte, S. 67
93 Ernst Wollweber, Aus Erinnerungen, Ein Porträt Walter Ulbrichts, BzG 3/1990, S. 353
94 Peter Erler, Horst Laude, Manfred Wilke, Nach Hitler kommen wir, S. 416
95 Heinz Voßke, Walter Ulbricht, S. 86
96 Zwölfter Parteitag der KPD in Berlin vom 8. bis 15. Juni 1929
97 Die sozialdemokratische Regierung Preußens hatte für Berlin ein Demonstrationsverbot angeordnet, das auch für den 1. Mai, den traditionellen Feiertag der Arbeiterbewegung, galt. 200 000 Menschen gingen

trotz des Verbots auf die Straße. Die kommunistischen Demonstranten wurden von der Polizei mit Gummiknüppeln auseinander getrieben. Daraufhin kam es in den Arbeitervierteln Wedding und Neukölln zu Barrikadenkämpfen, bei denen 25 Demonstranten getötet und 36 schwer verletzt wurden.

98 Zu allen Wahlergebnissen siehe Jürgen Falter, Thomas Lindenberger, Siegfried Schumann, Wahlen und Abstimmungen in der Weimarer Republik, insbesondere S. 44, 107 und 128
99 Gerhard Jahn (Hrsg.), Herbert Wehner, Zeugnis, S. 50
100 Gerhard Jahn (Hrsg.), Herbert Wehner, Zeugnis, S. 52, siehe zum Voranstehenden S. 50ff.
101 Sein Nachfolger bei der Komintern wurde Fritz Heckert
102 Jürgen Falter, Thomas Lindenberger, Siegfried Schumann, Wahlen und Abstimmungen in der Weimarer Republik, S. 120
103 Christian Striefler, Kampf um die Macht, S. 384
104 Carola Stern, Ulbricht, S. 57. Als dreißig Jahre später Ulbrichts gesammelte Reden und Aufsätze in der DDR veröffentlicht wurden, war diese Passage aus dem ursprünglichen Aufsatz gestrichen.
105 Die KPD – Kämpferin für die Lebensinteressen des Volkes, Walter Ulbricht 1931 vor dem Reichsgericht, Freies Volk vom 8. Januar 1954
106 Die KPD – Kämpferin für die Lebensinteressen des Volkes, Walter Ulbricht 1931 vor dem Reichsgericht, Freies Volk vom 8. Januar 1954
107 Johannes R. Becher, Walter Ulbricht, S. 124. Anders Heinz Voßke, Walter Ulbricht, S. 98, der meint, das Reichsgericht habe dem Antrag der Staatsanwaltschaft vollinhaltlich zugestimmt.
108 Carola Stern, Ulbricht, S. 96
109 Heinz Voßke, Walter Ulbricht, S. 98
110 Christian Striefler, Kampf um die Macht, S. 113
111 Christian Striefler, Kampf um die Macht, S. 114
112 Ralf Georg Reuth (Hrsg.), Joseph Goebbels, Tagebücher, Band 2: 1930–1934, S. 554, 555
113 Ralf Georg Reuth (Hrsg.), Joseph Goebbels, Tagebücher, Band 2: 1930–1934, S. 556
114 Carola Stern, Ulbricht, S. 59
115 Carola Stern, Ulbricht, S. 60
116 RZA Fonds 495, Register 10a, Akte 317, Blatt 106–109
117 Heinz Voßke, Walter Ulbricht, S. 88
118 Christian Striefler, Kampf um die Macht, S. 142
119 Heinz Neumann, geboren am 6. Juli 1902 in Berlin, als Student Mitbegründer der KPD, Redakteur. 1925 Vertreter der KPD bei der Komintern, 1927 in China beim Kantoner Aufstand aktiv. 1927 Mitglied des ZK der KPD und Kandidat des Politbüros. 1929 bis 1932 Abgeordneter des Reichstages, 1929 bis 1932 Mitglied des Sekretariats der KPD. 1932 in einem Machtkampf gegen Parteiführer Ernst Thälmann unterlegen und aus der KPD-Führung entfernt. Nach 1933 zunächst Emigration in die Schweiz, dort verhaftet. 1935 Emigration in die Sowjetunion, dort am 26. April 1937 verhaftet und am 26. November 1938 zum Tode verurteilt und erschossen.

120 Gerhard Jahn (Hrsg.), Herbert Wehner, Zeugnis, S. 41
121 Evelyn Anderson, zitiert nach Hermann Weber, Ulbricht fälscht Geschichte, S. 80
122 Gerhard Jahn (Hrsg.), Herbert Wehner, Zeugnis, S. 46
123 Margarete Buber-Neumann, Von Potsdam nach Moskau, Stuttgart 1958, S. 259, zitiert Ulbricht, der schon Wochen vor der Tat geäußert habe: »Bei uns in Sachsen hätten die Polizisten längst einen Denkzettel bekommen. Hier in Berlin geht es auch nicht mehr so weiter. Demnächst bekommt die Polizei einen auf den Hut.« Die Frau des 1932 entmachteten Heinz Neumann schiebt den Mord Ulbricht in die Schuhe, ist aber eine befangene Zeugin.
124 Der nach der Tat verhaftete und wegen gemeinschaftlichen Mordes zum Tode verurteilte Michael Klause gab im Zuchthaus Luckau zu Protokoll, Ulbricht sei kraft seines Amtes formal für den »KPD-Ordnerdienst« zuständig gewesen und deshalb Initiator des Verbrechens. Ralf Georg Reuth, Mord am Bülowplatz, Frankfurter Allgemeine Zeitung vom 23. März 1991
125 Christian Striefler, Kampf um die Macht, S. 258
126 Gerhard Jahn (Hrsg.), Herbert Wehner, Zeugnis, S. 42
127 Ernst Wollweber, Aus Erinnerungen, Ein Porträt Walter Ulbrichts, BzG 3/1990, S. 345
128 Arnold Schulz, Die Weltwoche vom 12. September 1973
129 RZA, Fonds 495, Register 292, Akte 63, Blatt 31
130 Plenum des ZK im Februar 1932
131 RZA, Fonds 495, Register 19, Akte 527a, Blatt 1–7
132 Siebtes Plenum des EKKI, 27. August 1931 bis 15. September 1931
133 Hermann Remmele, geboren am 5. November 1888 in Ziegelhausen bei Heidelberg, Redakteur. 1897 SPD, 1919 USPD, 1920 KPD. 1920 bis 1933 Abgeordneter des Reichstages und ununterbrochen Mitglied der Zentrale bzw. des Zentralkomitees der KPD. 1939 in der Sowjetunion umgekommen.
134 Leo Flieg, geboren am 8. November 1893 in Berlin. 1922 bis 1932 Sekretär des Politbüros der KPD. Abgeordneter des Preußischen Landtages (1924 bis 1933). 1929 bis 1932 Mitglied des Politbüros der KPD. Seit 1928 Mitglied der Internationalen Kontrollkommission der Komintern. Als Anhänger Heinz Neumanns im April 1932 abgesetzt. Danach Leiter der Abteilung für Internationale Verbindungen der Komintern. 1934 bis 1937 Kassierer der KPD. 1935 wieder ins ZK der KPD gewählt. 1937 von Paris nach Moskau abberufen. Im Herbst 1939 unter dem Vorwurf, einer rechtstrotzkistischen Spionageorganisation anzugehören und Verbindungen zu Willi Münzenberg zu haben, verhaftet. Nach Folterungen bezichtigte er in einem »Geständnis« sich und andere, einer kominternfeindlichen Verschwörung anzugehören. 1939 wurde er erschossen.
135 RZA, Fonds 495, Register 19, Akte 243, Blatt 1–35
136 RZA, Fonds 495, Register 19, Akte 243, Blatt 1–35
137 RZA, Fonds 495, Register 19, Akte 527a, Blatt 1–7
138 RZA, Fonds 495, Register 19, Akte 527a, Blatt 76–78. Für Ende März

war eine Tagung des Sekretariats der KPD terminiert gewesen und im Anschluss daran eine Sitzung der Berliner Parteiorganisation der KPD. Ulbricht war zur Vorbereitung nach Hamburg gereist, um sich mit Thälmann über die gemeinsame Strategie zu beraten. Als er nach Berlin zurückkam, musste er feststellen, dass die Sitzung des Sekretariats auf Verlangen Neumanns verschoben worden war. Ulbricht versuchte daraufhin, auch die Bezirksleitungssitzung zu verschieben, weil er befürchtete, dass Neumann und seine Anhänger auf dieser Sitzung Vorstöße unternehmen könnten, die sich gegen die Politik und Interessen Thälmanns richteten. Zwar gelang es ihm nicht mehr, die Sitzung als solche zu verhindern, jedoch konnte er durchsetzen, dass alle kontroversen Fragen auf der Tagung der Berliner Parteiorganisation ausgeklammert wurden (RZA, Fonds 495, Register 19, Akte 527a, Blatt 68–69). Schließlich erwies sich Ulbricht als verlässliche Stütze Thälmanns, als Hermann Remmele zur selben Zeit einen Vorstoß unternahm, um den Funktionär Horwik zu entmachten. Er hatte dessen Absetzung im schriftlichen Umlaufverfahren gefordert, eine Absicht, der Ulbricht als Einziger heftig widersprach, weil eine solche Entscheidung zum einen nur nach vorheriger Diskussion im Sekretariat fallen könne und vor allem nur in Anwesenheit von Parteiführer Thälmann (RZA, Fonds 495, Register 19, Akte 527a, Blatt 56).

139 RZA, Fonds 495, Register 19, Akte 703, Blatt 66. Neumann emigrierte daraufhin in die Sowjetunion und hielt sich in der Folgezeit in Sotschi und Suchumi auf. Er hielt weiterhin Kontakt zu seinem Gesinnungsgenossen Hermann Remmele in Berlin, der vorerst in der Führungsriege der KPD verblieb. Für ihren geheimen Schriftverkehr verwendeten die geschlagenen Opponenten einen Namenscode, in dem Ulbricht als »Irma« auftauchte. Stalin wurde als »Hilde« bezeichnet, Willi Münzenberg hieß »Anna«, Franz Dahlem erhielt den Decknamen »Kurt«, Wilhelm Florin firmierte als »Friedrich«, Ernst Thälmann nannte man »Paul« und Wilhelm Pieck »Gustav«.

140 Ernst Wollweber, Aus Erinnerungen, Ein Porträt Walter Ulbrichts, BzG 9/1990, S. 354

141 John Schehr, geboren am 9. Februar 1896 in Hamburg-Altona, Schlosser. 1912 Mitglied der SPD, 1919 Mitglied der USPD und 1920 der KPD. Von 1925 an Mitglied des ZK der KPD und seit 1932 des Sekretariats des ZK der KPD. 1932 Mitglied des Preußischen Landtages und des Reichstages. Übernahm als Vertrauter von Ernst Thälmann nach dessen Verhaftung 1933 die KPD-Führung. Im November 1933 verhaftet und am 1. Februar 1934 bei einem angeblichen Fluchtversuch am Berliner Wannsee zusammen mit den Kommunisten Erich Steinfurth, Eugen Schönhaar und Rudolf Schwarz erschossen.

142 Gerhard Jahn (Hrsg.), Herbert Wehner, Zeugnis, S. 54

143 Klaus Mammach, Widerstand 1933–1939, S. 7

144 Heinz Voßke, Walter Ulbricht, S. 113

145 Heinz Voßke, Walter Ulbricht, S. 112

146 Klaus Mammach, Widerstand 1933–1939, S. 42

147 Klaus Mammach, Widerstand 1933–1939, S. 114

148 Johannes R. Becher, Walter Ulbricht, S. 55
149 Verordnung des Reichspräsidenten zum Schutz von Volk und Staat vom 28. Februar 1933. Mit ihr wurden wesentliche demokratische Grundrechte wie die persönliche Freiheit, das Recht der freien Meinungsäußerung, einschließlich der Pressefreiheit, und das Vereins- und Versammlungsrecht außer Kraft gesetzt.
150 Franz Dahlem, Am Vorabend des Zweiten Weltkrieges, Band 1, S. 183ff.
151 Heinz Voßke, Walter Ulbricht, S. 113
152 Heinz Voßke, Walter Ulbricht, S. 121
153 Deutsches Kriminalpolizeiblatt Nr. 1490 vom 1. März 1933, S. 290 und 295 (Bild)
154 Hermann Weber, Ulbricht fälscht Geschichte, S. 87
155 Faksimile, abgedruckt bei Heinz Voßke, Walter Ulbricht, S. 117
156 Die Familie Steiner, bei der er Unterschlupf fand, wurde in der SBZ nach 1945 verhaftet. Karl Schirdewan, Aufstand gegen Ulbricht, S. 86
157 Ulbricht verwendete zu diesem Zeitpunkt den Decknamen »Paul«.
158 Hermann Schubert (Deckname Max Richter), geboren am 26. Januar 1886 in Lengfeld (Sachsen), Bergmann. 1912 SPD, 1917 USPD, 1920 KPD. Abgeordneter des Reichstages (1924) und des Preußischen Landtages (1924 bis 1933). 1929 Kandidat des ZK der KPD, 1931 Politischer Leiter des KPD-Bezirks Wasserkante (Hamburg). Enger Freund von Ernst Thälmann, ab 1932 Mitglied des Politbüros. 1933/34 Gegner von Pieck und Ulbricht. Von Januar bis Oktober 1935 Leiter der deutschen Vertretung beim EKKI. 1935 anlässlich der »Brüsseler Konferenz« entmachtet. 1937 verhaftet und am 22. März 1938 durch das Militärkollegium des Obersten Gerichts der UdSSR zum Tode verurteilt und erschossen.
159 Bernt Kaufmann (Ltg.), Eckhard Reisener, Dieter Schwips, Henri Walther, Der Nachrichtendienst der KPD 1919–1937, Berlin 1993, S. 379
160 Gerhard Jahn (Hrsg.), Herbert Wehner, Zeugnis, S. 357ff.
161 Gerhard Jahn (Hrsg.), Herbert Wehner, Zeugnis, S. 357ff.
162 Gerhard Jahn (Hrsg.), Herbert Wehner, Zeugnis, S. 75
163 RZA, Fonds 495, Register 19, Akte 530, Blatt 103–112 und Blatt 185–187
164 RZA, Fonds 495, Register 19, Akte 530, Blatt 144–146
165 RZA, Fonds 495, Register 19, Akte 530, Blatt 103–112
166 Gerhard Jahn (Hrsg.), Herbert Wehner, Zeugnis, S. 77
167 Faksimile abgedruckt bei Heinz Voßke, Walter Ulbricht, S. 121
168 Deutsches Kriminalpolizeiblatt Nr. 1660 vom 5. August 1933, S. 1215, Faksimile abgedruckt bei Johannes R. Becher, Walter Ulbricht, S. 160
169 Carola Stern, Ulbricht, S. 66
170 Die bisherigen Biografen Ulbrichts gehen davon aus, dass Ulbricht erst am 27. Oktober 1933 Deutschland verließ und per Bahn auf direktem Weg über die Tschechoslowakei, Österreich und die Schweiz nach Frankreich fuhr (Heinz Voßke, Walter Ulbricht, S. 122, und Norbert Podewin, Walter Ulbricht, S. 107). Mehrere Briefe, die sich im Archiv der Komintern befinden, weisen jedoch auf eine frühere Ausreise hin.

Ein Brief von Schehr vom 29. September 1933 an das EKKI legt ein Abreisedatum Ulbrichts Anfang Oktober nahe: »Freier (das ist Ulbricht, M. F.) verreist am Sonntag. Alex ist bereits draußen« (RZA, Fonds 495, Register 19, Akte 530, Blatt 188). Ein anderes, herzlich gehaltenes Schreiben von Schehr an Ulbricht – was überhaupt nicht dem bisherigen Umgang der beiden entspricht – mit Datum vom 6. Oktober 1933 enthält ebenfalls Formulierungen, die deutlich machen, dass Ulbricht nicht mehr in Deutschland ist: »Du weißt, dass ich im Augenblick alleine bin«, heißt es dort, und »Solltest Du irgendwelche Tipps für die Arbeit oder sonstige wichtige neue Mitteilungen für mich haben, kannst Du sie dem Überbringer ruhig mitgeben« (RZA, Fonds 495, Register 19, Akte 530, Blatt 188). Schließlich gibt es einen Brief Ulbrichts vom Oktober 1933 mit dem Absendeort Moskau (RZA, Fonds 495, Register 19, Akte 530, Blatt 144–146). Nach den Erinnerungen von Ulbrichts Leibarzt Arno Linke, »Ab morgen bist du Leibarzt«, S. 246, begann Ulbrichts Krankenakte im Oktober 1933 in Moskau.
171 RZA, Fonds 495, Register 19, Akte 530, Blatt 127. In dem codierten Schriftverkehr wurde Ulbricht als »Freier« bezeichnet.
172 Bernt Kaufmann (Ltg.), Eckhard Reisener, Dieter Schwips, Henri Walther, Der Nachrichtendienst der KPD 1919–1937, Berlin 1993, S. 379
173 M.d.R., Die Reichstagsabgeordneten der Weimarer Republik in der Zeit des Nationalsozialismus, S. 483

Im Exil: 1933–1938

1 Bernhard H. Bayerlein, Wladislaw Hedeler (Hrsg.), Georgi Dimitroff, Kommentare und Materialien zu den Tagebüchern 1933–1943, S. 60
2 Erklärung Ulbrichts gegenüber dem Spiegel, Der Spiegel vom 19. Februar 1968
3 Das waren KPD-Niederlassungen entlang der Grenze zum Deutschen Reich in den Nachbarländern.
4 Carola Stern, Ulbricht, S. 67
5 Faksimile abgedruckt bei Johannes R. Becher, Walter Ulbricht, Ein deutscher Arbeitersohn, S. 177
6 M.d.R., Die Reichstagsabgeordneten der Weimarer Republik in der Zeit des Nationalsozialismus, S. 1440
7 Heinz Voßke, Walter Ulbricht, S. 123
8 Rundschau über Politik, Wirtschaft und Arbeiterbewegung
9 Carola Stern, Ulbricht, S. 270
10 Carola Stern, Ulbricht, S. 68
11 Carola Stern, Ulbricht, S. 73
12 Heinz Voßke, Walter Ulbricht, S. 128
13 Gerhard Jahn (Hrsg.), Herbert Wehner, Zeugnis, S. 119
14 RZA, Fonds 495, Register 28, Akte 300, Blatt 1–35
15 Bernhard H. Bayerlein, Wladislaw Hedeler (Hrsg.), Georgi Dimitroff, Kommentare und Materialien zu den Tagebüchern 1933–1943, S. 40

16 Basler Rundschau vom 18. Oktober 1934 und Neue Weltbühne Nr. 43/1934, S. 1348ff. Die Artikel waren eine Antwort auf den vom Arbeitskreis revolutionärer Sozialisten unter Leitung von Siegfried Aufhäuser und Karl Böckel kurz zuvor veröffentlichten Artikel »Der Weg zum sozialistischen Deutschland. Eine Plattform für die Einheitsfront«.
17 RZA, Fonds 495, Register 28, Akte 300, Blatt 1-35. Ulbricht traf im Übrigen erneut der Unmut seiner Kollegen wegen eines weiteren Alleingangs in der Volksfrontpolitik. Im Auftrag des Politbüros hatte Ulbricht Kontakt zu Siegfried Aufhäuser, einem Mitglied des linken Flügels der SPD-Führung, in Prag, aufgenommen, um mit ihm die Möglichkeiten einer abgestimmten Politik zwischen Kommunisten und Sozialdemokraten zu erörtern. Die Mehrheitsfraktion im Politbüro warf Ulbricht vor, er habe sie nicht ausreichend über den Fortgang seiner Verhandlungen mit Aufhäuser informiert. Ulbricht dagegen behauptete, er habe brieflich zwei Mal aus Prag über den Stand der Dinge informiert. Er habe im Auftrag des Politbüros gehandelt und sich dabei immer auf der Grundlage der vom Politbüro beschlossenen Strategie bewegt. Aufhäuser habe ihm erklärt, dass sich innerhalb des ZK der SPD eine oppositionelle Gruppe gebildet habe, die gegen die Parteiführung auftrete und nicht mehr mit ihr zusammenarbeite. Dies habe er, so rechtfertige sich Ulbricht, dem Politbüro in einem Brief aus Moskau mitgeteilt, und selbst wenn dieser Brief nicht angekommen sei, so habe er sich damit doch auf der zuvor beschlossenen Linie bewegt.
18 RZA, Fonds 495, Register 28, Akte 300, Blatt 1-35
19 RZA, Fonds 495, Register 28, Akte 300, Blatt 1-35
20 Neue Weltbühne Nr. 43/1934, S. 1348ff. Unter dem Titel »Dennoch Aktionseinheit« antwortete Aufhäuser in der nächsten Nummer der Weltbühne auf Ulbrichts Artikel.
21 Gerhard Jahn (Hrsg.), Herbert Wehner, Zeugnis, S. 119
22 Gerhard Jahn (Hrsg.), Herbert Wehner, Zeugnis, S. 119ff.
23 RZA, Fonds 495, Register 28, Akte 330, Blatt 71-120
24 RZA, Fonds 495, Register 28, Akte 330, Blatt 71-200
25 Reinhard Müller, Die Akte Wehner, S. 68
26 Heinz Voßke, Walter Ulbricht, S. 130
27 RZA, Fonds 495, Register 28, Akte 300, Blatt 1-35
28 RZA, Fonds 494, Register 1, Akte 43, Blatt 2-24
29 RZA, Fonds 494, Register 1, Akte 43, Blatt 2-24
30 RZA, Fonds 494, Register 1, Akte 43, Blatt 2-24
31 RZA, Fonds 495, Register 292, Akte 121, Blatt 169-171
32 Darüber hinaus wurde beschlossen, im Anschluss an den siebten Weltkongress der Komintern eine Parteikonferenz der KPD durchzuführen.
33 Heinz Voßke, Walter Ulbricht, S. 139
34 Das Saarland stand noch unter französischer Besatzung, lag für die KPD also im »Ausland«.
35 Heinz Voßke, Walter Ulbricht, S. 134

36 RZA, Fonds 495, Register 74, Akte 121, Blatt 1-4
37 Egon Erwin Kisch, geboren am 29. April 1885, tschechischer Schriftsteller und Journalist, gelangte als »rasender Reporter« zu literarischem Rang, gilt bis heute als Vorbild für die Gattung Reportage. Gest. am 13. März 1948.
38 RZA, Fonds 495, Register 74, Akte 121, Blatt 104
39 RZA, Fonds 495, Register 74, Akte 121, Blatt 87
40 RZA, Fonds 495, Register 74, Akte 121, Blatt 60-62
41 RZA, Fonds 495, Register 74, Akte 121, Blatt 174a
42 Walter und Franz, die Vornamen von Ulbricht und Dahlem, RZA, Fonds 495, Register 74, Akte 121, Blatt 59
43 Die beantragte Sitzung in Moskau mit Dahlem und Ulbricht sei deshalb nicht zu Stande gekommen, weil das Telegramm, mit dem beide eingeladen wurden, diesen aufgrund eines technischen Fehlers nicht übermittelt worden sei. Den Vorwurf der unzureichenden finanziellen Unterstützung versuchte das Politbüro dadurch auszuräumen, dass es säuberlich auflistete, wann welche Beträge in Goldrubel an Ulbricht und Dahlem überwiesen worden waren.
44 RZA, Fonds 495, Register 74, Akte 121, Blatt 87-90
45 RZA, Fonds 495, Register 74, Akte 121, Blatt 87-90
46 RZA, Fonds 494, Register 1, Akte 450, Blatt 4. Darüber hinaus tauchte Ulbricht zusammen mit seiner Lebensgefährtin Lotte Wendt an elfter Stelle einer »Liste der Delegierten, welche an Reisen durch die Sowjetunion teilzunehmen wünschen«, auf.
47 Reinhard Müller, Die Akte Wehner, S. 78
48 25. Juli bis 28. August
49 RZA, Fonds 495, Register 1, Akte 450, Blatt 24
50 Gerhard Jahn (Hrsg.), Herbert Wehner, Zeugnis, S. 142
51 Der Name der seit Januar 1935 geplanten KPD-Konferenz war gewählt worden, um die Gestapo zu täuschen.
52 Heinz Voßke, Walter Ulbricht, S. 138. Noch vor dem siebten Weltkongress der Komintern war offen gewesen, ob Ulbricht dieses Referat halten würde. Der vorsichtige Pieck, der sich grundsätzlich für Ulbricht und gegen Schubert und Schulte ausgesprochen hatte, ließ sich trotzdem eine Hintertür offen: »Referent soll erst auf der Konferenz (dem Kominternkongress, M. F.) je nach dem Ausgang der Debatte beim ersten Punkt über die Differenzen in der Führung bestimmt werden. (Vorschläge sind: Ulbricht, Schulte).«
53 Das Politbüro setzte sich aus Ernst Thälmann, Wilhelm Pieck, Wilhelm Florin, Fritz Heckert, Walter Ulbricht, Franz Dahlem und Paul Merker zusammen. Kandidaten des Politbüros wurden Herbert Wehner und Anton Ackermann.
54 Gerhard Jahn (Hrsg.), Herbert Wehner, Zeugnis, S. 150
55 Gerhard Jahn (Hrsg.), Herbert Wehner, Zeugnis, S. 150. Gewählt wurden als Mitglieder des ZK: Thälmann, Pieck, Florin, Heckert, Ulbricht, Dahlem, Merker, Wehner, Ackermann (gleichzeitig Mitglieder des Politbüros bzw. Kandidaten), Bertz, Weber, Gärtner, Hähnel, Münzenberg, Mewis, Knöchel.

56 Hans Kippenberger, geboren 1898, im Ersten Weltkrieg Kriegsfreiwilliger, 1919 Mitglied der USPD in Leipzig, 1920 im Zuge der Vereinigung von USPD und KPD Mitglied der VKPD. Danach Arbeit in der militärischen Abteilung der Parteizentrale der KPD. Mitglied des ZK der KPD und Reichstagsabgeordneter. 1935 auf der »Brüsseler Konferenz« von allen Ämtern entbunden. Im November 1936 vom NKWD verhaftet und am 3. Oktober 1937 wegen »Spionage und Vorbereitung von Terroranschlägen« zum Tode verurteilt und hingerichtet.
57 Bernt Kaufmann (Ltg.), Eckhard Reisener, Dieter Schwips, Henri Walther, Der Nachrichtendienst der KPD 1919–1937, S. 382, unter Verweis auf Franz Feuchtwanger, Der militärpolitische Apparat der KPD in den Jahren 1928–1935, Erinnerungen, Internationale Wissenschaftliche Korrespondenz 4/1981, S. 495 und 502
58 Bernt Kaufmann (Ltg.), Eckhard Reisener, Dieter Schwips, Henri Walther, Der Nachrichtendienst der KPD 1919–1937, S. 383
59 Bernt Kaufmann (Ltg.), Eckhard Reisener, Dieter Schwips, Henri Walther, Der Nachrichtendienst der KPD 1919–1937, S. 387
60 Gerhard Jahn (Hrsg.), Herbert Wehner, Zeugnis, S. 151
61 Hermann Nuding, geboren 1902, verschiedene Funktionen im Kommunistischen Jugendverband, Besuch der Kominternschule in Moskau, danach verschiedene Führungsfunktionen in der KPD. Enger Mitarbeiter von Ulbricht in der KPD-Zentrale. 1933/34 in Schutzhaft, danach Emigration nach Prag und in die Sowjetunion, wo er beim EKKI arbeitete. Auf der »Brüsseler Konferenz« Mitglied der ZK-Kontrollkommission und unter Ulbricht eine Art Personalchef der KPD. 1937 neuer Abwehrchef der KPD. 1938 nach Zerwürfnis mit Ulbricht aus dem ZK-Apparat entfernt und auf unbedeutende Posten in Westeuropa abgeschoben. Nach 1945 für die KPD in der Bundesrepublik tätig. Mitglied des Bundestages und des Landtages von Baden-Württemberg. Verlor seine Parteiämter 1950 und starb 1966.
62 Bernt Kaufmann (Ltg.), Eckhard Reisener, Dieter Schwips, Henri Walther, Der Nachrichtendienst der KPD 1919–1937, S. 434
63 Bernt Kaufmann (Ltg.), Eckhard Reisener, Dieter Schwips, Henri Walther, Der Nachrichtendienst der KPD 1919–1937, S. 437
64 Am 10. November 1935, siehe Heinz Voßke, Walter Ulbricht, S. 142
65 Friedrich Stampfer, geboren am 8. September 1874 in Brünn, Journalist und Schriftsteller. 1916 bis 1933 Chefredakteur des Vorwärts. 1920 bis 1933 Abgeordneter des Reichstages. 1925 bis zu seiner Selbstauflösung im November 1940 Mitglied des Parteivorstandes der SPD. 1933 Emigration nach Prag, im Mai 1938 nach Paris und 1940 in die USA. 1948 Rückkehr nach Deutschland, gest. am 1. Dezember 1957 in Kronberg/Taunus.
66 Carola Stern, Ulbricht, S. 86
67 Carola Stern, Ulbricht, S. 87
68 Carola Stern, Ulbricht, S. 145
69 Heinz Voßke, Walter Ulbricht, S. 144
70 Heinz Voßke, Walter Ulbricht, S. 145
71 Nach dem Hotel Lutetia, später Sitz der Gestapo in Paris, wurde diese Gruppe auch Lutetia-Kreis genannt.

72 Rudolf Breitscheid, geboren am 2. November 1874 in Köln, ab 1924 Reichstagsabgeordneter zunächst für die USDP, später für die SPD, Vorsitzender der SPD-Reichstagsfraktion 1928 bis 1933. 23. März 1933 Emigration in die Schweiz, Frühjahr 1940 Flucht nach Marseille. 9. Februar 1941 Verhaftung durch die französische Polizei und Auslieferung an die Gestapo. Überführung nach Berlin. Inhaftiert im Gestapo-Gefängnis in der Prinz-Albrecht-Straße und in den Konzentrationslagern Sachsenhausen und Buchenwald. Am 24. August 1944 bei einem Luftangriff auf das KZ Buchenwald umgekommen.
73 Willi Münzenberg, geboren am 14. August 1889 in Erfurt. Barbierlehrling und Fabrikarbeiter. Eintritt in den Arbeiterbildungsverein »Propaganda« im Alter von 15 Jahren. 1910 Übersiedlung in die Schweiz, aktives Mitglied der Schweizerischen Arbeiterjugend. Im November 1918 nach Haftstrafen nach Deutschland abgeschoben. 1919 Mitglied der KPD. 1932 parteiinternes Untersuchungsverfahren gegen ihn, durchgeführt von Herbert Wehner. 1939 aus der KPD ausgeschlossen und von allen Ämtern entbunden,»weil er sich von der KPD und dem Marxismus-Leninismus entfernte«. Nach Ausbruch des Zweiten Weltkrieges in Frankreich interniert. Nach seiner Flucht im Oktober 1940 in einem Wald tot aufgefunden. Wahrscheinlich beging er Selbstmord.
74 Das war der zweite Volksfrontsieg innerhalb kürzester Zeit, nachdem bereits in Spanien bei den Wahlen am 16. Februar 1936 die in einem Volksfrontblock vereinigten Parteien die Mehrheit hatten erringen können und zwei Kommunisten in die Regierung berufen worden waren.
75 Persönlicher Brief Münzenbergs an Ulbricht vom 25. Mai 1937 mit Eingangsvermerk bei Dimitroff am 1. Juni 1937, RZA, Fonds 495, Register 74, Akte 128, Blatt 61-67
76 Gerhard Jahn (Hrsg.), Herbert Wehner, Zeugnis, S. 150
77 Reinhard Müller, Die Akte Wehner, S. 89
78 Gerhard Jahn (Hrsg.), Herbert Wehner, Zeugnis, S. 150
79 Reinhard Müller, Die Akte Wehner, S. 89
80 Reinhard Müller, Die Akte Wehner, S. 90
81 Erweiterte Tagung des Politbüros unter Leitung von Wilhelm Pieck vom 10. bis 24. Juni 1936
82 Reinhard Müller, Die Akte Wehner, S. 91
83 RZA, Fonds 495, Register 74, Akte 125, Blatt 155-161
84 19. bis 24. August 1936 Moskauer Prozess gegen das »trotzkistisch-sinjanjewische Zentrum«
85 Zitiert nach Hermann Weber, »Weiße Flecken« in der Geschichte, S. 138
86 Rundschau Nr. 6/1937, zitiert nach Carola Stern, Ulbricht, S. 240
87 Rundschau Nr. 26/1939, zitiert nach Carola Stern, Ulbricht, S. 240
88 Reinhard Müller, Die Akte Wehner, S. 94
89 Heinz Voßke, Walter Ulbricht, S. 151
90 Deutsche Volkszeitung vom 18. Oktober 1936,»Versöhnung des Deutschen Volkes für Frieden, Freiheit, Wohlstand gegen die 3 000 Millionäre«

91 RZA, Fonds 495, Register 74, Akte 125, Blatt 155-161
92 RZA, Fonds 495, Register 74, Akte 128, Blatt 155-161
93 Bernhard H. Bayerlein, Wladislaw Hedeler (Hrsg.), Georgi Dimitroff, Kommentare und Materialien zu den Tagebüchern 1933-1943, S. 78 und S. 83
94 RZA, Fonds 495, Register 74, Akte 128, Blatt 155-161
95 Im Rahmen dieser Beratungen wurde auch das Budget der KPD für das Jahr 1937 besprochen, das zum größten Teil von der Komintern und damit wiederum aus dem Staatshaushalt der UdSSR finanziert wurde. Insgesamt waren für den Gesamtapparat der KPD Ausgaben in Höhe von 411 840 Mark vorgesehen, bei eigenen Einnahmen von 60 000 Mark. Durch einen Zuschuss von 164 900 Goldrubel (360 300 Mark) sollte der Differenzbetrag durch die Komintern getragen werden. Für das Pariser Sekretariat waren 13 feste Mitarbeiter geplant: Ulbricht, Dahlem, Ackermann, Wehner, Eisler, Reinhard, Flieg, Jugend, zwei Sekretärinnen und zwei Boten. Für diese Mannschaft waren Gehälter von 36 800 Mark pro Jahr eingeplant. Zudem sah das Budget für Paris 24 300 Mark für Spesen, Miet- und Veranstaltungskosten vor. Wiederholt wurde bei den Beratungen kritisch bemerkt, dass nur ein Bruchteil des Etats für die Organisationen im Reich verwendet wurde. RZA, Fonds 495, Register 74, Akte 127, Blatt 4-7
96 RZA, Fonds 495, Register 74, Akte 132, Blatt 5-12
97 RZA, Fonds 495, Register 74, Akte 125, Blatt 100-103
98 RZA, Fonds 495, Register 74, Akte 127, Blatt 80-83
99 RZA, Fonds 495, Register 74, Akte 125, Blatt 100-112
100 RZA, Fonds 495, Register 74, Akte 125, Blatt 147
101 RZA, Fonds 495, Register 74, Akte 125, Blatt 145
102 RZA, Fonds 495, Register 74, Akte 127, Blatt 80-83
103 Carola Stern, Ulbricht, S. 76
104 RZA, Fonds 495, Register 74, Akte 132, Blatt 5-12
105 RZA, Fonds 495, Register 74, Akte 125, Blatt 148
106 Siehe zu Rosa Michel im Abschnitt »Der Privatmann« das Kapitel »Die Familie«
107 RZA, Fonds 495, Register 74, Akte 125, Blatt 157-158
108 RZA, Fonds 495, Register 74, Akte 125, Blatt 157-158
109 Bela Kun, geboren am 20. Februar 1885 in Ungarn, 1902 Mitglied der ungarischen Sozialdemokratie. 1916 russischer Kriegsgefangener, während der Oktoberrevolution 1917 in Moskau. November 1918 Rückkehr nach Ungarn, Gründer der ungarischen KP. Im März 1919 führend an der Ausrufung der ungarischen Räterepublik beteiligt. Nach Zusammenbruch der Räterepublik 1919 Flucht nach Österreich. Ab 1920 Emigration in die UdSSR. 1928 Mitglied des Präsidiums des EKKI und Vertreter der ungarischen KP bei der Komintern. 1936 im Zuge der Säuberungen verhaftet und ohne Prozess hingerichtet.
110 RZA, Fonds 495, Register 74, Akte 127, Blatt 138-144
111 RZA, Fonds 495, Register 74, Akte 127, Blatt 246
112 »Hiermit beantrage ich die Erweiterung der beantragten Untersuchung a) wegen Verbreitung neuer verleumderischer Behauptungen

gegen ein Mitglied der KPD, ihres Zentralkomitees und Mitarbeiters der KI in mehreren Fällen und wegen der Organisierung einer regelrechten Diffamierungskampagne gegen dieses Mitglied, b) wegen schwerster Parteischädigung, c) wegen ernster Behinderung und wissentlicher Störung des Kampfes gegen den Nationalsozialismus und die Hitlerregierung, d) wegen schwerster Kompromittierung der Sowjetregierung und ihrer Organe durch die Provokation eines versuchten Postdiebstahls und Attentatsdrohungen gegen ein Mitglied des ZK der KPD und einen Mitarbeiter der KI, e) wegen Wiedereinsetzung und Begünstigung zahlreicher parteifeindlicher Elemente, die auf Beschluss der Kaderabteilung der KI von verantwortlicher Parteiarbeit entfernt wurden.«

113 RZA, Fonds 495, Register 74, Akte 127, Blatt 157
114 RZA, Fonds 495, Register 74, Akte 127, Blatt 136
115 Carola Stern, Ulbricht, S. 78
116 Carola Stern, Ulbricht, S. 77

Im Bann Stalins: 1938–1945

1 RZA, Fonds 495, Register 74, Akte 143, Blatt 28–30
2 Zum Material über das ZK der KP Deutschlands vom 23. März 1938 russisches, streng geheimes Papier an Dimitroff, RZA, Fonds 495, Register 74, Akte 143, Blatt 28–30
3 RZA, Fonds 495, Register 74, Akte 133, Blatt 80–81
4 Bernhard H. Bayerlein (Hrsg.), Georgi Dimitroff, Tagebücher 1933–1943, S. 165
5 RZA, Fonds 495, Register 74, Akte 132, Blatt 23
6 RZA, Fonds 495, Register 74, Akte 132, Blatt 28–41
7 Hartmut Soell, Der junge Wehner, S. 420
8 RZA, Fonds 495, Register 74, Akte 133, Blatt 80–81. Der Kommission gehörten Dimitroff, Manuilski, Gottwald, Pieck, Florin, Dahlem, Dengel und Kunart an.
9 In drei großen Schauprozessen wurde zwischen 1936 und 1938 die Elite der sowjetischen KP vor Gericht gestellt und hingerichtet. Durch Folter erpresste Geständnisse reichten für eine Verurteilung zum Tode. Zuvor mussten sich die Opfer vom geifernden Hauptankläger Wyschinski in erniedrigender Weise beschimpfen lassen. Zitat Wyschinski 1936: »Lügner und Clowns, elende Pygmäen, Möpse und Kläffer... Bande von Mördern und kriminellen Verbrechern... Ich fordere, dass diese tollwütigen Hunde allesamt erschossen werden.«
10 Sieben – Bucharin, Kamenew, Krestinski, Rykow, Sinowjew und Serebrjakow – wurden in Schauprozessen verurteilt und hingerichtet, Tomski beging Selbstmord, Preobraschenski wurde vom NKWD stillschweigend als »Volksfeind« liquidiert und Trotzki im Exil in Mexiko mit einem Eispickel erschlagen. Einzig Swerdlow starb 1919 eines natürlichen Todes.
11 Hermann Weber, »Weiße Flecken« in der Geschichte, S. 17

12 Volkskommissariat für Inneres der UdSSR, 1922 bis 1923 und 1934 bis 1943 für die Staatssicherheit zuständig
13 Fritz Heckert verstarb noch vor den Säuberungen im April 1936, nachdem er bereits auf der »Brüsseler Konferenz« eine Herzattacke erlitten hatte und seine Rede nicht beenden konnte. Wilhelm Florin erlag nach den Säuberungen 1944 den Folgen einer Krankheit.
14 RZA, Fonds 495, Register 292 Akte 101, Blatt 13–18. Siehe auch Reinhard Müller, Die Akte Wehner, S. 150ff.
15 Philipp Dengel, geboren 1888. Seit 1919 KPD und seit 1925 Mitglied des ZK der KPD. Ab 1928 Mitglied des EKKI und ab 1935 der Internationalen Kontrollkommission der Komintern. März 1937 bis Juni 1938 Vertreter der KPD bei der Komintern. Erlitt 1941, am Tag des deutschen Überfalls auf die Sowjetunion, einen Schlaganfall. 1947 Rückkehr nach Deutschland, dort 1948 verstorben.
16 Gerhard Jahn (Hrsg.), Herbert Wehner, Zeugnis, S. 223
17 Gerhard Jahn (Hrsg.), Herbert Wehner, Zeugnis, S. 221
18 RZA, Fonds 539, Register 2, Akte 905, Blatt 1–2
19 RZA, Fonds 495, Register 74, Akte 139, Blatt 1
20 RZA, Fonds 495, Register 74, Akte 143, Blatt 2–5
21 RZA, Fonds 495, Register 74, Akte 143, Blatt 2–5
22 RZA, Fonds 495, Register 74, Akte 143, Blatt 2–5
23 Siehe hierzu Reinhard Müller, Die Akte Wehner, S. 327, Dokument Nr. 55
24 Deutsche Volkszeitung vom 9. April 1939, S. 4
25 Aleksandr Vatlin, Kaderpolitik und Säuberungen der Komintern, in: Hermann Weber, Ulrich Mählert (Hrsg.), Terror, Stalinistische Parteisäuberungen 1936–1953, S. 86
26 Bernhard H. Bayerlein (Hrsg.), Georgi Dimitroff, Tagebücher 1939–1943, S. 249
27 Reinhard Müller, Die Akte Wehner, S. 327. Auch nach seinem Sieg über Münzenberg ließ Ulbricht allerdings nicht locker und attackierte seinen besiegten Gegner weiterhin. In einem vertraulichen Brief an Dimitroff schrieb er am 19. September 1939: »In der ›Zukunft‹ vom 28. 8. veröffentlicht die Münzenberggruppe unter dem Titel ›Auslandskomitee der Freunde der sozialistischen Einheit Deutschlands‹ einen Aufruf mit der Überschrift: ›In der Freiheitsfront für die Einheitspartei‹. Das Dokument zeigt, dass sich Münzenberg im Rahmen der englischen und französischen Regierungspropaganda hauptsächlich mit der Antisowjethetze beschäftigen will. Die wenigen Unterschriften zeigen, dass er nur einen geringen organisatorischen Anhang hat, wenn auch seine Propaganda zweifellos vorübergehend in Teilen der Emigration Verwirrung anrichtet.« RZA, Fonds 495, Register 74, Akte 137, Blatt 7–8
28 RZA, Fonds 495, Register 12, Akte 41, Blatt 2
29 RZA, Fonds 495, Register 12, Akte 41, Blatt 4–6
30 RZA, Fonds 495, Register 12, Akte 41, Blatt 4–6
31 RZA, Fonds 539, Register 2, Akte 905, Blatt 1–2
32 Heinz Voßke, Walter Ulbricht, S. 123

33 RZA, Fonds 495, Register 74, Akte 136, Blatt 21
34 RZA, Fonds 526, Register 1, Akte 16, Blatt 6
35 RZA, Fonds 495, Register 74, Akte 149, Blatt 47
36 Aleksandr Vatlin, Kaderpolitik und Säuberungen der Komintern, in: Hermann Weber, Ulrich Mählert (Hrsg.), Terror, Stalinistische Parteisäuberungen 1936–1953, S. 85
37 RZA, Fonds 495, Register 74, Akte 140, Blatt 49
38 RZA, Fonds 495, Register 74, Akte 143, Blatt 33–67
39 RZA, Fonds 495, Register 74, Akte 133, Blatt 32. Ulbrichts Denunziation schadete der Frau nicht. Im Sommer 1941 lebte sie in Moskau und arbeitete zusammen mit Ulbrichts Lebensgefährtin Lotte und unter Ulbrichts Leitung für den Moskauer Rundfunksender, der nach dem Angriff Hitlers auf die Sowjetunion deutschsprachige Propagandasendungen nach Deutschland ausstrahlte.
40 RZA, Fonds 495, Register 74, Akte 137, Blatt 19
41 RZA, Fonds 495, Register 74, Akte 149, Blatt 120
42 RZA, Fonds 495, Register 74, Akte 139, Blatt 25
43 RZA, Fonds 495, Register 74, Akte 157, Blatt 67
44 RZA, Fonds 495, Register 74, Akte 140, Blatt 53–54. Diese Intervention war im Übrigen von Erfolg gekrönt. Im Spätherbst waren die sechs Deutschen in einem Heim in der Nähe von Moskau untergebracht und Maßnahmen zur Arbeitsvermittlung bzw. Umschulung eingeleitet.
45 Aleksandr Vatlin, Kaderpolitik und Säuberungen der Komintern, in: Hermann Weber, Ulrich Mählert (Hrsg.), Terror, Stalinistische Parteisäuberungen 1936–1953, S. 114
46 Ein Reisescheck
47 RZA, Fonds 495, Register 74, Akte 145, Blatt 5
48 RZA, Fonds 495, Register 74, Akte 154, Blatt 13
49 RZA, Fonds 495, Register 74, Akte 140, Blatt 152
50 RZA, Fonds 495, Register 292, Akte 108, Blatt 5–16
51 RZA, Fonds 495, Register 74, Akte 149, Blatt 52
52 RZA, Fonds 495, Register 74, Akte 145, Blatt 17. Für Hörnle setzte sich Ulbricht im Übrigen im Februar 1942 noch ein zweites Mal ein, als er Dimitroff darum bat, dass Hörnle, der sich mit seiner Frau zu diesem Zeitpunkt in Taschkent befand, nach Moskau zurückkehren dürfe, um sich propagandistisch um die kriegsgefangenen Bauern kümmern und eine Flugschrift, »Der Faschismus und die deutschen Bauern«, verfassen zu können.
53 RZA, Fonds 495, Register 74, Akte 145, Blatt 12
54 RZA, Fonds 495, Register 74, Akte 148, Blatt 22 und 57
55 RZA, Fonds 495, Register 74, Akte 148, Blatt 51
56 RZA, Fonds 495, Register 74, Akte 145, Blatt 35ff.
57 RZA, Fonds 495, Register 74, Akte 149, Blatt 47–48
58 RZA, Fonds 495, Register 74, Akte 149, Blatt 102
59 Kurt Hager, Erinnerungen, S. 79
60 Hans Albert Walter, Das Pariser KPD-Sekretariat, der deutsch-sowjetische Nichtangriffsvertrag und die Internierung deutscher Emigranten in Frankreich zu Beginn des Zweiten Weltkrieges, S. 494

61 Bernhard H. Bayerlein, Wladislaw Hedeler (Hrsg.), Georgi Dimitroff, Kommentare und Materialien zu den Tagebüchern 1933-1943, S. 157
62 Klement Gottwald, geboren am 23. November 1896 in der Tschechoslowakei, Tischler. 1921 Eintritt in die KP der Tschechoslowakei. 1925 Mitglied des ZK und des Politbüros, 1929 bis 1945 Generalsekretär der Partei. Im selben Zeitraum Mitglied des Präsidiums des EKKI bis 1943. 1945 Rückkehr nach Prag. Im ersten Nachkriegskabinett stellvertretender Ministerpräsident, Vorsitzender der KP. 1946 nach Wahlsieg der Kommunisten bis 1948 Ministerpräsident, Umwandlung des Landes in eine Volksdemokratie. Ab dem 14. Juni 1948 Staatspräsident der ČSSR. Gest. am 14. März 1953.
63 Reinhard Müller, Die Akte Wehner, S. 173
64 Jan Foitzik, Die Kommunistische Partei Deutschlands und der Hitler-Stalin-Pakt, VjZG 3/1989, S. 504
65 RZA Fonds 495, Register 10a, Akte 317, Blatt 106-109
66 RZA Fonds 495, Register 10a, Akte 317, Blatt 106-109
67 Reinhard Müller, Die Akte Wehner, S. 376ff., Dokument Nr. 47
68 Erwin Levin, Der Konflikt zwischen der Moskauer Parteiführung und dem Sekretariat des ZK der KPD in Paris 1939/40, in: Hermann Weber, Dietrich Staritz (Hrsg.), Kommunisten verfolgen Kommunisten, S. 290
69 RZA Fonds 495, Register 10a, Akte 317, Blatt 106-109
70 Stellungnahme des ZK der KPD zu dem Verhalten des Auslandssekretariats des ZK der KPD in Paris vor und bei Ausbruch des zweiten imperialistischen Krieges vom 12. August 1940
71 Paul Merker, geboren am 1. Februar 1894 in Oberlößnitz, Vater Arbeiter. Arbeit als Kellner und Hotelangestellter. 1914 bis 1918 Militärdienst. 1918 USPD, Dezember 1920 KPD. Mitglied des Preußischen Landtages (1924 bis 1932). 1927 bis 1945 Mitglied des ZK der KPD und des Politbüros. 1934/35 Mitglied der Landesleitung der KPD im Reich. 1934 bis 1942 Emigration nach Frankreich, dort 1940 interniert. 1942 Emigration nach Mexiko. Juli 1946 Rückkehr nach Deutschland. 1946 bis 1950 Mitglied des Parteivorstandes der SED, seines Zentralsekretariats und des Politbüros. 1948 bis 1950 Abgeordneter der Volkskammer der DDR. August 1950 Ausschluss aus der SED wegen angeblicher enger Verbindung zu Noel Field in der Emigration. Im Dezember 1952 verhaftet und im März 1955 in einem Geheimprozess zu acht Jahren Zuchthaus verurteilt. Februar 1956 Haftentlassung und im Juli 1956 vom selben Gericht und Richter freigesprochen. 1957 Lektor im Verlag Volk und Welt. Starb physisch und psychisch gebrochen am 13. Mai 1969.
72 Paul Bertz, geboren am 2. August 1886 in Mühlhausen (Thüringen), Vater Schuhmacher. Lehre als Werkzeugschlosser. 1910 SPD, später Spartakusbund und KPD. Abgeordneter des Reichstages (1924 bis 1930). 1925 bis 1927 Kandidat des ZK der KPD. 1933/34 illegale Arbeit in Deutschland. 1934 Emigration nach Frankreich. Ab 1935 Mitglied des ZK der KPD und ab 1937 Mitarbeiter im Sekretariat der Pariser Auslandsleitung der KPD. 1939 Internierung in Frankreich. 1940

Flucht in die Schweiz, dort Zusammenarbeit mit Noel Field. 1945 Rückkehr nach Deutschland. Wurde 1950 der Agententätigkeit für die USA beschuldigt (Verbindung zu Noel Field), beging daraufhin am 19. April 1950 Selbstmord.

73 Gerhart Eisler, geboren am 20. Februar 1897 in Leipzig, Vater Philosophieprofessor, Schwester Elfriede (das ist Ruth Fischer) war 1924/25 Parteiführerin der KPD, Bruder Hanns (eigentlich Johannes), Komponist der Nationalhymne der DDR. 1914 bis 1918 Kriegsdienst in der k.u.k. Armee. 1918 KPÖ. Ende 1920 Übersiedlung nach Berlin. Mitarbeiter sowjetischer Nachrichtendienste, 1926 bis 1929 Kandidat des ZK der KPD. 1929 bis 1935 Mitarbeiter der KI in China, Moskau und in den USA. Ab 1935 Mitarbeiter der Auslandsleitung der KPD in Prag, Paris und Spanien. 1939 Verhaftung in Paris, danach in französischem Internierungslager. Mai 1941 Ausreise nach Mexiko und Exil in den USA. Juni 1949 Rückkehr nach Deutschland, 1949/50 Mitglied des Parteivorstandes der SED und Mitglied der Volkskammer. Ab Oktober 1949 Leiter des Amtes für Information bei der Regierung der DDR. 1953 Funktionsverbot und Einleitung einer Parteiuntersuchung wegen Verdachts auf Agententätigkeit. November 1955 Einstellung des Verfahrens. 1956 bis 1962 stellvertretender Vorsitzender des Staatlichen Rundfunkkomitees, ab 1962 Vorsitzender. Seit 1967 Mitglied des ZK der SED. Gest. am 21. März 1968 auf einer Reise nach Jerewan/Armenien.

74 Lex Ende (eigentlich Adolf Ende), geboren am 6. April 1899 in Bad Kissingen als Sohn eines Kunsthändlers. 1918 USPD-Mitglied, 1919 KPD-Mitglied, Redakteur in der KPD-Presse. 1928 bis 1930 Mitglied des Reichstages. 1933 illegale Arbeit für die KPD im Saargebiet. 1934 Emigration nach Frankreich und Mitglied der dortigen Emigrationsleitung. 1939 in französischem Internierungslager, 1940 Flucht nach Marseille. 1945 Rückkehr nach Deutschland. 1946 bis 1949 Chefredakteur des Neuen Deutschland, zusammen mit Max Nier. 1949 Zerwürfnis mit Walter Ulbricht. Am 24. August 1950 wegen Verbindungen zu Noel Field aus der SED ausgeschlossen. Verbannung in den Bergbau nach Freiberg (Sachsen). Am 15. Januar 1951 Selbstmord in Muldenhütten/Kreis Freiberg.

75 Reinhard Müller, Die Akte Wehner, S. 376ff., Dokument Nr. 47
76 RZA, Fonds 495, Register 74, Akte 148, Blatt 3-4
77 Ruth von Mayenburg, Hotel Lux, S. 22
78 Ho Chi Minh, geboren 1890, Journalist. 1913 bis 1924 Auslandsaufenthalte in Europa, Amerika und in der Sowjetunion. 1920 Teilnehmer am Gründungskongress der französischen KP in Tours. 1925 bis 1927 Beteiligung an den chinesischen Revolutionskämpfen. 1930 Gründer der KP Indochinas und deren unbestrittener Führer bis zu seinem Tod. Am 2. September 1945 Gründer der Demokratischen Republik Vietnam und deren erster Staatschef. Nach der Teilung des Landes als Folge des achtjährigen Krieges gegen Frankreich Staatspräsident und KP-Chef von Nordvietnam bis 1955. Der Krieg 1955 bis 1973 um die Wiedervereinigung von Nord- und Südvietnam (Vietnam-Krieg) wurde weltweit mit seinem Namen verbunden. Gest. 1969.

79 Mátyás Rákosi, geboren am 9. März 1892, Bankangestellter. 1915 russische Kriegsgefangenschaft. 1918 Rückkehr nach Ungarn. 1919 Volkskommissar in der ungarischen Räterepublik. Nach deren Scheitern Emigration nach Moskau. Anfang der zwanziger Jahre Rückkehr nach Ungarn. 1926 zu acht Jahren und 1934 zu lebenslänglich Gefängnis verurteilt. 1940 Entlassung in die UdSSR. Vertreter der ungarischen KP bei der Komintern. 1944 erneute Rückkehr nach Ungarn. 1945 bis 1956 Generalsekretär der ungarischen KP. 1945 bis 1952 stellvertretender Ministerpräsident, 1952 bis 1953 Ministerpräsident der ungarischen Volksrepublik. Nach dem ungarischen Aufstand 1956 erneut Emigration in die UdSSR. Gest. am 5. Februar 1971.

80 Josip Broz Tito, geboren am 25. Februar 1892, Mechaniker. 1913 bis 1915 Militärdienst in der österreichisch-ungarischen Armee. 1915 bis 1917 in russischer Kriegsgefangenschaft. Nach Ausbruch der Oktoberrevolution Rotgardist. 1920 Rückkehr nach Jugoslawien und Beteiligung am Aufbau der KP. 1928 bis 1934 wegen illegaler Tätigkeit für die KP inhaftiert. Von da an Parteiarbeit in Wien, Moskau und Paris. Seit 1934 Mitglied des ZK und des Politbüros. 1937 Generalsekretär. Nach Besetzung Jugoslawiens durch die Hitlertruppen ab 1941 Organisator und Führer des Partisanenkampfes gegen die Wehrmacht. 1944 Einzug in Belgrad als siegreicher Marschall der Befreiungsarmee. Ab 1945 Ministerpräsident und Staatschef der Föderativen Volksrepublik Jugoslawien, zugleich Verteidigungsminister. 1948 Bruch mit Stalin und Austritt aus der Kominform. 1963 bis zu seinem Tod 1980 Staatspräsident auf Lebenszeit.

81 Tschou En-Lai, geboren 1898, Studium in Tiensin, Paris, Berlin und Göttingen. 1921 Mitbegründer der KP Chinas, ab 1927 Mitglied des ZK und ab 1928 des Politbüros der KP Chinas. 1934/35 als enger Gefährte Mao Zedongs Teilnehmer am »Langen Marsch«. Nach Gründung der Volksrepublik China 1949 bis 1976 Ministerpräsident und bis 1958 zugleich Außenminister. Gest. am 18. Januar 1976.

82 Boleslaw Bierut, geboren am 18. April 1892, Setzer. 1912 Mitglied der Polnischen Sozialistischen Partei, 1919 der neu gegründeten KP Polens. 1925 bis 1927 Mitglied des ZK. Ab 1930 nach Absolvierung der Leninschule Instrukteur der Komintern in Bulgarien, der Tschechoslowakei und in Österreich. 1931 bis 1933 illegale Tätigkeit in Polen, 1933 verhaftet und zu sieben Jahren Gefängnis verurteilt, 1938 amnestiert. 1939 Emigration in die UdSSR. Im Frühjahr 1943 Rückkehr nach Polen, Mitglied des ZK der von Gomulka neu gegründeten Polnischen Arbeiterpartei. 1947 bis 1952 Präsident der Republik, 1952 bis 1954 Ministerpräsident. 1948 nach der Absetzung Gomulkas auch Generalsekretär der polnischen Kommunisten. Gest. am 12. März 1956 in Moskau, nach einem Schlaganfall während des 20. Parteitages der KPdSU, auf dem Chruschtschow Stalins Verbrechen anprangerte.

83 Ruth von Mayenburg, Hotel Lux, S. 22

84 Ruth von Mayenburg, Hotel Lux, S. 349

85 In der ul. Gorkogo 10 bzw. 97, RZA, Fonds 495, Register 205, Akte 3 (Personalakte Ulbricht), Russischer Fragebogen Nr. 1417, von Ulbricht handschriftlich auf Deutsch beantwortet

86 Ruth von Mayenburg, Hotel Lux, S. 53
87 Ruth von Mayenburg, Hotel Lux, S. 15 und 17
88 Ruth von Mayenburg, Hotel Lux, S. 194
89 Gebäude im Zentrum Moskaus, seit 1917 Zentrale und berüchtigtes Gefängnis der sowjetischen politischen Polizei
90 Etwa »deutsche Bude« (ital.)
91 Ruth von Mayenburg, Hotel Lux, S. 260
92 Ruth von Mayenburg, Hotel Lux, S. 291
93 RZA, Fonds 495, Register 12, Akte 41, Blatt 25-29
94 Liselotte Thoms, Hans Vieillard, Ein guter Deutscher, Walter Ulbricht, Eine biografische Skizze aus seinem Leben, S. 51
95 Liselotte Thoms, Hans Vieillard, Ein guter Deutscher, Walter Ulbricht, Eine biografische Skizze aus seinem Leben, S. 52
96 Heinz Voßke, Walter Ulbricht, S. 168
97 RZA, Fonds 495, Register 292, Akte 110, Blatt 15
98 Bernhard H. Bayerlein (Hrsg.), Georgi Dimitroff, Tagebücher 1933-1943
99 Margot Pikarski, Elke Warnig (Bearb.), Gestapo-Bericht über den antifaschistischen Widerstandskampf der KPD 1939-1943, Band 2, Bericht vom 3. Dezember 1941, S. 136
100 Margot Pikarski, Elke Warnig (Bearb.), Gestapo-Bericht über den antifaschistischen Widerstandskampf der KPD 1939-1943, Band 2, Bericht vom 22. Juni 1942, S. 242
101 Margot Pikarski, Elke Warnig (Bearb.), Gestapo-Bericht über den antifaschistischen Widerstandskampf der KPD 1939-1943, Band 2, Bericht vom 22. Juni 1942, S. 282
102 Bernhard H. Bayerlein (Hrsg.), Georgi Dimitroff, Tagebücher 1933-1943
103 K. L. Selesnjow, Mit Walter Ulbricht im sowjetischen Kriegsgefangenenlager (Oktober 1941), BzG 5/1969, S. 809
104 K. L. Selesnjow, Mit Walter Ulbricht im sowjetischen Kriegsgefangenenlager (Oktober 1941), BzG 5/1969, S. 818
105 Handschriftliche Notizen von Erich Weinert, BP, DA 5/1189
106 K. L. Selesnjow, Reise mit deutschen Antifaschisten in ein Kriegsgefangenenlager bei Karaganda (Dezember 1941), BzG 12/1970, S. 278
107 Bernhard H. Bayerlein (Hrsg.), Georgi Dimitroff, Tagebücher 1933-1943
108 Aleksandr Vatlin, Kaderpolitik und Säuberungen der Komintern, in: Hermann Weber, Ulrich Mählert (Hrsg.), Terror, Stalinistische Parteisäuberungen 1936-1953, S. 116
109 Peter Erler, Horst Laude, Manfred Wilke (Hrsg.), Nach Hitler kommen wir, S. 35 und 41
110 Peter Erler, Horst Laude, Manfred Wilke (Hrsg.), Nach Hitler kommen wir, S. 43
111 Peter Erler, Horst Laude, Manfred Wilke (Hrsg.), Nach Hitler kommen wir, S. 45
112 Peter Erler, Horst Laude, Manfred Wilke (Hrsg.), Nach Hitler kommen wir, S. 46

113 Peter Erler, Horst Laude, Manfred Wilke (Hrsg.), Nach Hitler kommen wir, S. 54 und 55
114 Walter Ulbricht, Aus meinem Tagebuch, in: Else und Bernt von Kügelgen (Hrsg.), Die Front war überall, S. 27
115 Handschriftliche Notizen von Erich Weinert, BP, DA 5/1189
116 Bernt von Kügelgen, Bündnis in der Feuertaufe, in: Else und Bernt von Kügelgen (Hrsg.), Die Front war überall, S. 16
117 Walter Ulbricht, Aus meinem Tagebuch, in: Else und Bernt von Kügelgen (Hrsg.), Die Front war überall, S. 29
118 RZA, Fonds 495, Register 74, Akte 149, Blatt 92
119 Walter Ulbricht, Aus meinem Tagebuch, in: Else und Bernt von Kügelgen (Hrsg.), Die Front war überall, S. 31
120 Strobe Talbott, Chruschtschow erinnert sich, S. 192ff.
121 Bernt von Kügelgen, Bündnis in der Feuertaufe, in: Else und Bernt von Kügelgen (Hrsg.), Die Front war überall, S. 16
122 Bernt von Kügelgen, Bündnis in der Feuertaufe, in: Else und Bernt von Kügelgen (Hrsg.), Die Front war überall, S. 21
123 Walter Ulbricht, Aus meinem Tagebuch, in: Else und Bernt von Kügelgen (Hrsg.), Die Front war überall, S. 39ff.
124 RZA, Fonds 495, Register 74, Akte 154, Blatt 19–24
125 Peter Erler, Horst Laude, Manfred Wilke (Hrsg.), Nach Hitler kommen wir, S. 65
126 Bernhard H. Bayerlein (Hrsg.), Georgi Dimitroff, Tagebücher 1933–1943, S. 708
127 Bernhard H. Bayerlein (Hrsg.), Georgi Dimitroff, Tagebücher 1933–1943, S. 708
128 Anton Ackermann bildete zu diesem Zeitpunkt zusammen mit Pieck und Ulbricht den so genannten »Dreierkopf« der KPD, der die eigentliche Führung der Partei darstellte.
129 Peter Erler, Horst Laude, Manfred Wilke (Hrsg.), Nach Hitler kommen wir, S. 65
130 Heinz Voßke, Walter Ulbricht, S. 176
131 Carola Stern, Ulbricht, S. 111
132 Carola Stern, Ulbricht, S. 112
133 35 Kilometer von Moskau gelegen, in einem ehemaligen Erholungsheim der sowjetischen Eisenbahnergewerkschaft
134 Über den Aufbau des Nationalkomitees berichtete Wolfgang Leonhard, Die Revolution entläßt ihre Kinder, S. 251, folgende Anekdote über Ulbricht: »Eines Tages hörte man aus dem Nebenzimmer lautes Schimpfen. ›Was ist denn da los?‹ Karl Maron, die Zigarette noch im Munde, sagte gleichgültig: ›Das ist Walter Ulbricht.‹ Als ich auf den Korridor trat, sah ich die Bescherung: Es handelte sich um einen Schreibtisch. Genauer gesagt, der Tisch war Ulbricht nicht groß genug. Der Zwischenfall wurde jedoch bald behoben. Der dienstbeflissene Koslow war schon hinzugetreten: ›Entschuldigen Sie, Genosse Ulbricht, es ist bloß ein technisches Versehen.‹ Mir schien, als ob er ironisch lächelte. Am gleichen Nachmittag stand bereits ein größerer Schreibtisch für Ulbricht da.«

135 Alle Waffen gegen Hitler, Neues Deutschland vom 20. Dezember 1969, S. 14
136 Gerhard Keiderling, »Gruppe Ulbricht« in Berlin, April bis Juni 1945, Dokument Nr. 5, S. 128
137 RZA, Fonds 495, Register 74, Akte 162, Blatt 59
138 Peter Erler, Heinz Laude, Manfred Wilke (Hrsg.), Nach Hitler kommen wir, Dokument Nr. 2, S. 132ff.
139 Heinz Voßke, Walter Ulbricht, S. 174
140 Peter Erler, Heinz Laude, Manfred Wilke (Hrsg.), Nach Hitler kommen wir, S. 93ff.
141 Norbert Podewin, Walter Ulbricht, S. 168
142 Gerhard Keiderling, »Gruppe Ulbricht« in Berlin, April bis Juni 1945, S. 107
143 Gerhard Keiderling, »Gruppe Ulbricht« in Berlin, April bis Juni 1945, S. 108
144 Gerhard Keiderling, »Gruppe Ulbricht« in Berlin, April bis Juni 1945, S. 29
145 Gerhard Keiderling, »Gruppe Ulbricht« in Berlin, April bis Juni 1945, Dokument Nr. 5, S. 127
146 Heinz Voßke, Walter Ulbricht, S. 181
147 Antifaschistische Schulen
148 Carola Stern, Ulbricht, S. 114
149 RZA, Fonds 495, Register 74, Akte 162, Blatt 83 und 92
150 Siehe hierzu umfassend Wilfried Loth, Stalins ungeliebtes Kind, Warum Moskau die DDR nicht wollte, der darüber hinausgehend die Auffassung vertritt, dass Stalin überhaupt keinen sozialistischen Staat in Deutschland anstrebte, sondern eine parlamentarische Demokratie für ganz Deutschland, errichtet in gemeinsamer Verantwortung der Siegermächte, die der Sowjetunion den Zugang zu den Ressourcen des Ruhrgebiets eröffnen sollte.
151 Manfred Wilke, »Es wird zwei Deutschlands geben«, Entscheidung über die Zusammensetzung der Kader, Frankfurter Allgemeine Zeitung vom 28. März 1991
152 Gerhard Keiderling, »Gruppe Ulbricht« in Berlin, April bis Juni 1945, Dokument Nr. 14, S. 182 und Dokument Nr. 21, S. 206
153 Gerhard Keiderling, »Gruppe Ulbricht« in Berlin, April bis Juni 1945, Dokument Nr. 21, S. 206
154 Gerhard Keiderling, »Gruppe Ulbricht« in Berlin, April bis Juni 1945, Dokument Nr. 17, S. 191
155 Der Entwurf wurde endgültig am 5. April 1945 von der KPD-Führung verabschiedet. Heinz Voßke, Walter Ulbricht, S. 183. Entwurf abgedruckt bei Gerhard Keiderling, »Gruppe Ulbricht« in Berlin, April bis Juni 1945, Dokument Nr. 31, S. 260
156 Gerhard Keiderling, »Gruppe Ulbricht« in Berlin, April bis Juni 1945, Dokument Nr. 18, S. 194
157 Gerhard Keiderling, »Gruppe Ulbricht« in Berlin, April bis Juni 1945, Dokument Nr. 22, S. 208
158 Gerhard Keiderling, »Gruppe Ulbricht« in Berlin, April bis Juni 1945, Dokument Nr. 34, S. 273

159 Die Seminare fanden jeweils um 7.00 Uhr im Hotel Lux statt, und zwar am 15., 20., 24. und 27. April. Ein am 4. Mai geplantes weiteres Seminar fiel mangels ausreichender Teilnehmerzahl aus.
160 Pieck hielt in Notizen über das erste dieser Seminare die Aufgaben fest, die in diesem Zusammenhang an Ulbricht verteilt worden waren. Unter den Namen Ulbrichts schrieb er: »Kommunale Wirtschaft sofort organisieren – Genossenschaften – Wachsamkeit«. Gerhard Keiderling, »Gruppe Ulbricht« in Berlin, April bis Juni 1945, Dokument Nr. 32, S. 270? Die letzten Beratungen in Moskau im Rahmen der Arbeitskommission für politische Fragen fanden am 17. und 24. April 1945 statt. Ulbricht referierte über »Grundlegende Fragen des Neuaufbaus von Deutschland« und sprach auch das Schlusswort.
161 Gerhard Keiderling, »Gruppe Ulbricht« in Berlin, April bis Juni 1945, Dokument Nr. 36, S. 277
162 Wolfgang Leonhard, Die Revolution entläßt ihre Kinder, S. 292ff.

Sowjetischer Statthalter: 1945–1953

1 Es handelte sich um das so genannte »Säulenhaus« in der Buchholzer Straße 8
2 Einbecker Straße 41, damals Prinzenallee 80
3 Wolfgang Leonhard, Die Revolution entläßt ihre Kinder, S. 308
4 Karl Maron, Unerschütterlicher Optimismus, in: Alexander Abusch u. a. (Hrsg.), Walter Ulbricht, Schriftsteller, Künstler, Wissenschaftler und Pädagogen zu seinem siebzigsten Geburtstag, S. 154
5 Norbert Podewin, Walter Ulbricht, S. 170
6 Die KPD bezog am 10. Juli ihren Sitz in der Wallstraße 76–79. In der ersten Etage erhielten die vier Spitzenfunktionäre Wilhelm Pieck, Walter Ulbricht, Franz Dahlem und Anton Ackermann ihre Büros.
7 Gerhard Keiderling, »Gruppe Ulbricht« in Berlin, April bis Juni 1945, Dokument Nr. 78, S. 383
8 Gerhard Keiderling, »Gruppe Ulbricht« in Berlin, April bis Juni 1945, Dokument Nr. 46, S. 296
9 Rolf Badenstüber, Wilfried Loth (Hrsg.), Wilhelm Pieck – Aufzeichnungen zur Deutschlandpolitik 1945–1953, S. 36
10 Gerhard Keiderling, »Gruppe Ulbricht« in Berlin, April bis Juni 1945, S. 45
11 Norbert Podewin, Walter Ulbricht, S. 170
12 Gerhard Keiderling, »Gruppe Ulbricht« in Berlin, April bis Juni 1945, S. 44
13 Schreiben von Ulbricht an Pieck vom 23. Mai 1945, in: Gerhard Keiderling, »Gruppe Ulbricht« in Berlin, April bis Juni 1945, Dokument Nr. 73, S. 374
14 Bis zum 2. Mai 1945 hatten die Sowjets bereits eine Reihe von Verwaltungsbezirken mit Bürgermeistern besetzt. Die Personalauswahl hing dabei vom Zufall ab und wechselte in einigen Fällen innerhalb weniger Tage, weil die sowjetischen Kommandanten ungehalten über die

ihrer Meinung nach schleppende Befehlsausführung waren. Gerhard Keiderling, »Gruppe Ulbricht« in Berlin, April bis Juni 1945, S. 49
15 Carola Stern, Ulbricht, S. 114
16 Wolfgang Leonhard, Die Revolution entläßt ihre Kinder, S. 315
17 Gerhard Keiderling, »Gruppe Ulbricht« in Berlin, April bis Juni 1945, S. 53
18 Allgemeine Zeitung Nr. 10 vom 29. August 1945
19 Josef Orlopp, Zusammenbruch und Aufbau Berlins 1945/46, S. 12
20 Josef Orlopp, Zusammenbruch und Aufbau Berlins 1945/46, S. 13
21 Walter Ulbricht, Zur Geschichte der deutschen Arbeiterbewegung, Aus Reden und Aufsätzen, Band II, 1933-1946, 2. Zusatzband 1968, S. 213ff. und S. 218
22 Gerhard Keiderling, »Gruppe Ulbricht« in Berlin, April bis Juni 1945, Dokument Nr. 47, S. 298ff. In der Tat kam es am 1. Juni 1945 zur Errichtung eines Wohnviertels für Magistratsmitglieder in Berlin-Biesdorf, wo die neue parlamentarische Elite unter besonderen Sicherheitsvorkehrungen und bevorzugten Versorgungsbedingungen wohnte. Bereits im Juli 1945 kam es zu Spannungen zwischen Hermes und seinen Vertrauten einerseits und den Kommunisten andererseits. Am 27. Juli 1945 beschloss der Magistrat die Abberufung von Hermes, die von der Alliierten Kommandantur am 1. August 1945 bestätigt wurde.
23 Jochen Laufer, »Genossen, wie ist das Gesamtbild?«, Ackermann, Ulbricht und Sobottka in Moskau im Juni 1945, DA 3/1996, S. 365
24 Gerhard Keiderling, »Gruppe Ulbricht« in Berlin, April bis Juni 1945, S. 61. Sauerbruch amtierte nur bis zum 12. Oktober 1945, dann wurde er wegen seiner politischen Tätigkeit während des Dritten Reiches durch die Alliierte Kontrollkommission abberufen.
25 Gerhard Keiderling, »Gruppe Ulbricht« in Berlin, April bis Juni 1945, Dokument Nr. 47, S. 298
26 Gerhard Keiderling, »Gruppe Ulbricht« in Berlin, April bis Juni 1945, Dokument Nr. 56, S. 329
27 Gerhard Keiderling, »Gruppe Ulbricht« in Berlin, April bis Juni 1945, S. 64
28 Karl Maron, geboren am 27. April 1903, Vater Kutscher, Maschinenschlosser, bis 1929 arbeitslos. 1926 KPD-Mitglied. 1934 Emigration nach Dänemark und 1935 in die UdSSR. 1946/47 Erster Stellvertreter von Oberbürgermeister Werner. 1946 bis 1949 Stadtverordneter und Stadtrat für Wirtschaft. 1949/50 stellvertretender Chefredakteur des Neuen Deutschland. Ab 1. September 1950 Chef der Deutschen Volkspolizei und Stellvertreter des Ministers des Inneren. Ab 1954 Mitglied des ZK der SED. 1955 bis 1963 Minister des Inneren. 1964 bis 1974 Leiter des Instituts für Meinungsforschung beim ZK der SED. Stiefvater der Schriftstellerin Monika Maron. Gest. am 2. Februar 1975.
29 Karl Maron, Unerschütterlicher Optimismus, in: Alexander Abusch u. a. (Hrsg.), Walter Ulbricht, Schriftsteller, Künstler, Wissenschaftler und Pädagogen zu seinem siebzigsten Geburtstag, S. 156

30 Gerhard Keiderling, »Gruppe Ulbricht« in Berlin, April bis Juni 1945, S. 64
31 Gerhard Keiderling, »Gruppe Ulbricht« in Berlin, April bis Juni 1945, S. 68
32 Walter Ulbricht, Die geeinte Arbeiterklasse führte das Volk aus der Katastrophe, Neues Deutschland vom 17. April 1965
33 Gerhard Keiderling, »Gruppe Ulbricht« in Berlin, April bis Juni 1945, Dokument Nr. 57, S. 331
34 Gerhard Keiderling, »Gruppe Ulbricht« in Berlin, April bis Juni 1945, Dokument Nr. 73, S. 374
35 Gerhard Keiderling, »Gruppe Ulbricht« in Berlin, April bis Juni 1945, Dokument Nr. 65, S. 352
36 Gerhard Keiderling, »Gruppe Ulbricht« in Berlin, April bis Juni 1945, Dokument Nr. 78, S. 383
37 Wladimir K. Wolkow, Die deutsche Frage aus Stalins Sicht (1947 bis 1952), ZfG 1/2000, S. 23
38 Gerhard Keiderling, »Gruppe Ulbricht« in Berlin, April bis Juni 1945, Dokument Nr. 100, S. 468
39 Wladimir K. Wolkow, Die deutsche Frage aus Stalins Sicht (1947 bis 1952), ZfG 1/2000, S. 23. Es war heftig umstritten, ob bereits an diesem Tag ein Gespräch der KPD-Führer mit Stalin stattfand. Dieser Streit ist mit der Veröffentlichung des Besucherbuchs von Stalins Arbeitszimmer nunmehr geklärt.
40 Wladimir K. Wolkow, Die deutsche Frage aus Stalins Sicht (1947 bis 1952), ZfG 1/2000, S. 26
41 Wladimir K. Wolkow, Die deutsche Frage aus Stalins Sicht (1947 bis 1952), ZfG 1/2000, S. 26
42 Jochen Laufer, »Genossen, wie ist das Gesamtbild?«, DA 3/1996, S. 357
43 Wladimir K. Wolkow, Die deutsche Frage aus Stalins Sicht (1947 bis 1952), ZfG 1/2000, S. 26
44 Peter Erler, Horst Laude, Manfred Wilke (Hrsg.), Nach Hitler kommen wir, Dokument Nr. 40, S. 389. Ulbrichts Aufgaben im Sekretariat waren: »Organisatorischer Aufbau der Partei, Kaderfragen, Bezirksgewerkschaften, kommunale und staatliche Fragen, Bauernagitation, Sport.«
45 APS, I A/007 (KPD)
46 APS, I A/007 (KPD)
47 Walter Ulbricht, Zur Geschichte der deutschen Arbeiterbewegung, Aus Reden und Aufsätzen, Band 2, 1933-1946, 2. Zusatzband 1968, S. 232ff.
48 APS, I A 754/126
49 Erich W. Gniffke, Jahre mit Ulbricht, S. 36
50 Hermann Weber (Hrsg.), DDR, Dokumente zur Geschichte der Deutschen Demokratischen Republik 1945-1948, Dokument Nr. 19, S. 59
51 APS, A 755, Rede auf der Landesvorstandssitzung der SED-Sachsen in Dresden im Oktober 1946
52 Wladimir K. Wolkow, Die deutsche Frage aus Stalins Sicht (1947 bis 1952), ZfG 1/2000, S. 23

53 Walter Ulbricht, Zur Geschichte der deutschen Arbeiterbewegung, Band 2, S. 205
54 Heinz Brandt, Ein Traum, der nicht entführbar ist, S. 174ff.
55 Wolfgang Leonhard, Die Revolution entläßt ihre Kinder, S. 312
56 APS, I A 755, Rede Ulbrichts auf der Landesvorstandssitzung der SED-Sachsen im Oktober 1946
57 Ulbricht hatte das Lager am 11. und 15. Mai besucht.
58 Gerhard Keiderling, »Gruppe Ulbricht« in Berlin, April bis Juni 1945, S. 77
59 Gerhard Keiderling, »Gruppe Ulbricht« in Berlin, April bis Juni 1945, Dokument Nr. 47, S. 298
60 Edwin Hörnle, geboren am 11. Dezember 1883 in Cannstatt (Württemberg), Vater Pfarrer und Missionar. Studium der Theologie an den Universitäten Tübingen und Berlin, 1909 Vikar. 1910 SPD-Mitglied, 1912 bis 1914 Redakteur für die sozialdemokratische Zeitung Schwäbische Tageswacht. Ab 1916 Soldat. 1919/20 Leiter der KPD in Württemberg. 1921 bis 1924 Mitglied der Zentrale der KPD. 1923 Tätigkeit in Moskau, 1924 bis 1933 Mitglied des Reichstages. 1933 für die KPD in der Schweiz tätig. 1933 bis 1938 Leiter der Abteilung Mitteleuropa am Internationalen Agrarinstitut in Moskau. 1938 Studium der Wirtschaftswissenschaften, sowjetischer Dr.-Titel. 1943 bis 1945 Mitglied des NKFD, konzeptionelle Vorbereitung der Agrarpolitik für die Nachkriegszeit. Mai 1945 Rückkehr nach Deutschland, Mitarbeiter des Ernährungsamtes Groß-Berlin. August 1945 bis 1949 Präsident der deutschen Zentralverwaltung für Land- und Forstwirtschaft. Maßgeblich beteiligt an der konzeptionellen Ausgestaltung der Bodenreform und ihrer Durchsetzung durch die Landes- und Provinzialverwaltungen. November 1945 Mitbegründer der Deutschen Verwaltungsakademie und Dekan ihrer Agrarpolitischen Fakultät, Berufung zum Professor. Gest. am 21. Juli 1952.
61 Norbert Podewin, Walter Ulbricht, S. 168
62 Erich Wendt, geboren am 29. August 1902, Sohn eines Fleischers, Schriftsetzer. 1922 KPD-Mitglied, seit 1924 Arbeit als Schriftsteller und Redakteur bei verschiedenen KPD-Zeitungen. 1923 Verhaftung wegen Vorbereitung zum Hochverrat, Einstellung des Verfahrens. 1923 bis 1931 verschiedene Funktionen und Tätigkeiten in kommunistischen Jugendorganisationen. 1931 nach Einleitung eines Verfahrens wegen Hochverrats Emigration nach Moskau. Während der stalinistischen Verfolgungen 1936 verhaftet und in ein Lager in Saratow gebracht. Ausschluss aus der KPD, 1939 rehabilitiert. 1938 bis 1947 Deutschlehrer und Übersetzer in der Sowjetunion. 1941 mit den Wolgadeutschen nach Sibirien deportiert. 1947 Rückkehr nach Deutschland. Bis 1954 Leiter des Aufbau-Verlages und von 1953 bis 1957 Leiter der Lenin-Abteilung am Institut für Marxismus-Leninismus beim ZK der SED. 1957 bis zu seinem Tod am 8. Mai 1965 Stellvertretender Minister für Kultur. In zweiter Ehe mit Charlotte Teubner verheiratet, der zweiten Ehefrau von Herbert Wehner.
63 Gerhard Keiderling, »Gruppe Ulbricht« in Berlin, April bis Juni 1945, Dokument Nr. 53, S. 325

64 Stefan Creuzberger, Die Liquidierung der antifaschistischen Organisationen in Berlin, DA 11/1993 S. 1266
65 Wolfgang Leonhard, Die Revolution entläßt ihre Kinder, S. 337
66 Wolfgang Leonhard, Die Revolution entläßt ihre Kinder, S. 338
67 Wolfgang Leonhard, Die Revolution entläßt ihre Kinder, S. 381
68 Gerhard Keiderling, »Gruppe Ulbricht« in Berlin, April bis Juni 1945, Dokument 143, S. 569ff.
69 Wolfgang Leonhard, Die Revolution entläßt ihre Kinder, S. 356
70 Wolfgang Leonhard, Die Revolution entläßt ihre Kinder, S. 357
71 Wladimir K. Wolkow, Die deutsche Frage aus Stalins Sicht (1947 bis 1952), ZfG 1/2000, S. 28
72 Revolutionäre Gewerkschaftsopposition
73 Gerhard Keiderling, »Gruppe Ulbricht« in Berlin, April bis Juni 1945, S. 84
74 Gerhard Keiderling, »Gruppe Ulbricht« in Berlin, April bis Juni 1945, S. 85
75 Ernst Lemmer, Manches war doch anders, Erinnerungen eines deutschen Demokraten, S. 245ff.
76 APS, I A/007 (KPD)
77 Wolfgang Leonhard, Die Revolution entläßt ihre Kinder, S. 380
78 Bis 1963 war Ulbricht ununterbrochen Mitglied des Bundesvorstandes des FDGB.
79 Carola Stern, Ulbricht, S. 111
80 Gerhard Keiderling, »Gruppe Ulbricht« in Berlin, April bis Juni 1945, Dokument Nr. 41, S. 287
81 Erich Walter Gniffke, geboren am 14. Februar 1895 in Elbing (Ostpreußen), Vater Werftarbeiter, Kaufmann. 1913 SPD-Mitglied. 1913 bis 1920 Korrespondent. Im Ersten Weltkrieg zwei Jahre Soldat. 1920 bis 1924 Prokurist und Vorstandsmitglied der Westbank AG in Danzig. 1924 bis 1926 Mitinhaber der Firma Gniffke AG und Co. (Export/Import). 1926 bis 1929 Mitarbeiter im Zentralverband der Angestellten. 1929 bis 1933 Bezirksleiter und Geschäftsführer der Arbeitsgemeinschaft freier Angestelltenverbände in Braunschweig. 1933 bis 1945 Generalvertreter für den Vertrieb von Backherden. Mehrfach inhaftiert. 1945 Mitbegründer der SPD, Geschäftsführender Vorstand der SPD. 1945/46 einer der drei Vorsitzenden des Zentralausschusses der SPD. Ab April 1946 Mitglied des Parteivorstandes der SED und seines Zentralsekretariats. 1946 bis 1948 Abgeordneter des Mecklenburgischen Landtages. Oktober 1948 Flucht nach Westdeutschland. Leitender Angestellter und später Geschäftsführer verschiedener Unternehmen. Gest. am 5. September 1964.
82 Gerhard Keiderling, »Gruppe Ulbricht« in Berlin, April bis Juni 1945, S. 89
83 Gerhard Keiderling, »Gruppe Ulbricht« in Berlin, April bis Juni 1945, S. 89
84 Erich W. Gniffke, Jahre mit Ulbricht, S. 27
85 Heinz Voßke, Walter Ulbricht, S. 199
86 Erich W. Gniffke, Jahre mit Ulbricht, S. 32

87 Erich W. Gniffke, Jahre mit Ulbricht, S. 33. Auch das entsprach den KPD-Konzeptionen von 1944/45.
88 Wilfried Loth, Stalins ungeliebtes Kind, Warum Moskau die DDR nicht wollte, S. 48
89 Norbert Podewin, Walter Ulbricht, S. 187
90 Erich W. Gniffke, Jahre mit Ulbricht, S. 135
91 Walter Ulbricht, Zur Geschichte der deutschen Arbeiterbewegung, Aus Reden und Aufsätzen, Band 2, 1933-1946, 2. Zusatzband 1968, S. 356
92 Protokoll des Vereinigungsparteitages der SPD und der KPD am 21./22. April 1946 in der Staatsoper (»Admiralspalast«) in Berlin, S. 158ff.
93 Heinz Voßke, Walter Ulbricht, S. 226
94 Wilfried Loth, Stalins ungeliebtes Kind, Warum Moskau die DDR nicht wollte, S. 48
95 Anton Ackermann, Gibt es einen besonderen deutschen Weg zum Sozialismus?, Einheit 1/1946, S. 22ff.
96 Die Volkskongressbewegung war eine Initiative der SED, um Stalins Deutschlandpolitik umzusetzen. Der 1. Deutsche Volkskongress, der am 6./7. Dezember 1947 tagte, bestand aus Delegierten der Parteien und Massenorganisationen der SBZ und in geringerem Umfang auch aus Delegierten aus den Westzonen, wo die Bewegung verboten wurde. Im März 1948 wählte der 2. Deutsche Volkskongress den Deutschen Volksrat mit 400 Mitgliedern. Aus dem 2. Deutschen Volksrat bildete sich am 7. Oktober 1949 die provisorische Volkskammer der DDR.
97 Wladimir K. Wolkow, Die deutsche Frage aus Stalins Sicht (1947 bis 1952), ZfG 1/2000, S. 33
98 Heinz Voßke, Walter Ulbricht, S. 237, Brief Walter Ulbrichts und Max Fechners an die Teilnehmer der Großkundgebung in Hannover, BzG 8/1966, S. 103
99 Heike Amos, Die Westpolitik der SED 1948/49-1961, S. 50
100 Erich W. Gniffke, Jahre mit Ulbricht, S. 33
101 APS, A 761, Blatt 275
102 Wilfried Loth, Stalins ungeliebtes Kind, Warum Moskau die DDR nicht wollte, S. 226ff.
103 Erich W. Gniffke, Jahre mit Ulbricht, S. 310
104 Erich W. Gniffke, Jahre mit Ulbricht, S. 307
105 Carola Stern, Ulbricht, S. 117
106 Dokumente der Sozialistischen Einheitspartei Deutschlands, Band 2, Berlin 1951, S. 81
107 Erich W. Gniffke, Jahre mit Ulbricht, S. 307
108 Dietrich Staritz, Die SED, Stalin und der »Aufbau des Sozialismus in der DDR«, DA 7/1991, S. 690
109 Wladimir K. Wolkow, Die deutsche Frage aus Stalins Sicht (1947 bis 1952), ZfG 1/2000, S. 35ff.
110 Dietrich Staritz, Die SED, Stalin und der »Aufbau des Sozialismus in der DDR«, DA 7/1991, S. 692

111 Wladimir K. Wolkow, Die deutsche Frage aus Stalins Sicht (1947 bis 1952), ZfG 1/2000, S. 37
112 Wilhelm Pieck über die Politik der SED, Neues Deutschland vom 31. Dezember 1948, S. 1
113 Erste Parteikonferenz der SED vom 25. bis 28. Januar 1949
114 Protokoll der ersten Parteikonferenz der SED, 25. bis 28. Januar 1949, S. 356
115 Protokoll der ersten Parteikonferenz der SED, 25. bis 28. Januar 1949, S. 314
116 Siegfried Suckut, Die Entscheidung zur Gründung der DDR, Die Protokolle der Beratungen des SED-Parteivorstandes am 4. und 9. Oktober 1949, VfZ 1/1991, S. 160ff.
117 Protokoll der ersten Parteikonferenz der SED, 25. bis 28. Januar 1949, S. 319
118 Statut der SED von 1976, Punkt 39
119 Siegfried Suckut, Innenpolitische Aspekte der DDR-Gründung, Konzeptionelle Differenzen, Legitimations- und Akzeptanzprobleme, in: Elke Scherstjanoi (Hrsg.), »Provisorium für längstens ein Jahr«, Die Gründung der DDR, S. 91ff.
120 Heinz Voßke, Walter Ulbricht, S. 280, Fußnote 11
121 Frankfurter Allgemeine Zeitung vom 26. Juli 1950, S. 1
122 Carola Stern, Ulbricht, S. 133
123 Carola Stern, Ulbricht, S. 130
124 Erich W. Gniffke, Jahre mit Ulbricht, S. 126
125 Erich W. Gniffke, Jahre mit Ulbricht, S. 114
126 Erich W. Gniffke, Jahre mit Ulbricht, S. 143
127 Erich W. Gniffke, Jahre mit Ulbricht, S. 27
128 Carola Stern, Ulbricht, S. 162
129 Gerhard Schürer, Gewagt und verloren, Eine deutsche Biografie, S. 129
130 Fritz Rücker, Der Patriot, in: Alexander Abusch u. a. (Hrsg.), Walter Ulbricht, Schriftsteller, Künstler, Wissenschaftler und Pädagogen zu seinem siebzigsten Geburtstag, S. 201
131 Gerhard Schürer, Gewagt und verloren, Eine deutsche Biografie, S. 128
132 Gerhard Schürer, Gewagt und verloren, Eine deutsche Biografie, S. 128
133 Gennadij Bordjugow, SMAD und SED, in: Hermann Weber, Ulrich Mählert (Hrsg.), Terror, Stalinistische Parteisäuberungen, 1936–1953, S. 298
134 Markus Jodl, Amboß oder Hammer? Otto Grotewohl, Eine politische Biographie, S. 137
135 Carola Stern, Ulbricht, S. 125
136 Rudolf Herrnstadt, Das Herrnstadt-Dokument, S. 64
137 Karl Schirdewan, Aufstand gegen Ulbricht, S. 122
138 Markus Jodl, Amboß oder Hammer? Otto Grotewohl, Eine politische Biographie, S. 153
139 Markus Jodl, Amboß oder Hammer? Otto Grotewohl, Eine politische Biographie, S. 169

140 BStU, ZA, MfS, SctM 1198, Blatt 1
141 BStU, ZA, MfS, SctM 1198, Blatt 73
142 Markus Jodl, Amboß oder Hammer? Otto Grotewohl, Eine politische Biographie, S. 169
143 Gennadij Bordjugow, SMAD und SED, in: Hermann Weber, Ulrich Mählert (Hrsg.), Terror, Stalinistische Parteisäuberungen, 1936–1953, S. 290
144 Rudolf Herrnstadt, Das Herrnstadt-Dokument, S. 78
145 Walter Ulbricht (Hrsg.), Geschichte der Deutschen Arbeiterbewegung, Band 2, S. 433
146 Wilfried Loth, Stalins ungeliebtes Kind, Warum Moskau die DDR nicht wollte, S. 141
147 Anton Ackermann, Über den einzig möglichen Weg zum Sozialismus, Neues Deutschland vom 24. September 1948, S. 4
148 Fritz Schenk, Im Vorzimmer der Diktatur, S. 138
149 BP, DA 5/8488, Blatt 69
150 BStU, ZA, MfS, SctM 1198, Blatt 192
151 BStU, ZA, MfS, SctM 1198, Blatt 273
152 BStU, ZA, MfS, SctM 1483, Blatt 11
153 Manfred Wilke (Hrsg.), Die Anatomie der Parteizentrale, S. 50
154 Fritz Schenk, Im Vorzimmer der Diktatur, S. 233
155 Am 17. Januar 1950 wurde diese Tatsache auf der Titelseite des Neuen Deutschland in Form eines Briefwechsels zwischen Ulbricht und Tschuikow bekannt gegeben.
156 Gennadij Bordjugow, SMAD und SED, in: Hermann Weber, Ulrich Mählert (Hrsg.), Terror, Stalinistische Parteisäuberungen, 1936–1953, S. 289
157 Ernst Wollweber, Aus Erinnerungen, Ein Porträt Walter Ulbrichts, BzG 3/1990, S. 352
158 Carola Stern, Ulbricht, S. 152
159 Fritz Schenk, Im Vorzimmer der Diktatur, S. 163
160 Carola Stern, Ulbricht, S. 152
161 Siehe hierzu Georg Hermann Hodos, Stalinistische Säuberungen in Osteuropa, 1948–1954, Frankfurt, New York 1988
162 Hermann Weber, Schauprozeß-Vorbereitungen in der DDR, in: Hermann Weber, Dietrich Staritz (Hrsg.), Kommunisten verfolgen Kommunisten, S. 439
163 Hermann Weber, Schauprozeß-Vorbereitungen in der DDR, in: Hermann Weber, Ulrich Mählert (Hrsg.), Terror, Stalinistische Parteisäuberungen, 1936–1953, S. 463
164 Rolf Badenstüber, Wilfried Loth (Hrsg.), Wilhelm Pieck, Aufzeichnungen zur Deutschlandpolitik, 1945–1953, S. 36ff.
165 Hermann Weber, Schauprozeß-Vorbereitungen in der DDR, in: Hermann Weber, Dietrich Staritz (Hrsg.), Kommunisten verfolgen Kommunisten, S. 438
166 Hermann Weber, Schauprozeß-Vorbereitungen in der DDR, in: Hermann Weber, Dietrich Staritz (Hrsg.), Kommunisten verfolgen Kommunisten, S. 439

167 Hermann Weber, Schauprozeß-Vorbereitungen in der DDR, in: Hermann Weber, Dietrich Staritz (Hrsg.), Kommunisten verfolgen Kommunisten, S. 445
168 Hermann Weber, Schauprozeß-Vorbereitungen in der DDR, in: Hermann Weber, Dietrich Staritz (Hrsg.), Kommunisten verfolgen Kommunisten, S. 445
169 Hermann Weber, Schauprozeß-Vorbereitungen in der DDR, in: Hermann Weber, Ulrich Mählert (Hrsg.), Terror, Stalinistische Parteisäuberungen 1936–1953, S. 479
170 Ulrich Mählert, Parteisäuberungen in der SED, in: Hermann Weber, Ulrich Mählert (Hrsg.), Terror, Stalinistische Parteisäuberungen 1936–1953, S. 441
171 Hermann Weber, Schauprozeß-Vorbereitungen in der DDR, in: Hermann Weber, Ulrich Mählert (Hrsg.), Terror, Stalinistische Parteisäuberungen 1936–1953, S. 482
172 Wilfried Loth, Stalins ungeliebtes Kind, Warum Moskau die DDR nicht wollte, S. 169
173 Bis heute ist umstritten, ob die Sowjetunion 1952 wirklich ein ernst gemeintes Angebot zur Wiedervereinigung machte oder ob es sich um ein taktisches Manöver handelte, um die Eingliederung in das westliche Militärbündnis zu verhindern. Zum Meinungsstreit siehe Gerhard Wettig, Neue Gesichtspunkte zur sowjetischen März-Note von 1952, DA 4/1994, S. 416. Sechs Wochen nach der Stalin-Note, am 27. Mai 1952, unterzeichneten die Außenminister der drei westlichen Siegermächte und der Bundesrepublik den »Vertrag über die Beziehungen zwischen der Bundesrepublik Deutschland und den drei Mächten«. Gleichzeitig wurde der »Vertrag über die europäische Verteidigungsgemeinschaft« unterzeichnet, der die Eingliederung der Bundesrepublik in das westliche Verteidigungsbündnis besiegelte.
174 Walter Ulbricht, Zur Antwortnote der Westmächte, Neues Deutschland vom 28. März 1952, S. 1
175 Darüber hinaus reiste Ulbricht vom 5. bis 14. Oktober 1950 ein zweites Mal in diesem Jahr in die Sowjetunion, um als Mitglied der von Wilhelm Pieck geleiteten DDR-Delegation am neunzehnten Parteitag der KPdSU teilzunehmen.
176 Wilfriede Otto, Sowjetische Deutschlandnote 1952, BzG 3/1991, S. 381
177 Dietrich Staritz, Die SED, Stalin und der »Aufbau des Sozialismus« in der DDR, DA 7/1991, S. 696, und Wilfriede Otto, Sowjetische Deutschlandnote 1952, BzG 3/1991, S. 378
178 Wladimir K. Wolkow, Die deutsche Frage aus Stalins Sicht (1947 bis 1952), BzG 1/2000, S. 44ff.
179 Wladimir K. Wolkow, Die deutsche Frage aus Stalins Sicht (1947 bis 1952), BzG 1/2000, S. 45
180 Wilfriede Otto, Sowjetische Deutschlandnote 1952, BzG 3/1991, S. 378
181 Wladimir K. Wolkow, Die deutsche Frage aus Stalins Sicht (1947 bis 1952), BzG 1/2000, S. 46ff.
182 Das Gesamtkonzept scheiterte später allerdings daran, dass die französische Nationalversammlung am 30. August 1954 den Beitritt zur

Europäischen Verteidigungsunion ablehnte. Die Bundesrepublik trat daraufhin am 7./9. Mai 1955 unmittelbar der North Atlantic Treaty Organisation (NATO) bei.
183 Inge Bennewitz, »Sollen sie ihre Wut gegen die Bonner Regierung und die Amerikaner richten«, DA 3/1999, S. 373
184 Inge Bennewitz, »Sollen sie ihre Wut gegen die Bonner Regierung und die Amerikaner richten«, DA 3/1999, S. 372
185 9. bis 12. Juli 1952
186 Wilfriede Otto, Sowjetische Deutschlandnote 1952, BzG 3/1991, S. 379
187 Protokoll der Verhandlungen der zweiten Parteikonferenz der Sozialistischen Einheitspartei Deutschlands, 9. bis 12. Juli 1952, S. 58

Krisenjahre: 1953–1958

1 Karl Schirdewan, Aufstand gegen Ulbricht, S. 33
2 Karl Schirdewan, Aufstand gegen Ulbricht, S. 38
3 Karl Schirdewan, Aufstand gegen Ulbricht, S. 41
4 Gennadij Bordjugow, SMAD und SED, in: Hermann Weber, Ulrich Mählert (Hrsg.), Terror, Stalinistische Parteisäuberungen 1936–1953, S. 289
5 Rudolf Herrnstadt, Das Herrnstadt-Dokument, S. 80
6 Kurt Hager, Erinnerungen, S. 190
7 Neues Deutschland vom 8. März 1953, S. 1
8 Dieter Borkowski, Honecker, S. 225
9 Der Name Karl Marx wurde dadurch frei für Chemnitz, das am 10. Mai 1953 durch Otto Grotewohl in Karl-Marx-Stadt umgetauft wurde. Nach offizieller Berichterstattung nahmen an der Umbenennung der viertgrößten Stadt der DDR 180 000 »begeisterte Zuschauer« teil. Tatsächlich empfanden viele Chemnitzer die Streichung des traditionellen Namens ihrer Stadt als herben Verlust.
10 Das 15. Plenum des ZK der SED – Parteiinternes Material – Nur für den persönlichen Gebrauch bestimmt. Broschüre, herausgegeben vom ZK der SED, S. 76, abgedruckt bei Ilse Spittmann, Karl Wilhelm Fricke, 17. Juni 1953, S. 195
11 Heinz Voßke, Walter Ulbricht, S. 298
12 Heinz Voßke, Walter Ulbricht, S. 301
13 Walter Ulbricht, Die Warschauer Konferenz und die neuen Aufgaben in Deutschland, Rede auf der 24. Tagung des ZK der SED am 1. und 2. Juni 1955
14 Karl Schirdewan, Aufstand gegen Ulbricht, S. 79
15 Walter Ulbricht, Über den XX. Parteitag der Kommunistischen Partei der Sowjetunion, Neues Deutschland vom 4. März 1956, S. 4
16 Walter Ulbricht, Antwort auf Fragen der Berliner Bezirksdelegiertenkonferenz der SED, Neues Deutschland vom 18. März 1956, S. 3
17 Norbert Podewin, Walter Ulbricht, S. 288
18 24. bis 30. März 1956
19 Karl Schirdewan, Aufstand gegen Ulbricht, S. 85

20 Carola Stern, Ulbricht, S. 192
21 Carola Stern, Ulbricht, S. 191
22 28. Tagung des ZK vom 27. bis 29. Juli 1956
23 Karl Schirdewan, Aufstand gegen Ulbricht, S. 89
24 Norbert Podewin, Walter Ulbricht, S. 289
25 Norbert Podewin, Walter Ulbricht, S. 289
26 Carola Stern, Ulbricht, S. 194
27 Karl Schirdewan, Aufstand gegen Ulbricht, S. 83
28 Die beiden waren 1921 gleichzeitig politische Leiter zweier benachbarter KPD-Bezirke gewesen; Ulbricht des Bezirks Thüringen, Wollweber des Oberbezirks Mitte.
29 Ernst Wollweber, Aus Erinnerungen, Ein Porträt Walter Ulbrichts, BzG 3/1990, S. 356
30 Erklärung abgedruckt bei Karl Schirdewan, Aufstand gegen Ulbricht, S. 181 ff.
31 Karl Schirdewan, Aufstand gegen Ulbricht, S. 90
32 Nach einem Herzinfarkt im Mai 1956 hatte Wollweber bis September im Krankenhaus bleiben müssen und war danach zur Kur in Polen gewesen. Nach eigener Aussage blieb Wollweber nur wegen der Ereignisse in Ungarn und Polen weiter im Amt.
33 Ernst Wollweber, Aus Erinnerungen, Ein Porträt Walter Ulbrichts, BzG 3/1990, S. 365
34 Jan von Flocken, Michael F. Scholz, Ernst Wollweber – Saboteur – Minister – Unperson, S. 174
35 Karl Schirdewan, Aufstand gegen Ulbricht, S. 108
36 Peter Przybylski, Tatort Politbüro, Die Akte Honecker, S. 264
37 29. Tagung des ZK vom 12. bis 14. November 1956
38 Karl Schirdewan, Aufstand gegen Ulbricht, S. 110
39 Otto Wenzel, Kriegsbereit, S. 21
40 Peter Przybylski, Tatort Politbüro, Die Akte Honecker, S. 89
41 Die »Plattform« Harichs ist abgedruckt in: SBZ-Archiv 8/1957, S. 72 ff.
42 Der Spiegel Nr. 13/1991, S. 100
43 Ernst Wollweber, Aus Erinnerungen, Ein Porträt Walter Ulbrichts, BzG 3/1990, S. 365
44 Walter Janka, Schwierigkeiten mit der Wahrheit, S. 96 und S. 102
45 Karl Schirdewan, Aufstand gegen Ulbricht, S. 118
46 Karl Schirdewan, Aufstand gegen Ulbricht, S. 125
47 30. Plenum des ZK der SED vom 30. Januar bis 1. Februar 1957
48 Walter Janka, Schwierigkeiten mit der Wahrheit, S. 86
49 Vom ebenfalls schon verhafteten Walter Janka war auf diesem Plenum noch nicht die Rede.
50 Peter Przybylski, Tatort Politbüro, Die Akte Honecker, S. 256
51 Karl Schirdewan, Aufstand gegen Ulbricht, S. 127
52 Roger Engelmann, Silke Schumann, Der Ausbau des Überwachungsstaates, VfZ 43/1995, S. 355 ff.
53 Roger Engelmann, Silke Schumann, Der Ausbau des Überwachungsstaates, VfZ 43/1995, S. 356 ff.
54 Ernst Wollweber, Aus Erinnerungen, Ein Porträt Walter Ulbrichts, BzG 3/1990, S. 370

55 Roger Engelmann, Silke Schumann, Der Ausbau des Überwachungsstaates, VfZ 43/1995, S. 368ff.
56 Jan von Flocken, Michael F. Scholz, Ernst Wollweber – Saboteur – Minister – Unperson, S. 189
57 Jan von Flocken, Michael F. Scholz, Ernst Wollweber – Saboteur – Minister – Unperson, S. 190
58 Ernst Wollweber, Aus Erinnerungen, Ein Porträt Walter Ulbrichts, BzG 3/1990, S. 371
59 Peter Przybylski, Tatort Politbüro, Die Akte Honecker, S. 91
60 Roger Engelmann, Silke Schumann, Der Ausbau des Überwachungsstaates, VfZ 43/1995, S. 359
61 Der Kulturbund war eine unter Kontrolle der SED auf allen Gebieten der Kultur arbeitende Massenorganisation mit der Aufgabe, die staatliche, sozialistische Kulturpolitik zu unterstützen und zur Annäherung der Intelligenz an die Arbeiterklasse beizutragen. Im Juli 1945 auf Initiative der SMAD unter dem Namen »Kulturbund zur demokratischen Erneuerung Deutschlands« gegründet. 1958 Umbenennung in »Deutscher Kulturbund« und 1974 in »Kulturbund der DDR«. War durch eine eigene Fraktion in der Volkskammer und durch Abgeordnete in den örtlichen Volksvertretungen vertreten.
62 Martin Jänicke, Der Dritte Weg, S. 89
63 Berliner Zeitung vom 10./11. Februar 1990, S. 9
64 BStU, ZA. MfS, SctM, 1478, Blatt 8ff.
65 Karl Schirdewan, Aufstand gegen Ulbricht, S. 132
66 Peter Przybylski, Tatort Politbüro, Die Akte Honecker, S. 93
67 Karl Schirdewan, Aufstand gegen Ulbricht, S. 133
68 Karl Schirdewan, Aufstand gegen Ulbricht, S. 138
69 BStU, ZA. MfS, SctM, 1478, Blatt 2ff.
70 BStU, ZA. MfS, SctM, 1478, Blatt 19
71 BStU, ZA. MfS, SctM, 1478, Blatt 14
72 BStU, ZA. MfS, SctM, 1478, Blatt 19
73 BStU, ZA. MfS, SctM, 1478, Blatt 20ff.
74 Peter Przybylski, Tatort Politbüro, Die Akte Honecker, S. 93
75 Hermann Weber (Hrsg.), DDR, Dokumente zur Geschichte der Deutschen Demokratischen Republik 1945–1985, S. 235
76 Martin Jänicke, Der Dritte Weg, S. 91
77 Auszug aus einem Gedicht von Horst Salomon, abgedruckt bei Carola Stern, Ulbricht, S. 221ff.

Der Privatmann

1 Carola Stern, Ulbricht, S. 157
2 Lotte (Charlotte) Ulbricht, Mädchenname Kühn, geboren am 19. April 1903 in Berlin. Vater Hilfsarbeiter, gest. 1917, Mutter Heimarbeiterin. 1935 bis 1938 mit ihrem neuen Lebensgefährten Walter Ulbricht in Prag und Paris. 1941 bis 1945 wieder Mitarbeiterin der Kommunistischen Internationale. 1945 Rückkehr nach Deutschland. 1959 bis 1973

wissenschaftliche Mitarbeiterin am Institut für Marxismus-Leninismus, von 1959 bis 1961 Leiterin der Arbeitsgruppe zur Forschung über Walter Ulbricht. 1960 Mitglied der Frauenkommission beim Sekretariat des ZK der SED. Ab 1961 verantwortlich für alle vom Institut für Marxismus-Leninismus publizierten Arbeiten von Walter Ulbricht. 1962 bis 1973 Mitglied der Frauenkommission beim Politbüro. Nach Ablösung Walter Ulbrichts im Juli 1973 in Ruhestand. Lebt in Berlin.

3 Heinz Voßke, Walter Ulbricht, S. 132
4 1963, zu ihrem 60. Geburtstag, wurden 42 ihrer Aufsätze, die zwischen 1943 und 1963 in verschiedenen Zeitungen und Zeitschriften veröffentlicht worden waren, als Manuskript gedruckt.
5 Lotte Ulbricht, Walter Ulbricht – privat, Berliner Zeitung vom 29. Juni 1965, Archivkopie ohne Seitenzahl
6 Norbert Podewin, Walter Ulbricht, S. 489
7 Carola Stern, Ulbricht, S. 162
8 Zu aktuellen Fragen der Jugendarbeit, in: Walter Ulbricht, An die Jugend, S. 183
9 Zu aktuellen Fragen der Jugendarbeit, in: Walter Ulbricht, An die Jugend, S. 182
10 Stern sprach mit der Schwester Ulbrichts, Der Stern Nr. 45/1961, S. 45
11 Zu aktuellen Fragen der Jugendarbeit, in: Walter Ulbricht, An die Jugend, S. 191
12 Zu aktuellen Fragen der Jugendarbeit, in: Walter Ulbricht, An die Jugend, S. 335
13 Beate Ulbricht, Lieber Papa, böse Lotte, Ulbrichts Tochter erinnert sich, Super vom 29. August 1991, S. 5
14 Mari Winkler, geb. Kühn, geboren 1900
15 Beate Ulbricht, Lieber Papa, böse Lotte, Ulbrichts Tochter erinnert sich, Super vom 29. August 1991, S. 5
16 Beate Ulbricht, Lieber Papa, böse Lotte, Ulbrichts Tochter erinnert sich, Super vom 30. August 1991, S. 7
17 Beate Ulbricht, Lieber Papa, böse Lotte, Ulbrichts Tochter erinnert sich, Super vom 31. August 1991, S. 5
18 Beate Ulbricht hat in einer Serie in der Boulevardzeitung Super angegeben, dass der Grund für ihren Arbeitsplatzwechsel gewesen sei, dass sie eines Abends von fünf Arbeitern der Fabrik, in der sie gearbeitet hatte, vergewaltigt worden sei. Auf Anordnung ihres Vaters habe sie daraufhin am nächsten Tag gekündigt. Ulbricht habe die Angelegenheit unter den Teppich gekehrt, weil er nicht wollte, dass die Sache Aufsehen errégte. Diese Aussage halte ich für nicht glaubwürdig. Niemand hätte es zu dieser Zeit gewagt, sich an Ulbrichts Tochter zu vergreifen. Und wenn es wirklich geschehen wäre, hätte Ulbricht für eine schwere Bestrafung der Täter gesorgt.
19 Beate Ulbricht, Lieber Papa, böse Lotte, Ulbrichts Tochter erinnert sich, Super vom 3. September 1991, S. 5
20 Beate Ulbricht, Lieber Papa, böse Lotte, Ulbrichts Tochter erinnert sich, Super vom 2. September 1991, S. 5
21 Kurt Hager, Erinnerungen, S. 309

22 Kurt Fischer, geboren am 1. Juli 1900 in Halle, Vater Schneider, Mutter Fabrikarbeiterin. Volksschule, Lehrerseminar. 1918 Spartakusbund, 1919 KPD-Mitglied. Nach Teilnahme an den bewaffneten Kämpfen in Mitteldeutschland 1921 Emigration in die UdSSR, Lehrer an deutschsprachigen Schulen. 1923 Rückkehr nach Deutschland, 1924 wieder UdSSR, Mitglied der KPdSU. 1924 bis 1928 Mitarbeiter im EKKI. 1928 bis 1932 Ausbildung an einer Militärakademie in Moskau. 1932 bis 1939 Agent des sowjetischen militärischen Nachrichtendienstes. 1934 in Wien verhaftet, neun Monate Haft. 1939 bis 1941 Mitarbeiter einer sowjetischen Militärbehörde. 1942/43 Dozent an der Universität »W. I. Uljanow-Lenin« in Kasan. 1943 bis 1945 Propagandaarbeit in Kriegsgefangenenlagern. Mai 1945 Rückkehr nach Deutschland als Mitglied der KPD-Gruppe für Sachsen. Bis Juli Oberbürgermeister in Dresden, danach bis 1948 Erster Vizepräsident der Landesverwaltung bzw. des Innenministeriums von Sachsen. Mitglied des SED-Landesvorstandes und Abgeordneter des Sächsischen Landtages. 1948 bis 1950 Präsident der Deutschen Verwaltung des Innern und Chef der Deutschen Volkspolizei, Generalinspekteur. Gest. am 22. Juni 1950.

23 Ulbricht über Becher am 21. Juli 1939: »1924 unterstützte er die politische Gruppe Ruth Fischer, ohne ihr fraktionell anzugehören. Als ihm die sowjetfeindliche Stellung des Trotzkismus bewusst wurde, revidierte er... seine falsche politische Stellung. In der Frage der Versöhnler nahm er nicht klar Stellung, war jedoch nicht mit ihnen gruppenmäßig verbunden. Bei einer Versammlung des Unionsverbandes der Sowjetschriftsteller aus Anlass des Prozesses gegen das terroristische-trotzkistische-sinowjewsche Zentrum verließ er die Versammlung vor der Abstimmung. Er selbst bezeichnete das als einen schweren politischen Fehler. Seine Frau Lilly Korpus war ein aktives Mitglied der Ruth-Fischer-Gruppe.« Reinhard Müller, Die Säuberung, S. 551.

24 Wolfgang Leonhard, Die Zeit vom 28. Juni 1963, Archivkopie ohne Seitenzahl

25 1953, zu Ulbrichts 60. Geburtstag, reimte Becher das Sonett »Dank an den Freund«:
Dem Freunde, der als Freund sich hat bewährt,
Da er zu keiner Schwäche hat geschwiegen,
Und der auch nicht verschwieg, was lobenswert –
Dem Freund, der mir Kraft gab im Erliegen,
Als Deutschland lag verknechtet und entehrt –
Und ich sah Deutschland, seinem Grab entstiegen!
Dem Freunde Dank, der mich die Kunst gelehrt:
Die Kunst des Lernens als die Kunst zu siegen –
Dir sei, dem Freunde, heute Dank gesagt,
Und dies Sonett nimm als Dankeszeichen,
Ein Händedruck in all dem Händereichen!
Dank Dir, der Du das Höchste hast gewagt.
Darum ist ew'ge Jugend auch Dein Alter.
Dem Freunde Dank, Dank dem Genossen Walter!

26 Karl Schirdewan, Aufstand gegen Ulbricht, S. 119

27 Henrik Eberle (Hrsg.), Mit sozialistischem Gruß. Parteiinterne Hausmitteilungen, Briefe, Akten und Intrigen aus der Ulbricht-Zeit, S. 215
28 Monika Deutz-Schröder, Jochen Staadt, Teurer Genosse! Briefe an Erich Honecker, S. 10
29 Lilly Becher, 1901 bis 1978 Gründungsmitglied der KPD, Redakteurin der Roten Fahne und der Weltbühne, 1927 bis 1933 Chefredakteurin der Arbeiter-Illustrierten-Zeitung. 1933 Emigration nach Frankreich, dort Mitarbeiterin von Willi Münzenberg. 1935 bis 1945 Exil in Moskau. 1945 bis 1951 Chefredakteurin der Neuen Berliner Illustrierten. Mitglied des Präsidiums des Demokratischen Frauenbundes Deutschlands. Leiterin des Johannes-R.-Becher-Archives der Akademie der Künste, 1971 Vaterländischer Verdienstorden in Gold.
30 Max Burghardt, Nation und Kunst, in: Alexander Abusch u. a. (Hrsg.), Walter Ulbricht, Schriftsteller, Künstler, Wissenschaftler und Pädagogen zu seinem siebzigsten Geburtstag, S. 53
31 Monika Deutz-Schröder, Jochen Staadt, Teurer Genosse! Briefe an Erich Honecker, S. 10
32 Monika Deutz-Schröder, Jochen Staadt, Teurer Genosse! Briefe an Erich Honecker, S. 10
33 Arno Linke, »Ab morgen bist du Leibarzt«, S. 259
34 Gerhard Schürer, Gewagt und verloren, Eine deutsche Biografie, S. 130
35 Arno Linke, »Ab morgen bist du Leibarzt«, S. 281
36 Arno Linke, »Ab morgen bist du Leibarzt«, S. 247
37 Arno Linke, »Ab morgen bist du Leibarzt«, S. 283
38 Erich Honecker, Aus meinem Leben, S. 225
39 Rede Ulbrichts auf dem »Intelligenzforum« in Dresden, APS IV 2/2/011
40 Dieter Vorsteher (Hrsg.), Parteiauftrag: Ein neues Deutschland, S. 433ff.
41 Carola Stern, Ulbricht, S. 213
42 Fritz Schenk, Im Vorzimmer der Diktatur, S. 236
43 Carola Stern, Ulbricht, S. 142
44 Carola Stern, Ulbricht, S. 144
45 Volker Knopf, Stefan Martens, Görings Reich, Selbstinszenierungen in Carinhall, Berlin 1999, S. 156. Nach Ulbrichts Tod nutzte Erich Honecker das Refugium als »Gästehaus des Staatsrates am Döllnsee«. Unter anderem fanden hier die Besprechungen und Gespräche zwischen Erich Honecker und Bundeskanzler Helmut Schmidt statt, als dieser 1981 den Staats- und Parteichef der DDR besuchte.
46 Ulbricht-Landsitz, Gitter im Schlot, Der Spiegel Nr. 37/1966, S. 45ff.
47 Hierzu umfassend: Peter Kirschey, Geschlossene Gesellschaft, Wandlitz, Waldsiedlung, Berlin 1990
48 Peter Kirschey, Geschlossene Gesellschaft, Wandlitz, Waldsiedlung, S. 152
49 Arno Linke, »Ab morgen bist du Leibarzt«, S. 250
50 Arno Linke, »Ab morgen bist du Leibarzt«, S. 254
51 Arno Linke, »Ab morgen bist du Leibarzt«, S. 261

52 Arno Linke, »Ab morgen bist du Leibarzt«, S. 275
53 Arno Linke, »Ab morgen bist du Leibarzt«, S. 273
54 Walther Victor, Es kommt darauf an..., in: Alexander Abusch u. a. (Hrsg.), Walter Ulbricht, Schriftsteller, Künstler, Wissenschaftler und Pädagogen zu seinem 70. Geburtstag
55 Lotte Ulbricht, Walter Ulbricht – privat, Berliner Zeitung vom 29. Juni 1965

Der Diktator: 1958–1965

1 Kurt Liebknecht, Jetzt schließe ich mit den Architekten Freundschaft!, in: Alexander Abusch u. a. (Hrsg.), Walter Ulbricht, Schriftsteller, Künstler, Wissenschaftler und Pädagogen zu seinem siebzigsten Geburtstag, S. 143
2 Gerhard Kosel, Liebe zur Architektur, in: Alexander Abusch u. a. (Hrsg.), Walter Ulbricht, Schriftsteller, Künstler, Wissenschaftler und Pädagogen zu seinem siebzigsten Geburtstag, S. 132
3 Gerhard Kosel, Liebe zur Architektur, in: Alexander Abusch u. a. (Hrsg.), Walter Ulbricht, Schriftsteller, Künstler, Wissenschaftler und Pädagogen zu seinem siebzigsten Geburtstag, S. 144
4 Gerhard Kosel, Liebe zur Architektur, in: Alexander Abusch u. a. (Hrsg.), Walter Ulbricht, Schriftsteller, Künstler, Wissenschaftler und Pädagogen zu seinem siebzigsten Geburtstag, S. 145
5 Sächsische Zeitung vom 8. September 2000, S. 1
6 Protokoll der Verhandlungen des III. Parteitages der Sozialistischen Einheitspartei Deutschlands, Band 1, Berlin 1950, S. 380
7 Matthias Lerm, Abschied vom alten Dresden, S. 162
8 Georg Diederich, Die Sprengung der Rostocker Christuskirche vor 25 Jahren, Fakten und Hintergründe, DA 4/1996, S. 560ff.
9 Heute Karl-Marx-Allee
10 Josef Kaiser, Projektvorlage, in: Alexander Abusch u. a. (Hrsg.), Walter Ulbricht, Schriftsteller, Künstler, Wissenschaftler und Pädagogen zu seinem siebzigsten Geburtstag, S. 120
11 Richard Paulick, Sehr verehrter Genosse Ulbricht!, in: Alexander Abusch u. a. (Hrsg.), Walter Ulbricht, Schriftsteller, Künstler, Wissenschaftler und Pädagogen zu seinem siebzigsten Geburtstag, S. 177
12 Zweite Parteikonferenz der SED vom 9. bis 12. Juli 1952
13 Matthias Lerm, Abschied vom alten Dresden, S. 162
14 Matthias Lerm, Abschied vom alten Dresden, S. 110
15 Matthias Lerm, Abschied vom alten Dresden, S. 118
16 Matthias Lerm, Abschied vom alten Dresden, S. 154
17 Matthias Lerm, Abschied vom alten Dresden, S. 119
18 Wieland Herzfelde, In Prag, in: Alexander Abusch u. a. (Hrsg.), Walter Ulbricht, Schriftsteller, Künstler, Wissenschaftler und Pädagogen zu seinem siebzigsten Geburtstag, S. 111
19 Otto Nagel, Wie hilft die Kunst?, in: Alexander Abusch u. a. (Hrsg.), Walter Ulbricht, Schriftsteller, Künstler, Wissenschaftler und Pädagogen zu seinem siebzigsten Geburtstag, S. 171

20 Neue Zeit vom 26. Juni 1993
21 Otto Nagel, Was hilft die Kunst?, in: Alexander Abusch u. a. (Hrsg.), Walter Ulbricht, Schriftsteller, Künstler, Wissenschaftler und Pädagogen zu seinem siebzigsten Geburtstag, S. 171ff.
22 Brigitte Reimann, Ich bedauere nichts, Tagebücher 1955–1963, S. 268
23 Joachim Uhlitzsch, Das richtige Kettenglied, in: Alexander Abusch u. a. (Hrsg.), Walter Ulbricht, Schriftsteller, Künstler, Wissenschaftler und Pädagogen zu seinem siebzigsten Geburtstag, S. 241
24 Bernhard Heisig, geboren am 31. März 1925 in Breslau, Vater Kunstmaler. Maler und Rektor der Hochschule für Grafik und Buchkunst in Leipzig. Ausbildung zum Kunstmaler im Atelier des Vaters, 1940 bis 1942 Besuch der Kunstgewerbeschule in Breslau. 1942 bis 1945 Kriegsdienst (SS-Leibstandarte), 1945 sowjetische Kriegsgefangenschaft. 1946 bis 1948 Grafiker im Amt für Information und Propaganda in Wroclaw, Zeitz und Gera. 1949 bis 1951 Studium, 1954 bis 1968 Lehrtätigkeit, ab 1961 Professor, 1961 bis 1964 Rektor, 1965 bis 1968 Leiter der Abteilung Freie Grafik an der Hochschule für Grafik und Buchkunst in Leipzig. 1968 bis 1976 freischaffend. Ab 1976 Kandidat und 1979 bis 1984 Mitglied der SED-Bezirksleitung Leipzig. 1976 bis 1987 erneut Rektor der Hochschule für Grafik und Buchkunst. Seit 1987 freischaffend.
25 Annelie und Andrew Thorndike, Die Meinung des Politikers, in: Alexander Abusch u. a. (Hrsg.), Walter Ulbricht, Schriftsteller, Künstler, Wissenschaftler und Pädagogen zu seinem siebzigsten Geburtstag, S. 233
26 Günter Agde (Hrsg.), Kahlschlag, Das 11. Plenum des ZK der SED 1965, S. 321
27 Günter Agde (Hrsg.), Kahlschlag, Das 11. Plenum des ZK der SED 1965, S. 302
28 Information über ein Theaterstück von Manfred Bieler, in: Günter Agde (Hrsg.), Kahlschlag, Das 11. Plenum des ZK der SED 1965, S. 293
29 Ernst Busch, geboren am 22. Januar 1900, aus einer Kieler Arbeiterfamilie stammend, »singender kommunistischer Agitator« in der Weimarer Republik, in den Schützengräben der Internationalen Brigaden in Spanien und beim Moskauer Kominternsender. 1940 in Frankreich interniert, 1943 nach Deutschland ausgeliefert, bis Kriegsende im Zuchthaus Brandenburg interniert. 1945/46 KPD/SED-Mitglied. 1950 Gründungsmitglied der Deutschen Akademie der Künste. Bis 1961 bedeutende Rollen in klassischen Dramen und Stücken von Brecht, gest. am 8. Juni 1980.
30 So der Komponist Hanns Eisler, mit dem Busch seit 1929 in lebenslanger Freundschaft verbunden war.
31 Reinhold Andert, Wolfgang Herzberg, Der Sturz, Honecker im Kreuzverhör, S. 322
32 Hermann Weber (Hrsg.), DDR, Dokumente, Dokument Nr. 137, S. 239
33 Zweite Bitterfelder Konferenz am 24./25. April 1964

34 Ernst Jazdzewski, Hohe Forderungen, in: Alexander Abusch u. a. (Hrsg.), Walter Ulbricht, Schriftsteller, Künstler, Wissenschaftler und Pädagogen zu seinem siebzigsten Geburtstag, S. 117
35 Lea Grundig, In der V. Deutschen Kunstausstellung, in: Alexander Abusch u. a. (Hrsg.), Walter Ulbricht, Schriftsteller, Künstler, Wissenschaftler und Pädagogen zu seinem siebzigsten Geburtstag, S. 89
36 Brigitte Reimann, Ich bedauere nichts, Tagebücher 1955–1963, S. 268
37 Das Jahrhundert des geteilten Deutschland – 40 Jahre DDR: Die Ära Ulbricht, Der Spiegel Nr. 37/1999, S. 187
38 Eberhard Wendel, Ulbricht als Richter und Henker, Stalinistische Justiz im Parteiauftrag, S. 13
39 Eberhard Wendel, Ulbricht als Richter und Henker, Stalinistische Justiz im Parteiauftrag, S. 25
40 BStU, ZA, MfS, SctM, 1481, Blatt 48
41 BStU, ZA, MfS, SctM, 1481, Blatt 47
42 Falco Werkentin, Politische Strafjustiz in der Ära Ulbricht, S. 194
43 Eberhard Wendel, Ulbricht als Richter und Henker, Stalinistische Justiz im Parteiauftrag, S. 61
44 Eberhard Wendel, Ulbricht als Richter und Henker, Stalinistische Justiz im Parteiauftrag, S. 73
45 Eberhard Wendel, Ulbricht als Richter und Henker, Stalinistische Justiz im Parteiauftrag, S. 77ff.
46 Siehe zum Folgenden: Falco Werkentin, Politische Strafjustiz in der Ära Ulbricht, S. 138
47 Hubert Rattleuthner, Steuerung der Justiz, in: Im Namen des Volkes?, Über die Justiz im Staat der DDR, Wissenschaftlicher Begleitband, S. 225
48 Die 1948 in West-Berlin gegründete Kampfgruppe gegen die Unmenschlichkeit war ursprünglich als Hilfsorganisation für politische Häftlinge in der Ostzone gegründet worden. 1951 wurde sie vom US-Geheimdienst CIC (Counter Intelligence Corps) vereinnahmt. Die KgU mutierte in der Folgezeit bis zu ihrer Auflösung im Jahre 1959 zu einer der umstrittensten antikommunistischen Gruppierungen in Westdeutschland, die Spionage betrieb und auch vor der Anwendung von Gewalt nicht zurückschreckte.
49 FAZ vom 3. Juli 1973
50 Karl A. Mollnau, Die Babelsberger Konferenz, in: Im Namen des Volkes?, Über die Justiz im Staat der SED, Wissenschaftlicher Begleitband, S. 231, Eberhard Wendel, Ulbricht als Richter und Henker, Stalinistische Justiz im Parteiauftrag, S. 159
51 Falco Werkentin, Politische Strafjustiz in der Ära Ulbricht, S. 333
52 Eberhard Wendel, Ulbricht als Richter und Henker, Stalinistische Justiz im Parteiauftrag, S. 170
53 17. bis 31. Oktober 1961
54 Martin Jänicke, Der Dritte Weg, Die antistalinistische Opposition gegen Ulbricht seit 1953, S. 165
55 Heute wieder Chemnitz
56 BStU, ZA, MfS, SctM 1198, Blatt 43

57 BStU, ZA, MfS, SctM 1198, Blatt 73 und Blatt 193
58 Rudolf Herrnstadt, Das Herrnstadt-Dokument, S. 80
59 Gesetzblatt der DDR I, 1960, S. 89
60 Otto Wenzel, Kriegsbereit, S. 17
61 Rüdiger Wenzke, Die NVA und der Prager Frühling 1968, S. 22
62 Rüdiger Wenzke, Die NVA und der Prager Frühling 1968, S. 37
63 Norbert Podewin, Walter Ulbricht, S. 303ff.
64 1965 gliederte sich die Kanzlei des Staatsrates in die Abteilungen: Ausschüsse, Landwirtschaft, Protokoll- und Rechtsabteilung, Verwaltung, Presseabteilung, Verschlusssachen und den Bereich Eingaben, BP, DA 5/4298.
65 Otto Gotsche, geboren am 3. Juli 1904, Vater Bergarbeiter. Volksschule, 1918 bis 1921 Klempnerlehre, danach Arbeit als Klempner. 1919 KPD-Mitglied, mehrere Gefängnisstrafen in der Weimarer Republik wegen seiner KPD-Tätigkeit. 1932 Stadtverordneter für die KPD in Hamburg-Harburg. 1933 bis 1943 im KZ Sonnenberg inhaftiert, nach seiner Entlassung unter Polizeiaufsicht gestellt. Ab 1949 persönlicher Referent Ulbrichts bzw. Leiter dessen Sekretariats, als Erster Stellvertreter des Vorsitzenden des Ministerrates. 1960 bis 1971 Sekretär des Staatsrates. 1963 bis 1971 Abgeordneter der Volkskammer, ab 1966 Mitglied des ZK der SED. Mehrere Romanveröffentlichungen, gest. am 17. Dezember 1985.
66 23. bis 24. Mai 1961
67 BP, DA 5/4016
68 BP, DA 5/5979 und 5457
69 BP, DA 5/4297
70 BP, DA 5/4370
71 Henrik Eberle (Hrsg.), Mit sozialistischem Gruß. Parteiinterne Hausmitteilungen, Briefe, Akten und Intrigen aus der Ulbricht-Zeit, S. 50
72 Henrik Eberle (Hrsg.), Mit sozialistischem Gruß, Parteiinterne Hausmitteilungen, Briefe, Akten und Intrigen aus der Ulbricht-Zeit, S. 51
73 Henrik Eberle (Hrsg.), Mit sozialistischem Gruß, Parteiinterne Hausmitteilungen, Briefe, Akten und Intrigen aus der Ulbricht-Zeit, S. 53
74 Henrik Eberle (Hrsg.), Mit sozialistischem Gruß, Parteiinterne Hausmitteilungen, Briefe, Akten und Intrigen aus der Ulbricht-Zeit, S. 55 und S. 61
75 Henrik Eberle (Hrsg.), Mit sozialistischem Gruß, Parteiinterne Hausmitteilungen, Briefe, Akten und Intrigen aus der Ulbricht-Zeit, S. 59 und S. 123
76 Dieter Vorsteher (Hrsg.), Parteiauftrag: Ein neues Deutschland, S. 326
77 Bis zu seinem Tod sammelte Ulbricht drei Karl-Marx-Orden, die Ehrenspange zum Vaterländischen Verdienstorden in Gold, den Großen Stern der Völkerfreundschaft in Gold, den Ehrentitel Held der Arbeit (drei Mal) und das Banner der Arbeit aus der DDR. Die UdSSR steuerte den Leninorden, die Orden der Oktoberrevolution, der Völkerfreundschaft und des Vaterländischen Krieges erster Klasse sowie den Ehrentitel Held der Sowjetunion bei. Aus der ČSSR kam der Orden des Weißen Löwen erster Klasse, aus Bulgarien der Georgi-Dimitroff-

Orden, aus Jugoslawien ein großer Stern. Ägypten verlieh ihm die Halskette vom Nil und die Mongolische Volksrepublik den Suche-Bator-Orden.
78 Refrain des Liedes der Pionierorganisation Ernst Thälmann, Ulbricht zum zwölften Jahrestag der DDR gewidmet.
79 Jochen Staadt, Die geheime Westpolitik der SED 1960–1970, S. 57
80 Garten und Kleintierzucht – Zeitung des Verbandes der Kleingärtner, Siedler und Kleintierzüchter, Nr. 11/1963
81 Johannes R. Becher, Walter Ulbricht, Ein deutscher Arbeitersohn, S. 225
82 Brigitte Reimann, Ich bedauere nichts, Tagebücher 1955–1963, S. 221
83 Brigitte Reimann, Ich bedauere nichts, Tagebücher 1955–1963, S. 246
84 Brigitte Reimann, Ich bedauere nichts, Tagebücher 1955–1963, S. 317
85 BStU, ZA, MfS, SctM 1198, Blatt 390, Rechtschreibung nicht verbessert.
86 Carola Stern, Ulbricht, S. 245
87 Carola Stern, Ulbricht, S. 245
88 Walter Ulbricht, Die große Vereinigung der Arbeiterschaft ganz Deutschlands wird kommen, BzG 3/1961, S. 523
89 Walter Ulbricht, Der rote Oktober legte den Grundstein zur Befreiung der ganzen Menschheit, S. 26
90 Walter Ulbricht, Die Aufgaben der Jugend im Jahre 1955, in: Walter Ulbricht, An die Jugend, S. 128
91 Gunter Holzweißig, »Separatist, Spalter, Kanzler der Börsenjobber«, Konrad Adenauer als Ziel der SED-Agitationsbürokratie, Frankfurter Allgemeine Zeitung vom 1. März 1996, S. 10
92 Carola Stern, Ulbricht, S. 196
93 Gunter Holzweißig, »Separatist, Spalter, Kanzler der Börsenjobber«, Konrad Adenauer als Ziel der SED-Agitationsbürokratie, Frankfurter Allgemeine Zeitung vom 1. März 1996, S. 10
94 Gerhard Jahn (Hrsg.), Herbert Wehner, Zeugnis, S. 179
95 Charlotte Teubner, Wehners zweite Frau, blieb nach dessen Ausreise nach Schweden 1941 in Moskau zurück. Sie heiratete später Erich Wendt, den ersten Mann von Lotte Ulbricht, der nach 1945 in der DDR eine zweite Karriere als Kulturfunktionär machte.
96 Gerhard Jahn (Hrsg.), Herbert Wehner, Zeugnis, S. 189. Vor seinem Moskau-Aufenthalt im Januar 1937 hatte sich Ulbricht zwischen Ende 1936 und Anfang 1937 einige Wochen in Spanien aufgehalten. Dabei besuchte er die Aragon-Front, Valencia und Albacete, wo sich das Basislager der Internationalen Brigaden befand. Offiziell unternahm er diese Reise, um die deutschen Mitglieder der Internationalen Brigaden zu unterstützen. Es ist mehrfach der Vorwurf erhoben worden, Ulbricht habe bei diesem Aufenthalt im Auftrag der Komintern an der Liquidierung oppositioneller Kommunisten in Spanien mitgewirkt. Beweise für diesen Vorwurf gibt es nicht.
97 Reinhard Müller, Die Akte Wehner, S. 125
98 Reinhard Müller, Die Akte Wehner, S. 143
99 Ruth von Mayenburg, Hotel Lux, S. 44

100 Gerhard Jahn (Hrsg.), Herbert Wehner, Zeugnis, S. 241
101 Reinhard Müller, Die Akte Wehner, S. 176
102 Jochen Staadt, Die SED-Kampagne gegen Herbert Wehner, DA 4/1994, S. 345
103 Jochen Staadt, Die SED-Kampagne gegen Herbert Wehner, DA 4/1994, S. 345
104 Jochen Staadt, Die geheime Westpolitik der SED 1960–1970, S. 134
105 Carola Stern, Ulbricht, S. 168
106 APS IV 2/2, Blatt 006
107 Walter Ulbricht, An die Jugend, S. 438
108 Walter Ulbricht, Zur Geschichte der deutschen Arbeiterbewegung, Aus Reden und Aufsätzen, Band X, 1961–1962, S. 191
109 Wladimir K. Wolkow, Die deutsche Frage aus Stalins Sicht (1947–1952), ZfG 1/2000, S. 39ff.
110 20. bis 24. Juli 1950 in der Werner-Seelenbinder-Halle in Berlin
111 Heinz Voßke, Walter Ulbricht, S. 284
112 Frank Pergande, Leben bei den Herren des Feuers, Frankfurter Allgemeine Zeitung vom 19. August 2000, Tiefdruckbeilage, S. 3
113 Elli Schmidt, zitiert nach Ina Merkel, ... und Du, Frau an der Werkbank, S. 170
114 Gemeinsam auf der Barrikade, Der Spiegel Nr. 6/1969, S. 149
115 Norbert Podewin, Walter Ulbricht, S. 334
116 Norbert Podewin, Walter Ulbricht, S. 335
117 Walter Ulbricht, zitiert nach Dieter Vorsteher (Hrsg.), Parteiauftrag: Ein neues Deutschland, S. 362
118 Strobe Talbott, Chruschtschow erinnert sich, S. 192ff.
119 Kurt Hager, Erinnerungen, S. 191
120 Arno Linke, »Ab morgen bist du Leibarzt«, S. 272
121 Heike Amos, Die Westpolitik der SED 1948/49–1961, S. 198
122 Peter Przybylski, Tatort Politbüro, Band 2, S. 386
123 Gerhard Wettig, Die sowjetische Politik während der Berlinkrise 1958 bis 1962, der Stand der Forschungen, DA 2/1997, S. 383ff.
124 Peter Wyden, »Wir machen Berlin dicht«, Die Berliner Mauer (II): Krisenplanungen in Ost und West, Der Spiegel Nr. 41/1989, S. 161
125 Walter Ulbricht, An die Jugend, S. 260
126 Heinz Voßke, Walter Ulbricht, S. 337
127 Gerhard Wettig, Die sowjetische Politik während der Berlinkrise 1958 bis 1962, Der Stand der Forschungen, DA 2/1997, S. 383ff.
128 Jochen Staadt, Die geheime Westpolitik der SED 1960–1970, S. 52
129 Jochen Staadt, Die geheime Westpolitik der SED 1960–1970, S. 53
130 Peter Wyden, »Wir machen Berlin dicht«, Die Berliner Mauer (II): Krisenplanungen in Ost und West, Der Spiegel Nr. 41/1989, S. 161
131 28./29. März 1961
132 Peter Wyden, »Wir machen Berlin dicht«, Die Berliner Mauer (II): Krisenplanungen in Ost und West, Der Spiegel Nr. 41/1989, S. 161
133 Julij A. Kwizinskij, Vor dem Sturm, Berliner Zeitung vom 22. März 1993, S. 8
134 Peter Wyden, »Wir machen Berlin dicht«, Die Berliner Mauer (II): Krisenplanungen in Ost und West, Der Spiegel Nr. 41/1989, S. 161

135 Peter Wyden, »Wir machen Berlin dicht«, Die Berliner Mauer (II): Krisenplanungen in Ost und West, Der Spiegel Nr. 41/1989, S. 170
136 Julij A. Kwizinskij, Vor dem Sturm, Berliner Zeitung vom 22. März 1993, S. 8
137 Otto Wenzel, Kriegsbereit, S. 211
138 Die Maßnahmen unserer Regierung haben den Frieden in Europa und in der Welt gerettet. Aus der Ansprache im Deutschen Fernsehfunk, 18. August 1961, in: Walter Ulbricht, An die Jugend, S. 252ff.
139 Walter Ulbricht, Wie geht es weiter in Berlin?, Neues Deutschland vom 29. August 1961, S. 3ff.
140 Jochen Staadt, Die geheime Westpolitik der SED 1960-1970, S. 69
141 Monika Kaiser, Machtwechsel von Ulbricht zu Honecker, S. 67
142 Monika Kaiser, Machtwechsel von Ulbricht zu Honecker, S. 68
143 Schreiben von Ulbricht an das ZK der KPdSU vom 10. November 1962, zitiert nach Monika Kaiser, Machtwechsel von Ulbricht zu Honecker, S. 69
144 Walter Ulbricht, Antworten auf Fragen der Delegierten, Aus der Diskussionsrede des Genossen Walter Ulbricht auf der Bezirksdelegiertenkonferenz in Leipzig, Neues Deutschland vom 15. Dezember 1962, S. 4
145 Monika Kaiser, Machtwechsel von Ulbricht zu Honecker, S. 66
146 Wolfgang Berger, Zu den Hauptursachen des Untergangs der DDR, S. 31
147 Monika Kaiser, Machtwechsel von Ulbricht zu Honecker, S. 74
148 Monika Kaiser, Machtwechsel von Ulbricht zu Honecker, S. 88ff.
149 Monika Kaiser, Machtwechsel von Ulbricht zu Honecker, S. 40
150 Jochen Staadt, Die geheime Westpolitik der SED 1960-1970, S. 108
151 Monika Kaiser, Machtwechsel von Ulbricht zu Honecker, S. 135
152 Monika Kaiser, Machtwechsel von Ulbricht zu Honecker, S. 139
153 Monika Kaiser, Machtwechsel von Ulbricht zu Honecker, S. 135
154 Monika Kaiser, Machtwechsel von Ulbricht zu Honecker, S. 136
155 Monika Kaiser, Machtwechsel von Ulbricht zu Honecker, S. 139
156 Monika Kaiser, Machtwechsel von Ulbricht zu Honecker, S. 137
157 Monika Kaiser, Machtwechsel von Ulbricht zu Honecker, S. 143
158 Kurt Turba, geboren am 1. April 1929 in Leitmeritz (Tschechoslowakei), Vater Bankangestellter, aufgewachsen in Prag. Mai 1945 Internierungslager für Deutsche in Prag. 1946 Aussiedlung in die SBZ. 1947 Abitur. 1948 bis 1950 Jurastudium in Jena. 1947 SED-Mitglied. Juli 1950 Abteilungsleiter für Hochschulen im Zentralrat der FDJ. 1952/53 nach Kritik an der Studentenzeitschrift »Forum« als Verantwortlicher gerügt. Am 16. August 1953 von Erich Honecker abgesetzt. 1953 bis 1963 Chefredakteur von »Forum«. Nach Rücknahme der kulturellen Reformpolitik im Dezember 1965 als ZK-Mitarbeiter entlassen. 1966 bis 1990 redaktioneller Mitarbeiter der staatlichen Nachrichtenagentur ADN. Lebt als Rentner in Berlin.
159 Monika Kaiser, Machtwechsel von Ulbricht zu Honecker, S. 146
160 Monika Kaiser, Machtwechsel von Ulbricht zu Honecker, S. 148
161 Monika Kaiser, Machtwechsel von Ulbricht zu Honecker, S. 149

162 Mitschrift Turbas: »Ausführungen des Genossen Walter Ulbricht auf der gemeinsamen Sitzung der Kommissionen zur Ausarbeitung des Jugendkommuniqués und des Jugendgesetzes am 12. September 1963, zitiert nach: Monika Kaiser, Machtwechsel von Ulbricht zu Honecker, S. 154
163 Monika Kaiser, Machtwechsel von Ulbricht zu Honecker, S. 77
164 Monika Kaiser, Machtwechsel von Ulbricht zu Honecker, S. 202
165 Monika Kaiser, Machtwechsel von Ulbricht zu Honecker, S. 172
166 Monika Kaiser, Machtwechsel von Ulbricht zu Honecker, S. 176ff.
167 Günter Agde (Hrsg.), Kahlschlag, Das 11. Plenum des ZK der SED 1965, S. 183
168 Monika Kaiser, Machtwechsel von Ulbricht zu Honecker, S. 188
169 Monika Kaiser, Machtwechsel von Ulbricht zu Honecker, S. 196
170 Christa Wolf, Erinnerungsbericht, in: Günter Agde (Hrsg.), Kahlschlag, Das 11. Plenum des ZK der SED 1965, S. 263
171 Günter Agde, Zur Anatomie eines Tests, in: Günter Agde (Hrsg.), Kahlschlag, Das 11. Plenum des ZK der SED 1965, S. 137
172 Monika Kaiser, Machtwechsel von Ulbricht zu Honecker, S. 96
173 Monika Kaiser, Machtwechsel von Ulbricht zu Honecker, S. 97
174 Monika Kaiser, Machtwechsel von Ulbricht zu Honecker, S. 104
175 Monika Kaiser, Machtwechsel von Ulbricht zu Honecker, S. 117
176 Handschriftlicher Bericht des Chefarztes der Betriebspoliklinik im Hause der Ministerien vom 3. Dezember 1965, zitiert nach Monika Kaiser, Machtwechsel von Ulbricht zu Honecker, S. 125
177 Das 11. Plenum des ZK der SED, 15. bis 17. Dezember 1965
178 Monika Kaiser, Machtwechsel von Ulbricht zu Honecker, S. 131
179 Monika Kaiser, Machtwechsel von Ulbricht zu Honecker, S. 209
180 Monika Kaiser, Machtwechsel von Ulbricht zu Honecker, S. 212
181 Walter Ulbricht, Schlusswort auf der 11. Tagung des ZK der SED 1965, abgedruckt in: Günter Agde (Hrsg.), Kahlschlag, Das 11. Plenum des ZK der SED 1965, S. 344ff.
182 Monika Kaiser, Machtwechsel von Ulbricht zu Honecker, S. 224
183 13. Tagung des ZK der SED am 15. September 1966
184 Monika Kaiser, Machtwechsel von Ulbricht zu Honecker, S. 73

Zwischen Breschnew und Honecker: 1965–1971

1 Mohammed Heikal, Das Kairo-Dossier, Aus den Geheimpapieren des Gamal Abd el-Nasser, S. 280
2 Mohammed Heikal, Das Kairo-Dossier, Aus den Geheimpapieren des Gamal Abd el-Nasser, S. 281
3 Alexander Troche, Ulbricht und die Dritte Welt, S. 43
4 »Sie können sich doch nicht ewig erpressen lassen!«, Spiegel-Gespräch mit dem ägyptischen Staatspräsidenten Gamal Abd el-Nasser, Der Spiegel Nr. 9/1965, S. 34
5 Neues Deutschland vom 3. Februar 1965, S. 7, und vom 23. Februar 1965, S. 1

6 Neues Deutschland vom 25. Februar 1965, S. 1
7 Lotte Ulbricht, Eine unvergessliche Reise, S. 5ff.
8 Alexander Troche, Ulbricht und die Dritte Welt, S. 44
9 Monika Kaiser, Machtwechsel von Ulbricht zu Honecker, S. 263
10 Heike Amos, Die Westpolitik der SED 1948/49–1961, S. 193
11 Heike Amos, Die Westpolitik der SED 1948/49–1961, S. 216
12 Jochen Staadt, Die geheime Westpolitik der SED 1960–1970, S. 76
13 Monika Kaiser, Machtwechsel von Ulbricht zu Honecker, S. 241
14 Monika Kaiser, Machtwechsel von Ulbricht zu Honecker, S. 245
15 APS, IV 2/2, Blatt 9
16 Art. 8, Abs. II, Satz 2 der Verfassung der DDR von 1968
17 APS, A 761, Blatt 276
18 APS, IV 2/2, Blatt 8
19 BP, DA 5/4299, Schreiben des Vorsitzenden des Staatsrates der Deutschen Demokratischen Republik an den Bundeskanzler vom 26. Mai 1968
20 Offener Brief Walter Ulbrichts an die Delegierten des Dortmunder Parteitages der SPD vom 11. Februar 1966, in: Irmgard Wilharm (Hrsg.), Deutsche Geschichte 1962–1983, Dokumente in zwei Bänden, Band I, S. 65ff.
21 Walter Ulbricht, Die große Vereinigung der Arbeiterschaft ganz Deutschlands wird kommen, BzG 3/1961, S. 536
22 APS, IV 2/2, Blatt 38
23 Mitschrift des stellvertretenden Leiters der gesamtdeutschen Kommission beim Politbüro, Hans Rentmeister, zitiert nach Jochen Staadt, Die geheime Westpolitik der SED 1960–1970, S. 29
24 Monika Kaiser, Machtwechsel von Ulbricht zu Honecker, S. 248ff. und S. 255
25 Über den gemeinsamen Rechtskurs von Strauß und Wehner, Interview mit Walter Ulbricht, Neues Deutschland vom 30. November 1966, S. 1
26 Monika Kaiser, Machtwechsel von Ulbricht zu Honecker, S. 253
27 Monika Kaiser, Machtwechsel von Ulbricht zu Honecker, S. 260
28 Protokoll der Verhandlungen des VII. Parteitages der Sozialistischen Einheitspartei Deutschlands, 17. bis 22. April 1967, S. 68
29 Walter Ulbricht, Die friedliche Koexistenz zwischen beiden deutschen Staaten – eine Grundbedingung der europäischen Sicherheit, in: Neue Initiativen der DDR für europäische Sicherheit, Materialien der 10. Tagung der Volkskammer am 9. August 1968, S. 19ff.
30 BP, DA 5/4015, Blatt 7. Besuch des Vorsitzenden des Staatsrates in der LPG Wendemark am 15. Oktober 1960
31 Stefan Bollinger, Die DDR kann nicht über Stalins Schatten springen, S. 27
32 Jurij Bassistow, Geheimflug nach Moskau leitet Ulbricht-Sturz ein, Sächsische Zeitung vom 8. September 1992, S. 3
33 Peter Przybylski, Tatort Politbüro, Die Akte Honecker, S. 281
34 Peter Przybylski, Tatort Politbüro, Die Akte Honecker, S. 284
35 Arbeitskreis zur Planung der Strategie der Partei auf dem Gebiet der Politik, der Wirtschaft und der Kultur

36 Innenpolitik, Außenpolitik, Wirtschaftspolitik, Wissenschaft und Technik, Kultur und Sozialpolitik
37 Norbert Podewin, Walter Ulbricht, S. 377
38 Monika Kaiser, Machtwechsel von Ulbricht zu Honecker, S. 401
39 Norbert Podewin, Walter Ulbricht, S. 376
40 Monika Kaiser, Machtwechsel von Ulbricht zu Honecker, S. 401
41 Abgedruckt bei Hermann Weber (Hrsg.), DDR, Dokumente, S. 237
   1. Du sollst Dich stets für die internationale Solidarität der Arbeiterklasse und aller Werktätigen sowie für die unverbrüchliche Verbundenheit aller sozialistischen Länder einsetzen.
   2. Du sollst Dein Vaterland lieben und stets bereit sein, Deine ganze Kraft und Fähigkeit für die Verteidigung der Arbeiter-und-Bauern-Macht einzusetzen.
   3. Du sollst helfen, die Ausbeutung des Menschen durch den Menschen zu beseitigen.
   4. Du sollst gute Taten für den Sozialismus vollbringen, denn der Sozialismus führt zu einem besseren Leben aller Werktätigen.
   5. Du sollst beim Aufbau des Sozialismus im Geiste der gegenseitigen Hilfe und der kameradschaftlichen Zusammenarbeit handeln, das Kollektiv achten und seine Kritik beherzigen.
   6. Du sollst das Volkseigentum schützen und mehren.
   7. Du sollst stets nach Verbesserung Deiner Leistungen streben, sparsam sein und die sozialistische Arbeitsdisziplin festigen.
   8. Du sollst Deine Kinder im Geiste des Friedens und des Sozialismus zu allseitig gebildeten, charakterfesten und körperlich gestählten Menschen erziehen.
   9. Du sollst sauber und anständig leben und Deine Familie achten.
   10. Du sollst Solidarität mit den um ihre nationale Befreiung kämpfenden und den ihre nationale Unabhängigkeit verteidigenden Völkern üben.
42 Protokoll der Verhandlungen des V. Parteitages der Sozialistischen Einheitspartei Deutschlands, 10. bis 16. Juli 1958, Band 1, S. 160
43 Norbert Podewin, Walter Ulbricht, S. 332
44 Walter Ulbricht, An die Jugend, Aus der Programmatischen Erklärung des Vorsitzenden des Staatsrates der Deutschen Demokratischen Republik vor der Volkskammer, 4. Oktober 1960, S. 228
45 Walter Ulbricht, An die Jugend, S. 437
46 Walter Ulbricht, Die Bedeutung des Werkes »Das Kapital« von Karl Marx für die Schaffung des entwickelten sozialistischen Systems in der DDR, Auszug abgedruckt bei Hermann Weber (Hrsg.), DDR, Dokumente, Dokument Nr. 167, S. 297
47 Norbert Podewin, Walter Ulbricht, S. 394
48 Walter Ulbricht, Unser guter Weg zur sozialistischen Menschengemeinschaft. Auszug abgedruckt bei Hermann Weber (Hrsg.), DDR, Dokumente, Dokument 173, S. 306
49 Monika Kaiser, Machtwechsel von Ulbricht zu Honecker, S. 279
50 Monika Kaiser, Machtwechsel von Ulbricht zu Honecker, S. 288
51 Monika Kaiser, Machtwechsel von Ulbricht zu Honecker, S. 290ff.

52 Kein Kuss für Breschnew, Der Spiegel Nr. 9/1993, S. 174
53 Rüdiger Wenzke, Die NVA und der Prager Frühling 1968, S. 62
54 Rüdiger Wenzke, Die NVA und der Prager Frühling 1968, S. 63
55 Monika Kaiser, Machtwechsel von Ulbricht zu Honecker, S. 298
56 Rüdiger Wenzke, Die NVA und der Prager Frühling 1968, S. 68
57 Rüdiger Wenzke, Die NVA und der Prager Frühling 1968, S. 68
58 Kein Kuss für Breschnew, Der Spiegel Nr. 9/1993, S. 186
59 Stefan Bollinger, Die DDR kann nicht über Stalins Schatten springen, S. 40
60 Rüdiger Wenzke, Die NVA und der Prager Frühling 1968, S. 116
61 Rüdiger Wenzke, Die NVA und der Prager Frühling 1968, S. 120
62 Rüdiger Wenzke, Die NVA und der Prager Frühling 1968, S. 270
63 Rüdiger Wenzke, Die NVA und der Prager Frühling 1968, S. 277
64 Rüdiger Wenzke, Die NVA und der Prager Frühling 1968, S. 261
65 Monika Deutz-Schröder, Jochen Staadt, Teurer Genosse! Briefe an Erich Honecker, S. 11
66 Walter Ulbricht, An die Jugend, S. 439
67 Gerhard Naumann, Eckhard Trümpler, Von Ulbricht zu Honecker, S. 13
68 Besuch einer Partei- und Regierungsdelegation der DDR in der Sowjetunion vom 7. bis 14. Juli 1969
69 Jochen Staadt, Die geheime Westpolitik der SED 1960-1970, S. 272
70 Monika Kaiser, Machtwechsel von Ulbricht zu Honecker, S. 307
71 Gerhard Naumann, Eckhard Trümpler, Von Ulbricht zu Honecker, S. 23
72 Gerhard Naumann, Eckhard Trümpler, Von Ulbricht zu Honecker, S. 50
73 Gerhard Naumann, Eckhard Trümpler, Von Ulbricht zu Honecker, S. 31
74 Gerhard Naumann, Eckhard Trümpler, Von Ulbricht zu Honecker, S. 61ff.
75 Monika Kaiser, Machtwechsel von Ulbricht zu Honecker, S. 405
76 Gerhard Naumann, Eckhard Trümpler, Von Ulbricht zu Honecker, S. 24
77 Jochen Staadt, Walter Ulbrichts letzter Machtkampf, DA 5/1996, S. 687
78 Bericht des Ersten Sekretärs des ZK der SED, Genossen Walter Ulbricht, für die gemeinsame Beratung der Partei und Regierungsdelegation der DDR und der UdSSR
79 Monika Kaiser, Machtwechsel von Ulbricht zu Honecker, S. 343
80 Monika Kaiser, Machtwechsel von Ulbricht zu Honecker, S. 314
81 Jochen Staadt, Walter Ulbrichts letzter Machtkampf, DA 5/1996, S. 688
82 Detlef Nakath, Erfurt, Kassel und die Mächte, DA 2/2000, S. 217
83 Monika Kaiser, Machtwechsel von Ulbricht zu Honecker, S. 326
84 Jochen Staadt, Walter Ulbrichts letzter Machtkampf, DA 5/1996, S. 689
85 Jochen Staadt, Walter Ulbrichts letzter Machtkampf, DA 5/1996, S. 690

86 Jochen Staadt, Walter Ulbrichts letzter Machtkampf, DA 5/1996, S. 690
87 Monika Kaiser, Machtwechsel von Ulbricht zu Honecker, S. 335
88 Monika Kaiser, Machtwechsel von Ulbricht zu Honecker, S. 337
89 Detlef Nahkath, Gewaltverzicht und Gleichberechtigung, DA 2/1997, S. 206
90 Jochen Staadt, Walter Ulbrichts letzter Machtkampf, DA 5/1996, S. 691
91 Detlef Nahkath, Gewaltverzicht und Gleichberechtigung, DA 2/1997, S. 220
92 Monika Kaiser, Machtwechsel von Ulbricht zu Honecker, S. 364
93 Monika Kaiser, Machtwechsel von Ulbricht zu Honecker, S. 367
94 Albert Norden, Aus dem Bericht des Politbüros an die 13. Tagung des ZK der SED, Neues Deutschland vom 15. Juni 1970, S. 3ff.
95 Walter Ulbricht, Bemerkungen zu den Beziehungen zwischen der DDR und der BRD, Neues Deutschland vom 16. Juni 1979, S. 5
96 Heinz Lippmann, Honecker, Porträt eines Nachfolgers, S. 131
97 Heinz Lippmann, Honecker, Porträt eines Nachfolgers, S. 136
98 Heinz Lippmann, Honecker, Porträt eines Nachfolgers, S. 146
99 Monika Kaiser, Machtwechsel von Ulbricht zu Honecker, S. 32
100 Heinz Lippmann, Honecker, Porträt eines Nachfolgers, S. 151
101 Günter Schabowski, Er war ein Überlebenstalent, Wochenpost vom 24. Juni 1993, S. 9
102 Monika Kaiser, Machtwechsel von Ulbricht zu Honecker, S. 32
103 BStU, ZA, MfS, SctM, 1481, Blatt 25ff.
104 Beate Ulbricht, Lieber Papa, böse Lotte, Super vom 28. August 1991, S. 7
105 BStU, ZA, MfS, SctM, 1481, Blatt 17
106 Monika Kaiser, Machtwechsel von Ulbricht zu Honecker, S. 373ff.
107 Monika Kaiser, Machtwechsel von Ulbricht zu Honecker, S. 374ff.
108 Peter Przybylski, Tatort Politbüro, Die Akte Honecker, S. 280, Protokoll einer Unterredung zwischen L. I. Breschnew und Erich Honecker am 28. Juli 1970
109 Peter Przybylski, Tatort Politbüro, Die Akte Honecker, S. 283
110 Peter Przybylski, Tatort Politbüro, Die Akte Honecker, S. 281
111 Peter Przybylski, Tatort Politbüro, Die Akte Honecker, S. 282
112 Monika Kaiser, Machtwechsel von Ulbricht zu Honecker, S. 381
113 Monika Kaiser, Machtwechsel von Ulbricht zu Honecker, S. 389ff.
114 Peter Przybylski, Tatort Politbüro, Die Akte Honecker, S. 289ff., Aus einem geheimen Vermerk über die gemeinsame Besprechung der Delegation des ZK der KPdSU mit der Delegation des ZK der SED am 21. August 1970 in Moskau
115 Peter Przybylski, Tatort Politbüro, Die Akte Honecker, S. 289ff., Aus einem geheimen Vermerk über die gemeinsame Besprechung der Delegation des ZK der KPdSU mit der Delegation des ZK der SED am 21. August 1970 in Moskau
116 Peter Przybylski, Tatort Politbüro, Die Akte Honecker, S. 295
117 Jochen Staadt, Walter Ulbrichts letzter Machtkampf, DA 5/1996, S. 696, siehe auch Kurt Hager, Erinnerungen, S. 301ff.

118 Peter Przybylski, Tatort Politbüro, Die Akte Honecker, S. 305
119 Gerhard Naumann, Eckhard Trümpler, Von Ulbricht zu Honecker, S. 13
120 Monika Kaiser, Machtwechsel von Ulbricht zu Honecker, S. 425
121 Ein wirtschaftlich bedingter Arbeiteraufstand an der Ostseeküste Polens führte im Herbst 1970 zu einem Wechsel in der politischen Führung. Parteichef Gomulka wurde durch Gierek, der Ministerpräsident Cyrankiewicz durch Jaroszewicz und der Präsident des Staatsrates Spychalski durch Cyrankiewicz ersetzt.
122 Lotte Ulbricht, Walter Ulbricht wollte 1970 zurücktreten, Neues Deutschland vom 21. November 1996, S. 1
123 Jochen Staadt, Walter Ulbrichts letzter Machtkampf, DA 5/1996, S. 695
124 Norbert Podewin, Walter Ulbricht, S. 439
125 Norbert Podewin, Walter Ulbricht, S. 441
126 Jochen Staadt, Walter Ulbrichts letzter Machtkampf, DA 5/1996, S. 696. Namentlich widersprachen Honecker, Axen, Hager, Verner, Sindermann, Stoph, Halbritter und Lamberz.
127 Peter Przybylski, Tatort Politbüro, Band 2, S. 29
128 Peter Przybylski, Tatort Politbüro, Band 2, S. 353ff., Notiz von Werner Krolikowski »Über das Verhältnis von Erich Honecker und Günter Mittag« vom 12. November 1980
129 Norbert Podewin, Walter Ulbricht, S. 429
130 Peter Przybylski, Tatort Politbüro, Die Akte Honecker, S. 299ff.
131 Monika Kaiser, Machtwechsel von Ulbricht zu Honecker, S. 436
132 Monika Kaiser, Machtwechsel von Ulbricht zu Honecker, S. 436
133 Jochen Staadt, Walter Ulbrichts letzter Machtkampf, DA 5/1996, S. 697
134 Peter Przybylski, Tatort Politbüro, Die Akte Honecker, S. 310
135 60 Jahre in der deutschen Arbeiterbewegung tätig, Erklärung des Genossen Walter Ulbricht, Neues Deutschland vom 4. Mai 1971, S. 1
136 Jochen Staadt, Walter Ulbrichts letzter Machtkampf, DA 5/1996, S. 698

Auf dem Abstellgleis: 1971–1973

1 Arno Linke, »Ab morgen bist du Leibarzt«, S. 277
2 Arno Linke, »Ab morgen bist du Leibarzt«, S. 309
3 Arno Linke, »Ab morgen bist du Leibarzt«, S. 313
4 Arno Linke, »Ab morgen bist du Leibarzt«, S. 316
5 Protokoll der Verhandlungen des VIII. Parteitages der SED, 15. bis 19. Juni 1971 in der Werner-Seelenbinder-Halle in Berlin, Band 1, S. 104
6 Arno Linke, »Ab morgen bist du Leibarzt«, S. 318
7 BStU, ZA, MfS, SctM, 1478, Blatt 5
8 Arno Linke, »Ab morgen bist du Leibarzt«, S. 319
9 BStU, ZA, MfS, SctM, 1478, Blatt 39ff.

10 BStU, ZA, MfS, SctM, 1478, Blatt 39ff.
11 Arno Linke, »Ab morgen bist du Leibarzt«, S. 322
12 BStU, ZA, MfS, SctM, 1478, Blatt 23
13 Jochen Staadt, Walter Ulbrichts letzter Machtkampf, DA 5/1996, S. 699
14 Geheime Verschlusssache, Stern vom 19. Dezember 1990, S. 89ff.
15 Norbert Podewin, Walter Ulbricht, S. 475
16 Jochen Staadt, Walter Ulbrichts letzter Machtkampf, DA 5/1996, S. 699
17 Geheime Verschlusssache, Stern vom 19. Dezember 1990, S. 89ff.
18 Norbert Podewin, Walter Ulbricht, S. 485
19 BStU, ZA, MfS, SctM, 1478, Blatt 24
20 Jochen Staadt, Walter Ulbrichts letzter Machtkampf, DA 5/1996, S. 700
21 Monika Deutz-Schröder, Jochen Staadt, Teurer Genosse! Briefe an Erich Honecker, S. 12
22 BStU, ZA, MfS, SctM, 1478, Blatt 24
23 Wandlitz auf See, Der Spiegel Nr. 19/1996, S. 56
24 Peter Przybylski, Tatort Politbüro, Band 2, S. 43
25 BStU, ZA, MfS, SctM, 1478, Blatt 21 und Blatt 26
26 BStU, ZA, MfS, SctM, 1478, Blatt 25
27 BStU, ZA, MfS, SctM, 1478, Blatt 27ff.
28 Norbert Podewin, Walter Ulbricht, S. 487
29 Norbert Podewin, Walter Ulbricht, S. 480 und S. 489
30 BStU, MfS, ZA, SctM, 1481, Blatt 13
31 Norbert Podewin, Walter Ulbricht, S. 487
32 Ehrendes Gedenken für Genossen Walter Ulbricht, Neues Deutschland vom 8. August 1973, S. 1
33 Ehrendes Gedenken für Genossen Walter Ulbricht, Neues Deutschland vom 8. August 1973, S. 1
34 Urne des Genossen Walter Ulbricht wurde feierlich beigesetzt, Neues Deutschland vom 18. September 1973, S. 1

Bibliografie

I. Unveröffentlichte Quellen

1. Archiv der PDS-Landesleitung Sachsen, Dresden (hier zitiert: APS)
2. Russisches Zentrum für die Aufbewahrung und die Erforschung von Dokumenten der neuesten Geschichte, Moskau (hier zitiert: RZA)
2.1. Fonds 494
2.2. Fonds 495, Archiv der Kommunistischen Internationale
   Register 10, Sekretariat Manuilski (1924-1939)
   Register 12, Sekretariat Ercoli (1938-1941)
   Register 15, Sekretariat Wilhelm Florin (1935-1941)
   Register 19, Sekretariat Pjatnizki – Deutschland (1923-1935)
   Register 25, Organisationsabteilung des EKKI (1918-1936)
   Register 28, Ländersekretariat Mitteleuropa (1926-1935)
   Register 74, Sekretariat Dimitroff (1935-1944)
   Register 205, Personalakte Ulbricht
   Register 292, Vertretung der KPD beim EKKI (1924-1942)
2.3. Fonds 523, Persönlicher Fonds Manuilski (1923-1944)
2.4. Fonds 526, Persönlicher Fonds Thälmann (1918-1941)
2.5. Fonds 539, Internationale Hilfe zur Unterstützung von Kämpfern der Revolution
3. Bundesarchiv Potsdam, Außenstelle Coswig (hier zitiert: BP), DA 5, Akten des Staatsrates der DDR
4. Der Bundesbeauftragte für die Unterlagen des Staatssicherheitsdienstes der ehemaligen Deutschen Demokratischen Republik, Berlin, Zentralarchiv (hier zitiert BStU, ZA) MfS, SctM, Ministerium für Staatssicherheit, Sekretariat des Ministers
5. Willi Langrock, Walter Ulbrichts Tätigkeit in Leipzig in den Jahren 1912 bis 1915, Kopie des Manuskripts im Besitz von Mario Frank

II. Literatur

Mohammad Abediseid: Probleme und Krisen der Deutsch-Arabischen Beziehungen im Hinblick auf den Nahost-Konflikt, Dissertation, Regensburg 1975

Alexander Abusch u. a. (Hrsg.): Walter Ulbricht, Schriftsteller, Künstler, Wissenschaftler und Pädagogen zu seinem siebzigsten Geburtstag, Berlin 1963

Alexander Abusch u. a. (Hrsg.): Walter Ulbricht, Schriftsteller, Künstler, Architekten, Wissenschaftler und Pädagogen zu seinem fünfundsiebzigsten Geburtstag, Berlin 1968

Günter Agde (Hrsg.): Kahlschlag, Das 11. Plenum des ZK der SED 1965, Berlin 1991

Heike Amos: Die Westpolitik der SED 1948/49-1961, »Arbeit nach Westdeutschland« durch die Nationale Front, das Ministerium für Auswärtige Angelegenheiten und das Ministerium für Staatssicherheit, Berlin 1999

Reinhold Andert, Wolfgang Herzberg: Der Sturz, Honecker im Kreuzverhör, Berlin 1990

Manfred von Ardenne: Ein glückliches Leben für Technik und Forschung, Berlin 1972

Wageh Atek: Probleme der Ägyptisch-Deutschen Beziehungen 1952-1965, Dissertation, Essen 1983

Rolf Badenstüber, Wilfried Loth (Hrsg.): Wilhelm Pieck – Aufzeichnungen zur Deutschlandpolitik 1945-1953, Berlin 1994

Johannes R. Becher: Walter Ulbricht, Ein deutscher Arbeitersohn, Berlin 1964

Inge Bennewitz: »Sollen sie ihre Wut gegen die Bonner Regierung und die Amerikaner richten«, Schein und Zweck der Zwangsaussiedlungen an der inner-deutschen Grenze, DA 3/1999, S. 367

Lothar Berthold, Helmut Neef: Die Rolle Walter Ulbrichts bei der Ausarbeitung des Programms für das neue demokratische Deutschland (1935 bis 1939), BzG 19/1968, S. 421

Gert Billing: Walter Ulbricht, Revolutionär und Staatsmann, Biographischer Bericht, Hamburg 1968

Stefan Bollinger: Die DDR kann nicht über Stalins Schatten springen, Reformen im Kalten Krieg – SED zwischen NÖS und Prager Frühling, Hefte zur DDR-Geschichte, Nr. 5, Berlin 1993, S. 23

Dieter Borkowski: Erich Honecker, Statthalter Moskaus oder ein deutscher Patriot, Eine Biografie, München 1987

Heinz Brandt: Ein Traum, der nicht entführbar ist, Mein Weg zwischen Ost und West, Frankfurt/Main 1985

Marianne Brentzel: Die Machtfrau, Hilde Benjamin 1902-1989, Berlin 1997

Martin Broszat: Der Staat Hitlers, 11. Auflage, München 1986

Axel Bust-Bartels: Der Arbeiteraufstand am 17. Juni 1953, Ursachen, Verlauf und gesellschaftspolitische Ziele, in: Aus Politik und Zeitgeschichte, Beilage zur Wochenzeitschrift Das Parlament vom 21. Juni 1980

Stefan Creuzberger: Die Liquidierung der antifaschistischen Organisationen in Berlin, DA 11/1993, S. 1266

Franz Dahlem: Am Vorabend des Zweiten Weltkrieges, Erinnerungen, Berlin 1977

Franz Dahlem: Warum er »Genosse Zelle« hieß. Der Kampf um die Umstellung der Parteiorganisation der KPD auf Betriebszellen, BzG 5/1963, S. 264

Monika Deutz-Schröder, Jochen Staadt (Hrsg.): Teurer Genosse! Briefe an Erich Honecker, Berlin 1994

Georg Diederich: Die Sprengung der Rostocker Christuskirche vor 25 Jahren, Fakten und Hintergründe, DA 4/1996, S. 560
Georgi Dimitroff, Tagebücher 1933–1943, hrsg. von Bernhard H. Bayerlein u. a., Berlin 2000
Henrik Eberle (Hrsg.): Mit sozialistischem Gruß, Parteiinterne Hausmitteilungen, Briefe, Akten und Intrigen aus der Ulbricht-Zeit, Berlin 1998
Roger Engelmann, Silke Schumann: Der Ausbau des Überwachungsstaates, Der Konflikt Ulbricht-Wollweber und die Neuausrichtung des Staatssicherheitsdienstes in der DDR 1957, VfZ 4/1995, S. 341
Peter Erler, Horst Laude, Manfred Wilke (Hrsg.): Nach Hitler kommen wir, Dokumente zur Programmatik der Moskauer KPD-Führung 1944/45 für Nachkriegsdeutschland, Berlin 1994
Valentin Falin: Politische Erinnerungen, München 1993
Jürgen Falter, Thomas Lindenberger, Siegfried Schuhmann: Wahlen und Abstimmungen in der Weimarer Republik, München 1986
Ruth Fischer: Stalin und der deutsche Kommunismus, 2 Bände, Berlin 1991
Jan Foitzik: Die Kommunistische Partei Deutschlands und der Hitler-Stalin-Pakt, Die Erklärung des Zentralkomitees vom 25. August 1939 im Wortlaut, VfZ 3/1989, S. 499
Jan Foitzik: »Hart und konsequent ist der neue politische Kurs zu realisieren«, Ein Dokument zur Politik der Sowjetunion gegenüber der DDR nach Berijas Verhaftung im Juni 1953, DA 1/2000, S. 32
Jan v. Flocken, Michael F. Scholz: Ernst Wollweber – Saboteur – Minister – Unperson, Berlin 1994
Karl-Wilhelm Fricke: Ein Federzug von Ulbrichts Hand: Todesstrafe, DA 8/1991, S. 840
Josef Gabert, Lutz Prieß (Hrsg.): SED und Stalinismus: Dokumente aus dem Jahre 1956, Berlin 1990
Erich W. Gniffke: Jahre mit Ulbricht, Köln 1966
Kurt Hager: Erinnerungen, Leipzig 1996
Mohammed Heikal: Das Kairo-Dossier, Aus den Geheimpapieren des Gamal Abd el-Nasser, Wien, München, Zürich 1972
Georg Hermann Hodos: Stalinistische Säuberungen in Osteuropa 1948 bis 1954, Frankfurt/Main, New York 1988
Erich Honecker: Aus meinem Leben, Berlin 1980
Institut für Marxismus-Leninismus beim Zentralkomitee der SED (Hrsg.): Geschichte der deutschen Arbeiterbewegung, Berlin 1966
Martin Jänicke: Der Dritte Weg, Die antistalinistische Opposition gegen Ulbricht seit 1953, Köln 1964
Gerhard Jahn (Hrsg.): Herbert Wehner, Zeugnis, Köln 1982
Walter Janka: Schwierigkeiten mit der Wahrheit, Reinbek bei Hamburg 1989
Markus Jodel: Amboß oder Hammer?, Otto Grotewohl, Eine politische Biographie, Berlin 1997
Monika Kaiser: Machtwechsel von Ulbricht zu Honecker, Funktionsmechanismen der SED-Diktatur in Konfliktsituationen 1962–1972, Berlin 1997
Bernt Kaufmann (Ltg.), Eckhard Reisener, Dieter Schwips, Henri Walther: Der Nachrichtendienst der KPD 1919–1937, Berlin 1993

Gerhard Keiderling (Hrsg.): »Gruppe Ulbricht« in Berlin, April bis Juni 1945, Von den Vorbereitungen im Sommer 1944 bis zur Wiedergründung der KPD im Juni 1945, Eine Dokumentation, Berlin 1993

Gerhard Keiderling: Wir sind die Staatspartei, Die KPD-Bezirksorganisation Groß-Berlin April 1945 bis April 1946, Berlin 1997

Peter Kirschey: Geschlossene Gesellschaft, Wandlitz, Waldsiedlung, Berlin 1990

Walter Klaws: Das Ringen der KPD um Betriebsparteiorganisationen und der Anteil Walter Ulbrichts, BzG 10/1968, S. 493

Volker Knopf, Stefan Martens: Görings Reich, Selbstinszenierungen in Carinhall, Berlin 1999

Nicola Knoth: Johannes R. Becher 1956/57 – eine DDR-Misere?, DA 5/1991, S. 502

Victor Knoll, Lothar Kölm: Der Fall Berija, Protokoll einer Abrechnung, Berlin 1993

Daniel Kosthorst: »Sie sind ein Opfer unserer Propaganda«, Die letzten Gespräche Ulbrichts mit Chruschtschow 1964 in Moskau – Eine Dokumentation, DA 6/1996, S. 872

Bernt und Else von Kügelgen (Hrsg.): Die Front war überall, Erlebnisse und Berichte vom Kampf des Nationalkomitees »Freies Deutschland«, 3. überarbeitete und wesentlich erweiterte Auflage, Berlin 1968

Willi Langrock: Der Spartakusbund war die treibende Kraft, in: Vorwärts und nicht vergessen, Erlebnisberichte aktiver Teilnehmer der Novemberrevolution 1918-1919, Berlin 1958

Jochen Laufer: »Genossen, wie ist das Gesamtbild?«, Ackermann, Ulbricht und Sobottka in Moskau im Juni 1945, DA 3/1996, S. 355

Ernst Lemmer: Manches war doch anders, Erinnerungen eines deutschen Demokraten, Frankfurt/Main 1968

Wladimir Iljitsch Lenin: Ausgewählte Werke, Band 2, Berlin 1954, S. 10

Wolfgang Leonhard: Die Revolution entläßt ihre Kinder, Taschenbuchausgabe, 9. Auflage, München 1985

Wolfgang Leonhard: Spurensuche, 40 Jahre nach Die Revolution entläßt ihre Kinder, Köln 1992

Matthias Lerm: Abschied vom alten Dresden, Verluste historischer Bausubstanz nach 1945, 2. ergänzte Auflage, Leipzig 1993

Arno Linke: »Ab morgen bist du Leibarzt«, Vom Provinzarzt zum Krebsforscher, Berlin 1999

Heinz Lippmann: Honecker, Porträt eines Nachfolgers, Köln 1971

Bruno Löwel: Die Gründung des NKFD im Lichte der Entwicklung und Strategie und Taktik der KPD, BzG 5/1963, S. 613

Wilfried Loth: Stalins ungeliebtes Kind, Warum Moskau die DDR nicht wollte, Berlin 1994

Klaus Mammach: Widerstand 1933-1939, Berlin 1984

Ruth von Mayenburg: Hotel Lux, München 1978

Ina Merkel: ... und Du, Frau an der Werkbank, Die DDR in den 50er Jahren, Berlin 1990

Reinhard Müller (Hrsg.): Die Säuberung, Moskau 1936, Stenogramm einer geschlossenen Parteiversammlung, Reinbek 1991

Reinhard Müller: Die Akte Wehner, Moskau 1937 bis 1941, Berlin 1993
Norman M. Naimark: Die Russen in Deutschland, Die sowjetische Besatzungszone 1945 bis 1949, Berlin 1997
Detlef Nakath: Gewaltverzicht und Gleichberechtigung, Zur Parallelität der deutsch-sowjetischen Gespräche und der deutsch-deutschen Gipfeltreffen in Erfurt und Kassel im Frühjahr 1970, DA 2/1997, S. 196
Detlef Nakath: Erfurt, Kassel und die Mächte, Zum Beginn des deutsch-deutschen Dialoges im Frühjahr 1970, DA 2/2000, S. 216
Nationalrat der Nationalen Front (Hrsg.): Walter Ulbricht – Ein Leben für Deutschland, Leipzig 1963
Gerhard Naumann, Eckhard Trümpler: Von Ulbricht zu Honecker, 1970 – ein Kriesenjahr der DDR, Berlin 1990
Ursula Oehme, Fritz Staudte: Leipzigs Aufstieg zur Großstadt 1871–1918, in: Neues Leipzigsches Geschichtsbuch, Leipzig 1990
Josef Orlopp: Zusammenbruch und Aufbau Berlins 1945/1946, Berlin 1947
Wilfriede Otto: Sowjetische Deutschlandpolitik 1952/53, DA 8/1993, S. 948
Wilfriede Otto: Sowjetische Deutschlandnote 1952, Stalin und die DDR, Bisher unveröffentlichte handschriftliche Notizen Wilhelm Piecks, BzG 3/1991, S. 374
Wilfriede Otto: Dokumente zur Auseinandersetzung in der SED 1953, BzG 5/1990, S. 655
Wilfriede Otto: Erich Mielke, Biographie, Aufstieg und Fall eines Tschekisten, Berlin 2000
Margot Pikarski, Elke Warning (Bearb.): Gestapo-Berichte über den antifaschistischen Widerstandskampf der KPD 1933–1945, Berlin 1989
Norbert Podewin: Walter Ulbricht, Eine neue Biographie, Berlin 1995
Peter Przybylski: Tatort Politbüro, Die Akte Honecker, Berlin 1991
Peter Przybylski: Tatort Politbüro, Band 2, Honecker, Mittag und Schalck-Golodkowski, Berlin 1992
Ralf-Georg Reuth (Hrsg.): Joseph Goebbels, Tagebücher, Band 2: 1930–1934, München 1992
Brigitte Reimann: Ich bedauere nichts, Tagebücher 1955–1963, 5. Auflage, Berlin 1998
Jörg Roesler: Das Neue Ökonomische System – Dekorations- oder Paradigmenwechsel, Hefte zur DDR-Geschichte, Nr. 3, Berlin 1993
Fritz Schenk: Im Vorzimmer der Diktatur, 12 Jahre Pankow, Köln, Berlin 1962
Elke Scherstjanoi: Die DDR im Frühjahr 1952, Sozialismuslosung und Kollektivierungsbeschluß in sowjetischer Perspektive, DA 4/1994, S. 354
Elke Scherstjanoi (Hrsg.): »Provisorium für längstens ein Jahr«, Protokoll des Kolloquiums: Die Gründung der DDR, Berlin 1993
Elke Scherstjanoi: »Wollen wir den Sozialismus?«, Dokumente aus der Sitzung des Politbüros des ZK der SED am 6. Juni 1953, BzG 5/1991, S. 658
Karl Schirdewan: Aufstand gegen Ulbricht, Im Kampf um politische Kurskorrektur, gegen stalinistische, dogmatische Politik, Berlin 1994
Karl Schirdewan: Ein Jahrhundert Leben, Erinnerungen und Visionen, Berlin 1998
Marc Dieter Schneider: Renaissance und Zerstörung der kommunalen

Selbstverwaltung in der Sowjetischen Besatzungszone, VfZ 3/1989, S. 457
Gerhard Schürer: Gewagt und verloren, Eine deutsche Biografie, Frankfurt/Oder 1996
Dieter Schulz: Der Weg in die Krise 1953, Hefte zur DDR-Geschichte, Nr. 6, Berlin 1993
K. L. Selesnjow: Mit Walter Ulbricht im sowjetischen Kriegsgefangenenlager (Oktober 1941), BzG 5/1969, S. 809
K. L. Selesnjow: Reise mit deutschen Antifaschisten in ein Kriegsgefangenenlager bei Karaganda (Dezember 1941), BzG 12/1970, S. 278
Hartmut Soell: Der junge Wehner, Stuttgart 1991
Ilse Spittmann, Karl-Wilhelm Fricke (Hrsg.): 17. Juni 1953, Arbeiteraufstand in der DDR, Köln 1982
Jochen Staadt: Die geheime Westpolitik der SED 1960-1970, Von der gesamt-deutschen Orientierung zur sozialistischen Nation, Berlin 1993
Jochen Staadt: Die SED-Kampagne gegen Herbert Wehner, Neue historische Quellen und der Umgang mit ihnen, DA 4/1994, S. 345
Jochen Staadt: Walter Ulbrichts letzter Machtkampf, DA 5/1996, S. 686
Dietrich Staritz: Die Gründung der DDR, Von der sowjetischen Besatzungsherrschaft zum sozialistischen Staat, München 1984
Dietrich Staritz: Geschichte der DDR 1949-1985, Frankfurt 1985
Dietrich Staritz: Die SED, Stalin und der »Aufbau des Sozialismus« in der DDR, Aus den Akten des Zentralen Parteiarchivs, DA 7/1991, S. 686
Carola Stern: Ulbricht, Eine politische Biographie, Taschenbuchausgabe, Köln, Berlin 1964
Rudolf Stöckigt: Ein Dokument von großer historischer Bedeutung vom Mai 1953, BzG 5/1990, S. 648
Christian Striefler: Kampf um die Macht, Kommunisten und Nationalsozialisten am Ende der Weimarer Republik, Berlin 1993
Nadja Stulz-Herrnstadt (Hrsg.): Rudolf Herrnstadt, Das Herrnstadt-Dokument, Hamburg 1990
Sigfried Suckut: Die Entscheidung zur Gründung der DDR, VfZ 1/1991, S. 125
Strobe Talbott (Hrsg.): Chruschtschow erinnert sich, Reinbek 1992
Liselotte Thoms, Hans Vieillard: Ein guter Deutscher, Walter Ulbricht, Eine biographische Skizze aus seinem Leben, Berlin 1963
Liselotte Thoms, Hans Vieillard, Wolfgang Berger: Walter Ulbricht, Arbeiter, Revolutionär, Staatsmann, Berlin 1968
Alexander Troche: Ulbricht und die Dritte Welt: Ost-Berlins »Kampf« gegen die Bonner »Alleinvertretungsanmaßung«, Erlangen, Jena 1996
Lotte Ulbricht: Aufsätze und Artikel der Genossin Lotte Ulbricht von 1943 bis 1963, abgeschlossen am 1. Feburar 1963, als Manuskript gedruckt, ohne Ort und Jahrgang
Lotte Ulbricht: Eine unvergessliche Reise, Leipzig, Berlin, ohne Jahrgang
Dieter Vorsteher (Hrsg.): Parteiauftrag: Ein neues Deutschland, Bilder, Rituale und Symbole der frühen DDR, Buch zur Ausstellung des Deutschen Historischen Museums vom 13. Dezember 1996 bis 11. März 1997, München, Berlin 1996

Heinz Voßke: Walter Ulbricht, Biographischer Abriß, Berlin 1984
Hans-Albert Walter: Das Pariser KPD-Sekretariat, der deutsch-sowjetische Nichtangriffsvertrag und die Internierung deutscher Emigranten in Frankreich zu Beginn des Zweiten Weltkrieges, in: VfZ 3/1988, S. 483
Hermann Weber: Von Rosa Luxemburg zu Walter Ulbricht, Wandlungen des Kommunismus in Deutschland, 4. verbesserte Auflage, Hannover 1961
Hermann Weber (Hrsg.): Ulbricht fälscht Geschichte, Ein Kommentar mit Dokumenten zum »Grundriß der Geschichte der deutschen Arbeiterbewegung«, Köln 1964
Hermann Weber (Hrsg.): Völker hört die Signale, Der deutsche Kommunismus 1916–1966, Köln, Berlin 1967
Hermann Weber: Die Wandlung des deutschen Kommunismus, Die Stalinisierung der KPD in der Weimarer Republik, 2 Bände, Frankfurt/Main 1969
Hermann Weber: Geschichte der DDR, 2. Auflage, München 1986
Hermann Weber (Hrsg.): DDR, Dokumente zur Geschichte der Deutschen Demokratischen Republik 1945–1985, München 1986
Hermann Weber: Die Deutschen Opfer Stalins, DA 4/1989, S. 407
Hermann Weber: »Weiße Flecken« in der Geschichte, Die KPD-Opfer der Stalinistischen Säuberungen und ihre Rehabilitierung, Berlin 1990
Hermann Weber, Dietrich Staritz (Hrsg.): Kommunisten verfolgen Kommunisten, Stalinistischer Terror und ›Säuberungen‹ in den kommunistischen Parteien Europas seit den dreißiger Jahren, Berlin 1993
Hermann Weber, Ulrich Mählert (Hrsg.): Terror, Stalinistische Parteisäuberungen 1936–1953, Paderborn, München, Wien, Zürich 1998
Eberhard Wendel: Ulbricht als Richter und Henker, Stalinistische Justiz im Parteiauftrag, Berlin 1996
Otto Wenzel: Kriegsbereit, Der Nationale Verteidigungsrat der DDR 1960 bis 1989, Köln 1995
Rüdiger Wenzke: Die NVA und der Prager Frühling 1968, Die Rolle Ulbrichts und der DDR-Streitkräfte bei der Niederschlagung der tschechoslowakischen Reformbewegung, Berlin 1995
Falco Werkentin: Politische Strafjustiz in der Ära Ulbricht, Berlin 1995
Gerhard Wettig: Zum Stand der Forschung über Berijas Deutschland-Politik im Frühjahr 1953, DA 6/1993, S. 674
Gerhard Wettig: Die Deutschlandnote vom 10. März 1952 auf der Basis diplomatischer Akten des russischen Außenministeriums DA 7/1993, S. 786
Gerhard Wettig: Nochmals: Berijas Deutschland-Politik, DA 9/1993, S. 1089
Gerhard Wettig: Übereinstimmung und Auseinandersetzung über die sowjetische Deutschlandpolitik im Frühjahr 1952, DA 10/1993, S. 1205
Gerhard Wettig: Neue Erkenntnisse über Berijas Deutschland-Politik, DA 12/1994, S. 1412
Gerhard Wettig: Neue Gesichtspunkte zur sowjetischen März-Note von 1953, DA 4/1994, S. 416
Gerhard Wettig: Stalin – Patriot und Demokrat für Deutschland?, DA 7/1995, S. 743

Gerhard Wettig: Die sowjetische Politik während der Berlinkrise 1958 bis 1962, Der Stand der Forschungen, DA 2/1997, S. 383
Irmgard Wilharm (Hrsg.): Deutsche Geschichte 1962–1983, Dokumente in zwei Bänden, Frankfurt/Main 1990
Manfred Wilke (Hrsg.): Die Anatomie der Parteizentrale, Die KPD/SED auf dem Weg zur Macht, Berlin 1998
Wladimir K. Wolkow: Die deutsche Frage aus Stalins Sicht (1947–1952), ZfG 1/2000, S. 20
Ernst Wollweber: Aus Erinnerungen, Ein Porträt Walter Ulbrichts, BzG 3/1990, S. 350

III. Ausgewählte Artikel aus Zeitungen und Publikumszeitschriften

Anton Ackermann: Über den einzig möglichen Weg zum Sozialismus, Neues Deutschland vom 24. September 1948, S. 4
Jurij Bassistow: Geheimflug nach Moskau leitete Ulbricht-Sturz ein, Bisher Unbekanntes um Lamberz-Mission im April 1971, Sächsische Zeitung vom 8. September 1992, S. 3
Kurt Baum: Als Walter Ulbricht so alt war wie wir heute, Junge Welt vom 29. Juni 1968
Rolf Berger: Als Ulbricht an Breschnew vorbeiregierte, Neues Deutschland vom 23./24. März 1991, S. 13
»Die Welt erobern«, Der Spiegel Nr. 44/1995, S. 45
Das Jahrhundert des geteilten Deutschland – 40 Jahre DDR: Die Ära Ulbricht, Der Spiegel Nr. 37/1999, S. 187
Alexander Dubček: Kein Kuß für Breschnew, Der Spiegel Nr. 9/1993, S. 174
Geheime Verschlusssache, Serie im Stern vom 12. Dezember 1990 bis 26. Dezember 1990
Gemeinsam auf der Barrikade, Der Spiegel Nr. 6/1996, S. 148
Ottomar Harbauer: Ein Widersacher des mächtigen »Ersten«, Interview mit Karl Schirdewan, Berliner Zeitung vom 10. Februar 1990, S. 9
Gunter Holzweißig: »Separatist, Spalter, Kanzler der Börsenjobber«, Konrad Adenauer als Ziel der SED-Agitationsbürokratie, Frankfurter Allgemeine Zeitung vom 1. März 1996, S. 10
»Jetzt taucht eine Gefahr auf«, wie SED-Genosse Honecker und Kreml-Chef Breschnew den SED-Chef Ulbricht stürzten, Der Spiegel Nr. 14/1991, S. 48
Kein Kuß für Breschnew, Der Spiegel Nr. 9/1993, S. 174
Steffi Knop: Eine bescheidene Öffnung, Wochenpost Nr. 25/1993, S. 6
Wolfgang Leonhard: Walter Ulbrichts langer Marsch, Die Zeit vom 10. August 1973
Ernst-Otto Maetzke: Verschmolzen und aufgelöst, Die Vereinigung von SPD und KPD zur SED vor vierzig Jahren, Frankfurter Allgemeine Zeitung vom 15. März 1986, Tiefdruckbeilage, S. 3
Frank Pergande: Leben bei den Herren des Feuers, Frankfurter Allgemeine Zeitung vom 19. August 2000, Tiefdruckbeilage, S. 3

Wilhelm Pieck über die Politik der SED, Neues Deutschland vom 31. Dezember 1948, S. 1

Johann Georg Reißmüller: Vorwärts sehen, vorwärts streben, Frankfurter Allgemeine Zeitung vom 23. Mai 1998, Tiefdruckbeilage, S. 4

Ralf-Georg Reuth: Mord am Bülowplatz, Frankfurter Allgemeine Zeitung vom 23. März 1991

Günter Schabowski: Er war ein Überlebenstalent, Wochenpost vom 24. Juni 1993, S. 9

Karl Schirdewan: Ein Widersacher des mächtigen »Ersten«, Berliner Zeitung vom 10. Februar 1990, S. 9

Arnold Schulz: Walter Ulbricht, der fleißige Funktionär – Erinnerungen eines frühen Kampfgenossen, Serie in Die Weltwoche vom 22. August 1973 bis 19. September 1973

Jörn Schütrumpf: Personenkult unter Verschluß, Der Propagandafilm »Baumeister des Sozialismus« zum 60. Geburtstag Walter Ulbrichts wurde nach 44 Jahren erstmals der Öffentlichkeit gezeigt, Sächsische Zeitung vom 12./13. April 1997, Wochenendmagazin, S. 2

»Sie können sich doch nicht ewig erpressen lassen!«, Der Spiegel Nr. 9/1965, S. 34

Beate Ulbricht: Lieber Papa, böse Lotte, Ulbrichts Tochter erinnert sich, Serie in Super vom 27. August bis 6. September 1991

Lotte Ulbricht: Walter Ulbricht – privat, Berliner Zeitung vom 29. Juni 1965

Lotte Ulbricht: Walter Ulbricht wollte 1970 zurücktreten, Lotte Ulbricht in einem Brief an ND, Neues Deutschland vom 21. November 1996, S. 1

Walter Ulbricht: Zur Antwortnote der Westmächte, Neues Deutschland vom 28. März 1952, S. 1

Walter Ulbricht: Über den XX. Parteitag der Kommunistischen Partei der Sowjetunion, Neues Deutschland vom 4. März 1956, S. 3ff.

Walter Ulbricht: Antwort auf Fragen der Berliner Bezirksdelegiertenkonferenz der SED, Neues Deutschland vom 18. März 1956, S. 3

Walter Ulbricht: Wie geht es weiter in Berlin?, Neues Deutschland vom 29. August 1961, S. 3ff.

Walter Ulbricht: Antworten auf Fragen der Delegierten, Aus der Diskussionsrede des Genossen Walter Ulbricht auf der Bezirksdelegiertenkonferenz in Leipzig, Neues Deutschland vom 15. Dezember 1962, S. 4

Walter Ulbricht – das sind wir alle, Der Spiegel Nr. 20/1971, S. 28

Ulbricht-Landsitz, Gitter im Schlot, Der Spiegel Nr. 37/1966, S. 45

Wandlitz auf See, Der Spiegel 19/1996, S. 54

Manfred Wilke: »Es wird zwei Deutschlands geben«, Entscheidung über die Zusammensetzung der Kader, Frankfurter Allgemeine Zeitung vom 28. März 1991

Peter Wyden: »Wir machen Berlin dicht«, Die Berliner Mauer (II): Krisenplanungen in Ost und West, Der Spiegel Nr. 41/1989, S. 161

IV. Reden und Schriften von Walter Ulbricht

Alles für die Antifaschistische Einheitsfront, Arbeiter-Zeitung vom 15. Februar 1933, Nachdruck in BzG 3/1961 unter dem Titel: Ein Artikel Walter Ulbrichts zur antifaschistischen Einheitsfront vom 15. Februar 1933, S. 228

KPD und Sozialdemokratie, Die Internationale 7 und 8/1937, Nachdruck in BzG 4/1961 unter dem Titel: Ein bedeutungsvoller Artikel Walter Ulbrichts zur Aktionseinheit von KPD und SPD aus dem Jahre 1937, S. 877

Rede auf der Großberliner Funktionärskonferenz der KPD und SPD, 26. März 1946, BzG 8/1966, S. 90

Brief Walter Ulbrichts und Max Fechners an die Teilnehmer einer Großkundgebung in Hannover, 10. August 1946, BzG 8/1966, S. 103

Lehren des XIX. Parteitages der KPdSU für den Aufbau des Sozialismus in der Deutschen Demokratischen Republik, Berlin 1952

Die große Vereinigung der Arbeiterschaft ganz Deutschlands wird kommen, BzG 3/1961, S. 523

Die Bauernbefreiung in der Deutschen Demokratischen Republik, 2 Bände, Berlin 1961–1962

Der offene Brief des ZK der SED und die Antwort der SPD, Berlin 1966

Zur Geschichte der deutschen Arbeiterbewegung, Aus Reden und Aufsätzen, Band X, 1961-1962, Berlin 1966

Der Rote Oktober legte den Grundstein zur Befreiung der ganzen Menschheit, Reden anläßlich des 50. Jahrestages der Großen Sozialistischen Oktoberrevolution, Berlin 1967

Die wirkliche Lage der deutschen Nation, Fernseherklärung des Vorsitzenden des Staatsrates der DDR am 13. März 1968, Berlin 1968

An die Jugend, 2. Auflage, Berlin 1968

Frauen – Miterbauerinnen des Sozialismus, Aus Reden und Aufsätzen, Leipzig 1968

Die friedliche Koexistenz zwischen beiden deutschen Staaten – eine Grundbedingung der europäischen Sicherheit, in: Neue Initiativen der DDR für europäische Sicherheit, Materialien der 10. Tagung der Volkskammer am 9. August 1968, Berlin 1968

Die historische Mission der Sozialistischen Einheitspartei Deutschlands, Sechs Reden und Aufsätze, Berlin 1971

V. Protokolle und Nachschlagewerke

Verhandlungen des Sächsischen Landtages, Dresden 1926–1928

Stenographische Berichte der Verhandlungen des Reichstages, IV. Wahlperiode 1928

Bericht über die Verhandlungen des V. Parteitages der Kommunistischen Partei Deutschlands, Berlin 1946

Protokoll des Vereinigungsparteitages der SPD und der KPD am 21./22. April 1946 in der Staatsoper (»Admiralspalast«) in Berlin, Berlin 1946

Protokoll der Verhandlungen der I. Parteikonferenz der Sozialistischen Einheitspartei Deutschlands, 25. bis 28. Januar 1949, Berlin 1949
Protokoll der Verhandlungen des III. Parteitages der Sozialistischen Einheitspartei Deutschlands, 20. bis 24. Juli 1950, Berlin 1950
Protokoll der Verhandlungen der II. Parteikonferenz der Sozialistischen Einheitspartei Deutschlands, 9. bis 12. Juli 1952, Berlin 1952
Protokoll der Verhandlungen des V. Parteitages der Sozialistischen Einheitspartei Deutschlands, 10. bis 16. Juli 1958, Berlin 1958
Verfassung der Deutschen Demokratischen Republik, Dokumente und Kommentare, Berlin 1969
Protokoll der Verhandlungen des VII. Parteitages der Sozialistischen Einheitspartei Deutschlands, 17. bis 22. April 1967 in der Werner-Seelenbinder-Halle in Berlin, Berlin 1967
Protokoll der Verhandlungen des VIII. Parteitages der Sozialistischen Einheitspartei Deutschlands, 15. bis 19. Juni 1971 in der Werner-Seelenbinder-Halle in Berlin, Berlin 1971
Bernd-Rainer Bartz, Christoph Links, Helmut Müller-Enbergs, Jan Wielgohs (Hrsg.), Wer war Wer in der DDR, Ein biographisches Handbuch, Frankfurt/Main 1995
Karl Bosil, Gunter Franz, Hanns Hubert Hofmann: Biographisches Wörterbuch zur Deutschen Geschichte, 2. Auflage, Augsburg 1995
Bundesministerium für innerdeutsche Beziehungen (Hrsg.): DDR-Handbuch, 3. Auflage, Bonn 1985
Martin Schumacher (Hrsg.): M.d.R. Die Reichstagsabgeordneten der Weimarer Republik in der Zeit des Nationalsozialismus. Politische Verfolgung, Emigration und Ausbürgerung 1933–1945, Düsseldorf 1992

Abkürzungsverzeichnis

ADG	Allgemeiner Deutscher Gewerkschaftsbund
APS	Archiv der PDS-Landesleitung Sachsen, Dresden
Bearb.	Bearbeiter
BP	Bundesarchiv Potsdam
BStU	Der Bundesbeauftragte für die Unterlagen des Staatssicherheitsdienstes der ehemaligen Deutschen Demokratischen Republik
BzG	Beiträge zur Geschichte der Arbeiterbewegung
CDU	Christlich-Demokratische Union
DA	Deutschland-Archiv
EKKI	Exekutivkomitee der Kommunistischen Internationale
FAZ	Frankfurter Allgemeine Zeitung
FDGB	Freier Deutscher Gewerkschaftsbund
HO	Handelsorganisation
Hrsg.	Herausgeber
Inprekorr	Internationale Presse-Korrespondenz
IRH	Internationale Rote Hilfe
KgU	Kampfgruppe gegen die Unmenschlichkeit
KPD	Kommunistische Partei Deutschlands
KPdSU	Kommunistische Partei der Sowjetunion
KJVD	Kommunistischer Jugendverband Deutschlands
Komintern/KI	Kommunistische Internationale
KZ	Konzentrationslager
LDPD	Liberal-Demokratische Partei Deutschlands
LL	Landesleitung
LPG	Landwirtschaftliche Produktionsgenossenschaft
MfS	Ministerium für Staatssicherheit der DDR
ND	Neues Deutschland
NDPD	National-Demokratische Partei Deutschlands
NKFD	Nartionalkomitee Freies Deutschland
NKWD	Volkskommissariat (Ministerium) für Inneres der UdSSR, 1922–23 und 1934–1943 für die Staatssicherheit zuständig
NÖS	Neues Ökonomisches System der Planung und Leitung
NS	Nationalsozialistisch
NVA	Nationale Volksarmee
NVR	Nationaler Verteidigungsrat
PB	Politbüro

PDS	Partei des Demokratischen Sozialismus
PUR	Politische Hauptverwaltung bei der Roten Armee
RIAS	Rundfunk im amerikanischen Sektor
RGO	Revolutionäre Gewerkschafts-Opposition
RKP	Russische Kommunistische Partei
RZA	Russisches Zentrum für die Aufbewahrung und die Erforschung von Dokumenten der neuesten Geschichte, Moskau
SAPD	Sozialistische Arbeiterpartei Deutschlands
SAPMO/ZPA	Stiftung Archiv der Parteien und Massenorganisationen der DDR im Bundesarchiv, Berlin, Zentrales Parteiarchiv der SED/KPD
SBZ	Sowjetische Besatzungszone
SED	Sozialistische Einheitspartei Deutschlands
SKK	Sowjetische Kontrollkommission
SMAD	Sowjetische Militäradministration in Deutschland
SPD	Sozialdemokratische Partei Deutschlands
Tscheka	Gesamtrussische außerordentliche Kommission für den Kampf gegen Konterrevolution und Sabotage
USPD	Unabhängige Sozialdemokratische Partei Deutschlands
VF	Volksfront
VfZ	Vierteljahreshefte für Zeitgeschichte
VKPD	Vereinigte Kommunistische Partei Deutschlands
ZPKK	Zentrale Parteikontrollkommission
ZK	Zentralkomitee

Register

Abrassimow, Pjotr Andrejewitsch 415f.
Abusch, Alexander 231, 369
Ackermann, Anton 28 (Anm. 79), 29f., 33, 123, 146, 157, 158f., 161, 164, 170, 175, 179, 192f., 206f., 224f., 253, 256, 260, 291
Adenauer, Konrad 213, 234, 329ff., 342f., 345, 382
Anlauf, Paul 89f.
Apel, Erich 352, 354, 356, 367ff.
Ardenne, Manfred von 388f., 388 (Abb.)
Axen, Hermann 331, 418, 432

Bauer, Leo 231
Baumann, Edith 413f.
Bebel, August 39f., 44
Becher, Johannes R. 12, 37, 112, 124, 155, 171, 197, 262, 283ff., 287, 296, 324, 327f.
Becher, Lilly 285 (Anm. 29), 287
Beethoven, Ludwig van 45f., 296
Benjamin, Hilde 249, 315
Benkowitz, Gerhard 313
Bentzien, Hans 371
Berger, Wolfgang 352f., 387
Berija, Lawrenti Pawlowitsch 14f., 25, 29, 31ff., 142f., 241, 248
Bernsdorf, Horst 324
Bersarin, Nikolai 184, 190
Bertz, Paul 153 (Anm. 72), 230f.
Bieler, Manfred 306, 365, 369
Biermann, Wolf 306, 369f.
Bierut, Boleslaw 154 (Anm. 82)
Brandler, Heinrich 64 (Anm. 29), 67f., 74, 144

Brandt, Heinz 20, 195
Brandt, Willy 329f., 381, 401, 404f., 407f., 417, 419
Braun, Max 124, 134
Bräunig, Werner 366
Brecht, Bertolt 22
Bredel, Willi 165, 261f.
Breitscheid, Rudolf 124 (Anm. 72), 131, 448
Breschnew, Leonid Iljitsch 292f., 336, 342, 361f., 362 (Abb.), 367, 384, 387, 394, 396, 398 (Abb.), 399-409, 415-421, 425ff., 432f., 439f., 443, 445f.
Brüning, Heinrich 85, 88
Buber-Neumann, Margarete 89 (Anm. 123), 118
Bucharin, Nikolai Iwanowitsch 74 (Anm. 73)
Buchtenhagen, Fritz 328
Bulganin, Nikolaj Aleksandrowitsch 234
Busch, Ernst 306 (Anm. 29)

Castro, Fidel 439, 442
Chruschtschow, Nikita 15, 25, 166 (Abb.), 167, 227, 250, 252f., 256, 263f., 268f., 271f., 307, 315, 325 (Abb.), 326, 336, 339-347, 341 (Abb.), 349, 351-355, 361, 365, 367, 387, 391, 399, 419
Chwalek, Roman 200
Clementis, Vladimir 232
Cremer, Fritz 308

Dahlem, Franz 65 (Anm. 33), 68, 94f., 104, 108-114, 117, 119f., 122, 125ff., 134, 137ff., 151,

153f., 206, 218, 231ff., 253, 255, 291f.
Dahlem, Robert 147
Daladier, Édouard 151
Daniel, Franz 147
Daniels, Edler von 167f.
David, Fritz 127f.
Davis, Angela 442
Dengel, Philipp 140 (Anm. 15), 141
Dimitroff, Georgi 70 (Anm. 54), 105, 107, 110, 112, 114f., 122, 129, 131ff., 137ff., 142-152, 154, 157, 159, 162, 166, 168ff., 173f., 176, 178f., 185, 187f., 190, 192f., 196ff., 326
Dorn, Eva 312
Dubček, Alexander 386, 393ff.
Duncker, Hermann 146
Durschnabel, Manfred 324

Ebert, Friedrich 16, 28, 208, 223, 258f., 349, 422f., 438, 440f., 446
Ebert, Maria 278
Einsiedel, Heinrich Graf von 171f.
Eisler, Gerhart 153 (Anm. 73), 214, 238, 296
Ende, Lex 153 (Anm. 74)
Engels, Friedrich 44, 157, 251, 424
Erbe, Siegfried 312
Erhard, Ludwig 329, 380
Erler, Wolfram 323f.
Erpenbeck, Fritz 184

Fallada, Hans 296
Fechner, Max 29, 205f., 208, 223, 253, 311
Feuchtwanger, Lion 124
Field, Hermann 230
Field, Noel H. 230ff.
Fischer, Kurt 283 (Anm. 22)
Fischer, Otto 184
Fischer, Ruth 64 (Anm. 27), 68, 74
Flieg, Leo 91 (Anm. 134), 92, 118, 137, 143

Florin, Wilhelm 65 (Anm. 34), 68, 91ff., 101, 104, 106, 109ff., 114-117, 128, 130, 137f., 141, 144f., 151f., 157f., 161, 164, 170, 173
Försterling, Paul 160, 162, 173-176, 197
Föst, Dr. 329
Franco, Francisco 128
Frederik, Hans 333f.

Galadshew, Generalleutnant 185f.
Gehlen, Reinhard 331
Globke, Hans 331
Gniffke, Erich Walter 203 (Anm. 81), 206, 209, 211, 222
Goebbels, Joseph 86f., 89
Goedecke, Herbert 329
Goethe, Johann Wolfgang 44f., 51, 275, 295f.
Gomulka, Wladyslaw 261
Göring, Bernhard 200
Göring, Hermann 292
Gotsche, Otto 321, 438
Gottwald, Klement 151 (Anm. 62), 154
Graf, Oskar Maria 305
Gretschko, Marschall Andrej Antonowitsch 387
Groener, Wilhelm 79
Gromyko, Andrej Andrejewitsch 292f., 407f.
Grotewohl, Otto 12 (Anm. 7), 14f., 20f., 26, 29f., 192, 199, 203-209, 212ff., 220-224, 226, 228, 234, 244, 246, 255f., 259, 262, 268f., 291, 299, 301, 311ff., 317, 319, 322, 344, 411f., 448
Grundig, Lea 305, 308
Grünthaler, Kurt 60
Guljajew, Pantalejmon W. 147
Gundelach, Gustav 184
Gutsche, Joseff 147
Gyptner, Richard 184

Hacks, Peter 309
Hager, Kurt 151, 241, 247, 257,

266, 282, 314, 363, 365, 370, 432, 436f.
Halle, Prof. Felix   140
Hallstein, Walter   375, 377f.
Hamann, Dr. Karl   239, 254
Harich, Wolfgang   260-263, 307
Havemann, Robert   306, 370
Haydn, Joseph   296
Heckert, Fritz (Friedrich)   80f. (Anm. 91), 111, 115f.
Heine, Heinrich   157
Heinemann, Gustav   402
Heisig, Bernhard   305 (Anm. 24)
Herder, Johann Gottfried   296
Hermes, Dr. Andreas   189f., 197
Hermlin, Stephan   13, 285, 308f., 366
Herrnstadt, Rudolf   16 (Anm. 22), 17-24, 26f., 29-33, 202, 248, 255
Herzfelde, Wieland   305
Heym, Stefan   306, 369f.
Himmler, Heinrich   173
Hindenburg, Paul von   93f.
Hitler, Adolf   62, 67, 93, 96, 103, 105-108, 122, 151, 156-159, 164f., 170, 173, 183, 330, 350, 381
Ho Chi Minh   154 (Anm. 78)
Hockauf, Frieda   326f.
Hoffmann, Heinz   106
Holdorf, Karl   312
Homer   52
Honecker, Erich   13, 17, 20, 27f., 225, 259, 263-266, 268-271, 271 (Abb.), 285, 289, 312, 319, 329, 331, 347ff., 357ff., 361-371, 373, 383 (Abb.), 395, 403f., 406 (Abb.), 407, 409-421, 423-426, 431-441, 444-447
Honecker (geb. Feist), Margot   357, 361, 364, 369f., 413f., 447
Hörnle, Edwin   149, 197
Huber, Franz   142
Huchel, Peter   309
Hutten, Ulrich von   157

Janka, Walter   261f., 284, 307
Jarowinsky, Werner   435

Jazdzewski, Ernst   308
Jendretzky, Hans   19, 253, 410, 412
Judin, Pawel Fjodorowitsch   21 (Anm. 46), 23, 29, 30f.
Jung, Dr. Herbert   324

Kaiser, Jakob   200
Kant, Hermann   366
Karsten, August   206, 211
Kegel, Gerhard   423f.
Keiderling, Gerhard   442
Keilson, Grete   173
Kennedy, John Fitzgerald   347
Kern, Käthe   206
Kiesinger, Kurt-Georg   329, 375, 381, 384, 402, 406
Kippenberger, Hans   90, 99, 112, 118 (Anm. 56), 119ff., 137
Kippenberger, Margot   120
Kippenberger, Thea   120
Kippenberger, Thea (Tochter)   120
Kisch, Egon Erwin   112 (Anm. 37), 124, 154
Klause, Michael   89
Klingbeil, Klaus   324
Klopstock, Friedrich Gottlieb   296
Koch, Hans   366
Kogel, Hans-Dietrich   313
Kolzow, Michail   141f.
Komarowski, Josef   312
König, Kurt   312
Koplenig, Johann   162
Köppe, Walter   184
Körner, Walter   312
Kossygin, Alexej Nikolajewitsch   292f., 398 (Abb.), 443
Kostow, Trajtscho   229
Krenz, Egon   297
Krolikowski, Werner   437
Krug, Manfred   365
Kügelgen, Bernt von   171
Kühn, Benno   277
Kühne, Martha   141
Kun, Bela   133 (Anm. 109)
Kunert, Günter   309

533

Kuusinen, Otto Nille 74 (Anm. 72)

Lamberz, Werner 418, 437, 439
Lange, Inge 369f.
Langhoff, Wolfgang 308
Lask, Berta 146f.
Last, Otto 268
Lehmann, Helmut 206
Leipner, Hans 312
Lemmer, Ernst 200f.
Lenck, Franz 89
Lenin, Wladimir Iljitsch 15, 55, 60, 63, 65, 68, 176, 219, 247, 251, 326, 328, 386f., 424
Leonhard, Wolfgang 172, 180, 184, 186, 200
Lessing, Gotthold Ephraim 296
Leuschner, Bruno 225f., 312
Libermann, Jewsej 352
Liebknecht, Karl 13, 51, 55, 67, 448
Linke, Dr. Arno 273, 282, 288, 294f., 429, 431-434
Löbe, Paul 78
Luther, Martin 157
Luxemburg, Rosa 51, 55, 448

Mahle, Hans 149, 184f., 190, 202
Malenkow, Georgij M. 25, 234
Mann, Heinrich 124, 131f., 134
Mann, Thomas 146
Manuilski, Dmitri S. 68f., 110, 117, 129, 138f., 142, 157ff., 163, 168ff.
Mao Zedong 338f., 342
Marcus, Martin 37
Maron, Karl 172, 184, 190
Marx, Karl 12, 44, 157, 251, 424
Maslow, Arkadi 74 (Anm. 75)
Matern, Hermann 20 (Anm. 41), 27f., 30f., 205, 217, 230, 269, 312, 418
Matteoli, Ivanko 280f.
Mehring, Franz 448
Meier, Otto 206
Merker, Margarete 253f.
Merker, Paul 126f., 132ff., 153 (Anm. 71), 154, 206, 231ff., 253f., 261
Mewis, Karl 351, 356
Michel, Rosa (eig. Marie Wacziarg) 132 (Anm. 106), 276
Mielke, Emil 90
Mielke, Erich 89f., 155, 222, 226f., 230, 264f., 266, 268, 317, 328, 348, 441ff.
Mikojan, Anastas 234, 398 (Abb.)
Miroschnitschenko 26
Mittag, Günter 352, 356, 364, 366, 368f., 372, 422f., 436
Molotow (eig. Skrjabin), Wjatscheslaw Michailowitsch 14 (Anm. 11), 25, 66, 91, 142, 192, 195, 234
Mozart, Wolfgang Amadeus 296
Mückenberger, Erich 28, 269, 312
Mühlenbert, Gertrud 140
Müller, Albert 128
Müller, Heiner 306
Müller, Hermann 79
Müller, Kurt 230
Müntzer, Thomas 13
Münzenberg, Willi 124 (Anm. 73), 125f., 129-134, 137ff., 143f., 332f.

Nasser, Abd el-N., Abd an-Nasir 376f.
Naumann, Konrad 369
Neumann, Alfred 263, 289
Neumann, Heinz 88 (Anm. 119), 89-92, 117f., 137
Nixon, Richard 408
Norden, Albert 330, 346, 409, 426, 436
Novotny, Antonin 321, 393
Nuding, Hermann 120 (Anm. 61), 121, 332
Nuschke, Otto 214, 310f.

Oelßner, Fred 14 (Anm. 14), 16, 27f., 30f., 33, 208, 214, 217f., 234, 257, 267, 269f., 312

Orlopp, Josef 189
Osten, Maria 141f.

Palach, Jan 397
Paulus, Feldmarschall Friedrich 168, 173
Perwuchin, Michail 348f.
Pflaumer, Bärbel 174
Pieck, Arthur 155, 172, 190
Pieck, Wilhelm 12 (Anm. 6), 14, 65, 83, 91, 93, 97, 99ff., 104, 106-117, 119f., 124-130, 132f., 137f., 140, 142, 145, 151-158, 161, 164f., 169ff., 173-176, 178ff., 185-188, 191ff., 195, 197ff., 205, 207f., 212, 214f., 217, 220, 222ff., 228, 230f., 234f., 244, 246, 250, 277, 290f., 299, 311f., 317, 319, 322, 324, 332f., 343, 410, 412, 448
Pisnik, Alois 400f.
Pjatnitzki, Jossif A. 70f., 74, 91
Plevier, Hildegard 155
Plevier, Theodor 155
Podgorny, Nikolaj Wiktorowitsch 443, 445f.
Polkownikow, Jury 281f.
Polzcyk, Peter 282
Puschkin, Georgi 260, 262

Raab, Käthe 143
Radek, Karl Bernhardowitsch 144
Rajk, László 229
Rákosi, Mátyás 154 (Anm. 79)
Ramm, Fritz 314
Rau, Heinrich 20, 312
Reif, Käte 59
Reimann, Brigitte 308f., 328
Remmele, Anna 118
Remmele, Helmut 118
Remmele, Hermann 90ff. (Anm. 133), 118, 137
Rucz, Stanislaus 312

Salomon, Horst 9
Sauerbruch, Friedrich 190
Schabowski, Günter 412

Scheel, Walter 406, 417
Schehr, John 93f. (Anm. 141), 96-100, 106
Schiffer, Dr. Eugen 191
Schiller, Friedrich 46, 295
Schirdewan, Karl 21 (Anm. 48), 221, 243, 251f., 254-259, 261, 263f., 266-271, 284, 312, 315, 411f.
Schmellinsky, Martha (erste Ehefrau W. Ulbrichts) 61, 273, 276
Schmidt, Elli 16, 19, 28, 33, 123, 161, 170, 206, 253, 338, 411f.
Schmidt, Helmut 373
Schöchlin, Raoul 324
Schönbrodt, Walter 312
Schtscherbakow, Alexander Sergejewitsch 169
Schubert, Hermann 96 (Anm. 158), 97ff., 106-111, 113, 116f., 120, 137
Schultchen, Otto 144
Schulte, Fritz 99, 101, 106, 109-113, 116f., 120, 137
Schulz, Otto 190
Schuster, Wilibald 313
Schwenk, Paul 196
Seghers, Anna 261f., 308, 366, 370
Selbmann, Fritz 19, 255, 267f., 338
Semjonow, Wladimir 12 (Anm. 4), 15-18, 21ff., 26, 30f., 186, 191f., 209, 214, 230, 343, 382, 392
Serow, Iwan A. 186, 189
Severing, Carl 78
Shukow, Georgi Konstantinowitsch 204, 220, 336
Siggelkow, Heinrich 312
Sindermann, Horst 446
Sinowjew, Grigori Jewsejewitsch 64, 68, 74 (Anm. 74)
Slánsky, Rudolf 232
Sobottka, Gustav 192f.
Sokolowski, Wassili Danilowitsch 23

Sorge, Richard 154
Spiecker 131
Stalin, Josef 11, 13, 29, 66, 68, 75, 79, 92, 105, 107, 115, 127, 131, 138ff., 142, 151, 155, 169f., 177ff., 190, 192f., 195, 199, 203f., 206-214, 222, 224, 228, 231-235, 237f., 244, 245 (Abb.), 246ff., 251-254, 260, 336f., 342, 378, 386
Stampfer, Friedrich 122 (Anm. 65)
Stein, Karl Freiherr vom 157
Stoecker, Walter 78 (Anm. 88)
Stoph, Willi 312, 318, 348f., 395, 402f., 405, 407f., 416ff., 423, 425, 436, 438, 446
Strauß, Franz Josef 331, 382, 419
Stresemann, Gustav 66
Strittmatter, Erwin 308
Subkowiak, Stefan (Deckname W. Ulbrichts) 70
Svoboda, Ludvík 386
Szántó 162

Tarnow, Fritz 79
Teubner, Charlotte (Lotte) 332 (Anm. 95)
Thalheimer, August 144
Thälmann, Ernst 13, 55, 64 (Anm. 28), 68, 74, 77, 80f., 88-97, 105, 115-118, 145f., 157, 448
Thöns, Fred 293, 433
Tito, Josip Broz 154 (Anm. 80), 211, 224
Togliatti, Palmiro (»Ercoli«) 117
Trillisser, Michail Abranowitsch 120
Trotzki, Leo 68, 79
Tschou En-Lai 154 (Anm. 81)
Tschuikow, Wassilij Iwanowitsch 186, 214, 227, 309
Tulpanow, Sergej 209, 220, 228
Turba, Kurt 358 (Anm. 158), 359f., 363-366, 368-371

Uhse, Bodo 261f.
Ulbricht, Dorle (Tochter W. Ulbrichts) 61f., 276

Ulbricht, Beate (Adoptivtochter) 278, 280ff., 292, 414, 447
- Kinder (Patricia, Andruschka) 281
Ulbricht, Erich (Bruder) 38, 53, 275
Ulbricht, Ernst August (Vater) 37, 38 (Abb.), 39f., 42, 50, 275
Ulbricht, Hildegard (Schwester) 37f., 39 (Abb.), 42, 53, 275, 279
Ulbricht (geb. Kühn), Lotte (zweite Ehefrau) 12f., 16f., 112, 121, 123, 127, 137f., 141, 144, 154, 157, 160f., 164f., 197, 226ff., 250, 273, 276 (Anm. 2), 278-281, 286 (Abb.), 287, 290-296, 294 (Abb.), 376 (Abb.), 377, 414, 421f., 431ff., 437ff., 447
Ulbricht, Pauline Ida (Mutter) 37, 38 (Abb.), 39, 42, 50, 275

Verner, Paul 289, 357, 359, 361, 364f., 369f., 422, 435
Vogel, Hans 122
Voßke, Heinz 75

Wahls, Otto 109, 119
Walde, Werner 400
Walk, Joachim 312
Walter, Paul 200
Wandel, Paul 161, 173, 257, 266
Warnke, Herbert 312
Weber, Major 441
Wehner, Herbert 82, 89, 90 (Anm. 126), 93, 97, 106-109, 116f., 120, 123, 125, 128ff., 140f., 144f., 152ff., 164, 331-334, 373, 381
Weigel, Helene 261f., 285, 308
Weinert, Erich 161, 165, 168, 171f.
Wendt, Erich 138, 144, 197, 276f.
Werkentin, Falco 312
Werner, Dr. Arthur 190
Wiebach, Joachim 313
Wiens, Paul 308
Wilde, Oscar 115

Winkler (geb. Kühn), Mari (»Tante Detti«) 280f.
Winzer, Otto 184
Wittorf 80
Wolf, Christa 366
Wolf, Hanna 369f.
Wollweber, Ernst 63, 90, 92, 221, 228, 241, 249, 254-259, 264-267, 270, 315
Womacka, Walter 305, 308
Wyschinski, Andrej Januarjewitsch 142, 229f.

Zaisser, Else 33
Zaisser, Wilhelm 19 (Anm. 40), 21f., 26f., 29-33, 154, 197, 248, 255, 411f.
Zetkin, Clara 55, 65 (Anm. 32), 74
Ziemer, Erich 89f.
Ziller, Gerhard 255, 257, 266ff.
Zimmermann, Oskar 43
Zweig, Arnold 124
Zwerenz, Gerhard 297

Abbildungsnachweis

Archiv: Neue Heimat: 38
Archiv: Zeit im Bild: 40, 166, 167, 289, 294, 303, 323, 327
  (Presse-Foto Eckebrecht), 383, 388, 443, 445
Berliner Zeitung/MDR Fernsehen: 435
Bildarchiv Sächsische Zeitung Dresden: 216 (Höhnle-Pohl), 271, 286 (u),
  316, 362 (Höhnle-Pohl), 376, 391, 398, 406, 440, 441, 447
Deutsches Historisches Museum – Zeughaus Unter den Linden: 245
Museum für Geschichte der Leipziger Arbeiterbewegung/Archiv:
  Zeit im Bild: 39, 45, 49, 59
Zentralbild: 41, 286 (o), 325, 341

© 2001 by Siedler Verlag, Berlin
in der Verlagsgruppe Bertelsmann GmbH

Alle Rechte vorbehalten,
auch das der fotomechanischen Wiedergabe.
Register: Christoph Leuchter
Schutzumschlag: Rothfos & Gabler, Hamburg
Satz: Bongé+Partner, Berlin
Druck und Buchbinder: GGP Media, Pößneck
Printed in Germany 2001
ISBN 3-88680-720-7
Erste Auflage